茅海建
戊戌变法
研究

# 戊戌变法
# 史事考三集

茅海建 著

生活·讀書·新知 三联书店

Copyright © 2024 by SDX Joint Publishing Company.
All Rights Reserved.

本作品版权由生活·读书·新知三联书店所有。
未经许可，不得翻印。

**图书在版编目（CIP）数据**

戊戌变法史事考. 三集 / 茅海建著. —北京：生活·读书·新知三联书店, 2024.5
（茅海建戊戌变法研究）
ISBN 978-7-108-07759-2

Ⅰ.①戊⋯ Ⅱ.①茅⋯ Ⅲ.①戊戌变法－研究 Ⅳ.① K256.507

中国国家版本馆 CIP 数据核字 (2024) 第 021151 号

| | |
|---|---|
| 特邀编辑 | 孙晓林 |
| 责任编辑 | 杨　乐 |
| 装帧设计 | 蔡立国 |
| 责任校对 | 曹忠苓 |
| 责任印制 | 李思佳 |

出版发行　生活·讀書·新知 三联书店
　　　　　（北京市东城区美术馆东街 22 号 100010）

| | |
|---|---|
| 网　　址 | www.sdxjpc.com |
| 经　　销 | 新华书店 |
| 印　　刷 | 鑫艺佳利（天津）印刷有限公司 |
| 版　　次 | 2024 年 5 月北京第 1 版<br>2024 年 5 月北京第 1 次印刷 |
| 开　　本 | 635 毫米 × 965 毫米　1/16　印张 29.5 |
| 字　　数 | 454 千字 |
| 印　　数 | 0,001-6,000 册 |
| 定　　价 | 99.00 元 |

（印装查询：01064002715；邮购查询：01084010542）

茅海建戊戌变法研究

# 总　序

1998年，戊戌变法一百周年，我结束了先前的两次鸦片战争史研究，开始研究戊戌变法。2018年，戊戌变法两个甲子，一百二十周年，我的研究还没有结束，仍然在路上。

时光又逢戊戌，我也应当想一下，这二十年究竟做了什么，又有着什么样的经验教训？

当我开始研究戊戌变法时，有两位朋友善意地提醒我：一、戊戌变法是所有的中国近代史大家都涉及过的领域，很难再有突破；二、戊戌变法的材料搜集和利用，已经差不多了，不太可能出现大规模的新材料。他们的提醒，告诉此处水深，不可掉以轻心。于是，我就做了"长期"的打算，准备用十年时间来研究戊戌这一年所发生的事情。

我最初的想法是将戊戌变法期间重大事件的史实和关键时刻的场景，真正了解清楚。由此而重新阅读全部史料，力图建立相对可靠的史实，以能从这一基础上展开逻辑思维。即"史实重建"。于是有了《戊戌变法史事考》（2005，再版时更名为《戊戌变法史事考初集》）和《戊戌变法史事考二集》（2011）。

也就在这一研究过程中，我感到康有为亲笔所写的回忆录《我史》是一部绕不过去的关键史料，用了整整五年的时间来作注，以鉴别真伪。特别让我兴奋的是，我看到了珍藏于中国国家博物馆的手稿，解决了许多问题。于是有了《从甲午到戊戌：康有为〈我史〉鉴注》（2009）。

在我的研究计划中，要写一篇张之洞与康有为的文章，所利用的基本资料是新编的《张之洞全集》。文章大体写好，我又到中国社会科学院近代史研究所档案馆查阅"张之洞档案"，准备再补充一些材料。谁知一入档案馆，发现了一大批未被利用的史料。兴奋之余，再度改变研究方向，集中研究这批史料。于是又有了《戊戌变法的另面："张之洞档案"阅读笔记》（2014）。

以上便是此次集中汇刊的四本书的由来。"史实重建"的想法一直没有变，我在研究中最基本的方法是考据。

然而，考据不是我的目的，"史实重建"亦是为逻辑思维建一扎实之基础。我的最终目标是写一部总体性的叙述戊戌变法史的著作。2011年夏，我为《戊戌变法史事考二集》作序，称言："……我也希望自己能加快进度，在最近的一两年中完成手中的细节考据工作，而回到宏观叙事的阳光大道上来。但愿那阳光能早一点照射到我的身上。"那时，我心中的研究时限已扩大了一倍，即二十年，自以为到2018年（戊戌），将会最终完成戊戌变法的研究。

一项认真的研究，虽然能有许多次的计划，但其进度总是不能按照其计划刻板地前进。一个认真的研究者，虽然知道其最终的目标，但总是不能测量出行走路途的长度。2014年起，我的研究一下子陷于瓶颈——我正在研究康有为的学术思想与政治思想，但不能判断其"大同"思想的最初发生时间，以及这一思想在戊戌变法期间的基本形态。我找不到准确的材料，来标明康有为思想发展各阶段的刻度。直到两年之后，由梁渡康，我从梁启超同期的著述中找到了答案，由此注目于"大同三世说"。我的研究计划又一次改变了。

整整二十年的研究，我对戊戌变法的看法有了很大的变化（自以为是深化）。随着研究进展，在我的头脑中，原先单一色彩的线条画，现在已是多笔着色，缤纷烂漫；原先一个个相对固定的场景，现在已经动了起来，成了movie。这种身临其境的感受，让我又一次觉得将要"回到宏观叙事的阳光大道上来"，而时光却悄悄地已进至戊戌。

整整二十年的研究，我对戊戌变法的研究也有了新的感受（自以为是痛感）。前人的研究是极其重要的，但若要最后采信，须得投子"复盘"；那些关键性的节点，还真不能留有空白，哪怕再花工，再花料，也都得老老实实地做出个基础来。由此，这二十年来，我一直不停地在赶路，经常有着"望山跑死马"的感受。我虽然不知道到达我个人的最终目标，还需得多少年，还须走多少路；但我坚信不疑的是，戊戌变法这个课题所具有的价值，值得许多历史学家花掉其人生经历的精华时段。李白《临路歌》唱道：

大鹏飞兮振八裔，中天摧兮力不济。

余风激兮万世，游扶桑兮挂石袂……

戊戌变法是中国历史上的重大事件，一百二十年前，有其"飞"，有其"振"，因"中天"之"摧"而"力不济"；然因此而生、不能停息的"余风"，仍在激荡着这个国家，以至于"万世"，而其"石袂"（左袂）也挂到了高达千丈、象征日出的"扶桑"树上……

茅海建

2018 年 1 月于横琴

## 补 记

这是六年前写的《总序》。没有想到，六年后，我的研究仍未能终结，而且还不知道什么时候才能终结。与六年前相比，这套书增加了《戊戌时期康有为、梁启超的思想》《戊戌变法史事考三集》两册，但最终的著作未能完成。

六年中的最大事件是持续三年的新冠疫情，许多人的生活发生了异变。我也是其中一员，命运的轨迹与前大不相同。狂风下的砂粒是如此渺小，无依无靠，尘埃落地后，却已在异处。平凡的世界里有着许多不平凡的经历，最为艰难者是疾病。

我的目标依然未变，仍会坚持前行，想想自己十多年前写的话："但愿那阳光能早一点照射到我的身上。"

茅海建

2024 年 2 月于沪西莲花路

# 目　录

自　序 … 1

## 戊戌时期康有为与光绪帝 … 1
　一　最初的接触 … 2
　二　弭兵会与"上清帝第六书" … 6
　三　四月二十八日光绪帝召见康有为 … 9
　四　康有为上书与光绪帝的改革谕旨 … 11
　五　进呈图书 … 18
　六　保全康有为 … 25
　七　懋勤殿设置与七月三十日、八月初二日谕旨 … 30
　八　康有为的"罪名" … 33

## 再论戊戌时期康有为的"大同三世说" … 39
　一　问题的提出 … 39
　二　"大同"与"小康" … 41
　三　"《春秋》始于文王，终于尧、舜" … 46

|     |                              |     |
| --- | ---------------------------- | --- |
| 四  | 何休的"三世"说              | 54  |
| 五  | "尧、舜为民主"               | 59  |
| 六  | "中国古固有议院"             | 65  |
| 七  | 早期思想因素及其演变         | 71  |
| 八  | 梁启超的"三世六别"和"无总统""无国家" | 80 |
| 九  | 简短的结语                   | 87  |

## 康有为与"弭兵会"   90
### ——兼论翁同龢荐康有为说

|     |                                  |     |
| --- | -------------------------------- | --- |
| 一  | 问题的提出                       | 90  |
| 二  | 李提摩太等人的宣传               | 92  |
| 三  | 唐才常著文"弭兵会"               | 98  |
| 四  | 康有为一派的想象与设计           | 101 |
| 五  | 翁同龢与康有为私会：高燮曾附片的背景 | 110 |
| 六  | 总理衙门的处理结果               | 115 |
| 七  | 再释翁同龢荐康有为               | 122 |
| 八  | 高燮曾荐康有为入弭兵会的余响     | 127 |

## 论张荫桓   131
### ——以光绪二十三年（1897）出席英国女王庆典为中心

|     |                                  |     |
| --- | -------------------------------- | --- |
| 一  | 问题的提出                       | 131 |
| 二  | 张荫桓其人其事                   | 132 |
| 三  | 光绪二十三年张荫桓一行出席英国女王庆典 | 151 |
|     | 1. 出行的准备 152 // 2. "觐见" 160 // 3. "加税"的使命与"私访"法、俄、德三国 170 // 4. "进献"与保举 183 | |
| 四  | 张荫桓对国际形势的预判           | 191 |

五　清朝外交"新"体制与"以夷制夷"政策的失败　　209

1. 近代外交主要目的在于国家安全　210 // 2. 清朝国际关系及外交体制的变化　210 // 3. 负责近代外交官员的资历及其对手　213 // 4. 宗藩体系的崩溃与清朝的失策　216 // 5. 清朝所面对的海、陆军事压力　220 // 6."干涉还辽"的俄、法、德三国真实目的与清朝"以夷制夷"的对策　222 // 7. 张荫桓的误判——德、俄、英、法、日本、美的行动　231 // 8. 戊戌变法的发生　239

六　张荫桓的最后时光　　242

# 戊戌年光绪帝改革谕旨研究　　263

一　问题的提出　　263
二　光绪帝的改革谕旨及其催生的原因　　267

1."经济特科"（4道）　268 // 2."昭信股票"——国债（9道）273 // 3. 开办京师大学堂及所属译书局、医学堂和上海译书官局（12道）　280 // 4."司员考试"（2道）　288 // 5. 武科举改制（1道）　290 // 6."百日维新谕旨"等（5道）　295 // 7. 设立商务局、农工商总局、各省农工商分局及其所办事务（13道）　300 // 8. 游历与游学（3道）　311 // 9. 觐见礼仪改革（3道）　315 // 10. 任命、维护新政官员与黜免守旧官员（17道）　317 // 11. 文科举改制（10道）　330 // 12. 专利章程（3道）　338 // 13. 神机营与京营改革（2道）　340 // 14. 兴办各地中小学堂及各类学堂（18道）　342 // 15.《时务报》与近代报刊（6道）　353 // 16.《校邠庐抗议》《劝学篇》《校邠庐抗议别论》（6道）　358 // 17. 重建海军（2道）　364 // 18. 删订《则例》（5道）　367 // 19. 定期召见翰、詹、科道官员（2道）　369 // 20. 允许司员士民及地方官员上书（8道）　372 // 21. 设立铁路矿务总局（2道）　379 // 22. 自开通商口岸（1道）　382 // 23. 裁撤京内衙门与京外官员（6道）　384 // 24. 京师修整道路沟渠（1道）　390 // 25. 设置散卿（2道）393 // 26.《通商约章成案汇编》（3道）395 // 27.户部编制《岁入岁出表》（1道）397 // 小结：催生谕旨的官员与政治改革的大方向 398

三 "诏令频下"与清朝决策机制　　　　　　　　　　400
1. 改革谕旨形成的过程——"交议" 401 // 2. "议复"——总理衙门（军机处）、礼部、孙家鼐的表现 409 // 3. 催促——光绪帝的焦虑 426 // 4. 光绪帝与官僚集团高层的紧张关系 430 // 5. 慈禧太后的反制 439

四 结 论　　　　　　　　　　　　　　　　　　　　445

征引文献　　　　　　　　　　　　　　　　　　　　452

# 自　序

史学不是让人感到轻松的事业。

一项史学研究逐次深入，研究者自然就会发现，需要研究的内容还有很多。由此开始了漫长的行程——从"甲"到"乙"，从"乙"到"丙"，从"丙"到"丁"……可以持续延伸到很远。但是，研究者的最终目的，依旧还是"甲"，需要回答的问题，依旧还在"甲"之中；研究者也必须经常提醒自己，不能走到哪儿算哪儿，需要及时回归原点。这是就一般的史学研究者而言。

我个人的情况更是如此。我比其他的史学研究者花了更多的时间，走了更漫长的路，尽管我时时在心中呼喊，要回到"宏观叙事"的阳光大道上来。

就"戊戌变法研究"而言，我的基本想法是：先进行"史实重建"，将主要事实厘定清楚，于是便有了《戊戌变法史事考初集》《戊戌变法史事考二集》的展开；然而，在此进程中，我的注意力分次转向研究康有为《我史》(《康南海自编年谱》)、张之洞档案和康有为、梁启超"大同三世说"思想，于是又有了《从甲午到戊戌——康有为〈我史〉鉴注》《戊戌变法的另面——"张之洞档案"阅读笔记》《戊戌时期康有为、梁启超的思想》。虽说多次转向都已经证明了"物有所值"，但路走得太多，离最终目标也就太远。我必须回到最初的"甲"，结束过多的伸延；于是，便有了本书的撰写。

就本书的内容而言，一共由五篇文章组成：第一篇《戊戌时期康有为与光绪帝》，是对过去的研究进行总结，确立康有为在变法中所起的主导作用；第二篇《再论戊戌时期康有为的"大同三世说"》，是对自己以往的研究进行梳理，从经学的角度说明康有为及其党人该学说的学理依据;第三篇《康有为与"弭兵会"——兼论翁同龢荐康有为说》,是重新思考康有为作为一名工部候补主事的微官,是如何能够进入到政治舞台的中央,并对翁同龢荐康说做出新的解释;第四篇《论张荫桓——以光绪二十三年(1897)出席英国女王庆典为中心》,是对戊戌变法中的重要人物张荫桓进行深入分析,说明清朝高层最了解外部事务的主管官员,对世界帝国主义扩张的基本手段与长时段态势仍有隔膜,而主张"圣学"绝对价值的守旧官员,反对张荫桓,反对变法,最后使国家陷于危难;只有最后一篇,即第五篇《戊戌年光绪帝改革谕旨研究》是在原定计划之内的,与《论戊戌变法期间康有为、梁启超的政治思想与政策设计》成为姊妹篇,以能确立戊戌变法的性质。

  写上这些啰啰唆唆的话,是想表白心中的无奈——尽管知道还有许多很有价值的题目可以继续伸延,值得再度深入,显示出近乎无限的"可能",但所有的理智都一再提醒我,我对戊戌变法的细部研究应当"收官"了。眼见着那些诱人的果子,只能当作没有看见。本书以《戊戌变法史事考三集》为题,也有意说明"史实重建"工作的告一段落。事不宜过三。

  本项研究得到了诸多机构与个人的帮助与支持,我的心中对此充满感激。还需要说明的是,我服务的澳门大学、华东师范大学多位领导和同事,过去与现在的多位学生,与我合作甚久的多位编辑,他们所提供的帮助与支持,已经到了没世不忘的境地。

  本书引用清朝文献较多,为避免转换过多而发生错误并引起读者阅读不便,本书使用中国传统纪年,并在必要处夹注公元。至于欧、美、日本等国家和地区的事件,仍用公元,并夹注中国纪年。

  一个人的人生,自然会有着多种经历。在我感到极为困难的时候,2022年8月的一个傍晚,我疲惫地走出办公楼,顿然驻足——我看见了雨后的彩虹,阴郁的心情即时散去——距我上一次看见此景,已经过去半个多世纪了。

茅海建<br>2022年12月于横琴

# 戊戌时期康有为与光绪帝

戊戌变法主要推动者是谁？这好像不是一个问题，自然是康有为。

**但是**，显示康有为作为戊戌变法主要推动者的证据却出现了问题。其一是康的《戊戌奏稿》已被黄彰健院士与孔祥吉教授判明作伪，是康在戊戌之后十多年，即辛亥革命前夕的作品。其二是康戊戌政变后所写的回忆录《我史》（即《康南海自编年谱》），也被证明为不很可靠的史料，须得小心使用。梁启超所写的《戊戌政变记》多有夸张之词。光绪帝并没有对康"言听计从"，处处遵循。[1]康当时的官职是工部候补主事（正六品），光绪帝仅召见其一次，任命他为总理衙门章京（康未就任），后派他去上海办理《时务官报》。这么一位低级官员如何充当变法的主要推动者？

也因为如此，有些学者对康有为在戊戌变法中的地位表示怀疑，认定戊戌变法最主要的推动者是光绪帝，康有为的作用被过度夸大了。[2]

---

[1] 光绪二十四年六月初一日（1898年7月19日），康有为给其侄康同和（时在日本神户）信中称："（此次上将大用，而我欲行，亦惟谣言之故。）且今昔情形不同，顷圣上发愤为雄，力变新法，于我言听计从。（我现奉旨专折奏事，此本朝所无者。）外论比之谓王荆公以来所无有，此千年之嘉会也。"（吕顺长：《清末维新派人物致山本宪书札考释》，上海交通大学出版社，2017年，第276—278页。"王荆公"，王安石。）康有为称光绪帝"言听计从"，并自比王安石。又，康有为的建策与光绪帝决策之间关系与差别，可参见本书第五篇《戊戌年光绪帝改革谕旨研究》。

[2] 最为著名的讨论在邝兆江、汪荣祖、房德邻之间进行。见邝兆江：《戊戌政变前后的康有为》，《历史研究》1996年第5期；汪荣祖：《也论戊戌政变前后的康有为》，《历史研究》1999年第2期；房德邻：《论维新运动领袖康有为》，《清史研究》（北京）2002年第1期。

**但是**，当时人的看法却不相同。戊戌政变后，慈禧太后追究变法责任，几乎所有人的指向都归"罪"于两人：一是康有为，一是光绪帝，同时认定光绪帝被康有为所蒙蔽。

我在上面使用了两个黑体的"但是"，说明问题之发生。前一个"但是"指康有为自己的说法有问题，这已被证实了；后一个"但是"，虽有官僚集团高层力图在整体上自我摆脱"罪名"，并有为光绪帝讳言之嫌，而关键之点却又不言自明：需要说明并证明戊戌变法时期康有为与光绪帝的关系。

本文因此产生。作者再次整理与考察现有可靠史料，重建史实，以能回答下述问题：一、康有为影响（或称"蒙蔽"）光绪帝的方法是什么，渠道是什么？二、光绪帝对康有为的认可程度如何，采用了多少康的建策？三、光绪帝是否想重用康有为，以改变政治体制？

## 一 最初的接触

光绪十四年（1888），康有为以荫监生的身份参加顺天府乡试。这是他第二次进京。在京期间，他结交沈曾植、曾纪泽、黄绍箕、屠仁守、盛昱、王懿荣等京官；并上书翁同龢、徐桐、潘祖荫、祁世长等高官。而他此期最重要的一件事，是上书光绪帝（即康党所谓"上清帝第一书"）。他作为一名荫监生，上书皇帝并无渠道，试图通过国子监或都察院代奏。盛昱是国子监祭酒，翁同龢为管理监事大臣，祁世长为都察院左都御史，康与他们联络多为上奏之事。而潘祖荫、徐桐为政坛高官兼士林领袖，康与他们联络亦有接近上层之意。"上清帝第一书"的主要内容是：清朝此时内忧外患而不知觉，光绪帝应下罪己诏，及时图治。他提出的三策分别是"变成法""通下情""慎左右"。[1]作为结果，国子监与都察院都未同意代递，然翁同龢却觉得颇有价值而私录

---

[1] 孔祥吉编著：《康有为变法奏章辑考》，北京图书馆出版社，2008年，第3—10页。

其主要内容。[1]

除了"上清帝第一书"之外，康有为还为御史屠仁守等人代拟奏折。现在能找到的有5篇：《请醇亲王归政折》《为报效一途急宜停止以存政体而遏乱原折》《请开清江浦铁路议》《门灾告警请行实政而答天戒折》《为宗社严重国势忧危乞赐面对以竭愚诚折》。[2] 在自己上书未达的情况下，代拟奏折似乎给了他另一种上书言事的新思路；他也在代拟的奏折中夹带自己的思想。

这些都是康有为主动接近光绪帝的举动，光绪帝本人对此一无所知。光绪二十年二月（1894年3月），已中举人的康有为第三次来北京，参加会试。未中，五月回乡。七月初四日（8月4日），给事中余联沅上奏"广东南海县举人康祖诒刊有新学伪书请饬查禁片"，称言：

> 今康祖诒之非圣无法，惑世诬民，较之华士、少正卯，有其过之，无不及也……相应请旨饬下广东督抚臣行令，将其所刊《新学伪经考》立即销毁，并晓谕各书院生徒及各属士子，返歧趋而归正路，毋再为康祖诒所惑……[3]

光绪帝发给两广总督李瀚章寄信谕旨，措辞严厉：

---

[1] 翁同龢在光绪十四年十月二十七日日记中称："语太讦直，无益只生衅耳。"（见翁万戈编、翁以钧校订：《翁同龢日记》，中西书局，2012年，第5卷，第2275页）。翁摘录康有为"上清帝第一书"一事，见翁万戈辑：《翁同龢文献丛编之一：新政·变法》，台北艺文印书馆，1998年，第287—289页。

[2] 以上5篇奏折可见于上海市文物保管委员会编：《康有为遗稿·戊戌变法前后》，上海人民出版社，1986年，第1—20页；蒋贵麟编：《万木草堂遗稿》，台北成文出版社，1978年，第199—200页。又，据康有为致朱一新的信（第一札）："今进昔年拟上之折及代屠侍御所草折稿已上者四事……"（朱一新：《义乌朱氏论学遗札》，光绪乙未年菁华阁刻本，第27页）可知康所拟之折，已由屠仁守上奏者至少四件。

[3] 余联沅上奏时间见军机处《随手登记档》，光绪二十年七月初四日；原片见《军机处档折件》133658，台北故宫博物院图书文献处藏。《翼教丛编》收入该文时误为安维峻上，与原档相对照，文字完全一样。（《翼教丛编》，上海书店出版社，2002年，第25—26页）又，主持《翼教丛编》的编者，很可能是王先谦，相关的研究，可参见吴仰湘：《〈翼教丛编〉编者问题考辨》，《社会科学战线》2022年第9期。

> 有人奏，广东南海县举人康祖诒刊有《新学伪经考》一书，诋毁前人，煽惑后进，于士习文教大有关系，请饬严禁等语。著李瀚章查明，如果康祖诒所刊《新学伪经考》一书，实系离经畔道，即行销毁，以崇正学而端士习。原片著钞给阅看。[1]

此时军机处由权臣孙毓汶把持，从后来的情况看，光绪帝对该道谕旨印象并不深刻。经康有为、梁启超奔波后，两广总督李瀚章仅命将该书"即行销毁"而不了了之。[2]

光绪二十一年二月（1895年3月），康有为第四次来北京，参加会试。四月十二日（5月6日），新贡士发榜，康中第5名。四月十六日参加新贡士复试，康中三等第4名；二十一日参加殿试，二十五日传胪，康中二甲第46名进士。二十八日参加朝考，康中二等第102名。五月初十日（6月2日），参加新进士引见，康以主事"分部学习"，后分发工部。康没有正式去就职。

就在此次会试期间，清朝在甲午战争中败于日本，李鸿章在马关议和，条约各款极为苛刻。消息传出，各省公车（应试举人）纷纷上书，要求拒和再战。四月初七日至初九日（5月1日至3日），康有为、梁启超等人在南城松筠庵组织了当时规模最大的"联省公车上书"（即"上清帝第二书"），签名者达602人，因听闻和约已签，未递于都察院。[3]五月初六日（5月29日），康有为递"为安危大计乞及时变法呈"（即"上清帝第三书"）于都察院。五月十一日，都察院代递至光绪帝。[4]这是光绪帝第一次收到康有为的条陈。此后，康又撰"变通善后讲求体要以图自强呈"（即"上清帝第四书"），交都察院代递，都察院以康已分部而拒

---

[1] 中国第一历史档案馆编：《光绪宣统两朝上谕档》，广西师范大学出版社，1996年，第20册，第382页。
[2] 李瀚章奏折上于光绪二十年九月二十一日，对康有为多有维护："揆诸立言之体，未免乖违，原其好学之心，尚非离畔……至该举人意在尊崇孔子，似不能责以非圣无法，拟请毋庸置议。"光绪帝收到后朱批"知道了"。（中国第一历史档案馆编：《光绪朝朱批奏折》，中华书局，1995年，第32辑，"内政·戊戌变法"，第525—526页）相关的研究，可参见吴仰湘：《〈新学伪经考〉甲午参奏案新探》，《近代史研究》2022年第2期。
[3] 《康有为变法奏章辑考》，第19—41页。
[4] 《康有为变法奏章辑考》，第48—68页。

绝；再交工部代递，工部亦拒之。[1]

光绪帝收到康有为"上清帝第三书"后曾下令抄录一份，闰五月二十七日（7月19日）将该上书与其他8件折片发下各省将军督抚讨论，谕旨称：

> 自来求治之道，必当因时制宜，况当国势艰难，尤应上下一心，图自强而弭隐患。朕宵旰忧勤，惩前毖后，惟以蠲除痼习，力行实政为先。叠据中外臣工条陈时务，详加披览，采择施行，如修铁路、铸钞币、造机器、开矿产、折南漕、减兵额、创邮政、练陆军、整海军、立学堂，大抵以筹饷练兵为急务，以恤商惠工为本源，皆应及时举办。至整顿厘金、严核关税、稽查荒田、汰除冗员各节，但能破除情面，实力讲求，必于国计民生两有裨益。著各直省将军督抚，将以上诸条，各就本省情形，与藩、臬两司暨各地方官悉心筹画，酌度办法，限文到一月内，分晰复奏。当此创巨痛深之日，正我君臣卧薪尝胆之时，各将军督抚受恩深重，具有天良，谅不至畏难苟安，空言塞责。原折片均著钞给阅看。[2]

这是甲午战后清朝高层进行的政经改革大讨论。除康有为"第三书"外，还有广西按察使胡燏棻、军机章京陈炽、南书房翰林张百熙、委散秩大臣信恪、御史易俊、翰林院侍读学士准良、吏部尚书徐桐等人折片共计9件。[3]值得注意的是，上谕中"当此创巨痛深之日，正我君臣卧薪尝胆之时，各将军督抚受恩深重，具有天良，谅不至畏难苟安，空言塞责"之语，与康有为上书中"窃谓经此创深痛巨之祸，必当为卧薪尝胆之谋，朝野上下，震动愤发……今议成将弥月矣，进士从礼官来，窃见上下熙熙，苟幸无事，具文粉饰，复庆太平……"之语，文辞、文意颇有相似之处。军机大臣拟旨时，很可能采用之。

---

[1]《康有为变法奏章辑考》，第74—86页。
[2] 军机处《洋务档》，光绪二十一年闰五月二十七日，中国第一历史档案馆藏。本文引用档案藏于该馆者，不再注明。
[3] 相关的研究，可参见张海荣：《关于引发战后改革大讨论的九件折片》，《广东社会科学》2009年第5期。

这一时期，光绪帝虽与康有为有了初步的接触，但从后来的情况看，他对康有为并没有太深的印象。

还需说明的是，康有为的四次上书，后在上海刊刻，有着相当大的影响力。

## 二 弭兵会与"上清帝第六书"

光绪二十三年十月（1897 年 11 月），康有为再次来到北京。按照他自己的说法，此次来京的主要目的是给港澳商人办理巴西劳工之事。[1]

康有为刚到北京，正好发生德国强占胶州湾（青岛）事件，俄、英、法、日本随后亦乘机提出侵略要求。康向工部递交"外衅危迫宜及时发愤革旧图新呈"（即"上清帝第五书"），工部未代奏。[2]与此同时，康与御史杨深秀、宋伯鲁、陈其璋、王鹏运等人交往甚密，并为他们代拟奏章。因国际形势紧张，军机大臣翁同龢于十一月十八日（12 月 11 日）亲往宣外南海会馆康有为住处，两人私下相商。[3]次日，给事中高燮曾上奏一折两片，其附片二是保举康有为参加"弭兵会"，称言：

> 臣闻西洋有弭兵会，聚集之所，在瑞士国。其大旨以排纷解难、修好息民为务，各国王公大臣及文士卓有声望者，皆准入会，如两国因事争论，未经开战之先，可请会中人公断调处，立意甚善。臣见工部主事康有为学问渊长，才气豪迈，熟谙西法，具有肝胆，若令相机入弭兵会中，遇事维持，于将来中外交涉为难处，不无裨益。可否特予召对，观其所长，饬令总理各国事〔务〕衙门厚给资斧，以游历为名，照会各国使臣，用示郑重。

---

[1] 相关的研究，可参见拙文：《巴西招募华工与康有为移民巴西计划之初步考证》，《史林》（上海）2007 年第 5 期；《戊戌变法史事考二集》，生活·读书·新知三联书店，2011 年，第 341—379 页。
[2] 《康有为变法奏章辑考》，第 106—114 页。
[3] 相关的细节及分析，可参见本书第三篇《康有为与"弭兵会"》。

光绪帝发下交片谕旨,命"总理各国事务衙门酌核办理"。[1]根据这一谕旨,光绪二十四年正月初三日(1898年1月24日),总理衙门大臣翁同龢、李鸿章、廖寿恒、张荫桓、荣禄约见康有为,康"高谈时局,以变法为主,立制度局、新政局、练民兵、开铁路、广借洋债数大端"。[2]几天后,康有为向总理衙门递交"外衅危迫急宜及时发愤开制度新政局呈"(即"上清帝第六书"),要求代奏。至二月十九日(3月11日),总理衙门拖了近一个半月才将该条陈上奏,光绪帝下旨:"总理各国事务王、大臣妥议具奏。"[3]

康有为的"上清帝第六书",提出了全面政治改革的方案。首先是"三事":一、"大誓群臣";二、"开制度局";三、"设待诏所"。所谓"大誓群臣",即"择吉日大誓百司庶僚于太庙,或御乾清门,下诏申警,宣布天下以维新更始",为一项庄重的仪式。所谓"开制度局",即"征天下通才二十人为参与,将一切政事、制度重新商定",即建立一个最高政治决策机构。所谓"设待诏所",即"其午门设待诏所,派御史为监收,许天下人上书,皆与传达,发下制度局议之",即开通下情上达的渠道。"三事"之外,康要求在中央设立十二局:法律局、税计局、学校局、农商局、工务局、矿政局、铁路局、邮政局、造币局、游历局、社会局、武备局;又要求在地方每一道设新政局,每一县设民政局。[4]而在所有建策中,最重要的是"制度局",设在宫中,每天与皇帝见面,商量一切政务。康有为试图掌控这个机构来主持朝廷的变法。

对于康有为的这些改革举措,总理衙门大臣们是不同意的。他们奉到光绪帝"妥议具奏"的谕旨后,拖了113天,于五月十四日(7月2日)上奏了"遵旨议复康有为条陈折",全面驳回康的提议,仅在铁路和矿政两局做了让步,企图蒙混过关。光绪帝收到的当日,没有表态,仅下旨"暂存"。两天后,五月十六日,光绪帝发下一道用语极为独特的交片谕旨:

---

[1]《军机处录副奏折》03-5617-051;《光绪宣统两朝上谕档》,第23册,第325页。
[2]《翁同龢日记》,第7卷,第3135页。
[3]《光绪宣统两朝上谕档》,第24册,第51页。
[4]《康有为变法奏章辑考》,第133—141页。

交总理各国事务衙门。本月十四日（7月2日）贵衙门议复工部主事康有为条陈一折，军机大臣面奉谕旨："著该衙门另行妥议具奏。"

在光绪帝亲政之后，将议复奏折全盘推倒重来，前所未有，后来也没有发生过。总理衙门奉到如此严旨，仍不敢也不能允准康有为的提议，五月二十五日（9天后）再次上奏，称康有为条陈"均系变易内政，非仅条陈外交可比。事关重要，相应请旨，特派王、大臣，会同臣衙门议奏，以期妥慎之处，出自圣裁"。总理衙门想将责任推出去，以避计穷力竭之窘境。光绪帝朱批："著军机大臣会同总理各国事务衙门王、大臣，切实筹议具奏。毋得空言搪塞。"[1]光绪帝的朱批有着明显的倾向性，"空言搪塞"是对五月十四日总理衙门议复奏折的直接批评，也是对军机处、总理衙门下次议复奏折的警告。张之洞的"坐京"（在京办事者）杨锐在密信中称：

> 康有为条陈……交总署议，驳，再下枢、译两府议。上意在必行，大约不日即须奏上。都下大为哗扰云。[2]

"上意在必行"一句，说明了光绪帝的态度，"都下大为哗扰云"一句，又说明了包括总理衙门和军机处在内京官们的集体态度。六月十五日（8月2日），军机大臣、总理衙门大臣再次议复康有为"上清帝第六书"，进行了迂回式的对抗，形成了四道明发谕旨、两道交片谕旨和一道电谕：康提议的"制度局"，变成了定期召见翰、詹、科道官员；康提议的"待诏所"，则部分开放司员士民上书；康提议的"十二局"，则成立了铁路矿务总局、命总理衙门派人往日本等国留学、要求各省加强商务局、命驻美公使"博考各国律例"的电旨；康提议的地方新政机构，则命各

---

[1] 总理衙门奏折及光绪帝朱批见国家档案局明清档案馆编：《戊戌变法档案史料》，中华书局，1958年，第7—9页；光绪帝谕旨见《光绪宣统两朝上谕档》，第24册，第229页。
[2] 《李鸿藻存稿（外官禀）》，第1函第1册，中国历史研究院图书档案馆藏，档号：甲70-10。"总署"，总理衙门。"枢"，军机处。"译"，译署，总理衙门。

地整治吏治。[1]军机处、总理衙门"成功"地驳回了康"上清帝第六书"，只是开放了司员士民上书的小口子，却未料后来由此涌进了巨浪。

从后面发生的事态来看，光绪帝对康有为"第六书"印象深刻，多次据该上书内容而下达改革谕旨。到了最后，有意设立类似于"制度局"的懋勤殿。（后将详述）

## 三　四月二十八日光绪帝召见康有为

光绪二十四年四月二十五日（1898年6月13日），翰林院侍读学士徐致靖上奏"谨保维新救时之才请特旨破格委任折"，保举康有为、黄遵宪、谭嗣同、张元济、梁启超五人，称康有为：

> 臣窃见工部主事康有为忠肝热血，硕学通才，明历代因革之得失，知万国强弱之本原。当二十年前，即倡论变法。其所著述有《彼得变政记》《日本变政记》等书，善能借鉴外邦，取资法戒。其所论变法，皆有下手处，某事宜急，某事宜缓，先后次第，条理粲然，按日程功，确有把握。其才略足以肩艰巨，其忠诚可以托重任，并世人才，实罕其比。若皇上置诸左右，以备顾问，与之讨论新政，议先后缓急之序，以立措施之准，必能有条不紊，切实可行，宏济时艰，易若反掌。

徐致靖提议光绪帝召见康有为，"若能称旨，然后不次擢用"。光绪帝当日明发谕旨：工部主事康有为"著于本月二十八日（6月16日）预备召见。"[2]光绪帝下旨时尚住在城内皇宫（紫禁城）。按照事先的安排，他将于次日前往颐和园，二十九日从颐和园返回皇宫。光绪帝会在颐和园

---

[1] 参见拙著：《从甲午到戊戌：康有为〈我史〉鉴注》，生活·读书·新知三联书店，2009年，第597—602页。
[2] 《康有为变法奏章辑考》，第230—232页；《光绪宣统两朝上谕档》，第24册，第179页。

召见康有为。

光绪帝召见康有为的谈话，当时没有记录。康有为后来有着多种回忆，即《我史》（《康南海自编年谱》，写于光绪二十四年底）、对香港《德臣报》（China Mail，今译《中国邮报》）记者发表的谈话（发表于光绪二十四年八月二十一日，即1898年10月6日）、《与赵曰生书》（写于光绪二十七年，即1901年）等等，似为不可靠。最为可靠的记录，是康有为召见后第三天所上"为恭谢天恩请御门誓众开制度局以统筹大局折"，简要谈及召见时的情况：

> 臣自顾何人，过承知遇，并蒙圣恩，许令将面对未详者，准具折条陈，并将著书进上。
> 伏承圣训，指明守旧之贻害，发明变法之宜，一叹通才之乏绝，仰见圣明天纵……伏承圣训，裘葛不能两存，皇上知之至明，实超出群臣智虑之外……
> ……变科举、开学会、译西书、广游历，以开民智，臣面对已略举之……

第一句说明光绪帝在召见时允康有为上呈条陈并进呈书籍。第二句说明光绪帝有着明确的变法思想。第三句说明康有为召见时所谈内容，即"变科举、开学会、译西书、广游历"四项。该折根据光绪帝"许令将面对未详者，准具折条陈"的旨命，宣称：

> 臣欢喜踊跃，益思自竭涓埃，以仰报圣明。臣所欲言而未详者，审时势而定从违，筹大局而定制度，誓群臣而明维新而已。[1]

也就是说，"审时势而定从违，筹大局而定制度，誓群臣而明维新"方面的内容，康召见时皆语焉未详，故作条陈以能详论。君臣两人的谈话，三天后康有为单独上折，自然不会说谎。还有一条记录值得注意，梁启超于康有为觐见的次日，四月二十九日致函其友夏曾佑："南海召见，面

---

[1]《康有为变法奏章辑考》，第251—254页。

询极殷拳,而西王母主持于上,它事不能有望也。"该信虽未涉及具体内容,但对光绪帝评价不错。[1] 梁的消息自然得自于康,对其友不会说太夸张的话。

根据这两条可靠的记录,大体可以认定,光绪帝召见时对康有为是满意的,并允其"具折条陈"和"著书进上"两项特权。(后将详述)

此次召见后,光绪帝命康有为在总理衙门章京上行走。康对这一职位是不满意的,但他并不知道,重要的人事任免权不属光绪帝,而属于慈禧太后。光绪帝已经尽量运用了他手中的权力。

## 四 康有为上书与光绪帝的改革谕旨

按照清朝的制度,康有为是没有上奏权的。前已说明,康有为要求代递"上清帝第一书""第二书""第四书""第五书",均未成功;仅"第三书"由都察院代奏成功,"第六书"由总理衙门代奏成功。由"第六书"开始,康有为将其上书交总理衙门代奏。

根据清朝档案,光绪二十四年二月十九日(1898年3月11日),总理衙门代奏康有为"上清帝第六书"(即"外衅危迫急宜及时发愤开制度新政局呈")。三月初三日,总理衙门代奏"上清帝第七书"(即"译纂《俄彼得变政记》成书折")、"为胁割旅大覆亡在即乞密联英日坚拒勿许以保疆土而存国祚折"和《俄彼得变政记》书1种。三月二十三日,总理衙门代奏"进呈《日本变政考》等书乞采鉴以御侮图存折""请照经济特科例推行生童岁科试片"和《日本变政考》《泰西新史揽要》《列国变通兴盛记》书3种。五月初四日,总理衙门代奏"为推行新政请御门誓众开制度局以统筹大局革旧图新以救时艰折""请商定教案法律厘正科举文体听天下乡邑增设文庙并呈《孔子改制考》以尊圣师保大教绝祸萌折"

---

[1] 丁文江、赵丰田编:《梁启超年谱长编》,上海人民出版社,1983年,第121页。"西王母",指慈禧太后。五月初七日,梁启超致夏曾佑信称:"二十八日康先生召见,闻今上圣明,诸大臣皆无及者,实出意外。"(出处同上)可见康、梁对光绪帝有极高的评价。

和《孔子改制考》书1种。七月初五日，总理衙门代奏"请开农学堂地质局以兴农殖民折"。以上，总理衙门代奏康有为折片共计8件。按照当时的规定，重要奏折呈送慈禧太后，军机处分别于三月二十三日、五月初四日、七月初五日将康有为8件折片呈送慈禧太后。

前节已叙，光绪二十四年四月二十八日光绪帝召见康有为，当面允准康有为可"具折条陈"。现有的研究已经证明，康有为通过军机大臣、总理衙门大臣、刑部尚书廖寿恒代递其条陈，一共是10件："请以爵赏奖励新艺新法新书新器新学设立特许专卖折"（五月初八日）；"请改直省书院为中学堂乡邑淫祠为小学堂以广教育而成人才折""请将优、拔贡朝考改试策论片"（以上一折一片可能在五月十五日至二十一日之间）；"为商务不兴民贫财匮请立商政以开利源而杜漏卮折"（六月初七日）；"恭谢天恩条陈办报事宜折""请定中国报律片"（以上两折一片为六月十三日）；"为万寿庆辰乞许士民庆祝并刊贴新政诏书嘉惠士农工商以教尊亲而隆恩谊宜人心而永天命折""为万寿大庆乞复祖制行恩惠宽妇女裹足以保民保国延生气而迓天庥折"（以上两折为七月初二日）；"恭谢天恩并陈编纂群书以助变法请及时发愤速筹全局以免胁制而图保存折""厘定官制请分别官差以行新政折"（以上两折为七月十三日）。康的10件折片因呈递渠道的原因而未呈送慈禧太后。

对于康有为的以上18件折片，光绪帝十分重视，命内府抄录一份，并题名《杰士上书汇录》。"杰士"应属光绪帝给康的评价，而专题抄录、装订成册，是方便光绪帝随时查阅，不必专门调档。《杰士上书汇录》现存于故宫博物院图书馆，黄绫装，一函3册，由此而找到了康在戊戌变法期间所上条陈的可靠版本。（康后来出版改纂甚多、自吹自擂的《戊戌奏稿》，作伪且误史家。）光绪帝还根据康的条陈而发布改革谕旨，最为直接的有4项：

一、光绪二十四年五月初二日，御史曾宗彦上奏"振兴农工二务折"，其中提出了"准专利以利百工"，光绪帝交总理衙门议复。[1] 五月初八日，康有为上呈"请以爵赏奖励新艺新法新书新器新学设立特许专

---

[1]《戊戌变法档案史料》，第385—387页；《光绪宣统两朝上谕档》，第24册，第203页。

卖折",主张学习西方,设立专利制度。[1]由于该条陈是由廖寿恒代递的,不合常规体制,在档案中看不到光绪帝的处理意见。五月十六日,总理衙门议复曾宗彦折,表示赞成,但光绪帝当日下发的谕旨没有专利权的内容。直到第二天,五月十七日,光绪帝明发上谕:

> 自古致治之道,必以开物成务为先。近来各国通商,工艺繁兴,风气日辟。中国地大物博,聪明才力,不乏杰出之英。只以囿于旧习,未能自出新奇。现在振兴庶务,富强至计首在鼓励人才。各省士民著有新书及创行新法、制成新器,果系堪资实用者,允宜悬赏以为之劝,或量其材能试以实职,或锡之章服表以殊荣,所制之器,颁给执照,酌定年限,准其专利售卖。其有能独力创建学堂,开辟地利,兴造枪炮各厂,有裨于经国远猷殖民大计,并著照军功之例,给予特赏,以昭激厉。其如何详定章程之处,著总理各国事务衙门即行妥议具奏。[2]

此为清朝建立专利制度。尽管相关的规定尚未分清专利权、特许权、政府奖励的差别,但毕竟是中国历史上的首次。从谕旨内容来看,是由曾宗彦奏折、康有为条陈和总理衙门议复奏折综合的,康有为条陈起了主导性作用。

二、大约在五月二十一日之前,康有为通过军机大臣廖寿恒代递"请改直省书院为中学堂乡邑淫祠为小学堂以广教育而成人才折"。[3]光绪帝收到后,未交总理衙门或礼部议复,而是直接命军机处拟旨,并朱笔亲改,所花费的时间超过一天。五月二十二日,光绪帝发下朱笔亲改的明发谕旨:

> 前经降旨开办京师大学堂,入堂肄业者,由中学、小学以次而

---

[1] 《康有为变法奏章辑考》,第271—274页。
[2] 《戊戌变法档案史料》,第387—389页;《光绪宣统两朝上谕档》,第24册,第229—231页。相关的内容又可参见本书第五篇《戊戌年光绪帝改革谕旨研究》第二节第12目。
[3] 《康有为变法奏章辑考》,第290—294页。

戊戌时期康有为与光绪帝

升，必有成效可睹。惟各省中学、小学尚未一律开办，综计各直省省会暨府厅州县，无不各有书院，著各该督抚，督饬地方官，各将所属书院坐落处所、经费数目，限三（朱笔将"三"字改为"两个"）月内详查具奏。即将各省府厅州县现有之大小书院，一律改为兼习中学、西学之学校。至于学校等级，自应以省会之大书院为高等学，郡城之书院为中等学，州县之书院为小学。皆颁给京师大学堂章程，令其仿照办理。其地方自行捐办之义学、社学等，亦令一律中西兼习，以广造就。至各书院需用经费，如上海电报局、招商局及广东闱姓规，当（朱笔删"当"字，加"闻颇"两字）有溢款，此外如有（朱笔删"如有"两字）陋规滥费，当亦不少（以上四字朱笔加），著该督抚尽数提作各学堂经费。各省绅民，如能捐建学堂，或广为劝募，准各督抚按照筹捐数目，酌量奏请给奖。其有独力措捐巨款者，朕必予以破格之赏。所有中学、小学应读之书，仍遵前谕，由官设书局编译中外要书，颁发遵行。至如民间祠庙，其有不在祀典者，不妨（朱笔删"不妨"两字，加"即著"两字）由地方官酌量（朱笔删"酌量"两字，加"晓谕居民一律"六字）改为学堂，以节靡费而隆教育。似此实力振兴，庶几风气遍开，人无不学，学无不实，用副朝廷爱养成材至意。[1]

朱笔为皇帝专用。光绪帝朱笔修改此旨，说明对此旨的重视。从朱改的内容看，大多为加重语气。其中最重要的一处修改，是将"至如民间祠庙，其有不在祀典者，不妨由地方官酌量改为学堂"，改为"至如民间祠庙，其有不在祀典者，即著由地方官晓谕居民一律改为学堂"；此即后来大规模"庙产兴学"的先声。同日，光绪帝又向各省督抚发出电寄谕旨：

> 各该省会及各府厅州县书院共若干？每年通省实用束修膏火共

---

[1] 军机处《洋务档》《随手登记档》光绪二十四年五月二十一、二十二日。据二十一日《洋务档》，与朱改上谕同时下发的还有光绪帝朱笔："著照此改谕旨，今日发抄。此件明日见面时缴回。"同日军机处《随手登记档》又记："递上，朱改发下。朱谕明日恭交。另抄，并填日期。"根据这些记录，该谕旨的形成过程比较长，至少前一天就起草了。

若干？速即查明确数，电复。[1]

光绪帝发出电旨，是害怕明发谕旨用驿递系统寄到各省时间过长，而用电报先告之。这两道谕旨试图建立起全国性的小学、中学、大学的教育体系，也是中国历史上的首次。此项改革谕旨的内容大多采自康有为的条陈。

三、六月初七日，据军机处《随手登记档》，光绪帝"发下康有为条陈折片各一件"，该折即是"为商务不兴民贫财匮请立商政以开利源而杜漏卮折"。[2] 康有为强调设立商务机构的重要性，特别指出各省"虚应故事"：

> ……前岁御史王鹏运请开商务局，奉谕旨施行。惟各省督抚，多不通时变，久习因循，故奉旨两年，各省未见举办。顷虽再下明诏，疆臣必仍置若罔闻。窃谓朝廷若不设立商部，乞即以总理各国事务衙门领之。令各省皆设立商务局，皆直隶总理衙门，由商人公举殷实谙练之才数人办理，或仿照广东爱育堂商董轮办章程办理。

康有为提议在上海试办，并保举沈善登、谢家福、经元善、严作霖、龙泽厚五人。光绪帝为之打动，直接发出廷寄谕旨给两江总督刘坤一、湖广总督张之洞：

> 振兴商务，为目前切要之图，叠经谕令各省认真整顿，而办理尚无头绪。泰西各国首重商学，是以商务勃兴，称雄海外。中国地大物博，百货浩穰，果能就地取材，讲求制造，自可以暗塞漏卮，不致利归外溢。著刘坤一、张之洞，拣派通达商务明白公正之员绅，试办商务局事宜。先就沿海沿江，如上海、汉口一带，查明各该省

---

[1] 中国第一历史档案馆编：《清代军机处电报档汇编》，中国人民大学出版社，2005年，第2册，第75页。相关的内容又可参见本书第五篇《戊戌年光绪帝改革谕旨研究》第二节第14目。

[2] 中国第一历史档案馆编：《清代军机处随手登记档》，国家图书馆出版社，2013年，第149册，第567页。

所出物产，设厂兴工，果使制造精良，自能销路畅旺，日起有功。应如何设立商学、商报、商会各端，暨某省所出之物产，某货所宜之制造，并著饬令切实讲求。务使利源日辟，不令货弃于地，以期逐渐推广，驯致富强。事属创办，总以得人为先，该督等慎选有人，即著将拟定办法迅速奏闻，毋稍迟缓。〔1〕

此后，张之洞、刘坤一向光绪帝报告了汉口、上海商务局设置的情况。此是清朝在通商口岸初次建立官办商务机构。

四、七月初五日，总理衙门代奏康有为"请开农学堂地质局以兴农殖民折"，称"查古者有大农官，唐、宋有劝农使，外国皆有农商部，可否立农商局于京师，而立分局于各省，以统率之"。光绪帝为此明发谕旨：

总理各国事务衙门代奏工部主事康有为条陈，请兴农殖民以富国本一折。训农通商为立国大端。前经叠谕各省整顿农务、工务、商务，以冀开辟利源。各处办理如何，现尚未据奏报。万宝之原皆出于地，地利日辟则物产日阜，即商务亦可日渐扩充。是训农又为通商惠工之本。中国向本重农，惟尚无专董其事者以为倡导，不足以鼓舞振兴。著即于京师设立农工商总局，派直隶霸昌道端方，直隶候补道徐建寅、吴懋鼎为督理。端方著开去霸昌道缺，同徐建寅、吴懋鼎均赏给三品卿衔，一切事件准其随时具奏。其各省府州县皆立农务学堂，广开农会，刊农报，购农器，由绅富之有田业者试办，以为之率。其工学、商学各事宜，宜亦著一体认真举办，统归督办农工商总局大臣随时考察。各直省即由该督抚设立分局，遴派通达时务公正廉明之绅士二三员，总司其事。所有各局开办日期及派出办理之员，并著先行电奏。此事创办之始，必须官民一气，实力实心，方可渐收成效……〔2〕

---

〔1〕《康有为变法奏章辑考》，第303—307页；军机处《洋务档》光绪二十四年六月初七日。相关的内容又可参见本书第五篇《戊戌年光绪帝改革谕旨研究》第二节第7目。
〔2〕《康有为变法奏章辑考》，第341—342页；《光绪宣统两朝上谕档》，第24册，第308页。相关的内容又可参见本书第五篇《戊戌年光绪帝改革谕旨研究》第二节第7目。

由此在中央设立了农工商总局，并在各省设立分局。这是清朝首次设立经济与社会的政府管理机构。

此外，还有一项，很可能与康有为条陈有关。光绪二十四年五月十八日，礼部上奏"考试拔贡请钦命题目折""考试拔贡是否改用策论片"，光绪帝发下交片谕旨："拔贡朝考、复试两场题目均著改为一论一策。"而在此期间，康有为曾上"请将优、拔贡朝考改试策论片"，不知对光绪帝下达此旨是否有影响。[1]

除了上面18件折片外，戊戌时期康有为还通过翰林院侍读学士徐致靖、御史宋伯鲁、杨深秀、陈其璋等人上奏由其撰写的奏章，梁启超也替仓场侍郎李端棻起草奏章。这些奏章对光绪帝的决策发生了影响。我曾经做过统计，光绪二十四年（戊戌，1898）光绪帝共发布27项138道改革谕旨，由康有为一派（康有为、梁启超、李端棻、徐致靖、宋伯鲁、杨深秀等人）提出的为8项；由他人最初提出、后由康有为一派所主导的，有3项。康有为一派对光绪帝的影响力最大，对改革谕旨所起的作用也最大。[2]

晚清重臣李鸿章因甲午战败而失去权柄，此时以文华殿大学士、总理衙门大臣之职在京闲赋。他对此期朝政有相当细致的观察，也有深刻的体会，光绪二十四年五月二十八日给其子李经方信中称：

> 朝廷锐意振兴，讲求变法，近日明诏多由康有为、梁启超等怂恿而出，但法非人不行，因循衰惫者，岂有任事之才，不过敷衍门面而已。附寄总署所上大学堂章程一本，钞报已见。此即樵野倩梁启超捉刀者，内有不可行，孽臣拟稍变通，恐办不好。然八股八韵俱奉旨罢废，以后改试时务、策论，学生除读经史外，宜更习他端。

六月二十九日给李经方信中又称：

---

〔1〕 军机处《随手登记档》，光绪二十四年五月十八日；《光绪宣统两朝上谕档》，第24册，第232页；《康有为变法奏章辑考》，第295页。
〔2〕 相关的内容可参见本书第五篇《戊戌年光绪帝改革谕旨研究》第二节。

  学堂之事，上意甚为注重，闻每日与枢廷讨论者，多学堂、工商等事，惜瘦驽庸懦辈不足赞襄，致康有为辈窃东西洋皮毛，言听计从……燮臣管学，徇清流众议，以中学为主，恐将来不能窥西学堂奥，徒糜巨款耳……[1]

由于是对其儿子所言，故能说心里话。此中可看出康有为、梁启超对光绪帝的影响力，也透露出他对康、梁与变法的担心。而此期盛宣怀的姻侄冯敩高给盛宣怀的密信中亦称：

  近来谕旨大半皆康有为之条陈，圣上急于□治，遂偏信其言。然闻康君之心术不正，都人士颇切杞忧也……创设大学堂，孙协揆所派提调、教习等人，皆不满人意。闻所定章程，有类乎义塾。但此事系中国兴衰关健〔键〕，如办不好，从此休矣。故有心人恒为惜之。[2]

冯敩高的看法与李鸿章相同，即康有为条陈对光绪帝有相当大的影响力，都中官员对此十分担忧。

## 五　进呈图书

  前已叙及，光绪二十四年二月二十日，即总理衙门代递康有为"上清帝第六书"的次日，康有为将"译纂《俄彼得变政记》成书折"（即"上清帝第七书"）与《俄彼得变政记》递到总理衙门，要求进呈。总理

---

[1] 顾廷龙、戴逸主编：《李鸿章全集》，安徽教育出版社，2008年，第3ttt，信函八，第184、188页。"樵野"，总理衙门大臣、户部侍郎张荫桓。"燮臣"，协办大学士、工部尚书、管理大学堂事务大臣孙家鼐。

[2] 上海图书馆编：《上海图书馆藏盛宣怀档案萃编》，上海古籍出版社，2008年，上册，第178页。整理者误将冯敩高指为盛宣怀的女婿。根据信中内容，该信写于光绪二十四年六月二十三日。"孙协揆"，协办大学士孙家鼐。

衙门于三月初三日将该书、"第七书"及另一条陈进呈光绪帝。三月二十日，康有为向总理衙门递交条陈两件和《日本变政考》《泰西新史揽要》《列国变通兴盛记》书3种，要求进呈。三月二十三日，总理衙门将之进呈光绪帝。以上共计书4种。

《俄彼得变政记》是叙述彼得大帝改革的著作，康有为在"上清帝第七书"中称：

> 臣窃考之地球，富乐莫如美，而民主之制，与中国不同；强盛莫如英、德，而君民共主之制，仍与中国少异。惟俄国其君权最尊，体制崇严，与中国同。其始为瑞典削弱，为泰西摈鄙，亦与中国同。然其以君权变法，转弱为强，化衰为盛之速者，莫如俄前主大彼得。故中国变法，莫如法俄；以君权变法，莫如采法彼得。
>
> 职披考西书，得彼得本传，即为译出，旁搜记乘，稍益加详，于是彼得行事粗见本末矣。考彼得之能辟地万里，创霸大地者，岂有他哉！不过纡尊降贵，游历师学而已。以欲变法自强之故，而师学他国，非徒纡尊降贵，且不惜易服为仆隶，辱身为工匠焉。凡强敌之长技，必通晓而摹仿之。凡万国之美法，必采择而变行之……[1]

其中最重要的一句是"以君权变法"，不再提议院。《日本变政考》是一部多达七卷的著作，康有为在"译纂《日本变政考》成书折"中称：

> ……皇上乾纲独揽，既无日本将军柄政之患，臣民指臂一体，又无日本去封建藩士之难。但开制度、民政之局，拔天下通达之才，大誓群臣，以雪国耻，取日本更新之法，斟酌草定，从容行之，章程毕具，流弊绝无，一举而规模成，数年而治功著，其治效之速，非徒远过日本，真有令人不可测度者……

康有为仍强调君权的重要性，"但开制度、民政之局，拔天下通达之才，

---

[1] 《康有为变法奏章辑考》，第168—171页。

大誓群臣",强调的还是"上清帝第六书"的内容,即以日本事例来证明其"第六书"所言的正确性。还需注意的是,在该折之末,康又称:

> 臣尚有《英国变政记》《法国变政记》《德国威廉第三作内政记》《波兰分灭记》《大地兴亡法戒》,略尽于是矣。若承垂采,当续写进,伏乞皇上圣鉴。[1]

由此可见康有编书进呈光绪帝的计划,但这一计划后来没有完全实现。《泰西新史揽要》是英国人马恳西(Robert Mackenzie)所作《十九世纪史》(History of the Nineteenth Century),1889年在伦敦出版,叙述了19世纪西方各国发展的历史。该书由英国传教士李提摩太(Timothy Richard)等人翻译,光绪二十年(1894)在广学会主办的《万国公报》上摘要发表,次年由广学会出全本,24卷8册,成为当时热门书。《列国变通兴盛记》是李提摩太的著作,4卷:《俄罗斯变通兴盛记》《日本变通兴盛记》《印度变通兴盛记》《缅甸、安南变通兴盛记》,光绪二十年(1894)由广学会出版。

对于康有为此次条陈及呈书,光绪帝做出了反应,将康历次条陈及进呈图书全部呈送慈禧太后。当日,即三月二十三日(4月13日)军机处给慈禧太后的奏片称:

> ……据总理各国事务王、大臣奏,代递康有为条陈折,附该主事折一件,片一件,并所递《日本变政考》《泰西新史揽要》《列国变通兴盛记》三种,又总理各国事务衙门两次代递康有为折二件,附该主事原呈三件,并所递《俄彼得变政考》一件,谨汇齐各件,同本日封奏各折片,一并恭呈慈览。[2]

---

[1]《康有为变法奏章辑考》,第184—187页。
[2] 军机处《洋务档》,光绪二十四年三月二十三日;《军机处汉文档册》207-3-50-3-1912-1913(胶片号13)。又,翁同龢当日日记称:"总署代康有为条陈折,变法,片一件,岁科试改去八股,并书三部,《日本变政记》《各国振兴记》《泰西新史摘要》……命将康折并书,及前两次折,并《俄彼得变政记》,皆呈慈览。"(《翁同龢日记》,第7卷,第3161—3162页)

由此可以感受到光绪帝的赞许态度。据现存档案，进呈慈禧太后的图书并没有退回（今天亦尚未找到），光绪帝让翁同龢传令康有为再写一份，以供其翻阅。四月初七日，翁同龢在其日记中称：

> 上命臣索康有为所进书，令再写一分递进，臣对与康不往来。上问何也，对以此人居心叵测。日前此何以不说，对臣近见其《孔子改制考》知之……

次日，翁同龢在日记中又称：

> ……上又问康书，臣对如昨。上发怒诘责，臣对传总署令进。上不允，必欲臣诣张荫桓传知。臣曰张某日日进见，何不面谕，上仍不允。退乃传知张君，张正在寓也……[1]

康有为由此再次进呈《日本变政考》，具体时间档案中没有记录，很可能是张荫桓觐见时代为进呈的。康的《日本变政考》第二次进呈本，今存故宫博物院图书馆，共7卷。

同年五月初四日（6月22日），总理衙门代奏康有为条陈两件和《孔子改制考》。康没有进呈《孔子改制考》刻印本，而是进呈了其抄写本，且不是全文，仅选其中9卷。进呈本有序言一篇，与刊印本相比，有较大的改动。其各卷为：

> 卷一、上古茫昧无稽考；卷二、儒教为孔子所创考；卷三、孔子为制法之王考；卷四、孔子创儒教改制考；卷五、六经皆孔子改制所作考；卷六、儒墨最盛并称考；卷七、鲁国全从儒教考；卷八、儒教遍传天下战国秦汉尤盛考；卷九、武帝后儒教一统考。

---

[1]《翁同龢日记》，第7卷，第3177页。

康没有将其思想完整地上呈于光绪帝,做了部分隐瞒。[1]而康少抄12卷进呈之真实用意,我还不太清楚。查当日《上谕档》军机处给慈禧太后的奏片,仅将康条陈两件呈送慈禧太后,未将《孔子改制考》(进呈本)送慈禧太后。《孔子改制考》进呈本现藏于故宫博物院图书馆,一函9册,黄色封面、黄丝线订、黄绫包角,武英殿修书处重新装帧过。

同年七月初五日(8月21日),康有为上呈"请开农学堂地质局以兴农殖民折",称言:"……臣购得《日本地产一览图》,恭呈御览。"可知康已进呈该图。该图在故宫博物院或中国第一历史档案馆尚未发现。[2]

此外,康有为还进呈了两部书,一是《光绪二十三年列国政要比较表》,二是《波兰分灭记》。《光绪二十三年列国政要比较表》是英国著名年鉴手册 The Statesman's Yearbook 的新版摘译本。[3]该书1874年版由美国传教士林乐知(Young John Allen)等人翻译,以《列国岁计政要》为名,于1878年在江南制造局出版,影响甚大。由于资料陈旧,《知新报》英文翻译周逢源翻译新版,以《丁酉列国岁计政要》为名,在《知新报》第24至42册上连载(未完)。康有为进呈的《光绪二十三年列国政要比较表》,即是周逢源译《丁酉列国岁计政要》之"卷首·表"一卷,共有13表:

---

[1] 与大同译书局刊印本二十一卷相比,进呈本卷一为刊印本卷一;进呈本卷二、三、四、五为刊印本卷七、八、九、十;进呈本卷六、七、八、九为刊印本卷十八、十九、二十、二十一。又,孔祥吉称:"刊印本序言与进呈本比较,改动非常之大。前者言民权,后者言君权;前者倡大同,后者倡孔教。康氏将原刊本中开头与结尾的以孔子纪年,以及序文中多处出现的'太平之治''大同之乐'几乎全部删去,而增加了原刊本中没有的'以天统君,以君统民,正五伦,立三纲,而人人知君臣父子之义'等内容。"(《康有为变法奏章辑考》,第419页)对此,我是同意的。

[2] 朱梦忭认为,《日本地产一览图》是日本农商务省地质局1889年出版的《日本地产一览图》。相关的研究,可参见朱梦忭:《康有为进呈书籍〈日本地产一览图〉考——兼论其农业改革思想的"东学背景"》,《或问 WAKUNOM》(日本关西大学)第39号,2021年。

[3] The Statesman's Yearbook 由英国麦丁富得力(Frederick Martin)编辑,于1864年出版第一版,以后每年更新资料发行新版,迄今从未间断。1864—1883年由Frederick Martin 编辑。1883—1926年由著名苏格兰记者John Scott-Keltie 接办编辑,成为世界知名的工具书。该书2022年版,已由Palgrave Macmillan 出版。

第一、各洲诸国名号表；第二、各国比较地数表；第三、各国比较民数表；第四、各国比较每英方里人数表；第五、各国比较学校生徒人数表；第六，各国比较商务表；第七，各国比较铁路匀算方里表；第八、各国比较电线匀算方里表；第九、各国比较出洋轮船夹板装载吨数表；第十、各国比较邮政进款表；第十一、各国比较国债钱粮并以钱粮抵还国债表；第十二、各国比较教民表；第十三、各国比较铁甲快船表。[1]

与周逢源译《丁酉列国岁计政要》之"卷首·表"相比较，康的进呈本只是将第十三表"各国君民主表"改为"各洲诸国名号表"，列为第一表，另"民数""地数"的表次稍有变动。改动的原因，自然是原"各国君民主表"分"民主国""君民共主国""君主国"，恐引起政治上的责难和光绪帝的不快。[2] 康有为著有序言并在每表后附有案语，大意为：各国兼并加剧，国家数量减少，中国民数、地数虽多，但摊之财政、铁路、学校诸项，为最弱最贫国，由此急需变法维新。康有为进呈该书的时间不能确定，应在光绪二十四年六月。《光绪二十三年列国政要比较表》进呈本，现藏于故宫博物院图书馆。《波兰分灭记》是康有为的著书，共7卷，装订成3册，其纲目为：

卷一、波兰分灭之由第一，波兰旧国第二；卷二、俄女皇卡他利那专擅波兰第三，俄使恣捕波兰义士第四，波兰志士谋复国权与俄战第五；卷三、俄人专擅波王废立第六；卷四、俄、土争波兰义士起爱国党第七；卷五、普奥俄分波兰之原第八，俄、普、奥第一次迫割波兰第九；卷六、俄胁波兰废其变法为第二次分割第十；卷七、波兰第三次分割而灭亡第十一。

该书称波兰因守旧、不变法而导致亡国。然波兰之瓜分，并非在于其守

---

[1] 《康有为变法奏章辑考》，第428—430页。
[2] 《〈丁酉列国岁计政要〉目录》，《知新报》第24册，光绪二十三年六月十一日，上海社会科学院出版社影印本，1996年，上册，第219页。

旧或变法，而是当时国际政治形势之使然。康有为巧妙地改编了波兰历史，将之简约为变法即存、守旧即亡的逻辑，甚至称言"今吾贵族大臣未肯开制度局以变法也"，点出"制度局"这一核心。[1]该书进呈时间大约在六月初七日至十四日（7月25日至8月1日）之间。《波兰分灭记》（进呈本）今存于故宫博物院图书馆，黄色纸面、黄丝线订、黄绫包角，另有黄绫封套，武英殿修书处重新装帧过。

还应注意的是，除了康有为之外，梁启超也向光绪帝进呈其重要著作《变法通议》。[2]

康有为进呈的书籍，对光绪帝发生了什么影响呢？前引《翁同龢日记》，称光绪帝要求"再写一分"，说明光绪帝的阅读需要；而今故宫藏本多用黄丝线黄绫重新装帧，似又可说明光绪帝的重视，以能方便阅读。而最重要的一条线索来源于《杰士上书汇录》卷三，即七月十三日康有为所上"恭谢天恩并陈编纂群书以助变法请及时发愤速筹全局以免胁制而图保存折"，称言：

> 窃臣于本月初五日（8月21日）奉到总理衙门传旨："著赏康有为银二千两，以为编书津贴之费等因。钦此。"祗领之下，感悚莫名……囊者受对温室，渥荷纶言，许其广事搜罗，悉以上尘乙览，日夕兢惕，方惧弗胜，乃承高厚之恩，恤其写官之费……[3]

这一条谕旨不载于军机处档册，当属光绪帝的口谕；又据康有为《我史》（《康南海自编年谱》），光绪帝的赏银由总理衙门章京李岳瑞颁来，可见此事并不声张；光绪帝用"赏银""津贴"的方式，表示对康有为进呈书籍的赞许。还有一条记录值得注意，梁启超五月十七日致信夏

---

[1] 《波兰分灭记·序》，姜义华、张荣华编校：《康有为全集》第4集，中国人民大学出版社，2007年，第397页。

[2] 故宫博物院图书馆收藏了梁启超的《变法通议》（进呈本），共有两个版本，其中一个属内府抄本。相关的研究，可参见拙文：《梁启超〈变法通议〉进呈本阅读报告》，《近代史研究》2016年第6期；《戊戌时期康有为、梁启超的思想》，生活·读书·新知三联书店，2021年，第521—529页。

[3] 《康有为变法奏章辑考》，第349页。

曾佑称：

> 新政来源真可谓令出我辈，大约南海先生所进《大彼得变政记》《日本变政记》两书，日日流览，因摩出电力，遂于前月二十间有催总署议复先生条陈制度局之议。[1]

## 六　保全康有为

最能说明光绪帝与康有为关系的，是光绪帝对康有为的保全。前后共计5次。

光绪二十四年五月初二日（1898年6月20日），御史宋伯鲁、杨深秀上奏由康有为代拟的"礼臣阻挠新政请予罢斥折"，弹劾总理衙门大臣、礼部尚书许应骙，称其"遇有通达时务之士，则疾之如仇……"等。光绪帝明发谕旨："御史宋伯鲁、杨深秀奏礼臣守旧迂谬阻挠新政一折，著许应骙按照所参各节，明白回奏。"[2] 光绪帝此处再用"明发"而不是"交片"，以显示其倾向性。五月初四日，许应骙上奏"遵旨明白回奏折"，全面驳斥宋、杨的指责，对"遇有通达时务人士"一节，称言：

> 该御史谓臣仇视通达时务之士，似指工部主事康有为而言。盖康有为与臣同乡，稔知其少即无行，迨通籍旋里，屡次构讼，为众论所不容。始行晋京，意图侥幸，终日联络台谏，夤缘要津，托词西学，以耸观听。即臣寓所，已干谒再三，臣鄙其为人，概予谢绝。嗣又在臣省会馆私行立会，聚众至二百余人，臣恐其滋事，复为禁止，此臣修怨于康有为之所由来也。比者饬令入对，即以大用自负，向乡人扬言，及奉旨充总理衙门章京，不无觖望。因臣在总署，有堂属之分，亟思中伤，捏造浮辞，讽言官弹劾，势所不免……今康

---

[1]《梁启超年谱长编》，第121—122页。
[2]《戊戌变法档案史料》，第5—6页；《光绪宣统两朝上谕档》，第24册，第203页。

> 有为逞厥横议,广通声气,袭西报之陈说,轻中朝之典章,其建言既不可行,其居心尤不可问,若非罢斥驱逐回籍,将久居总署,必刺探机密,漏言生事;长住京邸,必勾结朋党,快意排挤,摇惑人心,混淆国事,关系非浅。臣疾恶如仇,诚有如该御史所言者。

许应骙作为当时的重臣,明言批责康有为,属重大政治举动。按照通常的处理方式,光绪帝应下旨派员查明,或命康也"明白回奏"。光绪帝却将此事压了下去,明发谕旨:

> 许应骙奏遵旨明白回奏一折。该尚书被参各节,既据逐一陈明,并无阻挠等情,即著毋庸置议。礼部有总司贡举学校之责,总理衙门办理交涉事件,均关紧要。该尚书嗣后遇事,务当益加勉励,与各堂官和衷商榷,用副委任。[1]

光绪帝明显选边站,没有去追究康有为、宋伯鲁、杨深秀;"务当益加"等嘉辞之下,也流露出一些对许应骙的不满。此为第一次。

同年五月二十日(7月8日),御史文悌上奏"参御史宋伯鲁等党庇诬罔折",揭露宋伯鲁、杨深秀上奏"礼臣阻挠新政请予罢斥折"是康有为所策划的,列举康的种种罪状,声称手中掌有物证。光绪帝收到此折后,十分犹豫,按照通常的处理方式,须将康有为、宋伯鲁、杨深秀查办。《上谕档》录有两份军机处给慈禧太后的奏片:第一件称"御史文悌奏言官党庇诬罔折,面奉谕旨'存,候酌核'";第二件称"御史文悌奏言官党庇诬罔折,奉明发谕旨一道"。可见光绪帝最初的处理方案只是将文悌奏折"存",以后再"酌核",以能息事宁人;而最终的决定是直接驳回,光绪帝明发谕旨:

> 御史文悌奏言官党庇诬罔荧听请旨饬查一折。据称,御史宋伯

---

[1] 《军机处录副奏折》03-9447-009 (该折多有抄录,流传较广。《翼教丛编》以"许筠庵尚书明白回奏折"刊刻,见该书上海书店出版社版,第26—28页);《光绪宣统两朝上谕档》,第24册,第205页。

鲁、杨深秀前参许应骙,显有党庇荧听情事,恐启台谏改击之风等语。该御史所奏难保非受人唆使。向来台谏结党攻讦,各立门户,最为恶习。该御史既称为整肃台规起见,何以躬自蹈此。文悌不胜御史之任,著回原衙门行走。[1]

光绪帝旨意十分明确,公开维护康有为,将文悌退回原衙门即回任户部员外郎,并上报慈禧太后。此为第二次。

同年五月二十九日(7月17日),协办大学士、吏部尚书孙家鼐上奏"译书局编译各书宜由管学大臣进呈并请禁止悖谬之书折",要求削减梁启超编译教科书的权力,严厉攻击康有为"孔子改制称王"论:

……《孔子改制考》第八卷中孔子制法称王一篇,杂引谶纬之书,影响附会,必证实孔子改制称王而后已。言《春秋》既作,周统遂亡,此时王者即是孔子。无论孔子至圣,断无此僭乱之心。即使后人有此推尊,亦何必以此事反复征引教化天下乎?方今圣人在上,奋发有为,康有为必欲以衰周之事行之今时,窃恐以此为教,人人存改制之心,人人谓素王可作,是学堂之设,本以教育人才,而转以蛊惑民志,是导天下于乱也。履霜坚冰,臣窃惧之。皇上命臣节制各省学堂,一旦犯上作乱之人即起于学堂之中,臣何能当此重咎?臣以为康有为书中凡有关孔子改制称王字样,宜明降谕旨亟令删除,实于风俗人心大有关系。

孙家鼐是光绪帝的师傅,翁同龢罢免后,光绪帝对他颇为倚重,命他为管理大学堂大臣。对孙家鼐所言"犯上作乱"的严厉指控,光绪帝并没有"明降谕旨",而仅发下交片谕旨:

本日贵协办大学士具奏:主事康有为所著孔子改制一书,凡有关孔子改制考称王字样,宜亟令删除等语,军机大臣面奉谕旨:"著

---

[1] 《翼教丛编》,第28—35页;《光绪宣统两朝上谕档》,第24册,第233页。

孙家鼐传知康有为遵照。"[1]

光绪帝的态度，是尽可能低调处理，并上报慈禧太后。康有为后来亦上奏"恭谢天恩并陈编纂群书以助变法请及时发愤速筹全局以免胁制而图保存折"，自辩称："即如《孔子改制考》一书，臣别有苦心，诸臣多有未能达此意者"；又称："此书由石印而非刻板"，"于下次再印时改正"。康在折中还特别要求光绪帝降旨将《孔子改制考》易名《孔子变法考》，以能获得"御名"。[2] 光绪帝未表示态度。此为第三次。

同年五月二十七日（7月15日），湖南巡抚陈宝箴上奏"请厘正学术造就人才折"，要求光绪帝命康有为将《孔子改制考》"自行销毁"。光绪帝于六月十八日收到此折后，下发交片谕旨给孙家鼐：

> 谭继洵奏请变通学校科举、陈宝箴奏请厘正学术各一折，著孙家鼐于明日寅刻赴军机处，详细阅看，拟具说帖呈进。[3]

这是一件奇特的交片谕旨，光绪帝没有将陈宝箴的奏折发给或抄给孙家鼐，而是让他到军机处"详细阅看"。孙家鼐由此而上呈说帖，措辞严于陈宝箴：

> 臣谨将康有为书中最为悖谬之语，节录于后，请皇上留心阅看……臣观湖广总督张之洞著有《劝学篇》，书中所论皆与康有为之书相反，盖深恐康有为之书煽惑人心，欲救而正之，其用心亦良苦矣。皇上下诏褒扬，士大夫捧读诏书，无不称颂圣明者……今陈宝箴请将康有为《孔子改制考》一书销毁，理合依陈宝箴所奏，将全

---

[1] 北京大学、中国第一历史档案馆等编：《京师大学堂档案选编》，北京大学出版社，2001年，第45—47页；《光绪宣统两朝上谕档》，第24册，第248页。
[2] 《康有为变法奏章辑考》，第349—355页。
[3] 汪叔子等编：《陈宝箴集》，中华书局，2003年，上册，第777—781页；《光绪宣统两朝上谕档》，第24册，第280页。

书一律销毁,以定民志而遏乱萌。[1]

孙家鼐明言《劝学篇》与康有为思想之对立,并开列"最为悖谬之语",要求"将全书一律销毁"。孙的这份说帖进呈情况在档案中未见记录,应是当面呈交的,光绪帝却没有相应的谕旨下发,也未上报慈禧太后。此为第四次。

同年七月二十七日(9月12日),都察院代奏湖南举人曾廉条陈"应诏陈言折",弹劾康有为、梁启超:

> 臣窃见工部主事康有为,迹其学问行事,并不足与王安石比论,而其字则曰"长素"。长素者,谓其长于素王也。臣又观其所作《新学伪经考》《孔子改制考》诸书,熻乱圣言,参杂邪说,至上孔子以神圣明王传世教主徽号。盖康有为尝主泰西民权平等之说,意将以孔子为摩西,而己为耶稣;大有教皇中国之意,而特假孔子大圣借宾定主,以风示天下。故平白诬圣,造为此名,其处心积虑,恐非寻常富贵之足以厌其欲也……梁启超在康有为之门,号曰"越赐",闻尚有"超回"等名,亦思驾孔门而上之……臣谓皇上当斩康有为、梁启超,以塞邪慝之门,而后天下人心自靖,国家自安。

曾廉条陈另有一附片,摘录梁启超在湖南时务学堂任总教习时在生徒日记上批语4条,其中一条为:"屠城屠邑,皆后世民贼之所为,读《扬州十日记》,令人发指眦裂,故知此杀戮世界,非急以公法维之,人类或几乎息矣。"[2] 曾廉条陈之内容,极具攻击性,相当于重磅炸弹。查当日军

---

[1] 《孙协揆议陈中丞折说帖》,《翼教丛编》,第38—39页。孙家鼐又称:"异哉王义之不明也。贯三才之谓王,天下归往谓之王;天下不归往,民皆散而去之,谓之匹夫。又云:以势力把持其民,谓之霸,残贼民者,谓之民贼。夫王不王,专视民之聚散向背,非谓其黄屋左纛,威权无上也。又云:今中国四万万人,执民权者二十余朝,问人归往孔子乎,抑或归往嬴政、杨广乎?又云:天下义礼制度皆从孔子,皆不归往嬴政、杨广,而归往大成之殿。有归往之实,即有王之实,乃其固然。又云:于素王则攻其僭悖,于民贼则许以贯三才之名,何其舛哉。"

[2] 中国史学会主编,翦伯赞等编:《中国近代史资料丛刊·戊戌变法》,神州国光社,1953年,第2册,第489—503页。(以下简称《丛刊·戊戌变法》)

机处《随手登记档》，可以看到曾廉条陈的记录，再查次日军机处各种档册，均看不到曾廉条陈的记录；由此至八月初六日（9月21日）政变发生，曾廉条陈似乎从空气中蒸发了。光绪帝没有任何处理意见，也未上报慈禧太后。此为第五次。

许应骙、陈宝箴皆为当时的重臣，孙家鼐更是贵为帝师，他们出面都没有能扳倒康有为；光绪帝却因礼部主事王照请求代奏被阻事，罢免了包括许应骙在内的礼部六堂官。光绪帝保全康有为的心态，自然为身边的军机大臣所知悉。此时正在北京的内阁中书魏允恭发信给在上海的汪康年称："闻在廷诸公，亦颇不以康、梁为然，但无人发难耳。"[1]

# 七　懋勤殿设置与七月三十日、八月初二日谕旨

前已说明，康有为在戊戌变法中最重要的目标，是"上清帝第六书"中提议设立的"制度局"，他可由此掌控整个变法局势。四月十四日、六月十四日，"制度局"之设计被总理衙门、军机处两次驳回后，康仍没有放弃这一设想。他在"为推行新政请御门誓众开制度局以统筹大局革旧图新以救时艰折"（五月初四日总理衙门代奏）、"恭谢天恩并陈编纂群书以助变法请及时发愤速筹全局以免胁制而图保存折"（七月十三日由廖寿恒代递）等条陈中，再次强调设立"制度局"之必要。

除了自己上书外，康有为、梁启超还通过他人上奏其代拟的奏折，提议设立类似制度局的机构：一、御史宋伯鲁提议的"议政处"（光绪二十四年二月初八日）；二、御史文悌提议的"召对处"（三月初一日）；三、宋伯鲁提议的"立法院"（四月二十九日）；四、仓场侍郎李端棻提议的"懋勤殿"（六月初六日）；五、翰林院侍读学士徐致靖提议的"编书局"（六月二十七日）；六、内阁学士阔普通武提议的"议院"（七月初三日）；七、徐致靖提议的"散卿""散学士"（七月二十日）；八、总理

---

[1] 魏允恭致汪康年，光绪二十四年七月二十二日收到，上海图书馆编：《汪康年师友书札》，上海古籍出版社，1987年，第3册，第3114页。

衙门章京张元济提议的"议政局"（七月二十一日）；九、宋伯鲁提议的"便殿"（七月二十八日）。除了徐致靖提议的"编书局""散卿""散学士"权力较小外，其他皆可认为是制度局的变种。

前已说明，康有为所有建策对光绪帝影响最大的，也是"上清帝第六书"，尤其是"制度局"之设。到了百日维新的后期，光绪帝因军机处、总理衙门议复奏章不得力也不合意，开始考虑设置相应的机构，以能继续推动变法。七月二十三日，光绪帝召见新任礼部尚书李端棻，二十五日，李端棻上奏折，光绪帝下旨"留中"，并呈送慈禧太后。李端棻这一奏折尚未发现，军机处《随手登记档》《上谕档》中军机章京均未拟题，其内容无从知晓。然从后来的诸多迹象表明，李端棻在召见时和上奏中都提到了懋勤殿，并保举了康有为。[1]光绪帝的这一设想，当时已有流传。二十八日，新任军机章京、内阁候补侍读杨锐写信给其弟杨悦："现在新进喜事之徒，日言议政院，上意颇动，而康、梁二人，未见安置，不久朝局恐有更动。"[2]该信提到了与"制度局"相仿的"议政院"，提到了康、梁的安置。此时进京由光绪帝召见的候补知府钱恂发电张之洞称："议政局必设。"[3]北洋候补道严复亦告其同乡郑孝胥："将开懋勤殿，选才行兼著者十人入殿行走，专预新政。"[4]

尽管康有为、梁启超后来都称，光绪帝命新任军机章京谭嗣同考察

---

[1] 八月十九日，即"戊戌六君子"就义六天后，礼部尚书李端棻上奏自请惩处："窃因时事多艰，需才孔亟，臣或谬采虚声，而以为足膺艰巨，或轻信危言，而以为果由忠愤，将康有为、谭嗣同奏保在案。"慈禧太后下旨："李端棻奏滥保匪人自请惩治一折。该尚书受恩深重，竟将大逆不道之康有为等滥行保荐，并于召对时一再面陈。今据事后检举，实属有意取巧，未便以寻常滥保之例稍从末减。礼部尚书李端棻著即行革职，发往新疆，交地方官严加管束，以示惩儆。"（《滥保匪人自请惩治折》，《丛刊·戊戌变法》，第2册，第297页；《清代军机处随手登记档》，第150册，第355页；《光绪宣统两朝上谕档》，第24册，第439页）

[2] 宁志奇：《杨锐家书暨杨聪墓志铭》，《四川文物》1985年第4期。"议政院"，似为张元济提议的"议政局"，杨锐作为新任军机章京"参预新政"，其职责是处理司员士民上书。

[3] 《张之洞电稿甲编》，第61册，中国历史研究院图书档案馆藏，档号：甲182-47。光绪二十四年八月初一日午刻发，初二日午刻到。该电署"艳"字，为二十九日，当是钱拟电时间。钱恂是张之洞的亲信幕僚，七月二十八日被召见，可能是被召见听到的信息。

[4] 劳祖德整理：《郑孝胥日记》，中华书局，1993年，第2册，第681页。七月二十九日，光绪帝召见严复。八月初一日，严复告诉新任总理衙门章京郑孝胥。这可能是严复被召见时听到的信息。

雍、乾、嘉三朝开懋勤殿故事，拟一谕旨，以请求于慈禧太后，并让徐致靖等人上奏保举康有为。这一说法因光绪帝此期并未召见谭嗣同而被怀疑；但徐致靖和候补京堂王照确实上有奏折，保举康有为等人。查七月二十九日军机处《随手登记档》："署礼部侍郎徐致靖折：一、遵保康有为等由。候补京堂王照折：一、遵保康广仁等由。"又查该日军机处《上谕档》所录军机处奏片，徐致靖、王照的奏折，光绪帝皆命"存记"，同日送慈禧太后。徐致靖、王照的奏折，虽未从档案中捡出，但大体内容后来王照有所透露。[1]这将是清朝政治体制的重大改革。

光绪二十四年七月二十九日（1898年9月14日），光绪帝在皇宫处理完公务，即赴颐和园。此行的目的是说服慈禧太后同意开懋勤殿，以安置康有为等人，当即引发了大冲突。次日，三十日，光绪帝破例召见军机章京杨锐，颁下一件朱谕：

> 近来朕仰窥皇太后圣意，不愿将法尽变，并不欲将此辈老谬昏庸之大臣罢黜，而登用通达英勇之人，令其议政，以为恐失人心……朕亦岂不知中国积弱不振至于阽危，皆由此辈所误，但必欲朕一旦痛切降旨，将旧法尽变，而尽黜此辈昏庸之人，则朕之权力实有未足。果使如此，则朕位且不能保，何况其他？今朕问汝，可有何良策俾旧法可以全变，将老谬昏庸之大臣尽行罢黜，而登进通达英勇之人，令其议政，使中国转危为安，化弱为强，而又不致有拂圣意。[2]

---

[1] 王照逃亡日本后，与犬养毅笔谈中称："二十九日午后，照方与徐致靖参酌折稿，而康来，面有喜色，告徐与照曰：谭复生请皇上开懋勤殿用顾问官十人，业已商定，须由外廷推荐，请汝二人分荐此十人。照曰：吾今欲上一要折，不暇及也。康曰：皇上业已说定，欲今夜见荐折，此折最要紧，汝另折暂搁一日，明日再上何妨。照不得已，乃与徐分缮荐（按此下脱'折'字）。照荐六人，首梁启超，徐荐四人，首康有为。夜上奏折，而皇上晨赴颐和园见太后，暂将所荐康、梁十人交军机处记名，其言皇上已说定者，伪也。"（王照：《关于戊戌政变之新史料》，《丛刊·戊戌变法》，第4册，第332页）"谭复生"，谭嗣同。

[2] 赵炳麟：《光绪大事汇鉴·戊戌之变》，黄南津等点校，《赵柏岩集》，广西人民出版社，2001年，上册，第239—240页。赵炳麟称："此诏后至宣统元年由杨锐之子呈都察院。是时炳麟掌京畿，主持代奏，并连疏请宣付实录。"

在此朱谕中，光绪帝两次提到"议政"，即设立懋勤殿，两次提到"通达英勇之人"，即重用康有为及其党人；提到"朕之权力实有未足"，即光绪帝人事权有限；最核心的一句是"朕位且不能保"，即慈禧太后已发出了警告，光绪帝也要求杨锐的"良策""不致有拂圣意"。八月初二日，光绪帝明发上谕：

> 工部主事康有为前命其督办官报局，此时闻尚未出京，实堪诧异！朕深念时艰，思得通达时务之人，与商治法，闻康有为素日讲求，是以召见一次。令其督办官报，诚以报馆为开民智之本，职任不为不重，现既筹有的款，著康有为迅速前往上海开办，毋得迁延观望。[1]

这道谕旨透露出，光绪帝与慈禧太后之间又有一场交锋，其中的关键是康有为，结局是光绪帝向慈禧太后让步，命康有为离开北京，前往上海。此事的起因仍是慈禧太后对议政机构的反应，她绝不会允许康有为通过"懋勤殿"来掌控政治权力。这也是她后来发动政变的根本原因之一。

## 八　康有为的"罪名"

光绪二十四年八月初四日（1898年9月19日），慈禧太后突然从西郊颐和园返回城内西苑（今中南海和北海）。初五日，康有为遵照初二日谕旨离开北京。临行前，他曾于初三日派新任军机章京谭嗣同往见编练新建陆军的袁世凯，提出兵变之议，袁未应允。

八月初六日，慈禧太后发动政变，再次听政，当日下令抓捕康有为，未获，捕走其弟康广仁。康有为于初六日晚在天津塘沽乘"重庆轮"前往上海。

至八月初九日，慈禧太后在北京已抓捕张荫桓、徐致靖、杨深秀、

---

[1]《光绪宣统两朝上谕档》，第24册，第407页。

康广仁、杨锐、林旭、谭嗣同、刘光第共8人,交刑部治罪。同在初九日,英国派军舰在上海吴淞口接走康有为,后送往香港,清朝在上海抓捕康有为的计划落空。

八月十三日,清朝担心外国对此进行干涉,不经审判而下令将康广仁、杨深秀、谭嗣同、林旭、杨锐、刘光第("戊戌六君子")"即行处斩",并定徐致靖为"斩监候"。这对清朝审拟定罪一整套司法制度是极大的破坏,也违背了政变后所发布的一系列谕旨,清朝需要对此作出公开解释。八月十四日军机处《上谕档》,有一段很奇怪的记载:

> 康有为叛逆之首,现已在逃
> 杨深秀等实系结党,谋为不轨
> 每于召见时,杨锐等欺蒙狂悖,密保匪人,实属同恶相济,罪大恶极
> 因时势紧迫,未俟复奏。又有人奏,若稽时日,恐有中变。细思该犯等自知情节较重,难逃法网,倘语多牵涉,恐有株连。是以将该犯等即行正法。又闻该乱党等立保国会,言保中国不保大清[1]

这一件记载上有"朱"字,可见是由光绪帝朱笔亲写。再查该日军机处《随手登记档》,也有一条很奇怪的记载:

> 朱谕一件　康有为　见面带下　随事缴进[2]

其中"康有为"3字较小。"见面带下 随事缴进"8字,字体更小。这两处记载当属一事。由此可知,军机章京收到光绪帝发下朱谕一件,"康有为"3字,是该朱谕的首3字,即指上引"朱笔"。"见面带下",是指军机大臣被召见后带下,军机章京得此而抄录,"随事缴进",是指该"朱笔"随相关的"事由"(文件)一起由军机大臣缴回。清朝制度,朱笔必须缴回。由此可知当时的场景,光绪帝奉慈禧太后之命,拟一道朱谕以

---

[1]《光绪宣统两朝上谕档》,第24册,第430页。
[2]《清代军机处随手登记档》,第150册,第329—330页。

平息舆论。其中的关键句为"因时势紧迫,未俟复奏。又有人奏,若稽时日,恐有中变。""时势",当指英、日本两国在张荫桓被捕后所施加的压力;"复奏",当指御前大臣、军机大臣与刑部、都察院奉旨审讯张荫桓等8犯而上报审拟结果的复奏;"又有人奏",当指八月初十日、十一日、十二日给事中高燮曾等6人、御史黄桂鋆、国子监司业贻谷的多道奏折;"若稽时日,恐有中变",即是高燮曾等人所言外国干涉之事。光绪帝此时思绪混乱,苦思冥想,罗掘罪名,只作出这一篇无头无尾、语多零乱的"朱笔"。于是,光绪帝将"朱笔"下发军机处,命拟旨。当值的军机大臣廖寿恒在其日记中,对此有更为详细的记载:

> 巳初后见面……又因昨日事,命缮明降之旨,朱笔发下,则六人罪案具在,谕令撰拟,务须正大云云。郭春渔拟稿,夔老与余酌改,颇费斟酌。未正后始散。惫不可言。[1]

"昨日事",指六君子不审而诛。"明降之旨",即明发谕旨。"朱笔发下",即前引光绪帝的朱笔。"六人罪案具在",指光绪帝朱笔中提到了"杨深秀等实系结党","杨锐等欺蒙狂悖,密保匪人"。"谕令撰拟,务须正大",有可能是光绪帝所言,亦有可能是慈禧太后所言,即命军机大臣根据朱笔"撰拟"出言辞"正大"的谕旨。[2]"郭春渔",军机章京郭曾炘,字春榆。"夔老",军机大臣王文韶。由此可见,光绪帝发下朱笔后,由军机章京郭曾炘拟稿,军机大臣王文韶、廖寿恒修改。"巳初",早上9点。"未正",下午2点。此道谕旨的增改,花费了很长时间和很大的心力,以致廖寿恒自称"惫不可言"。再来看军机处八月十四日颁发的谕旨:

---

[1]《廖寿恒日记》,光绪二十四年八月十四日,张剑等整理:《晚清军机大臣日记五种》,中华书局,2019年,下册,第621页。相关的研究,可参见马忠文:《慈禧训政后之朝局侧影——读廖寿恒〈抑抑斋日记〉札记》,《华南师范大学学报》(社会科学版)2019年第1期。

[2] 就军机处最后拟就的"内阁奉朱谕"而言,除了康有为、六君子的罪名外,还有最后一段,即"朕心存宽大,业经明降谕旨,概不深究株连,嗣后大小臣工,务当以康有为为炯戒,力扶名教,共济时艰,所有一切自强新政,胥关国计民生,不特已行者亟应实力举行,即尚未兴办者,亦当次第推广,于以挽回积习,渐臻上理"等语,也是光绪帝朱笔中没有的,很可能是慈禧太后所言。这是慈禧太后一贯的政治策略。

内阁奉朱谕：近因时事多艰，朝廷孜孜图治，力求变法自强。凡所施行，无非为宗社生民之计，朕忧勤宵旰，每切兢兢。乃不意主事康有为首倡邪说，惑世诬民，而宵小之徒，群相附和，乘变法之际，隐行其乱法之谋。包藏祸心，潜图不轨。前日竟有纠约乱党，谋围颐和园，劫制皇太后及朕躬之事。幸经觉察，立破奸谋。**又闻该乱党私立保国会，言保中国不保大清**，其悖逆情形实堪发指。朕恭奉慈闱，力崇孝治，此中外臣民之所共知。康有为学术乖僻，其平日著作无非离经畔道非圣无法之言，前因其素讲时务，令在总理各国事务衙门章京上行走，旋令赴上海办理官报局，乃竟逗留辇下，构煽阴谋。若非仰赖祖宗默佑，洞烛几先，其事何堪设想？**康有为实为叛逆之首，现已在逃**，著各直省督抚一体严密查拿，极刑惩治。举人梁启超与康有为狼狈为奸，所著文字语多狂谬，著一并严拿惩办。康有为之弟康广仁及**御史杨深秀**，军机章京谭嗣同、林旭、杨锐、刘光第等，实系与康有为结党，隐图煽惑。**杨锐等每于召见时欺蒙狂悖，密保匪人，实属同恶相济，罪大恶极**。前经将各该犯革职，拿交刑部讯究。旋有人奏，若稽时日，恐有中变。朕熟思审处，**该犯等情节较重，难逃法网，倘语多牵涉，恐致株累，是以未俟复奏，于昨日谕令将该犯等即行正法**。此事为非常之变。附和奸党均已明正典刑，康有为首创逆谋，罪恶贯盈，谅亦难逃显戮。现在罪案已定，允宜宣示天下俾众咸知。我朝以礼教立国，如康有为之大逆不道，人神所共愤，即为覆载所不容。鹰鹯之逐，人有同心。至被其诱惑，甘心附从者，党类尚繁，朝廷亦皆察悉。朕心存宽大，业经明降谕旨，概不深究株连，嗣后大小臣工，务当以康有为为炯戒，力扶名教，共济时艰，所有一切自强新政，胥关国计民生，不特已行者亟应实力举行，即尚未兴办者，亦当次第推广，于以挽回积习，渐臻上理，朕实有厚望焉。[1]

"内阁奉朱谕"是谕旨的最高等级，很少用，以示其特别重要。有些谕旨

---

[1]《清代军机处随手登记档》，第150册，第329—330页；《光绪宣统两朝上谕档》，第24册，第430—431页。

虽是皇帝亲写，仍用"内阁奉上谕"，并不标明"奉朱谕"。先前慈禧训政的谕旨即是如此，军机处《上谕档》中标明"朱笔"，发布时仍称"内阁奉上谕"。光绪二十四年以"内阁奉朱谕"形式发出的谕旨，共4次。第1次为四月二十七日罢免翁同龢，第2次为六月十七日罢免礼部六堂官，"朱笔"与"内阁奉朱谕"文字完全一致。八月十四日为第3次，"朱笔"与"内阁奉朱谕"文字内容相差如此之多，可见"内阁奉朱谕"中不是"朱笔"的文字为军机处所添。为了表示两者的差别，我将"内阁奉朱谕"录自"朱笔"文字用黑体标出。"内阁奉朱谕"列出了康有为三项"罪名"：

> 主事康有为首倡邪说，惑世诬民，而宵小之徒，群相附和，乘变法之际，隐行其乱法之谋。
> （康有为）包藏祸心，潜图不轨。前日竟有纠约乱党，谋围颐和园，劫制皇太后及朕躬之事。
> 康有为学术乖僻，其平日著作无非离经畔道非圣无法之言……

第一项"罪名"可见于许应骙、文悌的弹章；第三项"罪名"可见于孙家鼐、曾廉甚至追溯到余联沅的控词；最为严重的是第二项，即"劫制皇太后"之罪，光绪帝对谭嗣同夜访袁世凯之事，一无所知。康有为的三项"罪名"不是光绪帝朱笔亲写的，而是出自军机处。戊戌政变后，虽说是"内阁奉朱谕"，也不一定是光绪帝本人的亲笔。[1]

综上所述，略作数语作为本文的结语。

前已说明，康有为在《我史》(《康南海自编年谱》)等著述、梁启超在《戊戌政变记》等著述中所描写的康有为与光绪帝的关系，是夸张的，不可轻信。康有为的《戊戌奏稿》是后来的伪作。康有为与光绪帝仅见

---

[1] 除了上面提到的3次外，第4次为同年十月二十一日将翁同龢"即行革职，交地方官严加管束"，"朱笔"与"内阁奉朱谕"文字与内容相差极大，可见政变后的"内阁奉朱谕"不完全是真正的"朱笔"。相关的内容，可参见本书第三篇《康有为与"弭兵会"——兼论翁同龢荐康有为说》。

过一次面，两人之间并无直接交往的渠道。然而，从目前所获的可靠史料，最为基础的史实仍是可以还原的：一、康有为可通过总理衙门代奏其条陈与书籍，又可通过军机大臣廖寿恒代递其条陈与书籍，总理衙门大臣张荫桓很可能也为康代递书籍。二、光绪帝对康有为的条陈极为重视，命内府抄录，并以"杰士"命名之，光绪帝根据康的条陈直接下达了多道改革谕旨。康有为、梁启超的进呈书籍也同样见重于光绪帝，命武英殿修书处装帧，以便随时查阅。光绪帝颁给康有为编书津贴银2000两，以示奖励。三、光绪帝5次保全康有为，并在百日维新后期有意设置"懋勤殿"，以安置康有为等人。徐致靖的保举、杨深秀、宋伯鲁的弹奏，李端棻的觐见，使得光绪帝对"康党"有着初步的了解。由此可以证明康有为与光绪帝之间关系相当密切，可以认定康有为是戊戌变法的主要推动者之一。

最后，我还想说明，按照当时故宫博物院与中国第一历史档案馆分家的原则，图书归故宫博物院，档案归档案馆。戊戌变法时期康有为、梁启超的进呈书籍（条陈）现藏于故宫博物院图书馆，查阅很不方便，若能影印出版，则对研究者大为有利。[1]

---

[1] 故宫博物院图书馆中已经发现的康有为作品为：一、《杰士上书汇录》(三卷)；二、《孔子改制考》(九卷)；三、《日本变政考》第二次进呈本 (七卷)；四、《波兰分灭记》(七卷三册)；五、由康有为写序的《光绪二十三年列国政要比较表》。尚未发现的康有为作品还有：一、《俄彼得变政记》；二《日本变政考》(第一次进呈本)；三、由康有为写序的《泰西新史揽要》。此外，故宫博物院还发现了梁启超《变法通议》(进呈本)。除了《日本变政考》第二次进呈本曾于1998年由紫禁城出版社以《康有为日本变政考》为题影印出版外，其余皆未影印出版。故宫博物院图书馆的性质与档案馆不同，档案馆有查阅制度，故宫博物院图书馆却没有相应的制度，要看到这些藏品很不容易。本文最初为"紫禁城建城600年暨明清史国际学术论坛"会议所写，故建议故宫博物院影印出版该院图书馆所藏戊戌变法期间康有为、梁启超进呈的著作。

# 再论戊戌时期康有为的"大同三世说"

## 一 问题的提出

我先前的研究证明,康有为在戊戌变法期间已经有了相当完备的"大同三世说"思想——他在戊戌时期完成并出版的著作《孔子改制考》和《春秋董氏学》中有着少量的显示,但用"口说"的方式传授给陈千秋、梁启超等大弟子,并对徐勤、王觉任等其他弟子也有所传授。对此,我使用的基本材料是梁启超在戊戌时期的言说,尤其是在《时务报》上发表的《论君政民政相嬗之理》和戊戌年在长沙刊刻的《湖南时务学堂初集》;我使用的旁证材料是徐勤、刘桢麟、王觉任、黎祖健、欧榘甲、麦孟华等人在《知新报》《时务报》上的言说。[1] 我用康有为诸弟子的言说来说明康本人的思想,虽已是证据充分且论说大体完备,但毕竟还是隔了一层。

康有为的"大同三世说"是对人类社会发展进程的一种普世性解说。按照康的说法,这一学说由孔子创制,并用"口说"的方法传授其弟子,藏于儒家诸经典和相关史传之中,主要是《春秋》及《公羊传》、《礼记》(尤其是《礼运篇》《中庸篇》《大学篇》)、《易》、《孟子》、《论语》等文

---

[1] 参见拙文:《论戊戌时期梁启超的民主思想》,《学术月刊》2017年第4期,《戊戌时期康有为"大同三世说"思想的再确认——兼论康有为一派在百日维新前后的政治策略》,《社会科学战线》2019年第1期;《戊戌时期康有为、梁启超的思想》,第209—259、323—395页。

献，且因口传而在汉代的董仲舒、何休等人的著述中有所展示，以留待"后圣"之发现。康有为正是这个发现者。

据康有为自称，他在戊戌年之前已经基本完成了对《春秋》《礼记·礼运篇》等儒家文献的注释、考证的著述，以阐释其"大同三世说"，但已不存。今天所能看到的，只是他于光绪二十七至二十九年（1901—1903）完成的《〈礼运〉注》《〈春秋〉笔削大义微言考》《〈孟子〉微》《〈中庸〉注》《〈论语〉注》等。此时，戊戌政变过去了数年，康去过日本和欧美，受到了包括"进化论"在内的西方思想的影响；庚子勤王运动的失败，又使他在政治上无所作为，于是在南洋槟榔屿、印度大吉岭闲居期间，遍注群经，以完成其"大同三世说"的理论著述，同时开始写作《大同书》。[1]然而，康在这一时期著述中的"大同三世说"，应与戊戌时期有所差异。

本文的目的是，试图用康有为本人在戊戌时期的材料（著述与口说）来说明他此期的"大同三世说"思想，尤其是这一学说与孔子"原创"之间的学理关系。对此，我使用的基本材料仍是《孔子改制考》和《春秋董氏学》，尽管相关的言说非常少，也极其简短；康的学生黎祖健录有光绪二十二年（1896）康在万木草堂的讲授记录，即《万木草堂口说》。虽属简短的语录体，但未经修饰，保持了原始的面貌，是本文的重要证据[2]；康在戊戌政变后流亡日本，日本学者中西牛郎、记者不二行者（角田勤一郎）采访之，并将访谈记录发表在当时日本影响力很大的刊物《太阳》上，此记录虽受限于记录者的儒学水准，且经汉语转为日语，意思上会有差异，但毕竟是康在戊戌时期的言说，也是本文的旁证。[3]然因康

---

[1] 关于康有为"接受"进化论思想的过程和遍注群经的时间，可参见拙文：《再论康有为与进化论》，《中华文史论丛》2017年第2期；《戊戌时期康有为、梁启超的思想》，第260—322页。

[2] 黎祖健所录《万木草堂口说》，现存两个版本，分别收藏于广东中山图书馆（丙申本，光绪二十二年，1896）和北京大学图书馆（丁酉本，光绪二十三年，1897）。楼宇烈称："现存这两份口说抄本内容和编次基本相同，似系同出一源。"即皆是光绪二十二年（1896）康有为讲授之内容。目前最方便使用的版本，是楼宇烈的整理本：《长兴学记·桂学答问·万木草堂口说》，中华书局，1988年。

[3] 中西牛郎：《论康有为氏之理想及事业》，《太阳》，第4卷，第23号（1898年11月20日）；不二行者（角田勤一郎）：《康有为氏之大同大平论》，《太阳》，第4卷，（转下页）

在戊戌时期的材料实在太少，为了表述之完整和逻辑之周延，我不得不使用康后来在槟榔屿、大吉岭遍注群经时期的著述，但会在文中加以特别的说明；我也不得不再度引用康的学生梁启超等人的言说，但也会在文中注意区别对待之。

需要说明的是，戊戌时期康有为的"大同三世说"虽是我最近几年的关注对象，但在我之前，仍有诸多研究先进已言及于此，其中汤志钧、房德邻、宋德华多有贡献，本文是对先前研究诸说的补证与修正。[1]

还需说明的是，我过去不治思想史，经学功力欠备，本文亦属试手。错误之处，仍请各位行家里手予以教正。

## 二 "大同"与"小康"

康有为在戊戌时期所倡导的"大同三世说"，最重要的两个概念自然是"大同"与"小康"，而其学理依据，来自《礼记·礼运篇》。康在《春秋董氏学》《万木草堂口说》和中西牛郎的采访中，对此都有过相当明确的言说。[2]康认为，该篇是孔子所面授，学生言偃（子游）所录，

---

（接上页）第25号（1898年12月20日）。中译本见吉辰译注：《戊戌政变后〈太阳〉杂志关于康有为的两篇文章》，《近代中国》，上海社会科学院出版社，2018年，第29辑，第344—360页。

[1] 汤志钧：《康有为早期的"大同"思想》，《江海学刊》1963年10月号；《论康有为的"大同三世"说》，《中华文史论丛》1979年第2辑。房德邻：《〈大同书〉起稿时间考——兼论康有为早期大同思想》，《历史研究》1995年第3期。宋德华：《康有为"大同三世"说新探》，《华南师范大学学报》（社会科学版）2003年第4期。

[2] 康有为在《春秋董氏学》中称："太平之世，大小、远近若一。大同之治，不独亲其亲，子其子，老有所终，壮有所用，鳏寡孤独废疾者有养，则仁参天矣。"（《康有为全集》，第2集，第389页）黎祖健录康在万木草堂口说，对《礼运篇》有专门的一讲。（《万木草堂口说》，楼宇烈整理：《长兴学记·桂学答问·万木草堂口说》，第131—133页）中西牛郎在《论康有为氏之理想及事业》中称：（康）"曰：孔子之教，见于六经，有显密二教。显教言大义，密教言微言。曰：微言之旨，在于大同。大同云者，即太平也，即民主也……而康之所谓微言者，《礼记》'大同〔道〕之行也，以天下为公，选贤任能，讲信修睦'一章为之根据。所谓天下为公，即是康之民主主义之胚胎所在。"（吉辰译注：《戊戌政变后〈太阳〉杂志关于康有为的两篇文章》，《近代中国》，第29辑，第345—346页）

并蕴藏了重要的线索。[1]为了叙述之方便，我在本文中也假定该篇的内容为孔子所叙述，言偃所记录。

《礼运篇》开篇即言"大同""小康"，孔子生动地叙述了"古代"社会的两种类型：

> 昔者，仲尼与于蜡宾。事毕，出游于观之上，喟然而叹。仲尼之叹，盖叹鲁也。言偃在侧，曰：君子何叹？孔子曰：大道之行也，与三代之英，丘未之逮也，而有志焉。大道之行也，天下为公，选贤与能，讲信修睦。故人不独亲其亲，不独子其子，使老有所终，壮有所用，幼有所长，矜寡、孤独、废疾者，皆有所养。男有分，女有归。货恶其弃于地也，不必藏于己。力恶其不出于身也，不必为己。是故谋闭而不兴，盗窃乱贼而不作，故外户而不闭。是谓大同。
>
> 今大道既隐，天下为家，各亲其亲，各子其子，货力为己，大人世及以为礼，城郭沟池以为固，礼义以为纪，以正君臣，以笃父子，以睦兄弟，以和夫妇，以设制度，以立田里，以贤勇知，以功为己。故谋用是作，而兵由此起。禹、汤、文、武、成王、周公，由此其选也。此六君子者，未有不谨于礼者也，以著其义，以考其信，著有过，刑仁讲让，示民有常。如有不由此者，在执者去，众以为殃。是谓小康。

孔子的这番话，多被当作历史叙述来对待。若依此顺序，应先有"大道之行"（五帝？尧、舜？）时期的"大同"，然后才到"三代之英"或"禹、汤、文、武、成王、周公"即"六君子之选"时期的"小康"。[2]

---

[1] 黎祖健录康有为在万木草堂的口说："著《礼运》者子游，子思出于子游，非出于曾子。颜子外，子游第一。《礼运》备义理兼制度。子游的传礼学。"（《万木草堂口说》，楼宇烈整理：《长兴学记·桂学答问·万木草堂口说》，第131页）

[2] 郑玄在《礼运·目录》称："名曰《礼运》者，以其记五帝三王相变易，阴阳转旋之道。"又称："大道，谓五帝时也。英，俊选之尤者。"孔颖达《疏》称："今此第一段明孔子发叹，遂论五帝、三王道德优劣之事。""自'大道之行'至'是谓大同'，论五帝之善。自'大道既隐'至'是谓小康'，论三代之后。今此经云'大道之行也'，谓广大道德之行，五帝时也。'与三代之英'者，英，谓英异，并与夏、殷、周三代英异之主，若禹、汤、文、武等。"（〔汉〕郑玄注、〔唐〕孔颖达正义、吕友仁整理：《十三经注疏·礼记正义》，上海古籍出版社，2008年，中册，第874、876、877页）依此说，先是"大道之行"的五帝时期，然后是"三代之英"时期。

即先有"大同",后有"小康"。

然而,《礼运篇》又随之介绍了远古社会的基本情况和"礼教"(文明)的产生,孔子的叙述也极为生动:

> 夫礼之初,始诸饮食。其燔黍捭豚,污尊而抔饮,蒉桴而土鼓,犹若可以致其敬于鬼神。及其死也,升屋而号,告曰:皋!某复!然后饭腥而苴孰。故天望而地藏也,体魄则降,知气在上。故死者北首,生者南乡,皆从其初。昔者,先王未有宫室,冬则居营窟,夏则居橧巢。未有火化,食草木之实、鸟兽之肉,饮其血,茹其毛。未有麻丝,衣其羽皮。后圣有作,然后修火之利,范金合土,以为台榭、宫室、牖户。以炮、以燔、以亨、以炙,以为醴酪。治其麻丝,以为布帛。以养生送死,以事鬼神上帝,皆从其朔。故玄酒在室,醴盏在户,粢醍在堂,澄酒在下,陈其牺牲,备其鼎俎,列其琴瑟管磬钟鼓,修其祝嘏,以降上神与其先祖。以正君臣,以笃父子,以睦兄弟,以齐上下,夫妇有所。是谓承天之祜。作其祝号,玄酒以祭,荐其血毛,腥其俎,孰其殽,与其越席,疏布以幂,衣其浣帛,醴盏以献,荐其燔炙,君与夫人交献,以嘉魂魄,是谓合莫。然后退而合亨,体其犬豕牛羊,实其簠簋笾豆铏羹,祝以孝告,嘏以慈告,是谓大祥。此礼之大成也。

孔子叙述了没有饮具,没有礼器,没有宫室,没有火食,没有金属,没有麻丝的人类早期社会,描述了此一时期礼教施行的最初形态及其所获得的巨大社会效果,即"正君臣""笃父子""睦兄弟""齐上下""夫妇有所"。可是,在这样的"初民"社会中,又怎么会出现"天下为公""人不独亲其亲""货恶其弃于地"的社会现象?也谈不上"天下为公"的"大道之行",即"大同";又怎么会出现"礼义以为纪","刑仁讲让,示民有常"的社会秩序?也谈不上"以著其义,以考其信"的"小康"。这就出现了叙述中的矛盾,孔子所言的"大道之行"的"大同"社会、"三代之英"("六君子之选")的"小康"社会又在哪里呢?

如果细究《礼运篇》所记的孔子言论,可以看出,孔子并未完全肯定"大道之行"或"三代之英"时期的事迹,反而在《礼运篇》中自称其不知详夏、殷、周的三代制度：

> 孔子曰：我欲观夏道，是故之杞，而不足征也，吾得《夏时》焉。我欲观殷道，是故之宋，而不足征也，吾得《坤乾》焉。《坤乾》之义，《夏时》之等，吾以是观之。
>
> 孔子曰：呜呼，哀哉！我观周道，幽、厉伤之，吾舍鲁何适矣！

既然孔子并不完全了解三代制度，而是在"叹鲁"之时说明了"大同""小康"的境界——根据康有为的"孔子改制说"，六经皆孔子所作，以行素王改制之道——那么，"大同""小康"只能是孔子对未来的设想，而不是曾经存在过的事实。孔子不是在发思古之幽情，而是在"叹"未来之畅想；按照康的说法，即"托古改制"。康有为在后来完稿的著作《〈礼运〉注》中称：

> 大道者何？人理至公，太平世大同之道也。三代之英，升平世小康之道也。孔子生据乱世，而志则常在太平世，必进化至大同，乃孚素志。至不得已，亦为小康。而皆不逮，此所由顾生民而兴哀也……[1]

康有为认为："人理至公"才是"大同"（即太平世），"三代之英"指的是"小康"（即"升平世"）；孔子所处之时还是"据乱世"，"大同"（"太平世"）只是其"志"（志向、愿望），孔子对"大同"社会的描述，属"乃孚素志"；孔子当时所能施行的政治设计，只能是"小康"。

就《礼运篇》通篇而言，除了起首提到"大同"一段外，其余所讲皆是"礼"，再也没有关于"大同"的描述。康有为在万木草堂讲学时，对《礼运篇》的内容也有解释：

> 夫子言礼，专言小康，不论大同。

---

[1]《〈礼运〉注》，《康有为全集》，第5集，第554—555页。

> 孔子言礼，不及大同，专言小康。[1]

康在后来完成的《〈礼运〉注》中又说明："自此以下，发明制作之礼，不过为拨乱世。其志虽在大同，而其事只在小康也。"[2]在康的"大同三世说"中，"礼"与"小康"相联接，而"大同"与"仁"相联接。至于孔子自称不知详夏、殷、周三代制度，康在后来完成的《〈礼运〉注》中又称：

> 孔子以大同之道不行，乃至夏、殷、周三代之道皆无征而可伤。小康亦不可得，生民不被其泽。久积于心，乃触绪大发，而生哀也。孔子于民主之治，祖述尧、舜。君主之治，宪章文、武。然周亡于幽、厉，平王夷为列国，王迹已熄，天下不康，遂为乱世。[3]

康有为此处婉转地宣称孔子找不到历史文献以证明"大同之道"，甚至"夏、殷、周三代之道皆无征"，却强调了孔子对于"民主""君主"的设计，即尧、舜是"民主之治"，周文王、周武王是"君主之治"。"民主"相当于"大同"，"君主"相当于"小康"。

《礼运篇》叙述了远古社会及礼教的产生与效果，与之大体相同的言说，还可见之于《孟子·滕文公上》：

> ……故曰：或劳心，或劳力，劳心者治人，劳力者治于人。治于人者食人，治人者食于人，天下之通义也。当尧之时，天下犹未平，洪水横流，泛滥于天下，草木畅茂，禽兽繁殖，五谷不登，禽兽逼人，兽蹄鸟迹之道交于中国。尧独忧之，举舜而敷治焉。舜使益掌火，益烈山泽而焚之，禽兽逃匿。禹疏九河，瀹济、漯而注诸海，决汝、汉，排淮、泗而注之江，然后中国可得而食也。当是时

---

[1]《万木草堂口说》，楼宇烈整理：《长兴学记·桂学答问·万木草堂口说》，第132—133页。此处"夫子言礼""孔子言礼"的"礼"字，似应当作《礼运篇》来读。
[2]《〈礼运〉注》，《康有为全集》，第5集，第557页。
[3]《〈礼运〉注》，《康有为全集》，第5集，第557页。

也，禹八年于外，三过其门而不入，虽欲耕，得乎？后稷教民稼穑，树艺五谷，五谷熟而民人育。人之有道也，饱食、暖衣、逸居而无教，则近于禽兽。圣人有忧之，使契为司徒，教以人伦：父子有亲，君臣有义，夫妇有别，长幼有序，朋友有信。放勋曰：劳之来之，匡之直之，辅之翼之，使自得之，又从而振德之。圣人之忧民如此，而暇耕乎？尧以不得舜为己忧，舜以不得禹、皋陶为己忧。夫以百亩之不易为己忧者，农夫也。分人以财谓之惠，教人以善谓之忠，为天下得人者谓之仁。是故以天下与人易，为天下得人难。孔子曰：大哉尧之为君！惟天为大，惟尧则之，荡荡乎民无能名焉！君哉，舜也！巍巍乎有天下而不与焉！尧、舜之治天下，岂无所用其心哉？亦不用于耕耳。

在以上的描述中，孟子谈到了人类的早期社会，谈到了尧（放勋）、舜、益、禹、后稷、契、皋陶等人的功绩，谈到了"劳力"与"劳心"的差别，虽能看到"选贤与能"，却看不到"老有所终，壮有所用，幼有所长，矜寡、孤独、废疾者，皆有所养"的社会现象，是谈不上"大同"的。而这个时期的尧、舜，还不能当作"民主"来看待。康有为对孟子的这段话也是很关注的，在其后来所著的《〈孟子〉微》中，对这段话有着许多解释。[1]

## 三 "《春秋》始于文王，终于尧、舜"

既然《礼运篇》中先谈"大同"，后谈"小康"，既然康有为认为孔子以文王托"小康"（君主），以尧、舜托"大同"（民主），那么，这个历史顺序又是怎么颠倒过来的呢？

康有为提供的"证据"是《春秋公羊传》，他在《孔子改制考》中说：

---

[1] 《〈孟子〉微》，《康有为全集》，第5集，第495—497页。

> 《春秋》始于文王，终于尧、舜。盖拨乱之治为文王，太平之治为尧、舜，孔子之圣意，改制之大义，《公羊》所传微言之第一义也。
>
> 春秋据乱，未足为尧、舜之道。至终致太平，乃为尧、舜之道。[1]

康这里的意思是，孔子著《春秋》时，起始设计了周文王，以能从"据乱世"进至"升平世"；最终又创造了尧、舜，以能行"太平之治"。孔子通过"始于文王，终于尧、舜"的方式，来表达先"小康"（君主）后"大同"（民主）的顺序。

《春秋》是孔子最重要的著作，说的是鲁隐公元年（公元前722年）到鲁哀公十四年（公元前481年），即隐、桓、庄、闵、僖、文、宣、成、襄、昭、定、哀十二公，共242年的鲁国及相关诸侯国、周王室的历史，有一万六千余字。[2]《春秋》的每个字都被经学家充分探究过，以能追寻孔子留在其中的微言大义。《春秋》亦有三传，即《左氏传》《公羊传》《穀梁传》，康有为强调的是《公羊传》。[3]

《春秋》起首一句，共8个字："**隐公，元年，春，王，正月。**"（黑体为引者所标，下同）"隐公""年""月"4字可不论；而"元""春""王""正"4字之"义"为何？即为什么称"元"而不称"一"？为什么称"正"而不称"一"，为什么要写"春"字，尤其是"王"字，鲁国是一个公国，孔子为什么写"王"？对此，公羊氏的解释是：

> 元年者何？君之始年也。春者何？岁之始也。王者孰谓？谓文王也。曷为先言王而后言正月？王正月也。何言乎王正月？大一统也。公何以不言即位？成公意也。何成乎公之意？公将平国而

---

[1]《孔子改制考》，《康有为全集》，第3集，第150页。
[2] 此是《公羊传》《穀梁传》的说法，终篇的时间相同；《春秋左传》的"经"写到哀公十六年，"孔丘卒"；"传"写到哀公二十七年。
[3] 康有为在《桂学答问》中称："学《春秋》当从何入？有《左氏》者，有《公羊》《穀梁》……然则《公》《穀》是而左氏非也……惟《公羊》有'王鲁改制'之说……则《春秋》微言大义，多在《公羊》而不在《穀梁》也。"（楼宇烈整理：《长兴学记·桂学答问·万木草堂口说》，第29—30页）

反之桓……

公羊氏后面的话，说明鲁隐公要将君位返还给鲁桓公，以及立贤、立长、子以母贵的大义，此处省略。由此可知，按照公羊氏的解释，孔子作《春秋》时（大约在公元前490年），所写的是两百多年前鲁隐公元年的事情，但心中所想的，却是五六百年前初建的周朝（约公元前1100年），用了一个"王"字，以强调周文王所建立的"大一统"的周朝天下。这是《春秋》中最重要的大义。公羊氏的这一解释，是被普遍接受的。何休的《解诂》对此还有更为具体的说法。康有为于此又增加了新说：孔子所写的"王"字，即周文王；"盖拨乱之治为文王"，其意指周文王是"拨乱世"而进入"升平世"的"王"，即小康。其中"拨乱世"之意，后将叙述。

《春秋》最终一句为：哀公"**十有四年，春，西狩获麟**"。孔子为何在《春秋》的末尾，写了这么一件事？公羊氏的解释比较长：

> 何以书？记异也。何异尔？非中国之兽也。然则孰狩之？薪采者也。薪采者则微者也，曷为以狩言之？大之也。曷为大之？为获麟大之也。曷为为获麟大之？麟者，仁兽也，有王者则至，无王者则不至。有以告者曰：有麕而角者。孔子曰：孰为来哉？孰为来哉？反袂拭面，涕沾袍。颜渊死，子曰：噫！天丧予！子路死，子曰：噫！天祝予！西狩获麟，孔子曰：吾道穷矣。《春秋》何以始乎隐？祖之所逮闻也。所见异辞，所闻异辞，所传闻异辞。何以终乎哀十四年？曰备矣。君子曷为为《春秋》？拨乱世反诸正，莫近诸《春秋》。则未知其为是与？其诸君子乐道尧、舜之道与？末不亦乐乎尧、舜之知君子也，制《春秋》之义以俟后圣。以君子之为，亦有乐乎此也。

按照公羊氏的说法，一个打柴的人猎获了不属于中国（中原）的"仁兽"，即"麒麟"，孔子为了彰大其事，用了天子、诸侯才可以用的"狩"字。公羊氏进一步说明，"获麟"这件事，标志着将会有"王"者出现，孔子因此而认为自己的"道"也已经到了"穷"的地步，即充分表达了已到达"穷尽"之意。董仲舒在《春秋繁露·符瑞》中称:"有非力之所能致而自至者,西狩获麟,受命之符是也。然后托乎《春秋》正不正之间,而明改制之义。"即西狩获麟是孔子受命于天的"符瑞"。何休对"王者则至""无王者不至"亦有解说,并称"获麟"一事,表明孔子是圣人。[1] 康有为从董仲舒之说,称"获麟为孔子受命之符"。[2] 公羊氏又宣称,孔子从祖先所"逮闻"的隐公元年,写到哀公十四年,自言"曰备矣",即想说的话都已"完备"之意。公羊氏再宣称,孔子写《春秋》的目的,是"拨乱世反诸正",即孔子所处的时代仍是"乱世",借着宣扬《春秋》中的"大义",以能达到"反诸正"的目的。公羊氏所说"乱世"一词,被康有为发展为"三世说"中的"据乱世"。公羊氏的最后几句话,即"则未知其为是与"到"亦有乐乎此也",读法各家不尽相同,但大意是一致的:孔子作《春秋》,是"乐道尧、舜之道",并"制《春秋》之义以俟后圣"。康有为对此进一步阐发:公羊氏说明了《春秋》是"终于尧、舜"的,孔子的"圣意"是"太平之治",即"大同"。

《春秋》始于文王,终于尧、舜",使康有为相信,孔子在《春秋》中假托周文王和尧、舜,来表达先到达"小康"后进至"大同"的顺序。他在《孔子改制考》中称:"孔子拨乱升平,托文王以行君主之仁政,尤

---

[1] 何休对"有王者则至"一句,称言:"上有圣帝明王,天下太平,然后乃至。"对"无王者则不至"一句,何休又称:"当春秋时,天下散乱,不当至而至,故为异。"对"西狩获麟,孔子曰:吾道穷矣"一句,何休又称:"加姓者,重终也。麟者,太平之符,圣人之类。时得麟而死,此亦天告夫子将没之征。故云尔。"(〔汉〕何休解诂、〔唐〕徐彦疏、刁小龙整理:《十三经注疏·春秋公羊传注疏》,上海古籍出版社,2014年,下册,第1190—1191、1195页。以下引用何休解诂、徐彦注疏,皆为该版本)由此观之,何休认为"获麟"是"天"告诉孔子将会没世(两年后孔子果然故去),以此证明孔子是圣人。

[2] 黎祖健录康有为在万木草堂的口说:"获麟为孔子受命之符,伪《左》不能为异说,以彰之于众口也。"(《万木草堂口说》,楼宇烈整理:《长兴学记·桂学答问·万木草堂口说》,第108页)又,《左传》文曰:"十四年春,西狩于大野,叔孙氏之车子鉏商获麟,以为不祥,以赐虞人。仲尼观之,曰:'麟也。'然后取之。"(杨伯峻:《春秋左传注》,中华书局,1990年第二版,第4册,第1682页)《左传》未"记异"。再又,《穀梁传》称:"引取之也。狩地不地,不狩也。非狩而曰狩,大获麟,故大其适也。其不言来,不外麟于中国也。其不言有,不使麟不恒于中国也。"《穀梁》称获麟为孔子"引取之",以能"恒于中国",与《公羊》所称大异,未称"曰备矣",也未称尧、舜。

注意太平，托尧、舜以行民主之太平。"[1]他又在《桂学答问》中强调："故学《春秋》者，在其义不在其事与文。"[2]

至于公羊氏所说的"制《春秋》之义以俟后圣"，即孔子写了《春秋》并在其中留有"大义"以等待"后圣"来解说，此处的"后圣"又是谁？康有为颇有自许之意。他在后来完成的《春秋笔削大义微言考》的"自序"中称：

> 天未丧斯文，牖予小子，得悟笔削微言大义于二千载之下。既著《伪经考》而别其真赝，又著《改制考》而发明圣作，因推公、穀、董、何之口说，而知微言大义之所存。又考不修《春秋》之原文，而知笔削改本之所托。先圣太平之大道，隐而复明，暗而复彰……今《春秋》灭于伪《左》，孔道晦于中国，太平绝于人望，岌岌殆哉！吾虽当厄，恐予身不存，先圣太平之大道不著，不揣孤陋，再写旧闻，因旧传，凡得十一卷，岂有所明？亦庶几孔子太平之仁术、大同之公理不坠于地，中国得奉以进化，大地得增其文明。亦后之君子所不罪欤？其诸君子亦乐道之耶？

他又在后来完成的《春秋笔削大义微言考》的"结序"中称：

> ……今虽摭什一于千百，未能见圣人大道之全，然亦粗得其大概矣。若夫圣人之意不可见者，其在升平、太平之条理耶？《公羊》曰："制《春秋》之义以俟后圣。"《中庸》曰："百世以俟圣人而不惑。"是则在于补衍升平、太平之条理者乎？先圣后圣，其揆一也。述先圣之至仁，拨乱世，除民患，而极乐之至于大同，其在斯耶！其在斯耶！此非今编辑所及也。[3]

---

[1]《孔子改制考》，《康有为全集》，第3集，第150页。
[2] 楼宇烈整理：《长兴学记·桂学答问·万木草堂口说》，第29页。康有为还在后来完成的《春秋笔削大义微言考》中强调："《春秋》在义，不在事与文。"（《康有为全集》，第6集，第5页）
[3]《春秋笔削大义微言考》，《康有为全集》，第6集，第4、9页。

康有为在前一段话中，不提董仲舒、何休等人，反而表白了他本人因"天""牖"而"得悟"，提到了"予身不存，先圣太平之大道不著"，更是言及公羊氏所言"后之君子""其诸君子"，相当委婉地自我表白是"后圣"。康有为在后一段话中，引《礼记·中庸》"百世以俟圣人而不惑"，称"后圣"的责任是"补衍升平、太平之条理"，是"述先圣之至仁，拨乱世，除民患，而极乐之至于大同"，那就更有自我彰显之意了。他在后来完成的《〈中庸〉注》中，引"百世以俟圣人而不惑"一句，以一世为三十年，说明"三千年后必有圣人复作"，由此完全排斥了董、何、朱熹、王守仁……而由他直接来"以俟圣人而不惑"。[1] 虽说《春秋笔削大义微言考》《〈中庸〉注》两书完成时间较晚，然在戊戌时期，梁启超已仿照《春秋公羊传》之体例，在《湖南时务学堂初集》之末刊出其批语，暗示"后圣"即是康有为。[2] 中西牛郎后采访康有为，亦称其

---

[1] 康有为称："三十年为一世，百世则三千也。孔子发明据乱、小康之制多，而太平、大同之制少。盖委曲随时，出于拨乱也。孔子之时，世尚多稚，如养婴儿者，不能遽待以成人，而骤离于襁褓。据乱之制，孔子之不得已也。然太平之法，大同之道，固预为灿陈，但生非其时，有志未逮耳。进化之理，有一定之轨道，不能超度。既至其时，自当变通。故三世之法、三统之道各异，苦衷可见，但在救时。孔子知三千年后必有圣人复作，发挥大同之新教者。然必不能外升平、太平之轨则，亦不疑夫拨乱、小康之误也。"（《〈中庸〉注》，《康有为全集》，第5集，第388页）康有为将"后圣"与"发挥大同之新教者"相连接，用意很明显。

[2] 梁启超的批语称："《春秋》不专言小康之义，特小康之条理较备耳。圣人于小康言其条理，于大同则不言条理者何？圣人知大同之道必三千年而后能行，至彼时必有能言其条理者，故不必言之，所谓'百世以俟圣人而不惑'也（百世即三千年）。至小康之制，所以治三千以内之天下，故详言之。虽则如是，而大同之宗旨往往存焉。哀十四年《传》云：'君子曷为为《春秋》？拨乱世，反诸正，莫近于《春秋》'，言《春秋》为由据乱世进于升平之书也，所谓小康也。又曰：'则未知其为是与？其诸君子乐道尧、舜之道与？末不亦乐乎尧、舜之知君子也？'言《春秋》不专言小康，而实有乐于尧、舜大同之义也。又曰：'制《春秋》之意以俟后圣，以君子之为，亦有乐乎此也'，言《春秋》大同之条理，可以俟诸三千年以后之圣人也。此公羊子所传微言也。《繁露》又言：'以人随君，以君随天'，五始之义，'以诸侯之即位，正竟内之治'，即所谓以君统国也。此自是《春秋》大义。"（《湖南时务学堂初集》，长沙戊刻本，第4册，《札记》卷三，第55—56页）"以人随君，以君随天"，见董仲舒《春秋繁露·玉杯》。"以诸侯之即位，正竟内之治"，见《春秋繁露·玉英》。"五始"，徐彦疏："案《文谥例》下文云'五始者：元年、春、王、正月、公即位是也。'"（《春秋公羊传注疏》，上册，第6页）梁启超在湖南时务学堂将《公羊传》与《中庸》同讲，用意十分明显。

"识见往往发明千古未发之真理"。[1]

还需注意的是,《春秋》最末一句关于"西狩获麟"的记载与《礼记·礼运篇》最后一段是相同相近的:

> ……故天降膏露,地出醴泉,山出器车,河出马图,凤凰、骐麟皆在郊棷,龟、龙在宫沼。其余鸟兽之卵胎,皆可俯而窥也。则是无故,先王能修礼以达义,体信以达顺,故此顺之实也。

如此动人的场景,较之仅听闻"获麟"更为完美。然孔子又说:

> 子曰:凤鸟不至,河不出图,吾已矣夫。(《论语·子罕》)

这个说法与公羊氏所言不同。然"获麟""凤鸟""河图"标志着圣人的出现,没有这些"异"迹出现,孔子也成不了圣人,无法成为"素王"。汉代流行的纬书,多有记"异",多有"神示"。也因为此故,康有为对纬书颇有兴趣,企图从里面找到孔子口传的真精神。[2]他在《孔子改制考》中引用纬书甚多,并在该书起首的"序"中,直称"黑帝降精":

---

[1] 中西牛郎在《论康有为氏之理想及事业》中称:"……盖康之学问最博,支那之文籍经史自不必论,诸子百家之书亦无不涉猎,更潜心佛典,若得西洋翻译之书,亦必读之以扩智识。要之,康于学问天资极高,识见往往发明千古未发之真理。是乃其组织新儒教之所以也。然其年仅四十,故于精熟之点或让张香涛一步。此非吾辈轻率之论,细读二人之著作,盖足以知之矣。"(吉辰译注:《戊戌政变后〈太阳〉杂志关于康有为的两篇文章》,《近代中国》,第29辑,第349页)中西牛郎虽称康"学问最博""天资极高",但没有称康为"后圣",反称康于"精熟之点"逊于张之洞。

[2] 康有为在万木草堂多言纬书之意义,黎祖健亦录之:"孔子有经有纬,纬者口说微言也。纬书虽有礼学,而以发明天道为主。""纬即口说,当时未著之竹帛。""《六纬》,孔子穷极天人之书。""孔子口说多在纬。""孔子作纬,刘歆创谶以乱之,后人攻谶并攻纬。大谬。""《七纬》专为《洪范》发挥。""一部《七纬》皆发挥《洪范》。《五行传》董仲舒、刘向所引,皆纬也。不读《五行传》,则《洪范》不明。""《七纬》发挥天人之理,《洪范》通极天人,多发阴阳。""《洪范》开纬书之先。""《系辞》见其理,纬书见其数。"(《万木草堂口说》,楼宇烈整理:《长兴学记·桂学答问·万木草堂口说》,第71、95、96、103、105、115、117、118、119、122页)

天既哀大地生人之多艰，黑帝乃降精而救民患，为神明，为圣王，为万世作师，为万民作保，为大地教主。生于乱世，乃据乱而立三世之法，而垂精太平，乃因其所生之国，而立三界之义，而注意于大地远近大小若一之大一统。乃立元以统天，以天为仁，以神气流行而教庶物，以不忍心而为仁政。[1]

康有为所说的"天"是神灵之意。"黑帝乃降精"之事，见于纬书《春秋演孔图》："孔子母徵在梦感黑帝而生，故曰玄圣。"又称："孔子母颜氏徵在游大冢之陂，睡梦黑帝使请己，己往梦交，语曰：汝乳必于空桑之中。觉则若感，生丘于空桑之中。"[2] 所谓"黑帝"有多种说法，康有为指的是"天帝"。[3] 康引纬书而言"黑帝降精"，否认孔子的人间生父孔纥（叔梁纥），有意模仿基督教的"圣诞说"，称"天"（神灵）通过"黑帝"（天帝）给人间降下了"师""保""教主"。康在后来完成的《〈论语〉注》中，对此再作解释。[4] 梁启超在其名著《清代学术概论》中，对此则有所批责。[5]

---

[1] 《孔子改制考》，《康有为全集》，第3集，第3页。
[2] 赵在翰辑，钟肇鹏、萧文郁点校：《七纬：附论语谶》，中华书局，2012年，下册，第367、369—370页。
[3] 黎祖健录康有为在万木草堂口说称："天有五帝。"（《万木草堂口说》，楼宇烈整理：《长兴学记·桂学答问·万木草堂口说》，第119页）
[4] 康有为在《〈论语〉注》中对"凤鸟不至"一句，作注曰："《易·系辞》：河出图，洛出书，圣人则之。《礼·礼运》：河出马图。《书·顾命》有河图。《汉书·五行志》及《论衡》皆以为伏羲氏时河水出图，则之而书八卦。《国语》：周之兴，鹭鸾鸣于岐山。《墨子·非攻篇》：天命文王伐殷有国，泰颠来宾，河出录图。《论衡·问孔篇》引此曰：夫子自伤不王也。己王，致太平，太平则凤凰至，河出图矣。董仲舒《对策》引此曰：自悲可致此物，而身卑贱不得致也。《易坤凿度》：仲尼偶筮其命，得《旅》，泣曰：天也，命也，凤鸟不至，河无图至。与董、王说同。《论语素王受命谶》：大圣不虚生，必有所制法垂教，而天瑞又必应之。其后麟又，鸟衔书为《演孔图》，遂作《春秋》，盖作三世法于来者焉。"（《康有为全集》，第6集，第447页。据吴仰湘所示，标点有所变动）康称孔子叹言"凤鸟不至"之后果有"获麟"之事，并说明《演孔图》的意义。还须注意的是，其所称《易坤凿度》，亦是纬书，见《七纬：附论语谶》，上册，第28页；《论语素王受命谶》，亦见《七纬：附论语谶》，下册，第787页。
[5] 梁启超称："有为谓孔子之改制，上掩百世，下掩百世，故尊之为教主；误认欧洲之尊景教为治强之本，故恒欲侪孔子于基督，乃杂引谶纬之言以实之，于是有为心目中之孔子，又带有'神秘性'矣。"又称："其师好引纬书，以神秘性说孔子，启超亦不谓然。"（朱维铮校注：《梁启超论清学史二种》，复旦大学出版社，1985年，第65、68页）

## 四 何休的"三世"说

《春秋》里没有"三世",《公羊传》中也没有"三世"。"三世"是汉儒何休提出来的。前引《公羊传》最后一段有文曰:

> 《春秋》何以始乎隐?祖之所逮闻也。所见异辞,所闻异辞,所传闻异辞。何以终乎哀十四年?曰备矣。

公羊氏说明孔子作《春秋》的起始、终结时间之"大义":起于隐公元年,是孔子记录其祖先所"逮闻"的事情,终于哀公十四年,是孔子已将其思想表达完备了。其中三个"异辞",在《公羊传》中共有三见。其初见于隐公元年十二月,《春秋》经曰:"公子益师卒。"公子益师是鲁国的大夫,是鲁隐公的叔父。《公羊传》曰:

> 何以不日?远也。所见异辞,所闻异辞,所传闻异辞。

公羊氏前6字说:为什么不写具体日子,因为事情太久远了。公羊氏后13字,提到了"所见""所闻""所传闻"三个时间段概念,还提出了"异辞",即对于不同的时间段,孔子有着不同的表述方式。其二见于桓公二年三月,《春秋》经曰:"三月,公会齐侯、陈侯、郑伯于稷,以成宋乱。"《公羊传》曰:

> 内大恶讳,此其目言之何?远也。所见异辞,所闻异辞,所传闻异辞。隐亦远矣,曷为为隐讳?隐贤而桓贱也。

此处公羊氏又说明了差异:为什么《春秋》不为鲁桓公的"大恶"讳?是因为时间久远。为什么《春秋》为鲁隐公讳而不为鲁桓公讳?是因为隐公、桓公有"贤""贱"的差别。对此,董仲舒《春秋繁露》曰:

> 《春秋》分十二世以为三等:有见,有闻,有传闻。有见三世,

> 有闻四世，有传闻五世。故哀、定、昭，君子之所见也；襄、成、宣、文，君子之所闻也；僖、闵、庄、桓、隐，君子之所传闻也。所见六十一年，所闻八十五年，所传闻九十六年。于所见，微其辞，于所闻，痛其祸，于所传闻，杀其恩，与情俱也。(《春秋繁露·楚庄王》)

董说孔子在《春秋》中将鲁国十二位君主在位时期分为"三等"，即以哀、定、昭三公时期为"所见"，以襄、成、宣、文四公时期为"所闻"，以僖、闵、庄、桓、隐五公时期为"所传闻"，并称"异辞"是"微其辞""痛其祸""杀其恩"三义。何休的《解诂》在隐公元年十二月（即"三个异辞"初见处）作了更多的解释：

> "所见"者，谓昭、定、哀，己与父时事也；"所闻"者，谓文、宣、成、襄，王父时事也；"所传闻"者，谓隐、桓、庄、闵、僖，高祖、曾祖时事也。"异辞"者，见恩有厚薄，义有深浅。时恩衰义缺，将以理人伦、序人类，因制治乱之法。故于所见之世，恩己与父之臣尤深，大夫卒，有罪无罪，皆日录之……于所闻之世，王父之臣恩少杀，大夫卒，无罪者日录，有罪者不日，略之……于所传闻之世，高祖、曾祖之臣恩浅，大夫卒，有罪无罪皆不日，略之也……于所传闻之世，见治起于衰乱之中，用心尚麤觕，故内其国而外诸夏，先详内而后治外，录大略小，内小恶书，外小恶不书；大国有大夫，小国略称人，内离会书，外离会不书是也。于所闻之世，见治升平，内诸夏而外夷狄，书外离会，小国有大夫……至所见之世，著治大平，夷狄进至于爵，天下远近小大若一，用心尤深而详。故崇仁义，讥二名……所以三世者，礼为父母三年，为祖父母期，为曾祖父母齐衰三月。立爱自亲始，故《春秋》据哀录隐，上治祖祢。所以二百四十二年者，取法十二公，天数备足，著治法式……[1]

---

[1]《春秋公羊传注疏》，上册，第38页。

何休将"三等"说成"三世",时期的划分与董仲舒相同;所言仍是"近近""亲亲"之义,即"所以三世者,礼为父母三年,为祖父母期,为曾祖父母齐衰三月"之义。然而,何休提出了"所传闻之世,见治起于衰乱""所闻之世,见治升平""所见之世,著治大平"的"三世"递进程式,提出了"内其国而外诸夏""内诸夏而外夷狄""夷狄进至于爵"的"三世""夷、夏"关系之变化。徐彦在《疏》中引何休《文谥例》,讲"三科九旨"——"所见异辞,所闻异辞,所传闻异辞,二科六旨";"内其国而外诸夏,内诸夏而外夷狄,是三科九旨也"。[1]何休的《解诂》在桓公二年三月(即"三个异辞"二见处)又作解释:

> 所以复发传者,益师以臣见恩,此以君见恩,嫌义异也。所见之世,臣子恩其君父尤厚,故多微辞是也。所闻之世,恩王父少杀……所传闻之世,恩高祖、曾祖又少杀……[2]

何休所言是臣、君异义和"近近""亲亲"之义。何休的这些话语,被康有为充分利用,再加以新的解释:"三世"分为"据乱世",即诸侯之世(内国外夏);"升平世",即天子之世(内夏外夷);"太平世",将不分夷、夏("夷狄进至于爵")。在康的解说中,"三世"不再与鲁国的君主隐、桓、庄、闵、僖、文、宣、成、襄、昭、定、哀诸公在位时期相连接,而是关于过去、现在、未来的大时段的递进程式。何休所说的"天下远近小大若一",又被康再加新意,解释为世界"大同"。而到了这时,康所说的"三世",与公羊氏所说的"所传闻""所闻""所见"完全脱离,与鲁国前后十二公、共242年的"异辞"全无关系,与董仲舒、何休的说法差异极大。由此可见,康有为所做的推论极其大胆,断章取义,"自由发挥"到了极致。

康有为关于"三世"的表述,见之于《春秋董氏学》。康说:

> 《春秋》义分三世:与贤不与子,是太平世。若据乱世,则与正

---

[1]《春秋公羊传注疏》,上册,第5页。
[2]《春秋公羊传注疏》,上册,第124—125页。

而不与贤。宣公在据乱世时，而行太平世之义，不中乎法，故孔子不取。所谓王法，即素王据乱世之法。

三世为孔子非常大义，托之《春秋》以明之。所传闻世为据乱，所闻世托升平，所见世托太平。乱世者，文教未明也。升平者，渐有文教，小康也。太平者，大同之世，远近大小如一，文教全备也。大义多属小康，微言多属太平。

三统、三世皆孔子绝大之义，每一世中皆有三统。此三统者，小康之时，升平之世也。太平之世别有三统，此篇略说，其详不可得闻也。

太平之世，大小远近若一。大同之治，不独亲其亲，子其子，老有所终，壮有所用，鳏寡孤独废疾者有养，则仁参天矣。

后世不通孔子三世之义，泥乱世、升平之文，反割放生为佛教，宜孔子之道日隘也。[1]

在这些文字中，康有为将何休所言"见治升平""著治大平"与《礼记·礼运篇》中的"小康""大同"连接起来了，还谈到了"与贤不与子"的政治标准。在《孔子改制考》，康有为又称：

《春秋》言太平，远近大小如一，地球一统之后乃有。此时烦恼忧悲已无，不食土性盐类质，养生日精，此言必验。

《春秋》乱世讨大夫，升平世退诸侯，太平世贬天子。[2]

康有为谈到了"三世"的政治标准，即反对大夫（家臣）擅权破坏礼制而影响诸侯的地位（"讥世卿"），反对诸侯擅权（兼并）而影响天子的地位（"大一统"），而到了"太平世"，将不再有天子；康还谈到了"地球一统之后"的太平世，饮食结构大变，"养生日精"。康的这些言论都很简短，没有充分展开论述，但却可以看出，他从何休所言"所传闻""所闻""所见"的"三世"出发，又走了相当遥远的路程，其中绝大多数内

---

[1]《春秋董氏学》，《康有为全集》，第2集，第320、324、370、389、390页。
[2]《孔子改制考》，《康有为全集》，第3集，第96、110页。

容与何休是没有什么关系的。

由于《春秋》、《公羊传》、董仲舒都没有说过"三世",也没有"乱世""升平""太平"的说法,康有为极其注重的孟子,却提到了"平世"和"乱世":

> 禹、稷当**平世**,三过其门而不入,孔子贤之。颜子当**乱世**,居于陋巷,一箪食,一瓢饮,人不堪其忧,颜子不改其乐,孔子贤之。孟子曰:禹、稷、颜回同道。禹思天下有溺者,由己溺之也。稷思天下有饥者,由己饥之也。是以如是其急也。禹、稷、颜子易地则皆然。(《孟子·离娄下》,黑体为引者所标)

孟子这段话,朱熹解释为:

> 圣贤心无不同,事则所遭或异,然处之各当其理,是乃所以为同也。尹氏曰:"当其可之谓时,前圣后圣,其心一也,故所遇皆尽善。"[1]

按照这一解释,禹、稷、颜回皆为圣贤,尽管所处的时代不同,所行之"道"却是相同的。"平世"和"乱世"两词,是作为政治与社会环境来解读的,杨伯峻译为"政治清明"和"政治昏乱",甚为妥当。[2] 但孟子毕竟提到了"平世"与"乱世"两词,康有为将之作为"大同三世说"最重要的"证据"。康在后来的著作《〈孟子〉微》自序中称:"平世大同之义,舍孟子乎莫之求矣";并在该书中对上引孟子所言作注解:

> 《春秋》要旨分三科:据乱世,升平世,太平世,以为进化,《公羊》最明。孟子传《春秋公羊》学,故有平世、乱世之义,又能知平世、乱世之道各异。然圣贤处之,各因其时,各有其宜,实无可如何。盖乱世各亲其亲,各私其国,只同闭关自守;平世四海兄

---

[1] 朱熹:《四书章句集注》,中华书局,1983年,第304页。"尹氏",尹焞。
[2] 杨伯峻译注:《孟子译注》,中华书局,2005年,第199页。

弟，万物同体，故宜饥溺为怀。大概乱世主于别，平世主于同；乱世近于私，平世近于公。乱世近于塞，平世近于通，此其大别也。

孟子此说，可证《公羊》为学孔学之正法。学者由此学，孔道方有可入；由此言进化，治教方不歧误耳。《春秋》三世，亦可分而为二。孔子托尧、舜为民主大同之世，故以禹、稷为平世，以禹、汤、文、武、周公为小康君主之世，故以颜子为乱世者，通其意，不必泥也。[1]

康有为此处将孟子的"平世""乱世"，强说为"据乱世""升平世""太平世"之更替，至于孟子所言"禹、稷当平世""颜子当乱世"中最为关键的政治与社会环境，康有为仅仅说明"通其意，不必泥"，便滑了过去。

## 五 "尧、舜为民主"

康有为的"大同三世说"，对儒家学说的最大突破是"民主"制，即"太平世贬天子"，康称孔子已有设计。康此时所说的"民主"，相对于"君主"而言，是民立（选）统治者之意，大约相当于今天的"总统"（president，"伯理玺天德"），与西方近代政治思想中的"民主"（democracy）是不相同的。与democracy相关的概念，当时称之为"民权"，直接的政治连接是"议院"，康亦称孔子已有设计。

儒家学说是讲究礼教与社会等级的，儒家文献中没有"民主"和"议院"的记录。康有为称孔子之世是乱世，所言多是"小康"（君主），而历代儒者言"小康"者为多，传"大同"者为少。康在万木草堂中说：

> 天下为家，言礼多而言仁少；天下为公，言仁多而言礼少。孟

---

[1]《〈孟子〉微》，《康有为全集》，第5集，第412、421—422页。据吴仰湘所示，标点有所变动。

子多言仁而少言礼，大同也；荀子多言礼而少言仁，小康也。[1]

而"大同三世说"（包括"民主"和"议院"），则是他以其独特的眼力所发现的孔子之"圣意"。对此，他在后来完成的《春秋笔削大义微言考》中有着相当自许的表述。[2]

康有为宣称孔子有"民主"乃至"议院"的设计，在《孔子改制考》中专有一卷为《孔子改制法尧舜文王考》，称言：

> 孔子最尊禅让，故特托尧、舜，已详《孔子特尊尧、舜篇》。
>
> 尧、舜为民主，为太平世，为人道之至，儒者举以为极者也……孔子拨乱升平，托文王以行君主之仁政，尤注意太平，托尧、舜以行民主之太平。然其恶争夺而重仁让，昭有德，发文明，《易》曰言不尽意，其义一也。特施行有序，始于粗粝而后致精华。《诗》托始文王，《书》托始尧、舜，《春秋》始文王，终尧、舜。《易》曰：言不尽意。圣人之意，其犹可推见乎？
>
> ……借仇家之口以明事实，可知六经中之尧、舜、文王，皆孔子民主、君主之所寄托。所谓尽君道，尽臣道，事君治民，止孝止慈，以为轨则，不必其为尧、舜、文王之事实也。
>
> 《尧典》一字皆孔子作……《春秋》《诗》皆言君主，惟《尧典》特发民主义。自"钦若昊天"后，即舍嗣而巽位，或四岳共和，或师锡在下。格文祖而集明堂，辟四门以开议院，六宗以祀，变生万物，象刑以期刑措。若斯之类，皆非常异义托焉。故《尧典》为孔

---

[1] 《万木草堂口说》，楼宇烈整理：《长兴学记·桂学答问·万木草堂口说》，第132页。

[2] 康有为说："……吾今据《公羊》、《穀梁》、董、何，书不书，曷以书，曷以日月不日月，名不名，遂如见孔子笔削原本，乃条条字字推之，于是二千年后，焕然如亲读孔子笔削原文真迹。光明一旦发露，岂非古今绝异之大幸事哉！"又说："夫《春秋》之旨数千，今所收拾，泰山一毫芒耳。而幸公、穀、董、何诸先师口说尚传，遗文未泯，予小子得推拾先圣坠文于古学伪乱、诸儒聚讼之后，阅世绵祀二千年之远，亦中国未有之事矣。嗟夫！此岂予小子所能哉？皆公、穀、董、何先师之遗说也！天不灭先圣之道，将光大于大地，不能终泯其真，假予小子而牖其明耳。"（《春秋笔削大义微言考》，《康有为全集》，第6册，第8页）此处康虽言《春秋》，但整个"大同三世说"的体系，包括"尧、舜是民主"，都是他本人的"独见"。

子之微言。素王之巨制,莫过于此。

《诗》托始文王,《书》托始尧、舜,《春秋》始终之,盖孔子圣心所托也。[1]

康有为在这里讲得比较明白,所谓"民主",具体表现在政治制度上,即"禅让","恶争夺而重仁让"。这与《礼运篇》中"天下为公,选贤与能"的说法是相吻合的。康提到的《孔子特尊尧、舜篇》,今尚未见。至于"大同""太平"等同于"民主",康提出的"证据"是:"《诗》托始文王,《书》托始尧、舜"。所谓"《诗》托始文王",讲的是《诗经》的"四始"之义。[2] 所谓"《书》托始尧、舜",讲的是《尚书》的第一篇《尧典》。[3]《尚书·尧典》成了康论说"民主"最主要的"证据"。

康有为虽说"惟《尧典》特发民主义",但其言辞极为简短。我只能根据《尧典》,推测康所言大约有两义,其一是尧之禅让("民主"),其二是舜之政治("议院")。

先来看尧之禅让。"钦若昊天",指尧命其臣下顺应上帝,此处的"天"是神灵。"舍嗣",指尧拒绝其臣下放齐的意见,不将其位传给儿子丹朱。"巽位",指尧询问"四岳"(四方首领),能不能继承其位。"四

---

[1]《孔子改制考》,《康有为全集》,第3集,第147、149—150、152、154页。"《尧典》一字皆孔子作"中"一字",是"每一字"之意。

[2] 司马迁说:"……故曰:《关雎》之乱以为《风》始,《鹿鸣》为《小雅》始,《文王》为《大雅》始,《清庙》为《颂》始。三百五篇孔子皆弦歌之,以求合《韶》《武》《雅》《颂》之音。礼乐自此可得而述,以备王道,成六艺。"(司马迁:《史记·孔子世家》,中华书局,1959年,第6册,第1936页)康有为在《孔子改制考》中引司马迁上引所说及《韩诗外传》,称言:"四始之义,《韩诗》、史迁皆同,此为孔门微言大义。《关雎》《鹿鸣》《文王》《清庙》,皆文王之诗也。《生民》《公刘》《思文》,皆文王远祖,而诗反在后,盖孔子以文王至德,托始焉尔。《诗》托始文王,《书》托始尧、舜,《春秋》始终之,盖孔子圣心所托焉。自伪《毛诗大序》以《风》《雅》《颂》为四始,于是托始文王之义灭焉。始者,初哉,首基之谓,岂可以《风》《雅》《颂》当之?不可通亦极矣。"(《康有为全集》,第3集,第154页)

[3] 古文经分《尧典》《舜典》两篇,今文经两篇本为一篇,即《尧典》。康有为在万木草堂讲学时说:"古无《舜典》,并入《尧典》,'稽古帝舜'廿八字后人加。"(《万木草堂口说》,楼宇烈整理:《长兴学记·桂学答问·万木草堂口说》,第217页)又,康在《新学伪经考》中将《尧典》一篇全文录入,可见其重视该文。(《康有为全集》,第3集,第150—152页)

岳共和",指尧询问四岳用人行政之事,并请推荐继承尧之帝位的人选。"师锡在下",《尧典》原文为:"……师锡帝曰:'有鳏在下,曰虞舜。'帝曰:'俞!予闻,如何?'岳曰:……"其意为"师"(众人、四方首领)向尧推荐了"在下"(社会下层)的鳏夫舜,尧询问了舜的情况,四方首领予以说明。康于此说明了尧"敬天"、"舍嗣"、询问四岳(四方首领)、最后传位给舜的功绩,认为是孔子所"特发"的"民主义"。

再来看舜之政治。康有为称:"格文祖而集明堂,辟四门以开议院",《尧典》原文为:"月正元日,舜格于文祖,询于四岳,辟四门,明四目,达四聪。""格"是某种礼仪活动,此处似为"告"之意;"文祖"是尧或"五帝"的庙。这段话,刘起釪译为:"正月上旬吉日,舜祭告于文祖的庙堂,然后询谋政事于四岳,广开四方之门,以招致天下贤俊;通四方之耳目,以广开闻见于四方,使远近无壅塞。"[1]译意是相当精准的。《尧典》原文中并无"集明堂"之意,康有为称"文祖"为"明堂",是引用《史记》之〔集解〕中的郑玄说和〔索隐〕〔正义〕中的《尚书帝命验》。[2]《尚书帝命验》是纬书。然而,即便从郑玄、《尚书帝命验》之说,"文祖"是"五府之大名",或是五帝之庙,相当于周朝的"明堂","舜格于文祖"一句,也只能解读为:舜到了"文祖"(或是五帝之庙,相当

---

[1] 顾颉刚、刘起釪著:《尚书校释译论》,中华书局,2005年,第1册,第355页。又,司马迁《史记·五帝本纪》称:"……于是舜乃至于文祖,谋于四岳,辟四门,通四方耳目……"(《史记》,第1册,第38页)此处的说法与《尧典》相同。

[2] 《尧典》称:"舜让于德弗嗣,正月上日,受终于文祖。"司马迁《史记·五帝本纪》称:"舜让于德不怿,正月上日,舜受终于文祖。文祖者,尧大祖也。"此处《史记》"〔集解〕郑玄曰:'文祖者,五府之大名,犹周之明堂。'〔索隐〕《尚书帝命验》曰:'五府,五帝之庙。苍曰灵府,赤曰文祖,黄曰神斗,白曰显纪,黑曰玄矩。唐虞谓之五府,夏谓世室,殷谓重屋,周谓明堂,皆祀五帝之所也。'〔正义〕舜受尧终帝之事于文祖也。《尚书帝命验》云:'帝者承天立五府,以尊天重象也。五府者,黄曰神斗。'注云:'唐虞谓之天府,夏谓之世室,殷谓之重屋,周谓之明堂,皆祀五帝之所也。文祖者,赤帝熛怒之府,名曰文祖。火精光明,文章之祖,故谓之文祖。周曰明堂……"(《史记》,第1册,第22—23页)按照司马迁的说法,"文祖"仍然是尧的庙,按照《尚书帝命验》的说法,"文祖"或是"五帝"的庙,按照郑玄的说法,"文祖"为"五府",相当于周朝的"明堂"。又,《尚书帝命验》,见《七纬:附论语谶》,上册,第221—227页。再又,《礼记》有《明堂位》篇,说的是周公召集诸侯于明堂,诸侯在明堂中的位置等事。康有为称该篇是"伪作于刘歆"。(《新学伪经考》,《康有为全集》,第1集,第478页)

于周朝的"明堂"),举行了"格"的礼仪活动。"集明堂"属康的自我"发挥",至少"集"字是康自己增加出来的动词。"辟四门"本是明目达聪,康却与"集明堂"相连接,再扩大解释为"开议院"。康又称:"六宗以祀,变生万物",《尧典》原文为:"禋于六宗"。"禋"是一种祭礼,"六宗"的解释甚多,也有解释为天、地、东、南、西、北六个方向的,康亦从此说。[1] 然此又如何能"变生万物",康没有细说。康又称:"象刑以期刑措",《尧典》原文为:"象以典刑,流宥五刑,鞭作官刑,扑作教刑,金作赎刑。眚灾肆赦,怙终贼刑。帝(尧)曰:'钦哉,钦哉,惟刑之恤哉!'"康的意思可能是说,舜所进行的刑法制度变革,使刑法更为妥当。[2] 然据《尧典》,"禋"礼、"象刑"皆是舜继位、尧在世之事,孔子如何"特发"此中的"民主义",康也没有说明。

由于《孔子改制考》是公开刊刻的著作,康有为对《尧典》中的"民主义"也有可能不方便多说,由此可看他在万木草堂对学生之所言。黎祖健录其师在万木草堂的口说,涉及尧、舜及《尧典》者较多。康有为说:

《书经》自《尧典》外,无称唐者,皆言先民有夏,先民有殷。

中国始于黄帝而实开于夏禹,《皋陶》言蛮夷猾夏,诸子传记言华夏、诸夏。

尧、舜如今之滇、黔土司头人。宋、元、明土司传土司,至大

---

[1] 康有为在万木草堂讲学时多次言及"六宗",黎祖健录之:"礼之明堂无瓦,祭六宗者也。""明堂祭五帝,即祭天。六宗,上下四旁也。""六宗主阴阳之德,上不及天,下不及地,中不及四方。""六宗之说纷纷……"《万木草堂口说》,楼宇烈整理:《长兴学记·桂学答问·万木草堂口说》,第124、127、128页。
[2] 康有为在《日本书目志》中,对法律门"刑法"类,作按语称:"刑罚世轻世重,孔子《春秋》立三世之法,'治乱世'与'治升平''太平之世'固异矣。夷族、车裂、炮烙,此太古虐刑也。肉刑,'据乱世'之刑也,汉文去之,隋文变之。今之杖、笞、流、徒,'升平'之刑也。'太平'则'人人有士君子之行',刑措矣。其有不得已之罚,则象刑而已。泰西近去缳绞之刑,轻矣,犹未几于'太平'也。然其治狱洁,其听审众,不鞭挞以示威,以代理达愚民,犹犹乎多爱民之意矣。"(《康有为全集》,第3集,第347页)康于此提到了"刑措"与"象刑",但如何将《尧典》中"象以典刑……惟刑之恤哉"一段话与太平世的刑法相连接,康也没有说明。又,"人人有士君子之行"出自《春秋繁露·俞序》。

者为都大鬼子，即古诸侯。

《书》蛮夷猾夏，孔子语，可知唐、虞皆追王耳。

尧、舜皆孔子创议。

读《韩非子·显学篇》，始知尧、舜皆后人所托。墨子之言尧、舜，则茅茨土阶，极其朴野；孔子之言尧、舜，则山龙华虫，藻火粉米，黼黻絺绣，极其文采。《韩非子》所谓尧、舜不可复生，谁复定尧、舜之真哉！盖教主无不托古也。

《诗》四首皆首文王，《书》始尧、舜，孔子重让也。

中国开于夏禹，《书》二十八篇惟《尧典》一篇言尧、舜，余亦只称夏、殷，周公不知有尧、舜，可知尧、舜乃孔子追王耳。

孔子最尊禅让，故特托尧、舜……

《书经》如一部史书，《尧典》，本纪、职官也；《皋陶谟》，言义理也；《洪范》，言天人也；《禹贡》，言地理，职方也；《吕刑》，刑法也。

《尧典》于授受之间，孔子已存大义。于《诗》法文王，于《书》法尧、舜，尚让也。

(《书》) 始尧、舜揖让，终强秦征伐。

孔子祖述尧、舜，《书》是也，宪章文、武，《诗》是也。

《尧典》与《洪范》文笔皆同。

尧、舜性之，汤、武反之，可知孟子已有性善性恶两说。

孔子托尧、舜用其中于民，隐言改制。

孔子法尧、舜、文王，于《尚书》《春秋》托之，故有两种治法。行文王之法，小康也；法尧、舜之道，大同也。

《春秋》终尧、舜，《尚书》终《秦誓》，可见其意。

自诚明，尧、舜性之也；自明诚，汤、武反之也。

自古无人言尧、舜，孔子始极称之。

大德必受命，专言命字，不过借舜为模样。

董子言性，为中人言之也，故《孟子》尧、舜之二句，已不尽言性善。

孔子两种学问，尧、舜谓之大同，文、武谓之小康。

《尧典》文章全与《王制》同，可知直是孔子作，且有《论衡》

可据。

  中国君主始于夏启，以前皆民主。[1]

以上的说法，与《孔子改制考》相同，言辞却更为直白：尧、舜只不过相当于云南、贵州的"土司头人"，古代没有人说明唐尧、虞舜，其事迹是孔子创造出来的；《尧典》是孔子亲自写的，其大义是"授受之间"，即禅让，"受命"者的标准是"大德"；尧、舜为"大道"，是"大同"，夏启之后是君主制，尧、舜等人是"民主"。以上康有为的口说，自我"发挥"的成分甚多；且仅言尧之禅让（"民主"），未称舜之政治（"议院"），即康没有具体说明舜又是如何"格文祖而集明堂，辟四门以开议院"之事的。

## 六 "中国古固有议院"

  康有为称"集明堂""开议院"之事，又见于他在《日本书目志》中所作的按语。《日本书目志》政治门第三类为"议院"，康对此称言：

    右议院书四十种（外国议院附）。《尧典》曰：辟四门，明四目，达四聪。《盘庚》：登进厥民，命众悉至于庭。《洪范》：谋及卿士，谋及庶人。《孟子》：左右皆曰贤，诸大夫皆曰贤，未可也；国人皆曰贤，然后用之。左右皆曰可杀，诸大夫皆曰可杀，勿听；国人皆曰可杀，然后杀之。黄帝曰"合宫"，尧曰"总章"，三代曰"明堂"，中国古固有议院哉！通天下之气，会天下之心，合天下之才，政未有善于议院者也。泰西之强基此矣，日本又用之而强矣……[2]

---

[1] 《长兴学记·桂学答问·万木草堂口说》，第 77、87、88—89、90、91、100、104、106、108、114、115、118、147、148、158、161、162、165、167、170、209 页。吴仰湘提示："《诗》四首皆首文王"之第一个"首"字，似为"始"字之误，即"四始"之义。
[2] 《日本书目志》，《康有为全集》，第 3 集，第 330 页。

康有为称"黄帝曰'合宫',尧曰'总章'",很可能出自《尸子》散佚之文:"黄帝曰合宫,有虞氏曰总章,殷人曰阳馆,周人曰明堂,此皆所以名休其善也。""欲观黄帝之行于合宫,观尧、舜之行于总章。"[1]康在《孔子改制考》中引用《尸子》多条内容,并称"尸子托古"。[2]康又称"三代曰'明堂'",很可能出自董仲舒《春秋繁露·三代改制》。董仲舒《三代改制》的原文,康在《春秋董氏学》《孔子改制考》中多次引用,成为其"通三统"的主要依据。[3]中国传统文献中出现的"合宫""总章""明堂",其内部制度极不清楚,康有为却不加论说,直接了断地指认为"中国古固有议院";尽管他在《日本书目志》"建筑书"的按语中,对"明堂"又有别样解说。[4]为了说明"中国古固有议院",康在上引文中提出了儒学经典中的4条"证据":

其第1条"辟四门",即是《尧典》中的"询于四岳,辟四门,明四目,达四聪",康此处未称"集明堂"而直接当作"议院"。

其第2条"登进厥民",见之于《尚书·盘庚》:"王命众,悉至于庭";"盘庚乃登进厥民"。"众""厥民",当指贵族与臣民。《盘庚》上、中、下三篇,皆是盘庚对贵族与臣民的当面训词。康称此为"议院",很

---

[1] 《尸子·卷下》,见朱德雷:《尸子译注》,上海古籍出版社,2006年,第67页。《尸子·卷上》又另有《明堂》一篇,专讲"明王之求贤"。(同上书,第14—15页)
[2] 《孔子改制考》,《康有为全集》,第3集,第47、58、220页。
[3] 康有为在《春秋董氏学》中称:"此郊宫明堂之三统也。今之宫室,方衡,卑污,遵用夏统。盖禹卑宫室,孔子美之,以古者徭役皆用民力,非若后世顾役。故筑三台、筑南门,皆讥'不恤下'。故贵卑衡也。若皆出顾役,则虽崇高何伤?观高严员侈、倚靡员椭之形,三十六甍、七十二户之制,泰西宫室,孔子早为之预制,寄之三统,以待后世顾役之时用之。孔子之神智至仁极矣!"(《康有为全集》,第2集,第345—346页)"顾役",雇役。康在《孔子改制考》中引《三代改制》之全文,但只言"通三统",未言及"明堂"之制。(同上书,第3集,第112—114页)由此可见,"明堂"是否为"议院",康没有明确的说法。
[4] 康有为在《日本书目志》中为"建筑书"作按语称:"……孔子《春秋》为三统,董子《繁露》传其略,说明堂之制,法地者卑污方,法天者高大圆侈;又法天者椭圆,法地者习衡。是孔子之制,不限于卑宫矣。明堂之制,上圆下方,四阿重屋,三十六甍、七十二户。泰西宫室乃明堂之遗,若早变雇役,孔子固欲与民同乐之,当为法天之统矣。不然,是陋邦之风,非卫生之道也。"(《康有为全集》,第3集,第382页)康说明了由孔子"预制"的"三代明堂"之制,并将之扩充至"泰西宫室"(建筑);由此而论,"明堂"与"议院"相差甚远。

可能看中的是盘庚与贵族与臣民之间的直接交流，似为放大其义。

其第3条"谋及卿士"，见之于《尚书·洪范》：

> 汝则有大疑，谋及乃心，谋及卿士，谋及庶人，谋及卜筮。汝则从，龟从，筮从，卿士从，庶民从，是之谓大同。身其康强，子孙其逢，吉。汝则从，龟从，筮从，卿士逆，庶民逆，吉。卿士从，龟从，筮从，汝则逆，庶民逆，吉。庶民从，龟从，筮从，汝则逆，卿士逆，吉。汝则从，龟从，筮逆，卿士逆，庶民逆，作内吉，作外凶。龟筮共违于人，用静吉，用作凶。

《洪范》强调了政治决策的五个要素，即"汝"（君王）、卿士、庶人、龟、筮，君王"有大疑"即须做出重大决策时，要观察五个要素的从、逆，来判断吉、凶。在这五个要素中，可以分三类，一是君王本人，二是龟、筮，即神示，三是卿士、庶民，即下属；《洪范》所言中，有两次"庶民逆"称"吉"，两次"卿士逆""庶民逆"称"吉"或称"作内吉"，可见庶民与卿士的从、逆，对君王的重大决策不能起到决定性的作用。康有为从中抽出"谋及卿士，谋及庶人"，而不谈君王、龟、筮的要素，似为断章取义。《洪范》中的"是之谓大同"，本指五个因素"全部相同"，康却抽出"大同"两个字，不加说明而直取其义，称"谋及庶人为大同"，似为断章取义。[1]

其第4条"国人皆曰贤"，见之于《孟子·梁惠王下》：

> 王曰：吾何以识其不才而舍之？曰：国君进贤，如不得已，将使卑逾尊，疏逾戚，可不慎与？左右皆曰贤，未可也；诸大夫皆曰贤，未可也；国人皆曰贤，然后察之；见贤焉，然后用之。左右皆

---

[1] 康有为在"上清帝第二书""上清帝第三书"中称："夫先王之治天下，……民共之，《洪范》之大疑大事，谋及庶人为大同……"又在"上清帝第四书"中……在设议院以通下情也……《洪范》称：大同逢吉，决从于卿士、庶……（《康有为变法奏章辑考》，第39、66、75—76页）康于此直言"大同"……康又在《驳张之洞劝戒文》中称："若夫民权之大义，则自孔、孟六经……《洪范》称庶人同，乃为大同……"（《康有为全集》，第5集，第337页）……也是直言"大同"。

再论戊戌时期康有为的"大同三世说"

曰不可,勿听;诸大夫皆曰不可,勿听;国人皆曰不可,然后察之,见不可焉,然后去之。左右皆曰可杀,勿听;诸大夫皆曰可杀,勿听;国人皆曰可杀,然后察之,见可杀焉,然后杀之。故曰:国人杀之也。如此,然后可以为民父母。

孟子指出,君主为了避免用错人,在晋升、罢免、惩治时,要征询左右、诸大夫、国人三方面的意见。康有为将之作为"议院"的"证据",是其对西方议会制度的误解,似为比拟错位。

以上康提出的4条"证据",与"合宫""总章""明堂"之间的关系,康没有具体说明,却进一步地推论:"通天下之气,会天下之心,合天下之才,政未有善于议院者也。"然"通气""会心""合才"所表现出来的,却是康向往的集思广益、群策群力的氛围,与西方议会制度(代议制)的基本精神("无代表不纳税""第三等级说""人民主权论"等等)是不相合拍的。

康有为从《尧典》《盘庚》《洪范》《孟子》等儒家经典中找到的4条"证据",在戊戌时期多次引用,以作为"中国古固有议院"的"法理依据"(思想资料)。光绪二十一年五月,康有为在"上清帝第三书"中称:

……夫先王之治天下,无不与民共之。《洪范》之大疑大事,谋及庶人为大同。《孟子》称进贤、杀人,待于国人之皆可。盘庚则命众至庭,文王则与国人交。《尚书》之四目四聪,皆由辟门。《周礼》之询谋询迁,皆合大众。尝推先王之意,非徒集思广益,通达民情,实以同忧共患,结合民志。

康有为上书的目的,是在武英殿设"轮班入直,以备顾问"的"议郎"。[1] 在这段话中,除了他先前提出的4条"证据"外,还增加了两条,即"文王则与国人交"(见于《礼记·大学》)[2] 和"询谋询迁"(见《周

---

[1] "上清帝第三书",《康有为变法奏章辑考》,第66—67页。
[2] "文王则与国人交"一句,见于《礼记·大学》:"诗云:'穆穆文王,于,缉熙敬止!'为人君止于仁,为人臣止于敬,为人子止于孝,为人父止于慈,与国人交止于信。"(转下页)

礼·秋官·小司寇》)。[1] 光绪二十四年五月，康有为奉光绪帝之命，再次进呈《日本变政考》。康在书中作按语，称言：

> 臣有为谨案：昔先王治天下，无不与民共之。《传》言文王与国人交；《洪范》云谋及庶人；虞廷之明目达聪，皆由辟门；《周礼》之询谋询迁，皆会大众。凡此皆民选议院之开端也。
>
> 《书》云：谋及卿士，谋及庶人。上下局议事之义也，然既知有立法、行政二义矣。[2]

---

(接上页) 原文讲的是仁、敬、孝、慈、信五个儒家治国的要素，康有为却突出了周文王与国人的直接交往，似属断章取义。康将"与国人交"与盘庚"命众至庭"相并列，可能认为两者在形式和内容上是相同相近的。

[1] "询谋询迁"一句，见于《周礼·秋官·小司寇》："小司寇之职，掌外朝之政，以致万民而询焉：一曰询国危，二曰询国迁，三曰询立君。其位，王南乡，三公及州长、百姓北面，群臣西面，群吏东面。小司寇摈以叙进而问焉，以众辅志而弊谋。"小司寇是一小官，其职责就是就"国危""国迁""立君"三项重大政治决策，向"外朝"乃至"万民"征询意见，康有为强调的是"询"，似属放大其义。还须注意的是，《周礼》属古文经，康虽倡"新学伪经说"，但在此处采实用主义的态度。

[2] 康有为：《日本变政考》，紫禁城出版社影印本，1998年，卷六，第12页；卷一，第36页。"《传》"为"《记》"(《礼记》)之误。相同的言论，康有为在该书按语中还有一些。一、"……而日本乃以此国家大政，尽付之天下之庶人贤士，而不以一大官干预其间，岂不异哉？泰西各国略如此，然皆强矣。吾一二人谋之至重至密，然而割地失权，岌岌恐亡矣。《书》云：'谋及庶人'，孟子称：'国人皆曰'，盖真吾中国之经义之精也"。(同上书，卷一，第43页)二、"日本变法之有成，全在广集众议，博采舆论……故彼之所采者，上有侯、伯，而下及于庶、士，真有如《尚书》所谓'谋及卿士，谋及庶人'者矣。"(同上书，卷二，第3页)三、"《诗》称：'询于刍荛'；《书》称：'谋及卿士，谋及庶人'，'辟四门，明四目，达四聪'，皆以广听舆人之论也……日本有议院以议事，故以议院受建白之书，与众议员共决之，登日志，公评之，则下情可通，而众议皆集矣"。(同上书，卷四，第11页)四、"日本变法，以民选议院为大纲领。夫人主之为治，以为民耳。以民所乐举乐选者，使之议国政，治人民，其事至公，其理至顺。《孟子》进贤杀人，皆归之国人，《洪范》谋及庶人，即此义也"。(同上书，卷六，第3页)以上除了"文王与国人交""谋及庶人""辟四门""询谋询迁""进贤杀人"外，康又增加了两条"与民同乐"和"询于刍荛"。"与民同乐"见之于《孟子·梁惠王》，我在后面还会说明。"询于刍荛"见之于《诗·大雅·板》："先民有言，询于刍荛。"就字面而言，是"早先的人说得很好，很多大事可以询问一下打柴之类的普通百姓"之意；就全诗而言，指周厉王"失政"，连普通老百姓都有感受，若去"询"便可知。康有为将此与"议院"相连接，重在"询"字，似属放大其义，与小司寇"一曰询国危，二曰询国迁，三曰询立君"之意是相同相近的。

康还是用儒家经典《尧典》《洪范》《大学》《周礼》来说明日本的"议院"。与此同时，康有为又在天津《国闻报》发表《答人论议院书》，称言：

> 夫议院之议，为古者辟门明目达聪之典。泰西尤盛行之，乃至国权全畀于议院，而行之有效。

康继续用《尧典》来说明"议院"，并将之与"泰西"相连接；尽管他发表此文的目的是："仆窃以为（议院）中国不可行也"，"故中国惟有以君权治天下而已"。[1] 康有为的学生梁启超等人在《时务报》《知新报》中刊发政论文，皆采用儒家文献中的这些"证据"来说明中国古代"议院"思想与制度。[2]

康有为用于证明"中国古固有议院"的思想资料中，最为看中的是《洪范》与《孟子》，这可见于康有为学生黎祖健所录《万木草堂口说》和康有为后人所藏不著录人《万木草堂讲义纲要》。康有为说：

> 后世不行"谋及庶人"之制。"与众共之"，"与众弃之"，国人皆曰可，然后可，皆"谋及庶人"之意。今西人有上议院、下议院，即孔子之制。
>
> 孟子用贤用杀皆听"国人曰可"，亦"与众共之"义也。西人议院即是。
>
> 孟子言治天下，皆曰与民同之。此真非常异义，全与西人议院、

---

[1]《国闻报》，光绪二十四年五月二十八日。"仆窃以为（议院）中国不可行也"一句中，括号内"议院"两字是我加的，以能明确康有为的意思。相关的研究，参见孔祥吉：《关于康有为的一篇重要佚文》，《戊戌维新运动新探》，湖南人民出版社，1988年，第52—61页。

[2] 参见拙文：《论戊戌时期梁启超的民主思想》，《学术月刊》2017年第4期，《戊戌时期康有为"大同三世说"思想的再确认——兼论康有为一派在百日维新前后的政治策略》，《社会科学战线》2019年第1期，《戊戌时期康有为的"洪水说""地顶说""地运说"——兼论〈康子内外篇〉的写作与完成时间》，《清史研究》2020年第1期；《戊戌时期康有为、梁启超的思想》，第209—259、323—395、462—504页。

民主之制同。[1]

"作纳言",出入帝命,是议院所起。[2]

康有为以上所言中,除了《洪范》中"谋及庶人"和《孟子》中"国人曰可"外,又增加了"与众共之"(见于《礼记·王制》)、"与民同之"(见于《孟子·梁惠王》)和"作纳言"(见于《尚书·尧典》)三条。[3]康将之归入"议院",甚至称为"民主"。

以上的叙述说明,在康有为的"大同三世说"中,儒家文献所记录的君主与贵族、百姓之间的交流或询问,皆被当为"议院"的"证据"。康据此而宣称,孔子已设计了"议院"。

## 七 早期思想因素及其演变

康有为的"大同三世说",最为关键点是将儒家文献中的"大同"与西方近代政治学说或制度中的"民主"和"议院"相连接。我个人以为,

---

[1]《万木草堂口说》,楼宇烈整理:《长兴学记·桂学答问·万木草堂口说》,第116、141、184页。又,康有为在万木草堂讲授时,《洪范》为专门的一讲。(同上书,第114—120页)
[2]《万木草堂讲义纲要》,《康有为遗稿·戊戌变法前后》,第166页。
[3] "与众共之""与众弃之",见之于《礼记·王制》:"爵人于朝,与士共之。刑人于市,与众弃之";又见于《孔子家语·刑政》:"是故爵人必于朝,与众共之也;刑人必于市,与众弃之也。"此指官职的授予和刑罚的实施须公开举行,以能与官员或大众"共享"与"共弃",康有为却称之为"议院"。"与民同之",指"与民偕乐""与民同乐""与民共之""乐民之乐",见之于《孟子·梁惠王》:"文王以民力为台为沼,而民欢乐之,谓其台曰灵台,谓其沼曰灵沼,乐其有麋鹿鱼鳖。古之人与民偕乐,故能乐也。""……此无他,与民同乐也。今王与百姓同乐,则王矣。""文王之囿方七十里,刍荛者往焉,雉兔者往焉,与民同之。民以为小,不亦宜乎?""乐民之乐者,民亦乐其乐;忧民之忧者,民亦忧其忧。乐以天下,忧以天下,然而不王者,未之有也。"孟子强调君王与民同享而能同乐,康称之为"民主",似属放大其义。"作纳言",见之于《尚书·尧典》:舜命龙"作纳言,夙夜出纳朕命,惟允"。《汉书·百官公卿表》又称:"龙作纳言,出入帝命。"据此,"纳言"是听下言、传帝命之官员,康亦称之为"议院",亦属放大其义。

这与他的早期思想甚有关系。

康有为早年随其祖父康赞修（1806—1877，举人）学习儒学，光绪二年至四年（1876—1878）入礼山草堂，师从岭南大儒朱次琦（1807—1882，进士）。光绪四年年底，康有为因"病"告辞，开始自我学习与探索。此时康为21岁（虚岁）。

大约在光绪十三年（1887），康有为著《民功篇》，摘录中国早期文献中关于伏羲、燧人、女娲、神农、黄帝、颛顼、尧、舜、禹等人的事功记载，说明中国远古社会是从蛮荒走向文明的过程。[1]在该书中，康有为认为，有"功"于"民"的统治者（"王者"），建立起文明的秩序，同时也建立起自己的政治权威（"民主"）。他为此赞美神农氏：

> 凡古王者皆有功于民，以为民主，以嬗鸣号，惟神农功至大，迹至奇。凡民患无食，悉材用器赗不备，悉疾病。神农备民材用，备民疾病，一身为帝、为农、为工、为商、为医，于是为神。[2]

神农因"备民材用，备民疾病"而为"神"。他又赞美黄帝：

> 人道求美，人道求乐。宫室舟车、衣服文字、历数伎乐、什器礼治，皆以乐民。宫室舟车、衣服文字、历数伎乐、什器礼治，皆创于黄帝。其佐臣皆神灵，统一中国自黄帝。中国有人民四千年，皆用黄帝制度乐利，实万王民功之魁。[3]

按此说法，中国古代社会住、衣、礼、乐的各项制度，皆是由黄帝所创造，由此统一中国为"万王"而成"民功之魁"。他还赞美古代的王权继

---

[1] 《民功篇》是康有为生前没有发表的著作，康有为次女康同璧家藏，抄本，美国汉学家芮沃寿（Arthur F. Wright, 1913—1976）在康同璧家中所拍照的文稿。该胶卷存于斯坦福大学胡佛研究所图书馆，后又复制多份。台北"中研院"近代史研究所图书馆藏有一份，蒋贵麟录之。该文由蒋贵麟首刊于《万木草堂遗稿外编》，（台北）成文出版社，1978年。

[2] 《民功篇》，《万木草堂遗稿外编》，上册，第73页。又，"悉材用器赗不备，悉疾病"一句，我尚未解，查胶卷，原文如此，大意应与"备民材用，备民疾病"相同。

[3] 《民功篇》，《万木草堂遗稿外编》，上册，第75页。

承制度:

> 马氏骕斯曰:五帝之世,以公天下为心,非至德不足以治天下,非得至德之人不敢授以天下……故曰:五帝官天下。官天下者,以天下为公器,惟贤是择。少昊之后,无足嗣帝位者,而颛顼有至德。颛顼之后,无足嗣帝位者,而喾有至德。有至德者登大位,以其贤也,非以其亲也。故近不嫌于传子,黄帝、少昊是已;外不妨于异姓,尧、舜是也。[1]

康有为宣称,"以公天下为心""以天下为公器"的"五帝"(黄帝、颛顼、帝喾、尧、舜),所认定的王权继承标准是"贤"与"德"。如能达到这些标准,"近不嫌于传子","外不妨于异姓"。至于尧传帝位于舜,他又称:

> 孝廉之选,始于汉董仲舒之议。吾友陈庆笙谓始于尧之举舜,诚哉!其精于经义也。后世患不知贤,知贤矣,则有资格以限之。至于发敝齿落,乃登大位,则精气类陨,不足任事矣。尧之任舜,以孝举之,知于桑阴之顷,即引以帝□之亲,其在今官制,立授礼部尚书为军机大臣兼总署大臣出办开垦事。呜呼!圣之知圣,越绝千古,此其为圣之盛也夫!此其为治之至也夫!后世即有贤圣拔出,科举格之,冗散滞之,年劳绌之,若无彭祖之寿,太公之年,而望预闻政事,不可得也。使舜生其间,其不以田间老也几希。而有国者号曰:无才,无才。其然岂然乎?不变敝法,而望希尧、舜之治,犹却行而求进,北辕而之楚也。[2]

康有为宣称,舜以"孝"而被举,尧直接任命其为高官,舜的职位相

---

[1]《民功篇》,《万木草堂遗稿外编》,上册,第83页。"马骕斯",马骕(1621—1673),著《绎史》一百六十卷,是康有为《民功篇》的主要资料来源。
[2]《民功篇》,《万木草堂遗稿外编》,上册,第90—91页。标点稍调整。"陈庆笙",陈树镛(1859—1888),广东新会人,与康有为、梁鼎芬交善。

当于清朝的礼部尚书（本缺）兼军机大臣（兼差）、总理衙门大臣（兼差），并负责开办垦土事务（专事）。此为"圣（尧）之知圣（舜）"而"为圣（尧）之盛"。他由此反对用科举、闲散、年资等方法，来"格""滞""绌"人才的发展。他又称：

> 传天下，大事也；用才臣，难事也。疑谤并至，易惑也。尧能诛谗去谤，独断而授之，无私天下之心，而极知人之明也。[1]

康有为宣称，"无私天下之心"的尧，因"极知人之明"而"传天下"于舜。康在《民功篇》还宣称，与"民功"相对立的是"军功"。古代有"功"于"民"者得之高位，得以民尊，而到了秦代以后，情况发生了根本性的逆转，以"军功"进封。此后的两千年，"军功"大兴，"军功"盛而"民功"绝。对于"军功"与"民功"的颠倒关系，康又引孟子之所言："今之所谓良臣，古之所谓民贼也。"[2]

由此可见，康有为在《民功篇》中考察了君主权力的来源，对世袭君主制产生了怀疑。他说明了有"功"于"民"的意义，说明了"公天下""私天下"的差异。他此时所称的"民主"，是"民之主"之意，尚无西方式的"民选统治者"的含义。我以为，其意大约与孟子所言相同或相近：

---

[1]《民功篇》，《万木草堂遗稿外编》，上册，第91页。标点稍调整。
[2] 康有为称："自秦立首功，以杀人为得爵之质，此盗贼夷狄之行也。而汉仍不改，立十九级之爵，极至封侯，所以诱臣民为杀人之事者至厚矣……而考古经义，禹以平水土而天子，稷以稼封，皋陶以刑封，伯夷以礼封，益以工封，夔以乐封，契以教封。垂及周，陈胡公以陶封，非子以养马封，鹭子以师封。若此者，皆以有功于民封，而三古数千年未闻以军功封者……是则由太古至周衰二千年，无以军功膺上赏备大封者。此义甚明，经文至详，可按也。而后世舍四代不师，而乐于师暴秦盗贼之行……呜呼！晦盲否塞，大道不明，青黄颠倒，以杀人为贤，而置人生于不论不议之间，使二千年民功不兴，日即于偷，民日以艰，皆经义不明之咎也。夫以中国礼义之邦，尧、舜治法之美，而令生民涂炭至此，君子所为痛心疾首于秦、汉之君，而深罪二千年之学者也……"（《民功篇》，《万木草堂遗稿外编》，上册，第112—113页）康有为此时"民功""军功"的思想，后来发展为"大同三世说"中的世界主义、和平主义。又，"今之所谓良臣"一句，见《孟子·告子下》。

> 民为贵，社稷次之，君为轻。是故，得乎丘民而为天子；得乎天子为诸侯；得乎诸侯为大夫。(《孟子·尽心下》)
>
> 国君进贤，如不得已，将使卑逾尊，疏逾戚，可不慎与？左右皆曰贤，未可也；诸大夫皆曰贤，未可也；国人皆曰贤，然后察之；见贤焉，然后用之……如此，然后可以为民父母。(《孟子·梁惠王下》)

我还以为，康的这些思想与黄宗羲（1610—1695）的《明夷待访录》有相近之处。康虽在《民功篇》中大段引用《尚书·尧典》，但没有说尧、舜"禅让"是"民主"，更没有提到"大同""太平"。康在《民功篇》中说明了先"民功"后"军功"的顺序，但他认定神农、黄帝、尧、舜创建"民功"时期，属于中国的远古社会，生活、生产与社会组织皆相当原始，礼乐制度亦属于初创期。这对康后来疑古思想的产生，是起铺垫作用的。值得注意的是，康在《民功篇》中的基本立论，是以史为证据，而不是以经为证据。

大约光绪十一年至十三年（1885—1887），即康有为写作《民功篇》的前后，又著《实理公法全书》。[1] 康此时认为，人类社会的法则与自然界的法则是相通的，是可以用"几何公理"（实理）的形式来体现的。《实理公法全书》分"凡例"、"实字解"、"公字解"、"总论人类门"、"夫妇门"、"父母子女门"、"师弟门"、"君臣门"、"长幼门"、"朋友门"、"礼仪门"（上帝称名、纪元纪年用历、威仪、安息日时）、"刑罚门"（命案）、"教事门"（总论教事）、"治事门"（官制、身体宫室器用饮食节、葬、祭）、"论人类公法"共15个门类，涉及其思想观念和人类社会诸多层面，但文字极为简单。若以政治层面而言，可举"君臣门"和"治事门"之下的"官制"来加以说明。康有为在"君臣门"中说：

> **实理**（引说一条）：民之立君者，以为己之保卫者也。盖又如两人有相交之事，而另觅一人以作中保也。故凡民皆臣，而一命之士

---

[1]《实理公法全书》是康有为生前没有发表的著作，康有为次女康同璧家藏，抄本，亦由芮沃寿拍摄，该文亦由蒋贵麟刊于《万木草堂遗稿外编》。

以上，皆可统称为君。

**公法**：立一议院以行政，并民主亦不立。按：君臣一伦，亦全从人立之法而出，有人立之法，然后有君臣。今此法权归于众，所谓以平等之意、用人立之法者也，最有益于人道矣。

**比例**：民主。按：此犹是以平等之意、用人立之法者，但不如上法之精。

**比例**：君民共主，威权有限。按：此失几何公理之本源。

**比例**：君主威权无限。按：此更大背几何公理者。[1]

康有为认为，根据"实理"（几何公理），民之所以要"立君"，是为了通过"中保"（契约关系）而获得"保卫者"。"民"由此为"臣"，"保卫者"由此为"君"。"君"是多数，即"一命之士以上"，相当于官，且不是唯一的、至上至尊的统治者。康在这里所称的"君"与下文"比例"中所称的"民主"是相同的概念。康将政治制度分为四种，各有等差：第一种为"公法"，只设"议院"但不设"民主"（"民之立君"），我以为，康的设想是"无总统"，并认为是最好的形态，最有益于人道。第二种是"比例"，次一等，设立"民主"，仍是"以平等之意、用人立之法"，我以为，康大约比附当时美国、法国的总统制。第三种是"比例"，再次一等，"君民共主，威权有限"，我以为，康大约比附当时英国、日本等国的"君主立宪"制，认为该制度失去了"自主"等几何公理的"本源"。[2]第四种亦是"比例"，更次一等，"君主威权无限"；我以为，

---

[1]《实理公法全书》，《万木草堂遗稿外编》，上册，第50页。标点稍调整。黑体是我所标。"实理""公法""比例"虽为利玛窦、徐光启所译《几何原本》中的概念，但按康有为在该书中的叙述逻辑，最高层次属于"实理"（几何原理，公理），由"实理"而导出"公法"，由"公法"而逐次推出"比例""比例"……

[2] 康有为光绪十三年日记称："英国虽为君民共治之国，而甚不平等。其上议院皆用爵绅为之，教主参用十余人而已。虽有君主择用下议院人员之例，而君主不敢□焉。下议院亦只用英三岛人为之，允属地及入籍者不预，则尚门族、□郡望甚矣。"（《康有为全集》，第5集，第69页）康此时亦用"平等"来批评英国"君民共治"的政治体制。梁启超在《读西学书法》中称："又如《春秋》之义，'讥世卿'以伸民权，视西人之贵爵执政，分人为数等者何如矣？古之埃及、希腊，近今之日本，皆有分人数等之弊，凡国有上议院者，皆未免此弊，盖上议院率世族盘踞也。英至今未革，俄尤甚矣。"（汤志钧、汤仁泽编：《梁启超全集》，中国人民大学出版社，2018年，第1集，第179页）梁的说法，与康同。

康应是指清朝现行的政治体制，斥之为"大背几何公理"。康又在"治事门"的"官制"中说：

> **实理**（引说一条）：官者，民所共立者也。皆所谓君也。
> **公法**：地球各国官制之最精者，其人皆从公举而后用者。按：此更当以其功效列表求之。
> **比例**：官制之疏陋者，用人则以为君者一己之私见，选拔其人而用之。[1]

康有为此处的说法与"君臣门"相同，再次说明"官"（"君"）是"民所共立"，并称各国官制"最精者"是"公举"，而"为君者"以"私见"来"选拔"是"疏陋"。

由此可见，康有为在《实理公法全书》中探讨了政治权力的来源，明确了"共立""公举"的原则，也说明了"民主""议院"的意义。他在《实理公法全书》中没有提到任何儒学经典与中国史籍，而他在"夫妇门""父母子女门""师弟门""君臣门""长幼门""朋友门"中的言论，是对儒家伦理"五伦八德"的批判，与他后来所著的《大同书》有相通相同之处。康在《实理公法全书》的基本立意，是以数学原理为依据，也不是以经为证据。

康有为于光绪十三年（1887）所写的日记，至今仍有部分保留，其中有两段话，谈到了"合地球为一国"。他称言：

> 列国并峙，是以有争。若合于一，何争之有？各私其国，是以有争。若废其君，何争之有？今天下君有三，若民主之国，诚无利于为君矣。诚令法、美二伯理玺天德相约，尽废天下之君，合地球为一国，设一公议院，议政事之得失。列国之君充议院人员，其有不从者，地球诸国共攻之。斯真以天下为一家，中国为一人，兵军永息，太平可睹矣。美民主可不务哉！非是举，虽华盛顿之功德，不足称矣。

---

[1] 《实理公法全书》，《万木草堂遗稿外编》，上册，第58页。黑体为本书作者所标，以能醒目。

>凡治地球,尽废郡县,以三百六十度经纬线为界。每度之边,莫不树界。十里一大界,五里一小界。高山深川,阴阳均之。其界之质,或石或铁。铭之曰纬线赤道北第几度,经线东第几度,西第几度,赤道南亦如之。凡地球言经线者,以海水之无岛无人者为主,□□公焉。凡为其度之人,其衣上皆绣经纬线,使可望而知也。则政易成矣。[1]

前一段话,康有为设想由法国、美国总统主持,"尽废天下之君,合地球为一国",以能"兵军永息,太平可睹"。其中"设一公议院,议政事之得失"一句,与《实理公法全书》中"公法:立一议院以行政,并民主亦不立"是相同的。后一段话,康又设想地球合一后,不仅是无国家,而且要"尽废郡县",以经纬度划分界限,人在衣上"绣经纬线"以能互相识别。康以为如此"则政易成"。康在"合地球为一国"的设想中,没有儒学经典的证据,没有中外历史的证据,也没有数学原理的推导,完全是自由奔放式的,与后来的《大同书》相同。康于此显示了极为丰富的想象力,尽管这一设想在现实政治中是完全不可行的。

康有为早期思想中"民功"(黄帝、尧、舜)、"实理"(议院、民主)和"合地球为一国"诸论说,与后来的"大同三世说"有相近甚至相同之处;问题也因此而产生,康的思想过渡又是如何完成的?

光绪三十年(1904),梁启超在《新民丛报》上发表《论中国学术思想变迁之大势·最近世》,称言:

>吾师南海康先生,少从学于同县朱子襄先生(次琦)。朱先生讲陆、王学于举世不讲之日,而尤好言历史法制得失,其治经则综糅汉宋、今古,不言家法。康先生之治《公羊》、治今文也,其渊源颇出自井研,不可诬也。然所治同,而所以治之者不同。畴昔治《公羊》者皆言例,南海则言义。惟牵于例,故还珠而买椟;惟究于义,

---

[1]《康有为全集》,第5集,第71页。该日记被编入《我史》中,编者称:"将全国政协文史资料委员会所藏康氏光绪十二年至十五年抄件分附于谱内。"(同上书,第5集,第58页)又,康有为在该年日记中谈"以平等为教,以智为学",与《实理公法全书》亦有相通之处。

故藏往而知来。以改制言《春秋》、以三世言《春秋》者，自南海也。改制之义立，则以为《春秋》者，绌君威而申人权，夷贵族而尚平等，去内竞而归统一，革习惯而尊法治。此南海之言也……三世之义立，则以进化之理释经世之志，遍读群书而无所于阂，而导人以向后之希望、现在之义务。夫三世之义，自何邵公以来，久暗瞽焉。南海之倡此，在达尔文主义未输入中国以前，不可谓非一大发明也。

梁启超的这段话，说明了康有为的学术渊源。康从学于朱次琦，学术取向是经史互佐，学不分汉、宋，经不分古、今。由此亦可以解释，康离开朱次琦之后，学术仍无一定之规，自我摸索，多向汲取，故言"民功""实理""合地球为一国"。光绪十六年（1890）春，康与廖平在广州相会后，"治《公羊》，治今文"，继何休再发"三世之义"，再伸展出"绌君威""夷贵族""去内竞""革习惯"的"改制之义"。梁启超又说：

> 南海尊《礼运》"大同"义，谓传自子游，其衍为子思、孟子……故南海谓子游受"微言"，以传诸孟子，子夏受"大义"，以传诸荀子。"微言"为"太平世"，"大同"教；"大义"为"升平世"，"小康"教。因此导入政治问题。美孟而剧荀，发明当由专制进为立宪、共和之理，其言有伦脊。先排古文以追孔子之大义，次排荀学以追孔子之微言。此南海所以与井研异也，井研为无意识之排古，南海则有所为而排之，以求达一高尚之目的也。谤者或以为是康教非孔教，顾《礼运》《孟子》《公羊传》之言，不可得削也……[1]

梁启超的这段话，进一步说明康有为思想发展的脉络——康将《公羊传》中的"所见""所闻""所传闻"及何休的"升平""太平"与《礼运篇》中的"大同""小康"结合起来了。康为了"达一高尚之目的"，自我判断儒学经书之真伪（"排古文""排荀学"），自行解释且发挥孔子之思

---

[1] 《论中国学术思想变迁之大势》，《新民丛报》，第58号（光绪三十年十一月一日），中华书局影印本，2008年，第9册，第8009、8012页。"井研"，廖平（1852—1935），四川井研人。"何邵公"，何休。

想——先由"新学伪经说"走到"孔子改制说",再由两说合并走到"大同三世说",即"发明当由专制进为立宪、共和之理"。也正是这样,康早期思想中的"民功""实理""合地球为一国"与孔子的学说"连接"起来了。梁启超此文虽写于光绪三十年,但与黎祖健所录《万木草堂口说》相对照,与康有为流亡日本后与日本记者不二行者(角田勤一郎)的访谈记录相对照,仍然是对得上的。还须注意的是,梁说了康有为受廖平之影响,也说了康与廖之间的差异。[1]

## 八 梁启超的"三世六别"和"无总统""无国家"

对康有为戊戌时期"大同三世说"最为完整的表述,见于梁启超发表于《时务报》上的《论君政民政相嬗之理》。梁称言:

> 博矣哉!《春秋》张三世之义也。治天下者有三世:一曰多君为政之世,二曰一君为政之世,三曰民为政之世。多君世之别又有二:一曰酋长之世,二曰封建及世卿之世。一君世之别又有二:一曰君主之世,二曰君民共主之世。民政世之别亦有二:一曰有总统之世,二曰无总统之世。多君者,据乱世之政也;一君者,升平世之政也;民者,太平世之政也。此三世六别者,与地球始有人类以来之年限有相关之理。未及其世,不能躐之;既及其世,不能閟之。[2]

梁启超根据国家及其政府的不同样式,称"据乱世"为"多君世",分"酋长之世"和"封建及世卿之世"两别;称"升平世"为"一君世",

---

[1] 相关的研究,可参阅吴仰湘:《重论廖平、康有为"学术公案"》,《中国社会科学》2020年第4期。
[2] 《时务报》第41册,光绪二十三年九月十一日,《时务报·强学报》,中华书局影印本,1991年,第3册,第2771页。

分"君主之世"和"君民共主之世"两别；称"太平世"为"民为政世"，分"有总统之世"和"无总统之世"两别。由此似可理解为："多君世"为周朝及其之前的封建制，"一君世"为秦朝以后的"大一统"；清朝属于"一君世"的"君主之世"，英国、日本属于"一君世"的"君民共主之世"；梁所称的"总统"，是康所称的"民主"，美国、法国属于"民为政世"的"有总统之世"；到了民政世的最后的一"别"，将是没有国家的"无总统之世"。梁所说的"一君世""民为政世"二世四别，与康有为在《实理公法全书》"君臣门"中所说的"公法"和三个"比例"的四个等差相吻合；尤其是梁所说的"无总统之世"，与康所说的"公法：立一议院以行政，并民主亦不立"是相同的。

那么，如何证明孔子已经设计了"大同三世说"中"无总统""无国家"的大同世界呢？康有为只是引用了何休的"夷狄进至于爵，天下远近小大若一"。对于"夷狄"，康在万木草堂中说："夷狄中国，论德不论地。"[1]即"夷狄"指文明发展（"德"）的程度而言。对于"天下"，康又在《孔子改制考》中称：《春秋》言太平，远近大小如一，地球一统之后乃有。"[2]即"天下"为"地球"。然康仅此一证，出自何休，且仅能说明"无国家"，还不能说明"无总统"。康有为流亡到日本后，不二行者（角田勤一郎）采访之，康谈到了"无国家"，也没有说明来源于孔子的"证据"。[3]从现存的康在戊戌时期的各种记录中，我还没有发现康对此

---

[1] 《万木草堂口说》，楼宇烈整理：《长兴学记·桂学答问·万木草堂口说》，第203页。
[2] 《孔子改制考》，《康有为全集》，第3集，第96页。又，康有为代岑春煊作《圣学会后序》，称言："三世有据乱世，有升平世，有太平世。乱世内其国而外诸夏，升平世内诸夏而外彝狄，太平世无有土疆，远近大小若一。周鲁之君，秦汉以后之君，普地球之君，无不以三世统之，特与时推而愈广耳。"（同上书，第2集，第265页）康提到了"无有土疆"，并称"普地球之君"。
[3] 不二行者在《康有为氏之大同大平论》中记康有为弟子言论："康先生之宗旨，专以混一地球，平天下之争为主，其意与佛氏之圣海、耶稣之天堂相同，即一切众生皆欲至太平之世界。"又记康有为言论："……今地球各国政多，而自私不公，相隔不通，分异不同，故人类生民之苦无以救之……此有一身之人，有一家之人，有一国之人，有全地之人。"又记康有为言论："若发大同之论，则足下与仆同为天性之人，无国界，无家界，无身界……若不持大同之说，则人与人相攻，家与家相攻，国与国相攻；知大同之说，则人与人相爱，家与家相爱，国与国相爱。"（吉辰译注：《戊戌政变后〈太阳〉杂志关于康有为的两篇文章》，《近代中国》，第29辑，第355—357页）康没有提到任何儒家经典方面的"证据"。

能提出更多的"证据"。

康有为学生的著述,可以作为补充。

梁启超在上引《论君政民政相嬗之理》的最后一段,称言:

> 问今日之美国、法国,可为太平矣乎?曰:恶,恶可!今日之天下,自美、法等国言之,则可谓为民政之世;自中、俄、英、日等国言,则可谓为一君之世;然合全局以言之,则仍为多君之世而已。各私其国,各私其种,各私其土,各私其物,各私其工,各私其商,各私其财。度支之额,半充养兵,举国之民,悉隶行伍。耽耽相视,龁龁相仇,龙蛇起陆,杀机方长,螳雀互寻,冤亲谁问?呜呼!五洲万国,直一大酋长之世界焉耳!《春秋》曰:"末不亦乐乎尧、舜之知君子也。"《易》曰:"见群龙无首,吉。"其殆为千百年以后之天下言之哉?[1]

梁启超对美国、法国的"民政世·有总统之世"是不满足的,若从整个世界来看,仍是"多君世·酋长之世",即"直一大酋长之世界焉耳"。他那指责现实的笔法——"各私其国""耽耽相视"云云——暗地里却描绘着那个无总统、无国家、无战争、无私产的"天下为公""不独亲其亲"的"大同"世界,即孔子在《礼运篇》中"设计"的地球未来。最值得注意的是"见群龙无首"一句,典出于《易·乾卦》:"用九,见群龙无首,吉";《象》曰:……用九,天德不可为首也";《文言》曰:……乾元用九,天下治也……乾元用九,乃见天则"。《象》《文言》对"群龙无首"说到"天德""天则",以至于"天下治"。梁由此将"群龙无首"解释为"大同三世说"的最高阶段"民政世·无总统之世",并称是孔子在《易》中所"设计"的"千百年以后之天下"。梁以"见群龙无首"来证明"无总统"的说法,似为望文生义。[2] 康有为在后来的著

---

[1] 《时务报》第41册,光绪二十三年九月十一日,《时务报·强学报》,中华书局影印本,第3册,第2777页。

[2] 梁启超之前在《时务报》发表《〈说群〉自序》,亦引用此典:"启超问治天下之道于南海先生,先生曰:以群为体,以变为用……天下之有列国也,已群与他群所由分也。据乱世之治群多以独,太平世之治群必以群……抑吾闻之,有国群,有天下群。(转下页)

作《〈孟子〉微》《〈论语〉注》甚至《大同书》中，多次说明"见群龙无首"之意义。[1]

关于"无国家"，康有为的学生王觉任在《知新报》发表《论列国息争之公理》，说明孔子在《春秋》中所蕴含的反战思想，称言：

> 昔春秋之时，战事以百十数，孔子必一二书，所以重民命也。是故"伐者为主，伐者为客"，其所以深恶而痛绝之之意甚明。佛

---

（接上页）泰西之治，其以施之国群则至矣，其以施之天下群则犹未也。《易》曰：'见群龙无首，吉。'《春秋》曰：太平之世，'天下远近大小若一'。《记》曰：'大道之行也，天下为公，选贤与能。不独亲其亲，不独子其子。货恶其弃于地也，不必藏于己。力恶其不出于身也，不必为己。是谓大同。'其斯为天下群者哉？其斯为天下群者哉！"（《〈说群〉自序》，《梁启超全集》，第1集，第196—197页）梁同时引用3条经典，作为"太平世"的"证据"。

[1] 康有为在《〈孟子〉微·序》中称："孔子尚有太平之道，群龙无首，以为天下至治，并君而无之，岂止轻哉？"（《康有为全集》，第5集，第412页）康在《答南北美洲诸华商论中国只可行立宪不能行革命书》中称："夫孔子删《书》，称尧、舜以立民主；删《诗》，首文王以立君主；系《易》，称'见群龙无首'，天下治也，则平等无主。"又称："夫论转石流川之势，则千数百年后，必至太平大同之世、群龙无首之时、公产平均之日……"（同上书，第6集，第313、325页）康在《论语》注》中称："《易》曰'大哉乾元，乃统天'是也。以元统天，则万物资始，品物流形；以元德为政，则保合太和，各正性命。所谓乾元用九，见群龙无首，而天下治。行太平大同之政，人人在宥，万物熙熙，自立自由，各自正其性命。群龙共治之，而潜龙可勿用，故不待。如众星日行，而北极可不动也，德无为也。"又称："《易》曰'飞龙在天'，有君主之治法也；'见群龙无首'，无君主之治法也；而孔子云'乾元用九，天下治也'，固知有君主者不如之。"又称："若《春秋》之太平，《礼运》之大同，《易》之群龙无首，朱子尚疑之，况其余乎？"（同上书，第6集，第387、395、536页）康在《大同书》中称："各国主权甚大，公政府不能设统领，并不能总理，但立议长，于派遣各员中公举为之，公举之人以举者多数充选，如联军之有统帅也。然议长并无权，不过处众人之中，凡两议人相等者，为多一人之数以决所耳。自尔之后，公政府体裁坚定，皆不立大统领，不独不立君主已也。孔子曰：'见群龙无首，吉'，'乾元用九，天下治也'。"又称："太平之世，人人平等，无有臣妾奴隶，无有君主统领，无有教主教皇，孔子所谓'见群龙无首'，天下治之世也。"（同上书，第7集，第133、182页）此外，康在《英国监布烈住大学华文总教习斋路士会见记》《欧美学校图记·英恶士弗大学校图记》《法兰西游记》等文中也有简单的叙述，其意与前相同。（同上书，第8集，第33、125、180页）从这些叙述中可以看出，康认定"见群龙无首"是太平，是无君主，只有在《大同书》中特别明确是"无总统"。又，"监布烈住"，Cambridge，剑桥；"华文总教习"，汉学教授。"斋路士"，Herbert Allen Giles，1845—1935，翟理思（又译翟理斯），是剑桥大学第二任汉学教授；"恶士弗"，Oxford，牛津。

法之普度，墨家之非攻，耶氏之救世，岂非与"疾始取邑""疾始灭国""疾始火攻"同一义哉？故争夺相杀，人之大患，天心之所愆恶，圣人之所隐痛，而亦环球诸国之所大患者也。

王觉任提到了"伐者为主，伐者为客"，提到"疾始取邑""疾始灭国""疾始火攻"，这些都是《公羊传》阐发的大义。[1]"争夺相杀"是当

---

[1] "伐者为主，伐者为客"，见之于《春秋公羊传》庄公二十八年，经曰："二十有八年，春，王三月，甲寅，齐人伐卫，卫人及齐人战，卫人败绩。"公羊氏曰："伐不日，此何以日？至之日也。战不言伐，此其言伐何？至之日也。《春秋》伐者为客，伐者为主，故使卫主之也。曷为使卫主之？卫未有罪尔。败者为师，卫何以不称师？未得乎师也。"何休《解诂》称："用兵之道，当先至竟侵责之，不服乃伐之。今日至，便以今日伐之，故日以起其暴也。"又称："未得成列为师也。诈战不言战，言战者，卫未有罪，方欲使卫主齐，见直文也。不地者，因都主国也。"（《春秋公羊传注疏》，上册，第325—327页）又见于僖公十八年，经曰："五月，戊寅，宋师及齐师战于甗。齐师败绩。"公羊氏曰："战不言伐，此其伐何？宋公与伐而不与战，故言'伐'。《春秋》伐者为客，伐者为主，曷为不使齐主之，与襄公之征齐也。曷为与襄公之征齐？桓公死，竖刁、易牙争权不葬，为是故伐之也。"何休《解诂》称："不为文实者，保伍连率本有用兵征伐不义之道。"（同上书，上册，第439—440页）"伐者为客，伐者为主"，就文字而言，意为攻伐别人者为客，被攻伐者为主，公羊氏两次言此的意思是，孔子用称客而不称主，称战而不称伐来表示其对该次战争的贬义，何休之意是相同的。王觉任将此义放大，变成了孔子反对一切战争。"疾始取邑"，见之于《春秋公羊传》隐公四年，经曰："春，王二月，莒人伐杞，取牟娄。"公羊氏曰："牟娄者何？杞之邑也。外取邑不书，此何以书？疾始取邑也。"何休《解诂》称："外小恶不书，以外见疾始，著取邑以自广大，比于贪利差为重，故先治之也。内取邑常书，外但疾始不常书者，义与上逆女同。不传托始者，前此有灭，不嫌无取邑，当托明。故省文也。"（同上书，上册，第67—68页）"疾始灭国"，见之于《春秋》隐公二年，经曰："无骇帅师入极。"公羊氏曰："无骇者何？展无骇也。何以不氏？贬。曷为贬？疾始灭也。始灭昉于此乎？前此矣。前此则曷为始乎此？托始焉尔。曷为托始焉尔？《春秋》之始也。此灭也。其言入何？内大恶，讳也。"何休《解诂》称："以下终其身不氏，知贬疾始灭，非但起入为灭。"又称："《春秋》托王者，始起所当诛也。言疾始灭者，诸灭复见不复贬，皆从此science法，所以省文也。"（同上书，上册，第49—50页）"疾始火攻"，见之于《春秋公羊传》桓公七年，经曰："春，二月，已亥，焚咸丘。"公羊氏曰："焚之者何？樵之也。樵之者何？以火攻也。何言乎火攻？疾始以火攻也……"何休《解诂》称："征伐之道，不过用兵，服则可以退，不服则可以进。火之盛炎，水之盛冲，虽欲服罪，不可复禁，故疾其暴而不仁也。《传》不托始者，前此未有，无所托也。"（同上书，上册，第157—158页）由此可知，公羊氏称孔子不同意使用过于激烈的战争手段（火攻、取邑），也反对用战争手段来灭绝他国。王觉任将此义扩大，引此三例说明孔子的反战思想。康有为的学生刘桢麟在《〈地球六大罪案考〉总序》（转下页）

时"环球诸国"正在进行之事,列强对清朝用军事与外交手段频频施加压力,王觉任于此宣传孔子反战而重民命的教义——在"大同"世界中没有国家也没有战争。王觉任在该文的最后说:

> 呜呼!以不忍人之心,行不忍人之政,尚矣。诚由吾之前说,使地球五十余邦,十五万万人,咸同斯福。孟子曰:"域民不以封疆之界,固国不以山溪之险,威天下不以兵革之利。"《春秋》之义:"有分土无分民。"太平之运,大同之治,意在斯乎,意在斯乎![1]

王觉任提到了地球50余国、15亿人将合为一体,其所依据的"证据"有两条:一是孟子所言"域民不以封疆之界"[2];二是何休所言"有分土无分民"。[3]对于前一条孟子所言,康有为学生多引之,而在我的阅读范

---

(接上页)中亦引用"疾始火攻,疾始灭国"来说明孔子的反战思想:"我孔子爱人之教主也,作《春秋》以改制,以君治人,以天治君,惧君位至高,无所敬畏,将为民祸也。疾始火攻,疾始灭国,恶其伤人类也。始托文王,而终道尧舜,以其有天下而不居,让天下而不争也。"(《〈地球六大罪案考〉总序》下,《知新报》第10册,光绪二十三年三月初六日,上海社会科学院出版社影印本,上册,第74页)梁启超在《读西学书法》中亦称:"疾灭国、疾火攻而无义战,视西人之治兵械,争城争地者何如矣?"(《梁启超全集》,第1集,第179页)

[1]《论列国息争之公理》,《知新报》第19册,光绪二十三年四月二十一日,上海社会科学院出版社影印本,上册,第146页。

[2]"域民不以封疆之界……"一段,见之于《孟子·公孙丑下》,起首便言"天时不如地利,地利不如人和",称城高、池深、兵革、米粟皆不足恃,其结论是"得道者多助,失道者寡助",并称"以天下之所顺,攻亲戚之所畔,故君子有不战,战必胜矣"。孟子在这里强调"人和""得道"而"战必胜",并没有说明"无国家",王觉任的解读似属断章取义。

[3]"有分土无分民",见之于《春秋公羊传》昭公十五年,经曰:"二月,癸酉,有事于武宫。籥入,叔弓卒,去乐卒事。"《公羊传》曰:"其言去乐卒事何?礼也。君有事于庙,闻大夫之丧,去乐,卒事。大夫闻君之丧,摄主而往。"何休《解诂》称:"主,谓己主祭者。臣闻君之丧,义不可以不即行,故使兄弟宗人,摄行主事而往。不废祭者,古礼也。古有分土无分民,大夫不世,己父未必为今君臣之。《孝经》曰:'资于事父以事君而敬同'。"(《春秋公羊传注疏》,下册,第964页)何休说"古有分土无分民",指的是各诸侯、大夫的领地虽有划定,但人民是可以流动的。王觉任引申为"无国家",似属错会其义。

围中，康有为似未有一言。[1] 对于后一条何休所言，康有为后来的著述言及于此，但前后的说法并不一致。[2] 此后，王觉任又在《知新报》上发表《寝兵说》，再次谈到了"无国家"的世界大同，称言：

> 《春秋》之言三世也，曰据乱世，曰升平世，曰太平世……又易世而为太平也，"夷狄进爵，远近大小若一"，国同天邑，人同天民。故人爱他人之身如其身，爱他人之家如其家，爱他人之国如其国。长训其幼，上训其下，鬼训其裔，天训其君，瞑瞑胴胴，以兵为大戒。升平非治之至也。《记》曰："大同之世，天下为公，讲信修睦。"《诗》曰："无彼疆尔界，陈常于时夏。"上天恫而厌乱，下姓号而求治。霸天下者，则盍公其国，而勿私之矣；公之如何，则盍寝兵而休民矣。[3]

---

[1] 康有为学生黎祖健在《说通篇》中引用此典："故《礼运》之言小康曰：'大人世及以为礼，城郭沟池以为固'，为有国界者言之也。孟子传孔子大同之学，其言曰：'域民不以封疆之界，固国不以山溪之险，威天下不以兵革之利'，则破国界而以大一统言之也。"（《知新报》第50册，光绪二十四年闰三月初一日，上海社会科学院出版社影印本，上册，第638页）康有为学生何树龄在《论今之时局与战国大异》中亦引用此典："大同之运方长，'域民不以封疆之界'也。息争之会可成，'威天下不以兵革之利'也。"（《知新报》第12册，光绪二十三年三月十六日，上海社会科学院出版社影印本，上册，第91页）值得注意的是，在我的阅读范围中，康未曾引用此"证据"，即便在《〈孟子〉微》中对此也没有说明。

[2] 康有为在《春秋笔削大义微言考》中叙及"古有分土无分民"两处。他在注庄公十七年"夏，齐人瀸于遂"一句时，称言："……何君述口说曰：古者有分土，无分民。齐戍之非也，遂不当坐也，故使齐为自积死文也……有分土，无分民，是孔子微言；即非吾国之民，亦爱之，此孔子之大仁也。其有不爱他国之民，而戍之致害者，孔子所不惜也。"（《康有为全集》，第6集，第76页）此处他宣称不区分国家之"大仁"。他在注昭公十五年"二月，癸酉，有事于武宫。籥入，叔弓卒，去乐卒事"一句时，称言："'古有分土无分民，大夫不世，已父未必为今君臣也'……此明当祭闻丧之礼，又明大夫为国体之义。后世视臣下如犬马土芥，亦大背公理，而失孔子之意矣。孔子封建之制，以天下甚大，不能一人独治，故不能不分土地以为治。若夫民者，为土地之主，各执其业而共其事，但以君总其事耳，非分民而与之为奴隶也。"（同上书，第6集，第260页）此处他又不宣称"无国家"，而称"民"之义，与何休的说法是大体相同的。康有为在《官制议》亦叙及"有分土无分民"，称言："各省虽为分治，然有分土而无分民，皆中国之财也，一督、抚安得自私之？"（同上书，第7集，第263页）这一说法与何休的说法是相同的。由此看来，康有为在解释"古有分土无分民"时，采取了实用主义的方式。

[3] 《寝兵说》，《知新报》第27册，光绪二十三年七月十一日，上海社会科学院出版社影印本，上册，第267页。

除了"夷狄进爵""天下为公"外，王觉任还提到了《诗经》中的"无彼（此）疆尔界"。[1]在我的阅读范围内，康有为对后者似亦未有一言。

## 九　简短的结语

前已说明，戊戌时期康有为的"大同三世说"是一种革命性的思想，其核心是"大同"——到了"太平世"的第一阶段，废君主而立"民主"，清朝将会灭亡；到了"太平世"的第二阶段，世界大同，中国也随之消亡。康由此将两千多年前的孔子，与整个人类久远的终极目标"连接"起来。也因为如此，康无法公开宣传这一思想，只能在《孔子改制考》《春秋董氏学》中简要说明之，并对其门生梁启超等人私下传授之。

从前文可见，康有为宣称"大同三世说"是由孔子所创制，埋藏于儒学经典和相关史传中，由康本人所发现。康宣称孔子传播的方式是"口说"，传播的"链条"是孔子→子游→子思→孟子（《礼运篇》）或孔子→孟子→公羊氏→董仲舒→何休（《春秋》）。[2]康所提供的"证据"是其选定的儒学经典词句或董、何的解说，以其特有的想象力，"拼接"

---

[1]　"无彼（此）疆尔界"一句，出自《诗经·周颂·思文》："思文后稷，克配彼天。立我烝民，莫匪尔极。贻我来牟，帝命率育。无此疆尔界，陈常于时夏。"此诗歌颂后稷，教民以农事。"无此疆尔界"，指农事不分彼此田土的疆界划分，皆"命率育"，并没有国家边界的意思。且"陈常于时夏"之"夏"，一般都解释为"华夏"，更是国家的观念。王觉任此处的解释，属望文生义。

[2]　康有为在《桂学答问》中称："然则孔子虽有六经，而大道萃于《春秋》……学《春秋》当从何人？……上折之于孟子，下折之于董子……则《春秋》微言大义，多在《公羊》而不在《榖梁》也。（孟子为《公羊》专家之学，别见《孟子为公羊学考》，此不详）《春秋公羊》之学，董子及胡母生传之。董子之学见于《繁露》，胡母生之说传于何休，故欲通《公羊》者须看何休之注、董子之《春秋繁露》。（吾有《春秋董氏学》）……孔门后学有二大支：其一孟子也，人莫读《孟子》而不知《公羊》正传也；其一荀子也，《榖梁》太祖也。《孟子》之义无一不与《公羊》合。"（楼宇烈整理：《长兴学记·桂学答问·万木草堂口说》，第29—31页）黎祖健称康有为在万木草堂口说："荀子发挥子夏之学，孟子发挥子游之学。""孟子多言仁，少言礼，大同也。荀子多言礼，少言仁，小康也。"（同上书，第132页）

或"组装"出"大同三世说"的逻辑结构。正因为如此,我不厌其详地将其引用的儒学经典或董、何的解说,或在正文,或在注释中,全文开列,以能对照比较;也因为如此,我以为可得出结论:康有为及其学生在叙述的过程中有增字解经、断章取义、放大其义,甚至望文生义诸嫌疑。就学理而言,康的学说是否符合孔子的原意、逻辑是否能自洽是一回事;就思想发动而言,康的学说毕竟将两千多年前的孔子与西方近代民主政治连接起来,且有"君民共主"→"民主"→"世界大同"的发展阶段论,那就是另一回事了。儒学修养丰厚的官员,当然会认定康的学说"居心叵测"[1];但对梁启超等众弟子来说,康的学说有着很大的吸引力,信任之,传播之。康成了他们心中的"后圣"("南海圣人"),甚至宣称将会有"符命"出现。[2] 但是,康称"大同三世说"由孔子原创,毕竟在学理上是不充分的;梁启超到日本之后,接受了西方的政治思想,对于这一学说已不再信任,便放弃了。[3]

---

[1] 光绪二十四年四月初七日,翁同龢在日记中称:"上命臣索康有为所进书,令再写一分递进,臣对与康不往来。上问何也,对以此人居心叵测。曰前此何以不说,对近见其《孔子改制考》知之。"(《翁同龢日记》,第 7 卷,第 3177 页)此外,陈宝箴、孙家鼐亦向光绪帝表达过反对《孔子改制考》的意见。

[2] 1897 年,章太炎受邀任《时务报》撰述,对康有为及其学说不恭而被康门弟子所殴。章写信给其师谭献:"麟自与梁、麦诸子相遇,论及学派,辄如冰炭……麟虽未遭谡詢,亦不远于辕固之遇黄生。康党诸大贤,以长素为教皇,又目为南海圣人,谓不及十年,当有符命。其人目光炯炯如岩下电。此病狂语,不值一笑,而好之者乃如蜣螂转丸,则不得不大声疾呼,直攻其妄。尝谓邓析、少正卯、卢杞、吕惠卿辈,咄此康瓠,皆未能为之奴隶。若钟伯敬、李卓吾,狂悖恣肆,造言不经,乃真似之。私议及此,属垣漏言,康党衔次眉矣。"(该信影印件,见钱基博整理编纂:《复堂师友手札菁华》,人民文学出版社,2015 年,下册,第 1123—1125 页。该信文字又见于范旭仑等整理,谭献:《复堂日记》,河北教育出版社,2001 年,第 415 页)"梁",梁启超。"麦",麦孟华。"蜣螂",俗称"屎壳郎"。"符命"一说,章当闻之康的门徒。章太炎被殴事,见《复堂日记》,第 387 页。

[3] 1901 年,梁启超作《尧、舜为中国中央君权滥觞考》,对"大同三世说"中尧、舜禅让,提出异议:"尧、舜禅让,为中国史上第一盛事,非特寻常旧学所同推替而已,即近世言民权、言大同者,亦莫不称道尧、舜,以证明中国古有民主制度,其意不可谓不善。吾以为民主制度,天下之公理,凡公理所在,不必以古人曾行与否为轻重也。故尧、舜禅让之事,实与今日之新主义无甚影响,即使尧、舜果有禅让,则其事亦与今日民主政体绝异。何则?民主国者,其主权在国民,其举某人为民主,由于全国人之同意,绝非君主所得而禅让也。"(《清议报》第 100 册,光绪二十七年十一月十一日,中华书局影印本,1991 年,第 6 册,第 6225 页)此中"言民权、言大同者",指康有为及其"大同三世说";此中"主权在国民",指卢梭的学说。

戊戌政变后，康有为去了日本和欧美，至光绪二十七年至二十九年（1901—1903）遍注群经，重写"大同三世说"的著述，其基本理论结构还在，但与戊戌时期的"大同三世说"相比，有了两点变化：其一是从二手材料间接地接受了进化论等西方思想，并在其著述中有所表述；其二是不再强调孔子学说在世界文明体系中占有绝对统治地位。[1] 而他此期撰写、此后不断修改、去世之后由其学生整理出版的《大同书》中，已不见孔子"原创"，已不见子游、孟子、公羊氏、董仲舒、何休"所传"，已不以《尧典》说民主，已不以《洪范》说议会；虽仍有"据乱""升平""太平"三世之演进，但已完全不同于前说。由此可见，康到了晚年，对于这一学说也自我放弃了。

---

[1] 康有为在《桂学答问》中称："天下所宗师者孔子也，义理制度皆出于孔子，故学者学孔子而已。孔子去今三千年，其学何在？曰：在《六经》，夫人知之，故经学尊焉。"（楼宇烈整理：《长兴学记·桂学答问·万木草堂口说》，第29页）康又在《日本书目志》"国家政治学"作按语："政治之学最美者，莫如吾《六经》也。尝考泰西所以强者，皆暗合吾经义者也……故凡泰西之强，皆吾经义强之也，中国所以弱者，皆与经义相反者也……吾中国法古经之治足矣，本非取于泰西，所以可取者，参考其书，以著其治强之故，正以明吾经义之可行……外国乃用吾经义之精。"（《康有为全集》，第3集，第328—329页）康在戊戌时期的诸多言说，称孔子的学说是通行全世界的。庚子之后，康的著述中已不再有类似的言论。康在遍注群经时的著述引用进化论思想，可参见拙文：《再论康有为与进化论》，《中华文史论丛》2017年第2期；《戊戌时期康有为、梁启超的思想》，第260—322页。而康后来有所修改的《康子内外篇·地势篇》，称言："天之营中国也，自昆仑发脉以来，地势东趋，江、河东流……中国地域有截，故古今常一统，少分而旋合焉……故二帝、三王、孔子之教，不能出中国，而佛氏、耶稣、泰西而能肆行于地球也。皆由圣人所能为也，地气为之也，天也。昔尝思西藏、印度与我疆域逾隔不远，而佛法能东来，而儒教不能西行者，何哉？盖印度之为国向南，襟带南海，海水东流，故能至中国也。中国之山川皆奔趋向东，无一向西者，故儒教大行于日本，而无一字飞出于印度，盖亦山川为之也。"（《地势篇》，《康有为遗稿·戊戌变法前后》，第24—25页）康宣称中国的地理形势限制了孔子学说传播范围，仅能通行于东亚区域，不再认定孔子学说在世界至高无上的地位了。相关的研究，可参见拙文：《戊戌时期康有为的"洪水说""地顶说""地运说"——兼论〈康子内外篇〉的写作与完成时间》，《清史研究》2020年第1期；又见《戊戌时期康有为、梁启超的思想》，第462—504页。

# 康有为与"弭兵会"
## ——兼论翁同龢荐康有为说

## 一 问题的提出

光绪二十三年十一月十九日（1897年12月12日），兵科给事中高燮曾上奏了一折两片。其第二片是"请令康有为相机入西洋弭兵会片"，称言：

> 臣闻西洋有弭兵会，聚集之所，在瑞士国。其大旨以排纷解难、修好息民为务，各国王公大臣及文士卓有声望者，皆准入会，如两国因事争论，未经开战之先，可请会中人公断调处，立意甚善。臣见工部主事康有为学问渊长，才气豪迈，熟谙西法，具有肝胆，若令相机入弭兵会中，遇事维持，于将来中外交涉为难处，不无裨益。可否特予召对，观其所长，饬令总理各国事［务］衙门厚给资斧，以游历为名，照会各国使臣，用示郑重。见［现］在时事艰难，……所谓请自隗始者，不必待其自荐也。[1]

高燮曾此片提出：一、光绪帝召见康有为；二、总理衙门"厚给资斧"，并照会各国；三、康有为参加"弭兵会"的名义是"游历"。对此，光绪

---

[1]《军机处录副奏折》03-5617-051。高燮曾当日所上另外一折一片为："请密与德国订立盟约以定大计折""李秉衡不宜废弃片"，《军机处随手登记档》，第148册，第207页。

帝当日发下给总理衙门的交片谕旨:

> 本日给事中高燮曾奏请令主事康有为相机入西洋弭兵会等语,军机大臣面奉谕旨:总理各国事务衙门酌核办理。钦此。相应传知贵衙门钦遵可也。[1]

清朝此时正处于严重的边疆危机之中。一个月前,十月二十日(11月14日),德国借口曹州教案,派军舰占领了胶州湾(今青岛)。清朝没有军事能力抵抗,希望能政治解决,但在外交谈判中一败再败。俄国、英国、法国因此张开了大口,向清朝索要"利益"。高燮曾此时提议派"熟谙西法"的康有为参加"瑞士国"的"弭兵会",行"调处""维持"诸活动,争取国际同情甚至国际干预("公断调处"),也不失为清朝政府在绝境之中自我挽救的一策。

以后来的历史进程来看,高燮曾此片未被采纳,康有为没有去"瑞士国"出席"弭兵会";但是,总理衙门诸大臣却因此而约见了康有为,康因此而大谈其改革设想。此案的最终结果是,总理衙门代奏了康有为"上清帝第六书"等上书(条陈)和《俄彼得变政记》《日本变政考》等著作,引起了光绪帝的关注。也就是说,康有为只是工部候补主事之微官,即便在京城中高声呼喊,也不获云天之回响;他又是如何进入到戊戌变法政治舞台的中心?从历史的结局来看,高燮曾此片起到了戏剧性的作用,使康的人生出现了转折,对戊戌变法起到了催生的作用。正因为此事的重要性,我以为,其中诸多细节还需要进一步厘清,做深入探讨。

本文由此而作,旨在探讨:一、高燮曾所言"弭兵会"的情况及性质;二、康有为一派对"弭兵会"的想象与设计;三、高燮曾荐康有为参加"弭兵会"的背景;四、总理衙门处理此案的结果与康有为步入政坛的独特进程;五、观察和分析翁同龢此一时期的具体表现,重新解释翁同龢荐康有为之迷案。

需要说明的是,本文在关键材料上获得王元崇、刘本森的帮助,在此志谢;本文初稿完成后,又读到田涛的论文《晚清知识界的弭兵说》,

---

[1]《光绪宣统两朝上谕档》,第23册,第325页。

核实了若干论据，亦在此志谢。[1]

## 二　李提摩太等人的宣传

高燮曾附片中所言"弭兵会"，介绍的文字极为简单："西洋有弭兵会，聚集之所，在瑞士国。"王元崇的研究说明，这是光绪十八年（1892）成立的 Permanent International Peace Bureau（法文：Bureau International Permanent de la Paix），直译为"国际永久和平局"。

近代欧洲长期处于战争状态之中。拿破仑战争（1803—1815）持续时间长，参战国家多，造成的破坏也极大。一些有识之士因此而倡导和平主义，成立了多个非官方的和平组织。随着欧洲等地的战争不断发生，以及欧美各国陆续走向帝国主义全球扩张的道路，反战的和平组织也越来越国际化。"国际永久和平局"就是其中的一个。就该组织的历史而言，最初是英国的私人组织。光绪十五年（1889），Universal Peace Congress（法文 Congrès Universel de la Paix）（直译"世界和平大会"）在法国巴黎召开；光绪十六年（1890）第二次会议在伦敦召开；光绪十七年（1891）第三次会议在罗马召开。在第三次会议时，与会者成立了新的机构，即 Permanent International Peace Bureau，设在"永久中立国"瑞士的伯恩（Bern）；第一届委员会（council）于光绪十八年闰六月（1892年8月）选举产生。该组织之所以能进入中国人的视野，是英国传教士李提摩太（Timothy Richard，1845—1919）等人的宣传。

光绪十八年十二月（1893年1月），李提摩太、蔡尔康在《万国公报》上发表《弭兵会（又名万国太平大会）记》，叙述欧战之烈，兵费之高，死伤之多，"救世之士"由此进行和平调处等活动，称言：

　　……查数十年前，有某某著名各教士见各国整军经武，惟日孜

---

[1] 田涛：《晚清知识界的弭兵说》，《天津师范大学学报（社会科学版）》2008年第1期。该信息是刘本森告诉我的。

孜，因设法创立一弭兵会，遍劝各国若君若大臣遇有与他国违言之处，宜先请局外之国剖决是非，不必遽以兵戈从事。……查此会之兴，始于英之教士，今则不但为英国私会，且成为万国弭兵会。会中人每年订期会议一次，共商弭兵善策。计第一次会于法国巴黎都城，第二次会于英国伦敦都城，均未有达官赴会。去年第三次会于意大利国之罗马都城，竟有十七国之大僚先后来会，于是更成为万国官弭兵会。……今年之会，订期本月，共聚于瑞士国，其预筹共商者，计有十二事。一、推广本会，名曰欧洲一统太平会。一、核定太平会中应得之权势。一、欲取五洲各国形胜要害之地，作为公共基业，不令一人独自踞守。一、申明一二年前在美国所议太平会之章程。一、一统太平会应请弭兵会中人查开各国国事清单，以资稽考。以上皆十二事中之尤要者。

三次大会的时间，与"世界和平大会"相同；"订期本月，共聚于瑞士国"，而该文末记日期为"时光绪十有八年闰六月，即西历一千八百九十二年八月"，与"国际永久和平局"的第一届委员会成立时间相同，由此可知李提摩太、蔡尔康此处介绍者，即是"国际永久和平局"。而这个非政府组织，至今仍然存在，只是没有什么影响力了。[1]李提摩太、蔡尔康将Bureau译成"官弭兵会"（后收入《中东战纪本末》时，再改译为"弭兵官会"），这也容易使清朝士大夫发生误解。欧美各国官员或议员出席各种和平组织的会议，并不能代表该组织是官方组织。该组织"预筹共商"之事，只是政策设计，对各国政府并无相应的约束力。该文谈到光绪十七年（1891）第三次罗马大会时，又称言：

> 按，是年有疑难大事四端，几致失和者八国。一、南美洲之巴

---

[1] 1912年，Permanent International Peace Bureau改名为International Peace Bureau（法文：Bureau International de la Paix），去掉permanent一词，简称IPB。1910年代，该组织影响力大幅下滑。1924年IPB总部从伯恩移至日内瓦。第二次世界大战后，该组织于1959年解体；但在一些积极人士的运作下，于1964年以同名重启。2017年起，总部由日内瓦移至德国柏林，在西班牙巴塞罗那和瑞士日内瓦设有办公室。该组织今天标准译名是"国际和平局"。相关的研究，可参见王元崇：《国际和平主义运动与李提摩太、唐才常对"弭兵会"的宣传、理解》（未刊）。

西国与银国争边地，将兴兵矣，两国乃遵弭兵会之议，公请美国之君剖断。一、法国与和兰国互争南美洲之属地，亦遵弭兵会之议，公请俄皇剖断。一、葡萄牙国与英国互夺阿非利加洲滨海之地，则请瑞士国之深于学问、明于公法而又著名公正之律师三人，秉公剖断。一、英、美两国民人在卑令海峡捕鱼，亦几成不解之仇。英乃亦遵弭兵会之议，请坎拿荅地方之议院人员及某书院大山长，美则请本国二山长，各付以全权，俟四人所议若何，即作为定论。凡此四事，皆在去年，皆几出于战而卒免于战，是即弭兵会之明效大验也。

以上"疑难大事四端"，处理方式各异，但与罗马的"世界和平大会"以及后来在瑞士成立的"国际永久和平局"并无直接关系。《万国公报》是由英、美基督教传教士出版机构——上海广学会发行的刊物，以传播基督教教义为宗旨；和平主义是符合基督教教义的，是一种有益无害的思想，李提摩太、蔡尔康刻意宣传推广之。他们在此处圆滑地说明各种国际和平组织的宣传对"四端"的和平解决有着相对的影响力，读者若不知当时的国际形势与"四端"的背景，很容易发生误读，以为该"万国弭兵会"真能解决问题。李提摩太为影响中国士大夫，著文喜欢引用中国经典，并要求蔡尔康使用"典雅"的中文。因此，该文起首便言：

  在昔春秋之际，晋楚交争，诘尔戎兵，无岁蔑有。生民涂炭，小国苦之。宋向戌善于晋赵武，又善于楚屈建，欲弭诸侯之兵为名，如晋告赵武……以周灵王二十六年，为会于宋。此为千古言弭兵者之滥觞……伏读高宗纯皇帝《御批通鉴辑览》云：春秋至鲁襄末，列国之困于兵甚矣，合晋楚之成，藉以稍缓生民之涂炭。故盟宋以后，兵虽未〔未〕能尽弭，而中国无大侵伐者几十年，不可不谓之小有功。《穀梁》以为晋赵武、楚屈建之力，而不知亦向戌之力也。后儒乃以二伯为戎罪，可谓虐古。大哉王言！[1]

---

[1]《万国公报》第48号，华文书局股份有限公司影印本，1968年，第21册，第13340—13343页。该文署名"铸铁生"，即蔡尔康，然在收入《中东战纪本末》时又署名"英国李提摩太著译、华蔡尔康缀仙撰录"，可知李提摩太在该文中的作用。

蔡尔康在该文中用了中国经典中"弭兵"一词，又以宋国大夫向戌调解晋、楚于公元前 546 年（鲁襄公二十七年）联 14 国在宋国会盟为"弭兵"的首例，再以乾隆帝对弭兵之功、向戌之劳的评论作为结论。这样的说法虽有利于清朝士大夫对西方和平运动的"理解"，同时也造成了极大的"误解"，以为西方的"弭兵会"有如春秋后期宋国大夫向戌一般的事业，即由一国官员出面联络他国官员进行调解与会盟。

光绪二十年正月（1894 年 2 月），美国传教士林乐知（Andrew Young John William Allen, 1836—1907）、蔡尔康在《万国公报》上发表《地球弭兵会续记》，谈到了"法俄两国之合纵定"（俄法同盟）、"德奥意三国之连横成"（三国同盟）；谈到了荷兰、比利时、瑞士、丹麦欲推英国为盟主，另结同盟。在此背景下，"美国缙绅培鸽献策"，在美国大报上刊文：

> 今欧洲当危急之秋，我美国民主宜执牛耳，而请命于诸国，各简大臣，会议天下太平之良策。议既定，即创立天下太平总局，诸国又各简一二舍力尚德之大臣，分掌局事。日后诸国有交涉机务，为出使大臣等所不能定者，申请总局，秉公核断，无任弃好寻仇。

林乐知、蔡尔康对此评论道："此论与弭兵会之本意相符，惟指请美邦为主，则尚未经人道及者也。"此处"美国民主"指美国总统；此处"培鸽"，待考。他虽是有志人士，但他的"献策"未被采纳。林乐知、蔡尔康该文称法国前总理"罗礼西门"（Jules François Simon, 1814—1896，今译"朱尔·西蒙"）提议 1900 年巴黎世界博览会时，"遍集诸国君相，共订息兵条约"；又称英国前首相"杞辣士端"（William Ewart Gladstone, 1809—1898，今译"格莱斯顿"）称赞弭兵会"尽善尽美，毫无异议"。[1] 这些退位政治家的表态，当时并无实际的结果。

光绪二十年二月（1894 年 3 月），林乐知、蔡尔康在《万国公报》上发表《地球弭兵会议·上》，蔡尔康发表《地球弭兵会议·下》两文。

---

[1]《万国公报》第 61 号，华文书局影印本，第 22 册，第 14202—14204 页。

前一文称言：

> 敢问弭兵会之所执行者何权，所恃者何事，果能使万国之遵行而无阻乎？则语之曰：弭兵会奉好生恶杀之天命，则所执者天之权也，体周流无滞之天道，则所恃者天之事也。故夫自逞其富强而欺贫弱者，自多其明圣而藐等夷者，皆天之所不许也。天之所不许，弭兵会亦岂肯许之哉？故弭兵会之本意，更可两言以决之曰：必使地球之上，有和而无战，有通而无塞。

此处所言"天命""天权""天道""天事"，用的是宗教语言，皆是至上的义理，在帝国主义时代并无实际约束力，不会出现"万国之遵行而无阻"的结果。后一文宣传俄国对清朝的疆域企图和英国对俄国的制约，说明"俄人则蚕食黑龙江滨近之沃壤，法人则鲸吞越裳氏累代之藩封，正不徒英人之占香港、取缅甸、图西藏，葡萄牙人之踞澳门，日本人之夺琉球、窥台湾"的严峻形势，称言：

> 今幸有弭兵一会，董其事者，类皆好生恶杀之大善士。前年大会时，歆动十七国之君及其大臣，相率与参末议。故以美利坚国之远在亚墨利驾洲，如战国之燕，秦祸虽亟，不虞戎马之骤至者，近犹有人创为宏议，欲请其民主执弭兵会之牛耳，务使欧洲诸国耀德而不观兵。我中国胜于战国宗周，不可以道里计，而诸国相戒不敢妄动者，亦有过而无不及，诚能仗义执言，毅然为弭兵会之盟主，凡万国公法之尚有缺陷者，悉为补之，而以"皇天无亲，惟德是辅"之古训，剀切为诸国道。诸国虽未必尽听，然使俄人尚敢逞得步进步之计，则中国即可布告弭兵总局，请各国之公评，各国知其曲在俄，亦必能仗义执言，以报我中国。是之谓战胜于庙堂，是之谓不富而富，不强而强。至于各国之能许我入弭兵会，与我之自为计，则更有进焉者。……总之，凡天命人之所应有者无不有，天命人之所应知者无不知，以中国广土众民，足将欧洲之全境，聪明才智，久为万国之先声。吾知一二十年间，微特高出于亚细亚，直可迥超乎欧罗巴。于是，弭兵一会，西人导其先路，华人总其大成，

直使德奥意之连横、俄法之合纵，尽归于太平之寰宇，而尚何俄人之足为华患，英人之足为俄敌，足为华助也哉！心平室主人跃然而起曰：善哉议乎！殆所谓纵横十万里，而不徒上下五千年者乎？孔子曰："德之流行，速于置邮而传命。"仆不敏，将拭目而观王化之成矣。[1]

蔡尔康所言，虚虚实实，将没有约束力的"弭兵会"（"国际永久和平局"）当作官方的组织，将美国私人的建议，当作将行的事实。他所提议的中国"毅然为弭兵会之盟主"，是由清朝政府出面？还是由李提摩太等民间人士出面？他没有直接说明，但从上下文来看，应是清朝官方的身份，并且提出了补足万国公法，宣传儒家"德"义的两项会议内容。他由此开始了思想的狂奔，想象"西人导其先锋，华人总其大成"的神奇效果。对于缺乏外部知识的儒生而言，很容易受到蔡尔康所言之鼓舞，并引发出更多的"王化之成"之类的想象。

以上李提摩太、林乐知、蔡尔康四文皆发表于中日甲午战争之前，当时并没有太大的影响力。

光绪二十二年三月（1896年4月），李提摩太在《万国公报》上发表《新政策》，在"安民之法"中再次提到弭兵会：

> 二曰万国太平会（亦曰弭兵会），有国有家者，各为其私，人之情也，一二国家之私交，自必以威权相压，若付诸众大国之公论，则维〔惟〕情与礼可以服人，如西国维也纳之约是已。中国应相助各国，维持大局，共保太平，始得与于公会公法之列。[2]

此处所提到的"西国维也纳之约"，似指1814—1815年的维也纳会议，

---

[1]《地球弭兵会议·上》《地球弭兵会议·下》，《万国公报》第62号，华文书局影印本，第22册，第14243—14249页。"越裳氏累代之藩封"指法国所建的法属印度支那，包括今天越南、柬埔寨、老挝三国。"越裳"见于《尚书大传》，为古国名。"皇天无亲，惟德是辅"见于《尚书·蔡仲之命》（伪古文《尚书》）；"德之流行"一句，见于《孟子·公孙丑上》。

[2]《新政策》，《万国公报》第87号，华文书局影印本，第25册，第15940页。

由梅特涅（Klemens Wenzel von Metternich，1773—1859）伯爵主持，俄、奥、英、普各大国互相有所妥协，对战败的法国相对宽容，促成了欧洲的短暂和平。但"维也纳之约"与"万国太平会"并无直接的关系，如果没有相应的国际关系知识，很难理解李提摩太此中的用意。至于"中国应相助各国……"一句，大约也只有李提摩太本人才能说得清楚，此处的"始得与于公会公法之列"，我根本无法解读。

1896年，上海广学会刊刻《中东战纪本末》，将李提摩太、林乐知、蔡尔康4篇"弭兵会"文章辑入第1卷，将李提摩太的《新政策》和《京师强学书局缘起》《上海强学会序》辑入第8卷。此时正值甲午战败，清朝士大夫急需外部知识，《中东战纪本末》畅销一时。《京师强学书局缘起》《上海强学会序》又是康有为此期活动的得意之笔，"弭兵会"很可能因此而在康有为一派内部传开了。

## 三　唐才常著文"弭兵会"

清朝士大夫著文专论"弭兵会"者，为唐才常。

唐才常（1867—1900），字伯平，拔贡生，湖南浏阳人。他曾入四川学政瞿鸿禨幕，亦曾入两湖书院。他与同乡谭嗣同为总角交，后接受了康有为的学说。光绪二十三年（1897），湖南学政江标创办《湘学报》，他任史学主笔，发表了大量文章。是年五月初一日（5月31日）至六月十一日（7月10日），他在《湘学报》第5至9号连载长文《史学第三：论各国变通政教之有无公理》。后结集编入《觉颠冥斋内言》，刊刻时改名《各国政教公理总论》，下设小标题："国会""教会""弭兵会""议院""君主表""民主表""君民共主表"。[1] 唐才常的西学知识极

---

[1]《湘学报》，湖南师范大学出版社影印本，2010年，第1册，第421—476页；中华书局编辑部编，刘泱泱审订：《唐才常集》（增订本），中华书局，2013年，第22—50页。又，"君主表""民主表""君民共主表"，原载《湘学报》第10—11号，题为"史学第四"，为蔡钟濬代唐才常撰写，后被唐氏一并收入《觉颠冥斋内言》。

为庞杂,许多资讯似是而非,这是当时的学术条件所限;他又将中国传统思想学术与"西学"混讲,也是当时人的通病,不奇怪。就他这篇长文而言,主旨是讲变法,介绍西方的政治与社会制度,称言:"欲拯其失,宜以《春秋》为体,以各国百年来史乘为用。"此即唐才常式的"中体西用观"。[1]

唐才常的《史学第三》一文对于"弭兵会",先设一问,自问自答。他写道:

> 问:"天生五材,民并用之,谁能去兵?"西人之有弭兵会也。诚欤伪欤?抑迂远不切事情,非今日所宜言欤?请求其朔,洞其微,抉其理,以祛予惑。曰:此积千百年神圣之用心,而甫见端倪者也。其在《春秋》,疾火攻,疾灭国,疾始取邑。故于宋襄之仁,嘉其守礼,以谓"文王之战不过此"。盖以开国王之法治万世,而华元、向戌弭兵之说由来也。故孔子生平所恶而惧者战祸,而隐其旨于《春秋》。孟子曰:"春秋无义战",而于民贼独夫之为太息痛恨不已。此孔教嫡派也。[2]

唐才常将西方的"弭兵会"与孔子的反战思想混为一说,提到了"疾火攻,疾灭国,疾始取邑",提到了宋襄公的"不鼓不成列",提到了春秋时期华元、向戌的"弭兵"活动。他在该文中揭示中外战争的损失与危害,称言:

> 兵祸之奇,权力构之;权力之横,人心衅之。欲平权力,正人

---

[1] 该文字后编入《觉颠冥斋内言》时,改为"欲拯其失,宜以《春秋》为经,以《史记》为纬,以各国百年来史乘为用"。

[2] 该文后编入《觉颠冥斋内言》时,设标题《弭兵会》,文字亦有修改:"《传》曰:'天生五材,民并用之,废一不可,谁能去兵?'夫西人之有弭兵会也";"吾得而求其朔,洞其微,抉其理,刺刺语天下曰:此积千百年神圣之用心,而甫由据乱而及升平者也"。唐才常此时已接受康有为的"三世说",言"据乱""升平"。"天生五材"一句,见于《春秋左传》襄公二十七年。"疾火攻,疾灭国,疾始取邑",分见于《春秋公羊传》桓公七年、隐公二年、隐公四年。"文王之战"一句,见于《春秋公羊传》僖公二十二年。华元、向戌"弭兵"之事,见于《春秋左传》成公十二年、襄公二十七年。

心,莫如因英、美已成之弭兵会推广之,以上规《春秋》太平之法。西国公法家言,古之犹太国人以赛亚,即有彼此不相攻伐之议。而荷兰儒者虎哥,思戢欧洲兵祸,乃著《平战条规》行于世,盖即《春秋》弭兵之旨。[1]

唐才常继续将《春秋》大义与西方和平主义国际组织"英、美已成之弭兵会"混讲,将《春秋》"太平之法""弭兵之旨"与《旧约·以赛亚书》、胡果·格老秀斯《战争与和平法》混讲。"公法"是误译,美国传教士、同文馆总教习丁韪良(William Alexander Parsons Martin,1827—1916)将美国法学家亨利·惠顿(Henry Wheaton,1785—1848)的《国际法原理》(Elements of International Law)译名为《万国公法》,刊刻于同治三年(1864)。然"国际法"非为"公法",应属于"私法",并不经过立法机构,对各国政府并无实际约束力。但"万国公法"的译名,使唐才常等一大批晚清读书人误以为是"万国"必须(或应该)遵守的"公法"。丁韪良又作《中国古世公法论略》,刊刻于光绪十年(1884)。该书以《周礼》《春秋》来附会"公法",更加深了晚清读书人对"国际法"的误解(后将详述)。唐在该文中列举了"弭兵会"所获得的一大堆实绩,虚虚实实,竟然宣称:"数十年来,诸国遵其条规以免战祸者三十六次"![2]在该文的最后,唐才常又称:

> 英人罗柏村曰:现议两法,如能遵行,则各国自得大益。其第一法:欲令各国永立和好之约,议定各国各派两人,成一和好会,办理各国相争之案。所派入会之人,必为众所推举。第二法:欲将各国应许公法,汇成一书,已经俄京与日内瓦处成会,将其数要款酌定。又在法京巴黎与美京华盛顿,所与数国立和约内,亦将数要款订立公法,为各国所应允。无论因何肇衅,俱有定章办理,使无

---

[1] "以赛亚"指《旧约·以赛亚书》,唐才常所言,可能是《以赛亚书》第36—38章所记之事。"虎哥",指胡果·格老秀斯(Hugo Grotius,1583—1645)。《平战条规》指《战争与和平法》,是格老秀斯最重要的著作。

[2] 参见王元崇:《国际和平主义运动与李提摩太、唐才常等人对"弭兵会"的宣传、理解》(未刊)。

可疑之处；则强国弱国，俱免误起争端。韪哉此举！乃余向所谓积千百年之神圣之用心而甫见端倪者也。[1]

此处"英人罗柏村"所言，待考；即便有此事，也是其个人的建议。其提议的"和好会"，并未建立；其所称的"俄京与日内瓦处成会"，我也不见相关记载。

唐才常在当时被认为颇知西学、西史、西事。他对"弭兵会"的这些议论（排列在"国会""教会"之后，在"议院""君主表""民主表""君民共主表"之前），很容易让不了解国际时势的士子们感到欧美已有能起到实际作用的"弭兵会"之类的组织，并且在指导思想上与孔子在《春秋》中所体现的反战思想是相同相通的。

## 四　康有为一派的想象与设计

康有为此时已形成其"大同三世说"的学说。按照这一学说，由孔子所设计的"大同"世界是没有战争、没有国家、全球合为一体的。康有为及其门生因此经常讨论孔子的反战思想（和平主义），李提摩太等人关于"弭兵会"的宣传，也引起了他们的关注。

光绪二十二年（1896），康有为在万木草堂说："宋牼言寝兵，今欧洲有太平会，亦自宋牼开之矣。"[2]此处所言，指《孟子·告子下》中宋牼与孟子的一段谈话：

> 宋牼将之楚，孟子遇于石丘，曰："先生将何之？"曰："吾闻秦、楚构兵，我将见楚王说而罢之。楚王不悦，我将见秦王说而罢之。二王我将有所遇焉。"曰："轲也请无问其详，愿闻其指。说之将何如？"曰："我将言其不利也。"

―――――――――

[1]　"而甫见端倪者也"一语后编入《觉颠冥斋内言》时，改为"甫由据乱而及升平者也"。
[2]　《万木草堂口说》，楼宇烈整理：《长兴学记·桂学答问·万木草堂口说》，第181页。

孟子因此而批责宋牼，说了一番不必言"利"而须言"仁义"的大道理。康有为将欧洲"太平会"比作"宋牼言寝兵"，亦有批责其言"利"不言"仁义"之意。光绪二十四年，康有为刊刻《孔子改制考》，在《儒攻诸子考》中有"儒攻宋钘"一节，引《孟子·告子下》中宋牼与孟子的谈话，评论道：

> "宋牼"，《庄子·天下篇》作"钘"，古音通也。庄子称其"禁攻寝兵，周行天下，上说下教，虽天下不取，强聒不舍"，与此合。近世欧洲有禁兵会，亦其比也。于《春秋》之义，疾灭国、善向戍相合，故孟子称其志也。其道浅而不谬，故孟子许之而少正之。[1]

康有为此处再次将欧洲的"禁兵会"比作宋牼之类的行为，又称宋牼"其道浅而不谬"，但与《春秋》之义仍有"相合"之处；也就是说，康自以为掌握比宋牼"禁攻寝兵"和欧洲"禁兵会"更高一级的理念，即孟子所言"仁义"和"疾灭国、善向戍"的《春秋》之义（"大同三世说"），已具有"少正之"的能力。

光绪二十二年，康有为大弟子梁启超通过《时务报》刊刻其《西学书目表》和《读西学书法》。梁称言：

> 西国公法家言，皆布衣下士，持空理以著书。讲之既久，执政者渐因用之，颇有成《春秋》而乱贼惧之意。然所据者，多罗马及近世旧案，非悉由公理；又必彼此两国，文野（文谓文明之国，野谓野蛮之国）之轨相近，强弱之度相等，乃能用之，否则徒为空言而已。然近数十年间，因此而免于战事者，已无虑百十事，则公法家之息兵会，与有力焉。中国与西人交涉日繁，苟明此学者渐多，则折冲尊俎，其弭患无形者，必不少也。[2]

---

[1]《孔子改制考》，姜义华、张荣华编校：《康有为全集》，第3集，第211页。康有为对宋牼所奉行之事还是很有兴趣的，在《新学伪经考》《孔子改制考》中多次引用《庄子·天下篇》，介绍宋钘、尹文"见侮不辱，救民之斗，禁攻寝兵，救世之战"的思想。

[2]《读西学书法》，夏晓虹：《饮冰室合集集外文》，北京大学出版社，2005年，下册，第1165页。

梁所言的"公法家",指格老秀斯等国际法的创立者。他认为"息兵会"是由一批"公法家"所主持(若以国际关系专家而论,大致不错),并起到了"免于战事"且数达"百十事"的实际作用(完全错误,须由政府参与)。而梁所言的"公法家"布衣著书,"成《春秋》而乱贼惧",也是值得注意的说法。光绪二十三年,梁启超到湖南时务学堂授学。学生李炳寰初习"大同三世说",即认为中国的勃兴可以立待,心思已想到了全球,担心不通孔孟之学的各国又何能进入"大同"之界,亦不理解拯救地球的"大同之道与大同之法"又该如何着手,起点在哪里?梁启超作批语:

> ……至所谓大同之道与大同之法者,五百年以内,必遍行于地球。南海先生穷思极虑,渊渊入微以思之,其条理极详,至纤至悉,大约西人今日所行者十之一二,其未行者十之八九。鄙人等侍先生数年,尚未能悉闻其说,非故秘之不告也。先生以为学者之于学也,必须穷思力索,触类旁通,自修自证,然后其所得始真。故事事皆略发其端倪,而令鄙人等熟思以对也。今鄙人与诸君言,亦如是而已,将以发心灵瀹脑气,使事事皆从心得而来耳。不然,亦何必吞吐其辞乎?诸君幸勿误会此意。若欲有所凭借,以为思索之基,先读西人富国学之书及《佐治刍言》等,以略增见地,再将《礼运》"大道之行也"一节熟读精思,一字不放过,亦可以略得其概。至所云起点之处,则西人之息兵会等,亦其一端也。[1]

梁宣传了康有为的"大同三世说",并认为"五百年以内,必遍行于地球"。他认为西人的"富国学之书"及《佐治刍言》与《礼运篇》中"大同"思想有相通之处,并将"西人之息兵会"当作"大同三世说"能通行于西方的证据,并作为"起点"。

---

[1] 《湖南时务学堂初集》,长沙戊戌刻本,第2册,《札记》卷一,第2页。"富国学之书",大约是指《富国策》,*Manual of Political Economy*,英国人法思德(Henry Fawcett, 1833—1884)著,同文馆汪凤藻译。《佐治刍言》,英国人伯顿(John Hill Burton, 1809—1881)著,英文书名简称 *Political Economy*,英国传教士傅兰雅(John Fryer)、应祖锡译。

光绪二十三年三月，康有为弟子刘桢麟在《知新报》上发表《〈地球六大罪案考〉总序》，所谓"六大罪案"指亚历山大（马其顿王）、秦始皇、摩哈默（先知穆罕默德）、成吉思汗、明太祖、拿破仑六人之事功。他们被称为伟人，创大国之基业，但他们使用暴力手段，杀人无数，即与"大同三世说"中所标明的"智"（升平）与"仁"（太平）恰恰相反，属于《春秋》经中"立诛意之条"。他在文中还称及"弭兵会"：

> 虽然压力重则拒力生，热质凝则火山爆，君权尊则民变速。泰西诸邦，数十年来，陡生动力，民气顿开……虑战祸之害民也，则设万国太平之会以弭之。虑两国之构争也，则立凭公调处之约以和之。举千百年虐民愚民之具，一旦毅然摧陷而廓清之，而益智开化，趋高迈远，尚靡有趄焉？[1]

刘桢麟将"万国太平之会"当作西方各国最近数十年"民气顿开"的主要表现之一，也提及"立凭公调处之约"，但该文的主旨，仍是宣传康有为的"大同三世说"：

> 嗟乎！我孔子爱人之教主也，作《春秋》以改制，以君治人，以天治君，惧君位至高，无所敬畏，将为民祸也，疾始火攻，疾始灭国，恶其伤人类也，始托文王，而终道尧舜，以其有天下而不居，让天下而不争也。

他认为，西方的"弭兵会"较之孔子的学说（"大同三世说"）还是稍逊一筹。

光绪二十三年四月，康有为弟子王觉任在《知新报》上发表《论列国息争之公理》，反对由古至今的武力征伐，主张列国列强"息争"。其所持者，为孔子反战的理念，称之与佛教、墨家、基督教的主张是相通的，各国完全可以达成"禁攻寝兵之约"。他提议的办法是召集各国"公

---

[1]《〈地球六大罪案考〉总序》，《知新报》第9、10册，光绪二十三年三月初一日、初六日，上海社会科学院出版社影印本，1996年，上册，第65—66、73—74页。

议"之会,并且提到了"弭兵会":

> ……二人同舍,各持一义,争欲求胜,不能决也,是非无所折衷,曲直无所赴愬。《春秋》不书离会,其此意矣。地球之上,纷纷者五十余国。今议院,天下之平也,各国有行之者,其明效大验,不可见乎?充斯例也以往,纠合若民主、若君民共主、若君主之邦,共立明约,申以大信:继自今,有两国龃龉,各国会于其所,开诚心,布公道,定三占从二之例,平其曲直,定其是非。理之否者,小而谢罪赔款,大而纳地请荆,一唯各国之公议是听。其有倔强不如约者,天下共起而击之,废其君而谋立贤者。……世之通士,心知此义者众矣。故东方则有太平会焉,西土则有弭兵会焉,虽然心则有余,术犹未至。英美海内之雄国也,今季始订立条约,将共恪守,化争为让,转祸为福。呜呼!以不忍人之心,行不忍人之政,尚矣。诚由吾之前说,使地球五十余邦,十五万万人,咸同斯福。孟子曰:"域民不以封疆之界,固国不以山溪之险,威天下不以兵革之利。"《春秋》之义:"有分土无分民。"太平之运,大同之治,意在斯乎,意在斯乎![1]

王觉任虽然提到西方的"议院",但所言"离会"仍是《春秋》之义,"三占从二"出自《尚书·洪范》,"不忍"更是孟子的思想。他认为"议院"的方式体现了"天下之平",许多国家行之有效;世界上三种国体(民主、君民共主、君主)的国家也可以订立明约,仿效"议院"而设置超越国家的"公议"之所。此后两国若有争议,可由各国共同平曲直、定是非;若有不从者,天下各国可共击之。他虽然也提到了"东方"的"太平会"(不知其根据)和"西土"的"弭兵会",但相对于他所提议的

---

[1]《论列国息争之公理》,《知新报》第19册,光绪二十三年四月二十一日,上海社会科学院出版社影印本,上册,第145—146页。"离会"见于《春秋公羊传》桓公二年、五年,并见于何休《解诂》。"三占从二",典出于《尚书·洪范》"三人占,从二人之言"。"占",占卜之意。"域民不以封疆之界……"一句见于《孟子·公孙丑下》,结论是"得道者多助,失道者寡助"。"有分土无分民"见于何休《春秋公羊传解诂》昭公十五年,指国家疆土固定而人民可以流动。

"各国会于其所"还是略低一等级,因此而呼唤着没有"封疆""兵革"的"太平之运,大同之治"。

同年七月,王觉任在《知新报》上发表《寝兵说》,反对武力征伐,反对扩军备战,主旨与《论列国息争之公理》相同,乃是强调"大同三世说",并且也谈到了"息兵""公会""公法":

> 《春秋》之言三世也,曰据乱世,曰升平世,曰太平世……易世而为太平也,"夷狄进爵,远近大小若一",国同天邑,人同天民。故人爱他人之身如其身,爱他人之家如其家,爱他人之国如其国。长训其幼,上训其下,鬼训其裔,天训其君,暝暝眴眴,以兵为大戒。升平,非治之至也。《记》曰:"大同之世,天下为公,讲信修睦。"《诗》曰:"无彼疆尔界,陈常于时夏。"上天恫而厌乱,下姓号而求治。霸天下者,则盍公其国,而勿私之矣;公之如何,则盍寝兵而休民矣。……夫西方之国,诸雄错处,密其防围,厚其军实,多者百三十万人,少者乃六十余万。兵费之需,国数百万,固不待僵尸籔首,而民力已窘、民命已瘵矣。万姓陁苦,蚤夜号祷,期至太平。于是群议息兵,纠为公会,交涉之道,约之公法。强勿躏弱,众勿暴寡,衅之兆也,公断于局外之国,法荷属地之詰,英美捕鱼之衅,以此释纷,固已数数。如此则合数百国,历千百年,而长可驯谧,谁复戕其赤子,以犯兼并攘夺之不韪哉?泰西兵力,可以鞭笞四洲、蹴踏地球者也,而计顾出此。此固人道之公理,先圣古王之公言,而非泰西之私义也。[1]

王觉任将"大同"作为人类发展最终的目标,虽然赞扬了"群议息兵,纠为公会,交涉之道,约之公法"的做法,但仍称是"先圣古王之公言",并非"泰西"专有的"私义"。

---

[1] 《寝兵说》,《知新报》第27册,光绪二十三年七月十一日,上海社会科学院出版社影印本,上册,第267—268页。"夷狄进爵"一句见于何休:《春秋公羊传解诂》隐公元年。"大同之世"一句见于《礼记·礼运篇》。"无彼(此)疆尔界"一句见于《诗经·周颂·思文》。

光绪二十三年十一月，康有为弟子欧榘甲在《知新报》上发表《〈春秋公法〉自序》，自称根据《春秋》之大义来写一部"公法"（国际法）：

> ……《春秋》则有三世之义：据乱世以力胜，升平世以智胜，太平世以仁胜。力胜故内其国而外诸夏，智胜故内诸夏而外夷狄，仁胜故天下大小远近若一，讲信修睦之事起，争夺相杀之患泯。环球诸国，能推《春秋》之义以行之，庶几我孔子大同大顺之治哉？故曰：《春秋》者，万国之公政，实万国之公法也。

欧榘甲认为，"大同三世说"中的"据乱""升平""太平"分别对应着"野蛮""教化""文明"，"欧西群雄角立，器械新美，战事之兴，视中土尤烈焉"；世界各国若皆遵行《春秋公法》，将会进入孔子设计的"大同大顺之治"。欧榘甲对其所编写《春秋公法》充满信心，认为格老秀斯、惠顿虽有"芳芬"之志，但因不通《春秋》之大旨，其义仍"粗"；丁韪良著《中国古世公法论略》，错引《左传》（古文经，伪经）为据，失去其"本"义；就中国士大夫而言，知道《春秋》为万国公法者也不多。于是，欧榘甲决意自写一部超越前人、替代现行各种"公法"（国际法）的新著作：

> 榘甲窃私忧过计，以为《春秋》之义不明，孔子之仁不著于天下，环球之民将无所托命。爰大明之，以告万国之君若臣，无为率土地食人肉，甘弃民以坐亡，蹈《春秋》《孟子》之所诛，蒙独夫民贼之恶谥。知我罪我，所不辞焉。[1]

欧榘甲此序言虽然没有提到"弭兵会"，但在康有为一派的认知中，"弭兵"所依据的原则是"公法"，若有一部能体现《春秋》大义（"大同三世说"）的新公法，将能更好地实现"弭兵"，将会促进世界的"大

---

[1]《〈春秋公法〉自序》，《知新报》第38册，光绪二十三年十一月初一日，上海社会科学院出版社影印本，上册，第444—445页。

同"。[1] 欧榘甲的《春秋公法》不知是否写完，但未见刊刻。

康有为及其弟子没有专论"弭兵会"的文章，大多是在介绍"大同三世说"时附带论之，文字极其有限。但从上引文字中可以看出：一、康有为及其弟子关于西方各国和平组织（"弭兵会"）的知识，是建立在一大堆似是而非的资讯基础上的，对其"非政府组织"的性质并不了解，许多内容仍属于"想象"。二、康有为及其弟子用中国传统观念来解读西方各国和平组织（"弭兵会"）的活动，有着相应的等级观，孔子的《春秋》大义（"大同三世说"）是最高等级的，而西方各国和平组织及其所持理念只是次一级的。这两点都属于误解。也正是在这两点误解之上，康有为一派做出了相应的对策"设计"。

光绪二十三年七八月，康有为弟子欧榘甲（即《春秋公法》的作者），在《知新报》上连载《变法自上自下议》。该文披露了康有为一派力行变法的基本策略，康本人应当看过。欧榘甲称变法之道有二："一曰变之自上，一曰变之自下。"若以近似而不是精准的政治学概念而论：所谓"自上"，指"国家"，欧榘甲称以俄国彼得大帝改革和日本明治天皇维新为榜样；所谓"自下"，指"社会"，即康、梁等人办学、办报等事业。而在"自上"的诸策略中，其中一策是：

> ……遣使臣与列邦公会，立二十年太平之约；选学士与列邦教会，明《春秋》太平之制。[2]

此处的"公会"，指"弭兵会"；此处的"二十年太平之约"，大约是宋国大夫向戌一般的盟约；此处的"遣使臣"，应当是派遣诸如康有为之类的人士。康有为一派有意到国际舞台上与各国使者进行一番交流，用孔子的反战思想来"指导""列邦公会"。此处的"教会"，指欧美各国天主教、新教诸教会；此处的"《春秋》太平之制"，指康有为的"大同三世

---

[1] 康有为早年即著有《实理公法全书》，并有意编《万身公法》多部。参见蒋贵麟：《万木草堂遗稿外编》，上册，第33—65页。
[2] 《变法自上自下议》，《知新报》第28、29册，光绪二十三年七月二十一日、八月初一日，上海社会科学院出版社影印本，上册，第282—283、298—300页。

说"；此处的"选学士"，应当是选择诸如康有为一般的学士。康有为此时亦有意成立由清朝国家支持的孔教会，以能与各国教会展开"对等"交流，并传播"《春秋》太平之制"。[1] 欧榘甲的这个说法，文字十分简略，当时并没有引起太多的注意。

光绪二十三年十月，康有为来到北京。此时正值德国借口"曹州教案"，派军舰强占胶州湾（今青岛），清朝士大夫对此做出了激烈的反应。康有为亦上书光绪帝，即"外衅危迫宜及时发愤革旧图新呈"（"上清帝第五书"），提出了全面改革的主张。康在该上书中亦称：

> ……各国兵机已动，会议已纷，宜急派才望重臣，文学辩士，分游各国，结其议员，自开新报之馆，入其弭兵之会，散布论议，耸动英、日。职以为用此对付，或可缓兵……[2]

康有为此时有联英、联日以抗俄、抗德的设想。此处的"文学辩士"，应指其本人；此处的"弭兵之会"，应指高燮曾附片中所言设在"瑞士国"的"弭兵会"。"分游各国""散布论议"是其活动；"耸动英、日"是其目的，即争取国际同情甚至国际干预。康有为此一设计表明他无知于当时的国际形势与帝国主义列强的对华政策，也说明他受到李提摩太等人的误导而走了偏路。

康有为上书光绪帝的渠道一直不通畅，自以为满腹韬略，可惜无从上达天听。他多次上书，仅"上清帝第三书"通过都察院代奏而获得成功。按照当时的体制，他的官职为工部候补主事，应由工部代奏。他的"上清帝第五书"，工部不予代奏，但京中有传抄本。康后来在上海大同译书局刊刻之，并刊于澳门《知新报》、长沙《湘报》。

---

[1] 康有为设立孔教会的设想，可见其光绪二十四年五月初四日由总理衙门代奏的"请商定教案法律厘正科举文体并呈《孔子改制考》折"。（孔祥吉：《康有为变法奏章辑考》，第257—258页）
[2] "上清帝第五书"，《康有为变法奏章辑考》，第112页。值得注意的是，康有为为御史陈其璋代拟的奏折中亦有相近的言论："诚能以列国并立之治为治法，而去一统之旧例；以春秋交际之情为文法，而去汉、唐待匈奴、突厥鄙弃之心。然后弭兵之会，可遣使以通诚；议院之情，可先时而防患。"（同上书，第119页）

## 五　翁同龢与康有为私会：高燮曾附片的背景

光绪二十三年十一月十八日（1897年12月11日），军机大臣、总理衙门大臣、户部尚书翁同龢突然来到康有为的住处（宣武门南的南海会馆，当时属"外城"），"屈尊"拜访了康。康在一年后的回忆录《我史》（《康南海自编年谱》）中写道：

> ……既谒常熟，投以书告归……是时将冰河，于十八日决归，行李已上车矣，常熟来留行。翌日，给事中高燮曾奏荐，请召见并加卿衔出洋。常熟在上前力称之，奉旨交总理衙门议。[1]

康称"谒常熟，投以书"，翁同龢日记未见记载。康称"行李已上车"，是一种夸张的说法，不必太在意。康又称"常熟在上前力称之"，即翁同龢向光绪帝推荐之意，康在后来的诗注中也有相同或相近的说法，即"是日朝常熟力荐于上""越日相国荐于上"。[2]对此，我将在本文第七节予以说明。至于康称"常熟来留行"，今刊本翁同龢当日日记亦未见记载；而孔祥吉教授查看日记手稿本，有着重要的发现：

---

[1]《康南海自编年谱》，《丛刊·戊戌变法》，第4册，第137—138页。
[2] 康有为《明夷阁诗集》有《怀翁常熟去国》，作于光绪二十四年，其题记称："胶变，上书不达，思万木草堂学者，于十一月十九晓，束装决归。是日朝常熟力荐于上，凌晨来南海馆，吾卧未起，排闼入汗漫舫，留行，遂不获归。"（上海市文物保管委员会文献研究部编：《康有为遗稿·万木草堂诗集》，上海人民出版社，1996年，第90页）康有为称"凌晨"，可能是其晚睡晚起，且北方冬天天亮甚晚，当时的早朝又甚早，军机处在卯时（5—7时）散值亦为常有之事；至于"十九"日，可能一时记忆错误。光绪二十六年，康亦有诗记此事，题记："丁酉以胶惊，上书不达，十一月十八日，束装归，行李皆登车矣，常熟相国特来走留，遂不行。越日相国荐于上，遂有政变事。今国破君出，不知天意何如也"，仍称"十八日"。（同上书，第126—127页）既称"吾卧未起""排闼入"，又称"行李已登车"，场景甚不相合；此类过于戏剧性的言辞，可不采信。值得注意的是，这一版本的康有为诗集，是根据康有为家人康同凝等人捐赠上海市文物保管委员会的手稿或抄件整理的，编者称："本书与上述书籍（崔斯哲缮写本）多有出入，实为较早的版本。"

光绪二十三年十一月十八日日记，系重新改写的，其中有半页日记被剪去，而另外补贴了半页，有明显补贴痕迹。

联系到翁氏后来重新抄缮这天日记的实情，翁氏此日的行踪可能是在朝见过光绪皇帝之后，并非像日记中所书"赴总署发罗使电"，而是前往位于宣南的南海会馆去拜访康有为，进行恳谈。[1]

今刊本《翁同龢日记》虽经翁"剪去"和"补贴"，仍可看出破绽："……散时尚早，小憩。出城，赴总署发罗使电……"[2] "散时"，指军机处散值之时；"尚早"，有可能上午7时之前；"小憩"，翁一般散朝后在军机处方略馆休息；"出城"，指由内城出往外城，总理衙门在东单牌楼东堂子胡同，翁若从军机处去总理衙门不需要"出城"。此处"出城"，应是出宣武门，去了南海会馆，然后再返回内城的总理衙门，发电报给驻英国公使罗丰禄。[3] 由此可作旁证——翁同龢晚年为避祸而修改其日记。

自德国借口"曹州教案"强占胶州湾之后，慈禧太后、光绪帝因前次甲午战争的经验教训，决定不开战，派翁同龢、张荫桓（总理衙门大臣、户部侍郎）与德国公使海靖（Friedrich G. von Heyking，1850—1915）进行外交谈判。德国早有占据胶州湾的想法，此时仍须与俄国等国协调关系，便命海靖在外交谈判中拖延时间，隐藏真实目的。翁同龢未能识破其计，仍将此案当作"教案"来处理，准备以"道歉""赔款""惩办官员"等以往的对策来换取德国撤军、归还胶州湾。据翁同龢日记，谈判从光绪二十三年十月二十六日（1897年11月20日）开始，交手数回合；至十一月初十日，翁同龢与海靖商谈了六

---

[1] 孔祥吉、村田雄二郎：《〈翁文恭公日记〉稿本与刊本之比较——兼论翁同龢对日记的删改》，《历史研究》2004年第3期。孔祥吉（1943—2021）是我尊敬的优秀学者，对康有为、戊戌变法的研究多有贡献，去世近一年，在此致哀。（2022年4月17日）
[2] 《翁同龢日记》，第7卷，第3116页。
[3] 军机处和下属方略馆皆在紫禁城隆宗门内。内城，指沿正阳门（前门）、崇文门、朝阳门、东直门、安定门、德胜门、西直门、阜成门、宣武门一圈。外城，指宣武门、前门、崇文门以南，沿东便门、广渠门、左安门、永定门、右安门、广安门、西便门一圈。

项条件，翁以为可以结案，作《问答》。[1]十一月十三日，翁在日记中记："谕前日所递《问答》，东朝有办得甚好之谕。"[2]"谕"，光绪帝所谕；《问答》，谈话记录，相当于今日外交文件中的"备忘录"；"东朝"，西向之意，指西太后（慈禧太后）。翁受到了慈禧太后的表扬！然此之后，海靖态度大变，不愿再谈撤军、归还胶州湾之事，翁感到事情将会极为棘手。十一月十八日（即翁同龢去南海会馆见康有为之日），翁在日记中称：

> 晴，风止，大寒。早入，外折一，见起三刻。（明发：一李秉衡开缺，自请却未提；一裕禄授川督，裕长等调任）论胶事，上述慈谕看照会甚屈，以责诸臣不能整饬，坐致此侮。臣愧悔无地，因陈各国合谋图我，德今日所允，后日即翻，此非口舌所能了也。词多愤激，同列讶之，余实不敢不倾吐也。散时尚早，小憩。出城……

"上"，光绪帝；"慈谕"，慈禧太后谕旨。翁受到了慈禧太后的批评！翁已受困于海靖，再受冤于慈禧太后，一肚子的委屈立即在御前发作起来，与大臣气度、儒宗风度、帝师态度极不相称，以至于"同列"的军机大臣们都"讶之"。翁正是在此激愤的心情之下，"出城"跑到南海会馆与康有为私会。

翁同龢与康有为在宣武门外南海会馆的交谈，可能时间很短，内容今不详，康仅称"留行"；但作为会谈的结果，第二天，十一月十九日，兵科给事中高燮曾上奏一折两片，其附片二即为"请令康有为相机入西洋弭兵会片"。从事理的逻辑关系而论，该附片应是翁、康商议的结

---

[1] 翁同龢在十一月初十日日记中称："第一条，李秉衡止称不可做大官，去永不叙用四字。第二条，济宁教堂给六万六千两，敕建天主堂扁，立碑。第三条，曹州、巨野二教堂两处，为被杀教士赔偿，照济宁之数。（另三千两偿抢物）第四条，请明谕饬地方官尽力照约保护。第五条，如中国开办山东铁路及路旁矿场，先尽德商承办。第六条，问如何是办结，允两国照会教案毕即为办结。"（《翁同龢日记》，第7卷，第3113页）完全没有德国租借胶州湾、开办胶济铁路的内容。

[2]《翁同龢日记》，第7卷，第3114页。

果。[1]若设身处地来观看翁的内心，在他与海靖谈判遭挫、受到慈禧太后批评、感到无策之时，派康有为出席"瑞士国"的"弭兵会"，争取国际同情甚至国际干预（如"三国干涉还辽"），也是有益无害的一着棋。这可能是一手妙招，也可能是一步闲棋，无非就是花点银子，即高燮曾附片中"厚给资斧"。

以高燮曾的知识结构，应不知道"瑞士国"还有一个"弭兵会"。我以为，高燮曾荐康有为之附片，很可能是康有为自拟的，高燮曾（或翁同龢）有所修改。我这么说，有两条理据。其一是高燮曾附片中有"见〔现〕在时事艰难，……所谓请自隗始者，不必待其自荐也"一句，典出于《史记》卷三四《燕召公世家》录郭隗语："王必欲致士，先从隗始。"[2]这本是自荐之语，若高（或翁）起稿，似不必引用此典，他们在此处似有修改。其二是康在《我史》中有"并加卿衔"一语，高燮曾附片内无此内容；当高燮曾附片上奏、光绪帝谕旨下达后，康有为等人以为此事已大功告成，发电湖南告诉梁启超等人："赏五品卿衔，游历各国，主持弭兵会"，可见康不知道高（或翁）已有删改。[3]

---

[1] 孔祥吉认为，高燮曾的这一附片是翁同龢、康有为密谋的结果。（孔祥吉：《康有为变法奏议研究》，辽宁教育出版社，1988年，第168—172页；孔祥吉、村田雄二郎：《〈翁文恭公日记〉稿本与刊本之比较——兼论翁同龢对日记的删改》，《历史研究》2004年第3期）马忠文认为，康、高之间有交易，翁对此似也是知情的。[马忠文：《高燮曾疏荐康有为原因探析——兼论戊戌维新前后康、梁的政治贿赂策略与活动》，（哈尔滨）《学术交流》1998年第1期］

[2] 《史记》，第5册，第1558页。

[3] 叶德辉在一信中称："朝传一电报曰，康有为赏五品卿衔，游历各国，主持弭兵会……电至时务学堂，同年友汪诵年编修为余言之，余笑曰：'此康谣耳，不足信。'数日往询其弟子梁启超，则言之怩怩。梁固笃信康教，终身不欲背其师，而亦不能为其师讳。"（《翼教丛编》，上海书店出版社，第165页）郑孝胥光绪二十四年正月初六日日记称："谢筠亭、李一琴来。一琴初归自湖南……又闻康长素已赏卿衔，命出洋游历，且充弭兵会员。"（《郑孝胥日记》，第2册，第639页）一琴，李维格，字峄琴，曾任《时务报》西文翻译，时任湖南时务学堂西文教习，此时由湘回沪。总理衙门章京张元济光绪二十四年正月致函汪康年称："康先生并无赏五品卿衔之说，弭兵会亦已罢论。惟高位者，颇能为所欲动耳。"（上海图书馆编：《汪康年师友书札》，上海古籍出版社，第2册，1986年，第1723页）。此为对汪康年询问的答复，汪可能在上海听到消息后去询问。此信写于总理衙门大臣约见康有为之后，张元济已得到消息，康弭兵会差使将作罢。信中所称高位者，似为翁同龢。叶德辉、郑孝胥、张元济三说相同。

光绪二十三年十二月初五日，与康有为、梁启超甚有关系的天津《国闻报》以"中国拟联泰西弭兵之会"为题，刊出消息，称言：

> 自欧美诸国文治日进，又经俄土、普法、南北花旗数大战之后，各国讲求水陆军政不遗余力，而又以兵力愈厚则战端之起愈难，以其不幸而一战，则伤人必多。故泰西进化家乃有万国弭兵会之议。本年西历八、九月间，奥斯马加该会员已传檄至东亚洲诸国，约同入会。顷本馆接京友来函，高理臣给谏本此意以建言，于前月某日具折陈奏，请中国简派通知泰西诸国时事之人，赴欧洲联络各国同入此会，并密保工部主事南海康有为足膺此任，并闻总理衙门已奉旨议行。至其详细情形，容再探明登告。

文中的"本馆"很可能是夏曾佑等人。"京友"即是康有为及其党人。"奥斯马加"为奥匈帝国之匈牙利语音译，至于"该会员已传檄"之事，应指发表在光绪二十三年十一月十一日《时务报》上的《弭战檄》，由《时务报》聘请的日本文翻译古城贞吉译自1897年10月30日《东京日日报》(《東京日日新聞》)。该文称：

> 当今地球各国，互竞强盛，扩增军备，于是有主倡弭战论者出焉，如万国平和会，亦其一也。顷者，奥国该会员某君等檄东方亚洲，传至本馆（即《東京日日新聞》馆。——引者注）曰：红十字万国公业会总理亚守十南、奥国平和会总理伯儿打士得尼儿等，敬檄告东方亚洲诸国人士，以后不论何等人种、何等国民、信奉何种教派、系属何种宗旨，皆请协谋地球太平之会，与余辈同扩此旨，以尽心力……欧美二洲皆有平和会，主倡弭战之说，而万国同盟力持和局之见，颇播诸国人士之口，今将实见施行矣。余等敢告卿等，亦兴此会，与余等协同办理，播此宗旨于卿等国内，是余等所切望于卿等也。苟能友谊交相维系，则美矣。余等敬告日本高人、杰士，及其他东方亚洲之为君主、贵族、政家、学士等，请爱一臂之劳，共赞助此举。
> 再，此举为弭地球之战争，保全各国人类，地球各国之妇女亦常有赞助余辈之志，是所并望于地球各国妇女也。如有首肯赞助此举

之仁人君子、淑女名媛，请报姓名于奥国哈儿曼斯得耳夫城伯儿打得斯都捏儿男爵夫人。请勿迟延。一千八百九十七年八月某等顿首。[1]

此中的"奥国该会员"应作何解？此中的"红十字万国公业会""奥国平和会"又是何类组织？此中的"平和会""万国同盟"又是何性质？该文皆语焉不详，但很容易让清朝士大夫相信"今将实见施行矣"之类的宣传。此时梁启超等康门弟子已退出《时务报》的编辑工作，该文发表时又离高燮曾附片上奏时间太近，康有为等人对此消息似不知情。然而，以上引文中的最后一段却可以让今人推知实情。"伯儿打得斯都捏儿男爵夫人"，即 Bertha von Suttner（1843—1914），今译贝尔塔·冯·苏特纳。"奥国哈儿曼斯得耳夫城"，即位于下奥地利的哈曼斯多夫城堡（Schloss Harmannsdorf），是贝尔塔·冯·苏特纳丈夫家族所拥有的城堡，今尚存。贝尔塔·冯·苏特纳是著名作家、和平主义者。1891年，她发起"奥地利和平之友协会"（Österreichischen Gesellschaft der Friedensfreunde），并出任主席，由此可知"奥国平和会总理伯儿打士都得尼儿"就是"奥地利和平之友协会"主席贝尔塔·冯·苏特纳（两处汉字译名稍有差异）。该会是当时欧洲众多非政府和平组织之一。贝尔塔·冯·苏特纳等人给日本首都的重要报纸写了一封信，宣传其和平理念，经《时务报》翻译后，《国闻报》编者又理解为"奥斯马加该会员已传檄至东亚洲诸国，约同入会"，并将此与"瑞士国"的"弭兵会"相混淆。需要说明的是，贝尔塔·冯·苏特纳是第五届诺贝尔和平奖得主（1905），且另获有多种和平荣誉。

## 六　总理衙门的处理结果

前引兵科给事中高燮曾"请令康有为相机入西洋弭兵会片"中称：

---

[1]《弭战檄》，《时务报》第47册，《时务报·强学报》，中华书局影印本，第4册，第3227—3229页。

"……可否特予召对，观其所长，饬令总理各国事[务]衙门厚给资斧，以游历为名，照会各国使臣，用示郑重。"光绪帝并未召见康有为，而是下旨："总理各国事务衙门酌核办理。"这道谕旨给总理衙门诸大臣出了难题。

此时清朝在英、俄、德、法、美、日本设有公使馆，以我个人所见而言，各公使馆与总理衙门之间公文往来中并无"弭兵会"的资讯。此时总理衙门大臣已多达11位，其中有两位外部知识相对较好。一位是文华殿大学士李鸿章，曾任北洋大臣25年，长期奉朝廷之命办理对外事务；另一位是户部侍郎张荫桓，曾任驻美公使。

就李鸿章而言，光绪二十二年（1896）出席俄国沙皇尼古拉二世加冕典礼，签订《中俄密约》，随后访问德、荷、比、法、英、美六国。最妙的是，他在伦敦访问期间的一个早上抽空参加了当地"弭兵会"的活动。此消息刊在第二天的《泰晤士报》上，蔡尔康等人译后刊载之，并辑入《李傅相历聘欧美记》：

> 初四日（8月12日），中堂在伦敦。万国太平会（即《中东战纪本末》第一篇所称之"弭兵会"者是）中人来谒。中堂以是日事烦，先接订期公启，即嘱赫政复以书云："甚愿见贵会友，惜早有他约，仅上午九点钟时，有余暇数分钟，乞谅之。"会董仰体宪意，入座之后不暇寒暄，即命书记生袖出节略，朗诵于中堂之前……[1]

李鸿章出席的"弭兵会"，是当时众多国际和平组织之一，英文全名为International Arbitration and Peace Association（IAPA），直译为"国际仲裁与和平协会"，1880年在伦敦建立。[2]若无相应的国际和平运动的知识，仅凭蔡尔康等人所言，此"弭兵会"（伦敦）与彼"弭兵会"（瑞士）很容易发生混淆。李鸿章虽贵为"特派头等出使大臣"（大使），但参加该

---

[1] 蔡尔康等编：《李傅相历聘欧美记》，钟叔河编：《走向世界丛书》修订本，岳麓书社，2008年，第9册，第114页。赫政（James Henry Hart，1847—1902），总税务司赫德之弟。
[2] 相关的研究，参见刘本森：《1896年李鸿章访问英国及出席"弭兵会"》（未刊）。《泰晤士报》上的消息，将该会称为British and Foreign Arbitration Association，是英国人自己的一种称法。

会的活动，不代表清朝政府，而是以个人身份。在短短不到半小时的礼节性访谈中，该"弭兵会"介绍了相关的宗旨，李表示了赞赏之意。

就张荫桓而言，光绪二十三年（1897）出席英国维多利亚女王登基60周年庆典，亦先后访问了美、俄、德、法四国，此时刚返回北京。[1] 在张荫桓留存的各种文献中，我没有发现"弭兵会"之类的记录，可见其不关心或不知情。

高燮曾的附片发下总理衙门，很可能使总理衙门诸大臣一头雾水。若仅仅是"厚给资斧"也就罢了，关键是"以游历为名，照会各国使臣"一句，这与康有为以个人身份出访完全不同。"游历"之名该如何写入照会？"各国"是指所有邦交国家？康有为是否授予"合纵连横"的外交权力？而一旦向各国政府发出照会，康有为就有了官方的身份，所言所行将代表清朝国家，"弭兵会"之类的非政府组织该如何接待这位宣讲《春秋》大义的清朝官方代表，各国政府又该如何接待这位具有官方身份、没有官方正式授权、却要"耸动英日"的清朝"游历"使节？以当时的国际关系准则与外交惯例而言，以当时清朝所面对的帝国主义列强的武力压迫而言，若康有为一旦由官方派出，总理衙门又如何为这位"思想超前"的纵横家在各国的所言所行负责？

由此而论，总理衙门无法照会各国，无法向"弭兵会"派出"游历"使节。事情便这样拖了下来。

事实上，翁同龢对这个"弭兵会"很不了解。他在当天的日记中写道："高御史燮曾保康有为入瑞典弭兵会，交总署酌核办理。"[2] 高燮曾所言是"瑞士"，翁同龢误记为"瑞典"，一个在阿尔卑斯山西麓，一个在波罗的海西岸，相距甚远，文化亦相异。这个清朝最高等级的外交官（总理衙门大臣）不经意之间吐露出他对欧洲地理与历史的不了解。

然而，光绪帝下达给总理衙门"酌核办理"的谕旨必须要有一个交代，光绪帝很可能对此也有所垂询；总理衙门仅仅是拖，也不是一个长久的办法。于是，在高燮曾附片下达一个半月之后，光绪二十四年（戊

---

[1] 相关的研究，可参见本书第四篇《论张荫桓——以光绪二十三年（1897）出席英国女王庆典为中心》。
[2] 《翁同龢日记》，第7卷，第3117页。又，给事中、御史同为言官，当时人也经常混称。

戌）正月初二日（1898年1月23日），康有为收到了总理衙门总办章京童德璋、吴景祺的来函：约康于次日（正月初三日）下午3点钟到总理衙门，"有面询事件"。[1]

光绪二十四年正月初三日下午，康有为与总理衙门大臣李鸿章、翁同龢、荣禄、廖寿恒、张荫桓见面，康侃侃而谈。康在《我史》中写道：

……问变法之宜。荣禄曰：祖宗之法不能变。我答之曰：祖宗之法，以治祖宗之地也。今祖宗之地不能守，何有于祖宗之法乎？即如此地为外交之署，亦非祖宗之法所有也。因时制宜，诚非得已。廖问宜如何变法，答以：宜变法律，官制为先。李曰：然则六部尽撤，则例尽弃乎？答以：今为列国并立之时，非复一统之世，今之法律官制皆一统之法，弱亡中国，皆此物也。诚宜尽撤。即一时不能尽去，亦当斟酌改定，新政乃可推行。翁问筹款，则答以：日本之银行纸币，法国印花，印度田税，以中国之大，若制度既变，可比今十倍。于是陈法律、度支、学校、农、商、工、矿政、铁路、邮信、会社、海军、陆军之法，并言日本维新，仿效西法，法制甚备，与我相近，最易仿摹。近来编辑有《日本变政考》及《俄彼得变政记》，可以采鉴焉。至昏，乃散。荣禄先行。是日恭、庆两邸不到。[2]

---

[1] 康有为在《我史》（《康南海自编年谱》）中称："(高燮曾荐片）奉旨交总理衙门议。许应骙阻之于恭邸，常熟再持之，恭邸乃谓'待臣等见之乃奏闻'，奉旨令王大臣问话。"（《丛刊·戊戌变法》，第4册，第138页）《抄五日京中来函》中，康称："总署延见，问治天下之故，乃自有总署以来□无，举朝以为旷典，此实恭邸中许应骙之言沮召见，而改作大臣□□也。中国旧派如此如此。"（蒋贵麟编：《万木草堂遗稿外编》，下册，第775页）按照康的这一说法，翁同龢在军机大臣见面时，主张光绪帝召见康，恭亲王奕䜣受许应骙的影响，反对光绪帝召见，因此改为王大臣召见。康有为的这一说法，与翁同龢日记和军机处当时做事风格不同，似不可信。

[2] 《康南海自编年谱》，《丛刊·戊戌变法》，第4册，第140页。康称"恭、庆两邸不到"，可见他不知当日总理衙门内部的情况。又，《抄五日京中来函》中称："……已而李合肥、翁常熟、荣仲华三相及廖仲山、张樵野两堂来，以客礼相待（如外国公使□□□可笑），即见公使之地也。问中国应如何善后，应如何变法，其先后缓急□□，至上灯而散……"（《万木草堂遗稿外编》，下册，第775页）两相对照，大体相同。

翁同龢当日日记写道：

> ……传康有为到署高谈时局，以变法为主，立制度局、新政局、练民兵、开铁路、广借洋债数大端。狂甚。灯后归。愤甚悉甚。[1]

张荫桓当日日记写道：

> ……约康长素来见，合肥、常熟、仲山见之。余与荣相续出晤，长素高论，荣相先散，余回西堂料理问答。灯后归。[2]

三人的记录有详略之别，大体上还是对得起来的。这次会面是康有为人生的大转折。根据康的说法，此次会面之后，翁同龢告诉康有为，让他将相关的上书（条陈）和书籍呈上。康在《我史》中称：

> 阅日召见枢臣，翁以吾言入奏，上命召见，恭邸谓请令其条陈所见，若可采取，乃令召见，上乃令条陈所见，并进呈《日本变法考》及《俄彼得变政记》。[3]

康有为家族所藏之抄件《抄五日京中来函》称言：

> 越日常熟托樵野来云：上急欲变法，恭邸亦有□□吾日本变政记及吾条陈，上乃宣促速上，吾顷拟抄此书及条陈同上，□□□启圣，亦千载一时之机也。总署延见，问治天下之故，乃自有总署以来□无，举朝以为旷典，此实恭邸中许应骙之言沮召见，而改作大臣□□也。中国旧派如此如此。然不出游，则或加五品卿入军机，

---

[1] 《翁同龢日记》，第7卷，第3135页。孔祥吉见过日记原本，称"狂甚"两字甚小，疑是翁同龢后来所加。
[2] 王贵忱：《张荫桓戊戌日记手稿》，（澳门）尚志书社，1999年，第2—3页。"高论"之后，墨笔抹去两三字。
[3] 《康南海自编年谱》，《丛刊·戊戌变法》，第4册，第140页。

或设参议□（蒋贵麟注：疑是"行"字）走也……[1]

以上康有为两处说法，稍有差异，但基本意思相同，即康有为向总理衙门递交上书、书籍，并非其主动的行为，而是总理衙门某位大臣告诉他这么做的。不然，按照当时的体制，工部候补主事不应向总理衙门递交其上书和书籍，总理衙门也不能为之代奏。然而，以上引文中关于"上"（光绪帝）的态度和言论，翁同龢、张荫桓不可能对康说，似为康的推测，不可采信；关于"然不出游，则或加五品卿入军机，或设参议行走"，则属康的想象，超出了翁、张、恭亲王奕訢甚至光绪帝的权力范围，在当时属绝不可能之事，更不可信；关于"翁以吾言入奏""越日常熟托樵野来云：上急欲变法……"牵涉到翁、张、康的三人关系，我在本文第七节中还会加以分析。正因为如此，是年正月初八日，即此次会见的五天后，康有为向总理衙门递交了"外衅危迫急宜及时发愤开制度新政局呈"（即"上清帝第六书"）。[2]

康有为"上清帝第六书"是其变法的纲领性文件，提出了"大誓群臣""开制度局""设待诏所"三大建策，提出了在中央设立法律、税计、学校、农商、工务、矿政、铁路、邮政、造币、游历、社会、武备十二局，在各道设立新政局、各县设立民政局。按康有为一派的说法是"改官制"，以今日之观念是"制度改革"。这一份上书也让总理衙门感到很难处理。在整整搁置了40天后，光绪二十四年二月十九日（1898年3月11日），总理衙门上奏光绪帝：

> 总理各国事务王、大臣等跪奏：为据呈代奏仰祈圣鉴事。光绪二十三年十一月十九日，准军机处钞交给事中高燮曾奏请令主事康有为相机入西洋弭兵会一片，军机大臣面奉谕旨，总理各国事务衙门酌核办理。钦此。臣等查原奏所称，西洋弭兵会立意虽善，然当两国争论，将至开战，会中即有弭兵之论，并无弭兵之权。近日土、希之战，不能先事弭兵，是其明证。该给事中所请令工部主事康有

---

[1]《抄五日京中来函》，蒋贵麟编：《万木草堂遗稿外编》，下册，第775页。
[2]"上清帝第六书"，《康有为变法奏章辑考》，第133—144页。

为相机入会一节，应毋庸议。惟既据该给事中奏称，该员学问渊长，熟谙西法。臣等当经传令到署面询。旋据该员呈递条陈，恳请代奏。臣等公同阅看，呈内所陈，语多切要。理合照录原呈，恭呈御览。伏乞皇上圣鉴。谨奏。[1]

光绪帝当日下旨，命总理衙门"妥议具奏"。此事由此出现了戏剧性转变，康有为长期谋求的给光绪帝上书，竟然通过如此繁复的过程，终于实现了。总理衙门虽有"语多切要"的评语，但整整40天的时间，也说明了前引康称"上乃令条陈所见""上乃宣促速上"等语并不可信。若真是奉旨，总理衙门不可能如此拖延；拖延的本身反而说明了翁同龢、张荫桓从中起到了作用。此时离高燮曾荐康有为去"瑞士国"参加"弭兵会"，已过了整整三个月！

此后的剧情渐入高潮。第二天，二月二十日，康有为向总理衙门递交了"译纂《俄彼得变政记》成书折"（即"上清帝第七书"）与《俄彼得变政记》。二月二十七日，康有为向总理衙门递交"为胁割旅大乞密联英日坚拒勿许折"。三月初三日，总理衙门将康的两呈一书进呈光绪帝。三月二十日，康有为向总理衙门递交了"译纂《日本变政考》成书并进《泰西新史揽要》《列国变通兴盛记》折""请照经济特科例推行生童岁科试片"和《日本变政考》《泰西新史揽要》《列国变通兴盛记》。三月二十三日，总理衙门将康的折片和三书进呈光绪帝。而就在这一天，光绪帝也做出了反应，将康有为历次上书和呈书全部呈送给慈禧太后。[2] 直到此时，光绪帝共收到康有为各类上书5件（不含光绪二十一年的"上清帝第三书"）、自著书籍2种、他人书籍2种，由此得知了康有为的变法思

---

[1]《杰士上书汇录》卷一，《康有为变法奏章辑考》，第143—144页。
[2] 该日军机上给慈禧太后的奏片称："……又据总理各国事务王、大臣奏，代递康有为条陈折，附该主事折一件，片一件，并所递《日本变政考》《泰西新史揽要》《列国变通兴盛记》三种，又总理各国事务衙门两次代递康有为折二件，附该主事原呈三件，并所递《俄彼得变政考》一件，谨汇齐各件，同本日封奏各折片，一并恭呈慈览。"（军机处《洋务档》，光绪二十四年三月二十三日）又，翁同龢日记亦记："总署代康有为条陈折，变法，片一件，岁科试改去八股，并书三部，《日本变政记》《各国振兴记》《泰西新史摘要》……命将康折并片，及前两次折，并《俄彼得变政记》，皆呈慈览。"（《翁同龢日记》，第7卷，第3161—3162页）

想与政策设计。[1]后来，光绪帝命内府将康有为所有上书，抄录一遍，辑为三卷，题名为《杰士上书汇录》。"杰士"应是光绪帝对康有为的评价之语。

戊戌变法的大幕因之而徐徐拉开，康有为开始扮演最主要的角色。

## 七　再释翁同龢荐康有为

详细考察这一时期翁同龢的具体表现，让我对翁同龢荐康有为之案，也有了一种新的解读和推论。

根据翁同龢日记，他向光绪帝明确表示对康有为的恶感，始于光绪二十四年四月初七日（1898年5月26日）：

> 上命臣索康有为所进书，令再写一分递进，臣对与康不往来。上问何也，对以此人居心叵测。日前此何以不说，对臣近见其《孔子改制考》知之。

次日，四月初八日，翁又记：

> 上又问康书，臣对如昨。上发怒诘责，臣对传总署令进。上不允，必欲臣诣张荫桓传知。臣曰张某日日进见，何不面谕，上仍不允。退乃传知张君，张正在园寓也。[2]

---

[1] 值得注意的是，康有为进呈的《泰西新史揽要》（History of the Nineteenth Century）是英人马恳西（Robert Mackenzie）著，李提摩太口译，蔡尔康笔录；《列国变通兴盛记》是李提摩太著，共四卷，分别为《俄罗斯变通兴盛记》《日本变通兴盛记》《印度变通兴盛记》《缅甸、安南变通兴盛记》。可见李提摩太对康有为的影响力。

[2] 《翁同龢日记》，第7卷，第3177页。光绪帝命"再写一分"，当为光绪帝于三月二十三日将康有为所有上书及进呈书籍呈送慈禧太后之后，慈禧太后并没有发回，其中有当日收到而当日进呈的《日本变政考》。今故宫博物院图书馆藏有《日本变政考》第二次进呈本（紫禁城出版社1998年影印），应是张荫桓传知后，康有为再次进呈之本。由此又可推论，翁同龢日记："康有为所进书，令再写一分"，似指《日本变政考》。

从这两条记录中，可以明显地看出四点：一、光绪帝与翁同龢此前谈论过康有为，翁此前对康的评价是正面的。二、光绪帝看过由总理衙门进呈的康上书和书籍（不含光绪二十四年三月二十二日进呈之书），其评价也是正面的。三、翁宣称与康"不往来"，隐瞒了光绪二十三年十一月十八日在南海会馆的与康"私会"。四、光绪帝让翁通过张荫桓转告康，这与康称进呈"上清帝第六书"等上书、书籍由翁经张转告的说法是相同的。

由此可以推论：若认定翁同龢光绪二十三年十一月十八日日记剪贴为实，若认定其光绪二十四年四月初七日、初八日日记所言为真，那么，翁确实已有"荐"康有为之举——他借用高燮曾附片向光绪帝建议派康有为去参加"弭兵会"，他曾向光绪帝介绍过康的变法思想，并在总理衙门推动了康的上书、书籍代奏，时间应在光绪二十三年十一月十八日至次年三月二十三日之间。翁的这些做法，不事声张，没有明确的保举康有为以"大用"的言辞，实际上却已帮助了康走入政治舞台的中央，并为光绪二十四年四月二十五日翰林院侍读学士徐致靖上奏正式"保举"康有为等人、光绪帝当日下令于二十八日召见康有为等人，做了合适的铺垫。

由此再来观察康有为、光绪帝、翁同龢三人的说法。

我在本文第五节中提到，康有为认定翁同龢有向光绪帝保荐自己的言辞："常熟在上前力称之""是日朝常熟力荐于上""越日相国荐于上"，指光绪二十三年十一月十八日南海会馆相会、高燮曾次日上奏之事。我在本文第六节中提到，康有为宣称翁同龢向光绪帝介绍自己的思想："翁以吾言入奏""越日常熟托樵野来云：上急欲变法……"指光绪二十四年正月初三日总理衙门五大臣会见，康由此向总理衙门递交上书、书籍之事。从当时的官场游戏规则和翁同龢做事风格而言，翁不会向康透露有关"上"（光绪帝）的内情，康的这些说法除"常熟托樵野来"之语外，似属于自我推测或想象。[1]

光绪二十四年四月二十七日（1898年6月15日），翁同龢在其68

---

[1] 我在本文中引用的康有为《我史》及家人收藏的《诗集》，当时都没有公开发表。至于光绪二十四年十月二十一日"内阁奉朱谕"和光绪二十五年十一月十八日"内阁奉上谕"之后的康有为、梁启超的公开说法，是康、梁的自我宣传，不在本文的分析范围之内。

周岁生日的当天被罢免。当日下发的朱谕虽是光绪帝的朱笔，但决策者仍是慈禧太后，且文字并未涉及康有为。[1]同年十月二十一日（12月4日），即戊戌政变两个多月之后，光绪帝下达朱谕，将翁"即行革职，永不叙用，交地方官严加管束"。从《上谕档》来看，光绪帝的朱笔为：

> 翁同龢授读以来，辅导无方。至甲午年蛊惑开衅，以致国势垂危，不可收拾。今春又密保康有为。种种劣迹，不可枚举。至入枢廷以来，办理诸事又多乖谬……

文字并不多，而当日下达的"内阁奉朱谕"却成了大文章：

> 翁同龢授读以来，辅导无方，从未将经史大义剀切敷陈，但以怡情适性之书画、古玩等物，不时陈说，往往巧借事端，刺探朕意。至甲午年中东之役，主战主和甚至议及迁避，信口侈陈，任意恣意，办理诸务，种种乖谬，以致不可收拾。今春力陈变法，密保康有为，谓其才胜伊百倍，意在举国以听。朕以时局艰难，亟图自强，于变法一事，不惮屈己以从。乃康有为乘变法之际，阴行其悖逆之谋，是翁同龢滥保匪人，已属罪无可逭。其余陈奏重大事件，朕间有驳诘，翁同龢辄怫然不悦，恫喝要挟，无所不至，词色甚为狂悖。其任性跋扈情形，事后追维，殊堪痛恨……[2]

---

[1] 查该日《军机处随手登记档》，有一特别记载："发下朱笔三件"。（《清代军机处随手登记档》，第149册，第378页）又查该日军机处《上谕档》，有朱笔一件、内阁奉上谕一件，文字大体相同："协办大学士、户部尚书翁同龢，近来办事多未允协，以致众论不服，屡经有人参奏。且每于召对时咨询事件，任意可否，喜怒见于词色，渐露揽权狂悖情状，断难胜枢机之任。本应察明究办，予以重惩，姑念其在毓庆宫行走有年，不忍遽加严谴。翁同龢著即开缺回籍，以示保全。特谕。"（参见《光绪宣统两朝上谕档》，第24册，第181—182页）据当日翁同龢日记称："一时许同人退，恭读朱谕……"，即翁亲见光绪帝的朱笔。（《翁同龢日记》，第7卷，第3183页）

[2] 参见《光绪宣统两朝上谕档》，第24册，第538—539页。相同的情况，又见光绪二十四年八月十四日光绪帝朱笔与"内阁奉朱谕"，说明不审而诛六君子的理由。据廖寿恒日记，该朱笔由军机章京郭曾炘、军机大臣王文韶、廖寿恒扩充内容，形成完整的"内阁奉朱谕"。（《晚清军机大臣日记五种》，下册，第621页）而此日（十月二十一日）恰廖寿恒因夫人病重而未入值，未记载扩充内容者为何人。

由此可见，光绪帝的朱笔内容由军机大臣扩展放大，罪名增加甚多。其中"今春又密保康有为"一句，扩展为"今春力陈变法，密保康有为，谓其才胜伊百倍，意在举国以听""康有为乘变法之际，阴行其悖逆之谋，是翁同龢滥保匪人，已属罪无可逭"等多项内容。而光绪帝朱笔中的"今春"，我以为，似指正月初三日总理衙门五大臣会见康之后，三月二十三日将康上书、书籍进呈慈禧太后之前；朱笔中的"密保"，我以为，似为介绍康的变法思想，即康在总理衙门会见时和上书中的变法内容。据翁同龢日记，他于三天后，即十月二十四日（12月7日）从《新闻报》看到"内阁奉朱谕"内容，在日记中仅称："伏读感涕而已"，未作任何争辩。[1] 光绪二十五年十一月十八日（1899年12月20日），清廷再发"内阁奉上谕"，下令缉拿康有为、梁启超，并称翁荐康事：

> ……而翁同龢极荐康有为，并有其才胜臣百倍之语。孰意康有为密纠邪党，阴构逆谋，几陷朕躬于不孝，并倡为保中国不保大清之谋，遂有改君主为民主之计。经朕觉察，亟请圣慈训政，乃得转危为安。而康逆及其死党梁启超先已逋逃，稽诛海外，犹复肆为簧鼓，刊布流言。其意在荧惑众听，离间宫庭。迨谭钟麟查抄康逆等往来信函，有谭嗣同堪备伯里玺之选。是其种种逆谋，殊堪发指……无论绅商士民，有能将康有为、梁启超严密缉拿到案者，定必加以破格之赏，务使逆徒明正典刑……宪典虽宽，而乱臣贼子决不能贷。[2]

此时慈禧太后有意捉拿康有为、梁启超，光绪帝的地位也有动摇。[3]

---

[1] 《翁同龢日记》，第7卷，第3226页。翁同龢久任军机大臣，此时看不到光绪帝的朱笔，很可能根据旧例而误以为"内阁奉朱谕"真是光绪帝的朱笔；他作为臣子，作为帝师，自然也不能争辩。还须注意的是该年十月十六日至二十三日的日记有两份，二十四日日记仅一份，不知翁是否重写日记而删去原写的十月二十四日之日记，即隐去了真实的想法。（参见上引日记，第7卷，第3224—3226页）
[2] 《光绪宣统两朝上谕档》，第25册，第345—346页。
[3] 在此前一日，十一月十七日，清廷下达谕旨，命李鸿章署理两广总督，并命刘学询交李鸿章差遣。据孙宝瑄日记，李鸿章的主要职责就是从海外捉拿康有为等人。（参见丁文江、赵丰田编：《梁启超年谱长编》，上海人民出版社，1983年，第197—198页）此后一个多月，十二月二十四日，内阁奉朱谕："以多罗端郡王载漪之子溥儁承继为穆宗毅皇帝之子"，即"大阿哥"。（参见《光绪宣统两朝上谕档》，第25册，第396—398页）

而这一道上谕与一年前"内阁奉朱谕"的文字相近，即由"密保"改为"极荐"；但主旨大不相同，将康有为、梁启超、谭嗣同的所作所为与翁同龢直接挂钩，翁的罪名因此被放到了最大。三天后，十一月二十一日（12月23日），翁同龢看到此道谕旨，一反常态地写下一大段自辩的话：

> 《新闻报》纪十八日谕旨，严拿康、梁二逆，并及康逆为翁同龢极荐，有其才百倍于臣之语。伏读悚惕。窃念康逆进身之日已微臣去国之后，且屡陈此人居心叵测，不敢与往来，上索其书至再至三，辛传旨由张荫桓转索，送至军机处，同僚公封递上，不知书中所言何如也。厥后臣若在列，必不任此逆猖狂至此，而转因此获罪，惟有自艾而已。[1]

在此条记录中，翁强调了三点：一、康有为"进身之日"（即光绪帝召见康之日，四月二十八日）为翁被罢免后的次日；二、翁曾向光绪帝说明康"居心叵测"，即四月初七日、初八日之事；三、翁若继续当政，将阻止康的"猖狂"。他没有正面回答光绪二十三年十一月十八日至次年三月二十三日之间是否有"荐康"（"极荐"）的言行。

此后不久，翁同龢重新检读日记，其对日记的剪贴挖补增删，亦有可能始于此期。[2]

---

[1]《翁同龢日记》，第7卷，第3292页。张謇之子张孝若称："据说当光绪帝向翁公索康书的时候，光绪帝听到翁公'此人居心叵测'一句话，就问道'何谓叵测？'翁公答：'叵测即不可测也。'这情形是翁公亲告我父，我父亲告我的。"（《南通张季直先生传记》，《丛刊·戊戌变法》，第4册，第246页）张孝若没有说明翁告张謇此语的日期，但似可以认为在翁下野、康失败之后。

[2] 从《翁同龢日记》中可知，光绪二十六年正月起，翁重读其日记，以编年谱。该年正月初十日记："连日看从前日记，拟自撰年谱也。"此后二十二日、二十五日、二十六日皆有相关记载。正月二十八日称"捡日记至甲午年，怅触多感"。二月初二日称："捡日记，甚烦。"初四日称："一日只捡日记一本，甚厌其烦，多所怅触。"（《翁同龢日记》，第7卷，第3301、3303—3304页）此后不见相应之记载。

## 八　高燮曾荐康有为入弭兵会的余响

高燮曾荐康有为入"弭兵会"虽无疾而终,事后仍有一些余响。

对康有为学说及其政治影响力颇有警惕的湖广总督张之洞,光绪二十四年(1898)春作《劝学篇》,其主旨有二:其一是针对康有为的"邪说",其二是针对保守派的"迂说",两派皆"各执一偏之谬论"。[1]该书的外篇第十四篇即为《非弭兵》,称言:

>……今世智计之士,睹时势之日棘,慨战守之无具,于是创议入西国弭兵会,以冀保东方太平之局。此尤无聊而召侮也。向戌弭兵,子罕责其以诬道蔽诸侯,况今之环球诸强国,谁能诬之,谁能蔽之?奥国之立弭兵会有年矣,始则俄攻土耳其,未几而德攻阿洲,未几而英攻埃及,未几而英攻西藏,未几而法攻马达加斯加,未几而西班牙攻古巴,未几而土耳其攻希腊,未闻奥会中有起而为鲁连子也。德遂以兵占我胶州矣,俄又以兵占我旅顺矣。廿年以来,但闻此国增兵船,彼国筹新饷,争雄、争长,而未有底止……今日五洲各国之交际,小国与大国交不同,西国与中国交又不同。即如进口税,主人为政,中国不然也;寓商受本国约束,中国不然也;各国通商,只及海口,不入内河,中国不然也;华、洋商民相杀,一重一轻,交涉之案,西人会审,各国所无也。不得与于万国公会,奚暇与我讲公法哉!知弭兵之为笑柄,悟公法之为謷言,舍求诸己而何以哉![2]

---

[1] 光绪二十六年十一月初三日(1900年12月24日),张之洞写信给新任浙江按察使世杰,赠送其《劝学篇》:"此书成于戊戌之春。其时因末流波靡,邪说纷出,大有犯上作乱之忧,又以迂谬书生,食古不化,亦将有神州陆沈之祸。爰酌中持平,抒其管见,冀杜横风,而弃迂说。乃未及数月而康党逆为乱阶,驯致今年,而拳匪又开巨衅,各执一偏之谬论,遂致大局之几危,不幸言中,可为浩叹。"(《张之洞函稿》一函四册,中国历史研究院图书档案馆藏,档号:甲182-213)
[2] 《劝学篇》,赵德馨主编:《张之洞全集》,武汉出版社,2008年,第12册,第190—191页。"鲁连子",鲁仲连。

张之洞的《劝学篇》是集体著作,其幕中有辜鸿铭、梁敦彦,留学英、美。这些人的外部知识应高于康有为、梁启超。他们在文中称"奥国之立弭兵会有年""未闻奥会中"等语,即以为"弭兵会"设在"奥国"(奥地利或奥匈帝国),很可能依据《时务报》转载《东京日日新闻》的消息,看来对此期国际和平运动和相关组织的了解也不多;但该文的主旨是驳康,以"苟以弭兵,不如练兵"立意,恰恰看清了帝国主义列强全球扩张的态势。该文分析了当时清朝在对外交往中的弱势,得出的结论是西方列强不可能对中国讲公法、谈弭兵,也是相当精准的判断。戊戌政变后,张之洞命其大幕僚梁鼎芬将《劝学篇》中刺康言论专门摘出发表。[1]九月二十六日,上海《申报》刊出《读南皮张制军〈劝学篇〉书后》,其中关于"弭兵":

> 《非弭兵》篇云:"今有创议入西国弭兵会,以冀保东方太平之局者,此尤无聊而召侮者也。"此诋康有为去年欲诳骗金钱、卿衔,妄议游历外洋,入弭兵会之笑柄也。[2]

此处指责康有为的动机是"诳骗金钱"和"卿衔",却是诛心之论。

此时正在张之洞幕中的章炳麟(太炎),亦作《弭兵难》一文称言:

> 祸乱烽燧之既极,有一人焉扶义而起,曰:"我必弭兵哉!"虽含哺之童,必颂之以为上仁,无疑也。是故向戌激而为是,口血未干,陈、蔡之社为京观。宋钘、尹文激而为是,当是时,七国之权力,虽犹有轩轾俯仰,其势足以相御,然而荀卿睹其无成。然则大勇不斗,然后为天下右。苟无生人杀人之柄,而欲禁人以不己杀,此实难矣!今以中国之兵甲,与泰西诸强国相权衡,十不当一,一与之博击,鲜不溃靡。是故泰西诸国之兵可弭,而必不肯弭兵于中国。譬之盗,有所劫掠,其于群盗之所怀挟婴缧,则

---

[1] 明光整理,陈庆年:《戊戌己亥见闻录》,光绪二十四年九月初二日,《近代史资料》总81号,中国社会科学出版社,1992年,第122页。
[2] 《申报》1898年11月9日,第1版。

勿取焉；至于弱人，则不在是列。虽厥角稽首，与之指九天以为誓，其何益哉？[1]

章炳麟主古文经，在《时务报》任职时，与康门弟子梁启超、麦孟华等人发生冲突。张之洞欲办《正学报》，招其入幕。他的这篇文章有可能是为《劝学篇》所作。但所言仅谈向戌、宋牼之事业，未言及西方的"弭兵会"；仅谈义理不能胜强权、势均力敌方可谈"弭兵"，未言及练兵以自强。该文未被张之洞采用，章后来收入其文集《訄书》。

戊戌政变后，康有为、梁启超、王照流亡日本；康广仁、杨深秀、谭嗣同、林旭、杨锐、刘光第"六君子"被杀；宋伯鲁、张荫桓、徐致靖、徐仁铸、李端棻、陈宝箴、江标、熊希龄、黄遵宪、王锡蕃、李岳瑞、张元济、翁同龢、吴大澂等人先后被放逐、监管、革职。与康有为颇有关系的沈曾植，有感于变法形势之破坏，于光绪二十四年十二月初一日（1899年1月12日），写信给京中好友王彦威，称言：

……恭读十一月十六日○○诏书，○○○慈恩浩荡，海内人士，同声感泣。康逆平生伎俩，专藉名流名字，上欺显宦，下罔生徒。如朱蓉生、文仲躬，皆其徒所称，为康逆讲学至交者。文幸身为台官，得以上书自白；蓉生身后著述大行，彼党不得以一手掩天下人之目。自此以外，有辨奸之志之言而暗汶不彰者，固屈指难数矣。闻有人物表一册，多载海内名流，贱名亦遭窜入其中，加以诋諆之语，未知确否？有所闻，幸望示知。天祸人国，生此妖物。（芍翁常目为耗子精）当春间出都之时，曾告诸公此人未可轻视，能令出洋最好，无如人之不信何也。（彼不得君，固不能肆其猖獗，出洋而少

---

[1] 朱维铮编校，章炳麟著：《訄书》，中西书局，2012年，第78页（初刻本），并参见第236页（重订本）。章炳麟自题："戊戌春著，时俄罗斯弭兵会未起。"章称"俄罗斯弭兵会"，指由俄罗斯发起的，由俄、英、法、德、奥匈帝国、美国、日本、中国等27国参加，于1899年（光绪二十五年）在荷兰海牙举行的第一次海牙和平会议（世界保和大会、万国和平会议），签署了《海牙公约》。清朝派驻俄公使兼驻奥匈帝国公使杨儒出席会议。

给经费，困之有余矣。）[1]

"名流"指朱一新等人（包括沈曾植）。"显宦"似指翁同龢。沈曾植因丁母忧守制，于光绪二十四年"春间出京"，一度在张之洞的两湖书院任史学分校。"十一月十六日诏书"，指当日之上谕，两广总督谭钟麟在康有为家中抄出信函等多件送京，清廷下旨：

> ……查阅原信悖逆之词连篇累牍……其信件往还，牵连多人。朝廷政存宽大，不欲深究株连，已将原信悉数焚毁矣……凡属本朝臣子以及食毛践土之伦，应晓然于大义之所在，毋为该逆邪说所惑，以定国是而靖人心。[2]

沈曾植于光绪十四年（1888）与康有为结交，对康的言行多有劝诫，但往还信件肯定不少。此一道"政存宽大"的谕旨让他"同声感泣"。"人物表一册"，很可能指康有为等人所办"保国会"成员名单，当时的京官对此颇为紧张，恐受牵连。沈曾植长期担任总理衙门章京，对高燮曾荐康有为之片，当然知晓详情。他的结论是：早知此人不祥，应出点钱"令"之"出洋"参加"弭兵会"，然后在经费上设障以"困之"；康有为既不能受知于光绪帝，"固不能肆其猖獗"。

---

[1] 许全胜整理：《沈曾植书信集》，中华书局，2021年，第343页。○表示抬格，两○指光绪帝，三○指慈禧太后。"朱蓉生"，朱一新，进士出身，翰林院编修，曾任御史，主讲广州广雅书院，与康有为有学术论争，相关的书信后刊刻。"文仲躬"，文悌，曾任户部郎中、河南知府，守制服满后复任御史，一度与康有为相近，后上奏弹劾康有为。"芍翁"，李文田，号芍农，广东顺德人，进士出身，殿试探花，官至礼部侍郎，欣赏梁启超的才华，对康有为颇有恶感。
[2] 《光绪宣统两朝上谕档》，第24册，第569—570页。

# 论张荫桓

## ——以光绪二十三年（1897）出席英国女王庆典为中心

## 一　问题的提出

光绪二十四年（1898）的戊戌变法，最直接的起因是德国占领胶州湾（今青岛），俄国、英国、法国和日本随之采取行动或提出各自的侵略要求。清朝没有能力进行军事对抗，只能一一同意。"瓜分"之议响起。在此危急的国际形势刺激下，清朝高层未做充分准备，仓促进行了政治改革（变法）。

对于如此险恶的国际形势，清朝最高当局事前没有任何警觉。在此前一年，光绪二十三年（1897），总理各国事务衙门大臣、尚书衔户部侍郎张荫桓奉派为"头等出使大臣"前往英国，参加维多利亚女王登基60周年庆典，在此前后又访问了德国、俄国、法国和美国。访问期间，张荫桓与英、德、法、俄、美外交大臣（国务卿）或副大臣都举行了会谈，觐见英国女王、俄国沙皇、法国总统。回国途中，与日本前首相伊藤博文同船，有过多次交谈。回国之后，他写了一道长篇奏折——"密陈各国情形折"，对整个国际形势做出综合性分析与预判，然未上奏。我在《张荫桓诗文珍本集刊》中发现了这道奏折，这是他留在家中的抄件，由王贵忱先生收藏。[1] 作为清朝当时最为了解外部世界的高级官员，他对

---

[1] 见曹淳亮、林锐选编：《张荫桓诗文珍本集刊》，上海古籍出版社，2013年，第1册。

国际形势的预判完全错误。

由此，我再次详细检视张荫桓本人一生的履历，细密考察他此次出访的诸多活动，逐段分析他这份未呈递的奏折，以能评判他的国际知识与外交能力；并由此解读清朝主持外交事务的官员团体和反对张荫桓的官员团体的国际观念，研究清朝外交体制乃至政治体制的基本形态及其弊端，以能对清朝的外交政策进行批判。也就是说，本文的最终目的有二：一是通过张荫桓的个案，检讨戊戌时期清朝的外交，分析边疆危机产生的原因与过程，并对清朝的国家安全状况做出基本判断；二是全面观察清朝官僚集团的各派系，在注重张荫桓、李鸿章等洋务派官僚的同时，也随时注重其反对派，揭露这一批守旧派官员对儒家学说的"忠诚"却最终给清朝的国家安全带来了灾难。

而要达到这个目的，须请读者原谅我在本文的许多地方特别固执地关注细节。细节经常是解读历史进程的决定性因素，尤其是张荫桓这个注重私下交易的人物和戊戌时期错综复杂且急剧变动的国际关系。

## 二 张荫桓其人其事

张荫桓（1837—1900），字皓峦，号樵野，广东南海人。少时随舅父李宗岱游宦山东，以办事干练受山东巡抚阎敬铭、丁宝桢的器重，屡经保举，沿山东候选知县、湖北候补同知、湖北候补知府、湖北候补道员等官阶逐步上升，政务也在山东、湖北两处开展。[1]同治十三年

---

[1] 同治八年，"呈湖北遇缺尽先题补道张荫桓履历单"记："张荫桓，现年三十三岁，系广东南海县人。由监生在山东军营捐输米石，以知县选用。同治二年，经升任山东巡抚丁宝桢委办营务。三年四月，因克复淄川白莲池、攻剿东昌降匪出力，经前任山东巡抚阎敬铭保奏，奉旨：赏加同知衔。五年四月，遵例报捐分发，指省湖北试用。十一月，攻剿黄崖寨出力，经前任山东巡抚阎敬铭保奏，奉旨：俟到湖北省后，归军功候补班尽先补用，并赏戴花翎。七年七月，因攻剿直枭、防守黄河出力，经山东巡抚丁宝桢保奏，奉旨：免补知县，以同知仍留湖北补用，并赏加知府衔。八月，因克复饶阳出力，经丁宝桢保奏，奉旨：免补同知，以知府仍留湖北补用，并赏加道衔。十一月，因东军肃清捻匪出力，经丁宝桢保奏，奉旨：免补知府，以道员仍留湖北，遇缺尽先题补，（转下页）

十一月二十日（1874年12月28日），丁宝桢奏调张荫桓回山东差委：

> 东省现筹海防，臣定以修筑炮台与安设、制造药丸及修理枪炮之机器两事为先务……臣再四采择，惟有湖北候补道张荫桓识力过人。从前在东省随臣剿贼有年，调练黑龙江马队、管带追剿及防守黄河，均为得力。该道籍隶广东，生长海隅，熟悉洋务，而于炮台、机器各事，在粤时常与西人讲求，闻见极多，足资襄赞……查张荫桓现办湖广督臣李瀚章营务，现在湖北既无海防，江防亦无可办……当此东省需人孔急，相应吁恳天恩，俯念海疆筹办要务……[1]

丁宝桢强调两条，一是"识力过人"，二是"熟悉洋务"。后一项"优长"，成为张荫桓一生的特别标志。若细究丁的理由，即"籍隶广东""在粤时常与西人讲求"，当属与山东官员相比较。张本人不懂外语，其外部知识很可能得知于当时颇有声势的广东香山买办群体。张回到山东后，在烟台办理海防等事务，修建通伸冈炮台，协助管理通商口岸烟台[2]；一度署理山东登莱青道（驻烟台，兼任东海关监督）、盐运使等

---

（接上页）并赏加按察使衔。八年三月十六日，经吏部带领引见，奉旨：著准其免补知府，以道员仍留湖北，遇缺尽先题补，并加按察使衔。"（《朱批奏折》04-01-13-0315-030。又，该履历单《清代官员履历档案全编》未收入）由此可见，张荫桓虽于同治五年报捐，指省湖北，但仍在山东军营等处办理各事，多次得到阎敬铭、丁宝桢的保举。同治八年进京引见之后，张在湖广总督李瀚章幕中长达五年，不甚得意，未得保举，亦未升迁。（见其光绪十年《履历单》，中国第一历史档案馆编：《清代官员履历档案全编》，华东师范大学出版社，1997年，第4册，第232—233页）张不得志的心绪在同时期的诗作和私人书信中稍有流露。与此相反的是，同治十一年五月三十日，山东巡抚丁宝桢上奏"遵旨保荐堪称两司各员折"，共保荐4员："兹查访得所属之按察使衔山东遇缺题奏道薛福辰、山东督粮道周恒祺，他省素识之广东盐运使钟谦钧、湖北候补道张荫桓等四员，心术共信其忠贞，才华颇形其开展，臣察识既久，闻见最真，用敢据实胪陈。"（《丁文诚公遗集》，光绪十九年刻本，奏稿卷九，第10—11页）即丁保荐已在湖北的张。

[1] "调张荫桓、文天骏片"，《丁文诚公遗集》，奏稿卷十一，第20页。又，台北故宫博物院藏有该片录副，同治十三年十一月二十五日奉朱批。（《军机处档折件》117977，以下简称"台北故宫藏"）丁宝桢之所以调张荫桓回山东，明显是因为李瀚章不重用张。

[2] 丁宝桢奏："臣前因山东海防，奏调湖北道员张荫桓来东差委，钦奉俞允。续准部文以关涉中外交涉事件，核以奏调章程相符，遵旨知照前来。臣当饬该道会同登莱青道龚易图总办防务，先就烟台之通伸冈修筑圩台。臣现在查验工程，酌用西法，力求（转下页）

职。[1]张长期以候补官职办理封疆大吏交办的各种事务（当时属幕僚），锻炼了实际工作能力，也明晰了官场内部的游戏规则，尤其是保举、分发中的许多诀窍。光绪七年（1881）九月，张终于获得实缺官职——安徽徽宁池太广道。[2]该官驻在开埠未久的通商口岸——芜湖，兼任海关

---

（接上页）坚实，非争遽所能蒇事。该道奉调来东已逾一年，应请留于山东补用，仍令赴京铜局补缴分发银两，以符定章。除咨部臣暨湖广督抚臣查照外，所有道员留省补用缘由理合附片陈奏。"光绪二年五月十四日军机大臣奉旨"知道了"。（"为湖北道员张荫桓留东省补用及补交分发银两片"，《军机处录副奏折》03-6008-052）又据光绪二年六月初十日吏部给军机处的"知会"："军机处交出山东巡抚丁奏称……核与臣部奏定章程相符，相应奏明请旨准将湖北候补道张荫桓留于山东，仍归原班补用。惟定章奏请改留该省补用者，他省人员应令补缴离省分发银两，应令该抚饬令该员补缴离省并分发银两，以符定章。"（"为湖北候补道张荫桓留于山东仍归原班补用事致军机处知会"，《军机处录副奏折》03-5110-040）由此可见，丁宝桢为将张调入山东候补花了不少力气，张也为此付了一笔"离省分发"的银两。又，丁宝桢于光绪元年十月初一日上奏"筹办海防折"、光绪二年五月初七日上奏"查阅海防炮台折"，也强调了张的贡献。（《丁文诚公遗集》，奏稿卷十二，第12—17、30—31页）又，丁宝桢调张荫桓，原意是用张主持筹建山东机器局，后将该事交给更合适的徐建寅。

〔1〕光绪十年张荫桓《履历单》称："光绪元年，经升任四川总督山东巡抚丁宝桢奏调山东差委，因贾庄河工出力，奏保二品顶戴，奉旨：依议。十月委署登莱青道，二月交卸。七年二月委署盐运使，四月交卸。"（《清代官员履历档案全编》，第4册，第232页）由此可见，张荫桓一入山东，即获丁宝桢保举。然此后不久，丁升任四川总督，文格任山东巡抚，张顿失靠山。光绪五年，周恒祺任山东巡抚，张再得志。至于张署理登莱青道的时间，应为光绪三年十月至次年二月。查龚易图光绪三年请假回籍。光绪四年，山东巡抚文格上奏："……兹该道方汝翼已抵山东省城。查登莱青道统辖三府二十八州县，政务殷繁，兼以驻扎烟台，有管理关权及华洋交涉事件，责任匪轻，自应饬方汝翼赴任，以专现成。其现署是缺之道员张荫桓，即令交卸回省。"同年二月二十日，军机大臣奉旨"知道了"。（《军机处录副奏折》03-5127-093）张荫桓此后留在省城候补。光绪七年，山东巡抚周恒祺上奏，按察使灵杰因病出缺，由盐运使林沄训署理，"所遗盐运使员缺，查有候补道张荫桓才猷练达，强干有为，堪以委署。"同年二月初六日，军机大臣奉旨"知道了"。（《军机处录副奏折》03-5159-023）

〔2〕"徽宁池太广道"，管辖徽州府、宁国府、池州府、太平府、广德州，即安徽省长江以南地区。张荫桓获此实缺的背景，似与李鸿章的保举有关。丁宝桢办理山东海防时，曾命张荫桓赴天津等处与直隶总督、北洋大臣李鸿章商办。（见光绪元年十月初一日丁宝桢"筹办海防折""设立机器局折"，《丁文诚公遗集》，奏稿卷十二，第12—19页）丁宝桢当时与李鸿章有小过节，却命张与李交涉，可见张处世为人之"精明"。光绪二年，李鸿章因云南马嘉理案赴烟台与英国公使威妥玛商谈条约，张正在烟台，随同帮办事务，很可能给李留下深刻印象。此后两人之间就开矿、炮台、练饷、局款事务互有信函往来。（《李鸿章全集》，第32册，信函四，第117—118、211、256页）光绪五年十二月初十日，李鸿章上奏"密保许钤身、盛宣怀、薛福成、刘含芳、张荫桓五员片"：（转下页）

监督，负有与英国、美国领事和海关洋税务司打交道的责任。张亦一度署理安徽按察使。[1]

光绪十年五月十五日（1884年6月8日），清廷下旨："安徽徽宁池太广道张荫桓著开缺，赏给三品卿衔，在总理各国事务衙门学习行走。"[2] 此时恰遇"甲申易枢"，慈禧太后罢免以恭亲王奕訢为首的全班军机大臣和绝大多数总理衙门大臣。张荫桓之所以能入值总理衙门，是户部尚书、新任军机大臣、总理衙门大臣阎敬铭之援引。

同年六月二十四日，张荫桓获授太常寺少卿（正四品）。太常寺负责

---

（接上页）"今世洋务最关紧要，而江海各关道专与洋人交涉，非熟悉条约、明达大体、经权互用者，不足胜任……现在各省口岸增添，通商事宜日形繁重，颇有缺多人少之虑。"他为此保举5人，前4人皆是其幕下之员，唯一的例外是张荫桓，称其"轩豁机警，才辩明晰。前署东海关道，驾驭得法，不激不随。"李称其所保之员"可胜关道之任"，"遇有关道缺出，酌量简补"。（《李鸿章全集》，第8册，奏议八，第555—556页）光绪六年二月十九日，四川总督丁宝桢保举人才共7人，其第二位是张荫桓："该员器局开展，才具宏通，治事精密，究心世务，前在山东、湖北总理营务，兵勇咸服。嗣在山东署理海关道，于通商事务操纵合宜，华洋辑睦，洵为为守兼优，举重若轻，堪任司道之才。"（《丁文诚公遗集》，奏稿卷十八，第49—52页）又，孔祥吉、村田雄二郎撰《掀开历史人物的面纱——读〈张荫桓日记〉有感》[《福建论坛》（人文社会科学版）2007年第11期]称："军机处《内外臣工遵旨保举文职人员档》中有十分准确的记载。其文称：光绪六年六月初三日，乌鲁木齐都统恭镗保，山东候补道、安徽徽宁池太广道张荫桓，器识宏通，志虑忠实，熟悉洋务，堪膺重任。光绪六年十二月二十七日周恒祺保，才猷练达，心地光明，于中外交涉事宜，刚柔得中，能当大体。光绪七年八月十七日李明墀保，精明练达，果敢有为，堪胜司道之任。"恭镗是大学士琦善之子，曾任总理衙门章京，与张荫桓交善，其子瑞沅后由张奏调赴美，任公使馆参赞。（李文杰：《中国近代外交官群体的形成（1861—1911）》，生活·读书·新知三联书店，2017年，第286页）周恒祺曾是丁宝桢的下属，时任山东巡抚，正是张的直接上司。李明墀时任湖南巡抚，为何保举张，原因不明。再又，张于光绪七年十月初七日写信给新任漕运总督周恒祺："……拟赴保阳，一谒傅相，回东销差后即便南行……"（何毅：《张荫桓致周恒祺函札考释》，《文献》2017年第6期）"保阳"，保定。"傅相"，李鸿章。由此可知，张得官后立即决定去保定面见李。

[1] 安徽巡抚裕禄上奏："按察使孙凤翔现奉旨补授河南布政使……所有臬司篆务，应先委员接署，以专责成。查有徽宁池太广道张荫桓才识敏达，办事精勤，堪以署理……"光绪十年二月十四日军机大臣奉旨"知道了"。（《军机处档折件》125282，台北故宫藏）光绪十年二月十二日，张荫桓上奏"接署臬篆日期折"，同年二月二十九日军机大臣奉旨"知道了"。（《军机处档折件》125569，台北故宫藏）
[2] 《光绪宣统两朝上谕档》，第10册，第127页。在此之前，张荫桓已奉召入京觐见，与翁同龢交往甚密。（见《翁同龢日记》，第4卷，第1872—1875页）

庙、坛、社稷、陵寝等处祭祀事务，与光禄寺、鸿胪寺并为负责王朝礼仪的三大寺，其堂官多由正途出身的京官出任。张以捐班出身而获此职，立即引起士大夫的反弹。七月初四日，内阁学士徐致祥上奏：

> 查张荫桓出身卑微，幼习洋业，故夷情略悉，已为自爱者所鄙。追后因缘山东候补道李宗岱，辗转以结于阎敬铭、丁宝桢，遂至监司。朝廷以其熟悉洋务，著在总理各国事务衙门学习行走，并赏加三品卿衔，时已有窃议宠之过优者，然犹曰虚衔也。今不三月而命佐容台，臣犹冀其自惭形秽，惧玷崇班，必具折力辞，乃竟靦颜受命，居之不疑。臣谓此举关张荫桓一身者小，关国家全局者大也。如以为酬劳，则张荫桓学习才六十九日，有何劳之积？如以为峻其品秩，俾壮观瞻，则夷之轻重于我中国臣工者，惟视人之忠奸，不系官之大小。张荫桓素为夷所轻，岂能以官而重乎？……臣更有虑者，张荫桓俨然卿寺，此外如李凤苞、马建忠辈同类相招，势必群生觊觎，效尤踵至，夤缘谄附，靡所不为。倚洋务为进取之资，挟洋人为自固之地……夫诏旨虽出自朝廷，而赞导实由于枢府。阎敬铭刚政廉勤，力任劳怨，独于知人一节，是其所短。以辩给奔走之才，岂足肩艰巨重远之任？若信以为可大用，不特阎敬铭身受其愚，将重国家以无穷之害矣。应请旨收回成命，以协公道而重卿班。

徐致祥以传统经义立论，义正词严，但在事实层面却"承认"了张荫桓的特殊"优长"，即"幼习洋业""夷情略悉""熟悉洋务"。徐的言论不仅代表他个人，而是士大夫的集体观感，徐在奏折中称："臣与张荫桓素日无嫌，并未识面，特以众论所不容，九列所共耻，不敢苟安缄默，以贻朝廷名器之累。"[1] 从徐一生的言行来看，此折背后很可能另有支持者，

---

[1] 徐致祥："名器不可轻假请旨收回成命折"，《军机处档折件》128585，台北故宫藏。该折署日期为七月初二日，实际上于七月初四日。（中国第一历史档案馆编：《清代军机处随手登记档》，国家图书馆出版社，2013年，第119册，第163页）"容台"，行礼之台，此处指太常寺。又，京中名士李慈铭此期日记对此多有记载。六月二十三日称："……又闻曾国荃之许法夷银，实张荫桓私发电信纵臾之，而陈宝琛力赞成之。张荫桓者，亦粤之洋厮，不知何以进，恭镗保荐之，骤擢芜湖道。国家以此辈罗列内外要津，（转下页）

否则不会直攻阎敬铭、侧击丁宝桢、旁带李宗岱。该折上奏后，清廷并无相关谕旨下达。

同年七月初八日，给事中孔宪瑴上奏一折四片，其中有"参太常寺少卿张荫桓各款片"，夹带攻击阎敬铭；清廷次日下旨："有人奏，太常寺少卿张荫桓在总理衙门私行函致上海，捏称朝廷允给法人抚恤银两等语，著总理各国事务衙门大臣明白回奏。"[1]此时正际中法战争最为激烈之时，法军攻占马尾，朝野决意主战，"通法"罪名甚大。[2]七月十一日，总理衙

---

（接上页）不必待外侮矣。"此即后来孔宪瑴弹劾张荫桓之罪名。六月三十日日记："闻法夷复陷基隆之事，乃诸洋人电报伪传……而中朝兽心狗冠如阎、周（家楣）、张（荫桓）之徒盛相告语，深幸其言之中，乃夷獠之奴隶，鬼域之子孙矣。前日御史吴峋欲重劾阎，不果。"七月初三日记："……盖我之患，首在无人，次在无饷。以阎、额、张、许等当国，而总署则用周家楣、张荫桓诸小人，或委鄙苟安，或诪张为幻……""阎、额、张、许"，指新任军机大臣阎敬铭、额勒和布、张之万、许庚身。七月初八日，李慈铭闻马尾战败，称："吾谓不先诛阎敬铭、周家楣、张荫桓、张佩纶、陈宝琛等五鬼，及李凤苞、马建忠、盛宣怀、唐廷枢、徐润诸无赖，必不能以有为也。数日前，御史刘恩溥疏言荫桓、凤苞天下切齿。近日内阁学士徐致祥严劾荫桓，罗列其先为洋厮及在山东、湖北、芜湖诸秽迹，而疏留中。"可见在徐致祥奏折前，还有刘恩溥的弹章。（《越缦堂日记》，扬州广陵书社，2004年，第14册，第10379、10385、10390、10402页）李慈铭所言之事，多不准确，但可见其不屑于张的态度，称其为"洋厮"，亦可据此观察京官风向。

[1] 据军机处《随手登记档》，孔宪瑴一折四片，其中一折两片涉及福建海防，军机章京附记称："初九日由堂交下，堂谕封存，十一年五月十九日归籍。"即该折片第二天（初九日）由军机大臣发下，然后被封存，直至第二年才归档。关于"参张荫桓"一片，军机章京附记称"初九日缮旨后归籍"，即第二天才下旨给总理衙门。（《清代军机处随手登记档》，第119册，第188页）孔宪瑴折片在档案中尚未捡出。清廷谕旨见《清实录》，中华书局，1987年，第54册，第656页。

[2] 光绪十年六月初九日，全权大臣曾国荃、会办大臣陈宝琛、许景澄发电清廷："今午赴巴议，词色甚倨，暂允可商而散。西初约巴来议，事愈急。拟允请恩抚衅数十万两，成否就此一决。彼情如何，再呈。"同日，曾国荃、陈宝琛、许景澄又电："巴来，告以抚衅名目请旨只能数十万两，巴问实数，则许五十，请益，拒之。巴云：电报法廷直笑柄。临行，不允之词复决。"（《清代军机处电报档汇编》，第4册，第59—60页）清廷六月初十日回电："曾国荃等遽许法国抚衅银五十万两，虽系为和局速成起见，然于事无补，徒贻笑柄。法使尚言须听国主之命，中国大臣反轻自出口允许，实属不知大体，陈宝琛向来遇事敢言，是以特派会办，乃亦随声附和，殊负委任。均著传旨申饬……"（同上书，第1册，第14页）六月二十七日，清廷再电："据曾国荃送巴德诺照会，无理已甚，不必再议，惟有一意主战。著曾国荃、陈宝琛即回江宁办防……"（同上书，第1册，第24页）从当时清廷的态度来看，若张荫桓被控罪名落实，阎敬铭、张荫桓皆须革职查办。

门上奏"遵旨明白回奏折",否定了所控各项。[1]清廷当日下旨,将总理衙门大臣奕劻等9人(包括张荫桓)交总理衙门议处。[2]七月十四日,御史吴峋上奏一折两片,弹劾新任军机班底,直攻新任军机大臣阎敬铭。[3]清廷当日下旨,保全阎敬铭,并命"甲申易枢"后留任的总理衙门大臣周家楣、陈兰彬、吴廷芬和新任总理衙门大臣昆冈、周德润、张荫桓等6人退出总理衙门,而张荫桓的罪名是"屡被参劾,众望不孚"。[4]

---

[1] 总理衙门奏称:"……查原奏内称:张荫桓怂恿臣阎敬铭,将各国历年辩论之未结之款悉行发给,并有增至各国原索数目之外者一节。臣前因法人悔约寻衅,恐各国助其为虐,凡有未结之案,赶为清理,免致勾结为患。适英国使臣巴夏礼以粤西厘局扣留瑞昌洋行货物……此事系臣等公同妥商办理,并非张荫桓一人之见,亦无增至原索数目之外之事……又原奏内称:张荫桓私行函致上海,捏称朝廷允给法人抚恤银两一节。臣等查法使巴德诺前在上海时,臣衙门于六月初二日接苏松太道邵友濂电信云,巴德诺言不先允偿,江督到沪不必相见。究竟如何下手,应切实示知。臣等覆以:既撤兵而仍赔恤,中国全无体面,断难允许,此事以力争不允为最。倘竟非此不能,希想一无伤国体办法而数又不多,仍须请旨定夺。六月初八日,又接邵友濂电信云:巴德诺意甚急,曾国荃不敢轻许,切盼定准驳。臣等覆以:彼既索费急,但有无伤国体办法可行,仍请旨定夺,能展限熟商为妙……至张荫桓有无私行致函上海,臣等面询张荫桓。据称:曾国荃自奉钦派全权大臣赴上海,并未通过一字;陈宝琛向不认识,更无书函往来等语。查既云私函,臣等无从寓目,应否如原奏所请,饬下曾国荃、陈宝琛,令将轻允法国抚恤银两之故是否张荫桓私函所说,切实覆奏,以期水落石出。"(《军机处档折件》128730,台北故宫藏)由此可见孔宪毂原片的大体内容。其中"此事系臣等公同妥商办理,并非张荫桓一人之见"一句,成为后来清廷下旨"交该衙门议处"的理由。

[2] 当日谕旨称:"……查阅所奏电信内,间有措词未当。除彼时阎敬铭、徐用仪因病请假,锡珍、廖寿恒出差外,奕劻、福锟、昆冈、许庚身、周德润、陈兰彬、周家楣、吴廷芬、张荫桓均著交该衙门议处。总理各国事务衙门从前办事,每有不能详慎之处,嗣后该大臣等,务当加意慎重,不得仍蹈前辙,致干重咎。"(《光绪宣统两朝上谕档》,第10册,第217页)此道谕旨稍有开脱之意,并未将奕劻等9人按惯常的方法交吏部议处,而是由总理衙门自行议处,并提醒恭亲王奕訢之"前辙"。又,还需注意的是,此时总理衙门大臣已多达13人。

[3] 据军机处《随手登记档》,御史吴峋所上一折两片,军机章京并无拟名,仅附记:"醇见面带下,缮旨后随奏片递上,未发下。"该日《随手登记档》又记:"醇亲王奏片一件,一、遵拟明发一道缮稿前树呈览由。"由此可知,吴峋一折两片是由醇亲王见慈禧太后之后,带下军机章京值房,军机章京缮写谕旨后,随醇亲王的奏片递慈禧太后的。该折片未发下。(《清代军机处随手登记档》,第119册,第220—221页)由此又可知,吴峋折片当时是保密的。吴峋折片在档案中未检出。

[4] 清廷明发谕旨称:"御史吴峋奏枢臣声名日败、悬予矜全一折。据称,筹兵筹饷责在军机,阎敬铭专俟谕旨,并不预为区划等语。前因恭亲王等办事因循,不能振作(转下页)

除了前引徐致祥、孔宪毂的弹章外,当时的名士李慈铭在日记中还提到了御史刘恩溥的弹劾,翁同龢在日记中竟称,"张樵野被劾四次"。[1] 从入值总理衙门到罢值,前后不到三个月的时间(当年有闰五月),张荫桓此番大起大落,成了甲申朝政大变动的牺牲品。然事情到此尚未结束,同年七月十八日,御史吴峋再上一折一片:"参张荫桓劣款请即行开缺折""谕旨抑扬其词请详细斟酌片",继续攻击张荫桓,并指责军机大臣起草谕旨时"抑扬其词"。对于吴峋的再次出奏,慈禧太后直接颁下懿旨,予以驳斥。[2]

　　光绪十年九月十一日(1884年10月29日),清廷下旨张荫桓改任直隶大顺广道。[3] 这对张荫桓来说属降调,仍是清廷对先前罢免之旨的补偿。光绪十一年三月,护理安徽巡抚卢士杰上奏,以张荫桓兼任芜湖海关监督时"奏报征存税数与未解银两不敷甚巨",要求命张返回芜湖清

---

（接上页）有为,钦奉慈禧端佑康颐昭豫庄诚皇太后懿旨,分别开去差使、休致、降调,特简礼亲王世铎等入直。枢廷当积习之余,又值多事之际,内外大臣间有游移、顾忌,所见未能远大,不能专责阎敬铭一人……现在战局已成,倘再有以赔偿等词进者,即交刑部治罪。总理各国事务衙门大臣办理中外交涉事件,必须体用兼备,能持大体之员,方足胜任……吴峋著传旨申饬。"(《光绪宣统两朝上谕档》,第10册,第218—219页)由此可见,吴峋折片的主要内容,除了攻击阎敬铭外,还提出了"赔偿"罪名,总体上是对"甲申易枢"做出的反弹。由醇亲王主持起草的此道谕旨,明显为"甲申易枢"作补救工作,保全阎敬铭,继续清理总理衙门未罢免的诸大臣;而昆冈、周德润、张荫桓等人的罢免,也可能与吴峋折片或七月十一日的谕旨相关。

[1] 李慈铭七月初八日日记称:"数日前,御史刘恩溥疏言荫桓、凤苞天下切齿……"(《越缦堂日记》,第14册,第10402页)翁同龢七月初九日日记称:"张樵野被劾四次。"(《翁同龢日记》,第4卷,第1899页)若以此论。除徐致祥、刘恩溥、孔宪毂之外,还另有一人。

[2] 该懿旨称:"前据御史吴峋奏参阎敬铭执拗刚愎等情一折,朝廷以所奏牵涉军机大臣,当令醇亲王奕譞遵照面谕缮写谕旨宣示……乃该御史误会此意,本日复以军机大臣拟旨抑扬其词,恐为议和赔偿地步具折陈奏,立论纰缪,迹近深文周内,所奏著毋庸议。"(《光绪宣统两朝上谕档》,第10册,第223页)此懿旨仅针对吴峋附片,对其正折张荫桓之罪名未作表示。吴峋的折、片在档案中尚未捡出。又,八月初八日,李慈铭日记亦称:"……御史吴峋疏请斥张荫桓……皆留中不下。"(《越缦堂日记》,第14册,第10436页)可见此事在京中舆论流传甚广。

[3] 张荫桓:"奉旨补授直隶大顺广道谢恩折",光绪十年九月十二日,《朱批奏折》04-01-13-0355-051。李鸿章:"新授大顺广道张荫桓到省饬赴新任片",光绪十年十月初五日,《军机处录副奏折》03-5190-028。

理海关账目,清廷予以批准。[1]

张荫桓没有回芜湖清理账目。光绪十一年六月十六日(1885年8月6日),清廷命张荫桓以三品卿衔出任驻美国公使,兼任驻秘鲁、西班牙公使。[2] 八月二十七日,张荫桓到京请训。护理安徽巡抚卢士杰亦及时上奏,称张已清厘关税,旧案告结束。[3] 九月初九日,御史文海上奏参

---

[1] 卢士杰奏称:"据委管芜湖关税务徽宁池太道梁钦辰禀称:……查第八届内前任详请奏报征存税数,与未解银两不敷甚巨,卑道到任后所有奉拨银两及解部银两均系第九届所征之银……查第八届十二个月中,除十年二三两月系前署道孙振铨经收,不难就近会算,其余均在前关道张荫桓任内。刻因册档限期已迫,势难迟缓……一面奏调前徽宁道、现任直隶大顺广道张荫桓迅速来芜湖关,清理第八届期满册档,报部清结……相应请旨敕下直隶总督转饬现任大顺广道张荫桓,迅至芜湖关清理经手款项,免致纠葛。除咨户部查照外,谨附片具陈。"光绪十一年三月十五日,军机大臣奉旨:"览奏已悉,即著咨行李鸿章转饬遵办,该部知道。"(《军机处录副奏折》03-6352-051)关于芜湖关所欠银两之事,光绪八年二月十六日,张荫桓致周恒祺信称:"斯缺繁杂,倍于东海,弊亦过之……恭前道过于精刻,又复专利无厌,致有此败坏……及交卸时乃短交库项一万九千金,至今交代未能清结……前任系裕中丞倚重之人,而踏拖若此,亦为中丞所不及料也……"四月初三日,张荫桓致周恒祺信称:"前任欠交巨款,讦之则大府不懂,肩承则债台蓦上,此中委曲已蒙洞鉴。"(何毅:《张荫桓致周恒祺函札考释》,《文献》2017年第6期)"东海",东海关道,即登莱青道。"恭前道",前任徽宁池太广道恭鏜,他是琦善之子,乌鲁木齐都统恭镗之弟,曾任总理衙门章京。"裕中丞",安徽巡抚裕禄。"大府",亦指裕禄。由此可见,张荫桓接任时已有恭鏜留下的巨额亏空,张因循官场规则,未加公开揭露,只是私下诉苦,是其"精明"之处。

[2] 张荫桓光绪十一年五月初一日致函周恒祺称:"署中接阅科抄,当于四月八日赴津请示交卸……荫桓于前月十九日到津……荫桓芜关之事,幸荷寿帅肩任,过皖调卷,画拨清楚,无须亲往候算。傅相今晨谕饬回署,并谓曾管关权,亦办洋务,遇有通商之事,仍须相照,荫桓唯唯而退。锡、廖两星又云有奉使美国之信,傅相夏末秋初入都,此信若确,当不已于行。"(何毅:《张荫桓致周恒祺函札考释》,《文献》2017年第6期)"寿帅",裕禄,字寿山,此时已升任湖广总督。"锡",总理衙门大臣、刑部尚书锡珍。"廖",总理衙门大臣、内阁学士廖寿恒。"星",星使,锡珍、廖寿恒两人皆奉旨出差。此可见,张荫桓已到天津,准备办理回芜湖之行,即"请示交卸"之意;裕禄亲自过问此事,免其回芜办理清算。李鸿章让其"回署",即返回大顺广道本任,并有训导之语。而总理衙门大臣锡珍等人又有消息命其出使美国,然此事须李鸿章进京,方能最后商定。又,张荫桓出任此职时,中法战争已经结束,《中法新约》已签订,当日,清廷命军机大臣孙毓汶、顺天府尹沈秉成、湖南按察使续昌为总理衙门大臣,命驻英、俄公使曾纪泽回国,后出任总理衙门大臣,以江西布政使刘瑞芬出任驻英、俄公使。这是清朝对外政策与人事的调整。

[3] 光绪十一年八月初九日,军机处《随手登记档》记:卢士杰,"片一、张荫桓清厘关税起解册档由。旨:该部知道。"(《清代军机处随手登记档》,第121册,第362页)卢士杰原片在档案中未捡出。又,从张荫桓《三洲日记》来看,他于此案是有所(转下页)

劾卢士杰、张荫桓，称言：

> 安徽巡抚卢士杰片奏，前因办理芜关第八届册档税银征存之数与未解银两不敷甚巨，奏调前关道张荫桓来芜自行清理。嗣经张荫桓倩友来关清厘明白，自毋庸议云云。查该关税款如果小有参差，即可行文察核，似不致冒昧陈请，因其不敷甚巨，是以据详奏调，奉旨允准。乃张荫桓于奉旨之后，并不遵照前往，迟延数月，旋奉旨出使外洋矣。人言啧啧，物议沸腾，佥谓其亏空巨款，不知何以弥缝了结也？……当张荫桓倩友到芜之时，该抚即应参奏，如知其有出使之信，亦应奏明请旨遵办。夫以奉旨饬往之员，竟敢倩友代办，以事关巨款之案，率尔含混奏结，其中徇私瞻顾情形，不问可知……卢士杰之草率了事，张荫桓之任意妄为，尤属不成政体，可否饬下卢士杰再行详细查复，卢士杰、张荫桓并可否先行交部议处之处，出自圣裁。[1]

该折上后，清廷亦无相关谕旨下发。张荫桓在京仍以惯常方式行事：十月十七日请训，十九日辞别掌控军政诸要务的醇亲王奕譞，二十一日出京，二十四日会见直隶总督、北洋大臣李鸿章。随后南下上海、香港。[2] 十二月初四日开始，张荫桓奉旨在广州与两广总督张之洞筹议华侨捐造兵船等事务，直到次年二月初三日才将相关事务议完，后由张之洞、张荫桓联衔上奏。[3]

---

（接上页）赔累的：光绪十三年二月初十日，"芜关赔款应请总署扣提俸薪，代交内府，了兹凤累，余本年薪俸亦只六成，庶足以告同人之减薪者，为文咨署，并咨皖中"。闻四月初一日，"芜关赔款既扣俸抵解，即寄阎相国书"。光绪十四年十一月初十日，"沪关拨解总署垫款……芜关一款，谓由道赔缴，余不愿累之，俟其解到仍即寄还"。（任青、马忠文整理：《张荫桓日记》，中华书局，2015年，上册，第150、181页；下册，第385页）

[1] 文海："参卢士杰、张荫桓草率妄为折"，《军机处录副奏折》03-5200-036，一史馆藏。
[2] 参见张荫桓《三洲日记》序言（《张荫桓日记》，上册，第8页）。值得注意的是，张荫桓自记，临行前请训时慈禧太后说："尔向来办事认真，能办事人往往招忌。"这正是张"精明"反被"精明"误之表征，公开刊刻皇太后之言来为自己辩护，有违君臣之道。
[3] 先是两广总督张之洞于光绪十一年九月初四日上奏"劝令侨商捐资购造护商兵轮片"，称"查出使大臣张荫桓籍隶粤东，熟习中外情形，拟请敕下该大臣体察外埠商情。（转下页）

光绪十二年二月初八日（1886年3月13日），张荫桓从香港登轮，经日本，三月初四日到达旧金山，二十日到达华盛顿，二十四日（4月27日）正式接任。由此至光绪十五年九月初四日（1889年9月28日），他担任了约三年半的驻美公使。中国第一历史档案馆保存其部分折片，记录事功，更重要的文献是其日记。[1] 从这些文献可以看出，他的主要事务是保护侨民，属领事事务。他对外交的这种认识，与他在烟台、芜湖与各国领事打交道的经历有关，也与此期总理衙门诸大臣整年忙着与各国公使处理商务纠纷、教案等事务相关。（后将叙述）当时的美国，还不是帝国主义国家，经历了南北战争（1861—1865）之后，正处在由东

---

（接上页）如此事可行，即令妥筹办法……"（《张之洞全集》，第 1 册，第 330 页）从张之洞的建策来看，让海外华侨自建护商的兵船，是完全错误的，是其不了解海外华侨的实际财力，也不了解各帝国主义殖民地的统治方式，但他却认为张荫桓"熟习中外情形"，可见张荫桓此时已名声在外。十月十一日，清廷下旨："著张荫桓抵粤后与张之洞先行会商……能否照办，悉心妥议具奏。"同年十二月十四日，翰林院代奏编修钟德祥条陈，其中要求在南洋各岛派使节。清廷下旨，命张之洞、张荫桓并入前案，一并议奏。光绪十二年二月二十五日，张之洞、张荫桓上奏"会商保护侨商折"。（同上书，第 1 册，第 371—374 页）

[1] 张荫桓出使期间所上折片，目前中国第一历史档案馆已开放、能找到的共 17 件：光绪十二年七月二十五日，"出洋期满各员请奖折"（《军机处录副奏折》03-5214-007）；同日，"广东举人罗熙尧被顶冒受累请量予开复片"（《军机处录副奏折》03-9990-051）；同日，"纽约领事易学灏报丁忧请照章差竣补制片"（《军机处录副奏折》03-5214-010）；同日，"联兴赴日国使馆充三等翻译官林怡游充秘鲁使馆法文翻译片"（《军机处录副奏折》03-5214-009）；十一月初六日，"筹设古巴学堂情形折"（《军机处录副奏折》03-9434-022）；十二月初十日，"谢补太常寺少卿折"（《军机处录副奏折》03-5219-093）；光绪十三年二月初六日，"谢补通政使司副使折"（《军机处录副奏折》03-5694-063）；四月二十七日，"谢补授太仆寺卿折"（《军机处录副奏折》03-5224-030）；十月二十日，"保盐运使衔分省补用知府刘亮等六员请奖折"（《朱批奏折》04-01-13-0359-073）；光绪十四年正月二十四日，"请颁时宪书六十本由总理衙门寄美折"（《军机处录副奏折》03-5700-043）；三月二十四日，"学生顾士颖等派往美署改为三等翻译官片"（《军机处录副奏折》03-5237-078）；同日，"金山中西学堂筹办情形片""筹设金山中西学堂章程清单"（《军机处录副奏折》03-9434-035、036）；十二月十二日奉朱批，"驻古巴随员张泰患瘴病故请赐恤片"（《军机处录副奏折》03-5242-051）；光绪十五年四月二十六日奉朱批，"海外使领馆敬悬国旗拟用方长式华商仍用斜幅龙旗式"（《军机处录副奏折》03-9442-021）；七月十五日，"援案保奖出洋期满各员片"（《朱批奏折》04-01-13-0365-004）；十一月十七日奉朱批，"捐俸创办秘鲁学堂片"（《军机处录副奏折》03-9434-056）。由此可见，这些奏折主要是使馆内部的人事，特别是保举事项。侨务方面主要是设立学堂。张荫桓的出使日记，后将详述。

海岸向西海岸的发展过程中,许多"准州"(Territory)陆续成为正式的州(State);而美国国内的排华活动正处在高潮期,护侨确实是当时中美关系最主要的事务。也正是为了护侨,清朝于光绪元年(1875)派原任留美学童学务局正监督陈兰彬改为首任驻美公使、副监督容闳为驻美副使。张荫桓与美国国务卿贝亚德(Thomas Francis Bayard,张在日记中称"叭夏")多次交涉,还拟定了相关的条约。[1]除了护侨事务外,张在日记中所录多为西洋情事景象。若以近代外交观念来阅读,值得关注者,有三事:一是刚入美国境,海关官员要求索看国书,被张严拒。他以为此举颇显维护国家尊严之意,多处提及此事。[2]二是到华盛顿7个月后,张在清朝驻美公使馆内"发现"前任翻译官蔡锡勇所译美国宪法,并在日记中全本录之,由此可知其赴美之前完全不知道美国宪法,总理衙门也没有提示,尽管蔡锡勇译完后由驻美公使陈兰彬将该宪法呈交总理衙门。[3]三是到华盛顿近一年后,张又发现清朝驻美公使馆并无道光二十四年(1844)《中美望厦条约》的文本,而美方照会多次引用之,他派翻译到美国国务院"将原约之配送汉文者照抄一分,拟寄署刊之"。[4]

---

[1] 同治六年(1867),已经卸任的美国驻华公使蒲安臣(Anson Burlingame,1820—1870)代表清朝,与美国国务卿签订《中美续增条约》(《蒲安臣条约》),给予来美中国人以最惠国待遇。光绪六年(1880),美国派安吉立(James B. Angell)来华,与清朝总理衙门签订了《中美续约》(《安吉立条约》),规定:"……大清国准大美国可以或为整理,或定人数、年数之限,并非禁止前往……"(王铁崖:《中外旧约章汇编》,生活·读书·新知三联书店,1957年,第1册,第379页)从谈判过程来看,总理衙门并未认识到己方的利益,完全被美方牵着鼻子走。美国政府依此限制华人进入美国。从《张荫桓日记》来看,他与美国国务卿贝亚德所谈判的条约(即《限禁华工条约》1888年3月13日,光绪十四年二月初一日),主要是对《中美续约》的修补:虽限制华工20年入美,但允寓美有家人、家产的华人离美返华后,可以再次返美;除华工外,传教、学习、贸易、游历人士不在禁例;在美华人除不得入籍外,其余各项享有最惠国待遇。该约后被美国参议院否决,未通过。(参见《张荫桓日记》下册,第293、303、310—311、383、385页;《中外旧约章汇编》,第1册,第533—534页)
[2] 《张荫桓日记》,上册,第9—11、45页。
[3] 《张荫桓日记》,上册,第91—104页。并参见李文杰:《首部汉译美国宪法问世考》,《北大史学》第15辑,北京大学出版社,2010年;《合众国之上法——美国宪法中译本》,《日暮乾清门:近代的世运与人物》,上海人民出版社,2020年。
[4] 《张荫桓日记》,上册,第161页。"署",总理衙门,即张荫桓要求将该抄本送总理衙门刊刻。

然此三事，恰恰可以测出张荫桓、总理衙门诸大臣对近代外交的程式与功用缺乏相应的理解。他的这部日记，对不了解外部世界的国人而言，自然会有"走向世界"的功用；若以近代外交、近代国际关系、近代思想文化为标准，他对美国的政治、工业、教育的实情，没有具体观察，对美国此时期迅速走向富强，没有认真思考，与十多年前日本驻美公使森有礼（1847—1889）的《文学兴国策》，是无法相比拟的，只能称之为肤浅之作。

清朝驻美公使当时例兼驻西班牙、秘鲁公使。[1] 张荫桓于光绪十三年三月二十五日离开华盛顿，经巴黎，于四月二十四日到达西班牙首都马德里，至五月二十九日离开马德里，居留计月余，六月二十四日返回纽约。此行主要是呈递国书等外交礼仪事务，并办理在菲律宾设领事之事。他又于光绪十四年四月初五日离华盛顿，经巴拿马，于五月十一日到达秘鲁首都利马，至八月二十一日离开利马，居留三月余，九月初九日回到纽约。此行的目的除呈递国书等外交礼仪事务外，更多是处理秘鲁护侨事务。

在任期间，张荫桓的本缺官职也多次升迁：再次补授太常寺少卿，继迁通政使司副使（正四品）、太仆寺卿（从三品）。

光绪十五年三月初一日，清廷命翰林院侍讲崔国因继任驻美公使；初六日，张荫桓收到了国内电报。九月初四日，新旧两使在华盛顿交接。初八日，张荫桓离开美国，经欧洲，由地中海、过苏伊士运河，于十一月十三日到达香港。

光绪十六年二月，张荫桓进京复命。是年闰二月初九日（1890年3月29日），他再次出任总理衙门大臣。按照清朝的制度，总理衙门有如"外交委员会"，各位大臣为"兼差"，另有本缺官职。此时阎敬铭已退官多年，总理衙门有8位大臣：御前大臣、庆郡王奕劻，军机大臣、兵

---

[1] 光绪元年，陈兰彬任驻美公使时，兼任驻西班牙公使、驻秘鲁公使，即除了美国护侨外，还要负责西班牙殖民地（尤其是古巴）、秘鲁等地的护侨。当时在古巴、秘鲁等地有大量"契约劳工"，受到了非人的待遇。驻美公使兼任驻西班牙、秘鲁公使由此成为定制。美西战争后，美国承认古巴独立，光绪二十八年（1902），清朝以驻美公使例兼驻古巴公使。次年，清朝以驻法公使兼任驻西班牙公使。而终清一代，驻秘鲁公使例由驻美公使兼任。

部尚书许庚身，军机大臣、刑部尚书孙毓汶，户部尚书福锟，户部侍郎徐用仪，礼部侍郎廖寿恒，户部侍郎续昌，户部侍郎曾纪泽，皆是朝中要员；张只是第9位。而奕劻平时多处理慈禧太后身边事，军机大臣孙毓汶因背靠醇亲王奕谖而权重一时，但毕竟不熟悉外部事务。曾任驻英、法公使、熟悉外部事务的曾纪泽，此时已病重，张回任后未久，便于闰二月二十五日去世了。张在总理衙门地位最低，因熟悉外部事务，仍有着较大的发言权。同年五月二十八日，张上奏"遵旨恭缮日记进呈御览折"，称言：

> 臣前奉恩命出使美、日、秘三国，瞬逾三载，水陆约二十万里。自香港放洋，渡日本，抵美国旧金山，为大东洋。洎由美国纽约海口，附船取道英、法，抵日斯巴尼亚国都，为大西洋。自日返美，逾年赴秘鲁，为南阿墨利加洲。使旋复由大西洋至法国马赛海口，附船沿地中海、苏彝士河、红海、伊定、哥龙埔、锡兰、印度、新加坡、西贡诸岛，适环地球一周……光绪三年总署各国事务衙门奏准，出使一事凡关系交涉事件及各国风土人情，该使臣皆当详细记载，按月汇写成册，随时咨报，以期各国事机可以洞悉……（臣）于使署逐日应办事宜、章奏、公牍而外，自立日课，凡夫异域之政教风俗、山川形胜、兵食要图、友邦交际以及盟聘仪节、舟车旅况，耳目所及，思虑所触，随笔札记……乃使还召对，仰蒙天语垂询，臣跪聆之下，感悚交并。谨将前项日记恭录成册，方言地名从实纪述，分为十六卷，赍送军机处代进，恭呈御览。[1]

该日记后经增补，题名为《三洲日记》，于光绪二十二年（1896）在京刊刻出版。[2] 而张荫桓入值总理衙门后，其本缺官职亦从太仆寺卿升为大

---

[1] 张荫桓："遵旨恭缮日记进呈御览折"，《军机处录副奏折》03-5265-085，一史馆藏。"日""日斯巴尼亚"，今译西班牙。"伊定"，亚丁（Aden）。"哥龙埔"，科伦坡（Colombo）。

[2] 张荫桓在后记中自称："至事或纤猥，迹近怪异，有累进呈体例，前既删除，兹复补辑。"（《张荫桓日记》，下册，第492页）即将不适合皇帝阅读的内容补回来。这可能是刊刻本与进呈本的最大差别。

论张荫桓　*145*

理寺卿（正三品）、都察院左副都御史（从二品）、署理礼部侍郎（以捐班任此职，颇受正途官员之敌视），再于光绪十八年六月初二日（1892年6月25日）授户部侍郎，后者是非常重要的实缺官职。本缺官职的上升，也意味着他在总理衙门地位的上升。

光绪二十年二月十九日，以"直臣"著名的御史安维峻上奏弹劾张荫桓：

> 查张荫桓出身甚贱，前大学士阎敬铭以其熟悉洋务，荐之于朝。此阎敬铭贤知之过也。嗣在总理各国事务大臣上行走，光绪十年奉上谕："张荫桓屡被参劾，众望不孚，著毋庸在总理各国事务大臣上行走。"是该侍郎之行止，久在圣明洞鉴之中。旋奉命出使外洋。该侍郎抵外洋日，洋报刊载，议其上岸时，该洋人疑为假冒，先向索看国书。夫中朝使臣出洋，有诏命有照会，洋人岂有不知？特轻其为人而戏侮之。该侍郎原无足轻重，其奈辱国何？又中国闽广人出洋雇工者，数十年来，不知凡几。一则借以谋生，一则借以获利，中国银钱耗于外洋者，未始不可稍为收复。洋人恐其国之暗耗，初意欲禁绝中国人出洋，该侍郎奉承维谨，粤东人靡不痛恨而深嫉之，几欲得而甘心。迨后总理各国事务衙门略为变通办理，始克晏然。是该侍郎之于洋务，见轻于外洋而见恶于中国。如此位列卿贰，终日乘坐四人大轿，奔走酬应，惟恐不及。夤缘要路，排挤同僚，译署公事，毫不经意。喜谀者乐其善柔，有识者鄙其鲜耻，臣亦为之恧颜……窃闻其平日交不择人，行不择径，暧昧之事，传说多端。臣亦难以细究。惟同事部院大臣提及该侍郎，往往多直呼其名，似有鄙夷不屑道之状，则其素行不孚已可概见……应请皇上细加考察。[1]

安维峻该折上溯10年，再次攻击阎敬铭。他认为张荫桓并非"洋务之才"，特举两例：一是张赴美上岸时被索看国书，二是张关于中美华工条约的谈判。就此两事而言，安维峻多有差误，更缺乏相关的国际知识；但他以传统道德立论，说明张的种种"劣行"已遭到同朝高官（"同事部

---

〔1〕 安维峻："大员声名恶劣众论不孚据实劾参折"，《军机处档折件》130667，台北故宫藏。

院大臣")之"鄙夷",似属当时的实情。该折上后,清廷仍无相关的谕旨下发。

当年六月,中日甲午战争爆发,清军先后在黄海、平壤等处战败。朝中政局也随之大变,恭亲王奕䜣重入总理衙门(后入军机处),翁同龢、李鸿藻重入军机处(后亦入总理衙门)。是年十一月二十四日(1894年12月20日),清廷加张荫桓"尚书衔",命其与署理湖南巡抚邵友濂为全权大臣,"与日本派出全权大臣会商事件"。[1]张随即上奏随带人员,聘美国科士达(John Watson Foster, 1836—1917)为顾问,获旨允准。[2]光绪二十一年正月初一日,张荫桓一行从上海启程,初六日到达日本指定的谈判地点广岛,然因"全权证书"之事,为日本所拒,初十日离开广岛回国。此后,清廷再派李鸿章赴日谈判,于光绪二十一年三月签订

---

[1] 戚其章主编:《中国近代史资料丛刊续编·中日战争》,中华书局,1993年,第5册,第232页。又,吉辰认为,清朝"派邵友濂与张荫桓一同出使,似乎别有深意……派他出使,隐隐有监视张荫桓之意,暗示张氏不要轻许日方要求"。(《昂贵的和平——中日马关议和研究》,生活·读书·新知三联书店,2014年,第71页)这是很重要的见解,张做事干练,清廷也害怕其出言太快,允诺太易,致成被动。光绪二十三年赴英谈判加税事,清廷为此专发电旨。后将详述。

[2] 据军机处《随手登记档》光绪二十年十二月初七日,张荫桓上奏一折两片:"一、酌带随员由。旨:依议。单一、员名。片一、核给随员治装银两由。旨:依议。片一、拟延美国律师科士达由。旨:知道了。"(《清代军机处随手登记档》,第141册,第42页)其"呈随带各员清单"称:"谨将随带各员开列清单恭呈御览:刑部郎中顾肇新、内阁侍读瑞良、兵部候补郎中钱绍桢、候选道伍廷芳、候补道梁诚、分发省补用知府沈铎、湖北候补同知张桐华、江西候补知县张佐兴、前山东昌邑县知县招汝济、山东候补盐大使赵世濂。以上奏带十员。至供事、差弁、学生衔名照章咨会总理衙门备案,合并声明。"(《军机处录副奏折》03-5317-041,一史馆藏)其"核给随员治装银两片",见《军机处录副奏折》03-5317-042。又,据张荫桓日记:"伍秩庸电,求随带,诺之……又酌定顾康民、瑞定臣同行,晚草奏折两片一单……"(《张荫桓日记》,下册,第556页)再又,科士达,美国律师,张荫桓任驻美公使期间,曾聘其为法律顾问,他本人曾短期担任过美国国务卿(1892—1893)。张被日本所拒回国后,李鸿章续聘科士达为顾问。又据总理衙门"核销前出使日本大臣张荫桓等收支经费折",张荫桓此行共耗银68379两(含科士达的部分薪水),领治装银的人员为:全权大臣张荫桓、邵友濂,头等参赞官伍廷芳,二等参赞官顾肇新、瑞良。三等参赞官梁诚、黄承乙,随员钱绍桢、招汝济、张桐华、张佐兴、赵世廉〔濂〕,沈功章,翻译官沈铎、罗庚龄、卢永铭,学生张作藩、易廷祺,供事徐超、徐保铭,差官李玉德、刘志麟、施祥芝、施鸿声。可见使团人数庞大。(故宫博物院编:《清光绪朝中日交涉史料》,故宫博物院文献馆,1932年,卷四九,第37—41页)

丧权辱国的《马关条约》。

光绪二十一年十二月二十七日（1896年2月10日），清朝派李鸿章为"特派头等出使大臣"前往俄国，出席沙皇尼古拉二世（Николай II Александрович，1894—1917年在位）加冕庆典（后将详述）；至于李鸿章先前负责的与日本谈判通商条约之事，清廷同日下旨："尚书衔户部左侍郎张荫桓著作为全权大臣，与日本国使臣林董妥议通商事宜。"张再次出任与日本谈判的全权大臣。[1] 光绪二十二年三月十一日、六月初三日，张多次奏报谈判情况。六月十四日，张上奏"日本通商条约遵旨画押折""申明威海卫撤兵条约片""日本参照美国参纳税片""寓日华民照约优待片"，清廷予以批准。[2] 在此次商约谈判中，张在"内地机器制造课税"项上没有让步，日本提出增加天津等处租界作为交换，九月十三日，中日签订《公立文凭》。[3] 次年四月，张获得日本政府所授头等勋章。[4]

学术界对张荫桓的研究甚夥，多有佳作，其基本结论也大体相同。许多人认为张荫桓是处理"洋务"或外部事务的能手，甚至称其是外交

---

[1]《清光绪朝中日交涉史料》，卷四八，第33页。张荫桓随即于光绪二十二年正月二十五日上奏"接议日本商约折""添派人员片""全权大臣关防开用片"，其中"添派人员片"称："李鸿章咨交随同议约参赞江苏补用存记道徐寿朋、候选道伍廷芳，文案直隶试用知县吴永，东文翻译候选盐大使陶大均，臣自应留用，以资熟手。仍添派补用道梁诚一员，酌定总理衙门章京俞钟颖、顾肇新、沈曾植、瑞良四员，合折冲樽俎之才，图集思广益之效……"（《清代军机处随手登记档》，第144册，第465页；《张荫桓诗文珍本集刊》，第1册，第53—73页）

[2]《清光绪朝中日交涉史料》，卷四九，第2—3、13—30页；《中外旧约章汇编》，第1册，第662—670页。

[3]《中外旧约章汇编》，第1册，第685—686页。"内地机器制造课税"是中日商税谈判的难点。这本是清朝的内政，然因《马关条约》文字不清楚，致使卷入两国谈判。清朝制定国内法，制造税华洋一律，值百抽十。《中日通商行船条约》未涉及此。新签订的《公立文凭》，清朝允许日本在苏州、杭州、沙市、重庆、天津、上海、厦门、汉口设立专管租界，日本同意中国课机器制造税，但不得比中国人有所加增。

[4] 光绪二十三年四月十三日，总理衙门发电给正在赴英途中的张荫桓："鱼电计达，刻想安抵纽约。顷内田来，称日廷以议约告成，特赠宝星，阁下头等，徐二等，梁三等，陶四等。执事与梁应暂存候，回时送交；徐、陶已分交给领。"（《清代军机处电报档汇编》，第25册，第105页）又，在之前，清朝颁给日本谈判代表林董为头等第三宝星，参赞等官亦颁宝星。（参见《清光绪朝中日交涉史料》，卷五十，第2—3页）

上的高手。[1]对此，我是不同意的，窃以为对张的外部知识、外交能力，还须再加以更加准确的界定。以上，我不厌其详地重新爬梳张个人履历，细核对他的赞词与贬语，正是为了检讨以往的结论。

张荫桓不是从科举正途中层层拔萃而出的，对儒学的经义并无深刻的内心体会。他是因实际工作中展现出干练的办事能力，为其长官所赏识而擢升。也就是说，他做事为官的准则，不在于礼教之经义，圣贤之教导，而是合乎长官的要求，即以揣摩上官意志而行事。在太平天国、捻军等反叛纷至，英、法、美各国洋舶频来，咸丰、同治两朝政务纷乱之期，他的圣学知识之短缺，反而使他更能从实际情况出发而不是从经典教义出发来处理各类事务，尤其是与经典教义格格不入的"洋务"。他的确是上级长官的绝好助手，精明干练，公私兼顾。这在他任徽宁池太广道、大顺广道期间写给前任上司周恒祺的五封信中，有着非常直露的展现。[2]他有很强的快速结交高官的能力，如从安徽进京觐见，很快能博得翁同龢的好感，往从甚密。这在此期翁同龢日记中有非常详细的记录。[3]张的这种做派，恰是正途出身、饱浸儒学教义的官员，尤其是"清

---

[1] 研究张荫桓的论文与著作已有数十种之多，其中最有成绩者为何炳棣：《张荫桓事迹》，《清华学报》第13卷第1期（1941）；王贵忱：《张荫桓其人其著》，《学术研究》1993年第6期；李吉奎：《晚清名臣张荫桓》，广东人民出版社，2005年；马忠文：《张荫桓、翁同龢与戊戌年康有为进用之关系》，《近代史研究》2012年第1期……不一。另有王莲英、鄢洪峰等博士论文2篇；翁耀东、马忠文、罗红希、薛改霞、秦曼、朱迪、周陈希等硕士论文7篇。其中一些博、硕士论文已出版。

[2] 何毅：《张荫桓致周恒祺函札考释》，《文献》2017年第6期。其中第一札最后一段，让我印象颇深："再禀者。家舅氏前月廿一日受暗后，即于廿六日移寓园中。奠份得道德一经，惟酒席犒赏诸费一千五百，所余无几。现定十一月从泺口登舟，由水路到淮，谒谢函丈，即便南返。戴学使亦丁外艰，拟十月杪回粤，仍道出清江也。荫桓为捐二千金以备用，居行一切略可敷衍耳。""家舅"，李宗岱。"道德一经"，指银五千两。"泺口"，位于济南的船码头。"淮"，指漕运总督驻地清江浦（临近淮安府），周恒祺时任漕运总督。"戴学使"，翰林院编修戴鸿慈，时任山东学政，广东南海人。从口气而论，多似家里人说话，安排又甚妥帖周到。张仅是候补道员，即为同乡戴鸿慈准备行装等银达两千两，可见其慷慨大度，又可见其搜刮有道。

[3] 参见翁同龢光绪十年四月三十日至七月二十一日日记，见《翁同龢日记》，第4卷，第1872—1902页。张荫桓初识翁，便请翁在其收藏的清初画家恽寿平"山水册"上题词，此类"雅举"颇能榫中翁的心思。翁又于光绪二十三年二月初五日日记称："借得祁文端藏覃溪翁《大观》残本。"此后数日，翁皆在赏玩。翁又称："《大观帖》十一页，苏斋题识，前后四旁皆满，曩于祁文端斋中得一睹，今其曾孙师曾号景沂者质钱于樵野（转下页）

流党"人深恶痛绝者,弹章因此而不绝。广东的生长,烟台、芜湖的经历,使张对"夷狄"本无戒备之意。出使美国之后,亲见西洋情事景象,更增加了他内心中对"夷狄"的好感,能够比较平等地观察甚至欣赏西方文明,不那么注重维系圣学圣教的崇高地位,也不时会"突破"儒学教义的"框框"。这使他成为清朝高层最了解外部事务的官员。然而,张荫桓外部知识("知夷"功夫),是相对于那些引经据典、强调"华夷之辨"的官绅(后来多为守旧派)而言,是清朝内部比较的结果。他所处理的外部事务,只是当时的"洋务",与近代外交仍有较大的差别。(后将详述)他对外部世界的了解,多为皮相,对近代外交的精义、对西方政治经济社会诸学说、对各国帝国主义的全球扩张及其战略意图,是知之甚少或知之不详的。而因为后一类知识的缺乏,他的"精明"必然会演化为在重大国际事务中的短视,医头医脚。他的国际知识和外交能力与西方各国外交家、政治家完全不能相比,即便是与明治维新之后在国际舞台上进步极快的日本外交家和政治家相比,也差距甚大。[1]就以他津津乐道的拒绝美国海关官员阅看国书一节而论,张的举动完全正确,美国官员后来对此也进行了解释,但毕竟是一小过结,且与能真正维护国家的尊严,尚有天壤间的距离。

由此,我以为,张荫桓是一个"精明"的官僚,这主要表现在清朝的官场智慧上;同时也是一个"不迂腐"的官僚,这主要表现在清朝的各个对外场合上;但他不是一个观察国际形势的高手、处理外交事务的能手,而是经常表现出"肤浅"。张的这三种特性,即"精明""不迂腐""肤浅",也是那个时代大多数"洋务"官僚的共同特性。张的这三种特性,在他光绪二十三年出席英王庆典时,突出地表现出来。

---

(接上页)(又云阎成叔)。因借观之。"(同上书,第7卷,第3029页)"祁文端",前大学士、军机大臣祁寯藻。"覃溪""苏斋",翁方纲。《大观帖》,北宋刻帖,拓本。"阎成叔",阎酒竹,后将叙及。由此可见,翁所借《大观帖》,得自于张荫桓。此亦是张奉迎翁的"雅举",且有分寸。翁同龢所观摩的《大观帖》翁方纲藏本,今藏于南京大学图书馆。

[1] 张荫桓在《三洲日记》中对同期日本驻美公使九鬼隆一(1852—1930,1884—1888年任驻美公使)多有讥评。然九鬼隆一早年就学于庆应义塾,学习英语,受教于福泽谕吉,曾往欧洲留学,长期任职于日本文部,因日本政坛诸多因素而出任驻美公使。九鬼从驻美公使卸任后,任日本帝国博物馆馆长等职,授男爵。他的四子九鬼周造,是日本著名哲学家。就国际知识与东西方文化造诣而言,张与九鬼是不能相比的。

## 三 光绪二十三年张荫桓一行出席英国女王庆典

前已叙及，光绪二十一年（1895），清朝在中日甲午战争中战败，李鸿章在日本马关签订和约，将辽东半岛与台湾省割让给日本。该项条款触犯了俄国的现实利益与德国的未来利益，法国对日本的扩张也有所警惕。于是，俄、德、法三国联合干涉，逼迫日本归还辽东半岛，清朝后以银三千万两将之赎回。

前已叙及，光绪二十二年（1896），俄国沙皇尼古拉二世举行加冕典礼。在俄国的要求下，清朝派李鸿章为"头等出使大臣"赴俄参加典礼。李鸿章一行坐船经上海、西贡、新加坡，由苏伊士运河入地中海，在黑海的敖德萨登岸，由铁路至圣彼得堡，在俄国住了一个半月。他此行最重要的举措是，与俄国外交大臣洛巴洛夫·罗斯托夫斯基公爵（А. Б. Лобáнов-Ростóвский，1824—1896，又译罗拔诺甫）、财政大臣维特伯爵（С. Ю. Витте，1849—1915，又译微德）签订了《中俄密约》，允许俄国经中国满洲境内（从满洲里到绥芬河）修建铁路至海参崴（符拉迪沃斯托克，Vladivostok），并有针对日本的军事条款。（后将详论）此后，李鸿章乘火车访问了德国、荷兰、比利时、法国，坐船至英国、美国访问；最后经太平洋铁路从美国东部到加拿大西海岸的温哥华，乘船跨太平洋回国。这是清朝第一次派出高级官员出访欧美主要国家，清朝上下（尤其是李鸿章本人）皆以为访问获得成功。李鸿章此行历时约7个月，其舟车之利便，说明了以蒸汽机为动力的轮船、火车新技术已彻底改变了国际交通状况，也为英、俄、德、法各帝国的快速扩张创造了前所未有的条件。李鸿章回国后，出任总理衙门大臣。

光绪二十三年（1897），是英国维多利亚女王（Queen Victoria，1819—1901）登基60周年，英国政府决定举行隆重的庆祝活动，这是继俄国尼古拉二世加冕典礼之后又一次国际庆典。10年前，维多利亚女王登基50周年庆典时，限于当时的交通条件，也因为清朝的对外政策，清朝没有派高官专程出访，仅命驻英公使参加庆典。李鸿章的出访"成果"，又使清朝派使参加的兴趣增大。

## 1. 出行的准备

光绪二十三年正月二十五日（1897年2月26日），总理衙门收到驻英公使龚照瑗的电报：

> 五月二十一日，即西历六月二十号，英君主临御（在位）六十年，顷外部函告，君主现定接待各国专派贺使。请代奏。[1]

该电于二十六日进呈光绪帝。第二天，二十七日，总理衙门发电两广总督等人：

> 英君五月间在位六十年，应送贺礼。粤中绣货精工，请速觅购细绣山水花卉或仙佛式样围屏十幅或十二幅，格外工致装紫檀木边、加铜扣，结实联缀，可作屏风用。并用箱装塞坚固，于三月中旬寄上海招商局候饬赍交。用费据实报销。沁。

由此可见，光绪帝与总理衙门已经决定派出贺使。而以广东刺绣围屏作为清朝国礼的一部分，自然是总理衙门大臣中粤籍人士张荫桓所提议。[2] 二月初一日，总理衙门上奏，请求派出专使；二月初三日（3月5日），

---

[1]《清代军机处电报档汇编》，第18册，第7页。龚照瑗发电于正月二十四日。又，总理衙门对此事早有准备。据军机大臣、总理衙门大臣翁同龢光绪二十二年十一月二十七日（1896年12月31日）日记："曾广铨（景沂，劼刚嗣子）来，其貌不扬，从英国归，言英事可听。（其君专在息兵，其相沙侯老于事，其外务巴迪滑甚，听沙侯指麾。明年六十年之贺，须派王、贝勒……）"（《翁同龢日记》，第6卷，第3008页）"其君"，指英国女王。"沙侯"，指英国首相兼外相索尔兹伯里侯爵。曾广铨提议"派王、贝勒"，即派出皇亲即可，仍认为是礼仪性的。

[2]《清代军机处电报档汇编》，第25册，第63页。又，二月初三日，两广总督谭钟麟发电报告办理情况："绣工坚称三月底始成"，"紫檀久不可得，即用紫榆"。（同上书，第35册，第546页）二月十八日，总理衙门再发电两广总督："江电绣屏十二幅三月底可成，望饬如期制就，即交粤关税司，迳寄伦顿金登干收，呈专使张大臣。限端节前寄到，勿误。巧。"（同上书，第25册，第72页）"伦顿"，即伦敦。"金登干"，后将详述。此中的细密周到，颇见张荫桓的"精明"。

光绪帝命张荫桓为"头等出使大臣"前往庆贺。[1]

"头等出使大臣"相当于外交界的"大使"级特使,当时的地位很高。相关的准备工作也在紧锣密鼓地进行着。据翁同龢日记,二月初五日,清廷发下赠送英国女王的礼物:

> 是日发下颁英君贺物十六件。(一分东朝致贺,另有御笔字画各一,共十件,一分上赐,添二件,亦十件)命恭、庆二邸诣德昌门看,余等未往也。

由此可见慈禧太后、光绪帝对此次贺礼的重视。翁还在日记中另记:"访樵野,告以毋庸添购别物,而彼与合肥已购廿余件,皆巨价也。"[2] 张荫桓精心安排这批礼物的发运,分成两批,或随身携带或托总税务司赫德用班轮直接寄往英国,以能保证不误期且完好无损。[3] 同日,光绪帝发

---

[1] 《翁同龢日记》,第7卷,第3027—3028页;同日,总理衙门发电驻英公使龚照瑗:"本日奉旨派张荫桓赴英致贺,系头等专使。祈告外部。江。"(《清代军机处电报档汇编》,第25册,第65—66页)龚照瑗回电称:"奉江电,当即录张堂全衔照会外部,英甚欣悦,沙侯言即奏明君主。惟资使致外部电,只称公使,未言明头等钦差。请告寊更正。"(同上书,第35册,第550页)又,"大清国大皇帝致大英国大君主国书稿"称:"兹值贵君主在位六十年之期,举行庆典,嘉祥丕应,遐迩同欢。因念中国与贵国友谊夙敦,尤深忻慰,特简总理各国事务大臣、尚书衔户部左侍郎张荫桓为头等出使大臣,恭赍国书一通、礼物等件,前往贵国敬谨呈递,以伸欣贺之忱。"(《军机处折件》137213,台北故宫藏)

[2] 《翁同龢日记》,第7卷,第3028—3029页。"东朝",西太后,慈禧太后。"合肥",李鸿章。又,翁二月十九日日记又称:"……又赴总署看颁发英国赏件,玉器极华美,铜器皆新,磁良窳参杂。"(同上书,第7卷,第3022页)翁是用古董级的眼光来评判的。慈禧太后、光绪帝赠送英国女王的礼品,驻英使馆参赞张德彝有介绍,后将详述。又,"十六件",指玉、铜、磁器。"御笔字画各一",指慈禧太后的字和画。"添两件",指后来张荫桓代为置备的广绣。

[3] 张荫桓对礼品的运送方式是有别的,他于光绪二十三年三月初八日上奏"恭报微臣放洋日期折",称言:"旋经总理衙门将国书、礼物咨送到臣,臣敬谨祗领,礼物装储封固,交总税务司赫德先寄伦敦,一水可达。添备之品,臣在京、沪购备随带。"(《军机处档折件》138129,台北故宫藏)又据二月二十六日(3月28日)赫德给金登干的信称:"我寄去了十四个箱子,由你替他照看,内装物品,一至六号箱,内装皇家送给女王的礼品,七至十四号箱,内装张氏本人打算分送的古玩,既然是为特使办事,应该请求我国海关不要开箱检查……"三月十七日(4月18日),赫德的信中又称:"寄交特使的十四只箱子(皇上送给女王的礼物等等)已于昨天从上海交由大英火轮船公司(转下页)

电旨给清朝驻各国公使：

> 聘问往来，邦交所重。嗣后各大国如有称庆之事，该出使大臣驻扎彼都，一有见闻，著先期速即电达，毋得临时再行奏请。[1]

这是清朝对外政策的调整，以后将派出高级官员参加国际重要"称庆"活动，以重"邦交"。其中"聘问"一词值得注意，仍是儒学礼教中的术语。

光绪二十三年二月初九日（1897年3月11日），张荫桓上奏"酌调随使人员折"，称言：

> ……自京而沪，自沪放洋，轮舶、火车，往返跋涉，在在需员料理，即到英后一切应行礼节更宜详审办理，藉资联络，间遇欧洲新政、有关通商交涉事宜，亦应随地随时加意谘访，认真考察……谨就臣衙门行走章京、记名章京、同文馆翻译官及前曾随带出洋留心时事各员中，择其熟谙交涉通晓西国语言文字者，酌调数员，俾资臂助。

此中的关键词是"一切应行礼节"，这是清朝历来处理对外关系中的难点；还应注意的是"欧洲新政""通商交涉"，是总理衙门工作重点之所在。在该折附单上，张开列10人：

> 户部郎中瑞良、刑部郎中顾肇新、兵部郎中钱绍桢，兵部员外郎曾广铨、礼部主事阔迵竹、礼部主事罗凤华、军机处存记候选道

---

（接上页）'泰晤士'号轮运去给你……"四月初一日（5月2日），赫德的信中又称："张氏的全部什物已交大英轮船公司'泰晤士'号轮运去（从这里交运十四个箱子，从广州还交运一些……）"四月十一日（5月12日），赫德给金登干电报称："'泰晤士'号轮4月22日驶离香港。随船带去给张特使的约二十个盒子，内装女王庆典礼品，请英国海关免检。"见陈霞飞主编：《中国海关密档——赫德、金登干函电汇编（1874—1907）》，中华书局，1995年，第6卷，第645、657、667页；中华书局，1996年，第9卷，第101页。从十四箱增加到二十箱，应是广州添办的礼品。如此周密的送运安排，可见张的"精明"。

[1]《清代军机处电报档汇编》，第2册，第39页。

梁诚、候选道陈善言、候选道陈昭常、分省补用直隶州知州马廷亮。

光绪帝下旨："依议。"[1]然从这个名单中,却可以看出张荫桓的关系网。瑞良为总理衙门帮办章京,顾肇新为总理衙门章京,马廷亮为总理衙门英文翻译官,三人是张在总理衙门比较器重的人,马廷亮又是广东南海人,属同乡。其他人则各有其背景。钱绍桢,浙江嘉兴人,优贡,是原海军衙门额外章京,派在海防股办事,曾随张赴日本谈判。他最大的政治背景,属嘉兴钱氏,在当时有相当大的势力,其中包括军机大臣钱应溥。曾广铨,曾国藩第三子曾纪鸿之子,后过继给曾纪泽。他随曾纪泽出使,在英国等国居住多年,任驻英二等参赞官。从现存的资料来看,曾广铨到伦敦后,因故退出此行。[2]阎洒竹,对张荫桓多有关照提拔的前大学士、军机大臣、总理衙门大臣阎敬铭之子。罗凤华,广东顺德人。陈昭常,广东新会人,皆是进士出身,无相关的外交经历。[3]梁诚,广

---

[1] 张荫桓:"酌调随使人员折",光绪二十三年二月初八日,《军机处档折件》137183,台北故宫藏。张还称:"应调供事、武弁、学生各项由臣照章咨明总理衙门备案",即事务级官员,并未奏明。又,张此次赴英所带人员名单,可与前录光绪二十年底赴日谈判、光绪二十二年初在京与日谈判的随从人员名单相对照,其中顾肇新、瑞良、梁诚、钱绍桢四人重复。

[2] 曾广铨退出此行之事,在张荫桓的材料中找不到相关的线索,只是最后保举案中已没有他的名字。据赫德五月十四日(6月13日)给金登干的信中称:"……像罗丰禄、梁诚、陈贻范、曾景沂等会讲英语者的出场,不仅使张氏不再依赖英籍秘书人员(指赫政、金登干)……"(《中国海关密档——赫德、金登干函电汇编(1874—1907)》,第6卷,第690页)"曾景沂",曾广铨。金登干六月初三日(7月2日)给赫德的信中称:"……在火车上(伦敦至多佛),梁(诚)向我讲了曾经发生一件与曾景沂有关的不愉快事件:有一个名叫马歇尔的人曾写信给特使,内称曾氏以欺骗手段和无理的要求,从他手中弄去了1000镑,说是为了替他向中国当局出售来复枪等等。根据曾已提交的书面保证,他(曾)从来没有企图干这种事。由于特使向我讨主意,我为了这件事忙了一整天。"(同上书,第6卷,第698页)又据,金登干六月初十日(7月9日)给赫德的信,曾广铨被留在伦敦,没有随张荫桓一行赴法国,张荫桓指示两位总理衙门章京,让曾广铨"马上解决这个问题或者返回中国"。金登干该信详细说明了马歇尔所控罪名,曾广铨宣称中国大约要买40万支来复枪而得到1000镑,曾辩白只收到600镑而枪没有卖出等等。(同上书,第6卷,第700—701页)

[3] 光绪二十年四月十七日(1894年5月21日),翁同龢在日记中称:"广东陈昭常(新中,学海堂知名士,林扬伯令来见,号谏墀)来见,貌丰厚,通史学词章。"(《翁同龢日记》,第6卷,第2737页)翁氏对他的评价并未涉及外交事务。

东番禺人,留美学童,同治十二年以候选县丞随张荫桓赴美,任公使馆翻译、参赞,回国后任海军内学堂委员,此时以候补官职参与多项外交事务。他是张此次出使的心腹人物。陈善言,广东新会人,陈兰彬任驻美公使期间任使馆翻译官,张荫桓续任驻美公使时以"同知衔分省补用知县"继续留任,后任驻古巴总领事(1886—1889),此时并无正式官职。罗、陈、梁、陈四人皆是其同乡。张随带有外交经历或无外交经历的10人出行,在清朝官场属"历练",使命结束后即可按"劳绩"保举。此后,张继续增加使团人数。三月初八日(4月9日),他上奏称:

> 臣此次赴英,礼文繁若,宜得彼都人士素相接洽之员,从事其间,以资联络。兹查花翎头品顶戴双龙二等第一宝星赫政、二品衔双龙二等第二宝星金登干,该二员本系英人,充当中国税司,现适在伦敦,拟派令随同照料。又查有代理新加坡总领事官、四品衔分省补用直隶州知州刘玉麟久驻英国,情形较熟,拟饬该员由新加坡迳赴伦敦,听候差遣,俾资臂助……

此中的关键词还是"礼文繁若",强调这些人"素相接洽"。张上奏此片时,已经到达上海,次日即出洋,此举属于"先斩后奏"。光绪帝收到时为三月二十二日,已不能作任何改变,朱批:"该衙门知道。"[1] 赫政(James Henry Hart, 1847—1902)是总税务司赫德的弟弟,曾任海关税务司,李鸿章出访英国时曾充参赞。[2] 金登干(James Duncan Campbell, 1833—1907)是赫德的亲信,长期派驻在伦敦,任清朝海关驻伦敦办事处主任。张荫桓将此两人纳入随同出使之列,是与赫德的私下交易。早在二月十九日(3月21日),赫德给金登干的电报就声称:"赫政和你本人大概都在随员之列……"此时张尚未离京,属对赫

---

[1] 张荫桓:"赴英荐员随行片",光绪二十三年三月初八日,《军机处档折件》138220,台北故宫藏。
[2] 赫政在李鸿章访英期间的各种作用,可参见赫德与金登干、赫政的相关电报,即第2693、2723、2725、2731、2736、2738—2742、2750、2752、2760、2761号。(《中国海关密档——赫德、金登干函电汇编(1874—1907)》,第9卷,第29—30、37—39、41—42、44—45、47—48页)

德的许诺。[1]在此之后，张还根据赫德的请求，要求清廷确认赫政、金登干为使团"参赞"。[2]刘玉麟，广东香山人，留美学童，光绪十二年以通判衔随张出使美国，曾任驻美纽约领事馆翻译，此时任新加坡领事馆翻译、代理总领事。张命其从新加坡赴伦敦，仍属"历练"，即可获保举。而张在上海时，又应李鸿章之子李经方之请，随带了李鸿章之侄李经翊。此事张到英国之后才上奏报告。[3]张作为被保举而发达的高级官员，深谙此道，对所选的随行人员，都有着私人的考虑。如此庞大的队伍，还不包括事务级官员。据清朝驻英公使馆参赞张德彝称，他迎接到的使团参赞、随员、供事、医官、武弁为17人；再加上另道而来的刘玉麟，共18人。[4]这些

---

[1] 《中国海关密档——赫德、金登干函电汇编（1874—1907）》，第9卷，第90页。同在二月十九日（3月21日），赫德给金登干的信中亦称："张荫桓大概要赫政和你作为特使团的随行人员，因为我希望你把他的膳宿安排得很好。"（同上书，第6卷，第640页）二月二十七日（3月29日），赫德发电金登干："中国特使今启程。赫政和你的任命尚未宣布。"三月十七日（4月18日），赫德给金登干的信称："张荫桓来电说，他向上边保荐任命赫政与你。"（同上书，第9卷，第92页；第6卷，第657页）

[2] 三月二十四日（4月25日），赫德给金登干信中称："总理衙门刚才写信给张荫桓告诉他已上奏请得谕旨'著你与赫政随他出使'。据我猜想，由于这是那种临时性的使命，只是执行祝贺的任务，所有人员只是'随行'，不会是'特使团秘书'……因此我打算去找总理衙门，要求再上奏保荐正式委你们为特使团秘书。"（《中国海关密档——赫德、金登干函电汇编（1874—1907）》，第6卷，第661页）三月二十七日，总理衙门发电张荫桓："赫德援上年例，呈请加赫政、金登干头等参赞衔，始能随同议事等语，希酌量，电奏。"（《清代军机处电报档汇编》，第25册，第96页）四月初四日，张荫桓在美国发电称："顷函询，赫政、金登干当援案加参赞衔，乞代奏。"（同上书，第35册，第577页）总理衙门次日收到。从赫政、金登干后来的电报来看，此事并不顺利，总理衙门只是口头承诺，并没有相关的谕旨下发。参见赫德与金登干的电报第2950、2955、2958、2960—2961、2966—2967、2977、3001—3002号，《中国海关密档——赫德、金登干函电汇编（1874—1907）》，第9卷，第99—102、104、107、113、114页。

[3] 张荫桓："李经翊自备斧资随臣出洋片"，称言："二品衔分省补用道李经翊自备斧资，随臣出洋游历。臣查该员年力富强，志趣远大。抵英后适德国克虏伯炮厂托许景澄电约往阅船炮，又复专员来迓。臣以抵英未递国书未便他往，因派该员先赴该厂及鱼雷、快枪各厂，周历查看，仍回英随臣……"（《军机处档折件》140680，台北故宫藏。原片无日期，根据张所发奏折，应在光绪二十三年五月二十九日）李经翊所派之事本是小事，张专门上奏，正是为将来的保举而张本。李经翊，李昭庆之子，过继给李凤章。李鸿章得知此事后，对此做出反应。后将详述。

[4] 张德彝称：光绪二十三年四月二十五日（1897年5月26日），"记此次随张星宪来英国者，头等参赞官为候选道梁诚（镇东）。二等参赞官为户部郎中瑞良（鼎臣）、刑部郎中顾肇新（康民）、候选道陈善言（霭亭）。三等参赞官为兵部员外郎曾广铨（转下页）

人后来都得到张的保举（不含千总、把总等"末弁"）。

清朝在英国伦敦设有公使馆，公使罗丰禄上任未久，并有众多参赞、翻译与随员，完全可以为这位顶头上司（总理衙门大臣）、显贵人物（头等出使大臣）张荫桓使英之行服务。张荫桓也当过驻美公使，了解公使馆的运作。然而，张此次访英，似乎有意绕开驻英公使馆，多与总税务司赫德等人联络。清朝驻英公使馆参赞张德彝有写日记的习惯，并根据此期日记而作《六述奇》，所记录的张氏活动皆是皮相，没有涉及张与英国首相兼外相的会晤，张与英国政、商两界的实质会晤，甚至张与罗丰禄之间的实质性交谈。[1]

与此同时，即光绪二十三年二月初十日（1897年3月12日），张荫桓通过总税务司赫德预订伦敦的旅馆。张要求预订其曾住过的"兰厄姆"（Hotel Langham），后因该旅馆订满而改订"塞西尔"（Hotel Cecil），赫德确保其是"第一流旅馆"。张在此颇显其"精明"之处，既要保证自己的豪华生活，又要防止参加庆典的各国政要众多而在伦敦订不上房。[2]

---

（接上页）（敬诒）。随员为兵部郎中钱绍桢（铭伯）、礼部主事阎酒竹（成叔）、罗凤华（筱豪）、候选道陈昭常（简持）、李经翊（季仲）、分省补用直隶州知州马廷亮（拱宸）、山东候补同知许应骤（仰周）、候选同知彭思桂（召南）、广西试用县丞李熙敬（谦叔）。西学医官：曹志沂（咏归）。供事：分省县丞萧佐廷（辅堂）。武弁：陈吉胜。"［钟叔河校点、张德彝著：《六述奇（附七述奇未成稿）》，岳麓书社，2016年，上册，第45—46页，标点稍有变动］加上头等专使张荫桓和另行到达的参赞刘玉藻，英国外交部收到的使团人数为19人。又，张德彝《六述奇（附七述奇未成稿）》的相关记述，是张海荣告我的。

[1] 前文已述，张荫桓由李鸿章之推荐而起，又与李鸿章的对手阎敬铭、翁同龢等人保持良好关系。甲午战败后，李鸿章失势，后入值总理衙门，张荫桓有意与李保持距离；新任驻英公使罗丰禄是李鸿章亲信，张使英之事很少让罗丰禄插手。《六述奇》虽将张荫桓使英当作大事来记载，但可以看到的内容却很少，甚至很多日子完全没有关于张的记录。又，从当时总理衙门主要事务，即借款以还甲午战争赔款来看，李鸿章倾向于向俄国借款，或向美国商业借款；赫德、张荫桓有意通过汇丰银行等向英德借款。最后实现的是以赫德为主导的"英德续借款"。

[2] 光绪二十三年二月初十日（1897年3月12日），赫德发电金登干，称张荫桓要求预订兰厄姆宾馆："他本人要住1887年7月底住过的那套二楼面对波特兰广场的房间，据说是旁边有两间卧室的大厅；随员要卧室，二楼的两间，三楼的八间，以及四名仆役的住处……还要一辆华丽的马车和训练有素的双套马车，马夫驭手穿最好的号衣等等。"当得知兰厄姆已订满之后，赫德于十三日（15日）发电金登干："张特使说，请你为他在别处找合适又方便的住处……"金登干建议预订塞西尔旅馆。赫德于十九日（21日）发电金登干："塞西尔是第一流旅馆吗？地点在那里？"金登干当日回电：（转下页）

非常奇特的是，张没有向总理衙门透露其预订旅馆之事。[1]又由于张所率领的使团过于庞大，原订"塞西尔"10间房不敷居住，张到美国后又发电清朝驻英公使馆，要求在伦敦郊区另外代租房一处。[2]

除了庞大的访问团队和各项准备事项外，清廷还根据张荫桓的要求，于二月十八日（3月20日）由总理衙门发电上海海关道："拨张大臣出使英国经费四万两，抵沪兑交。"[3]这是预支的经费，最后还要根据实际开支进行报销。

---

（接上页）"塞西尔是第一流旅馆，位于泰晤士河畔。"赫德与金登干预订旅馆的电报多达10件，即第2903、2905—2908、2916—2919、2921号，见《中国海关密档——赫德、金登干函电汇编（1874—1907）》，第9卷，第86—88、90—93页。赫德与金登干的通信中也涉及预订旅馆之事，即其书信第2578、2580—2581、2583、2585号，同上书，第6卷，第631、637、639、643、647页。张对外部事务颇了解，害怕参加庆典的人多而在伦敦订不上高级旅馆。他提前三个月让赫德办理此事，是聪明的办法。至后来，伦敦房价大涨，张很可能根本订不上豪华旅馆。又，塞西尔旅馆刚刚落成未久，是当时欧洲最大的旅馆，今大部分拆除，仍保留一部分外墙立面，位于泰晤士河与斯特兰街（Stand）之间。该旅馆是英国首相兼外相索尔兹伯里家族的产业。"兰厄姆"，赫德与金登干书信中又译为"朗海姆"，根据其"面对波特兰广场"（Portland Pl）的位置，即Hotel Longham，是伦敦最好的旅馆，今译"朗廷酒店"。

[1] 三月十三日，即张荫桓从上海放洋之后，总理衙门发电张荫桓："龚电：外部询何日到英，住几久，随带几员？以便预备馆舍。希径复龚、罗知照。"（《清代军机处电报档汇编》，第25册，第84页）"龚"，龚照瑷，驻英公使；"罗"，罗丰禄，新任驻英公使。此电发到东京。三月十六日，总理衙门发电龚照瑷、罗丰禄："樵使久已赁庑，英外部当闻知。商备馆舍，乞婉谢之。即展轮太平洋，至纽约稍憩息。铣。"（同上书，第25册，第86页）此电张荫桓发总理衙门，总理衙门再发电龚、罗。张事后对此报告称："……英廷初有假馆授餐之说，臣虑他日报施为难，因电由总理衙门转达驻使婉谢。臣到英之日，外部不再提及。各使有以为询者，臣以使事从同，不愿承优礼，权词答之而已。"（"抵英呈递国书折"，光绪二十三年五月二十九日，《军机处档折件》140679，台北故宫藏）

[2] 光绪二十三年四月十九日（1897年5月20日），张德彝记：张荫桓"前于十七日起节来英，约在二十五六日到伦敦，已在斯特兰街塞西店中租定楼房十间，而随从人众，不敷居住。昨日来电，属在乡间代赁一区，须容二十人者。先经林和叔在诺尔乌村觅得容十五六人者，管饮食、设床榻、有仆婢一切与店同。租价每人每一礼拜三吉呢。因恐价昂，今日星使复令余同林和叔觅代租房人去乡间另看一二处，择其价廉者租定之……"（《六述奇（附七述奇未成稿）》，上册，第42页）"塞西店"，塞西尔旅店。"林和叔"，驻英公使馆参赞林怡游。"诺尔乌村"，似为伦敦南部的West Norwood，临近水晶宫。"吉呢"，几尼（Guinea），金币，稍高于英镑。张德彝后又查看了两处，最后决定还是住在"诺尔乌村"。

[3] 《清代军机处电报档汇编》，第25册，第72页。

## 2."觐见"

光绪二十三年二月二十四日（1897年3月26日），张荫桓一行由京起程。[1]此时津芦铁路尚未修通，更兼雨雪，张于二十七日行抵天津，与北洋大臣王文韶"面商一切"；二十九日乘"新济轮"南下，三月初二日到上海；初九日，张搭乘英国轮船，跨太平洋前往加拿大。[2]他们所走的路线，是上一年李鸿章归国路线，即乘船到加拿大温哥华，再乘火车到纽约，乘船过大西洋至英国。这一条路线要比传统的太平洋、印度洋、苏伊士运河、地中海至大西洋的轮船航线更快、更舒适，也更安全。四月初三日，张荫桓一行到温哥华，因同船人发现出天花，稍受阻。[3]十一日到纽约，十八日乘船渡大西洋，二十五日到英国南安普敦港，二十六日（5月27日）到达伦敦。[4]此行共历时62天，在当时已

---

[1] 据翁同龢日记，光绪二十三年二月初八日："张樵野来谈至暮（定廿四行）。"二月二十四日："送樵野行，遇许筠庵，归巳初一矣。"《翁同龢日记》，第7卷，第3029、3033页。"许筠庵"，许应骙，礼部尚书，此时新任总理衙门大臣。"巳初一"，上午9时15分。

[2] 光绪二十三年二月二十九日，张荫桓发电总理衙门："即午乘'新济'赴沪。桓。艳。"（《清代军机处电报档汇编》，第35册，第572页）总理衙门次日报送光绪帝。张荫桓："恭报微臣放洋日期折"，光绪二十三年三月初八日，二十二日奉朱批，《军机处档折件》138219，台北故宫藏。张荫桓在该折中说明其行程及计划，称其先到"湾高坝"（Vancouver，温哥华）登岸，再到"荔华浦"（Liverpool，利物浦）。从纽约坐轮船到利物浦，是当年张荫桓由美赴英走西班牙时的航线，张后改走南安普敦（Southampton）。

[3] 四月初三日，总理衙门发电罗丰禄："张使抵万库屋，闻因同船有出痘者，该口令在船千余人均至维多里亚住十四日，方许离岸。□赴外部告知，转请藩部电饬坎拿大官绅通融放行，勿禁阻使为幸。"（《清代军机处电报档汇编》，第25册，第99页）"万库屋"，温哥华。对此，罗丰禄回电称："丰业经亲往外部三次，晤沙侯、巴迪，托转请藩部迅电坎乃大官绅勿阻专使，从速放行。旋得沙函，藩部已两次电坎，通融酌办，果于民生无碍，遵即放行。"（同上书，第35册，第581页）张荫桓后称："扣船七日"，很可能是说此事。（同上书，第35册，第577页）值得注意的是，张荫桓还同时发电给赫德，要求英国外交部"放宽规定"，金登干奉赫德指令，与英国外交部多有交涉。参见《中国海关密档——赫德、金登干函电汇编（1874—1907）》，第9卷，第99页；第6卷，第666—668、670页。

[4] 张荫桓："抵英呈递国书日期折"，光绪二十三年五月二十九日，七月十九日奉朱批，《军机处档折件》140679，台北故宫藏。张称："四月初三日到达英属湾高坝（温哥华），改乘火车，十一日至美国纽约，换船西渡，二十五日至英国修士敦海口，二十六日英廷特遣专车迎抵伦敦。""修士敦海口"，南安普敦，是当时英美海上航线的重要港口。"英廷特遣专车"，是金登干特意安排的"专车"。（《中国海关密档——赫德、金登干函电汇编（1874—1907）》，第6卷，第679—681页）

属相当快速的旅行。在美期间,张与美国国务卿有过会面。[1]

张荫桓一行的正式使命是庆贺维多利亚女王登基60周年,具体活动也就是呈递国书,呈送礼物。对此,张荫桓于四月二十八日、五月二十一日有简要的电报。[2]五月二十九日,张又有两件非常详细的奏折。其"抵英呈递国书折"称:

> ……(四月)二十七日(5月28日),往晤英外部大臣沙斯伯力,面致照会,属以奏明英君主,定期呈递国书,先将底稿录送。该大臣谓,君主年迈多病,常在苏格兰居住,须五月十八日回温则行宫,二十二日回伦敦,各国专使彼时一同接见。若中国使臣先期呈递国书,恐届各国递书致贺之期,未能一律,仍先行奏明,俟定准日期,再行知照等语。旋于五月十八日准英外部照覆,英君主定于五月二十二日受领国书,并于宫内设讌款待。臣谨于是日恭赍国书,挈参赞一员随同呈递,英君主亲自捧接,回颂皇太后、皇上圣安,并以微臣衔命远来,深感中朝敦睦之谊,见于词色。臣谨宣皇太后、皇上德意,令参赞梁诚译述,对答如礼。现在该国典礼期内,仪文繁数,臣谨当随宜周旋,以仰副我皇上慎重邦交之意。[3]

其"抵英呈递国礼日期折"又称:

> ……准总理衙门咨送皇太后颁赠礼物十色、皇上颁赠礼物八色,

---

[1] 光绪二十三年四月十五日,张荫桓发电总理衙门:"美外部本旧识,昨往展晤,借闻邦交。加税事由伍使与商,墨西哥约亦告墨使与伍速订。准十八西渡。适科士达以头等专使有事英、俄,喜与偕行。"(《清代军机处电报档汇编》,第35册,第600页,该电十七日收到)"美外部",美国国务卿,此时为舍曼(John Sherman,1823—1900),曾任美国参议员,财政部长。"伍",驻美公使伍廷芳。"墨西歌",即墨西哥。此处所言"加税"一事,后将说明。
[2] 张荫桓四月二十八日电报称:"廿六抵英,廿七晤沙侯,俟订定递书期再报。礼物船计初四到。养电借款事,似蹈炽大前辙。罗现与银行另商,云虚认浪借,益难措手。桓。勘。"(《清代军机处电报档汇编》,第35册,第615页)五月二十一日电报称:"五月廿二国礼,廿日交收国书,廿二日递。请代奏。桓。马。"(同上书,第18册,第107页)"勘"是二十八日的代日,"马"是二十一日的代日,两电总理衙门均于次日收到。
[3] 张荫桓:"抵英呈递国书折",光绪二十三年七月十九日奉朱批,原件是录副,无书写日期,当与其他奏折同写于五月二十九日,《军机处档折件》140679,台北故宫藏。

论张荫桓 161

当即敬谨封固，并臣添购之品均交总税司赫德，由轮船于五月初四日运抵伦敦，经臣逐件检视，一切完好。谨将皇上礼物添备绣幔绣屏，共成十色，并臣酌照西国专使之例，备送礼物八色，分别开单照会英外部，转奏英君主接收。旋于五月十八日，准英外部复称君主已于本日早辰由苏格兰还温则行宫。皇太后、皇上及专使大臣所送贺礼，即在温则宫接收等语。臣即于二十日将礼物敬谨赍交收讫。英廷纵观，以为光宠，播诸日报，谓此次贺礼以中国为最隆，有皇太后御笔书画。松、鹤寓寿意，荣光相嘉美。他日英廷答礼，英君后亦须亲笔书画，方足以言报云。译文甚多，已钞送总署。臣呈递国书之日，英君主面述致谢皇太后、皇上所赠礼物厚谊，属臣先为转奏，欣忭溢于言表，足以副我皇太后、皇上万国同欢之意。[1]

以今天的眼光来看，呈递国书和呈递礼物本是一件事，张荫桓将此分成两篇，是遵从清朝当时的政治理念——在以儒学为统治思想、注重以礼治国的国度中，呈递国书中的礼仪和皇家礼物本身有着非凡的意义。清朝驻英公使参赞张德彝记录五月二十日向英方呈递礼物：

我国皇太后颁发陈设十件为：
御笔"耀彩腾晖"字一轴（荣光二字）
御笔"海国长春"一轴（松鹤石水），有诗一首云"虬枝蟠护庆云联，宝叶缤纷瑞采鲜。更喜鸣皋传逸韵，蓬莱高处迓群仙。徐郙敬题"。
元瓷宝炉成件
九凤朝阳通玉如意成对
夔龙献瑞脂玉插屏成对
夔龙献瑞脂玉炉、瓶、盒成分
八仙庆寿五彩瓷大瓶成对

---

[1] 张荫桓："抵英呈递国礼日期折"，光绪二十三年五月二十九日，七月十九日奉朱批，《军机处档折件》140677，台北故宫藏。"温则行宫"，即温莎宫。慈禧太后送维多利亚女王之亲笔画，今仍存温莎宫。

岁岁平安玉盒成对
　　龙凤汉玉双璧成件
　　白地五彩瓷瓶成对

　　皇上颁发陈设十件为：
　　名花献瑞粉瓷瓶成对
　　名花献瑞绿地五彩瓷瓶成对
　　夔龙献寿白玉炉、瓶、盒成分
　　周彝成件
　　瓜瓞绵绵脂玉洗成件
　　白玉碗成对
　　八吉祥青花白地瓷壶成对
　　大富贵图绣幔一对
　　四时花鸟绣屏四扇

　　以上二十件，于今日午后经英外部用车恭赍入宫。[1]

可见慈禧太后、光绪帝所送礼物极为贵重；张荫桓、张德彝还特别强调了慈禧太后"御笔"的意义。其中"绣幔""绣屏"，即张荫桓先期在广东预订的刺绣。张德彝亦记录五月二十二日英国女王在白金汉宫举行的庆典：

　　巳刻，英君主由文恣行宫坐"大西方"火车来伦敦，在巴丁屯车栈改坐马车，彼处绅士呈进颂词，欢祝君主之福。未初入卜静宫……未正，君主率各公主、太子、太子妃等在宫午膳，各国亲王、专使皆着朝会礼服在内膳房午酌，随从文武各员宴于宫西园中。申初一刻，君主在跳舞堂内先召见各国亲王，内廷侍卫站班，礼官唱

————————
〔1〕《六述奇（附七述奇未成稿）》，上册，第52—54页。徐郙（1836—1907），同治元年状元，入值南书房，慈禧太后的御笔书画，多由其题署。时任兵部尚书。"入宫"，指送入温莎宫。

论张荫桓　　163

名,继由印度部大臣带领引见印度各王,外部大臣带领引见各国专使。戌正二刻,君主及太子、太子妃、皇族各亲王、公、福晋等,在晚膳殿宴会各国亲王并各头等专使,内部各大臣亦皆陪侍。当宴会时,亲军营兵在宫院奏乐……宴后,君主再入跳舞堂,于亥正先召见各国专使、印度各王、英国驻扎印度带兵官及君主统属德国护军带兵官。至召见来英祝贺庆典之各属地大臣及其夫人等,由藩部大臣带领引见;各国亲王及各专使随从之文武各官与妇女,则由各亲王、各专使自行带领引见……又,今日午后,张星宪在卜静宫内呈递国书,内云……[1]

从此记录来看,张荫桓穿着清朝官服,一、中午在白金汉宫"内膳房"参加为来贺的各国亲王、专使的午膳,英国女王未参加;二、下午在"跳舞堂"内觐见英国女王,其位置排在各国亲王、印度王公之后,为众多各国头等专使之一,张向女王递交国书、交谈只能是非常短暂的片刻;三、晚上在"晚膳殿"参加英国女王等人为来贺的各国亲王、专使的晚膳;四、晚宴后,再次到"跳舞堂",参加英国女王的集体召见。将张德彝的记录与张荫桓的奏折相比较,可以明显看出两者的差别:张德彝的描写体现了西式的庆典场面,而张荫桓的叙述更接近于清宫的觐见礼节。[2]

---

[1] 《六述奇(附七述奇未成稿)》,上册,第54—56页。标点稍有变动。"巳刻",上午9时。"文恣行宫",温莎宫。"巴丁屯车栈",Paddington。"未初",下午1时。"卜静宫",白金汉宫。"未正",下午2时。"申初一刻",下午3时15分。"戌正二刻",晚8时30分。"亥正",晚上10时。"藩部大臣",殖民部大臣。

[2] 根据张德彝的记录,张荫桓未向清廷报告的庆典活动为:一、光绪二十三年五月初五日,白金汉宫举行舞会,"亥刻卜静宫设跳舞会,外部奉君主请张星宪及各参随……子正回使馆"。"亥刻",晚上9时。"子正"晚上12时,参加者除了张荫桓、罗丰禄外,还有梁诚、瑞良、顾肇新、陈善言、钱绍纲、马廷亮。二、五月二十三日,英国女王到伦敦圣保罗大教堂受贺,然后巡行,"凡各国专使横排堂左铁栏外",根据金登干的记载,张荫桓参加。三、五月二十七日,英国女王在朴茨茅斯军港举行阅舰式。张荫桓没有参加,后将详述。四、五月二十九日,英国女王在肯辛顿宫后花园举行茶会,"各国专使到,则步至帐前,经礼官带领引见,此无定时,亦不按班,视到之早晚"。不能确定张荫桓是否参加。(《六述奇(附七述奇未成稿)》,上册,第48、58、67—69页)这些庆典活动与清朝的朝廷礼节相违。

清朝因觐见礼仪与西方各国（尤其是英国）多次发生重大外交冲突。乾隆五十八年（1793），英国派特使马戛尔尼使华，以祝贺乾隆帝八十大寿，双方在觐见礼仪和礼物呈递上发生了巨大的争执，其中根本因素是平等国家的观念。咸丰九年（1859），清朝因"公使驻京"之争而导致第二次大沽口之战。次年，清朝再次被英法联军击败，咸丰帝和懿贵妃那拉氏（慈禧太后）逃往热河。此后西方列强虽实现了"公使驻京""西礼觐见"，但清朝上下仍有消极抵触情绪，执行时多有细节摩擦。[1] 甲午战争期间，光绪二十年十月十五日（1894年11月12日），光绪帝主动进行礼仪改革——在皇宫文华殿接见美、俄、法、西班牙、比利时、瑞典等国公使，并亲自用满语致答词；但各国仍不能亲手向清朝皇帝直接递交国书，而是由总理衙门亲王接收，转呈给坐在宝位上的皇帝。各国使节出入宫中各门禁的路线为：入文华门中门，入文华殿中门，出文华殿左门，出文华门东左门。就在张荫桓出访之前，光绪二十三年正月二十五日（1897年2月26日），各国公使新年致贺入宫觐见，法国公使施阿兰（Auguste A. Gérard，1852—1922）退出时未按礼节单的规定（从文华殿左门出），而是径直从文华殿中门出，德国公使海靖（Friedrich G. von Heyking，1850—1915）亦随之，被负责执礼的总理衙门大臣敬信扯住衣袖。海靖由此提出交涉，称敬信若不至德国公使馆说明理由，将不出席总理衙门为各国公使举行的宴会。[2]

张荫桓虽有可能对此类"西礼"不那么经心在意，但他必须按照传统经典的教义，详细说明递交国书和呈送国礼的具体过程及对方的反应，

---

[1] 参见拙文：《公使驻京本末》，《近代的尺度：两次鸦片战争军事与外交》（增订本），生活·读书·新知三联书店，2011年，第174—252页。

[2] 翁同龢在光绪二十三年正月二十六日（1897年2月27日）的日记中详记此事，并称："午正到署，筵宴各国使臣及参随等，惟德国海使以下皆不到，早间已致函再邀，临时复以敬君函三速，仍不来，各使臣立待六刻，催入座。比得彼回信，未正二刻始坐……"二十九日（3月2日）又记："是日宴到署，又敬与张同诣德馆，余不欲往也。"（《翁同龢日记》，第7卷，第3026—3027页）"敬君"，敬信。"未正二刻"，下午2点半。"窦"，英国公使窦纳乐。"张"，张荫桓。敬信与张荫桓同去德国使馆，仍是去解释此事。翁同龢也表明了自己的态度。又，据翁同龢日记，光绪二十四年正月二十五日（1998年2月15日），各国公使新年致贺入宫觐见，"出大门时皆从中门行，稍有失，亦未与较。"（同上书，第7卷，第3143页）

说明英国方面对清朝皇太后、皇上的敬重。从马戛尔尼祝贺乾隆帝八十大寿使华,到张荫桓祝贺维多利亚女王登基六十周年使英,相隔一个世纪后,中英两国的出使活动从表面上看好像完全转了方向;但从上引张荫桓奏折中仍可以看出,礼教精神依旧顽强生存,继续指导着包括张在内的整个清朝政治高层。张使英虽是施礼,而施礼本身所体现出来的,是礼教意义上的政治。此时的清朝虽不再执天朝、蛮夷的标准,而程式上仍需有聘问、礼物、觐见、答词诸环节。张作为一名使臣,必须详报其施礼的具体过程。而张到达伦敦后,五月初二日,总理衙门发电给张荫桓和驻英公使罗丰禄:

> 闻英君主今年七十九,计明年八十正寿,罗使届时先行电闻。遵旨转达。[1]

从电文内容来看,此"旨"当属"懿旨",由慈禧太后所发,她已经63岁(虚岁)了,由此关心维多利亚女王八十大寿之庆。张荫桓对此奏称:

> 再,英以在位周甲为庆,今年并示称寿,无须补送寿物。谨遵五月初二日总理衙门遵旨转达之电,咨由罗丰禄届时预报。[2]

中英礼教的差异再次凸显出来——清朝举行庆典的目的在于礼教中的尊君权(尊慈禧太后的绝对皇权);英国举行庆典虽有展示国家权威、维系帝国之意,但邀请各国特使多是借此展开外交活动。电文中"今年并示称寿,无须补送寿物",自是张、罗询问后英国外交部的回复。张奏报的英国女王"亲自捧接"清朝国书的举动,很可能对光绪帝有所刺激。第二年,光绪帝再次推动了觐见礼仪的改革。(后将详述)

除了张荫桓给清廷的电报、奏折所描述的礼仪活动外,还应特别注意赫德等人的背后活动。前已叙及,张荫桓通过赫德预订旅馆、寄运礼

---

[1] 《清代军机处电报档汇编》,第25册,第112页。
[2] 张荫桓:"抵英呈递国礼日期折",光绪二十三年五月二十九日,《军机处档折件》140677,台北故宫藏。

物,以赫政、金登干"派令随同照料"。金登干等人根据赫德的指令,在伦敦大肆活动,安排宾馆车马,与英国外交部多有联络。其中一些电报和书信颇能说明问题。四月十六日(5月17日),金登干发电赫德:

> 外交部今天口头向我询问,在中国特使的十九名随从人员中,有多少重要人物。我答称,待中国特使25日到达时就可以知道。问:庆典期从6月14日才开始,中国特使为何这么早到来? 答:不好说。问:是否为了商务上的目的或修改条约? 答:不知道。这表明外交部对于所有这一切均不甚了解。我说,我将把可能从您那里得到的任何情报转告他们。

赫德为此于四月十八日(5月19日)回电:

> 随中国特使同来的有两位总理衙门章京,三名通译,一名医生,四名随员。这些都是特使团的官员。其中主要人物为通译梁诚,他是特使的机要秘书,有可能是下任公使;总理衙门章京裘——一位非常明的年轻人;和前总领事陈。梁是到处都受欢迎的人。此行的使命纯系祝贺性质,张特使希望过得愉快,而且私下里还想使他此行的光辉胜过以前的使团。他也准备,如果碰上什么商务事情他都将着手参预。[1]

由此可见,赫德等人在此中起到了"中介"作用。"此行的光辉胜过以前的使团",指去年李鸿章使团;梁诚"有可能是下任公使",这一说法应得自张荫桓本人。然而,赫德电报的内容是让金登干告诉英国外交部的,他私下对张荫桓使团的评价并不高。四月二十二日(5月23日),他给金登干的信中写道:

---

[1]《中国海关密档——赫德、金登干函电汇编(1874—1907)》,第9卷,第102页。"裘""陈",原译者称是音译。"裘"被称为"年轻人",当是瑞良,此时30多岁;"陈"是前驻古巴总领事陈善言。

> （英国）外交部自然认为这个班子很了不起。在他们当中，只有张荫桓、赫政（？）和辜鸿铭（？顾肇新）是有正当官职地位的人，其余的人都有"顶戴"等等，但都不是头面人物，在北京都无足轻重。梁诚是个正派人，将来有可能当公使。赵博士是哈德门附近美国卫理公会教徒，会打网球。这个特使团作为一个代表机构级别很低，但是张氏是总理衙门大臣，会使用刀叉吃饭，会玩惠斯特牌，很得宠于此间各公使馆，把他看作是可能有用的人物，因此外交部会重视他的。他是否负有其他使命现在还不得而知：我认为他像李鸿章一样，只要他见到有缝可钻，他就会插上一手。他有点粗鲁，颇像广州的买办，但属于好人之类。他在总理衙门的同僚有点看不起他，但是你将见到罗丰禄如何毕恭毕敬地对待他，你也能从中估量出罗氏在官场这条线上是多么不重要的人物。[1]

不管赫德因利益相关而与张荫桓走得多近，这段话可能是他对张出自内心的评价。"颇像广州的买办"一语，我以为相当贴切；"他在总理衙门的同僚有点看不起他"一语，说明赫德对总理衙门诸大臣的内部关系亦有深入的了解。赫德此时还不完全了解张的使命。而这个"级别很低""都有顶戴"的特使团，因人数庞大，颇让英国外交部感到吃惊。四月二十一日（5月22日），金登干发电赫德：

> 外交部解释说，他们给予中国特使团的礼遇不能有别于其他使团，这些使团只有三四名人员组成。女王的一名王室侍从将陪随特使，在庆典的两周期间，女王的一辆马车将供特使乘用，但使团成

---

[1]《中国海关密档——赫德、金登干函电汇编（1874—1907）》，第6卷，第673页。"顶戴"，即虚衔，候补官员，相对"正当官职"而言。"辜鸿铭"，是顾肇新之误译，辜鸿铭没有加入这个使团。"赫政"疑有误译，他不是正式官员，也属于"顶戴"一类；若按"正当官职"推测，应是瑞良。"哈德门"即崇文门。"哈德门附近美国卫理公会"，指位于崇文门内的亚斯立堂，附设同仁医院、汇文学校等机构。"赵博士"，即使团中的医官曹志沂。张荫桓戊戌日记经常提到"曹医来诊"，即此人。光绪三十二年（1906），清廷设置各科进士、举人，曹志沂获"医科举人"。（《清实录》，第59册，第464页）

员所乘其他马车不得参加典礼的行进行列……[1]

英方说明接待过程中各国平等，各国使团"只有三四名人员"，张荫桓使团人数太多，许多官员将不能参加最重要的活动。从张本人的奏折、电报和金登干给赫德的书信、电报来看，张在伦敦最重要的活动是两项：一、四月二十七日（5月28日），拜会英国首相兼外交大臣索尔兹伯里侯爵（Robert Gascoyne-Cecil, 3rd Marquess of Salisbury, 1830—1903，又译"沙斯伯力""沙里士伯"等），参加者为张荫桓、驻英公使罗丰禄、梁诚和驻英公使馆英籍雇员马格里（Samuel H. MaCartney, 1833—1906）。二、五月二十二日（6月21日），觐见英国女王，参加者为张荫桓、梁诚。张使团中绝大多数官员此行有如"观察使"，金登干、赫政也自称许多重要的活动插不上手，而赫政甚至很少参加相关的活动。但从赫德、金登干来往通信电报中可以看出，赫德要比总理衙门，甚至驻英公使罗丰禄更了解张荫桓一行在英国的行踪，并在具体安排中加入"私货"：赫德夫人邀请张荫桓、梁诚到其舍，举行小型家宴；赫德、金登干代发了张荫桓家人给张的私人电报，其中包括张荫桓"添孙"的喜讯；赫德帮助解决使团资金汇兑的问题等等。赫德在北京写了私人信件，通过金登干交给张荫桓、梁诚，其内容不可而知；赫德亦发电报，通过金登干交给张荫桓，共计5封，其中4封的内容在原档中都被省略。[2] 赫德此时竭力加强与张荫桓的"合作"关系，目的在于巩固自己（即英国势力）在清

---

[1]《中国海关密档——赫德、金登干函电汇编（1874—1907）》，第9卷，第104页。同日，金登干的另一份电报称："英国外交部为中国特使的众多随员感到为难，这显然使我们失去机会而成为多余的人……"（同上书，第9卷，第105页）金登干和赫政认为，由于使团人数庞大，更加上有清朝驻英公使罗丰禄、使馆英籍雇员马格里，他们已经无从插手，无法表现。赫德对此予以严厉批评。

[2] 赫德于5月2日（四月初一日）寄给金登干的信中，夹带了给张荫桓和梁诚的信。金登干7月2日（六月初三日）给赫德的信中称："6月19日收到您的Z/752函中有一单独封套，里面装有几封张荫桓的信，我已持交梁诚。"（《中国海关密档——赫德、金登干函电汇编（1874—1907）》，第6卷，第667、697页）赫德于5月30日、6月1、5、8、23日（四月二十九日、五月初二、初六、初九、二十四日）通过金登干发电给张荫桓，见第2982、2985、2990、2994、3012号，除（6月1日，第2985号）外，原档皆有省略。（同上书，第9卷，第108—109、111—112、116页）而可以看到内容的那份电报，涉及向各国借款问题。

朝海关的地位，扩大海关在清朝各领域的作用（如邮政、本土鸦片税乃至博览会、同文馆等事务），尽量降低俄国、法国对清朝的影响力，而其短期目标是让英国来主导清朝的借款事务。为此，他竭力劝说英国政府给张授勋。（后将详述）

另一件小事亦可显示张荫桓的"精明"。在伦敦时，张给金登干送去一份感谢信，赠送了相当合适的礼物，同样也给赫德夫人送了礼物。[1]

## 3. "加税"的使命与"私访"法、俄、德三国

清朝派张荫桓使英，属施礼修敬，以睦邦交，但目的也不仅仅如此。光绪二十三年五月初五日（1897年6月4日），总理衙门发电旨给张荫桓，要求与英国谈判"加税"：

> 奉旨：张荫桓使事竣后，即宜讲论加税之事。此事固不易办，全在该大臣善为说辞，至免厘一节，万不可允。厘金历办多年，加税则尚无把握。饷源所系。该大臣于问答之际，语气切勿稍松，是为至要。钦此。[2]

"加税"指清朝增加进出口税。由于不平等条约中"协定关税"之规定，清朝不能单方面加税；又由于不平等条约中"最惠国待遇"条款，加税须经过所有"有约国"的同意。甲午战败后，清朝须向日本付出巨额赔款，已在欧洲各国发行国家债券，即"俄法借款"和"第一次英德借款"，清朝海关税收被"抵押"。清朝若能得到列强同意而增加进出口税，

---

[1] 金登干于6月18日（五月十九日）寄给赫德的信中称："随函附上我同特使往来信件的抄件。尊夫人也收到了礼品，还附有一封非常客气的问候短信。"所附张荫桓于6月15日（五月十六日）的信中称："我在伦敦逗留期间承蒙给予友好协助，请允许我奉上瓷碗（蓝色和白色）和小花瓶一只，略表我对您的高度敬佩和感谢。毛皮斗篷是送给金登干太太的，两匹丝绸送给您的女儿们。请将各物交给她们并附致我最好的问候。"（《中国海关密档——赫德、金登干函电汇编（1874—1907）》，第6卷，第692页）从所送礼物可以看出，张荫桓对金登干家庭情况的了解，所备礼物颇具针对性。

[2] 《清代军机处电报档汇编》，第2册，第43页。

将极大缓和其财政压力。一年前李鸿章访问欧美时，已向各国提出加税请求，英国政府仅在口头表示同情。张荫桓出访之前，总理衙门应讨论过"加税"之事。[1] 总理衙门大臣李鸿章得知其侄李经翊随张荫桓出使后，于三月十一日（4月12日）写信给其子李经方：

  闻汝又荐经翊随樵野赴英，不过随众看热闹，殊觉无谓。樵野贺毕，须留办加税事，吾已嫌其带人多不中用，如我上年亦嫌随从过多，惹人讥笑也。[2]

李指责张"带人多不中用"，但也说明"留办加税"是既定之事。"惹人讥笑"的"人"，应指外国观察家。张到达英国之前，曾于四月十五日在美国发电："加税事由伍使与商，墨西歌约亦告墨使与伍速订。"[3] "伍"为新任驻美公使伍廷芳，"与商"者为美国国务卿；"墨西歌"即墨西哥，也是有约国家，由伍廷芳与墨西哥驻美公使谈判。由此可见，"加税"本是张出访前已决定的使命之一。清廷此时发出电旨，重点强调张在谈判中不得同意"免厘"。英国此前多次就英国货物及英国所运货物在中国境内缴纳厘金之事进行交涉，而张平日与各国使节交往时说话随意，有可能轻允，这是慈禧太后与总理衙门诸大臣，尤其是翁同龢所担心的，故用电旨来压张（该电旨应是翁所拟）。[4] 至于电旨中"全在该大臣善为说辞"，也是对国际商务谈判的极大误解。

  张荫桓收到"使事竣后，即宜讲论加税"电旨后，没有立即执行。六月初一日（6月30日），他发电给总理衙门：

---

[1]　光绪二十三年二月初三日，即清廷派张荫桓以头等专使赴英之日，翁同龢在日记中记："晚黄公度（遵宪）来长谈，其言以加洋税为主，实能指其所以然。"（《翁同龢日记》，第7卷，第3028页）此亦旁证。
[2]　《李鸿章全集》，第35册，第501页。原编者将年份标为光绪十九年，误，当为光绪二十三年。
[3]　《清代军机处电报档汇编》，第35册，第600页。总理衙门十七日收到。
[4]　翁同龢在当日日记中仅称："电旨寄张荫桓，令毋允加税免厘。"（《翁同龢日记》，第7卷，第3051页）而翁又在《自订年谱》中称："电谕张荫桓，到英国后毋允加税免厘，盖洋税无把握也。系传懿旨。"（同上书，第8卷，第3868—3869页）看来此事已惊动了慈禧太后。

论张荫桓　171

>英庆典毕，外部乡居憩劳，月底始返伦敦。因刻难遽论公事，乘间为法、俄、德之行，回商英事。已具折缕陈。仍电请代奏。明日道途，有电寄法馆。桓。东。[1]

"外部"，指英国首相兼外交大臣索尔兹伯里侯爵。"月底"，指阴历的六月底。张荫桓再次"先斩后奏"——庆典正式仪式结束后，他没有及时请示，而是等到临行前才发电——该电到达北京时，将是第二天，他已率领使团部分成员梁诚、瑞良、顾肇新、阎迺竹、李经翊、刘玉麟、曹志沂7人，在赴法国的路上。[2]总理衙门收到此电，感到奇怪，六月初三日回电称：

>东电悉。在伦无事，辄为法、俄、德之行，是否有事商酌。希电覆。江。[3]

总理衙门的电报，张荫桓没有及时收到。六月初四日（7月3日），张发电总理衙门：

>加税美首允，外部文，伍使咨呈。昨晤法外部。今日赴俄。桓。豪。[4]

这是张荫桓第三次"先斩后奏"，未及请示，又从法国去了俄国。六月初

---

[1]《清代军机处电报档汇编》，第18册，第121页。总理衙门次日收到。

[2] 张德彝称：初二日"巳初，张星宪率梁镇东、瑞鼎臣、顾康民、阎成叔、李季仲、刘葆森、曹咏归起节赴法、德、俄三国游历"。（《六述奇（附七述奇未成稿）》，上册，第71页）除了曹志沂为医生外，其余6人皆是使团的核心人物或张荫桓有心关照的人物。其余的使团成员仍留在伦敦，无所事事。

[3]《清代军机处电报档汇编》，第25册，第124页。翁同龢称，该电是由他所拟。（《翁同龢日记》，第7卷，第3061页）

[4]《清代军机处电报档汇编》，第35册，第623页。总理衙门次日收到。又，六月初一日，驻美公使伍廷芳发电总理衙门："进口加税叠与美外部力商，现来文允照傅相节略办理。惟望中国整顿内地税厘，免洋货受亏等语。另函详。廷芳。东。"（同上书，第35册，第618页）总理衙门次日收到。

六日（7月5日），张发电总理衙门：

> 江电悉。英加税难遽议，因假游历作宕，且联邦交。署中近事茫然，加税外无可商。"俄华"询借款，业告以由李相与罗使筹办。顷抵俄都，喀使以君命自法偕行，甚周到。桓。麻。[1]

张荫桓此电透露出三点内容：其一是俄国等国之行，不在先前的访问计划之内，总理衙门或光绪帝并无相关的指令。其二是华俄道胜银行询问"借款"，是当时李鸿章推动的业务，张告以由李鸿章和驻英公使罗丰禄办理，以摆脱干系，防李生疑。其三是其俄国之行，"喀使"，俄国前驻北京公使喀西尼（Артур Павлович Кассини，1835—1919），沙皇派他陪送张荫桓从伦敦经法国一直到俄国圣彼得堡。（后将详述）至于"署中近事茫然，加税外无可商"，意指他不了解总理衙门最近的情况，与英国无事可商量。英国是当时最强大的国家，号称"日不落"，在中国所获取的各种利益也最大；但中英之间的各种交涉都在北京由英国公使与总理衙门商谈。伦敦不是两国交涉的主要地区，清朝驻英公使并不了解国内的情况，张荫桓作为清朝最重要的高级外交官，居然在伦敦感到无事可干。（后将详述）

尽管总理衙门不掌握张荫桓的行踪，但伦敦的金登干却于六月初三日（7月2日）发电给赫德：

> 张特使偕梁通译及七名随行人员，昨日离此前往巴黎、彼得堡和柏林，将于7月31日（七月初三日）从南安普敦转纽约返华。[2]

这些情报自然是张荫桓使团的人员向金登干透露的。前已提及，张给总理衙门的电报称"月底始返伦敦"，而七月初三日归期已定，其在伦敦的时间极为有限，可见张根本没有准备为"加税"一事与英国政府进行艰

---

[1]《清代军机处电报档汇编》，第35册，第626页。总理衙门六月初八日收到。"俄华"，华俄道胜银行。

[2]《中国海关密档——赫德、金登干函电汇编（1874—1907）》，第9卷，第117页。

论张荫桓　173

巨的"旷日持久"的谈判。六月初七日（7月6日），金登干再发电赫德：

> 中国特使返伦敦后，将会见首相辞行，并以友好的态度，就某些有关两国利益的事务交换看法。[1]

金登干的情报来源不详，但"辞行""友好的态度""交换看法"等措辞，与光绪帝谕旨所要求的"此事固不易办，全在该大臣善为说辞"，有着很大的差别，可见张准备敷衍了事。六月初九日（7月8日），金登干再发电赫德：

> 请注意：张特使是俄国皇帝的贵宾。[2]

这是重磅消息，赫德等人最为关注者是俄国对张的拉拢。由此又可见，赫德成了北京城内比清政府更了解张荫桓动向的人士。

光绪二十三年六月十二日（1897年7月11日），张荫桓发了一份重要电报给总理衙门，报告其在俄国的活动：

> 昨俄王接见，力言真心和好，愿勿为他人摇惑。越日赠宝星，外部亲送。外部叠晤，皆邦交勿替语。因告以法使无状，屡欲侵我国权，俄、法交密，宜代开导。外部谓法总统将到，必代言。户部来言，曾接京电，商借款，俄力薄，必资法，法非购其船炮，不允。若英德不诺，俄再为，力照前次办法。云加税允商水路。俄外部穆拉斐约福甚和平诚笃，祈恩赏一等第三宝星，示联络。明日赴德。

---

[1]《中国海关密档——赫德、金登干函电汇编（1874—1907）》，第9卷，第117—118页。又，六月初十日（7月9日），金登干写信给赫德称："特使于6月30日（六月初一日）写信给沙里士伯勋爵，内称得以出席如此隆重而辉煌的盛举极感荣幸，他对女王陛下政府给予的殷勤接待深表感激，并说目前他将赴欧洲大陆做短期旅行，但在一个月内一定回来，届时希望爵爷高兴同他会晤，除告别外并以友好的方式对关系到两国利益的某些问题交换意见。据我了解，沙里士伯勋爵已通知对方收到此信，但未提起会晤的事。"（《中国海关密档——赫德、金登干函电汇编（1874—1907）》，第6卷，第703页）从信件内容来看，金登干的情报有可能得自英国外交部。

[2]《中国海关密档——赫德、金登干函电汇编（1874—1907）》，第9卷，第118页。

乞代奏。桓。文。[1]

"俄王"，俄国沙皇尼古拉二世。"外部"，新任外交大臣穆拉维约夫伯爵（М. Н. Муравьёв, 1845—1900），接替已去世的洛巴洛夫·罗斯托夫斯基。"户部"，财政大臣维特。从这份电报可以看出，张荫桓完全被俄国式外交花招所迷惑，在"真心和好"的言辞下，不知不觉地钻进其圈套之中。"他人摇惑"指的是"大博弈"背景下的英国。张因法国公使施阿兰等事，竟然请俄国进行"开导"，俄国对此居然也答应了。（后将详述）维特因接到北京电报——李鸿章向华俄道胜银行北京总办璞科第（Д.Д. Покотилов, 1865—1908）提出借款——对此婉拒，但没有将话说死。"加税"一事，俄国只"允商"海路，未谈陆路加税；而俄中贸易走海路不多，即将建成的西伯利亚大铁路将是俄中贸易的主要通道。张获得俄国沙皇所"赠"勋章，也建议给俄国外交大臣穆拉维约夫颁发"一等第三宝星"。而在电报之末，张故伎重演，第四次"先斩后奏"——"明日赴德"。总理衙门收到此电时，他已到了德国。对此，总理衙门于六月十六日回电称：

> 宝星为酬答起见，如赏给作何措词？台从何日回英开议加税？希电复。铣。[2]

前一句话是询问用何种理由（"措词"）"赏给"穆拉维约夫"宝星"？后一句话没有询问张到德国去干什么，而是直接问"何日回英"，并提示其使命是"开议加税"。

尽管清朝的电报保存比较全，尽管总理衙门要求"希电复"，但我没有查到张荫桓在德国发回的电报，很可能就没有发电，即"只斩不奏"了。直至七月初一日（7月29日），张荫桓才由伦敦发电给总理衙门：

> 英外部允加税，未索免厘，已饬窦使与总署妥议。因商务在华，

---

[1]《清代军机处电报档汇编》，第18册，第130—131页。总理衙门六月十四日收到。
[2]《清代军机处电报档汇编》，第25册，第129页。

云此间无可辩论。已报起程。钞奏、问答咨呈。桓。冬。[1]

这份电报极为简短，英国外交大臣索尔兹伯里侯爵原则上同意清朝加税，但由英国驻华公使窦纳乐（Claude Maxwell MacDonald，1852—1915）与总理衙门"妥议"。"云此间无可辩论"，当然是索尔兹伯里所"云"，他将张荫桓打发了。（后将详述）"已报起程"，指他将从英国回中国。"钞奏、问答咨呈"，指相关的奏折和其他文件由海船发回北京。这是张此行给总理衙门最后的电报。

张荫桓的这份电报七月初三日才收到，总理衙门初四日进呈光绪帝。也就是说，清朝收到张报告在俄国觐见沙皇电报19天后，才收到其结束使命离英回国的电报。张作为赴英庆贺专使，未奉旨命而往访三国，确属专擅独断。说来也巧，恰在初四日，国子监司业贻谷上奏弹劾张荫桓：

> 户部侍郎张荫桓出身卑贱，朝廷以其熟悉洋情，叠加擢用。该侍郎稍有人心，宜如何感激图报，仰酬知遇。乃位秩日崇，恣睢日甚。上年总理衙门议购外洋铁甲、鱼雷等船，为重整海军之计，上海、天津洋商牟利而来者，无不先入其门，纳贿营求，闻该侍郎所得不下五六十万金。人言藉藉，岂尽无因？际此帑藏奇窘，借款难偿，该侍郎职贰司农，犹复私营囊橐，试问其尚有天良乎？本年二月间，张荫桓奉命前往英国致贺，事毕后，理宜即行回京。乃近闻该侍郎任意游历外洋诸国，经总理衙门闻知，发电诘责。该侍郎复电以联络邦交为词，毫无顾忌，仍复悍然长往。抵俄国时尚有来电，近则杳不知其所之。如此跋扈情形，闻者莫不发指……惟未经奉旨，又不请旨，例以人臣无将之义，其罪已无可逭……相应请旨，饬下军机大臣，将张荫桓应得罪名豫为定议，俟该侍郎回京之日，即行明降谕旨，从严惩治，庶足以彰国法而杜专擅。

贻谷的弹劾之词，主要批责张荫桓的贪婪，提到了购买军火中的"回扣"（后将叙及）；再批责其借"联络邦交"之名而"任意游历"；从"发电诘

---

[1]《清代军机处电报档汇编》，第18册，第152页。

责""近则杳不知其所之"等言辞来看，贻谷是有内部情报的。由此又可推断，该折的背后另有操纵之手。[1]然光绪帝恰收到张从伦敦发来的电报，对此折没有相关谕旨下发。七月十八日，李鸿章写信给其子李经方：

> 翊侄经樵野奏明，备资游历，恐无好处。樵动止任意，朝廷颇不谓然。昨又有人奏参，虽未交查，殊没意味。现由万库屋回华。[2]

"动止任意"，指张荫桓在欧洲的访问事先无计划，随意行动。"昨又有人奏参"，指贻谷的弹章。"殊没意味"，表达了总理衙门诸大臣的看法。"万库屋"，即温哥华。再查《李鸿章全集》，可以看到两份电报。七月十二日，李鸿章发电驻英公使罗丰禄："樵使何日起程，往何处？"罗次日回电："樵本月初三赴美，二十六由万库屋乘日本皇后船回华。"[3]罗是李鸿章的亲信，李通过私人关系才得知张的行踪。由此又可知，张未向朝廷报告其回国路线与时间。若按经美国、太平洋、日本原路返回的行程，张荫桓一行将于八月中旬回到北京。

张荫桓此期发给总理衙门的电报极少，而赫德与金登干之间的书信电报却很多，核心内容是给张荫桓授勋。六月八日（7月7日），赫德发电金登干："授予张特使勋章了吗？"金登干次日回复："没有授勋。"[4]赫德的提问，说明"授勋"是其既定的目标，很可能他在张离京前已有所承诺；而英国政府没有授勋，是因为参加庆典的各国特使甚多，便一律不授。于是，赫德和英国驻华公使窦纳乐同时向英国外交部展开活动，要求等张从欧洲大陆返回伦敦时，授其勋章，最重要的理由是英国对手俄国有所行动。六月十九日（7月18日），赫德给金登干的信中称：

---

[1] 贻谷："使臣跋扈形迹显著请旨严惩折"，《军机处档折件》140391，台北故宫藏。张荫桓后在光绪二十四年六月二十二日日记中，称此事是总理衙门总办章京杨宜治所为："二月，余奉使欧洲，司业贻谷劾余跋扈，买船中饱，时论诧之。贻谷在聚宝堂饮酒语人曰，此疏得自杨某。及余回京，虞裳豫寄津局陈梦陶函，辨无其事……"（《张荫桓日记》，下册，第618页）此事若为实，杨宜治只是提供内部情况者，清朝高层中另有指使者。（后将详述）

[2] 《李鸿章全集》，第36册，第192页。原署日期为光绪二十四年，误，当为光绪二十三年。

[3] 《李鸿章全集》，第26册，第355页。

[4] 《中国海关密档——赫德、金登干函电汇编（1874—1907）》，第9卷，第118页。

> 此间我们今天听说喀西尼已经掌握了张荫桓：沙皇请张氏作为他的客人，并表示要帮助中国渡过财政难关和办理借款等等……[1]

赫德、金登干说出了他们的担心，怕张荫桓与俄国走得太近。真正使英国政府做出决定的关键因素，很可能是六月十九日（7月18日）梁诚从德国的埃森（Essen）发给金登干的一封信。六月二十一日（7月20日），金登干发电赫德：

> 梁诚来信说，俄国皇帝授予张特使一级圣安娜勋章。他们今日抵巴黎，星期日来伦敦。[2]

梁诚此信，文字平淡，用意甚深，实际上是向英国政府摊了牌。"星期日"是六月二十六日（7月25日），距张荫桓一行离开英国仅有6天，要在这么短的时间内达成此事，金登干等人开足了马力。从最后的结果来看，英国政府决定授勋的时间是七月初二日（7月30日），即张荫桓会见索尔兹伯里侯爵3天之后。梁诚当日下午得到了正式消息而激动万分，张荫桓当晚回到伦敦旅馆闻讯亦喜出望外，勋章送到特使所住旅馆是晚上9点半之后，而第二天（七月初三日，7月31日）一大早，张荫桓一行将搭火车前往南安普敦，乘船经美回华。没有正式的授勋仪式，也不经过清朝驻英国的公使馆，整个授勋过程让人看起来有如私相授受。[3]当梁诚问起此中的内幕时，金登干故作玄虚地表示不方便透露。

---

[1]《中国海关密档——赫德、金登干函电汇编（1874—1907）》，第6卷，第706页。从时间来看，赫德的消息也有可能得自总理衙门。

[2]《中国海关密档——赫德、金登干函电汇编（1874—1907）》，第9卷，第120页。

[3] 张荫桓六月二十八日与英国首相兼外相索尔兹伯里的会谈、七月初二日接受英国政府授勋，张德彝皆没有相关记载。张德彝记录：六月二十六日，张荫桓一行回到伦敦，仍住塞西尔旅店；二十七日，张德彝宴请使团顾肇新、瑞良、钱绍桢；二十八日，罗丰禄"请张星宪及参随等本街朗康店内晚酌"；七月初一日晚，汇丰银行宴请张荫桓一行；初二日，张德彝"午后赴赛西店，与张星宪及顾、瑞二君禀安送行"；初三日，张德彝等人送张荫桓一行至南安普敦。（《六述奇（附七述奇未成稿）》，上册，第83—85页，"本街朗康店"，即Portland街Hotel Langham）张德彝于六月二十八日、七月初二日见到张荫桓，仍不知情，可见张荫桓等人对公使馆的人员都保密。

如果说张荫桓的做派有如"广州的买办",那么,金登干的行径有如"伦敦的掮客"。金登干送走张荫桓一行后,立即向赫德发电:

> 张特使昨晚接受授与的圣迈克尔和圣乔治大十字骑士勋章,梁通译授与圣迈克尔和圣乔治高级爵位勋章。今天他们去南安普敦,我为他们送行,一切顺利。[1]

相对于赫德手中的大量情报,同在北京的清朝政府要被动得多。据清朝军机处《随手登记档》,光绪二十三年七月十九日,光绪帝收到张荫桓于五月二十九日在英国发出的两折三片:"抵英呈递国礼折""抵英呈递国书折""庆礼完事先赴俄、法、德一行片""商借巨款请先统筹抵偿片""道员李经翊自备斧资随带出洋片"。[2]前两折和最后一片,我在前面已经介绍过;在"庆礼完事先赴俄、法、德一行片"中,张荫桓称言:

> ……现在英国庆礼完毕,沙斯伯力即回乡憩息,此时机局,英似无暇及此。臣拟趁此先赴俄、德、法各国一行。俄交最敦,宜可相助,且俄主令喀希尼来英约臣往游,并属许景澄电达,自难相却。又,法约二十七款,于加税事有关系,宜与外部一周旋。德为必经之路,且须周历船、炮各厂,亦捎一晤外部。计期返英,沙斯伯力亦可回至伦敦,再与订晤筹商,可期接洽。[3]

直到此时,清廷才得知张荫桓突然决定出访俄、法、德的理由,尽管十分牵强,其核心因素是俄国沙皇尼古拉二世的主动行为,决计要笼络张荫桓。法、德两国之行,属其顺道办事。至于"商借巨款请先统筹抵偿片",说的是总理衙门正忙着向西方各国(俄或英)借款以付日本巨额

---

[1]《中国海关密档——赫德、金登干函电汇编(1874—1907)》,第9卷,第121页。
[2]《清代军机处随手登记档》,第147册,第429页。
[3]《军机处档折件》140681,台北故宫藏。该件是录副,注明:"光绪二十三年七月二十日",有可能是光绪帝第二天才看完发下。又,该折又见于《张荫桓诗文珍本集刊》,第1册,第226—233页。

赔款之事，牵涉到张荫桓、翁同龢与李鸿章之间的矛盾，牵涉到赫德有意让英国主导借款权，情节曲折复杂，与本文主旨亦稍异，此处不再分析。[1]

再据《随手登记档》，光绪二十三年八月二十日，光绪帝收到张荫桓于七月初二日在英国发出的一折两片，即"遵议加税情形并起程回华日期折""俄外部穆斐约福请赏加宝星片""请假回籍片"。[2] 其"遵议加税情形并起程回华日期折"，张荫桓先说明其去俄、德、法三国访问的大体情况，极为简单（不足300字，我将之放在下一节中集中分析）；随后正式报告了与英国外交大臣索尔兹伯里侯爵的加税谈判，称言：

> ……臣遂于二十六日返英，二十八日往晤沙斯伯力，仍就上年李鸿章与议按镑完税发端，告以近日银价愈跌，吃亏愈甚，不能不按镑价收税，俾期平允。沙斯伯力谓：镑价涨落无常，而税则须有定数，与其加镑，不如加税。前已电知驻华使臣窦纳乐与总理衙门商办。臣询以窦纳乐商办之权足否？彼谓国家可予全权，电音迅捷，亦须时达外部。因事在中国，总应总理衙门就近相商云。臣维中国需用孔殷，加抽洋税，自不可缓。抵英之先，道经美国，曾向该国外部就商此举。六月朔夕，接出使美国大臣伍廷芳来电，美已首允加纳。此次俄、法等国，亦均有受商之机。中国洋商，英为最盛，各国虽视英为标准，而众议允商，英亦不能独异。臣就各国允商情形与沙斯伯力谈论移时，伊无要索免厘之说，惟以期望中国富强，英无不实力相助为言。第彼既令驻华使臣与总理衙门相商，所言亦甚得体，臣无可驳论，遂与握辞。

尽管张荫桓用了很多语言说明他的努力（多属虚张声势），但不得不承认此项重要使命他没有完成。张与索尔兹伯里侯爵只商谈了一次，没有

---

[1] 张荫桓："马关条约互换之日起应还日本赔款请饬总理衙门筹画的款以免贻误片"，《军机处档折件》140678，台北故宫藏。相关的研究，可参见马忠文：《张荫桓与英德续借款》，《近代史研究》2015年第3期。

[2] 《清代军机处随手登记档》，第147册，第556页。

"善为说辞",便知难而退了。光绪帝朱批:"该衙门知道"。[1]在北京的赫德得知张负有"加税"使命时,知其难度甚大,还误以为张在短期内回不了国。[2]其"俄外部穆斐约福请赏加宝星片",张荫桓称言:

> 臣昨赴俄都,俄君接见时特佩中朝宝星,既昭光宠,且为成亲睦之证。越日,赠臣头等宝星,派外部大臣穆拉斐约福亲送,参、随以下,亦复遍赠宝星,礼遇殊优。臣维中俄方睦,俄官得中国宝星者甚众,而现外部大臣穆拉斐约福未蒙赐给。该大臣平正通达,极顾邦交,拟乞恩赏头等第三宝星以示联络。

张荫桓的言辞,颇具"礼尚往来"之意味。他将沙皇尼古拉二世佩戴"中朝宝星"当作重大事件(若在清朝,光绪帝佩戴外国"宝星",当然属礼教中的重大事件,后将叙述),说明"昭光宠","成亲睦之证"。张还说明,不仅他本人获"头等宝星","参、随以下,亦复遍赠宝星",即

---

[1] 张荫桓:"遵议加税情形并起程回华日期折",光绪二十三年七月初二日,《军机处档折件》141345,台北故宫藏。张在该折中还称:"除将'问答'咨呈总理衙门外";"问答",即此次会谈的记录,备忘录性质,送总理衙门存档。又,张荫桓在前往俄国等国之前,曾于五月二十九日的"庆礼完事先赴俄、法、德一行片"中,说明当年李鸿章与英谈判内容及英方"免厘"之实质:"臣查加税一事,上年李鸿章到英时曾与英外部大臣侯爵沙斯伯力一再详商,给与略节,重译问答。其时李鸿章意在按镑价完税,不遽言加税,而所加已巨。英外部以按镑完税为难,而允商加税,而须缓至约之年,又须与上海、香港商会斟酌方能定议。中英条约两年即届重修,届时由户部予驻京公使训条,在京商议。所谓免厘者,以广东半税单外,仍补纳厘金为言,其于加税尚无龃龉。"(《军机处档折件》140681,台北故宫藏)张的意思是,按照条约,英货在付关税并付子口税(半税单)即可通行内地而不纳厘金。当时广东加收厘金,英国公使与总理衙门有过交涉。
[2] 六月初五日(7月4日),赫德给金登干的信中称:"张荫桓原定着手'提高税率'谈判,但是你来电说他于31日动身返华,说明那个主意也放弃了。"(《中国海关密档——赫德、金登干函电汇编(1874—1907)》,第6卷,第699页)六月二十六日(7月25日),赫德给金登干的信中称:"我听说谕旨著令张氏现在就著手谈判提高税率问题,据说他将不得不留在欧洲直到这个问题得到解决。这道谕旨里面'忧'多于'喜',我就要发电通知你:你同张氏的关系从庆祝大典结束,他离开英国即宣告终了。大老李希望把张氏挤出北京……"(同上书,第6卷,第710页)"大老李",李鸿章。赫德误判李鸿章以"加税"事,让张荫桓留在欧洲,即"挤出北京"。七月初四日(8月1日),赫德给金登干的信中称:"……因为我了解张氏要在欧洲谈判提高税率问题。要呆一段长时间……"(同上书,第6卷,第713页)赫德的情报虽不准确,但知道谈判的难度甚大。

使团人人有份，可见俄国的勋章攻势甚为猛烈。光绪帝朱批："著照所请。该衙门知道。"[1] 其"请假回籍片"，张荫桓称言：

> 臣前自美国差竣回京供职，去家垂十年。此次奉命使英，归帆回泊香港，距臣家不一日程。臣陛辞之日，叼蒙殊恩，准假一月，回籍省墓，就近察看西江通商情形，渥被圣慈有加无已。荷生成之逾格，弥感悚之莫名。臣行抵香港，即遵旨返里。仍俟到籍再行具报。

张在出发前已有请假回籍之请求，且已获准；此时以归程香港为由，要求请假一个月。光绪帝朱批："知道了。"[2]

张荫桓的奏折是从英国寄回总理衙门，其内容也为总理衙门诸大臣所知悉。若以请假一个月计，他于八月中下旬到南海佛山镇省亲、修墓，再考察西江通商（从香港经三水到梧州），待其回到北京，将是十月底。此时西方各列强纷纷向清朝施压，更兼借款不利，号称最知"洋务"的高级外交官长期缺位，总理衙门的工作将应接不暇。当张到达香港时，总理衙门的电报已在等他。八月十七日，张发电总理衙门：

> 请假折七月朔在英拜发，计递到。顷抵港，总办传谕祇悉。现赶订船期，回乡一转即回京。西江通商情形，派员分往察看。务求代乞圣恩准假。桓。霰。[3]

"总办"，即总理衙门总办章京；"传谕"，当属总办传达总理衙门大臣（很可能是首席大臣恭亲王奕䜣）之谕，让其尽快回京。张在电文中仍要求"回乡一转"，并"代乞圣恩准假"。总理衙门八月二十日回电："霰电

---

[1] 张荫桓："俄外部穆斐约福请赏加宝星片"，光绪二十三年七月初二日，《军机处档折件》141346，台北故宫藏。"参、随"，参赞、随员。

[2] 张荫桓："请假回籍片"，光绪二十三年七月初二日，《军机处档折件》141347，台北故宫藏。

[3] 《清代军机处电报档汇编》，第36册，第12页。总理衙门八月十九日收到该电。翁同龢还专门在日记上注明一笔："得樵野电。"（《翁同龢日记》，第7卷，第3084页）可见总理衙门长久没有消息而对此有所关注。

悉。请假于二十日呈递附片,奉朱批:'知道了。钦此。'号。"[1]张由此获得回籍省亲之机会。这也是他最后一次返乡,衣锦而铺张。半个多月后,九月初六日,张发电总理衙门:"即日由籍起程回京。乞代奏。桓。麻。"[2]又据翁同龢日记,二十五日晚,张赴其颐和园公所,因翁早睡而未见。[3]由此来推算,张应于九月二十四日或二十五日回到北京。由出京至回京,张荫桓此行共计约7个月。

## 4. "进献"与保举

光绪二十三年九月二十六日(1897年10月21日),光绪帝、慈禧太后在颐和园分别召见张荫桓。翁同龢在日记中称:

> 张荫桓到京,召对四刻,有进献物,谕交庆王送奏事处。退与樵野言之,又赴庆邸园言之,甚波折……答樵野于善缘庵,又至其家,皆未见,伊今日东朝有起也……两随员瑞良、顾肇新皆来园,晤之。[4]

"四刻",即一小时,光绪帝召见的时间很长。"庆邸园",庆亲王奕劻在颐和园旁的住所,即承泽园;"善缘庵",位于圆明园旁,是张荫桓赴颐和园时的住所。"东朝",西太后(慈禧太后)。"进献物",指张给光绪帝、慈禧太后的礼物。"谕交庆王送奏事处"一句,意思极为复杂,指光绪帝谕翁同龢传谕张荫桓将进献物交给庆亲王,由庆亲王送奏事处,再转慈禧太后。翁亦称"甚波折"。翁的日记对张"进献"一事,还有多处记载:

---

[1] 《清代军机处电报档汇编》,第25册,第145页。
[2] 《清代军机处电报档汇编》,第18册,第189页。总理衙门于九月初八日收到该电。特别有意思的是,九月十七日,总理衙门收到随同张出使的顾肇新、瑞良在上海发出的电报:"总办鉴:张堂昨晚抵沪,候船即行。新、良。篠。"(同上书,第36册,第33页)他们很可能奉命在上海等张。
[3] 《翁同龢日记》,第7卷,第3096页。
[4] 《翁同龢日记》,第7卷,第3095—3096页。查光绪帝此期行踪,九月二十四日办事毕从皇宫赴颐和园,二十六日办事毕从颐和园回皇宫。光绪帝此次赴园,似为慈禧太后十月初十日的生日庆贺做准备。从翁同龢所记来看,他对张荫桓的"进献"很不以为然。

> 九月二十七日，……午访樵野，为进献事也。(传知外，未著一语)
>
> 九月二十八日，……而樵野来，向晚孙驾航来，两人坐至黑，樵野先去……
>
> 九月二十九日，有庆王起，论张君进献事，余等入，复力言之，命传知张某……归访樵野，传命讫，谈良久。
>
> 十月初五日（10月30日），是日张樵野进贡（此自洋归之贡），入见于乐寿堂，上侍侧，所进两分，即命以一分送玉澜堂。[1]

"乐寿堂"，慈禧太后在颐和园的寝宫；"玉澜堂"，光绪帝在颐和园的寝宫。从翁日记中可以看出，张荫桓"进献"之事甚为隆重，同时在慈禧太后住处（乐寿堂）"所进两分"，慈禧太后命将其中一份送光绪帝住处（玉澜堂）。五天后，即慈禧太后六十三岁（虚岁）的生日。张的"进献"属于祝寿。

张荫桓的"进献物"为何？一年后，张获罪发遣新疆，押解官员王庆保、曹景郕著《驿舍探幽录》，对此有记录：

> 余去岁奉命出洋时，内大臣某语余曰：归时须以外洋新奇宝物献太后。余记之，不敢忘。差竣，遂备钻石串镯一副，配以祖母绿帽花一颗，装潢献太后。此帽花系前在法京拍买法总统御用之物，色极葱蒨。复恐皇上见怪，亦备金刚钻镯一副，红宝石帽花一颗。先献皇上。上谕曰：太后处有否？余对曰：有。皇上曰：汝将此并呈太后，朕自可得。余遂其折托立豫甫呈进，豫甫告之李总管，即李联英，外人所称"皮小李"者也。时总管方沐发，急竣事，易衣入奏，奉懿旨：著抬进去。蒙太后赏饭，饭毕谢恩，见皇上在太后侧，捧一盒走而去，知系所献物也。余献此，两宫甚喜，且常服御。

---

[1]《翁同龢日记》，第7卷，第3096—3097、3100页。"传知外，未著一语"，指向张荫桓传达光绪帝的旨意外，未发评论之词。"有庆王起"，指光绪帝召见庆亲王奕劻。奕劻此时主要在慈禧太后身边随侍。"孙驾航"，孙楫，号驾航，军机大臣孙毓汶之侄，户部尚书孙瑞珍之孙，曾任顺天府尹等职。十月初五日张荫桓进贡，作为庆贺慈禧太后生日之贡，当时各大臣都有贡品。

后伺探访近臣云：太后尝言红帽花较佳耳。当余出宫时，有内臣谓余曰：李总管亦须送物，事始周到。余仓卒无以应，拟俟补送，后竟忘记，遂开罪于彼。[1]

《驿舍探幽录》通篇所记内容都不太准确，王庆保、曹景郕多有添油加醋。就上引内容而言，翁同龢称光绪帝交代庆亲王奕劻转告慈禧太后，张荫桓亲自去慈禧太后的寝宫乐寿堂进贡，光绪帝"侍侧"，此处却记张托总管内务府大臣立山代进；且以张的习性而言，若真有补送"李总管"之事，不太可能忘记。然而，不管此中有多大误差，张尽心为慈禧太后（光绪帝）准备进献物，却是真实可靠的。至于"祖母绿帽花"，确实是张在10年前（光绪十三年，1887）在巴黎所买法国皇帝拿破仑之遗物。[2]

还需说明的是，光绪二十年（1894）慈禧太后六十大寿庆典，经过一年多的准备，花银近千万两，因甲午战争而中止。光绪二十一年又是马关订约之年，清朝需付巨额赔款。光绪二十二年，光绪帝的生母、慈禧太后的亲妹叶赫那拉氏病故，光绪帝须守孝。光绪二十三年慈禧太后的生日，颇有"补过"的意图，许多活动看起来有如六十大寿庆典的缩小版，这在翁同龢日记中有着详细的记录。[3]许多王公大臣都是通过内

---

[1]《驿舍探幽录》，《丛刊·戊戌变法》，第1册，第498页。"立豫甫"，立山，户部侍郎、总管内务府大臣。又，吴永后来对此有回忆，亦称"谓受李莲英所中伤"，再查吴永所言，亦属添油加醋，不足为信。（吴永口述，刘治襄笔记：《庚子西狩丛谈》，中华书局，2009年，第18—19页）

[2] 张荫桓在《三洲日记》中记：光绪十三年六月初十日，即张荫桓从西班牙返回美国再次路过巴黎，"未初培克思约观拿破仑所遗珠饰，其法冠一顶纯用白钻石堆成，花朵中嵌红宝石，绝类梵僧五佛冠，又项串一持，钻石二十四枚，极大者重四钱，色微黄，又绿钻石两枚，皆冠饰物也。坐次雷雨，因法馆参赞订约三点钟来晤，匆匆返寓已相左矣。"同年八月二十八日，张荫桓时在纽约，"曩在巴黎得拿破仑冠饰绿钻石两枚，持往铁佛呢估价，倍于原索之数……"（《张荫桓日记》，上册，第213、240页）"未初"，下午1时。"培克思"，不详其人。"铁佛呢"，似为纽约大珠宝行 Tiffany & Co，今开设多间分行，汉译为"蒂芙尼公司"。由此可见，张荫桓在法国巴黎花费了很大心思购买了"绿钻石两枚"，以致误了"订约"，两个月后其价有大涨。这也是张的"精明"之处。

[3] 从翁同龢日记来看，提前一个月，即光绪二十三年九月初八日，他听到军机章京郭春榆的消息，慈禧太后的生日要大办。初十日，礼部上有题本，光绪帝下达了正式谕旨："钦奉懿旨，本年万寿在颐和园排云殿受贺。钦此。宣表行礼，躬进贺表，初八日在仁寿殿率王公百官筵宴，次日皇后内廷公主、福晋、命妇筵宴。一切典礼，（转下页）

务府的关系转送慈禧太后生日庆典礼物。张荫桓亲自"进献",很可能是唯一的,至少汉人大臣中是唯一的。[1]

---

(接上页)各衙门敬谨预备。"慈禧太后也下达了懿旨:"派恭亲王、庆亲王奕劻会同礼部、内务府办庆贺典礼。"十七日,军机处递进膳名单,翁还作"略记十月中典礼:初八日王公百官筵宴,上进酒。初九日内廷福晋命妇等筵宴,后进酒。十一日近支宗亲宴,上进酒并进舞,近支彩衣进舞十对。十四日内廷家宴"。二十一日,翁听闻礼部、内务府查勘地势,"绘宴图"。二十八日,内务府递"仁寿殿十月初八日宴图",共有近支王公、王公大臣、二品大臣、三品以下大臣"共一百九十张。技艺九项"。并有"仁寿殿赐酒名单",为恭亲王奕䜣以下近支王公、军机大臣共18人。十月初三日,被赐酒的王公大臣"演礼",从中午12时开始,进行了一个半小时。初七日,翁日记称:"是日辰初二刻皇太后回宫,诣寿皇殿及各处拈香行礼,皇上率百官于东宫门外跪送(金殿设道左,跪迎跪送均在道右,群臣排于道之东头,以西为上)。酉初还园,跪迎如前仪。骑驾、鼓乐前导……(自初七至十五,花衣九日,推班九日……)"初八日,翁又记:"……卯正二刻皇太后御仁寿殿(东向),上旁坐(南向),赐群臣宴,上亲进酒,从容严重,观者称圣,被赐诸臣亦均如礼,五刻毕。天雨既止,地亦不湿,廷中坐者甚整齐也。退至直房脱朝衣趋入,顷赏御前大臣、军机大臣、内务府大臣、近支王公等听戏也,饭于暖篷。午前暂归……戌正散"。初九日,翁又记:"是日内廷筵宴(卯正二刻)。皇后进酒,一切昨仪……(戏四十七刻)。"初十日,翁又记:"皇太后万寿节……是日先朝贺,后见起……上于宫门槛外正中跪,大学士一人捧表,二人展之,宣表毕,上亲捧表(连函)入至皇太后座前恭进,退出,仍原位行三跪九叩礼,诸臣起跪皆如之……即至颐和园听戏处。巳正皇太后驾至、恭、庆二邸率群臣,分东西两边登中间丹陛行三跪九叩礼。毕,乃入座,随即出饭。……戌初一刻散(四十二刻,灯戏在排云殿,臣工未与,故得早退)。"十一日,翁又记:"是日午初仁寿殿近支王公宗亲宴,上躬进舞(一次),恭亲王等皆彩衣进舞(十对,皆两次)。"此后的庆典活动一直持续到十月十五日。当日总理衙门收到曹州教案的电报,翁同龢有意"拟电旨请发",恭亲王奕䜣恐影响庆典,命"待明日"。(《翁同龢日记》,第7卷,第3089—3105页)慈禧太后每次欲大办生日,皆遇战争。光绪十年遇中法战争,光绪二十年遇中日甲午战争,光绪二十三年小办生日,结果遇德国强占胶州湾,清朝已无力抵抗,没有演变成为中德战争。

[1] 翁同龢在光绪二十三年十月初五日日记中称:"……借刚、钱二公同诣立豫甫,晤之,将贡物看过,一切皆托其代办妥协,将每人贡单携归,明日递进。(先拟交奏事处,旋定由南书房太监将单送交李总管呈上。宫门首领四两,事上首领四两,司房首领四两)礼王。刚公:玉如意九柄(极华藻)。䌷缎十匹。(亦绚烂。端方办,交立公)钱公:套红如意九柄,库金九匹。(立办,皆大玻璃匣,匣角粘黄签:'某某跪进。')臣龢:套红如意九柄,䌷缎九匹。(立办,皆大玻璃匣,匣角粘黄签:'某某跪进')"初六日日记又称:"是日呈进贡物,令朱监送内,余等在直房恭俟(贡物价三百三十四两,零费十二两,军机处又十二两)。巳初传赏饭,易花衣补褂,入至宫门内北屋(即常时候起处),饭罢至戏台旁屋(即常年听戏所坐处)。巳正召见于乐寿堂(跪安,一跪六叩,谢饭,谢赏件,上垫。皇太后谕:今年非正庆,汝等何多礼。因三叩首谢赏收,数语退。赏御笔画一轴(装好),绣蟒一件……此次进贡原议非奉谕不敢备,既而常年(转下页)

光绪二十三年十月二十七日（1897年11月21日），张荫桓回到北京一个月之后，上奏一折三片："随带出使各员请奖折""梁诚请发洋务省分片""金登干、赫政请奖宝星片""瑞良、顾肇新请奖片"。[1]其"随带出使各员请奖折"，张荫桓奏称：

> ……臣系钦奉特派头等专使，与寻常驻使不同。抵英之日，酬接礼仪，倍形繁密，又值各国专使同时毕集，尤须相机联络，以裨邦交。在事诸员，历涉重洋，不避艰险，随臣将事均能勤慎耐劳，毫无贻误。

这些文字的内容极其空洞，看不出这么多的随行人员在"酬接礼仪""相机联络"中起到了什么作用；张却以李鸿章出使之先例，"缮具拟保衔名清单""仰恳天恩，照拟给奖，以示鼓励"：

> 礼部候补主事罗凤华，拟请以本部主事遇缺即补，并赏加四品衔；候选道陈善言，拟请赏加二品顶戴；分省试用道陈昭常，拟请仍以道员分发省分归候补班前先补用，并赏加二品顶戴；分发山西试用知府阎迺竹，拟请免补本班，以道员仍留原省归候补班补

---

（接上页）进奉者先焉，常年不进奉者继焉。外廷则李相首进，由是纷纷藉藉，责枢臣何独不然。质诸恭邸，恭邸亦云当进，乃有此急就章也。群公皆初一进，李相初二，今日则麟、许、廖、长顺、张荫桓、陈学棻、景沣，在内遇之。"（《翁同龢日记》，第7卷，第3099—3100页）"刚、钱二公"，军机大臣刚毅、钱应溥。"立豫甫""立公"，立山。"李总管"，李连英。"礼王"，军机大臣礼亲王世铎。李相，文华殿大学士李鸿章。"麟、许、廖"，麟书、许应骙、廖寿恒。"零费十二两"，指给办事太监的"赏钱"，即"宫门首领四两，事上首领四两，司房首领四两"。"军机处又十二两"，指军机处诸位大臣给立山等人的"托费"，也是给太监的，共同分担，翁名下为银十二两。由此可见，翁同龢等人托立山代办；翁的贡品花银三百三十四两，只是传统的如意、绸缎，与张荫桓初五的特殊"进献"相比，显得寒酸。然就翁的清廉而言，托立山所办贡品的开支，已是巨款。同年九月初五日，翁在日记中称："以巨价（三百五十）收宋刻《长短经》八册，乾隆御题，静海励氏物"。（同上书，第7卷，第3089页）该书很可能是翁耗资最大的收藏，现藏于上海图书馆。又，从翁日记来看，张荫桓除特殊"进献"，初六日似另有例行的贡品。

[1]《清代军机处随手登记档》，第148册，第110—111页。

用,并赏加二品顶戴;分省试用知府钱绍桢,拟请免补本班,以道员仍分发省分归候补班补用,并赏加二品顶戴;分省候补知府刘玉麟,拟请免补本班,以道员仍分发省分归候补班补用,并赏加二品顶戴;四品衔分发洋务省分候补直隶州知州马廷亮,拟请免补本班,以知府仍分发洋务省分归候补班尽先补用,并赏加盐运使衔。

以上7人,是张奏报的随员,其中钱绍桢、阎迺竹分别由"兵部郎中""礼部主事"改为"试用知府",刘玉麟由"补用直隶州知州"改为"候补知府",属在保举前通过捐纳而改变官职,此次直接保举为"候补道员"(即张获安徽徽宁池太广道实缺前的职位)。其余4人,亦有较大的升迁。除此之外,清单还有8人,即张前次奏折称"应调供事、武弁、学生各项",此次奏折称"其医官、学生、供事、武弁"等:

山东候补同知许应骡,拟请免补本班,以知府仍留原省补用,并赏加盐运使衔;分省试用同知彭思桂,拟请免补本班,以知府仍分发省分归候补班前先补用,并赏加盐运使衔;五品衔直隶州知州用、分省候补知县萧佐廷,拟请随带加二级,并赏给五品封典;分发广西试用县丞李熙敬,拟请免补本班,以知县仍留原省归候补班补用,并赏加同知衔;分省补用县丞于懋谦,拟请免补本班,以知县仍分发省分归候补班补用,并赏加同知衔;布政司理问衔曹志沂,拟请以布政司理问不论双单月尽先选用,并赏加四品衔;都司衔两广督标中营补用守备陈吉胜,拟请免补守备,以都司仍留两广督标尽先补用,并赏加游击衔;随同游历二品衔分省补用道李经翊,拟请赏交军机处存记。[1]

第一位许应骡,是礼部尚书、新任总理衙门大臣许应骙的弟弟。最后一位李经翊,即李鸿章之侄。曹志沂是使团的医官。其他人员的情况还一

---

[1]"随带出使各员请奖折"(附清单),光绪二十三年十月二十七日,《军机处档折件》142593,台北故宫藏。值得注意的是,张荫桓还称:"除千、把末弁由臣咨部核奖,并酌给功牌外",即另有千总、把总等低级武官等人。

时未能查清楚,当属张夹袋中的人物。这些人在使团中所起的作用很不清楚,皆得从优保举。[1]然以上15人,随张荫桓出使欧洲,亲见欧美主要国家,当属其人生中的一大"历练",其外部知识应有很大的提升;但张没有将他们放在总理衙门或需要外部知识的地方或部门,除了马廷亮外,皆让他们到各地或各部门"升官发财"去了。[2]光绪帝下旨:"依议。"其"梁诚请发洋务省分片",张荫桓奏称:

> 盐运使衔候选道梁诚,上年十月经臣保奏,由吏部带领引见奉旨:交军机处存记。钦此。此次由臣奏调出洋,派充头等参赞,于接见各国君后及外部大臣,皆该员传递语言,坛坫周旋,深资赞助。该员器宇宏深,事理通达,西国人士与之往还,亦莫不服其才识,交相引重,诚为洋务中不可多得之才,假以事权,必能得力。

张援引李鸿章保举徐寿朋之例,要求将梁诚"发往沿江沿海洋务最繁省分补用,并赏加二品顶戴"。[3]光绪帝下旨:"依议。"其"金登干请奖宝星片",张荫桓奏称:

> 该二员(金登干、赫政)本在英国,臣抵英之日,即在码头迎谒,致送国礼,水陆转运资其照料,英廷庆贺各事亦随参赞各员敬慎将事。

---

〔1〕若与张德彝在英国南安普敦接人的名单相比较,增加了分省补用县丞于懋谦,而萧佐廷的官职也从"分省县丞"变为"五品衔直隶州知州用、分省候补知县"。
〔2〕这15人最后的官职尚不太清楚,可以确认的是:陈昭常由广西巡抚黄槐森奏留广西,委充行营营务处、广西洋务局总办等职,后任珲春副都统、吉林巡抚。钱绍桢后来加捐指分湖北,稽查通省保甲事务、总办宜昌土税膏捐局、全省营务处、汉口水电官局、总办芦汉铁路黄河南岸工程局,并曾署理湖北安襄郧荆道。刘玉麟后由驻英公使罗丰禄调任驻新加坡代理领事,后任外务部右丞、驻英公使。马廷亮仍在总理衙门任翻译,后由袁世凯奏调,在直隶办理洋务,又调驻日本公使馆参赞,光绪三十二年任驻汉城总领事。又,光绪三十年二月,署闽浙总督李兴锐参奏本省道府官员,清廷下旨:"分省试用知府彭思桂,揽权纳贿,声名狼藉,著革职永不叙用。"(《光绪宣统两朝上谕档》,第30册,第34页)再又,从张荫桓所称"供事""武弁"而言,这些人员亦有可能是总理衙门的吏员。
〔3〕"梁诚请发洋务省分片",《军机处档折件》142595,台北故宫藏。梁诚后来发往直隶,办理洋务事宜,再后又出任驻美公使、驻德公使。

按此叙述，金登干、赫政两人只是处理具体事务，并没有实际功绩可言，尤其是赫政；然张继续奏称："除赫政一员翎衔宝星均无可加、毋庸给奖外，税务司金登干拟请赏给二等第一宝星，以酬劳勋。"[1]光绪帝下旨："依议。"金登干办理其英国授勋，张荫桓则请"赏"清朝"宝星"，真是典型的"礼尚往来"。其"瑞良、顾肇新请奖片"，张荫桓奏称：

> 臣衙门帮办章京四品衔户部郎中瑞良、四品衔在任候选道刑部郎中顾肇新，在臣衙门行走均逾十年……此次复经臣奏调出洋，派充参赞，随办一切事宜，悉臻妥协，于各国政令风俗，亦能留心谘访，期于有用……

总理衙门这两位资深外交官，此次才属第一次出洋，前已说明，所办之事有如"观察使"，并无太多的贡献。然张继续奏称："该二员系实缺郎中，按之例章，无可加保……可否仰恳天恩，量予奖励之处，出自圣裁。"[2]光绪帝下旨："瑞良、顾肇新均著交军机处存记，遇有海关道员缺出，请旨简放。"[3]这是当时总理衙门章京升迁的最佳途径。（后将说明）从张荫桓一折三片保举案来看，这位捐班出身的高官，了解保举过程中的全部秘诀，熟知官员升迁过程中的种种门道；此次欧洲之行，他为所有随行人员的履历"镀金"，以当时人的说法，属"市恩"。翁同龢在日记中亦称"写片保举，太优"。[4]至此，张荫桓一行出访欧洲的活动全部

---

[1] "金登干请奖宝星片"，《军机处档折件》142596，台北故宫藏。值得注意的是，张荫桓还奏称："此外，各国派出接待人员及各局厂官绅人等，英美各埠华商，有应颁给宝星、功牌之处，容臣择尤开单，咨明总理衙门照案办理。"张荫桓此处开了一个很大的口子，将给所到各处人员颁发"宝星、功牌"。

[2] "瑞良、顾肇新请奖片"，《军机处档折件》142594，台北故宫藏。此时瑞良已任总理衙门章京10年，后任总理衙门总办章京、外务部左丞、河南布政使、江西巡抚、绥远城将军等职。此时顾肇新已任总理衙门章京11年，后任总理衙门总办章京、外务部右丞、农工商部右侍郎等职。瑞、顾曾随张荫桓短期去过日本马关。

[3] 光绪帝对张荫桓一折三片发下交片谕旨，该谕旨见《光绪宣统两朝上谕档》，第23册，第291页。

[4] 《翁同龢日记》，第7卷，第3109页。对照当日军机处《随手登记档》《上谕档》，当日有交片谕旨给张荫桓。"写片保举"，指他起草给张荫桓保举一折三片的交片谕旨，"太优"，是他的评论。

结束，所有的人都很满意，皆大欢喜！

以上，我不厌其详地叙述张荫桓出访欧洲的全过程，正是想通过细节来说明他的"精明"和"不迂腐"。从选备礼品、妥善发运、预订宾馆、选带随员、安排日程等诸多环节来看，张是直接布置，不怕其烦，不厌其细，周密完备。对其正式的使命和私下安排的活动，他使用"先奏后斩""先斩后奏""只斩不奏"等多种方式，按其需要，独断专行。庆典等外交礼仪的活动，他举轻若重，事事详细报告，而谈判加税之重任，他却轻轻挂起，电报与奏折全是文字游戏。最为出色的是闭幕式——向慈禧太后（光绪帝）"进献"；所有随行官员都得到了保举，也有一些人因此而人生发达。由此，我可以推定，清朝若派其他官员而不是张荫桓出访，绝不会那么顺利、那么精彩。从张荫桓给总理衙门、朝廷的电报、奏折中，我们可以看到张此行的清朝"官方版"；从赫德与金登干之间的电报、书信中，又可以看到张此行的"赫德版"；从清朝驻英公使馆参赞张德彝的《六述奇》中，还可以看到张德彝的"私人版"。相互较之，不难发现，金登干比张德彝更了解内情，赫德比总理衙门（尤其是翁同龢）更了解内情。如果能查看到英、俄、法、德的外交档案，尤其是俄国的外交档案，还能看到张此行多个国家的版本。多版本的相加，才是张"肤浅"的内质：他的外部知识只是如此，他的外交能力亦不过如此。

## 四　张荫桓对国际形势的预判

费时七月，耗帑数万，只是去了英国参加庆典，未能谈成"加税"，且私自出访俄、德、法三国；这有可能让张荫桓这样如此"精明"且"不迂腐"的官僚，在内心上也感到过不去。于是，他精心结撰了一份奏折，即"密陈各国情形折"，说明其出访各国的政治诸情，并对国际形势作出了预判。

在这篇奏折的起首，张荫桓简要说明该折的主旨：

> 奏为密陈各国情形恭折仰祈圣鉴事。窃维中外交涉日益繁难，尤以英、德、俄、法、美、日六国为最。臣待罪总署，无能奉宣威棱，至深愧愤。比者钦承使命，再莅欧美诸洲，与各友邦君相周旋，略知梗概。

就此而言，该折属高级官员完成使命后提交的报告。这是当时各国高层政治的惯例，也说明张荫桓与国际的"接轨"。在该折的末尾，张又写道："臣见闻所及，谨缕缕密陈，伏乞皇上圣鉴。"首尾相应，两个"密陈"，可见该折确为供光绪帝参考的秘密报告。特别需要说明的是，张在起首便点明了清朝所面临的国际形势，"中外交涉日益繁难，尤以英、德、俄、法、美、日六国为最"，即清朝同时要应对来自六大国的压力。该折也大体按此顺序，叙述并分析了各国的政情及其对华政策。

先来看英国，张荫桓写道：

> 英为君民共主之国，既富且强，属土最广，特教令不能钤辖所属，每遇属土与他国争论，英廷操纵甚难，至其与人联络无非为己。设有要事往商，英固不肯出力相助也。前年中日之役，日本倚英为援，及俄、德、法以兵力勒归辽地，日本密询于英，英乃劝以不可固执。此一事也。暹罗近最附英，及法与暹为难，暹急而求助，英亦告以如法所约，勿深较。此一事也。东方之国，英之商务最盛，然英之近政持盈保泰，盛兵而不开衅。议院之权甚重，英君主不能违议院而别有作为。其能自保者以此，能邀誉以此。其政令严肃，当称庆时，英都聚观，车马阗隘，高台支架，几遍衢衔，经月以来，绝未生事，亦无火警，足征民俗守分，政府任用之得人也。

"君民共主"之国，是当时清朝对"君主立宪"国家的称谓。就政治实际而言，国家议会（"议院"）掌实权，君王并不能"共主"。至于英帝国各部分，张荫桓称之"特教令不能钤辖所属，每遇属土与他国争论，英廷操纵甚难"，只是皮相之识，他不了解英帝国的政治结构与决策机制，各殖民地官员与驻外使节对帝国的外交决策有着较多的发言权。至于英帝国的外交政策,张称之"持盈保泰,盛兵而不开衅",则是错误的看法,英国此时在全球扩张其利益,不会因细小利益而与大国开战,即英国不会在法暹战争(1893)中帮助暹罗与法国交战,反而利用暹法矛盾控制了今日称为掸邦的区域。张可能并不了解,法暹战争之后,英国和法国已就暹罗等诸多地区问题达成妥协,签署宣言。[1]英国正在中亚等地区与俄国对抗,将之封锁在波罗的海、黑海,防止其进入大西洋和地中海(史称"大博弈"),尽管两国在帕米尔问题上达成妥协。[2]英国对新兴的德国保持警惕,防止德国在非洲和亚洲不断扩张而损害其利益。英国在印度、远东等地区保有强大的海陆军力量("盛兵"),这是其施展外交手段的"本钱",是随时准备"开衅"的。"当称庆时,英都聚观……"等语,暗指上年俄国尼古拉二世加冕礼,在莫斯科市郊贺登广场发生的踩踏事件(死亡两千多人,受伤数万人),故称"绝无生事""政府任用之得人也"。[3]张此行的主要国家是英国,时达一个半月(四月二十五日至六月初二日,六月二十六日到七月初三日),该折中对英国的叙述与分析却只有这些。他可能感到没有什么内容可说,没有什么事情可做,以致他在六月初六日电报中自称"茫然""无可商"——他没有说明(或不了解)英国在远东(或对华)的战略企图。

---

[1] 自1893年10月法国与暹罗达成结束争端的条约后,法国与英国于1896年1月15日在伦敦签署宣言,就暹罗、湄公河、中国云南和四川、非洲尼日尔与突尼斯达成妥协。该宣言保证了暹罗的独立,成为两大国之间的缓冲国。(参见世界知识出版社编:《国际条约集(1872—1916)》,世界知识出版社,1986年,第145—147页)

[2] 1895年3月,即中日甲午战争最为激烈之时,英国与俄国就帕米尔势力范围的划分达成妥协,两国互换了照会。(参见《国际条约集(1872—1916)》,第143—145页)英、俄两国私分帕米尔,根本没有告知清朝,清朝也未予承认。相关的研究,参见吕一燃主编:《中国近代边界史》,四川人民出版社,2007年,上卷,第421—467页。

[3] 光绪二十三年三月初一日(1897年4月2日),金登干给赫德的信中称:"在圣詹姆斯街租到了为华嘉日(按:指英女王登基60年庆典日)那天用的有四个窗户的楼厅……"六月初八日(7月9日)的信中又称:"鲍尔上校(负责接待张荫桓特使的英国女王侍从)还办了一件错事:他没有告诉特使向女王陛下告别便让特使离开了游园会。当女王的宝辇驶过庭院驶往御亭时,开始接见外国亲王等人,我到处寻找特使和梁,但是找不到他两人。后来我才问清楚他们在女王的宝辇驶过后没有等待接见就走开了,因为鲍尔上校未曾知道那天有正式接见和告别仪式,虽然在官方的节目单上提到了告别仪式……"(《中国海关密档——赫德、金登干函电汇编(1874—1907)》,第6卷,第647、702页)看来尽管做了许多准备,相关的礼仪还是出了差错。

再来看德国，张荫桓写道：

德自破法以来，合普鲁士众邦而称帝，然仍侧重议院。近日德君拟添制两兵舰，议院驳之，事不果行。其与中国借岛之意，显言之，则谓兵船之泊东方者，设法国寻衅而战，中国守局外之例，则德船无可寄椗。质言之，实欲与英、俄、法三国匀势东方，待时而动也。不然，德本有一岛，曰纽坚弥，距小吕宋不远，大可自为经营，何须假诸中国。即令中国允之，而其布置屯戍，亦必添兵增船，动费钜资，恐议院未必遽能定议。德于归辽之役，总以中国无酬报而憾。臣晤许景澄，详询当日情态。德初未如俄约，巴兰德以商务耸动之，德乃首肯，议院亦欣然乐从。巴兰德遂暂权外部总办。英以德既诺之，贻书附合，但愿以言解纷，不愿用力。德告以三国联合，系用实力，不尚空言，英遂袖手，不预于会。

德国近状，颇有附汉汉重之势。德君好勇，动思扬威域外，而罢毕斯马之政，民心滋不悦。近乃加意抚驯，隆以虚仪，并不咨以国政。毕斯马年逾八十，亦不能任劳矣。中德之交渐暌。德君接见各使，独于许景澄不握手，已甚可诧。至其不肯接待黄遵宪之故，德廷至今莫名其妙，俄、法则交訾之。其实皆驻使海靖作祟。德与中国交际，全倚驻使，特以强悍之海靖当之。以归辽之役，绅珂方驻华，而不得丝毫利益，欲于海靖取偿。故惟海靖之言是听。臣此行经德都，德君避暑哪威，身行伤目。其外部马沙尔因病辞职，代者未到。臣仅晤其副外部，尚以辑睦为言。臣讽以邦交能睦，宜慎选驻使，两国相距太远，驻使喜事，每生波澜。既经发论，如愿与否，中理与否，固未可知。及其电达本国，则本国无不扶同争执，此最易龃龉，无非道远之故。若如欧洲诸国，音问灵捷，故少违言，亦无隔膜。中德相距既远，故深愿驻使之得人。臣虽未明诋海靖，察外部词色，似已领会。与谈逾时，未以借岛为请，或因马沙尔辞职之故。询之许景澄，谓马沙尔曩言借岛，并未指定胶州。此时外部接替未定，故并不言及，惟以德君出游，不及接见为歉。臣亦以行期匆促，不克久候答之。

及臣出德境时，巴兰德登车就晤，颇以德璀琳此次赴华商办

> 之事为不然。间及借岛之议，臣告以马沙尔欲借岛，以勾英、俄、法之势，允之则英、俄、法为怨德而怨华；盖华苟不借，则三国东方之势无由匀也，其时必多设词以与中国作难，将何以处？巴兰德沉吟久之，谓此外尚有为难否？臣告以即此已不易撕那，何况其他。德自为计，仍以经理纽坚弥岛为便。巴兰德遂不再申论，惟言日本增船练兵，四年后水陆皆备，因朝鲜事忿，欲与俄斗。局外观之，日本必不敌俄，但与中国比近，中国宜亟练陆军，以固边围。斯言诚为要着。巴兰德使华最久，尚有关切之意，臣酬对逾时而别。
>
> 臣驻德仅三日，德之船炮各厂纷请往游。德以商务为重，其厂商皆议绅之雄。许景澄每言与德购船、借款于邦交有裨，诚非无见。臣因其相请，遂与许景澄穷昼夜之力，至实硕、伏耳铿两厂，详观所购穹甲三船、鱼雷四船，至福利厂试演马克森快炮、刷可甫厂观鱼雷。至克房伯厂停顿一日，周历该炮厂，并试演德法新式快炮。克房伯厂主为德爵绅，楼屋园林宏富，亚于王宫，德君每于此游憩。该厂与中国交往垂三十年，故于臣之来，专员相迓也。加税之事，须俟邦交联洽始可与言，否则税未加而岛强借矣。窃计各国普允，德亦不能独异也。[1]

整篇奏折中，德国部分最长。先前他从英国发回的"奏报与英国外部商议加税情形并起程回国日期折"，所言德国最为简短，仅称与副大臣的相晤：

> 十六日至德国柏灵都城，适德君避暑那威，外部大臣马沙尔缘

---

[1] "不肯接待黄遵宪"，即德国拒绝黄遵宪事件。清朝派出驻欧洲各国的使节，多有兼职。光绪十七年（1891）清朝派许景澄驻俄公使，兼任驻德公使。"三国干涉还辽"后，德国要求派出专任使节。光绪二十二年十月，清朝派黄遵宪为驻德公使，德以黄在新加坡领事任上之细故而拒。这是相当不礼貌的事件。"哪威"，即挪威。"舟行伤目"之"伤目"，似为挪威 Sunnmøre 区域，今译孙墨尔，其主要城市是奥勒松（Ålesund），属于默勒-鲁姆斯达尔郡（Møre og Romsdal），为德皇常往度假之所。这一条是宋函骁告诉我的。

论张荫桓　195

病辞职,庖代者未到任,仅与副外部大臣一晤。彼此均以邦交宜睦为言,无他论说。[1]

张荫桓说明了德意志帝国(及普鲁士王国)的政治体系;说明了德皇威廉二世(Wilhelm II,1888—1918年在位)与原帝国宰相俾斯麦(Otto E. L. von Bismarck,1815—1898,又译"毕斯马")之间的矛盾以及德国外交政策的转向;说明了前后三任驻华公使巴兰德(Maximilian A. S. von Brandt,1835—1920)[2]、绅珂(G. A. Schenck zu Schweinsberg,1843—1909)、海靖的差别;说明了"三国干涉还辽"后,德国的对华要求是"借岛"(租借海军港口)。这些都是最重要的背景资料。由于威廉二世去挪威避暑,外交大臣马沙尔男爵(A. Marschall von Bieberstein,1842—1912)因政治因素(非"缘病")辞职,由外交副大臣罗登汉男爵(Wolfrom von Rotenhan,1845—1912)接待他。从上引文字可以看出,两人所谈皆是"面子话",罗登汉只是在应付张荫桓。德国是新兴的帝国主义国家。普法战争之后,以普鲁士为主导,不含奥地利,由多个王国、大公国、公国、自由市和自辖领组成的德意志帝国成立,虽有帝国议会,但非为张所说的"侧重",仍行强人政治。俾斯麦在国际事务上采取稳健的政策,以防法国为主,以稳固德帝国在欧洲的地位。[3] 1890年(光绪

---

[1] 张荫桓:"奏报与英国外部商议加税情形并起程回国日期折",光绪二十三年七月初二日,《军机处档折件》141345,台北故宫藏。"柏灵",即柏林。
[2] 巴兰德于咸丰十年(1860)参加普鲁士艾林波(Friedrich A. zu Eulenburg,1815—1881)使团最早来华,后在日本任领事等职。光绪元年至十九年(1875—1893)任德国驻华公使,任期极长,是"中国通",与中国高层官僚很熟悉。王维江称:"巴兰德在中国的谢幕颇具戏剧性:1893年,鳏居两年的巴兰德在首尔与年轻的美国女子(Helen Maxima Heard,1868—1937)结婚,两人的年龄差33岁。更引人注目的是,这位Heard小姐的父亲是时任美国驻高丽的总领事。按照当时德国外交部的规定,外交官不能娶外籍女子为妻,但这条规矩并未严格执行过,这一次却用到了巴兰德的头上,58岁的巴兰德颇有'不爱江山'的风度,选择了退隐。"[(德)艾林波、巴兰德等著,王维江、吕澍辑译:《德语文献中晚清的北京》,福建教育出版社,2012年,第154—155页]巴兰德退休后,一直为德国外交部出谋划策。
[3] 俾斯麦为了防止法国的报复,于1873年(同治十二年)达成德、奥、俄"三帝同盟"。当俄国退出"三帝同盟"后,俾斯麦仍不放弃努力,1887年(光绪十三年),德、俄签订"再保险条约"(为期三年),以避免德国的两线作战。

十六年）威廉二世登基后，采取更为"进取"的对外政策，追求"阳光下的位置"（殖民地），德、俄关系发生了变化。[1]至于威廉二世罢免俾斯麦，"民心滋不悦"——也是张很奇特的政治评论。德国此时的殖民地在东、西非洲，另在太平洋上占领了一些岛屿，即张所称"距小吕宋不远"的"纽坚弥"——德属新几内亚（Deutsch-Neuguinea）。[2]这些殖民地属非常贫穷之地，德属新几内亚不在交通要道上，经济价值也不大。威廉二世的新目标是中国。就当时的国际关系而言，德意志帝国与奥匈帝国是同盟（后意大利参加），俄国与法国是同盟，德国之所以会跨出同盟参加"三国干涉还辽"，并不是张所言"巴兰德以商务耸动之"，而是德国决心要进入中国。[3]"三国干涉还辽"后，德国向清朝提出租借海军港口的要求，巴兰德、绅珂、海靖的基本面是相同的，只是对清朝施压的力度有差别，且绅珂任公使期间，德国对未来军港的地点尚未有结论。张向外交副大臣罗登汉"暗诉"海靖之"喜事，每生波澜"，若从德国方面的感受，尤其是威廉二世的感受而言，很可能恰恰证明了海靖的能力。也就在张访英期间，德国派出技术军官考察中国沿海各处（厦门、三沙湾、舟山等）地理环境及军事、商业等因素，得出结论是："只有胶州湾一处从技术观点上值得考虑作为我们的对象。"海靖将此报告德国

---

[1] 威廉二世上台后拒绝续签"再保险条约"，俄国为防止孤立起见，于1892年与法国签订了同盟条约。后将叙述。
[2] 德属新几内亚，其中有威廉皇帝领地和俾斯麦群岛，今已归属巴布亚新几内亚。又，张荫桓所称"小吕宋"，即指吕宋岛。当时华人亦有称整个菲律宾为"大吕宋"。
[3] 中日甲午战争进行期间，德国有意乘机侵占中国领土。威廉二世提议台湾，外交大臣马沙尔提议舟山，驻华公使绅珂建议胶州湾或澎湖列岛，当时德国的主要考虑是法、英等国的反对而不是清朝的反应。（参见威廉二世、马沙尔、绅珂等人的电报。孙瑞芹译：《德国外交文件有关中国交涉史料选译》，商务印书馆，1960年，第1卷，第5—10页）前驻华公使巴兰德竭力劝告德国加入"三国干涉还辽"，他给德国政府的节略中写道："……还有一层，和俄国的共同行动，我们或者可能从感激我们的中国——当然必须使它如此——得到一块地方，为我们的海军停泊或屯煤之所。这地方，不拘是割让还是租借，因为实际上两者完全相同。"按照德国首相的记录，威廉二世无条件地采纳巴兰德的意见。（同上书，第1卷，第25—26页）可见巴兰德最初的目的，就是要在中国获得海军港口。甲午战争结束后，马沙尔、海军大臣何尔门（Friedrich von Hollmann, 1842—1913）等人曾有过详细的讨论，其目标是舟山、厦门、胶州湾、大鹏湾和朝鲜半岛南端的莞岛等处。（同上书，第1卷，第87—92、96—97、102—104页）又，光绪二十二年（1896）冬，巴兰德重返北京，与总理衙门诸大臣会面。

外交部，副大臣罗登汉将此转给德国驻俄国大使拉度林公爵（Hugo von Radolin，1841—1917），要求"用一个不引人注目的方式，并且不透露我们的最后意图，在这方面进行探询，并报告结果"。德国这么做，是因为前年俄国远东舰队曾在胶州湾"锚泊"。[1]拉度林对此报告称：

> 参加英女王加冕六十周年庆祝典礼之后之中国特使张荫桓昨日与喀西尼伯爵一道由伦敦来此，使我有机会……用完全不引人注意的方式与默兰维夫伯爵谈起了山东的胶州湾……由于当晚——昨晚——喀西尼伯爵在我这里吃饭，我就把谈话引导到中国问题上。当我刚谈起这个题目时，他就对我说皇帝陛下怎样恩慈地在柏林款待他，以及陛下似乎怎样地有意取得一个中国海港，皇帝对于这件事与他谈得很久。喀西尼伯爵接着告诉我，他完全同意陛下的意见，德国必须在中国有一个良好的军港以保护其利益与船只……例如胶州湾也就是这样的情形……

拉度林还称：

> ……我特别感到高兴，皇帝陛下准我也把喀西尼伯爵提出为皇上访问彼得霍甫时应授予勋章之列。[2]

陪同张荫桓的喀西尼，此次表现为德国的"朋友"，且在勋章授予之列。张在该折中简单说明了德国的"借岛"要求，称罗登汉未当面提出，又称在与巴兰德的交谈中表达了清朝的立场——言辞之间，使人感到一切

---

[1] "驻北京公使海靖男爵上帝国首相何伦洛熙公爵公文"，1897年5月5日，"外交副大臣罗登汉致驻圣彼得堡大使拉度林公爵"，1897年6月22日，《德国外交文件有关中国交涉史料选译》，第1卷，第131—135页。又，俄国远东舰队所在地海参崴冬季封冰，俄国舰队每年去日本长崎过冬。"三国干涉还辽"使俄国舰队在长崎过冬成为不方便之事，光绪二十一年至二十二年（1895—1896），俄国军舰经清朝同意在胶州湾"锚泊"过冬。此后产生所谓的"锚泊权"，德国为防止俄国的干涉，故让拉度林"进行探询"。

[2] "驻圣彼得堡大使拉度林公爵上帝国首相何伦洛熙公爵公文"，1897年7月3日、8日，《德国外交文件有关中国交涉史料选译》，第1卷，第135—138页。"彼得霍甫"（Peterhof），圣彼得堡郊外的宫殿，极为奢华。

仍在掌控中，问题还不那么严重。张（包括许景澄）并不知道，罗登汉等人不向张说明具体事项，是认定夺占胶州湾的最大障碍不是清朝，而是俄国——德国需要解决的是俄国对胶州湾所谓的"锚泊权"问题。此后不久，威廉二世访问俄国，与沙皇尼古拉二世达成了"胶州湾问题"的谅解。[1]德国开始找机会下手了。这在当时是对清朝最为重要的关系国家安全的战略情报。[2]

再来看法国，张荫桓写道：

> 臣初抵英时，喀希尼以君命相邀往游，并言中法近将决裂，属臣务往法国一周。旋及臣抵法都，知施阿兰在华强索各事，议院多未议准。即上年因借款而别有要求，法银行且不预闻，及晤外部，云已调施阿兰回法，代者尚未定人。臣仍以远道遣使宜慎为讽：驻使在外办事，外部无不代圆其说，此外部之难也；外部频有更换驻使，所奉训条，前后参差，此驻使之难也；免此二难，固非得人不可。法外部亦韪臣言。既就外部为公宴，法总统复订期接见，仪文甚周。加税之请，法外部并未驳辨，但允加水路，不加陆路。臣以现在陆税无多，他日中俄铁路告成，陆税仍须豫筹地步。法外部亦

---

[1] 1897年8月7日到11日，威廉二世访问圣彼得堡，两人在彼得霍甫宫谈到胶州湾，德国首相将谈话要点写成文字交给俄国外交大臣穆拉维约夫："德国皇帝陛下问俄国皇帝，俄国对胶州湾是否有企图；俄国皇帝回答，俄国在没有取得一个心目中已经决定的更北的海口（北直隶）前，还有意保证该港的进出。德皇问尼古拉皇帝，对德国船只于必要时取得俄国海军当局的同意后停泊于胶州湾内，是否会感觉有不方便也；俄国皇帝回答没有。"根据这一谅解，9月9日，德国首相何伦洛熙公爵命驻俄大臣拉度林告诉俄国外交大臣："根据皇帝陛下访问圣彼得堡的谈话，我们现在要通知中国政府说，我们保留我们帝国军舰在今冬必要时拟暂时停泊于胶州湾。"得到拉度林的回复后，代理外交大臣布洛夫（Bernhard von Bülow, 1849—1929）于9月25日发电驻华公使海靖："请您用您认为合适的方式通知中国政府：我们保留帝国军舰在今冬必要时停泊于胶州湾……"（《德国外交文件有关中国交涉史料选译》，第1卷，第138—141页）从这个过程可以看出，德国不准备以外交方式与清朝谈判，而是准备直接动手了。
[2] 相关的研究，可参见余凯思（Klaus Mühlhahn）著、孙立新译、刘新利校：《在"模范殖民地"胶州湾的统治与抵抗——1897—1914年中国与德国的相互作用》，山东大学出版社，2005年，第一章。这一章的内容非常丰富，其中对德国方面的意图和行动有着很好的叙述与分析。

以为然，面允贻文庆常转达总署。臣叠与商论，似尚投机。其潜告庆常，以施阿兰当别筹位置，不令回华，尚知敦睦。请观地中海船炮厂，臣亦不辞劳远，亲往一行。该厂高悬国旗以修敬。臣驻法前后七日，薄观情势，不致决裂也。

张荫桓所述去法国的理由颇为奇特，居然是前俄国驻华公使喀西尼的劝告。先前他从英国发回的"奏报与英国外部商议加税情形并起程回国日期折"中称：

> 二十一日至法国，二十二日谒见法总统，无非交谊敦笃之词。臣晤法外部大臣哈诺德，商及加税，哈诺德特令商务总办陪座，亦谓水路可加，但不能遽办。臣告以且将可加之意，贻文庆常，咨呈总署察核。法外部唯唯。[1]

张访问法国的日程是不太清楚的。其前引六月初三日电报称"昨晤法外部。今日赴俄"；若以此论，似为六月初二日与法国外交部长阿诺托（A. Auguste G. Hanotaux，1853—1944，又译"哈诺德"）第一次会谈，六月二十二日晋见法国总统福尔（Félix Faure，1841—1899），此后又与法国外交部长进行第二次会谈。张的言论主要是对法国驻华公使施阿兰的指责。施阿兰是一个"进取型"的公使，到任之初，即在递交国书、从红河到湄公河的边界、未结教案等项，频频向总理衙门发动"攻势"。清朝正处甲午战争，不愿也不能再树新敌，对他一再妥协。"三国干涉还辽"后，在施阿兰的强力施压下，法国是最先获得利益的国家。（后将详述）张对施阿兰的指责，是其不了解法帝国的外交模式——法国在亚洲最重要利益为法属印度支那联邦，驻华公使必然配合法属印度支那总督而不断扩大法属印度支那的各种利益；法国拥有在远东（尤其是中国）的保教权，驻华公使将之作为重要使命。此时施阿兰的使命即将结束，当时传说他将出任法属印度支那总

---

[1] 张荫桓："奏报与英国外部商议加税情形并起程回国日期折"，光绪二十三年七月初二日，《军机处档折件》141345，台北故宫藏。庆常是清朝驻法国公使。

督。[1] 张在该折中称"法外部亦韪臣言",即阿诺托赞同他对施阿兰的指责;又称"其潜告庆常,以施阿兰当别筹位置,不令回华,尚知敦睦",即阿诺托私下告诉庆常,已将施阿兰调任他职,不让他再任驻华公使,可见其明白中法敦睦的意义。真实情况恰好相反,施阿兰在回忆录中写道,他于7月15日(六月十六日)结束使命,离开北京,前往天津:

> 数天之后,阿诺托先生曾拍电报告诉我,共和国总统接受他的提议,为了酬报我的功劳,已将荣誉团第三级勋章授予我。[2]

这正是张荫桓访法期间之事。张(和总理衙门诸大臣)有一个错误认识,即根据各国外交代表的态度和言辞来判断其"品性"——他们认定施阿兰、海靖是"坏"的,而巴兰德、喀西尼是"好"的。若是仔细阅读各国外交档案(甚至当时的报纸),对中国最坏的恰是喀西尼。各国外交官虽有个人的风格,但总体上仍要遵从本国外交政策,服从本国指令,不能当作个人的"强索"和"要求"来看待。张称"知施阿兰在华强索各事,议院多未议准。即上年因借款而另有要求,法银行且不预闻",则是奇怪的说法——此情若属实,清朝驻法公使庆常应负有责任,张此行不应有如此"重大"发现。至于该折所言"中法近将决裂""薄观情势,不致决裂也"等语,指光绪二十三年二月二十九日(1897年3月31日)广西省凌云县罗里地方巴黎外方传教会教士马在迩(Frédéric Mazel, 1871—1897)被杀案,在施阿兰的施压下,清朝立即采取措施,并及时

---

[1] 施阿兰在回忆录中称,他听说自己有可能出任印度支那总督。(参见A.施阿兰著,袁传璋、郑永慧译:《使华记(1893—1897)》,商务印书馆,1989年,第164页)金登干1896年圣诞节给赫德的信中也有同样的说法,几天后金登干告诉赫德,由保罗·杜美(Paul Doumer, 1857—1932)出任印度支那总督。(《中国海关密档——赫德、金登干函电汇编(1874—1907)》,第6卷,第596、598页)

[2] 施阿兰:《使华记(1893—1897)》,第180页。他原先获得的是荣誉军团第四级勋章。1896年11月22日,赫德给金登干的信中称:"……而阿诺托又是施阿兰的朋友,所以法国外交部会尽最大力量帮助他的。"1897年8月15日,赫德又称:"我以前想过他(施阿兰)的后台是阿诺托,但是我现在对此有怀疑。"(《中国海关密档——赫德、金登干函电汇编(1874—1907)》,第6卷,第583、723页)

予以经济赔偿。[1]张荫桓该折关于法国的文字不多,捎带说了一下"加税"之事,对法帝国的战略企图以及法属印度支那的扩张情势,并无一言。

再来看俄国,张荫桓写道:

> 至于中俄之交,环球皆视为极厚。臣陛辞出京时,俄署使请为俄游,臣领之而未决。盖恐舟车迫促,精力不支。旋与翁同龢商及,以为可往。迨抵英都,许景澄电述俄君相邀之雅,喀希尼又以君命来导。其时英都日报纷传臣此行实为加税,庆贺其余事。且英国庆贺事毕,外部回乡避暑,不能与谈。臣乘闲赴俄,法、德为必经之路,借此稍宕时日,期免英都物论。及抵俄都,俄君接见,握手立谈,备言真心和好,勿为他人离间,属臣回京转奏皇上。因臣上年八月奉派要差,故一切礼文均极优待。其外部大臣穆拉诺约甫,系蒙古人,数与晤言,极平正通达。中俄交涉愈多,自治之政岂愿他人干预。因就法使施阿兰强横之状,托以转告法廷。臣言外之意,邦交可联,国权不让,证以英、德、俄机局亦犹是也。俄、德、英本婚姻之国,德君为英外孙,俄君为英外孙女婿。论私亲,则甚绸缪,论国事,则各有界限。外国公私之别,固彰彰也。至俄、法之交,日益牢固,法资俄声威,俄资法财币。俄国银行非不积金如粟,每有大举,悉倚法商相因为用。既与俄联,不能不与法合,情势然也。

---

[1] 参见施阿兰:《使华记(1893—1897)》,第169页。从光绪二十三年三月十二日到四月初五日,总理衙门给广西巡抚、提督共发电8次,另有三月二十、二十七日电旨2道,要求处理此案;而广西巡抚和提督从三月十九日到四月十一日5次发电总理衙门,报告已获杀害洋教士的游匪匪首曾国良、黄亚晚,并即行处决。(《清代军机处电报档汇编》,第25册,第84、86—87、89—90、94、100页;第18册,第23—25、33—37、40—42、48—50、78—80页)施阿兰称,此案广西天主教会获赔银1.5万两。又,巴黎外方传教会是法国天主教男性使徒团,1659年成立,1664年得到教宗的批准,总部在巴黎,主要从事海外传教,中国的西南与两广地区是其重要的传教地区。

张荫桓突然表明其赴俄国的"特别"理由,居然是防止英国误以为"此行实为加税","期免英都物议"——这本在欧洲外交中属于最恰当的目的,正如马戛尔尼使华并非为乾隆帝贺寿一样。先前他从英国发回的"奏报与英国外部商议加税情形并起程回国日期折"中称:

> 臣于六月初六日行抵俄国,初十日俄君接见,极言中俄交谊系真心和好,勿为他国摇惑。俄地广阔,但求自固,断无谋及中国之事,却不愿他国侵入中土,逼近俄边。防边要著,莫急于铁路,总望互相维持。属臣回华时,代为陈奏。臣亦述宣我皇上郑重邻交之谊,对答如礼。随与该国户部大臣威特商论加税事宜,承允水路货税可以酌加。[1]

俄国对张荫桓此次出访,动足了脑筋——先是由北京代理公使巴布罗福(Александр Иванович Павлов,1860—1923,又译"巴百诺福")当面邀请,再由前驻华公使喀西尼伯爵赴伦敦,并让清朝驻俄公使许景澄发电(张可能说谎),最后由喀西尼伴送到圣彼得堡。[2] 沙皇亲自接见,颁予勋章,外交大臣穆拉维约夫伯爵与财政大臣维特伯爵与之会谈。但张此行的实际进展不大,"加税"仅允水路,"借款"仍无着落。若仔细阅读张在俄国的电报(六月十三日)和三次折片(七月初二日伦敦所发两件,再加此件)就会发现,内容大体重复:"真心和好""俄地广阔""断无谋及中国"是俄国的宣传,但属真正的谎言;尼古拉二世所言"莫急于铁路",指"中东路",才是俄国的目标。张说明了英、德、俄三国君主的姻亲关系,这在东方国家可能会起到某些作用,但在欧洲,皇室通婚本是常态。英、德、俄三国虽为姻亲,并不妨碍英、俄之间的"大博弈"

---

[1] 张荫桓:"奏报与英国外部商议加税情形并起程回国日期折",《军机处档折件》141345,台北故宫藏。
[2] 据驻英公使馆参赞张德彝的记录,光绪二十三年五月十二日至十五日,许景澄及金楷理(Karl Traugott Kreyer,1839—1914)从柏林来到伦敦,与张荫桓同住在塞西尔旅店。(《六述奇(附七述奇未成稿)》,上册,第50页)然此次伦敦相会,许景澄、张荫桓皆未电告总理衙门。

和英、德之间的互相警惕。[1]尼古拉二世称"勿为他国摇惑","他国"即指英国。张特别指出了俄、法特殊关系,并称"法资俄声威,俄资法财币",可见其不知"法俄同盟"的军事目的与针对性。张向俄国告法国公使施阿兰"强横之状",却称"邦交可联,国权不让";就近代国际关系而言,让俄国出面劝告法国,清朝已经出让了国权,俄国成了仲裁的"主子"。张的所有言论,都在强调中俄特殊关系,即《中俄密约》之下的同盟关系。张没有认识到这个所谓的"同盟",只是俄国扩张其在华利益的手段,并用之与英国、日本相对抗;没有发现俄国准备通过"同盟"关系获取的下一个目标,仍然在中国。至于张称俄外交大臣穆拉维约夫伯爵"系蒙古人",也是很奇特的说法,他完全是一个俄罗斯人。让我感到奇怪的是,俄国花了那么大力气邀请张来访问,张一行在俄国大约待了10天之久,除了沙皇接见、赠送"宝星"外,张在俄国还做了什么事情,俄对张还做了什么工作?张都没有说明。

再来看美国,张荫桓写道:

> 臣自法回英,与英外部商论加税后,仍赴阿谋士庄船厂察看所定船炮,即自英赴美。美首允加税,并允照镑完纳。杨儒筹办经年,垂成而罢。臣到美,一晤外部,谭托科士达斡旋其间,美外部遂贻文相许,非有他术也。因檀香山岛自愿归并美国,日本与美大有违言,势将启衅,美益申厚华之谊。然美之近政,出于兼并,殊违华盛顿创国成规。特美之君相以檀岛切近,若为日本占据,则忧生肘腋,势难坐视不争。美之水师近益整理,今年以捕海虎之约,与英相持,竟有兵戎相见之文。英因而就范。美亦骎骎乎与欧洲强国争衡矣。

---

[1] 维多利亚女王长女,嫁德国皇帝和普鲁士国王弗里德里希三世,生威廉二世。维多利亚女王次女,嫁黑森和莱茵大公路德维希四世,其女儿是尼古拉二世的皇后。维多利亚女王的子女共9人,多与欧洲王室通婚,被称为"欧洲祖母"。俄国与英国当时虽是敌手,与德国的关系相对比较近,但后来国际关系有很大的变化。1907年俄国与英国签订条约,英、俄、法三国成协约国,共同对抗德、奥、意三国同盟。

前已叙及，张荫桓曾任驻美公使，此次出行，初到美国即与美国国务卿会面。张虽于此处说明了驻美公使杨儒在"加税"一事上的作用，但仍借此表白自己和科士达的"功绩"。这也是他的"精明"之处。张所称的美日矛盾（夏威夷）和美英矛盾（捕海虎，即海豹），皆是皮相，美国的关注点在中南美洲，尤其是加勒比海地区。至于"美益申厚华之谊"一语，恐怕是张的"想当然"。

最后来看日本，张荫桓写道：

> 臣由美渡太平洋，与日本前相伊藤博文同渡。伊藤以归辽之举而为异党所讧，罢政半年，随其亲王威仁赴英致贺，事毕游历法、日、德、奥。臣方游俄，伊藤遂自奥折回，其在法、德两国所布新闻，均于中国有碍，或云新闻馆所伪托，臣不屑为辨也。英前使欧格讷、英外部沙士伯里，咸劝中日宜和。臣举前年战事始末告之，欧格讷尚能记忆，沙士伯里亦不能为日本讳也。伊藤在英与臣参、随同列，视前年广岛相见时，情状迥异。顷与同舟十数日，闲相聚谈，仍劝中国自强，创国家银行，以资周转，设武备学堂、水师学堂，以储人才，各省现设两项学堂，恐无实际，宜设专章。臣询以日本加税办法。伊藤谓：经营十余年而就，亦劝中国加税；惟以中国系用银币，不能律人以金镑完税。云其言甚善。臣抵横滨，晤裕庚，谓：商约定后，各事渐有端绪。日本民情甚骄，当国者却不显露，改用金镑，志在必行。访之横滨各商，佥谓日本非产金之国，英商现已广收日本银纸，届期与之换金。日本自定金价三十二换，欧洲金价因之而涨，英商每年与之互换，五年之后，日本立见其涸。此精于贸易之言也。巴兰德谓日本撑持太大，四年后不战将自溃，亦诚碻切近。臣默维时局，中外交涉莫要于防日本，安危所系。[1]

张荫桓认定"中外交涉莫要于防日本，安危所系"是完全正确的；但他

---

[1] 张荫桓："密陈各国情形折"，《张荫桓诗文珍本集刊》，第1册，第98—124页。

论张荫桓　205

并没有说明，为什么要防日本，要在哪些领域、防范日本的哪些扩张步骤？他特别得意的是"伊藤在英与臣参、随同列"，即日本特使为有栖川宫威仁亲王（与张"同列"），伊藤的地位只能与张的参赞、随员即梁诚等人"同列"，不无挖苦地说明"视前年广岛相见时，情状迥异"，即日本以全权不足为由拒绝与张谈判。伊藤所言国家银行，陆、海军学堂，皆有特别用意，是他和日本政府的长期想法，企图由日本来主导清朝国家银行改革和陆、海军建设。从后来的历史来看，日本虽未掌控清朝国家银行，但清朝大规模派学生到日本学习陆军并进口日本武器，也是伊藤等人此一计谋的成功。至于日本改用金本位，确实是风险极大的财政与金融改革，所需用的资金，相当大的部分是甲午之战后所获清朝赔款。但后来的历史证明，日本获得巨大的成功，使日元成为国际上可靠的货币，为日本此后金融及经济的扩张奠定了基础。张作为清朝的户部侍郎，于此显示出近代财政学、金融学知识之不足。[1] 张没有看出英国劝清朝与日本"宜和"是针对俄国的，两国后来也达成英日同盟。张没有看清日本的战略目标，更不了解同船相处十多天的伊藤的内心思考，却轻信"横滨各商"（主要是华商）之言，曲解巴兰德的判断。既然日本五年见"涸"、四年"自溃"，"安危所系"的"防日本"，也非为难事。

张荫桓这份奏折，给人以岁月静好的虚假温暖。虽然说是"中外交涉日益繁难"，但英国"持盈保泰"，德国"民心滋不悦"，法国"不致决裂"，俄国"真心和好"，美国"益申厚华之谊"，日本"不战将自溃"，六大国又何能为？清朝此时没有太大的危险。他的这份奏折，与先前的《三洲日记》一样，相当集中地表现出他的"肤浅"，读不到政治家、外交家所必须有的战略思维，感受不到张心中的国家利益（国家安全）之所在。（后将详述）

读了这份奏折，让我感到最为奇怪的是，张荫桓一行在相当有限

---

[1] 张荫桓虽办理过甲午战后大借款，尤其是第二次英德借款，但并不了解发行国家债券的基本理念与运作方式，即信用体系与资本市场。他后来与翁同龢设计发行中国第一次国家债券"昭信股票"，采用官派的方式，结果失败。清朝发行"昭信股票"一事，参见李文杰：《中国早期国债的顿挫：昭信股票发行始末》，北京大学历史学系硕士论文，2007 年。

的访问时间内,却用了大量的时间参观兵工厂。[1]他在德国接连参观了"实硕"(船厂,Schichau-Werke,位于西普鲁士省但泽,今波兰格但斯克)、"伏耳铿"(船厂,Aktien-Gesellschaft Vulcan Stettin,位于波美打尼亚省斯德丁,今波兰什切青)、"刷可甫"(鱼雷厂,Eisengießerei und Maschinen-Fabrik von L. Schwartzkopff,位于柏林)、"福利"(枪炮厂,Ludwig Loewe & Co.,位于柏林)、"克虏伯"(炮厂,Krupp,位于鲁尔区的埃森)。[2]到了法国,他参观了"地中海船炮厂",在土伦附近,距巴黎甚远。[3]回到英国伦敦后,他与索尔兹伯里侯爵的加税谈判草草了事,却又远赴"阿谟士庄船厂察看所定船炮"(W. G. Armstrong & Co.,位于英国东海岸中部的纽卡斯尔,Newcastle)。[4]张对此谈到了许多理由,包括"厂商皆议绅(国会议员)之雄""该厂高悬国旗以修敬";然英、德等国绝不会因买了他们的军火,便会放松对清朝的施压。若说"船坚炮利"是外交的绝对依靠,德、英各厂皆有清朝的订单,而"阿谟士庄""伏耳铿""实硕"三船厂,为清朝重建海军共建造9艘舰船,张作为清朝最高一级外交官兼财政官到此查阅船炮,也属重要公务。[5]但

---

[1] 若据张荫桓的电报与奏折,很难排出其赴俄、德、法三国的准确日程表,大体为:六月初二日,离开英国,前往法国;初三日,晤法国外长;初四日,赴俄国;六月十三日,赴德国,十六日,到柏林;二十一日,到巴黎;二十二日,晤法国总统;二十六日,回伦敦。其具体日程是不明白的,张很可能有意不想说明白。据前引拉度林的公文,张荫桓大约7月5日(六月初六日)到达圣彼得堡。又据前引金登干的书信,张荫桓7月18日(六月十九日)在德国的埃森。(《中国海关密档——赫德、金登干函电汇编(1874—1907)》,第6卷,第708页)

[2] 吉辰告诉我:"福利"厂有可能是"力拂"厂(路德维希·洛伊公司)之误,在柏林。主要证据是张荫桓提到的"马克森快炮",即马沁机枪。当时只有两家生产厂商,一是英国的维克斯公司,二是洛伊公司(中国当时通称为"力拂")。

[3] 吉辰告诉我:该厂似为地中海造船厂(Forges et Chantiers de la Méditerranée),位于土伦附近的滨海拉塞纳(La Seyne-sur-Mer),该厂与福州船政局有过业务往来。此时清朝允许法方对福州船政局进行改造。后文将叙述。

[4] 张荫桓没有谈具体日期,从公使馆参赞张德彝的记录来推算,应当在六月二十九日,即与英国首相及外相会见后的第二天;很可能是当天去,第二天(三十日)一大早即回伦敦;三十日晚,他又出席汇丰银行举行的宴会。

[5] "阿谟士庄"船厂在为清朝建造"海天""海圻"两艘巡洋舰,两舰总造价65万英镑。"伏耳铿"船厂在为清朝建造"海容""海筹""海琛"3艘巡洋舰,单舰造价16万英镑。"实硕"船厂为清朝建造"海龙""海青""海华""海犀"4艘鱼雷快舰。

论张荫桓  *207*

是，在张荫桓到达伦敦后不久，英国皇家兵工厂即来请使团前往考察，张却没有参加[1]；而在维多利亚女王登基六十周年的庆典中，最重要的一项活动是被称"世纪大阅"的英国海军阅舰式——五月二十七日（6月26日）在朴茨茅斯军港举行，共有165艘英国皇家海军军舰（包括21艘战列舰）参加，还有若干外国军舰参加——如此重要的活动，张仍没有参加。[2] 这就不能不让人联想到传说甚广（如前引贻谷的奏折）的"回扣"。张作为"大客户"，受到"供应方"的盛情款待，当时属于正常情况，著名的克虏伯庄园（李鸿章、张荫桓都去过），其建造的重要目的之一，就是用来高规格地接待"大客户"；而马忠文的研究说明，赫德从

---

[1] 清朝驻英国公使馆参赞张德彝记：光绪二十三年五月十七日（1897年6月16日），"数日前，英国五雷治官炮厂帖请张、罗二星宪及各参，随于今日往看。张星宪因昨看赛马稍倦，罗星使遂仅令余偕马清臣，会同赛西店诸君前往。午正余先乘车赴赛西店，会瑞、顾、陈、曾、钱、马、彭等，同由店后步入柴苓十字街车栈买票，遇马清臣，少立登车，未初开，未正到。有安得森、胡乐凯、屠阿朴三人，由车站接入厂内客厅……"（《六述奇（附七述奇未成稿）》，上册，第51页）"五雷治官炮厂"，即位于Woolwich的皇家兵工厂（Royal Arsenal），是英国当时最大的兵工厂。张德彝详细说明了参观该厂的情况。张荫桓前几天就收到请帖，却因"看赛马稍倦"，即取消此行。"马清臣"，马格里。"瑞、顾、陈、曾、钱、马、彭"，瑞良、顾肇新、陈善言、钱绍桢、马廷亮、彭思桂。"柴苓十字街车栈"，即Charing Cross。

[2] 光绪二十三年五月二十六日（1897年6月25日），金登干给赫德的信中称："就明天的海军检阅来说，只发给了三四张参观券。我为此前往外交部，向维利尔斯先生陈述利害……维利尔斯先生非常好心地往见宫内大臣，结果是给特使团送去十张请柬：特使一张，马克斯·鲍尔上校一张——他是三级巴斯勋位、维多利亚十字勋章获得者和随侍副官，由他伴随特使；我本人一张，另外七张给了中国随员。"六月初十日（7月9日），金登干的信中又称："特使本人未去参观海军检阅。节日各种庆祝活动的全部请柬都寄给了鲍尔上校，因为他是负责特使一行的女王侍从，而他没有极力敦请特使前往。他的回答是特使当时感觉太疲倦，身体不太舒服，但是特使的一些随员将去参加。"（《中国海关密档——赫德、金登干函电汇编（1874—1907）》，第6卷，第693—694、702页）金登干的说法前后有些矛盾，但仍可以看出张荫桓对出席英国海军阅舰式并无兴趣。又，张德彝称："今日英君主在司庇台海口阅水操，请各国专使和各国公使及本国文武官员、绅董前往同阅，备有专趟火车，各人皆于巳初离伦敦。十余日前罗叔羹谓余曰：'看水操一事颇苦，早起路遥，饮食虽有，时刻不能自由，是饥渴不时，凉暖不定，可请不去。'余闻而感激之，故昨晚概未准备。不意今早辰正二刻，余于魂梦间经罗叔羹耸然唤醒，言请同往看水操。余以此刻睡起，戒备同行，恐两刻工夫办之不及，遂辞谢，仍请叔羹前往。"（《六述奇（附七述奇未成稿）》，上册，第67—68页）"罗叔羹"，公使馆参赞罗忠尧。张德彝未参加阅舰式，是因为"颇苦"，张荫桓亦有可能因此而未去。

"阿谟士庄"购舰案中查出张有16412英镑回扣。[1]张荫桓是清朝当时最有钱的官员之一，他有巨额财产来源不明的重大嫌疑。

张荫桓这份奏折具体起草时间尚不清楚，按常理说，应是其回到北京（即九月二十四日，10月19日）之后，其预定上奏时间，也应是回京后第一次上奏之时（即十月二十七日，11月21日）。在前引一大堆保举官员的折片中，这一份奏折原本是用来"打头"的，以能显示张特别的外交"才识"。但到了最后时刻，张不得不抽去此折——威廉二世在报纸上看到山东曹州教案，未待外交部的报告，直接下令在上海的德国军舰强占胶州湾。十月十九日（11月13日），德国军舰三艘开抵胶州湾，次日占领之。二十一日，总理衙门收到电报，二十二日，清廷知晓胶州湾的军情。德国军舰的行动，给张所拟的奏折"打脸"了；德国的行动以及此后俄、英、法、日本接连采取的行动，证明了张出访欧洲后对国际形势所作的预判，完全错误！

由此来判断张荫桓的"精明"和"不迂腐"，又能得出什么结论？

张荫桓作为此期清朝最为了解外部世界的高级官员，由此再来判断清朝的外交能力，又能得出什么结论？

## 五 清朝外交"新"体制与"以夷制夷"政策的失败

本文的最终目的之一，是以张荫桓的个案，来检讨戊戌时期清朝的外交失败，以分析边疆危机产生的原因与过程。以下分析检讨的内容，包括张荫桓及清朝负责对外事务的官员（洋务派），包括相关的政治制度

---

[1] 相关史料，可见赫德与金登干的电报，1896年10月19日、22日，1897年1月15日，《中国海关密档——赫德、金登干函电汇编（1874—1907）》，第9卷，第59—60、75页；赫德致金登干的信，1896年10月25日、12月6日，1897年10月3日，同上书，第6卷，第563—564、590、747页。这些史料经马忠文的精心研读，方成为证据链条，参见马忠文：《张荫桓与英德续借款》，《近代史研究》2015年第3期。又，马忠文还认为，赫德很可能发现汇丰银行在"第一次英德借款"中给予清朝官员"回扣"，但赫德不愿意继续追究。再又，按照当时的镑价，16412英镑大约相当于银10万两。

及人事制度，也包括清朝此期的国际观念、对外体制和对外政策。

## 1. 近代外交主要目的在于国家安全

首先必须讨论的是，近代外交的本质是什么？毫无疑问，是维护国家利益。什么是国家利益？最重要的是**国家安全**；其次是驻在他国的国民的生命与财产的安全，并享有与其他外国人同等优惠的待遇，即"护侨"；再次是本国的商品等项在他国不受到歧视性待遇，即"贸易最惠国待遇"。而这三种利益，尤其是国家安全，依靠的是国家军事力量；而军事力量的背后，又是国家的财政状况、工业能力、科学与技术的水准。由此而论，国家安全战略是一个综合体，外交政策是其中的一部分。

就欧洲而言，自拿破仑战争（1803—1815）之后，国家安全作为外交的首要目标已经确立起来。从这一概念出发，**外交最主要的目的是避免国家在不利的军事状态中卷入战争**，和平成了外交的基本目标。拿破仑战争之后，欧洲各大国之间的战争相对减少，主要是英、法支持奥斯曼帝国针对俄国的克里米亚战争（1853—1856）和普鲁士崛起的普奥战争（1866）、普法战争（1870）。

然而，欧洲各大国之间战争的减少，并不意味着世界战争的减少。英帝国、法帝国（殖民帝国）是世界性的大帝国；原有的西班牙帝国、葡萄牙帝国、荷兰帝国虽已衰败，但仍保持着大量海外殖民地；俄罗斯帝国的扩张主要在陆路，与英、法等帝国的方式有所不同；最值得注意的是德国（普鲁士）和日本，正在帝国主义的道路上快速推进；而美国也正在走向帝国主义。这些帝国主义国家在全球扩张的过程中，**在军事有利的前提下，随时会发动战争**，外交又成了战前准备和战后胜利果实伸延的工具。由此而论，帝国主义国家外交有其两面性，列强之间会互相讨论、妥协，以避免战争，对于弱国则常常以战争手段来达到目的。

## 2. 清朝国际关系及外交体制的变化

由此对照清朝的情况。清朝不是帝国主义国家，但有着自己独特的国际观念与国际关系体系。就国际关系而言，清朝分为三个层次：

第一层是宗藩关系国,在东部有7个朝贡国:朝鲜、琉球、越南、南掌(琅勃拉邦,今老挝的一部分)、缅甸、暹罗、苏禄。这种宗藩关系以儒学礼教为基本理念,"事大字小",藩属国尊宗主国为上国,朝贡使节行三跪九叩礼,而宗主国不干涉藩属国的内政。从现有的研究成果来看,宗主国也不太了解藩属国的政治、经济、社会等内部事务,甚至不了解其地理情况。宗主国在朝贡中采用"薄来厚往",并允准特殊的优惠贸易,使藩属国获有经济利益。清朝此时没有近代样式的外交机构,在中央,由礼部主客清吏司来管理宗藩国的朝贡事务,在地方由各省督抚直接负责朝贡使节进京途中的各类事务。[1]

第二层是没有宗藩关系但有贸易关系的国家(如欧、美、日本等国)。清朝视之为"互市国",允许各国通商贸易(主要在广州)。清朝也没有相应的外交机构,而以粤海关监督、行商来管理来华外国商人和船员。清朝政府对这些国家的情况是基本不了解的。

第三层是没有宗藩关系也没有贸易关系的国家,清朝视之为"化外",基本上采取不闻不问的态度。清朝政府与社会对这些国家的情况知之甚少,近乎无知。

清朝的这种国际观念和国际关系体系来源于历史的积累或沉淀——中原王朝在长久的对外交往中,自我感受到文化优势,儒家学说的"天下观",更是强调了礼教之功用。在中国的许多朝代,尤其是宋、明两朝,根据"华夷秩序"的理念而建立起本朝的封贡体系。清朝继承了以往的传统,自以为"天朝",视他者为"蛮夷"。清朝这种"主观"的"国际秩序"一直持续到鸦片战争。

道光二十年至二十二年(1840—1842),英国发动了鸦片战争,攻至南京城下,获赔款、割占香港、五口通商的权利(后有租界)。咸丰六年至十年(1856—1860),英国和法国发动第二次鸦片战争,攻占北京,获赔款、公使驻京和更多通商口岸的权利。在此期间,欧美各国通过与清朝订立条约,随之进入中国,并获包括政府、国民等多方面的最惠国待

---

[1] 朝贡7国与清朝的宗藩关系也有近、疏之分。关系近者为使用汉字、并遵从儒家文化的三国:朝鲜、越南、琉球;朝鲜为最近。关系疏者是不使用汉字、对儒家文化了解很少的四国:暹罗、南掌、缅甸、苏禄;苏禄朝贡次数很少。

遇。英、法两国及随之而来的欧美各国皆来自海上，魏源的著作将之列为"海国"。他们过去是"互市国"，此期的主要目标是通商而不是领土。

俄国的情况比较特殊，很早就与清朝接壤，两国先后签订了《尼布楚条约》（康熙二十八年，1689）和《恰克图条约》（雍正五年，1727），划分北方边界。俄国在北京有东正教教士团，并派有随团学生，学习满语和汉语，获取了大量清朝政治、地理、经济等方面的知识。俄国乘英、法发动第二次鸦片战争和南方太平天国叛乱之机，军事、外交手段并用，迫清朝签订《瑷珲条约》《天津条约》《北京条约》，获取清朝东北和西北地区大量领土。

清朝的"天朝体制"从此被打破。

从咸丰十一年（1861）起，清朝先后设立了总理各国事务衙门、北洋大臣和南洋大臣，负责与各国驻京公使（或当地领事）打交道；并在各通商口岸以巡守当地的道员，兼任海关监督（时称"海关道"），负责与各国领事、租界当局和海关洋税务司打交道。这个体制显然不是近代样式的外交体制，是属于"修补性"的，其所处理的事务，大多是各国（主要是帝国主义国家）在华商务、租界、传教、旅行（地理考察）等项，甚至今天完全属于内政性质的海关、电报、开矿、铁路等项，在当时被称为"洋务"。从现存的档案可以看出，总理衙门处理的主要事务在清朝的境内，不是典型的"外交"，可称之为"半面"之外交，或可称之为"互市国"事务之"近代化"。[1] 自光绪元年（1875）起，清朝派出了驻外使节，执行的使命多具礼仪性质，或是总理衙门或北洋大臣等根据国内诸情而交办的事务，如购买船炮等项，与欧美、日本的驻外机构所担负的使命，有着比较大的区别。[2]

---

[1] 总理衙门所办具体事务，可参见清朝官方所编《同治朝筹办夷务始末》及清朝官员所编《清季外交史料》。又，总理衙门（外务部）档案今存于台北"中研院"近代史研究所档案馆，该所以此档案编辑了多种大部头的史料集：《中美关系史料》《清季中日韩关系史料》《教务教案档》《海防档》《矿务档》等等。据此可知此期总理衙门及各驻外公使馆、领事馆的"主营业务"。

[2] 总理衙门规定驻外公使写日记汇报，但从首任驻英公使郭嵩焘到第四任驻英公使薛福成，时间相差近二十余年，所记内容相差不大，没有知识上的进步。这一批日记由钟叔河整理，编为《走向世界丛书》，由湖南人民出版社、岳麓书社出版。其名"走向世界"颇贴切。正是这一批日记，让我们看到了这些公使的日常工作与生活，可以对（转下页）

在这个体制中，北洋大臣、直隶总督李鸿章是一个特殊的权臣。他任此职长达25年，以个人的能力和清廷的信任，有较大的发言权，办理许多朝廷交办的重大或重要的对外事务，尤其是朝鲜事务。

## 3. 负责近代外交官员的资历及其对手

任何一种长存有效的政治制度，其中最为重要者为**人事制度**，它决定了社会人才的流向。

自从1861年总理衙门建立之后，清朝负责对外关系的官员为总理衙门大臣与章京；派驻各国的使节；南、北洋大臣与驻在各通商口岸的"海关道"。

前文已述，清朝的总理衙门有如"外交委员会"，大臣人数较多，光绪朝大约同时保持在8—11位，皆由清朝高官兼任之。他们大多没有到过外国，也不懂外语，除了满洲贵族外，汉人大多为进士出身，其中一些是"清流"领袖或健将。总理衙门大臣由驻外使节出任此职者，仅五人：陈兰彬〔进士，光绪八至十年（1882—1884）在任〕、曾纪泽〔荫生，光绪十二至十六年（1886—1890）在任〕、张荫桓〔捐班，光绪十六至二十四年（1890—1898）在任〕、洪钧〔状元，光绪十七至十九年（1891—1893）在任〕、许景澄〔进士，光绪二十四至二十六年（1898—1900）在任〕。[1]

---

（接上页）这些公使的国际知识与外交能力做出判断。清朝外交官好的著作很少，即黄遵宪《日本国志》，许景澄《帕米尔图说》《西北边界地名考证》。黄、许主要依靠中文（汉字）材料，方法上还是中国传统的学术功力。状元出身的洪钧，颇具才情，在驻俄公使任上搜集了大量国外历史材料，著《元史译文证补》（三十卷）。与外交事业相比，学术研究可能是他更为擅长之处。更为重要的是，使馆与总理衙门的电报往来，由于当时电报费比较贵，清朝驻外公使和总理衙门很少发电报，与西方列强各国公使馆的情况形成了鲜明的对比。相关的研究，可参见川岛真著，田建国译：《中国近代外交的形成》，北京大学出版社，2012年；李文杰：《中国近代外交官群体的形成（1861—1911）》，第5、9章。

[1] 光绪元至七年（1875—1881），陈兰彬任驻美公使（兼驻西班牙、秘鲁）。光绪五至十二年（1879—1886），曾纪泽任驻英公使（兼驻法、俄）。光绪十二至十五年（1886—1889），张荫桓任驻美公使（兼驻西班牙、秘鲁）。光绪十三到十七年（1887—1891），洪钧任驻俄国公使（兼驻奥、荷兰）。光绪十至十三年（1884—1887），许景澄任驻德公使（兼法、意、荷兰、奥）；光绪十七至二十四年（1891—1898），许景澄先后任驻俄公使（兼驻德、奥、荷兰）、驻德公使。

总理衙门章京由京中各部院司官考选，绝大多数为进士或举人。他们没有到过外国，也不懂外语，在任期间出国者甚少；除极少数升为总理衙门大臣外，其最佳前景是外放驻在通商口岸的海关道。[1]

清朝驻外公使的选派更是复杂，由李鸿章等大员保举。他们不懂外语，大多没有去过外国，出国前更没有相关的培训。清朝驻外公使的总人数比较少，而兼差颇多，即由一国公使兼任多国。[2]他们任满归国后大多不再从事对外事务。

清朝的南、北洋大臣由两江总督、直隶总督例兼，主要处理与各国领事的交涉事务。各国在清朝设立的通商口岸派有领事，清朝海关在通商口岸亦设洋税务司，由当地的道员兼任海关监督，负责与外国领事的交涉事务，并与洋税务司共同负责海关司务。[3]这些总督与道员本非外交官，也无相应的外交知识。

---

[1] 总理衙门章京出任驻外使馆参赞者仅4人：邵友濂［崇厚奏调俄国，光绪五年（1879）］，舒文［许景澄奏调法国，光绪十年（1884）］，升允［许景澄随带俄国，光绪十七年（1891）］，贵雍［杨儒派充去秘鲁，光绪十九年（1893）］。总理衙门章京随使出国者更少，仅3人，杨宜治［光绪二十年（1894），随王之春出使俄国］、瑞良、顾肇新。李鸿章出使俄国等国时，并未随带总理衙门章京。总理衙门章京升为总理衙门大臣者，仅4人：成林、夏家镐、周家楣、吴廷芬。总理衙门章京升任各地海关道者为31人。相关的研究，参见李文杰：《中国近代外交官群体的形成（1861—1911）》，第3章。

[2] 当时的驻外公使人数很少，兼职多。以张荫桓任驻美公使、人员稳定的光绪十四年（1888）为例：刘瑞芬驻英，兼驻法、比利时、意大利；洪钧驻俄，兼驻德、奥、荷兰；张荫桓驻美，兼驻西班牙、秘鲁；黎庶昌驻日本。实际上只有4位公使。以张荫桓出访的光绪二十三年（1897）为例：罗丰禄驻英，兼驻比利时、意大利；杨儒驻俄，兼驻奥、荷兰；庆常驻法；许景澄驻德；伍廷芳驻美，兼西班牙、秘鲁；裕庚驻日本。实际上只有6位公使。

[3] 当时兼任海关监督的清朝官员有：江苏苏松太道（上海，江海关），江苏常镇通海道（镇江，镇江关），苏松粮道（苏州，苏州关），天津津海关道（专任，无辖区），山东登莱青道（烟台，东海关），奉天奉锦山海关道（营口，牛庄关），湖北荆宜施道（兼管宜昌，宜昌关与沙市，沙市关），湖北汉黄德道（汉口，江汉关），江西广饶九南道（九江，九江关），安徽徽宁池太广道（芜湖，芜湖关），川东道（重庆，重庆关），浙江宁绍台道（宁波，浙海关），浙江温处道（温州，瓯海关），浙江杭嘉湖道（杭州，杭州关），广西太平思顺道（龙州，镇南关），广西桂平梧道（梧州，梧州关），云南临安开广道（蒙自，蒙自关），云南思茅同知（思茅，思茅关），甘肃安顺道（嘉峪关）；此外，粤海关监督由内务府派出专差担任，管辖广东所有口岸（广州、汕头、琼州等处），闽海关监督由福州将军兼任，管辖福建所有口岸（厦门、福州）。相关的研究，可参见任智勇：《晚清海关再研究——以二元体制为中心》，中国人民大学出版社，2012年。

由此可见，从总理各国事务衙门建立直至戊戌时期，清朝还没有建立或形成近代职业外交官的人事制度，由一批从传统中走出来或尚未走出来的"精英"人士来办理近代外交。他们没有专业的知识（外国语、各国政治、国际关系史、国际法等等），也没有相关的培训。[1] 张荫桓就是其中一员。他的官宦生涯起始于同治二年（1863），即总理衙门成立后的第三年；他正式进入这个体制为光绪七年（1881），即任徽宁池太广道（海关道）之时；至其出访英国时，已有16年的经历。他属于这个体制中的"最优秀"人才。

　　以此来观察清朝外交（洋务）官群体，不难发现清朝外交屡屡失败的多重原因。他们**面对的敌手**，是具有近代地理学、政治学、经济学、历史

---

[1]《孽海花》的作者曾朴（1872—1935），1917年3月写一长信给胡适，谈到其在同文馆学习法语的经历："……我的开始学法语，是在光绪乙未年——中日战局刚了的时候——的秋天。那时张樵野在总理衙门，主张在同文馆里设一特班，专选各部院的员司，有国学根柢的，学习外国语，分了英、法、德、日四班，我恰分在法文班里。这个办法原是很好的，虽然目的只在养成几个高等翻译官。那里晓得这些中选的特班生，不是红司官，就是名下士，事情又忙，意气又盛，那里肯低头伏案做小学生呢。每天到馆，和上衙门一样，来坐一会儿，喝一杯茶，谈谈闲天，就算敷衍了上官作育人才的盛意。弄得外国教授，没有办法，独自个在讲座上每天来演一折独语剧，自管自走了。后来实在演得厌烦，索性不大来了，学生来得也参差错落了。这个特班，也就无形的消灭，前后统共支撑了八个月。这八个月的光阴，在别人呢，我敢说一句话，完全是虚掷的，却单做成了我一个人法文的基础……"（欧阳哲生编：《胡适文集》，北京大学出版社，1998年，第4册，第614—615页）"光绪乙未年"，即光绪二十一年（1895）。张荫桓因甲午战败，需要外语人才，而在总理衙门下属的同文馆设立"特班"。"专选各部院的员司"，"员司"为"司员"之误，曾朴此时为举人，捐内阁中书，留京当差，被选中。"有国学根柢的"，指京师同文馆的学生，选旗籍子弟聪慧者，约十三四岁入馆，没有科举的经历，"国学根柢"相对弱一些。"红司官""名下士"，指入选者的地位。"喝茶""谈天"，又可见京官平时在衙门工作的状况。"支撑了八个月"，即到光绪二十二年（1896）初夏便结束了。由此可见，一直到了甲午战败之后，张荫桓才做了一点亡羊补牢的工作，在科举京官中选才学习外国语。张虽然促成了此事，但从未真正关注或关心此事，选中者也只是"虚掷""光阴"。又。翁同龢光绪二十二年三月二十八日（1896年5月10日）日记称："曾孟璞以所著《补汉书艺文志考》十卷见赠，此子年才廿五，而著书博赡，异才也。"（《翁同龢日记》，第6卷，第2945页）曾朴是常熟人，与翁同乡，又是翁门六子之首汪鸣銮（曾任吏部侍郎、总理衙门大臣）的女婿，翁记此事，可知曾朴已闻达于翁，属于"名下士"。七月二十六日（1896年9月3日）日记称："待樵野不来，令其拟策题，明日考译署章京也（内阁取满汉各卅名，曾孟朴未与，张映南取在后）。"（同上书，第6卷，第2976页）由此可见，曾朴没有通过内阁考总理衙门章京的初试。"张映南"，张鸿，翁同龢的侄孙女婿，初试虽过，名次在后。

学等多方面知识和多种语言能力的西方政治家、外交家群体,拥有长期的殖民经验,熟悉扩张利益的各种手段——与此等人士相较量,以知识背景和外交技巧而论,显然不是其对手。他们**背对的敌手**,是精通儒学经义、坚持华夷之辨的传统官绅,与各种"利益"相比,他们更注重义理的伸张,其中一些人,如倭仁、李鸿藻、徐桐等,还是士林领袖,而李鸿藻本人就长期担任总理衙门大臣——与此等"大儒"相交手,显然不占经典理论上的优势。[1]这批反对张荫桓等人的官绅,从未在近代国际观念和外交本质等要害之处去指责他,而反复用性理名教的道德观念弹劾之。他们有着坚定的信念,相互认同,结为一体。到了戊戌变法时期,他们中间的许多人成为守旧派;慈禧太后第三次听政后,守旧派权重一时。

所有这些情况,与明治维新时期的日本,大不相同。

## 4. 宗藩体系的崩溃与清朝的失策

由此可知,张荫桓等一大批从传统中走出来或尚未走出来的"精英"人士,所持有的国际观念与西方各国外交官认定的国际观念大不相同,所施行的外交行动也必然经常失策。

前已叙及,华夷之辨的理念与近代国际关系的逻辑,处处抵触,榫卯不合。清朝的宗藩关系与各帝国主义殖民地、属国体系,有着本质上的区别,是两个从理念到运作都完全不同的体系。欧洲、日本帝国主义国家击败或拆散清朝的宗藩体系的进程中,这些"精英"分子无所适从,一败再败。

一、缅甸。1823—1885年(道光四年至光绪十一年),英国(英属印度)对缅甸进行了三次战争,占据了整个缅甸,将之纳入英属印度。缅甸是清朝的藩属国,相关的事务由礼部和云贵总督负责。然在传统的观念之下,清朝对藩属国事务是不主动过问的,对前两次战争的情况并不了解,只是到了第三次战争时,清朝驻英公使曾纪泽等人做出一些轻

---

[1] 相关的研究,参见李文杰:《中国近代外交官群体的形成(1861—1911)》上编。又,李鸿藻三度入值总理衙门(光绪二至三、六至十、二十一至二十三年,1876—1877、1880—1884、1895—1897),他虽与张荫桓同官,但从现存史料来看,根本看不起张。

微的反应。光绪十二年（1886），清朝与英国签订《缅甸条款》，其第一条为："因缅甸每届十年，向有派员呈进方物成例，英国允由缅甸最大之大臣，每届十年派员循例举行，其所派之人应选缅甸国人。"该约承认了英国对缅甸的统治，划定边界，进行通商，同时还涉及藏印边界与通商。[1]英国从此不再只是"海国"，成为与清朝"接壤"的"陆国"——英属印度（包括缅甸）与中国云南、西藏有着漫长的边界线。

二、暹罗。1855年（咸丰五年），英国驻香港总督包令（John Bowring，1792—1872）访问曼谷，与暹罗签订《通商条约》，英国对暹罗有很大的影响力。暹罗的封贡事务由礼部和两广总督负责，不来不问。暹罗封贡关系中断时，恰是太平天国时期。总理衙门成立后，对暹罗事务没有特别的注意。

三、越南。1858—1883年（咸丰八年至光绪九年），法国多次对越南发动战争，迫越南签订一系列不平等条约，控制了整个越南。前文所言及的中法战争，正是法越战争的延续。掌有兵权的北洋大臣李鸿章主和，放弃与越南的宗藩关系，清朝与法国签订了《越南条款》（即《中法新约》），其第二条规定："……至中、越往来，言明必不致有碍中国威望体面，亦不致有违此次之约。"该约承认法国对越南的控制，并允许边界通商。法国（法属东京保护领）成为与中国广东、广西、云南"接壤"的"陆国"。[2]

四、南掌。1889年（光绪十五年），法国与琅勃拉邦国王签订协议，老挝成为法国的保护国。法国对此根本没有知会清朝。法国（法属印度支那）增加一段与中国云南"接壤"的边界；也以湄公河等处为界，与

---

[1]《缅甸条款》，光绪十二年六月二十三日（1886年7月24日），《中外旧约章汇编》，第1册，第485—486页。该条约第四条称："烟台条约另议专条派员入藏一事，现因中国察看情形，诸多窒碍，英国允即停止。至英国欲在藏、印边界议办通商，应由中国体察情形，设法劝导。振兴商务如果可行，再行妥议章程；倘多窒碍难行，英国亦不催问。"从此之后，英国势力开始渗入西藏。

[2]《越南条款》，光绪十一年四月二十七日（1885年6月9日），《中外旧约章汇编》，第1册，第466—469页。法国对越南的占据与控制是逐步进行的。最初占据的是法属交趾支那（南圻），政权机构初建于1864年，其次占据的是东京（北圻），政权机构建立稍晚（1885），再次控制的是安南保护国（中圻），政治机构建立于1884年。1887年（光绪十三年），法国将其控制的南圻、北圻、中圻，加上原来控制的柬埔寨保护国，合并为法属印度支那。其总督府设在西贡，1902年迁至河内。又，据清朝政制，广东省辖有廉州府、钦州直隶州，与越南接壤。钦州、廉州后划归广西。

英属印度（包括缅甸）"接壤"。

五、苏禄。苏禄与清朝的宗藩关系于乾隆二十七年（1762）中止。[1] 1851年（咸丰元年），西班牙占领苏禄首都霍洛，苏禄成为西属菲律宾的一部分。1885年（光绪十一年），西班牙与英国、德国签订《马德里协定》，英国承认西班牙在苏禄群岛的主权，西班牙放弃对苏禄苏丹婆罗洲及其附近岛屿的领土要求，该地区归属"英属北婆罗洲公司"。对于苏禄发生的一系列事件，清朝政府一无所知。

六、琉球。1872年（同治十一年），日本设置琉球藩，1879年（光绪五年），日本设置冲绳县，吞并了琉球国。李鸿章托前来访问的美国前总统格兰特（Ulysses S. Grant, 1822—1885）进行调停，结果有三分方案、两分方案。光绪六年（1880），总理衙门与日本公使在北京谈判，李鸿章也参与其中。清朝接受了日本的两分方案。后因琉球国求救使林世功自杀，未签约。[2] 甲午战败后，日本吞并琉球成为事实。

七、朝鲜。朝鲜是清朝宗藩关系的"模范国"，清朝政府尤其是北洋大臣李鸿章等人卷入最深。1876、1882、1885年（光绪二、八、十一年），日本先后逼迫朝鲜签订了《江华条约》《济物浦条约》《汉城条约》，深度介入朝鲜半岛事务。光绪十一年（1885），李鸿章与伊藤博文签订《天津专条》，承认日本拥有与清朝同等的出兵权。在此前后的"壬午军乱""甲申政变""朴定阳使美"，李鸿章等人都出手干预。然而，要将

---

[1] 苏禄与清朝的宗藩关系本不紧密，清朝对苏禄的情况也不了解，相关的朝贡事务，多由福建海上商人来操作。乾隆二十七年（1762），苏禄派出贡使，闽浙总督对其使节及表文格式多有怀疑而拒之，苏禄此后未派贡使。相关的研究，可参见三王昌代著：《海域アジアの異文化接触——18世紀スール一王国と中国・ヨーロッパ》，川越：すずさわ書店，2020年。

[2] 所谓的"三分方案"是将冲绳本岛及附近岛屿归还琉球，恢复琉球国，奄美大岛及五岛划归日本，宫古、八重山岛归清朝。驻日本公使何如璋称是美国前总统格兰特的方案，清朝表示接受。此后日本提出两分方案，即以宫谷海峡为界，以南归清朝，以北归日本。总理衙门在谈判中同意此案。而李鸿章的想法是以宫古岛、八重山岛重建琉球国，以承其祀。林世功（1842—1880），曾入学北京国子监，颇受孙衣言等人之赏识，回国后任琉球国世子尚典的老师。他奉尚典之命，与向德宏等人赴清朝求救。林世功自杀后，被认为是琉球国的忠义之臣。总理衙门所受压力甚大，李鸿章等有力疆臣亦发表意见，该约最终未签。清朝方面的史料，可参见《清光绪朝中日交涉史料》，卷一，第33—37页；卷二，第1—2、8—10、14—24页。

"朝贡体系"塞入"条约体系"的框架之内，必然发生极大的扭曲，结果是两者都不像。张荫桓驻美期间，与朝鲜公使朴定阳直接发生冲突。[1]光绪二十年（1894），朝鲜发生东学党起义。清朝派驻朝鲜"总理交涉通商事宜"的袁世凯，根据朝鲜王国之请求，要求派兵镇压，但他没有意识到将与日本开战。派往朝鲜的清军指挥官们，也不知道将率部与日本军交手。清朝驻日本公使汪凤藻（曾任翰林院编修），给总理衙门和李鸿章发有许多电报，就是没有发出战争预警。[2]让我感受最深且最为同情者，是翰林院编修王同愈，诗、画、字并佳。光绪十九年（1893），他充任为庆贺慈禧太后六十大寿而举行的顺天府恩科乡试同考官。乡试刚结束，他即由同乡兼翰林院同官的汪凤藻奏调为驻日本公使馆参赞。在他留下的战前日记中，嗅不出丝毫战争的味道。[3]我从袁世凯、汪凤藻、王同愈等人此期留下的文字中，找不到国家安全的战略思考——就如在张荫桓所留下的文字中，看不到国家安全的战略思考一样。

至此，清朝原先的宗藩关系7国，此时全部转入各国帝国主义殖民

---

[1] 1887年（光绪十三年），朝鲜派朴定阳任驻美"全权"公使。清朝内部对此进行了一系列的讨论，李鸿章规定了"三端"："一、韩使初至各国，应先赴中国使馆具报，请由中国钦差挈同赴外部，以后即不拘定。一、遇有朝会公宴、酬酢交际，韩使应随中国钦差之后。一、交涉大事关系紧要者，韩使应先密商中国钦差核示。"并让朝鲜公使不行跪拜礼。而"三端"的制定，亦有张荫桓的因素，总理衙门发电李鸿章："樵野星使电称：朝使至友邦，应由华使挈晤外部，此西例也，非争虚文。恐日诱导，则大损。"（《李鸿章全集》，第22册，电报二，第263—264页。又，李鸿章等人与朴定阳出使相关的电报甚多，可参见该书第22册，第231、238—240、244—249、257—259、266—267、269页）朴定阳到美后，并不遵守"三端"，张荫桓、李鸿章、袁世凯多electe谈及此事，对朝鲜王国施加压力。张荫桓在《三洲日记》中对此有相应的记录。（参见《李鸿章全集》，第22册，第293—300页；《张荫桓日记》，上册，第266—269、271、274—277、280页；下册，第281页）然近代公使体制与宗藩关系之属国，是无法兼容的，相关的研究，可参见冈本隆司著，黄荣光译：《属国与自主之间——近代中朝关系与东亚的命运》，生活·读书·新知三联书店，2012年。
[2] 可参见《清光绪朝中日交涉史料》《清代军机处电报档汇编》等史料集。又据翁同龢光绪二十年八月初四日（1894年9月3日）日记："归后汪芝房（凤藻）来，略言倭人金兵多半柔脆。又言彼舰实无铁甲，只钢甲数只（吉野一船最新），有快船行廿三迈者二只而已。"（《翁同龢日记》，中西书局，2012年，第6卷，第2771页）此时中日已经开战，驻日本公使汪凤藻下旗回国，其对日本的军事力量如此低估，可见其缺乏国家安全观念。在此等情况下，清廷的和、战决策不能不失误。
[3] 顾廷龙编：《王同愈集》，上海古籍出版社，1998年，第128—137页。

地或势力范围体系。宗藩关系比较疏远的4国，苏禄、缅甸、暹罗、南掌，遭到西班牙、英、法等国的侵略与渗透，清朝则没有做出反应。宗藩关系比较密切的3国，琉球、越南、朝鲜，清朝都做出了反应——琉球没有发生战争，越南战争中途而止，最为严重的是朝鲜，清朝在不利的军事态势下被动卷入战争，战败后所签和约中割地、赔款诸条款皆极为苛刻。若说中日甲午战争是清朝历史上最大的军事失败，那么，它同时也是最大的外交失败——清朝的**国家安全**受到了极大的威胁。

## 5．清朝所面对的海、陆军事压力

从道光二十年（1840）鸦片战争到光绪二十一年（1895）甲午战败的半个多世纪，正是各帝国主义国家快速向东南亚、中亚、南亚扩张的时期，清朝所面对的国际形势发生了根本性的变化，尤其是缅甸、越南、南掌、暹罗、琉球、朝鲜等藩属国被侵占后，失去了海上与陆地的屏障。

就陆地而言，北方的俄国在获取中国东北和西北的大片领土后，在中亚地区南下，吞并或控制中亚地区多国，直逼阿富汗、波斯，蚕食清朝主权范围内的新疆等处土地；且在1892年（光绪十八年）正式决定修建西伯利亚大铁路，以加强对其远东地区的控制。[1] 英国在印度不断扩张，其在西北部、北部的控制地区已达帕米尔高原、喜马拉雅山脉，与清朝主权范围内的新疆、西藏相连接，并将缅甸纳入英属印度。[2] 法国

---

[1] 决定修建西伯利亚铁路事，参见维特著，傅正译：《维特伯爵回忆录》，商务印书馆，1976年，第42—43页。维特在回忆录中提到了一个细节，他在拜访李鸿章时，"外边传报布哈拉的总督来到，这位中国人立即摆出他那最显要的架子……"李鸿章对布哈拉"总督"极不礼貌，询问其信仰，并有恶语。（同上书，第72—73页）由于没有看到李鸿章方面的材料，不知此事的具体情节。布哈拉自1873年（同治十二年）起是俄国的保护国。在之前的清朝文献中，布哈拉即布哈尔，是清朝宗藩关系国。李鸿章对布哈拉"总督"（似为"酋长"）的这一态度是可以理解的。至于清朝在西部边疆的宗藩关系诸国，目前还没有开展研究。

[2] 光绪十六年（1890），清朝与英国签订《藏印条约》，清朝承认哲孟雄为英国的保护国，划分了边界。光绪十九年（1893），清朝与英国签订《藏印条款》，允次年辟亚东为通商口岸。光绪二十年（1894），清朝与英国签订《续议滇缅界、商务条款》，划分英属缅甸与清朝云南的边界，开放边界通商，英国可派领事驻云南蛮允（芒允），后改为腾冲。（参见《中外旧约章汇编》，第1册，第551—552、566—568、575—581页）

在中法战争后不久，建立法属印度支那联邦。由此在北、西、南三个方向，清朝在陆地上已被俄、英、法三大帝国包围。

就海上而言，原有的态势是西班牙控制了菲律宾，荷兰控制了爪哇等东南亚岛屿，葡萄牙占据了澳门、帝汶与果阿；后来到达的英国随之填满了东南亚的空隙（海峡殖民地、英属马来亚，英属北婆罗洲），并在香港等地驻扎舰队；其后到达的法国加强其法属印度支那的统治，在海防、岘港（土伦）、西贡设立海军基地；再后到达的德国再占了太平洋上诸岛（德属新几内亚）；日本侵占了琉球国，此时又占据了台湾省。俄国、英国、法国与德国在远东部署了规模不一的海军舰队。清朝的海上安全受到了日本、英、俄、法、德五大帝国的威胁。

如果从清朝的周边再扩大到整个世界，可以看出，各帝国主义国家已经大体瓜分了世界：在欧洲，英、法、德、俄四大强国地位已确立，其他国家对四大强国有程度不一的依附性。在非洲，自1884年（光绪十年）柏林会议之后，各帝国主义国家加强了在非洲扩张的步伐，至1895年（光绪二十一年），独立国家仅存4个，阿比西尼亚（埃塞俄比亚）是唯一的独立原住民国家。[1]在南美洲，西班牙、葡萄牙的控制力虽有所下降，但美国已表达其门罗主义的主张。

由此环观世界，还有两个积弱的大国：一个是奥斯曼帝国，俄国、英国、奥匈帝国（背后有德国）、法国不断分化之、侵蚀之。另一个就是甲午战败后的清朝，从帝国主义各国的自身逻辑来看，俄、英、法、日本、德五大帝国必然会向清朝下手，尤其是到了以蒸汽机为动力的轮船、铁路新时代。以张荫桓及整个清朝掌管外交（"洋务"）事务高级官员的知识结构及其应变能力，来应对清朝所面对的不断恶化的国际形势，必然是力不能胜。狭间直树的研究说明，早在

---

[1] 1884年，德国邀请奥匈帝国、比利时、丹麦、俄国、法国、荷兰、葡萄牙、瑞典－挪威联合王国、西班牙、意大利、英国、美国、奥斯曼帝国在柏林举行会议，以避免各国在非洲扩张时相互间的战争，会议达成总议定书，使用了"势力范围"的概念。至甲午战争结束时，非洲分属于英、法、德、比利时、意大利、葡萄牙、西班牙、奥斯曼帝国等国，仅存利比里亚、奥兰治、德兰士瓦、阿比西尼亚（埃塞俄比亚）4国。阿比西尼亚是抵抗意大利的入侵才保持独立。布尔战争（1899—1902）后，奥兰治、德兰士瓦成为英属南非殖民地。

中法战争进行时（光绪十年，1884），日本的福泽谕吉已经推测 15 年之后（光绪二十五年，1899），英、俄、法、德、日本五大帝国将瓜分中国，在其掌控的《时事新报》上还刊登了《支那帝国分割之图》——这真是惊人的"预见"。[1]

## 6. "干涉还辽"的俄、法、德三国真实目的与清朝"以夷制夷"的对策

就近代国际关系而言，"三国干涉还辽"表明俄、德、法对日本扩张的限制，表明三国维护并扩大其在远东的"利益"，不存在"正义"或"同情""扶助"清朝等道德因素。清朝许多高官对此没有相应的认识，以为三国是可以依靠的力量，尤其是俄国，主张"联俄"，以行"以夷制夷"之策。

由此可以观察俄、法、德三国的真实目的。

先看俄国。早在马关谈判进行时，俄国高层就与清朝合作还是与日本合作的选项，进行过多次讨论，沙皇尼古拉二世有意以不干涉日本的议和条件，使俄国在朝鲜获得一个不冻港，并用狭长的地带与俄国领土相连接；而在最后决定"干涉还辽"中起到关键作用的财政大臣维特，

---

[1] 狭间直树：《福泽谕吉、内藤虎次郎主张之帝国主义国民性的形成——以精神为中心》，2019 年北京大学演讲稿，高莹莹译，未刊。狭间教授的报告称：1884 年 10 月 15 日，《时事新报》刊登了福泽谕吉所写的《东洋之波兰》：当加害国为多个时，犯罪的意识就会分散，以欧洲数国为敌的清朝所面对的命运，大概会在人种不同这一恶劣条件下发生。同月 16 日，该报刊出外国友人的来信"支那帝国的未来记"。法兰西共和国以"支那经略之先驱者"自居，制定《支那帝国分割案》，照会的署名为"法国宰相兼外务卿某"，照会对象是英国、德国、俄国以及日本。召开瓜分会议的时间为 14 年后的 1899 年 12 月。《支那帝国分割之图》显示：俄国占领满洲东部、山西、陕西和朝鲜；英国占领江苏、浙江、安徽、江西、湖北；德国占领山东、河南；法国占领云南、广西、广东、湖南、福建南半部；日本占领台湾与福建省北半部。清王朝退据满洲一隅；甘肃、四川、贵州三省被视作"僭王（暴君）所有"。狭间教授认为，这一"照会文"是福泽谕吉写的。又，此后不久，1884 年 12 月 4 日，朝鲜王国发生了由日本支持的开化党人之乱（甲申政变），日本已经开始动手。

心中已有"借地筑路"（即中东路）的预案。[1]日本在战争获胜后，新任驻朝鲜公使三浦梧楼实行帝国主义政策，杀死掌握实权的闵妃（"乙未事变"），朝鲜国王携带世子逃入俄国公使馆（"俄馆播迁"）；日本再派小村寿太郎为公使，与俄国驻朝鲜公使韦贝（Карл И. Вебер，1841—1910）签订《汉城议定书》，俄国势力在朝鲜半岛占据了上风。[2]李鸿章出访俄国之前，翁同龢访之，翁在日记中称："又拜李合肥，晤谈，一闻朝鲜自主，一密结外援，此语尚结实。"[3]李鸿章在上海时与黄遵宪相见，亦称："联络西洋，牵制东洋，是此行要策。"[4]此处所言"外援""西洋"皆指俄国。李鸿章与俄国外交大臣、财政大臣在莫斯科签订的《中俄密约》，有针对日本的内容：

> 第一款，日本国如侵占俄国亚洲东方土地，或中国土地，或朝鲜土地，即牵碍此约，应立即照约办理。如有此事，两国约明，应将所有水、陆各军，届时所能调遣者，尽行派出，互相援助，至军火、粮食，亦尽力互相接济。

这是清朝最为关注者。然而，俄国在该约中最为看重的，却是"借地筑路"：

---

[1] 张丽：《折冲樽俎：维特远东外交政策研究》，北京大学出版社，2011年，第51—59页；鲍里斯·罗曼诺夫著，陶文钊等译：《俄国在满洲（1892—1906）》，商务印书馆，1980年，第120页。又，就当时的情况而言，尼古拉二世的设想，即同意日本占据辽东半岛而俄国获得朝鲜军港并能领土相连，是不可能成功的。其一是日本会反对，其二是军事上不安全，其三俄国不可能以此联合德国、法国共同干涉。

[2]《汉城议定书》（1896年5月14日），又称《小村-韦贝议定书》，其主要内容是：一、朝鲜国王从俄国使馆返回王宫的日期，由朝鲜国王决定；二、日本为保护所设电线（从汉城到釜山），可保留不超过200人的宪兵；三、日本可在汉城、釜山、元山驻军4个中队，每个中队不超过200人；俄国可以驻守与日本相同的军队。据此，日本须大量撤军，俄国却可以增兵，日本承认俄国可以控制朝鲜王国。其基本精神是日本承认俄国在朝鲜半岛有相对优势地位，俄国承认日本在朝鲜半岛还可保留部分原有的权益。

[3]《翁同龢日记》，光绪二十二年正月初四日，第6卷，第2923页。

[4]《李肃毅侯挽词》，《人境庐诗草》卷十一，陈铮编：《黄遵宪全集》，中华书局，2005年，上册，第183页。

第四款，今俄国为将来转运俄兵御敌并接济军火、粮食，以期妥速起见，中国国家允于中国黑龙江、吉林地方接造铁路，以达海参崴。[1]

从谈判过程来看，清朝是"交换"，以"借地筑路"换取针对日本的军事合作。然而，清朝以防止日本再度扩张为目标，仅得到俄国的空头许诺，所谓的同盟关系与此期俄法《军事同盟专约》是不能相比的。[2]俄国的目的就是进入中国东北，得到实际利益，为此而绞尽脑汁拉拢李鸿章，并设置了300万卢布的秘密账户。[3]李鸿章并不知道，就在《中俄密约》签订后第6天，俄国外交大臣洛巴洛夫·罗斯托夫斯基又与日本特使前首相山县有朋签订了《莫斯科议定书》，其中也有秘密条款，规定两国在朝鲜的势力范围，并在必要时设立中立区。[4]"中俄""日俄"两份密约

---

[1]《御敌互相援助条约》，光绪二十二年四月二十二日（1896年6月3日），《中外旧约章汇编》，第1册，第650—651页。其第四款还有以下内容："惟此项接造铁路之事，不得藉端侵占中国土地，亦不得有碍大清国大皇帝应有权利，其事可由中国国家交华俄银行承办经理。"这些文字的内容很难界定。还须注意的是，俄国等国的国家资本主义铁路系统与英国等国的商业资本主义铁路系统有着极大的差别。俄国后来对这些文字根本没有遵守。

[2] 法俄《军事同盟专约》，1892年8月18日，没有任何附加条件，双方针对德国及奥地利、意大利，其第三条规定："对德国使用的兵力，法国方面为一百三十万人，俄国方面为七十万人或八十万人。这些军队应全面迅速地参战，致使德国必须同时在东西两面作战。"（《国际条约集（1872—1916）》，第138—140页）与《中俄密约》中"届时所能调遣者"相比，该约具体规定了双方使用兵力的数量，以期能达到的战略目标——使德国东西两面作战。

[3]《俄国在满洲（1892—1906）》，第107—109页。从俄方的文献来看，这一笔钱已经划出，设立了专门账户，但没有立即支付，相关的金额也告诉了李鸿章。但从中文材料来看，似还难以确认李鸿章已经得知如果配合俄方的行动，将会获得如此巨额的钱财；但可以确定的是，李鸿章不是为了这笔贿赂而签订《中俄密约》的。

[4]《莫斯科议定书》，1896年6月9日，又称《山县-洛巴洛夫议定书》，公开条款有4项，其中最重要的是：日俄两国允许朝鲜建立自己的军队，即俄国或日本不可单独控制朝鲜军队，有对等之意。其秘密条款有2项：一、朝鲜若发生变乱，日俄两国皆可派兵，须划定各自的区域，并设立中立区；二、朝鲜组建自己的军队前，《小村-韦贝尔议定书》规定的驻军条款继续有效，朝鲜国王在建立自己控制的军队前，可继续留在俄国公使馆。由此可见，俄国承认日本有同等的出兵权，并以中立区来避免两方的军事冲突。值得注意的是，山县有朋最初提议以三十八度线来瓜分朝鲜，即汉城及其以南归日本；俄国没有采纳。日本后将秘密条款透露给朝鲜国王，诱之与俄国分离。

的基本精神是不一致的。然而，俄国的第一步是进入中国东北，第二步是将这条铁路修建到黄海（朝鲜或中国辽东），以能为俄国远东舰队提供一个不冻港，但具体路线还没有确定。[1]

也就在张荫桓访问欧洲期间，俄国另派乌赫托姆斯基公爵（Э. Э. Ухтомский，1861—1921，又译"乌克他木斯科""吴克托"等）访问北京，表面上的使命是感谢尼古拉二世加冕典礼时清朝派李鸿章赠送的礼物，并回赠沙皇给光绪帝、慈禧太后的礼物，而实际使命是试探扩张俄国中东铁路尤其是南线的各项利益。[2] 光绪二十三年四月二十日（1897年5月25日），乌赫托姆斯基到达北京，二十四日觐见光绪帝，二十七日觐见慈禧太后，在京一个多月，与总理衙门大臣有多次会谈与欢宴，五月二十九日离京。[3] 乌赫托姆斯基与总理衙门会谈时，提到了建立中

---

[1]《俄国在满洲（1892—1906）》，第105—106、131、148页。罗曼诺夫称："……按照这种提法，关于通向'黄海某个港口'的支线的主张，依旧没有预先确定支线终点的位置问题，因为从奉天不仅可以将支线通往朝鲜港口，还可通往满洲港口。"

[2] 罗曼诺夫称："对乌赫托姆斯基的指令包括下列八点：一、谋求中国人对满洲干线南线的认可；二、搞清中国对于敷设一条俄国铁路把中东铁路与中国拟议中的铁路（从天津经山海关往锦州）衔接起来的问题持何种态度，以及中国是否同意敷设一条从干线到朝鲜某个港口的铁路；三、使中国人保证信守8月27日合同第四款；四、要求使铁路总工程师的官阶与满洲三位将军相列，并授予他与将军们直接交涉的权利；五、允许将钱币从中国内地输入满洲；六、使华俄道胜银行取得铸造银币的权利，这种银币务必无条件地在满洲范围内的各种支付中通用；七、同样为银行取得发行纸币的权利；八、批准在铁路沿线各地设立银行的代理机构。"（《俄国在满洲（1892—1906）》，第149—150页）由此可见，乌赫托姆斯基此行的主要目标是两项，一是中东路南线，以及中东路南线与清朝关内外铁路的连接、由中东路修建到朝鲜的铁路；二是与中东路建设相关联的银行业务。其第三项，指《合办东省铁路公司合同章程》第四款：清朝政府地方官有责任帮助中东铁路建设。（见《中外旧约章汇编》，第1册，第673页）

[3] 清方为接待乌赫托姆斯基公爵的来访有着大量的电报，参见《清代军机处电报档汇编》，第35册，第526、567、574、582、584、586、597、603—604、618页；第25册，第99、106页。光绪二十三年四月二十八日，清廷发电驻俄公使许景澄："本日奉旨致谢俄廷：朕承大俄国大皇帝特派王爵乌克他木斯科赍来款洽敦睦之书、珍重华贵之品，实深欣谢。并奉我皇太后懿旨：兹承大俄国皇太后厚意有加，寄赠国书、宝星、礼物等件，代伸致谢。均著许景澄先为敬达。"（同上书，第25册，第110—111页）其中"款洽敦睦之书"，即乌赫托姆斯基所写《尼古拉二世皇帝陛下东方旅行记》的中文译本《俄太子东游记》，现藏于故宫博物院图书馆。乌赫托姆斯基在北京的活动，翁同龢在日记中有比较详细的记录，特别注意觐见的礼仪。翁对俄国所送的礼物评价很低："看俄国所进礼物，流俗所矜赏，圣王所弃捐者也。"（《翁同龢日记》，第7卷，第3048页）

东路南线计划，李鸿章对此表示拒绝："我们让你们进入院里，你们却想闯进我们家小住的内宅。"[1] 从乌赫托姆斯基的使命而言，虽未达到目的，然此时中东路尚未正式开建，俄国代理公使巴布罗福亦有劝说，中东路南线亦非为俄国此期的优先目标。但乌赫托姆斯基此行另有收获，李鸿章同意他从陆路经蒙古返回俄国，并允俄方在蒙古地区的开矿权。如果以乌赫托姆斯基的北京之行与张荫桓的圣彼得堡之行相比较，可以看出两人的国际知识与外交能力的差异。[2] 还需说明的是，总理衙门并未将乌赫托姆斯基的访问活动电告张荫桓，这也是不合近代外交习惯的。以俄国的真实目标来对照张荫桓的"密陈各国情形折"，俄国还是"真心和好"吗？

---

[1]《俄国在满洲（1892—1906）》，第151页。罗曼诺夫称，此是乌赫托姆斯基与总理衙门初次会面时李鸿章所言。据璞科第的报告，该次见面应在俄历1897年5月26日（西历6月7日，五月初八日），翁同龢当日随光绪帝去其父园寝，日记未载此事。罗曼诺夫又称，乌赫托姆斯基决定性的会谈于俄历6月7日（西历6月19日，五月二十日），总理衙门拒绝了将中东铁路连接山海关或朝鲜的提议。翁同龢日记称："午初在总署延接俄使吴王（六人），谈改线事。邸答以须查蒙古，则改南之说已允矣。余以图们江口欲置一马头，明告伊帮助。伊云此处水浅，无甚用处，然未拒我也。语甚长，未初去。"（《翁同龢日记》，第7卷，第3056页）"午初"，上午11时。"未初"，下午1时。由此可见，中俄对中东路南线讨论记录有所不同，翁未记俄方提出中东路"南线"之要求。翁称"改南"之事，指南下伯都讷。五月二十五日，总理衙门大臣庆亲王奕劻、李鸿章、翁同龢、许应骙赴俄国使馆与乌赫托姆斯基会谈，翁在日记录："李云：黑龙江将军电来，愿路修至齐齐哈尔再往南至伯都讷，以利商务。彼不答……"（同上书，第7卷，第3059页）"伯都讷"，副都统驻地，今榆树市。此次会谈时间，翁称自"申初"（下午3时）至"酉正"（下午6时），在日记中记录甚多，再次提到图们江口通航事，被拒，但未记俄方提出中东路"南线"之事。相关的谈判内容，还须看总理衙门当时的记录"问答"，今尚未发现。

[2] 乌赫托姆斯基出身于海军世家，圣彼得堡大学历史与语言系毕业，对蒙古佛教（藏传佛教）有兴趣。参加编辑《圣彼得堡报》，强调东方对俄罗斯的作用和意义。曾随尼古拉二世到东方旅行，获宫廷侍卫头衔。李鸿章出访时，他奉财政大臣维特之命，到苏伊士运河口的塞得港迎接，一路陪同到圣彼得堡，由此与李鸿章交熟。此时从北京回到俄国的恰克图，并无近代交通工具，沿途亦无合适的旅店，乌赫托姆斯基此行有"地理考察"的意义；与张荫桓追求的舒适旅行，正好相反。李鸿章为此专门派马队护送，并允其在外蒙古开矿。（见《李鸿章全集》，第36册，书信八，第146、148、152页）翁同龢在光绪二十三年九月二十三日日记中称："午访李相谈库伦矿事，此关系之件，李相许俄开办也。"（《翁同龢日记》，第7卷，第3095页）乌赫托姆斯基此后担任华俄道胜银行董事、中东铁路公司董事、蒙古矿业公司总经理等职。又，乌赫托姆斯基是蒙古佛教艺术品的收藏者，其收藏品现保存在圣彼得堡艾尔米塔什博物馆（冬宫）。

再看法国。前已叙及，法帝国在亚洲最主要的殖民地为法属印度支那联邦，另在上海、广州、天津、汉口设有租界；施阿兰到任后，不断向清朝政府施压，扩张其以法属印度支那联邦为中心的利益。中日甲午战争也给了施阿兰与法国政府施展手段的空间：李鸿章去日本谈判之前，与施阿兰有过交往；前往俄国参加尼古拉二世登基典礼的清朝特使湖北布政使王之春，回国途中经巴黎，奉张之洞之命与法国外交部商保台策，未奏效。[1] 法国参加"干涉还辽"，自是俄国的提议，也有意于扩张其在华利益。中日甲午战争结束后，法国是最先获得利益者：光绪二十一年五月二十八日（1895年6月20日），中法签订《续议商务专条附章》《续议界务专条附章》，开放广西龙州和云南蒙自、河口、思茅为通商口岸，清朝在广西、云南的边界划界中受到了很大的领土损失。[2] 同年闰五月十四日（7月6日），中俄签订"俄法借款"合同，然俄国资本市场不发达，此项债务主要由法国银行包销，获利甚大。[3] 光绪二十二年四月二十四日（1896年6月5日），中法签订《龙州至镇南关铁路合同》，允法国修建龙州铁路，以能与越南境内的河内到同登的铁路相连接。[4] 光绪二十三年二月十三日（1897年3月15日），法国迫清

---

[1] 施阿兰：《使华记（1893—1897）》，第43—45页；《张之洞全集》，第4册，第437—441页。

[2] 中法战争结束后至光绪十四年（1888），清朝与法国签订一系列条约或交换外交文件：《越南条款》《桂越边界勘界节录》《越南边界通商章程》《勘界办法节录》《滇越界勘界节略》《粤越边界勘界节录》《续议商务专条往来照会》《续议界务专条》《续议商务专条》《滇越边界联接电线章程》，法国通过这些条约或外交文件大体确立中越边界，并获得边界通商、减税、通电报线等权利，清朝开放龙州、蒙自、蛮耗为通商口岸。新签订的《续议商务专条附章》，清朝开放龙州、蒙自、河口、思茅为通商口岸，并允边界水、陆路通商；法国可派领事驻东兴；其第五款规定："议定中国将来在云南、广西、广东开矿时，可先向法国厂商及矿师人员商办……至越南之铁路或已成者或日后拟添者，彼此议定，可由两国酌商妥订办法，接至中国界内。"新签订的《续议界务专条附章》，将中国土地，尤其是猛乌、乌得等地，原属在划界中多有争议的地区，划归法属印度支那。此后，根据《续议界务专条附章》（1897年6月13日），中法再签订《滇越界约》。（以上三条约见《中外旧约章汇编》，第1册，第621—625、716—721页；划界方面的研究，参见吕一燃主编：《中国近代边界史》，下卷，第867—874、890—894页）

[3] 《中外旧约章汇编》，第1册，第626—631页。

[4] 《中外旧约章汇编》，第1册，第652—653页。法国的目的是用该铁路与越南境内的河同铁路相连接，然后在龙州沿左江通航到南宁等处。该铁路后未建成。

朝发出照会，确保海南岛不割让他国。[1] 同年五月十九日（6月18日），法国再迫清朝发出照会，确保法国在云南、广西、广东的铁路、开矿等方面的优先权。[2] 除了"俄法借款"外，法国所获得的利益都与施阿兰的"横蛮"表现有关，但从具体内容来看，法国以法属印度支那为中心，将势力范围向北、向东北扩张到云南、广西、广东西部和海南岛，正是法帝国主义发展的必然逻辑。[3] 张荫桓在"密陈各国情形折"中指责施阿兰，甚至向俄国抱怨施阿兰，是他不了解法帝国扩张的历史与惯行手法。[4]

最后来看德国。前已叙及，德国参加"干涉还辽"的目的就是进入中国，此时虽获得了汉口、天津两处租界，但最重要的目的即获得军港尚未达到。张荫桓在"密陈各国情形折"中向德国前任驻华公使巴兰德说明"允之，则英、俄、法不怨德而怨华"，试图以各国平衡为理由来推

---

[1] 《中外旧约章汇编》，第1册，第697—698页。总理衙门发布此项照会时很随意，尚未意识到此项属于帝国主义国家的"势力范围"的概念。

[2] 《中外旧约章汇编》，第1册，第721—722页。该照会称："现即议定，一俟同登至龙州铁路筑竣，如果费务林公司办理妥当，中国令该公司接造往南宁、百色"；"现即议定，在广东、广西、云南南边三省界内矿务，中国国家开采之时，即延用法国矿师、厂商商办"；"定允准，自越南交界起，由百色河一带或红河上游一带修造铁路，以达省城，应由中国渐次察勘办理"。其第三条是排斥他国（指英国）的，至光绪二十四年三月又有修改，允法国修建滇越铁路。（后将叙述）

[3] 此时法国在南亚次大陆的殖民地本地治里（Pondichéry）等处，在英国的压迫下已经萎缩；法属印度支那的西面是英属缅甸和英国支持下的暹罗，南面是英属马来亚、英属北婆罗洲和荷兰属东印度，东南面是西班牙属菲律宾，只能向北和东北方向发展。

[4] 施阿兰在其回忆录（《使华记（1893—1897）》）中详细记录了他的各项"贡献"。翁同龢在日记中对施阿兰评价极低，经常使用贬语："哓哓者皆犬吠也"；"阴险凶横兼而有之"；"无耻无餍，'施'之谓矣"，"整日在犬羊虎豹之中，可称恶劫"；"犬羲为徒，人生不幸"；"'施'鬼来，所要求者……哓哓终未已……"光绪二十三年四月二十七日（1897年5月28日），恰是翁的生日，施阿兰大闹总理衙门，翁在日记中叹道："终日与犬辈断断，真奇事也。"（参见《翁同龢日记》，第6卷，第2875、2878、2929、3013页；第7卷，第3023、3050页）赫德在与金登干的信中也大骂施阿兰。但是，施阿兰之所以能如此"蛮横"，清朝之所以会退让，是因为其为法国公使。施阿兰的后任吕班，同样向清朝施压，虽没有施阿兰那么"蛮横"，清朝同样退让。（后将叙述）

宕时日[1]；但德国政府此时已经决定使用军事手段来达到目的，帝国首相何伦洛熙公爵（Chlodwig zu Hohenlohe-Schillingsfürst, 1819—1901）、外交大臣马沙尔先后提议两种方法：一是等待"报复的理由"，二是"干脆"直接占领。威廉二世的态度极为激烈。[2] 从张荫桓的"密陈各国情形折"，完全看不到德国的真实目的与最后手段。

清朝与俄国签订《中俄密约》，即建立秘密军事同盟，是中国传统的"以夷制夷"手法。作为军事力量与外交能力弱小的清朝，采用这种"以

---

[1] 张荫桓已经多次这么做了。1896年12月16日（光绪二十二年十一月十二日），德国驻华公使海靖发电德国外交部："我于总理衙门为拒绝公使事转入了一个让步的情绪后，提起以五十年租赁方式割让一个储煤站，而以同意增加关税为条件。李鸿章以粗暴的态度拒绝；相反地，张荫桓则相当让步，说如果我们能担保别国，尤其法国，不提出同样的要求，则可以进一步讨论此事。"（《德国外交文件有关中国交涉史料选译》，第1卷，第129页）"拒绝公使事"，指黄遵宪。翁同龢在日记中亦有记载：十一月初十日，"申初晤德使海靖，先谈海口泊舟，语含讥切，引归辽为功，而以加税为抵。次及黄使，仍不接待也。前使绅珂以海口未成撤回，故海靖注重于此。噫，难矣！"（《翁同龢日记》，第6卷，第3004页）

[2] 1896年11月28日（光绪二十二年十月二十四日），德国首相何伦洛熙为次日面见德皇，作了一份备录："即使只夺取一个三沙湾，在和平环境之下也必须等中国违犯了我们的权利而给了我们一个理由或口实时才能进行。一个储煤站的取得，决不足以补偿我们政府因一个赤裸裸的违法行为而遭致的严重的政治损失。基于这些理由，所以我们唯一可循的途径是等待华人先给了我们一个报复的理由，然后再立刻占领三沙湾，扣留它作为一个抵押品，接着与华人交涉割让该地——开始时先要求有期限的割让。根据一切展望，我们无须等待很久，就能找到口实。在最近两年内我们也曾找到过行动的理由；例如在传教士及德国教官的情况方面，就可有不止一次的机会……帝国驻北京公使将立即受令，特别注意调查研究一个行动的合适机会，并当机会发生时，立刻电告此间。"（《德国外交文件有关中国交涉史料选译》，第1卷，第126—127页）何伦洛熙的基本态度是不主张立即占领，而是等待"理由"，其中提到了"传教士及德国教官"。1897年2月19日，外交大臣马沙尔得知"庆亲王已经于去年十二月底正式对他（海靖）声明，他不能满足德国的愿望，因为怕其他列强将作同样的要求"后，提议在决定占领的地点后，即向清朝政府发出最后一次要求（威廉二世批：不；经过这样的拒绝后这将是个耻辱。那是最后一次），如果还不能达到目的，"则最后必将干脆由陛下的军舰占领一个合适的地点（威廉二世批：是，立刻的），先来造成一个既成事实。要是这样，甚至我们现在由海靖男爵向中国人表示的让步也可不再作数（威廉二世批：肯定地不作数）。"威廉二世最后批："无须再询问！地点定后，立刻占据。"（同上书，第1卷，第130—131页）"海靖男爵向中国人表示的让步"，指同意清朝增加海关税。由于德国的最终目标尚未确定，实际采取的办法是第一种，即利用曹州教案。

夷制夷"的外交政策，必然会导致其在外交上与各大国走"平衡"，即所谓"利益均沾"。前已叙及，法国最先与清朝签订《续议界务专条附章》获得中国土地，英国宣称该约内容与英国原签条约有违，频频施加压力，于光绪二十三年正月初三日（1897年2月4日）迫使清朝签订《续议缅甸条约附款》，清朝再次损失大量国土，允云南西部对英开放通商口岸（后确定为腾越）；而该约所附《专条》，清朝允西江开放通商，轮船可从香港或广州经三水到达广西梧州。[1]英国可根据此约，在东、西两个方向，即云南西南、广东西部至广西东部钳制法国势力的扩张，以保持其在清朝西南与法国的均势，维护其在广东的优势。前已叙及，甲午战败之后，清朝从德国购买3艘巡洋舰和4艘鱼雷快舰，为了平衡，又从英国订购2艘重型巡洋舰；法国更担心福州船政局有可能被德国接手，迫使清朝聘请法国人担任该局的管理和技术高级职位，由此控制了该局。[2]德、英、法三国"利益均沾"。前已叙及，清朝正在办理第三次大借款，英、俄两国政府深入其中，互相争夺，德、法两国政府亦有插手。此外还有各省开矿权、铁路修筑权、江河通航权等多项之争夺……从翁同龢的日记可以看出，此时的总理衙门已经成了各国公使轮番"抱怨""咆哮"甚至"教导"的场所，清朝政府处处应付，完全被动。

此时总理衙门大臣有恭亲王奕䜣、庆亲王奕劻、翁同龢、李鸿章、

---

[1]《中外旧约章汇编》，第1册，第686—690页。中法签订的《续议界务专条附章》将中国猛乌、乌得等地划归法属印度支那，英国以此违反《续议滇缅界务商务条款》第五款："中国必不将孟连与江洪之全地或片土让与别国"为由，向清朝施压，要求再次划界。（该条款见同上书，第1册，第577—578页）而在中法签约前，英国公使已知其内容，电告英国外交部暂不划界，在签约的当天便去总理衙门抗议，使总理衙门措手不及，可见其外交"技巧"。相关的研究，参见吕一燃主编：《中国近代边界史》，下卷，第748—755页；朱昭华：《中缅边界问题研究》，黑龙江教育出版社，2013年，第111—115页。至于西江通商，英国明显是针对法国《续议商务专条附章》在广东、广西的特权，要求开梧州为通商口岸，并派驻领事。又，张荫桓在此约签后未久去英国，对西江通商极为关心。光绪二十三年四月十五日，张荫桓在美国发电："西江通商梧关不误，三水能如期否？"四月二十二日，总理衙门回电："西江通商可不误期。"（《清代军机处电报档汇编》，第35册，第600页；第25册，第108页）前已说明，张在英国结束使命时便上奏，要求考察西江通商。除了家乡因素外，张关心西江通商的原因不详。

[2]《福州船政局聘订法国监督合同》《福建船政局订募法国人员合同》，光绪二十二年九月初五日（1896年10月11日），《中外旧约章汇编》，第1册，第679—685页。施阿兰：《使华记（1893—1897）》，第125—128页。

荣禄、张荫桓、廖寿恒、敬信、崇礼、许应骙、吴廷芬11位,张荫桓确实是其中最了解外部事务的大臣。[1]奕䜣、李鸿章、翁同龢正在等待张荫桓早日回京,以应对各帝国主义国家接二连三、层出不穷的各种要求。就总理衙门此时感受到的实际压力而言,与张荫桓在"密陈各国情形折"中所描绘的岁月静好的场景,格格不入。

从张荫桓的个案,来观察包括各位总理衙门大臣在内的清朝高层官员的国际知识与外交能力,可以看出,他们**在整体上缺乏国家安全意识**,至此尚未能发现自己的国家已经危如累卵。

## 7. 张荫桓的误判——德、俄、英、法、日本、美的行动

前文已述,张荫桓的"密陈各国情形折",分析了英、德、俄、法、美、日本六大国的情况,并对国际形势作出预判;我们可以对照来看德、俄、英、法、日本五大帝国主义国家此后的真实表现(美国放在最后说)。

光绪二十三年十月二十日(1897年11月14日),德国军舰占领胶州湾,对张荫桓和整个清朝高层来说,正是动地而来的渔阳鼙鼓。德国为了表示自己的决心,由威廉二世的弟弟亨利亲王(Prinz Heinrich, 1862—1929)率小型舰队从德国出发,增援胶州湾,并出任东亚分舰队的司令。光绪帝与慈禧太后决定,不与德国开战,而是进行外交谈判,派翁同龢、张荫桓负责与德国公使海靖交涉。翁同龢有意将此案当作教案来处理,愿赔偿损失;海靖也隐瞒德国的最终目的,以给德国政府与俄、英、日本的"磋商"留有时间,与翁周旋。李鸿章意识到德国有久踞之意,再行"以夷制夷"之策,向俄国代理公使巴布罗福"求助",让俄国出面劝德国退出胶州湾,同意俄国军舰也驶入胶州湾。

真正的外交活动在圣彼得堡、柏林、伦敦、东京、巴黎之间展开,各国使馆的电报不断,各国之间的讨价还价也不断。

---

[1] 此时奕䜣为军机大臣、督办军务处大臣。翁同龢为军机大臣、户部尚书。荣禄为督办军务处大臣、兵部尚书。廖寿恒为刑部尚书。敬信为户部尚书。崇礼为左都御史。许应骙为礼部尚书。奕劻以御前大臣、督办军务处大臣入值,李鸿章以文华殿大学士入值。平时总理衙门事务主要由李鸿章、翁同龢、张荫桓负责。张荫桓长期离京,李、翁都感到忙不过来。

俄国外长穆拉维约夫最初亦有意于胶州湾，但在德国的强硬态度之下，更兼俄国海军部无意与德对抗；11月23日，他上了一道长篇报告给沙皇尼古拉二世，分析了海军各港的各种利弊，尤其是韩国釜山将与日本直接对抗，"看来我们应不失时机，即由我国舰队占领大连湾"。穆拉维约夫还强调了用铁路支线与之相连接。尼古拉二世对此表示同意，并于11月26日召开了由外交大臣、陆军大臣、代理海军大臣、财政大臣参加的御前会议。[1] 由于财政大臣维特的反对，会议没有得出立即占领大连湾的决定。几天后，穆拉维约夫向沙皇报告，英国海军已造访大连湾，很可能会下手。尼古拉二世立即转变态度，下令占领大连湾。

俄国的目标已定，手法却极为狡谲，利用李鸿章先前的求助动作，掩盖其真实目的。1897年12月2日，清朝驻俄公使杨儒发电总理衙门，称言：

> 外部称：德事愿效力，而难措词，或请中国指定海口，俾泊俄舰，示各国中俄联盟之证，俄较易借口，德或稍敛迹。已电署使，仍嘱转陈。叩以德果否因此就范，亦无把握。胶役俄先事知情，貌示交好，恐不足恃……[2]

杨儒对俄国的说法即"德事愿效力"是不太相信的。与此同时，巴布罗福来到总理衙门，要求同意俄舰"暂时停泊"，但未说明何处。总理衙门以为俄国派军舰来劝说德国，未加审问便同意了。[3] 12月11日，俄国向德、法、英、日四国电告，俄国军舰"暂时驻在旅顺口，此事已得中国政府方面的同意"。[4] 十一月二十一日（12月14日），俄国下令其舰队驶入大连，并通过代理公使巴布罗福通告总理衙门。李鸿章立即发电：

---

[1] 张蓉初译：《红档杂志有关中国交涉史料选译》，生活·读书·新知三联书店，1957年，第180—186页。尼古拉二世一直对在朝鲜半岛建立海军基地有兴趣："我常有这样的意见，即我们将来的通商口岸应该或则在辽东半岛，或则在朝鲜海峡的东北角。"东北角，指元山。

[2] 《清代军机处电报档汇编》，第18册，第285页。该电注明："十一月初十日亥时三刻，以下二件十一日递。"即清朝收到电报之前，巴布罗福已到总理衙门。

[3] 《俄署使巴布罗夫与李鸿章等会谈节略》，光绪二十三年十一月初十日，青岛市博物馆、中国第一历史档案馆、青岛市社会科学研究所编：《德国侵占胶州湾史料选编（1897—1898）》，山东人民出版社，1987年，第162—163页。

[4] 《红档杂志有关中国交涉史料选译》，第121页。

> 顷据俄巴使来言，接本国电，闻英欲窥伺旅顺、大连湾，已调俄水师提督列吴诺福带铁舰三艘，由长崎往旅顺暂驻，约二十二（12月15日）晚、二十三晨必到。一杜英人窥伺，一催德退胶湾。到旅后，请令宋提督及船坞委员等照料一切。俄系实心亲密援护，绝无他意，并令兵丁勿上岸，求格外机密，谕军民勿稍惊疑等语。希转电宋提督知照，并随时用密码径电总署。[1]

分明是一大噩耗，李鸿章却听成是福音。有这一道命令，俄国军舰驶入旅顺时，当地驻军没有任何反抗，反而予以"照料"。

此时俄国与英国对清朝第三次大借款的争夺已白热化，英国公使窦纳乐和俄国代理公使巴布罗福分别到总理衙门恫吓，提出了极为苛刻的条件。[2]清朝政府只能拒绝两国的政府借款。俄国对此表示妥协，以寻求英国在大连对俄让步；英国却提出开放内河、开放湖南、长江流域不租让等要求。清朝对此让步，于光绪二十四年正月十九日至二十三日（1898年2月9日至13日），先后与英国公使交换了《扬子江沿岸不割让照会》《英人担任海关总税务司照会》。[3]由此，长江中下游成了英国

---

[1] 《李鸿章全集》，第26册，第398页。该电是发给北洋大臣、直隶总督王文韶的。由于历史的原因，旅顺一带的防务由北洋负责。"巴使"，巴布罗福。"宋提督"，宋庆，所部称"毅军"，是北洋的主力部队之一，此时驻守旅顺。"俄系实心亲密援护，绝无他意，并令兵丁勿上岸，求格外机密，谕军民勿稍惊疑等语"，应是巴布罗福的话。

[2] 俄方的条件为：一、满洲、蒙古修建铁路独占权；二、修建中东路支线；三、在支线的终端允俄修建港口；四、以海关税担保，并以地丁、厘金加保；五、总税务司出缺时，将由俄国人出任。英方的条件为：一、由英国控制清朝的财政收入，作为贷款的担保；二、英国可修筑从缅甸边界到长江流域的铁路；三、不将长江流域租让给其他国家；四、大连湾、南宁、湘潭辟为通商口岸；五、给予英商在中国内地贸易更多的自由，外国货物在通商口岸免厘金。英国还宣称，如清朝借俄款（或俄、法联合贷款），英国须得到补偿：一、中国内河航运权；二、占领舟山岛；三、云南铁路修筑权。

[3] 来往照会见《中外旧约章汇编》，第1册，第731—733页。其中总理衙门关于总税务司人选的后一份照会中称："将来他国各口贸易较多于英国，则届时自不必聘用英人矣。"此处很可能受到了俄国等国的压力。至于英国要求开放内河，清朝于光绪二十四年五月二十五日、七月十八日（1898年7月13日、9月3日）与各国签订了《内港行船章程》《续补内港行船章程》。（《中外旧约章汇编》，第1册，第786—788、820—822页）至于英国要求开放湖南，清朝开放了岳阳，为自开通商口岸。[相关的研究，参见拙文：《张之洞档案阅读笔记之六：戊戌前后诸政事（下）》，《中华文史论丛》2012年第1期，《戊戌变法的另面——"张之洞档案"阅读笔记》，上海古籍出版社，2014年，第489—503页]

的势力范围,海关总税务司成了英国人的专属官职。与此同时,在赫德、翁同龢、张荫桓密商下,二月初九日(3月1日),总理衙门与汇丰、德华银行签订了《英德续借款合同》,该合同共计借款1600万英镑,83折扣,年息4.5%。张荫桓于此甚为用力,而英国、德国大获利益。[1]

德国与俄国等国"磋商"后,调整与清朝的谈判政策,提出租借胶州湾并修建胶(州湾)济(南)铁路的要求。翁同龢、张荫桓等人与海靖多次商谈,已是心疲力竭,步步退让。至光绪二十四年二月十四日(1898年3月6日),清朝与德国签订《胶澳租界条约》,山东成为德国的势力范围。[2]《胶澳租界条约》的签订,似乎给清朝服用了"麻醉剂"。清朝此后一再屈服,麻木地向列强"租借"各处土地。

随着德国占领胶州、英国获得长江利益、第二次英德借款相继成为事实,俄国才表露其真实意图,以避免或降低与德国、英国的冲突。[3]光绪二十四年二月初四日,俄国政府举行特别会议,决定租借旅顺、大连并建造中东路支线(由哈尔滨至大连、旅顺)。二月十一日,代理公使巴布罗福受命向总理衙门摊牌。次日,清廷命前任驻俄公使许景澄任头等钦差专使俄国大臣,前往圣彼得堡谈判,以能利用许与俄国高官的"熟络"关系在谈判中减少损失。俄国政府不允许在圣彼

---

[1] 相关的研究,参见马忠文:《张荫桓与英德续借款》,《近代史研究》2015年第3期。张荫桓在光绪二十四年四月初一日日记中称:"……庆邸略言:关税事费心,不即不离便有办法。合肥谓:我与言之可乎?赫谓:必须庆邸说。徐语合肥:以借款事中堂见谓不成,现在款已交了,威海日兵已退了,中堂云何?合肥答以'我初总虑不成的'。赫笑而去。"(《张荫桓日记》,下册,第594—595页)"庆邸略言",指庆亲王奕劻对赫德言清朝在胶州湾征海关税之事。由此可见两点,一是赫德对李鸿章的戒心,二是李不知赫与张等人密谋,故张觉得有趣而详录赫、李之间互有讥讽的对话。
[2] 《中外旧约章汇编》,第1册,第738—741页。德国获得:一、租借胶州湾99年;二、修建胶济铁路;三、铁路两侧开矿;四、德国在山东各项事务的优先权。此后,清朝又于光绪二十四年七月初六日、八月二十一日(1898年8月22、10月6日)与德国签订了《胶澳租地合同》《胶澳潮平合同》《胶澳边界合同》,确定了租借地的范围;又于光绪二十六年二月二十一日(1900年3月21日)与德国签订了《胶济铁路章程》《山东华德矿务公司章程》,确定了德国在山东铁路与矿山的"权益"。(同上书,第1册,第793—796、827—829、944—952页)
[3] 俄国放弃对胶州湾的要求,专注于大连,德、俄双方已达成协议。俄国除了对长江不割让、第二次英德借款的让步外,还有同意辟大连为通商口岸(旅顺为专用军港)、不反对英国人金达担任关内外铁路的总工程师和英国资金进入关内外铁路。

得堡谈判,命巴布罗福为全权专使在北京谈判。二月二十一日,光绪帝命总理衙门大臣李鸿章、张荫桓负责对俄交涉。面对巴布罗福的咄咄进逼,李鸿章、张荫桓不敢决裂以对抗。三月初一、初二、初三日,光绪帝接连召见李鸿章、张荫桓,李、张皆表示无能为之。三月初五日,总理衙门上奏与俄国条约的文本。三月初六日(3月27日),李鸿章、张荫桓与巴布罗福签订《旅大租地条约》,满洲成为俄国的势力范围。[1] 俄国档案透露,俄方对李、张使用了贿赂手段。[2] 与此同时,俄国与日本之间另有交易。日本先就韩国问题向俄国提出:共同维持韩国独立;韩国军队教官由俄方派遣;财政顾问由日方派遣;工商业利益两国应先行协商。二月二十五日,俄国政府通告日本租借旅、大之事,承诺不再积极参与韩国事务。日本外务大臣西德二郎向俄驻日公使罗森表示,如果俄国承认韩国为日本势力范围,日本同意满洲为俄国势力范围。几经交涉,双方于4月25日达成《东京议定书》,即

---

[1] 《中外旧约章汇编》,第1册,第741—743页。俄国获得:一、租借旅顺、大连25年;二、设立"隙地"(中立区),不准中国驻兵;三、修建铁路连接中东路干线。此后,清朝又于光绪二十四年闰三月十七日、五月十八日、光绪二十五年正月十七日、三月初三日(1898年5月7日、7月6日、1899年2月26日、4月12日)与俄国签订了《续订旅大租地条约》《东省铁路公司续订合同》《勘分旅大租界专条》《辽东半岛俄国租地分界专条附条》,确定了租借地、"隙地"的范围,包括陆界与海界,确定了俄国修建中东路支线的种种特权。(同上书,第1册,第754—756、783—785、849—861、878—879页)根据这些条约,"三国干涉还辽"归还清朝的辽东半岛,又落于俄国手中。

[2] 1898年3月21日(光绪二十四年二月二十九日),巴布罗福与华俄道胜银行北京总办璞科第对李鸿章、张荫桓许贿。璞科第发电给财政大臣维特称:"今天我得到代办(巴布罗福)的同意,和李鸿章及张荫桓作机密谈话,允许他们,假使旅顺口及大连湾问题在我们指定期间办妥,并不需要我方的非常措施时,当各酬他们银50万两。两位大臣均申诉自己的地位非常艰难并述及官吏阶级愤激心情,向皇帝上了无数申请书,勿对我要求让步。明天两位大臣都将向皇帝作报告。"3月28日(三月初七日),璞科第发电称:"今天我付给李鸿章50万两(按北京习惯所用市平银重量),计值四十八万六千五百两(按银行所用公砝两重量折算);李鸿章甚为满意,嘱我对您深致谢意……我没有机会将款交给张荫桓,因为他非常小心。"4月8日,璞科第发电称:"我和张荫桓机密谈判关于付他50万两之事。他对目下收款一事非常害怕,据说,对于他的受贿已有无数控告,他宁愿等到闲话平息以后。我告他所付他款项无论如何是归他支配的。"(《红档杂志有关中国交涉史料选译》,第207、209—210页)马忠文根据翁同龢、张荫桓日记,对俄国的记录表示质疑。(参见马忠文:《旅大租借交涉中李鸿章、张荫桓的"受贿"问题》,《学术界》2003年第2期)

所谓"满韩交换"。[1]《东京议定书》说明了《中俄密约》的失败，清朝"以"俄国这个"夷"是"制"不了日本那个"夷"的，何况俄国也没有打算去"制"日本。

随着德踞胶州、俄占旅大及英国获长江流域不租让的保证，法国也随即采取行动。光绪二十四年二月二十一日（1898年3月13日），法国代理公使吕班（Pierre René Dubail，1845—1932）向总理衙门提出四项要求：一、广西、广东、云南三省不准他国租占；二、聘用法人管理邮政；三、越南至云南铁路的修筑权；四、租借广州湾（今湛江）。法国外交部长阿诺托告诉清朝驻法国公使庆常，以"派舰重办"为威胁，"吕班所开四事，系援案必须照准"。[2]三月十四日到二十日（4月4日至10日），总理衙门与法国代理公使吕班交换了越南邻省不割让、滇越路及广州湾等事照会，广东西部（包括海南岛）、广西、云南成了法国的势力范围。[3]

---

[1] 《东京议定书》，1898年4月25日，又称《西-罗森协定》，共三条：一、日俄政府确认韩国主权及完全独立，对该国内政不作直接干涉；二、为避免将来发生误解起见，日俄政府约定，韩国向日本或俄国请求助言或助力时，对任命练兵教官或财务顾问，须两国互相协商后再处置；三、俄帝国政府认明日本在韩国之工商企业甚为发达及日本侨民众多，故不妨害日韩两国工商业关系之发展。第三条即承认日本在朝鲜半岛的优势地位。其文字虽未涉及满洲，但双方的谈判就此展开，日本避免在文字上承认俄国在满洲的优势地位。又，朝鲜国王于1897年10月称帝，改国号为"大韩帝国"，本文此后称之为"韩国"。

[2] 收出使庆大臣电，原电有"勘"字，即光绪二十四年二月二十八日，但不知为何三月初三日才收到，《清代军机处电报档汇编》，第19册，第138页。庆常电称："哈云：如中国和商，法必顾大局，否则不得不另筹办法。法属代达。""哈"，哈诺德，即阿诺托。其言语威胁之意甚重。

[3] 《越南邻省不割让来往照会》《滇越路及广州湾等事来往照会》，《中外旧约章汇编》，第1册，第743—745页。当时的"越南"一语，包含法属印度支那的东京保护国和老挝保护国。至于广州湾一事，由于勘界及当地民众的反对，至光绪二十五年十月十四日（1899年11月16日），清朝与法国签订《广州湾租界专条》，租期99年。（同上书，第1册，第929—931页）法国后将该处并入法属印度支那联邦。光绪二十九年九月初十日（1903年10月29日），清朝与法国签订《滇越铁路章程》。（同上书，第2册，第202—209页）滇越铁路滇段于次年开工，宣统二年（1910）全线通车。法国宣称是继俄国之后第二个与中国铁路相连接的国家。关于邮政的照会原文为："中国邮政局现归海关管理，中国国家将来设立总理邮政局专派大臣之时，拟聘外员相助，所请外国官员，声明愿照法国国家请嘱之意酌办。"大清邮政一直由海关管理，直至宣统三年（1911）才交邮传部管理。

英国为了避免与俄国过度竞争，一度有意与之合作。俄国表示，承认英国在长江流域的特殊利益，交换条件是满洲、直隶、山西、陕西、甘肃属俄国势力范围，另建西伯利亚大铁路连接兰州的支线。英国对此不能接受，决定占领一个海港，作为对俄占大连、德占胶州湾的"补偿"，其目标锁定曾是北洋海军总部、此时由日本占领的威海卫：一可与俄占大连等处隔海相望，保持"均势"，二可对德国的行动有所控制。在"三国干涉还辽"中受压迫的日本，默许了英国的行动。德国在英国作出承诺——不修建威海卫通往内地的铁路、不影响德国利益——之后，也不再反对。三月初七日（3月28日），即签订《旅大租地条约》次日，英国公使窦纳乐向总理衙门提出了租借威海卫的要求，条件与俄租旅顺、大连相同，限五日复复。清朝无反抗之力，同意了英国的要求。当总理衙门大臣庆亲王奕劻提出"要以此约不得更索利益"时，窦纳乐却答称："威海抵俄专为北方，若法占南海口岸，我亦须别索一处抵之。"[1]是年四月，清朝付清全部甲午战争赔款、驻威海卫日本军队按约撤离时，英军随即进入。五月十三日（7月1日），清朝与英国签订《订租威海卫专条》，租期25年。[2]当英国得知法国租借广州湾后，于闰三月初四日（4月24日）向总理衙门索要五项"补偿"：一、不得将在西南诸省筑路、开矿的独占权给予法国；二、开南宁为商埠；三、不得割让广东、云南；四、沪宁铁路承筑权；五、拓展香港界址。除因法国反对南宁开口，清朝将之请求缓办外，对于其他各项未敢表示异议。四月二十一日（6月9日），中英签订《展拓香港界址专条》，将香港新界租与英国，租期99年。[3]

日本在甲午战争后获得了台湾等处的极大利益，与各国签订的废除领事裁判权等条款的新约也将开始实行，此时还需要消化。日本就旅顺、

---

[1] 《翁同龢日记》，第7卷，第3157页。
[2] 《中外旧约章汇编》，第1册，第782—783页。相关的研究，参见刘本森：《帝国的角落——英国租占威海卫研究（1898—1930）》，社会科学文献出版社，2018年。
[3] 《中外旧约章汇编》，第1册，第769—770页。此后，清朝于光绪二十五年二月初八日（1899年3月19日）与英国签订了《香港英新租界合同》，确定了"新界"的范围。（同上书，第1册，第864页）又，在此之前，清朝与英国于光绪二十四年闰三月二十三日（1898年5月13日）签订了《沪宁铁路草合同》。（同上书，第1册，第756—760页）

大连与俄国交易，获得朝鲜半岛的优先权益；就威海卫与英国交易，为后来的"英日同盟"建立基础。日本根据"三国干涉还辽"的教训，没有进入俄、德、英、法的势力范围，而瞄准台湾对岸、列强尚未动手的福建。在日本的压力下，清朝于光绪二十四年闰三月初二日、初四日（1898年4月22、24日）与日本交换了《福建不割让往来照会》，福建成为日本的势力范围。[1]

最后再来看美国。当德、俄、英、法、日本正在清朝国土"跑马占地"时，美国正在古巴、波多黎各、菲律宾与西班牙开战。美西战争结束后，美国占领了菲律宾，成为进入亚洲的帝国主义国家。美国是瓜分潮中的晚到者，而中国沿海各地已被大体瓜分完毕，光绪二十五年八月初二日（1899年9月6日）起，美国国务卿海约翰（John Milton Hay, 1838—1905）向英、德、俄、日本、意大利、法六国发出照会，提出了"门户开放"政策。当清朝驻美公使伍廷芳从报纸上得到消息，询问美国政府时，海约翰予以了傲慢的答复，不认为此事有征询清朝政府意见之必要。美国开始以另一种方式进入中国。清朝将同时面对来自六大国的压力。

从德国占领胶州湾开始，到英国在香港扩张新界，短短半年多的时间，清朝的边疆危机空前严重：先后租借了胶州湾、旅顺和大连、威海卫、广州湾、新界；各帝国主义国家划分其势力范围——云南、广西、广东、福建、长江流域、山东、满洲。德、俄、英、法、日本五大帝国的实际表现，与张荫桓在"密陈各国情形折"中之所述，格格不入。

值得注意的是，张荫桓的《戊戌日记》原稿本仍存世。从他此期的日记中，看不出他对先前国际形势的误判有过任何自我反省；也看不出当国家利益尤其是国家安全受到极大损害时，他作为清朝高级政务官（尚书衔户部侍郎）、外交官（总理衙门大臣），对此有过任何的痛心、仇恨和自我反省。从他的日记和清朝的外交档案中可以看出，张作为总理衙门大臣，处在对外谈判的第一线，尤其是对德、对俄的谈判，没有提

---

[1]《中外旧约章汇编》，第1册，第750—751页。日本照会起首便称："日本政府闻清国政府近日维艰，常深轸念……"用语极为虚伪，但要求却十分强硬。又，朝鲜王国于1897年10月改为"大韩帝国"。

出"精明"的对策或施展出"高超"的外交手段,只不过是随众起舞,听命办事,最终完全按照德、俄等国的要求签约。

值得注意的是,日本的福泽谕吉再次发出警告——1898年1月12日至15日(光绪二十三年十二月二十至二十三日),他连续四天在《时事新报》上发表四篇评论:《十四年前的支那分割论》《瓜分支那今更不足为奇》《瓜分支那终不可免》《瓜分支那的手腕如何》。他还认为,西方之前的殖民地都是未开发之地,而现在到了东方文明的"祖国",日本也该"出场"了。福泽谕吉的论调也影响到清朝,康有为一派主持的澳门《知新报》,于光绪二十四年二月十一日(1898年3月3日)出版的第45册,翻译了《时事新报》《十四年前的支那分割论》,题名为《法国照会瓜分中国事》,并附有地图。[1] 由此开始,瓜分的议论在清朝处处响起。

## 8. 戊戌变法的发生

清朝的边疆危机也极大刺痛了最高统治者。据翁同龢日记,光绪二十三年十二月二十三日(1898年1月15日),慈禧太后在西苑(今中南海)仪鸾殿召见军机大臣:

> 巳正召见于东暖阁(请安毕,叩头三次),恭邸首陈胶澳办法,臣等无状。太后温谕,深谅时势之难。臣又备陈海靖反复习狡,慈意深悉。因论及兵须精练,借款之难,节省之难。谕绿营可尽裁,局员当尽撤,三刻始退。

第二天,二十四日,光绪帝召见军机大臣:

---

[1] 相关的研究,参阅狭间直树:《福泽谕吉、内藤虎次郎主张之帝国主义国民性的形成——以精神为中心》,2019年北京大学演讲稿,高莹莹译,未刊。在此之前,光绪二十三年十二月初五日(1897年12月28日),金登干给赫德的电报中称:"……请注意:英国和欧洲大陆的报纸,每天充满着中国及其可能被瓜分等等新闻。中国的任何事情,由于见不到官方消息,都成了报纸猜测的目标。"(《中国海关密档——赫德、金登干函电汇编(1874—1907)》,第9卷,第164页)

> 见起，上颇诘问时事所宜先，并以变法为急，恭邸默然，臣颇有敷对（谓从内政根本起），诸臣亦默然也。退令领班拟裁绿营、撤局员、荐人材之旨，又拟饬部院诸臣不得延阁官事旨。散时辰正，径归。[1]

此时德国租借胶州湾已成定局。慈禧太后与光绪帝都有所触动，光绪还点出了"变法为急"的题目。光绪二十四年三月初一日（1898年3月22日），光绪帝先后召见李鸿章、张荫桓、军机大臣等人：

> 今日李、张起，上亦不能断也。见起三刻（巴照一。电三，皆旅顺有兵二千来泊，树旗将登岸事），衡量时局，诸臣皆挥涕，是何气象，负罪深矣。退时庆、李、张邀谈，大约除允行外别无法，至英、日、法同时将起，更无法也。

次日，初二日，光绪帝召见军机大臣：

> 余等见起三刻，沥陈现在危迫情形，请作各海口已失想，庶几策励力图自立，旅、大事无可回矣。上云璇闱忧劳之深，转未将此事论及，则蕴结可知矣。派李鸿章、张荫桓画押，命臣传知……[2]

此时已被迫同意租让旅顺、大连。光绪帝称慈禧太后"忧劳"，未便将此结果告知，翁同龢要求"策励"。四月二十三日（6月11日），光绪帝召见军机大臣：

---

[1]《翁同龢日记》，第7卷，第3129—3130页。"巳正"，上午10时。"领班"，军机处领班章京，有拟旨之责。"绿营可尽裁，局员当尽撤"是慈禧太后所谕。当时已有官员提议裁绿营以节经费，而用之编练新军。"局员"，指清末各地为应对各种事务而设立的各种局所，派大量候补官员办理，耗费甚大。翁同龢当日所拟谕旨，据其二十五日日记："明发二，即昨所拟，今日递西苑。"（出处同上）经过慈禧太后批准后，仅发两道，即保举人才和不得延搁官事，未发裁绿营和撤局员两旨。已发两道谕旨，见《光绪宣统两朝上谕档》，第24册，第375—376页。

[2]《翁同龢日记》，第7卷，第3153页。"巴照"，俄国代理公使巴布罗福的照会。"庆"，庆亲王奕劻。"璇闱"，指慈禧太后。

> 是日上奉慈谕，以前日御史杨深秀、学士徐致靖言国是未定，良是，今宜专讲西学，明白宣示等因，并御书某某官应准入学，圣意坚定。臣对：西法不可不讲，圣贤义理之学尤不可忘。退，拟旨一道，又饬各省督抚保使才、不论官职大小，旨一道。见起六刻，午初二刻始散……久跪膝痛，乏极。[1]

此时德、俄、英、法、日本皆已初步达到其目的。慈禧太后同意改革，"专讲西学"；光绪帝极为兴奋，"圣意坚定"。这一天的召见时间达到了罕见的"六刻"，即一个半小时。翁同龢由此起草了戊戌变法最重要的谕旨，吹响了"百日维新"的号角。

翁同龢日记透露出清朝最高领导层在危险的国际压力下步步退让，不得不同意改革的内情。翁同龢本是一儒臣，政治态度与李鸿藻相近，甲午战败后有意于改革，是其政治的转向。光绪帝在德国等国如此强大的军事压力下，不愿意做"亡国之君"，以"变法为先"求自存自强。慈禧太后的政治经验极为老到，此时同意改革，当然有自存自强的目标；但更重要的是，如此频频屈服于西方各国的军事压力，签订损害国家利益的多项条约，将会引起官僚集团、士绅阶层，尤其是清流党人的集体不满，以致激起政潮，很可能威胁到她本人的统治地位，需要用"变法"来和缓官僚集团、士绅阶层的不满情绪。后来的事实也证明，当变法的进展威胁到她本人的统治地位时，她立即发动政变，第三次听政。

然而，直至此时，即光绪二十四年四月二十三日，"百日维新"的首日，清朝最高领导层还没有准备改革的预案——翁同龢没有，张荫桓没有，光绪帝没有，慈禧太后更没有；而恭亲王奕䜣刚刚去世，李鸿章又为光绪帝所不喜。四天后，二十七日，慈禧太后罢免翁同龢，军机处大

---

[1]《翁同龢日记》，第7卷，第3181—3182页。翁同龢所拟谕旨，见《光绪宣统两朝上谕档》，第24册，第177—178页。"御书某某官应准入学"，指翰林院的编修、检讨等官员应入新成立的京师大学堂学习，即儒学高深的人才要接受西学的训练。又，张荫桓在当日日记中称："赴署阅邸报：讲求时务，变法自强，有或托于老成忧国，以旧章必应墨守，新法必当摈除，众喙晓晓，空言无补之谕。钦佩圣明。今日常熟所谓跪对数刻者，当系承旨逾时也。"（《张荫桓日记》，下册，第600页）张摘录的要点，是其心中的重点，即"空言无补"。

换班。又一日,二十八日,光绪帝在颐和园召见康有为。如此重大之政治改革,在列强的百般逼迫下仓促进行,整个政治最高领导层缺乏充分的思想准备,更谈不上"顶层设计"。戊戌变法的发端,与俄国彼得大帝改革和日本明治维新是大不相同的,其前景黯然无光。

## 六 张荫桓的最后时光

光绪二十四年三月十五日(1898年4月5日),俄国代理公使巴布罗福觐见光绪帝,递交"国电",此是《旅大租地条约》签订后,尼古拉二世发来表示亲善的电报。张荫桓在日记中称:

> 午正,上御文华殿,俄专使巴百诺福觐见,呈递国电。上亲接受,仍令庆邸宣旨。一切礼节均加优厚。礼成赴署,接晤英使。[1]

这是清朝皇帝第一次亲自从外国使节的手中接收了相当于国书的"国电"。张荫桓参加了此次觐见,感慨而言"优厚"。

同年闰三月二十五日(5月15日),德国亨利亲王在颐和园觐见慈禧太后与光绪帝。他本是率舰增援胶州湾的"敌酋",《胶澳租借条约》签订后,转身变为清朝最高等级的"贵宾"。张荫桓在日记中称:

---

[1]《张荫桓日记》,下册,第583页。翁同龢在该日日记中说明,他向光绪帝强调了觐见礼仪的形式:"命(巴布罗福)上踏跺,陈国电于御案上,退立原处,庆亲王宣答敕毕……臣再三申请,然后宣布,恐有误也。"又称:"巴使入见如仪,上宣谕用汉语,此皆从前所未有也。此次仪节,庆邸不知,臣等亦不知,真辟门达聪之意矣。"四月二十七日日记又称:"近来俄使觐见,令上纳陛递国书……",即亲递国书。翁在《自订年谱》中又称:"俄使巴百罗福持国电觐见于文华殿,登纳陛亲递于案。上宣谕用汉语,不用庆王宣答,发下答敕系重定红格正书,此从来所未有也。"(《翁同龢日记》,第7卷,第3158—3159、3174页;第8卷,第3874页)"辟门达聪",典见于《尚书·尧典》:"月正元日,舜格于文祖,询于四岳,辟四门,明四目,达四聪。"此处指光绪帝主动打开门户,以能看到四方的情况,听到四方的声音。

……庆邸引导德亲王觐太后于乐寿堂。随班四人：一海靖，一中军，一葛尔士，荫昌随庆邸传译。礼毕，庆邸导至德和园少坐。太后赐赠珍珠宝星二枚，玉、磁、铜诸器八色，画扇锦缎各物。德亲王称谢。旋觐上于玉澜堂，合肥与余辈在殿门下侍班，上御玉澜堂，宝座右置小机子，加绣垫。德亲王入殿门，免冠鞠躬，上立受。德亲王立于暖阁下，先陈来意。旋带见参、随，海靖在内，共十八人，以次鞠躬旁侍。德亲王复面呈方物紫磁瓶一对。上徐谕庆邸导上暖阁，与之握手，指机子令坐。上劳问：何时离柏林，经过几国海口，何时入中国境，各省督抚接待何如？德亲王具对称旨。礼成后，上握手送之。世续、荫昌导之出。庆邸乘间奏请上阅德国兵队，遂趋陪德亲王至南配殿膳房。筵席已备，合肥方与并坐。庆邸至，合肥退于旁，海靖诸员并入坐。余与常熟诸公立于仁寿殿阶……午正，上御南配殿，慰劳德亲王，赠以头等第二宝星。德亲王立于殿阶，自领步兵两排，请上阅视。各兵双手举枪修敬，上笑颔之。庆邸遵懿旨，导德亲王及参赞乘翔云小轮渡昆明湖。至龙王堂，石洞黝甚，德亲王不敢入。仍步石磴，登月波楼眺望。庆邸约余及海靖、葛尔士同舟，余分坐舢板。其时合肥、常熟诸公已先往承泽园坐候矣。赐游既毕，同往承泽园饮宴。德亲王告余以曾在伦敦两晤震东，今日必须同座饮。承泽园寓座原定廿四人，筠丈适销假，育周亦愿入座，已商海靖删去一人，尚不敷座，遂商荫五楼另酌。及德亲王宣颂时，乃无德翻译，震东以英语译之，德亲王亦能领受。既酌，庆邸复酌，余引满为欢。三点钟席散。所假赫德音乐节奏并谐。德亲王极口称谢，海靖亦以为意外之喜。主客均欢，就茶座握手为别……[1]

这是张荫桓所写日记中罕见的长篇大论，因觐见礼仪是他与海靖多次商

---

[1]《张荫桓日记》，下册，第592—593页。"震东"，梁诚。"筠丈"，许应骙，号筠庵。"育周"，庆亲王之子载振。"荫五楼"，荫昌。翁同龢日记中对此也有非常详细的记载，特别强调了庆亲王奕劻的"功绩"，即亨利亲王觐见慈禧太后时"不坐"；并说明："今日洋菜（张公厨亦办席，一切家伙皆梁诚经理）……宴时用洋乐。"（《翁同龢日记》，第7卷，第3172—3173页）

议的结果，故不厌其详一一录之，文辞中颇有曾任礼臣"太常寺少卿"的"意味"，只不过此处所用的是"西礼"。亨利亲王不仅可以不跪，而且还专设小凳，可以坐下。光绪帝不仅亲自问答，而且还两次握手，检阅兵队。这在传统的"夷夏秩序"的礼仪体系中，皆是不可想象之事。[1]最能显示张荫桓之"精明"的，是在庆亲王奕劻承泽园中举行的欢宴。他根据亨利亲王的要求，临时调整座次，细密周到，滴水不漏。"主客均欢"的场景，让人再次看到那个熟悉的张荫桓——这才是他最为"拿手"之处。

两天后，同年闰三月二十七日（5月17日），光绪帝召见法国新到任的公使毕盛（Stéphen Pichon, 1857—1933），张荫桓在日记中称：

> ……届时法使至，余带诣文华殿门。上方垂问庆邸宝星之宜，庆邸请召问合肥相国奏对之。顷余令法使立候，及进见，上缀法国宝星于龙褂，亲颁答词，皆异数也。法使欢欣鼓舞而去。[2]

毕盛曾是著名记者，此后多次出任法国外交部长，张称其"欢欣鼓舞"，恐怕只是观感；而光绪帝在正式场合佩戴法国勋章，却是对传统礼仪的重大修正，即"异数"。

也正是这一"异数"，同年四月二十六日（6月14日），光绪帝"赏给"李鸿章、张荫桓"头等第三宝星"。这是清朝第一次向本国官员授勋，整个过程完全是私相授受——张也为此略施小计。[3]

---

[1] 翁同龢在《自订年谱》中称："德使进见，礼节系张荫桓所定。皇太后召见，详论之。"（《翁同龢日记》，第8卷，第3874页）

[2] 《张荫桓日记》，下册，第593页。翁同龢亦记："上亲宣答词，不令庆亲王传宣，上亦佩宝星（到时召奕劻、李鸿章语良久），盖异数也。"（《翁同龢日记》，第7卷，第3174页）由此可见，光绪帝是用汉语来"宣答词"，而不是以前用满语宣答词，再由亲王译成汉语。这也是光绪帝礼仪改革的一部分。

[3] 光绪二十四年四月二十六日，光绪帝发下交片谕旨给总理衙门，"李鸿章、张荫桓赏给头等第三宝星"。（《清代军机处随手登记档》，第149册，第372页）翁同龢在日记中称："奏对毕，因将张侍郎赏给宝星语代奏，声明只代奏不敢代请，上曰张某可赏一等第三宝星，又曰李某亦可赏，但须交片，不必明发，又谕毋庸具折，传令递膳牌，二刻退。"（《翁同龢日记》，第7卷，第3182页）"具折"，递谢恩折。"递膳牌"，指被召见官员递膳牌请召见。由此可见张荫桓托翁同龢"代奏"，光绪帝对此不事声张，并认为李鸿章"亦可赏"。此事亦可参见《张荫桓日记》，下册，第601页。

这一时期的光绪帝，不顾翁同龢等人的反对，主动进行外交礼仪改革。张荫桓是清朝最了解外部事务的高级官员，不久前访问英、法、德、俄、美五国，参加英女王庆典、觐见俄国沙皇、晋见法国总统，熟悉"夷事夷礼"，光绪帝多事多次向他咨询。从档案来看，光绪二十四年（戊戌年）光绪帝共召见他18次，可谓倚助有力。[1] 以现存的张荫桓《戊戌日记》（正月初一日至七月初六日），对照当时的政情，大体可以看出：光绪二十四年正月到五月，光绪帝召见张荫桓，主要是咨询借款，德、俄交涉，礼仪改革等项，尤其是礼仪改革；七月初五日的召见，是新派驻韩国公使的国书写法；七月二十日、二十五日、八月初四日召见，因张的日记不存，我推测是新派驻日本公使的国书写法和伊藤博文的觐见。[2] 这是他一生中的"高光"时刻，尤其在李鸿藻、恭亲王奕䜣先后去世，翁同龢、李鸿章相继免职之后。若光绪帝召见时除外交事务外，对内政，尤其是变法事宜有所垂询，张的权势一下子会放得很大，其在

---

[1] 据《光绪二十四年京官召见单》，光绪帝于正月初九日、二十一日、二月初七日、三月初一日、初二日、初十日、十四日、十七日、十八日、二十八日、闰三月初十日、五月初一日、初六日、十六日、七月初五日、二十日、二十五日、八月初四日召见张荫桓。除三月初一日与李鸿章共同召见，五月初六日与军机大臣共同召见，其余皆是单独召见。（《宫中杂件》旧整，第915包，中国第一历史档案馆藏）

[2] 从清朝档案可以看到，光绪帝、慈禧太后召见德国亲王时，有事先拟定的问语，这些应该是张荫桓起草的。朝鲜本是清朝的宗藩关系国，此时国王已称帝，改国号为大韩帝国，清朝派出平等相交的公使，国书写法十分重要。七月二十二日，光绪帝发下致新派驻日本公使的国书，十分奇特："大清国大皇帝敬问我同洲至亲至近友邦诞膺天佑践万世一系帝祚之大日本国大皇帝好。我两国同在亚洲，海程密迩。自各派使臣驻扎以来，诚信相孚，情谊弥挚。每念东方时局，益凛辅车唇齿之思……从此两国信使往来，邦交益密，共相维持，以期保固东方大局。大皇帝谅有同情也。"（《清光绪朝中日交涉史料》，卷五二，第7页）这些特殊的文字，很可能是张荫桓所拟。八月初五日，光绪帝在西苑勤政殿召见伊藤博文，清方记录光绪帝的言论称："近来贵国政治为各国所称许，贵爵功业，各国无不佩服……我国与贵国同在一洲，至亲至近。现在我国亦要变法，贵爵可将变法次序详细告知总理衙门王、大臣……我深愿与贵国大皇帝合力同心，连络邦交。"（"接见日本侯爵前总理大臣伊藤博文纪录"，《军机处录副奏折》03-5617-010）这些言论表现出有意与日本结盟的意图，很可能咨询了张荫桓的意见。相关的研究，可参见拙文：《戊戌变法期间光绪帝对外观念的调适》，《历史研究》2002年第6期；《戊戌变法史事考初集》，生活·读书·新知三联书店，2012年，第413—462页。

朝廷中的地位也跃升至最高一层。[1]然而，在他的日记中，依旧看不到他对**国家安全**的思考，看不到他对国家面临"瓜分"的焦虑，更看不到国家一次次蒙受灾难时他作为高级官员的内心痛楚，仍显得那样的从容不迫。他只关心个人的仕途，得意于光绪帝的"圣眷"。每遇光绪帝乃至慈禧太后召见时，他都显得镇定自若，一副胸有成竹的样子。唯一让他感到不适的，是"跪对"的时间太久，一下子站不起身来，毕竟是62岁（虚岁）的人了。他在日记中写道：

> ……阅署中电报毕，蒙召见。跪对三刻。溥仲露同被召，候于直庐。出，语余曰：跪对如许之久，真难事。[2]

他用别人的话，来说明自己的"跪功"与"难事"。

国家已陷于危急之局，张荫桓等大员却如此放松自在，不能不激起熟读儒学经典、深明夷夏大义的官员们（守旧派）的愤怒。光绪二十四年正月十二日，御史王廷相上奏"时局增艰天象示警请振皇纲折"，其中涉及张荫桓：

> ……年来山东与德国交涉事件，德使不能与李秉衡争权，惟向总署狡执，张荫桓依附洋人，求无不遂，是以洋人德张荫桓而恶李秉衡。胶澳事起，李秉衡力能保守东土，若总署再有一李秉衡，万不至隐忍如此也。自古中国致治之道，全恃纲纪法度，君臣之伦，尊卑之等，厘然不渎。是以天泽辨而民悉定。近来洋学盛行，士大夫学无根柢者，艳羡其利权自主之言，将圣贤礼教视之蔑如。大臣中张荫桓尤甚。该侍郎沉染西术，罔识尊亲。李鸿藻与议法使入觐事，其言非臣子所忍闻，因之愤极而病加剧，遂致中国大体无复能恃。前此辱

---

[1] 戊戌变法中由光绪帝直接拔升为"四品京堂候补"的王照，后来称言："是时张荫桓蒙眷最隆，虽不入枢府，而朝夕不时，得参密泐，权在军机王大臣以上。"（《丛刊·戊戌变法》，第2册，第356页）王照的这一说法，虽稍有过，但代表了当时许多官员的看法。
[2] 光绪二十四年三月初十日（1898年3月31日），《张荫桓日记》，下册，第582页。"三刻"，45分钟。"溥仲露"，溥颋（1849—1920），宗室，以内阁学士署理户部侍郎，召见属谢恩。"直庐"，等待召见的房间。

命倭邦，既有乖于臣节；昨岁径游俄国，显悖乎王章。向来外洋交涉事宜，例应在总署会议，乃该侍郎办理德事，专在使馆秘商，朝夕往来，颇骇听睹。惟其甘心卑贱，人故乐与亲昵，藉肆要求。及和议一成，胶澳仍与外人，封守诸臣皆被谴责。举天下臣子痛心之事，竟为该侍郎一人快意之端，迹其罪恶昭彰有一于斯，必不容于祖宗之世。应请特伸乾纲，立正典刑，庶可以彰国威而寒奸胆……[1]

王廷相此折，以儒学义理立意，气势磅礴，提到了李鸿藻之死，提到了私访俄国，要求杀张荫桓而"寒奸胆"。此时清朝已决定对德国让步，《胶澳租界条约》尚未签，若是此等清议大起，朝政将会失去稳定，便借细故将王廷相"交部议处"。王廷相该折按规定呈送慈禧太后。[2] 三月二十五日，安徽布政使于荫霖上奏"时事危迫亟请简用贤能大臣折"：

……上年马关之约，割台湾，寒天下之人心；赔兵费两万万，尽天下之财力。中国大势之危，实由于此，各国瓜分之心，亦生于此。则李鸿章为之也。今者胶州之役，翁同龢、张荫桓继之，愈以成各国瓜分之势。教案本德人之藉端耳，其理甚曲……必不至以土匪毙二命寻常小案，强横一至于是，乃翁同龢、张荫桓一切徇其要求……

于荫霖推崇文祥、李棠阶、李鸿藻，指责李鸿章、翁同龢、张荫桓，保

---

[1] 王廷相："时局增艰天象示警请振皇纲折"，《军机处录副奏折》03-7432-003。"天象示警"，指光绪二十四年元旦出现日食。
[2] 王廷相在奏折中称："大臣中忠直之选，首推徐致祥，浙江差满改调安徽，外似优隆，实则屏绝，必欲蒙蔽圣聪，使无闻见而后已……"当日清廷明发谕旨，称其奏折"胪列七条，语多臆度，不切事情。即如所奏徐致祥……等语。朝廷用人行政，一秉大公，权操之上，非臣下所能干预……"（《光绪宣统两朝上谕档》，第24册，第15页）即用儒学礼教之义，来处罚王廷相。四月二十四日，吏部上奏，王廷相"降三级调用"。（徐桐等奏："遵议御史王廷相处分折"，《军机处录副奏折》03-5355-122）清廷当日下旨："王廷相著回原衙门行走。"（《光绪宣统两朝上谕档》，第24册，第24页）即重回翰林院当编修，较之"降三级调用"，属于"宽恩"。又，按照当时的规定，每日重要折片须由军机处呈递慈禧太后。

举徐桐、张之洞、崇绮、边宝泉、陶模、陈宝箴;并续论"五事":"勤修省""除忌讳""斥把持""明是非""保善良"。他在"斥把持"中再次痛斥张荫桓:

> 张荫桓出身微贱,贪诌著名,无足深责,若翁同龢为已故大学士翁心存之子……翁同龢承其先训,受恩至深,夙负清望。胶事重大……乃翁同龢外则徇德人之请,内则惑张荫桓之言……即使借贷,为数不甚巨,则所索必不为多,乃翁同龢又惑于张荫桓之言,遽借英德商款,全数还倭……

于荫霖认定翁同龢"夙负清望",只是受惑于张荫桓而一错再错。该折于闰三月初八日到京,光绪帝下旨"留中",未呈送慈禧太后。[1]闰三月二十七日,体仁阁大学士、管理吏部事务、翰林院掌院学士徐桐上奏"特参奸贪误国大臣请立予严谴折":

> ……从古奸人狡狯,必貌托孤忠,人主不察,阴授以柄。及其根柢渐深,外援日固,危及宗社,虽悔莫追。如秦桧、张邦昌诸奸,皆是也。伏见户部侍郎张荫桓,本附李鸿章以起,居心鄙险,惟利是图……张荫桓前因北洋重整海军,购买战舰,由伊经手,浮冒至六十万两之多。本年借英款一万万两,该侍郎假托洋商勒掯为名,八三折扣,外加使费,致我中国吃亏二千万两,该侍郎与洋商分肥入己……张荫桓以一杂流涉跻重要,并不思激发天良,力图报称,乃乘我国家四夷交侵、民穷财尽之时,悍然为此。此即臣所谓自私自利,置社稷安危于度外者。中外臣民无不交口唾骂,积愤于张荫桓,盖亦天理人心之不容或绝也。且该侍郎所自负者,长于洋务耳。然去年德人启衅,以至今日让胶州、让旅大、让威海、让广

---

[1] 于荫霖:"时事危迫吁请简用贤能大臣折",《朱批奏折》04-01-01-1031-030;又见于《悚斋奏议》,1923年刻本,卷三。光绪帝"留中"之记录,见《清代军机处随手登记档》,第149册,第176页,亦见《翁同龢日记》,第7卷,第3166页。又,于荫霖在该折中还为王廷相鸣不平:"今王廷相虽荷宽恩,仍有回原衙门之斥,臣甚惜左右不能善成圣德也。"此语中的"左右"指翁同龢。

州湾,铁路、矿务恣彼要求,江海边关,任意索占。张荫桓从无一字之争执,一事之补救,凡所要挟,无不如志。即如此次德使亨利来觐,一切礼仪闻皆张荫桓主持,事关中外交际,体制攸关,宜如何慎重拟议,以维大局。乃该国使觐见入宫门时,桀骜无礼,众目骇观。是张荫桓止知曲徇夷情,不顾有伤国体。朝廷亦安用此熟习洋务之人耶?……臣窃料张荫桓屡蒙召对,其敷陈时务,必有耸动圣听之处。然其平时联络外夷,无非以暗通消息为固邦交,藉以行其勾串营私之计。此诚国家之隐忧,及今不除,久之挟外夷以自固,朝廷更莫可如何。待其奸状大著,皇上虽奋天威,决然去之,窃恐外夷为之缓颊,且以势力挟制,朝廷必至恩威俱穷,召衅纳侮,后患曷极?书曰:知人则哲,惟帝其难。唐虞之世,犹有四凶,要在能知之而能去之,自无损于日月之明。伏冀皇上特伸乾断,将张荫桓立予严谴,禁锢终身,勿贻肘腋之患,大局幸甚![1]

徐桐与李鸿藻并为同治帝的师傅,后又任上书房总师傅,被称为"儒宗",深得慈禧太后的信任。他的这篇奏折,有如桐城派的文章,十分结实,故我多多引录之。他将张荫桓比之为秦桧、张邦昌,举其购舰、借款之贪腐,与胶州湾等事无补救,议亨利觐见礼伤国体,皆是极有分量的"罪名"。他又提示最为关键的两条:一是光绪帝"召对"时的"敷陈"(慈禧太后对此最为担心),二是待其坐大后"外夷为之缓颊"(清朝将无能与之对抗)。他最后引经据典,要求将张荫桓"禁锢终身"。该折上后,光绪帝并无表示,按规定呈送慈禧太后。

同年四月初十日,御史王鹏运上奏"权奸误国请予罢斥折",该折称:"近日办理外交事件,皆系翁同龢、张荫桓二人主持,其奸庸误国,狼狈相依,非立予罢斥,后患亦无法可弭。"该折历数翁、张两人交涉

---

[1] 徐桐:"特参奸贪误国大臣请立予严谴折",《军机处录副奏折》03-5359-082,一史馆藏。"知人则哲,惟帝其难",典出于《尚书·皋陶谟》"皋陶曰:都!在知人,在安民。禹曰:吁!咸若时,惟帝其难之。知人则哲,能官人。安民则惠,黎民怀之……"此处徐桐之意是提醒光绪帝"知人",并称"其难之"。又,徐桐当时的全部头衔是:经筵讲官、起居注官、太子太保、体仁阁大学士、头品顶戴、管理吏部事务、会典馆正总裁、国史馆正总裁、上书房总师傅、翰林院掌院学士、稽查上谕事件处大臣、管理八旗官学大臣。

胶州湾、旅顺、大连、威海租让之罪，称其亨利觐见时"强皇上俯从洋礼"；还特别点出英德续借款事，称其受贿：

> ……闻此事皆张荫桓与赫德在翁同龢私宅定立合同。洋报谓此次华借商款，该银行费银二百六十万于中国经手之人。果谁氏耶？然则不借俄及英国家之款，其故为可知矣。至外间传说其二百余万两或在内地置产买船，或在外洋银行生息。事既无实据之可征，臣亦不敢以虚辞为足信，特询以去多取少之故，恐翁同龢、张荫桓亦无以自明耳，其居心贪鄙，不恤国家。张荫桓市井小人，不足深责；不谓素负清望之翁同龢乃亦横决至此，殊出人意计外也……[1]

该折上后，光绪帝并无表示，按规定呈送慈禧太后。同年五月初三日，御史胡孚宸上奏"参张荫桓谄敌病国折"。该折在档案中尚未捡出，但相关内容已透露，张的罪名有多项，最严重者是办理英德续借款时，受贿二百六十万，与翁同龢平分。[2]该折上后，光绪帝并无表示，按规定呈送慈禧太后。

此时，慈禧太后已罢免翁同龢，改组军机处的班底，阅看胡孚宸奏折大怒，命步军统领衙门左翼总兵英年将张荫桓抄家并交刑部治罪。英年转告步军统领崇礼，崇礼因无军机处下发的谕旨而未执行。五月初六日，光绪帝召见张荫桓与军机大臣，张在日记中称：

> 卯初，起单下，与军机同见，因到军机直庐。礼邸延之入，嘱看参折，子良手拈胡孚宸折交阅，余置匣中，谓可不阅。但记贻谷、

---

[1] 王鹏运："权奸误国请予罢斥折"，《军机处录副奏折》03-5360-045。
[2] 张荫桓见过此折，在日记中称："胡折以胶澳、旅大、威海各事皆余主持，尤甚者借款图私利，不借便宜之债，而借息扣极重之债，与翁同龢朋比，翁既获咎，若不予余重罚，无以对翁。又谓大学堂事余以为无关轻重，闲闲置之，大致如此。"（《张荫桓日记》，下册，第604页）翁同龢在日记中称："樵野来，告初六与军机同见，上以胡孚宸参折示之，仍斥得贿二百六十万与余平分，蒙温谕竭力为出差。"（《翁同龢日记》，第7卷，第3185页）杨锐向张之洞报告称："上月初四日，胡公度侍御奏劾张荫桓，有借款得贿二百余万，七口改归税司经管，有私改合同事。又议增赫德薪水，每年骤至百廿万等语。"（参见拙著：《戊戌变法的另面——"张之洞档案"阅读笔记》，第174页）

王廷相、徐桐、于荫霖、王鹏运并胡折而六，真谤书盈匣也……及入见……循例叩头。胡折即陈于御案，其匣则子良手捧也。上询：已阅过否？……

从此场景可以看出，所有参劾张荫桓的6道奏折，军机处都已搜集齐全，做好了准备。"子良"，军机大臣刚毅，"手拈"胡折、"手捧"其匣的姿态，正说明了刚毅的政治态度——属于徐桐等人一派。光绪帝在召见时为张荫桓解脱，批斥廖寿恒，并对礼亲王世铎说："尔传谕张荫桓不必忧虑。"而刚毅却对张说："皇上有恩典，从此改过自新，报效皇上，争回几处口子来便了。""改过自新""争回几处"的说法，仍是认定张有罪。蒙此重力打击，张的姿态稍有收敛，李鸿章亦劝其"总以引退为是"。[1] 不久之后，张听闻总理衙门总办章京杨宜治去世的消息，将贻谷、徐桐、王鹏运、胡孚宸的弹章，归结于他与杨宜治的私人矛盾，在日记中倾诉之，所言皆是营营役役的过节，多见小人之心，不见大臣风度。[2]

光绪二十四年六月十五日，军机处、总理衙门议复康有为"上清帝第六书"，设置铁路矿务总局，光绪帝派王文韶、张荫桓为大臣，"专理

---

[1]《张荫桓日记》，下册，第603—605页。值得注意的是，张在日记中称："上又诘廖寿恒：昨言许景澄回来换他，今日何以不说？仲山奏言：昨因太后盛怒，且亦奏明与张荫桓时有意见不投处。"用许景澄取代张荫桓，很可能是当时确立的人事调整方案。又，后流亡至日本的王照与犬养毅笔谈时称："张亦南海人，两宫不和，半系此人离间。太后于去岁二月遣步军统领抄其家，伊纳银二十万于中官，免。"（《关于戊戌政变之新史料》，《丛刊·戊戌变法》，第4册，第332页）"二月"，误记，当为五月。又，贻谷的弹章指光绪二十三年七月初四日"使臣跋扈形迹显著请旨严惩折"。

[2]《张荫桓日记》，下册，第616—618页。张荫桓称贻谷的弹章是杨宜治所为，又称："今年徐桐、王鹏运、胡孚宸之劾，或谓悉出虞裳所为。徐性最刻，会典保案虞裳保三品京堂花翎，无足怪耳。"张称贻、徐、王、胡四折为杨所为，是因为四人奏折中皆称张在购舰、借款中贪贿，杨作为总理衙门总办章京，很可能有所闻。张历数杨在升迁过程中诸多计谋而未获，并称其与杨结怨于三事：一、杨"随王爵堂使俄，留别余五十金。余以为本署章京奉差，不应为此馈赠，当峻却之，虞裳之嫌缘是而起。及其自俄回，赠外洋器物，余未却也。"二、杨崇伊弹劾总理衙门章京方孝杰，因方是翁同龢的得意门生而有意回护，杨宜治却坚持"历辨"，"此余二次结怨虞裳之故"。三、文华殿觐见时，法、德公使未守礼仪，杨有意"备文诘之"，张欲"了事"，"是余结怨虞裳之最"。"虞裳"，杨宜治。"王爵堂"，王之春。"留别"，指别敬。张此日日记甚长，文字直截了当，最显真性情，尤其是"别敬""赠外洋器物"诸事，可见张不言性理名教之大义，将理念分歧解读为人事纠葛。

其事"。[1] 六月十八日，光绪帝派军机大臣、总理衙门大臣廖寿恒往访张荫桓家，询问病情，"令勿具折续假"，张为之振奋。次日，光绪帝再传旨，命张起草新派驻韩国公使的国书，张因之而努力。[2] 七月二十日，张荫桓破例地单衔上奏三折一片，军机处《随手登记档》录其折片题名：

> 户部侍郎张荫桓折：一、保将才由。一、保张上达等由。一、请举行团练由。片一、请饬清讼由。[3]

张荫桓的折片在档案中未捡出，但从当日下发的谕旨来看，可知大体内容。[4] 其重点居然还是保举，且人数高达7人，真属"旧病"复发！而

---

[1] 康有为奏折见孔祥吉编著：《康有为变法奏章辑考》，第133—144页。光绪帝谕旨见《光绪宣统两朝上谕档》，第24册，第272—273页。
[2] 《张荫桓日记》，下册，第614—615页。在此之前，张荫桓已两次请假，各五天。
[3] 《清代军机处随手登记档》，第150册，第122页。
[4] 当日有三道明发谕旨。一、保将才与张上达等。内阁奉上谕："张荫桓奏胪举将材请旨擢用一折。补用总兵郑润才、署通永镇总兵李大霆、署通州协副将龙殿扬、已革广东南韶连镇总兵黄金福，均著交部带领引见。另片奏，保已革山东济东泰武临道张上达、山东候补道黄玑、降补通判临清直隶州知州陶锡祺，均著开复原官原缺，发往山东交张汝梅差遣委用，俟此次河工竣事，由该抚给咨，送部引见。"二、请举行团练。内阁奉上谕："张荫桓奏请饬实行团练一折。据称，近来臣工屡有仿西法练民兵之请，若各省实行团练，即以民团为民兵，徐定更番替换之法，较之遴练民兵为有把握等语。办理团练既可辅兵力之不足，亦即为举办民兵根本，实为目前切要之图。广西会匪滋事，尤应迅速办理，以收捍御之功。著各省督抚按照张荫桓所奏，一律切实筹办。各直省限三个月内、广东广西限一个月内，各将筹办情形，先行复奏，以副朕保卫间阎至意。"三、请饬清讼。内阁奉上谕："张荫桓奏请增修内政以戢民志一折。国家振兴庶务，尤以通达民隐为先，各直省州县于听讼一事久不讲求，往往于户婚田土、钱财细故任意积压，累月经年，书役门丁因之藉端讹索，愚民受累无穷，亟应实力整顿，以除积弊而恤民隐。前大学士、直隶总督曾国藩所撰《清讼事宜》及《清讼功过章程》，于清厘积案之法，巨细靡遗，曾经颁行各省。著各将军、督、抚、府尹重为刊印，颁发各属。并著照该侍郎所请，于原定《功过章程》外，增补道、府功过章程。所属州县局员有记大过三起以上者，道、府记过一次；六起以上者，记大过一次。记功者，亦如之。其有徇隐在先经举报，或揭参隐匿提案清结，除将州县局员分别轻重撤记过外，道府亦即比例记功。凡实缺计典、候补委署以及年终密考，俱以清讼之功过，分别予夺、优劣。该将军、督、抚、府尹等务当认真考核，实力奉行，以期政平讼理，不准虚应故事，视同具文。并将遵办情形迅速具奏。"（《光绪宣统两朝上谕档》，第24册，第346、351—352页）又，上折的当日，光绪帝召见张荫桓，所谈内容很有可能与新派驻日本公使的国书写法相关。

"团练""清讼"两项,仍是传统的题目,与当时所倡导的"今宜专讲西学"的风尚,并不吻合。这位清朝最具外部知识的高官,在戊戌变法高潮期的所作所为,依然如故。

张荫桓的这一做派,就连当时最为走红的候补四品京堂王照都看不下去,不顾康有为的劝阻,于七月二十四日上奏"参张荫桓朦保张上达等折":

> ……张上达、黄玑皆人所共知,劣迹昭著者也。伏查光绪二十一年十一月十五日上谕:李秉衡奏参庸劣不职各员一折,山东候补道黄玑,揽权纳贿,声名狼藉,著即行革职……二十三年三月二十二日上谕:李秉衡奏参开缺道员张上达,请旨严惩……臣窃维李秉衡廉明清正,详于察吏,精于综核,历官各省,人无闲言,但于中外交涉事宜,非其所长。守旧之流,妄事标榜,诚为太过,而李秉衡所参贪吏,尚未有误。张荫桓役志于声色货利,为外人所轻笑,于洋务仅识皮毛。今乘皇上日不暇给之时,蒙混保此劣迹昭著之员,即行开复;前此上谕具在,使天下人疑皇上讲求新政,遂翻然于用人之际,不论贤奸,不别贪廉,从此中人之志节皆隳,仕途之痼习愈深。张荫桓苟知时务,不应有此。

该折中"役志于声色货利""于洋务仅识皮毛"两语,即说品德与才识皆差。该折上后,光绪帝命山东巡抚张汝梅"查明具奏,不得回护"。[1] 八月初五日,日讲起居注官、詹事府右庶子陈秉和上奏"参革员张上达等折":

> ……汝梅与上达同乡至好,故敢于欺上,以庇私交,如见其肺肝矣。皇上不准者,亦实见上达劣迹昭张,不可复用。上达又营求张荫桓保荐,且极力称誉,然则上年谕旨诬枉上达耶?则其通同欺罔,又如见其肺肝矣。山东河工之坏,自上达始,今复发往委用,

---

[1] 王照奏折见《丛刊·戊戌变法》,第2册,第356页;清廷谕旨见《光绪宣统两朝上谕档》,第24册,第368页。

以后何所惩创？将人人效尤，不可复问矣。且汝梅既经奏调，复令查看，势必回护前非，为之掩饰，肯发上达奸私乎？观此情形，则汝梅、荫桓、上达通同一气，共为欺罔，显然可知……[1]

该折上后，光绪帝仅下旨"存"，并呈送慈禧太后。张荫桓的政治地位，至此已是岌岌可危。

光绪二十四年八月初六日（1898年9月21日），戊戌政变发生，慈禧太后第三次听政。张荫桓成为慈禧太后首批清除的人物之一。据刑部尚书、步军统领崇礼八月十一日奏折：

……初九日，该衙门续奉上谕：张荫桓、徐致靖、杨深秀、杨锐、林旭、谭嗣同、刘光第，即著先行革职，交步军统领衙门拿解刑部审讯。[2]

此7人中，张荫桓的地位最高，与光绪帝的关系最密。他于八月初九日被捕。[3] 八月初十日，英国公使窦纳乐和日本代理公使林权助得闻张将

---

[1] 陈秉和："参革员张上达等折"，《军机处录副奏折》03-5364-041。陈秉和该折还参张荫桓所保的黄玑、陶锡祺。值得注意的是，陈秉和该折最后还有一句："无怪康有为奉命已久，迟延不行，实堪诧异者。"这在光绪帝明令康有为赴上海后，是一句很重的话。戊戌政变后，陈秉和于八月十九日再次上奏"革员张上达、黄玑、陶锡祺劣迹昭彰折"，再次批责张荫桓，并请将张上达等三人"勿庸开复发往，则山东幸甚，天下幸甚"。（《军机处录副奏折》03-5364-105）

[2] 国家档案局明清档案馆：《戊戌变法档案史料》，中华书局，1958年，第465页。戊戌政变后，慈禧太后捉拿康有为、张荫桓等人的谕旨，军机处各档册中皆不存，是步军统领衙门到军机处直接受命。据军机大臣廖寿恒日记："初九日庚寅……辰正三刻召见，以封章示，眼花不能细视，乃劾张南海、徐致靖、杨深秀及参预新政四人。乃目不之见，耳亦不之闻。寿山嘱余叩头，茫如也。候命起立，缮密旨，乃逮所劾七人……到直房，延金吾崇、英至，以前件交去。未正后散。""寿山"，裕禄。"金吾崇、英"，步军统领崇礼、总兵英年。（《晚清军机大臣日记五种》，下册，第619—620页）由此可见，当日军机处将所拟"密旨"面交给崇礼，且未录军机处档册。

[3] 《驿舍探幽录》称言，张荫桓为八月初八日被捕，并有诸多情节描述。（《丛刊·戊戌变法》，第1册，第488—489页）该说不可靠。据日本驻华代理公使林权助给日本首相兼外相大隈重信的报告（1898年10月19日发，11月2日到）："政变最明显的结局是根据西太后的密令而搜查了张荫桓之宅，以追捕康有为……最令下官感到意外的是（转下页）

被"秘密"处死的消息后,频频向李鸿章施加压力,要求清朝政府改变决定。[1] 八月十一日,清廷发出谕旨:

> (接上页)张荫桓家宅被搜一事。上月 21 日(八月初六日),即事件当日的下午,下官派郑翻译官去求见张荫桓,而张称病未能见到。所以下官十分担心政变会有什么事波及到他。上月 23 日(初八日),伊藤侯爵与本官赴庆亲王所设的招待宴时,张荫桓也出席宴会,下官因见其无事,私下暗喜。然而翌日即 24 日(初九日),下官突然得到报告:张荫桓已成为阶下之囚,庆亲王也因病请假数日,闭居在家,不理公务。张荫桓被逮,据说是因发现了数封他致康有为的信,从而被怀疑与康党一气,且因皇帝对其信任之故,遭到了多方谗害。特别是上月 24 日,伊藤侯爵与下官等赴李鸿章所设的招待宴时,见到李鸿章骂詈张荫桓之情景,稍稍感到意外。所以下官推测李鸿章也是陷害张荫桓事件中有力的一员。"(林权助致大隈重信,"关于清国政变的情报",郑匡民、茅海建编译:《日本政府关于戊戌变法的外交档案选译》,《近代史资料》总 113 期,中国社会科学出版社,2006 年)廖寿恒日记可与之对应,其八月初六日日记:"……午正后散,申刻赴署,与樵公同见美馆康使,言九龙铁路事。又见英、德翻译。""申刻",下午 3—5 时之间。初八日记:"……诣庆邸府,请伊藤博文。未正三刻始入席,申正散。""未正三刻",下午 2 时 45 分。"申正",下午 4 时。(《晚清军机大臣日记五种》,下册,第 619 页)据此可知,八月初六日,步军统领派兵到张荫桓家搜康有为,当日下午张仍去总理衙门办事;初八日,张出席庆亲王奕劻为伊藤博文举行的宴会;初九日,张被捕。

[1] 据窦纳乐致英国外交大臣的报告(1898 年 9 月 28 日发,11 月 14 日到):"25 日(八月初十日)传说张荫桓于当日晚上或次日早晨被处决,我以为应该向清廷要求慎重考虑对于张荫桓的惩罚。25 日下午很晚才得到消息,因此我立即行动,暗自揣度西太后在这个问题上必定商量李鸿章,于是我写了一封信给李,指出西方各国认为,这种突然处刑带有恐怖色彩,同时匆忙秘密地处决像张荫桓这样一位在西方各国很闻名的高级官吏,将会引起很坏的结果……这位总理衙门大臣复信给我说,他极端尊重我的宽厚而人道的意见,并保证绝不会匆忙行事。"(王崇武译,《戊戌政变旁记》,《丛刊·戊戌变法》,第 3 册,第 541 页)又据林权助致大隈重信的报告(1898 年 10 月 19 日发):"上月 25 日夜,下官借伊藤侯爵游中国之机,设宴招待总署王、大臣(庆亲王因病未能前来)、李鸿章、清国另外两名知名官吏以及总税务司赫德等。夜间 10 时左右,英国公使派其秘书告知下官,风传明早张荫桓将被处死,想借伊藤侯爵之力设法相救。当下官与上述英国使馆秘书在别的房间谈话时,清国官吏与李鸿章等人均已辞去。下官即与伊藤侯爵相谋,均认为若救张荫桓,论地位则非李鸿章莫属。于是,下官当夜 11 时左右亲赴李家,对李说了免除清国政府暴逆无道之名乃是其应当承负的责任。事后听说,当下官与李鸿章谈话时,英国使馆的秘书也奉公使之命来到李家,当时正在别的房间中等候。李鸿章是否为救张荫桓死刑一事尽力,下官虽难以确定,但是翌日(26 日)即有张荫桓非康党之徒的上谕。"(《日本政府关于戊戌变法的外交档案选译》,《近代史资料》总 113 期)廖寿恒初十日日记称:"酉正赴署,偕王、崇二公赴林权助之约。直至亥正后始散。"(《晚清军机大臣日记五种》,下册,第 620 页)"酉正",是晚上 6 时。"王",王文韶。"崇",崇礼。"亥正",晚上 10 时。以上互相对照,可以确认的是,有人向英国公使馆报告情况。此人很可能是张荫桓或张荫桓同党所派出;且按清朝制度,不太可能未经审判而"秘密"杀大臣,向英国公使馆报告之人有意危言耸听,以能"抢救"张荫桓。

>……其张荫桓屡经被人参奏,声名甚劣,惟尚非康有为之党,著刑部暂行看管,听候谕旨……[1]

张此时的罪名是"被人参奏,声名甚劣";"尚非康有为之党"的定性,还不至于死罪。然而,英、日两国公使的施压,证明了徐桐先前"外夷为之缓颊"的预言,也反过来向慈禧太后等人坐实了张荫桓确实是与英国等国勾结的"奸贪"。八月十三日(9月28日),曾经弹劾张荫桓的国子监司业贻谷上奏"乱党尚假外势请饬迅速定罪而杜干预折":

>……张荫桓与康有为往来最密,通国皆知。康有为时宿其家,无异家人父子,数月以来,种种悖逆,张荫桓实与康有为同恶相济。况张荫桓与各国勾结为日最久,动假彼族凶狡之势,挟制朝廷,是其惯技。今因逆案被逮,必将与徐致靖等共浼外国使臣,为之缓颊。倘出而居间排解,从之则无以彰国法,不从又无以顾邦交……再四思维,惟有伏请睿断,迅饬定案,分别重轻,早正其罪,俾彼族无干预之间,庶国法可行,而逆萌潜息矣。[2]

贻谷的奏折否定了前引上谕中"尚非康有为之党"的定性;而"倘出而居间排解"等语,又说明他还不知道英国、日本的实际干预。这道奏折提醒了慈禧太后,当日下令将康广仁、杨深秀、谭嗣同、林旭、杨锐、刘光第"即行处斩,派刚毅监视行刑";至于张荫桓,慈禧太后尚未做出决定。[3] 次日,八月十四日(9月29日),慈禧太后发出惩处张荫桓等人的谕旨:

>已革户部左侍郎张荫桓居心巧诈,行踪诡秘,趋炎附势,反复无常。著发往新疆,交该巡抚严加管束。沿途经过地方,著各该督

---

[1]《光绪宣统两朝上谕档》,第24册,第426页。
[2]《戊戌变法档案史料》,第469页。
[3]《光绪宣统两朝上谕档》,第24册,第428页。该谕旨又称:"张荫桓尚非康党,著暂行看管,听候谕旨。"

抚等遴派妥员押解，毋稍疏虞。[1]

"居心巧诈""趋炎附势""反复无常"的罪名，皆恶其品德；"行踪诡秘"的罪名，颇难解释其意；而"发往新疆""严加管束"的办法，与徐桐"立予严谴，禁锢终身"的提议大体相同。

戊戌政变后，康有为、梁启超、王照先后逃亡海外；北京前门地区发生骚乱，英、德、俄、意大利、日本、法、奥匈帝国、美国皆派出小量军队进入北京使馆区；英国公使窦纳乐担心光绪帝的安全，要求派医生入宫诊治，法国使馆医生多德福（Claude Dethève, 1867—1936）由此入宫为光绪帝诊病；日本公使矢野文雄以日本天皇授予光绪帝勋章为由，要求觐见光绪帝，以探虚实；奉命入京的甘军董福祥部，因在卢沟桥与修建铁路的外国人发生冲突，各国公使联合施压，而被调往北京以北的蓟州。在此一系列的事件中，总理衙门一再让步，慈禧太后对各国的恶感逐渐上升，而反对张荫桓等人的徐桐一派（守旧派）在军机处的地位亦逐次上升。[2]

光绪二十五年正月二十一日（1899年3月2日），意大利驻华公使马迪讷（Renato de Martino, 1843—1903）向总理衙门递交照会，要求租借浙江三门湾，并修建铁路到鄱阳湖，条件与德国租借胶州湾相同。意大利为此派三艘军舰来华。总理衙门认定意大利不是海军强国，清朝从英、德购买的新舰正陆续驶回，又得知法、俄对此不予支持，便拒绝了意大利的要求。此后，意大利国内政治多变，意大利海军不愿采取军事行动，列强对意大利的要求另有想法；清朝则不断加强其军事防备，当

---

[1]《光绪宣统两朝上谕档》，第24册，第434页。该谕旨又称："已革翰林院侍读学士徐致靖，著刑部永远监禁。翰林院编修湖南学政徐仁铸著革职，永不叙用。"又，廖寿恒在日记中称："已初后见面，论张樵野、徐子静罪案，颇阴赖荣、刚婉陈，得发新疆（徐监禁）。"（《晚清军机大臣日记五种》，下册，第621页）"荣"，新任军机大臣荣禄。"刚"，刚毅。

[2] 光绪二十四年十一月，由徐桐推荐，礼部尚书启秀进入军机处。光绪二十五年五月，军机大臣、工部尚书钱应溥免官。同年十一月，相对温和的礼部尚书廖寿恒退出军机处，对外强硬的刑部尚书赵舒翘进入军机处。军机处由礼亲王世铎、荣禄、刚毅、王文韶、启秀、赵舒翘组成。世铎无争。王文韶圆滑。刚毅、启秀、赵舒翘三人结党，背后有徐桐的支持。最为权重的荣禄，地位开始下降。

听闻意大利有意于庙岛群岛后,命工部侍郎袁世凯率领清朝当时最强大的武力"武卫右军",从天津小站前往山东,准备应敌,袁也因此后升任山东巡抚。意大利政府最后下令新任公使萨尔瓦葛(Giuseppe Salvago-Raggi,1866—1946)停止相关的行动。此一胜利极大鼓舞了清朝守旧一派的信心,十月十九日(12月10日),清廷下旨各省督抚:

> 现在时势日艰,各国虎视眈眈,争先入我堂奥。以中国目下财力兵力而论,断无衅自我开之理,惟是事变之来,实逼处此。万一强敌凭陵,胁我以万不能允之事,亦惟有理直气壮,敌忾同仇。胜败情形,非所逆计也。近来各省督抚,每遇中外交涉重大事件,往往预梗一"和"字于胸中,遂至临时毫无准备。此等锢习,实为辜恩负国之尤。兹特严行申谕,嗣后倘遇万不得已之事,非战不能结局者,如业经宣战,万无即行议和之理。各省督抚必须同心协力,不分畛域,督饬将士,杀敌致果。"和"之一字,不但不可出于口,并且不可存诸心。以中国地大物博,幅员数万里,人丁数万万,苟能矢忠君爱国之诚,又何强敌之可惧。正不必化干戈为玉帛,专恃折冲樽俎也。[1]

该旨中不惜一战的语气,是甲午战败之后所未有的。意大利放弃租借地的要求,守旧派视之为强硬政策的胜利。与此同时,慈禧太后有意废黜光绪帝,荣禄等大臣称废帝将招致列强干涉,亦激发慈禧太后与守旧派的仇外心理。至该年十二月二十四日(1900年1月24日),清廷立端郡王载漪之子溥儁为同治帝之子,即"大阿哥",派管理礼部事务的崇绮(同治帝皇后的父亲、同治三年状元)为师傅,由徐桐常川照料。此即"己亥立储"。

清朝对外政策的改变也影响到国内政治诸层面。先前因害怕列强干涉,总理衙门与地方官员偏重保护教士、抑制反教民众,民教矛盾愈结愈深。光绪二十六年四月起,大批义和团进入北京,至六月,京内各教堂大多被烧,教民生命财产受到损失。端郡王载漪、军机大臣刚毅等人认为义和团是对抗列强的力量,有意扶植之。五月十四日,慈禧太

---

[1]《光绪宣统两朝上谕档》,第25册,第312页。

与英、俄、美、德、日本、法、意大利、奥匈帝国、比利时、荷兰等11国签订和约（即《辛丑条约》），有道歉、惩凶（包括已经自杀的徐桐和未敢自杀的徐承煜）、昭雪（许景澄等五大臣）、赔款（银四亿五千万两）诸条款。该约第十二条规定："将总理各国事务衙门，按照诸国酌定，改为外务部，班列六部之前"，清朝外交体制因"诸国酌定"而改变。第十二条又规定："变通诸国钦差大臣觐见礼节"，由马戛尔尼使华而起的觐见礼仪之争，最后以"夷人"制定"夷礼"而告终。[1]从此之后，清朝职业外交官体制逐步形成；至民国初年，其外交官群体的知识水准大有提升。[2]

光绪二十七年十一月十八日（1901年12月18日），即清廷下旨将张荫桓"即行正法"近一年半之后，再度下旨：

> 据奕劻等奏，英美两国使臣请将张荫桓处分开复等语。已故户部左侍郎张荫桓著加恩开复原官，以敦睦谊。[3]

这是清廷关于张荫桓的最后一道谕旨，仍是顺从"夷人"之"请"，目的

---

[1] 《中外旧约章汇编》，第1册，第1002—1024页。其中各国使节的觐见礼节（即"附件十九"），主要由美国全权代表柔克义（William Woodville Rockhill，1854—1914）和日本公使小村寿太郎制定："一、诸国使臣会同或单行觐见大清国大皇帝时，即在大内之乾清宫正殿。二、诸国使臣觐见时来往乘轿至景运门外，在景运门外换乘椅轿至乾清门阶前，降舆步行至乾清宫大皇帝前，礼成后，诸国大臣一体回馆。三、每值使臣呈递敕书或国书时，大皇帝必遣加用黄襷如亲王所乘之绿轿到馆，将使臣迎入大内，礼成后，仍一体送回。来往之时，必派兵队前往使馆迎送。四、每值呈递敕书或国书时，其书在使臣手内，必由大内之各中门走进，直到驾前，礼成后，即由已定诸国使臣觐见礼节所议各门而回。五、使臣所递敕书或国书，皇帝必亲手接收。六、如皇帝欲款宴诸国使臣，现已议明应在大内之殿廷设备，皇帝亦躬亲入座。七、总之，无论如何，中国优礼诸国使臣，断不至与彼此两国平行体制有所不同。"柔克义懂汉语和藏语，小村寿太郎留学哈佛大学，两人成了清朝最后的制礼者。由马戛尔尼来华产生的觐见礼仪之争，至此终结。《辛丑条约》规定了对载漪、载澜、载勋、英年、赵舒翘、毓贤、启秀、徐承煜、刚毅、徐桐、李秉衡等人惩处，而徐用仪、立山、许景澄、联元、袁昶五大臣"开复原官，以示昭雪"。

[2] 相关的研究，参见李文杰：《中国近代外交官群体的形成（1861—1911）》，下编。清朝灭亡后，其外交官群体由中华民国政府所继承，成为比较成熟的职业外交官，有着较好的表现。相关的研究，参见唐启华：《被"废除不平等条约"遮蔽的北洋修约史（1912—1928）》，社会科学文献出版社，2010年。

[3] 《光绪宣统两朝上谕档》，第27册，第235页。

竟是"睦谊"。慈禧太后对此无力也无心相拒,她正在回銮途中。这道谕旨中的"睦谊"一语,也成了"敦"张荫桓"洋务"生涯的终曲。

在本篇长文的最后,我还要说明,在我的阅读范围中,最早向清朝高层发出"瓜分"之警报者,是黄遵宪。光绪二十三年六月十五日(1897年7月14日),翁同龢在日记中写道:

> 晚黄公度来辞行,明日起身矣,长谈。
> 第一事开学堂;二事缓海军,急陆军(十五万人已足);三事海军用守不用战(今船无用,郎威哩亦无用)。
> 三大可虑:一教案,一流寇,一欧洲战事。有一于此,中国必有瓜分之势。
> 论人材少许可(于晦若、沈子培、姚子良。沈尚能办事。朱之榛、盛杏孙、郑苏盦、梁□超、叶锡勇、杨文骏,并好才)。[1]

黄遵宪,举人出身,曾任驻日本公使馆参赞官、驻美国旧金山总领事、驻英国使馆参赞官、驻新加坡总领事等职。甲午战争期间,由署理两江总督张之洞奏调,以候补道任职于江苏洋务局。参与主办《时务报》,聘梁启超为主笔。光绪二十二年十月十九日(1896年11月23日)奉派为驻德国公使,被德所拒。光绪二十三年五月二十一日(1897年6月20日),补授湖南盐法长宝道。他虽为德国所拒,但主张"延德人、练德法"。[2] 他谈到了当前急要的"三事",其一即是"学堂"(后来聘梁启超开办湖南时务学堂),其二是陆军,其三是沿海守卫的海军。他谈到了"三大可虑",任何一项出现,"中国必有瓜分之势",第一项即是"教案"。这些谈话内容与张荫桓当时"真心和好"之类的判断恰好相反。由于翁的记录过于简练,我还无法了解黄遵宪的完整思想,并对他的这一预判作进一步的分析。

---

[1]《翁同龢日记》,第7卷,第3064页。"于晦若",于荫霖。"沈子培",沈曾植。"盛杏孙",盛宣怀。"郑苏盦",郑孝胥。"梁□超",似为梁启超,"叶锡勇",似为蔡锡勇。

[2] 翁同龢在光绪二十三年五月三十日日记中称:"黄公度(遵宪,新授湖南盐道)来长谈,重在延德人、练德法。"(《翁同龢日记》,第7卷,第3060页)从上下文来看,所谈是练兵之事。

# 戊戌年光绪帝改革谕旨研究

## 一 问题的提出

本文旨在解决三个问题。其一，戊戌年（光绪二十四年，1898）光绪帝一共下达了多少道改革谕旨，由谁促发了这些谕旨？其二，这些谕旨的主要内容是什么？其三，观察这些谕旨的发布过程，看看清朝政治体制是否适应于改革？[1]

第一个问题肇端于梁启超的《戊戌政变记》。戊戌变法失败后，梁启超流亡日本，在《清议报》上连续发表《戊戌政变记》，并于光绪二十五年四月（1899年5月）结集印行，成为影响力极大的著作。《戊戌政变记》第一篇第二章为"新政诏书恭跋"，梁开列了光绪帝在"百日维新"时期（光绪二十四年四月二十三日至八月初一日，1898年6月11日至9月16日）的各类谕旨，共计61道，另加其跋语，尽可能将光绪帝这些谕旨的产生说成是康有为及其同党的提议或影响的。[2] 此后，梁启超在《清议报全编》录《戊戌政变纪事本末》，在"百日维新"一节中，开列

---

[1] 本文在资料搜集过程中，得到张海荣的帮助，在此志谢！
[2] 我使用的《戊戌政变记》是《续修四库全书》收录的清铅印本，见该书（上海古籍出版社，1995年）第446册。"新政诏书恭跋"是第210—229页。以下简称《戊戌政变记》续修四库本"。

或摘录光绪帝的各类谕旨，共计 83 道。[1]梁启超虽然没有公布其资料来源，但我以为，应是《邸报》。[2]从今天的角度来看，梁启超的这些说法是不准确的，这 61 道（或 83 道）谕旨并不完全涉及改革，许多仍是依据以往的旧例而发布；产生这些谕旨的原因多种多样，其中一些促发谕旨的官员还是康有为的政敌，被梁启超隐去了。1953 年，翦伯赞等人编《中国近代史资料丛刊·戊戌变法》，有林树惠编辑的《上谕》，共 316 道，但时间从光绪二十年七月初四日（1894 年 8 月 4 日）至光绪二十七年八月初四日（1901 年 9 月 16 日）；若以"百日维新"为期限，计为209 道。林树惠所据史料为《德宗实录》。[3]然而，林树惠的统计标准非常宽泛，许多仅有新政意向的谕旨也被列入，且对促发谕旨的原因没有细究。以上梁启超、林树惠的统计，已被许多研究者当作基础史料甚至定论来看待。[4]如果忽略他们的差别，这些结论可以概括为：百日维新

---

[1] 梁启超：《戊戌政变纪事本末》，《清议报全编》，横滨新民社辑印，第六集，卷二十一，纪事一，第 1—12 页。梁称 83 道，数字不准确，梁为行文方便，经常将多道谕旨合成一条，此处不再细分。

[2] 梁启超称："我国凡百政务，皆以诏书为凭。而诏书又分两种，一为明谕，下之于内阁，刊之于《邸报》，臣民共见者也；一为廷寄（亦名交片），下之于军机处，不刊于《邸报》，臣民不能共见者也。今特取《邸报》之明谕有关新政者，揭载于下，逐条加以跋语，而廷寄犹未能备载焉……"（《戊戌政变记》续修四库本，第 210 页）梁的说法不太准确，没有区别廷寄与交片，也不知电旨；却正说明他没有看到廷寄、交片与电旨。

[3] 《中国近代史资料丛刊·戊戌变法》，第 2 册，第 1—121 页。

[4] 武汉大学教授陈恭禄 1934 年完成《中国近代史》，称言："六月十一日，光绪诏定国是，政变作于九月二十日，百有三日之中，改革之诏书迭下，兹列重要之改革于下……"（列举 47 项）（《大学丛书·中国近代史》，商务印书馆，1935 年，下册，第 464—468 页）此后他又作通俗版《中国近百年史》："德宗自四月二十三日，诏定国是，迄于八月五日（九月二十）政变，为时凡百有三日，期内变法或改去积弊之诏书，多如雪片，难于一一列举，兹分类略述之主要新政如下……"（《中国近百年史》，商务印书馆，1935 年，第 135—137 页）陈恭禄的著述，深受梁启超《戊戌政变记》、康有为《戊戌奏稿》影响，其中关于光绪帝改革谕旨的描述，依据梁启超《戊戌政变记》中"新政诏书恭跋"。历史学家范文澜 1945 年在延安写《中国近代史》，关于光绪帝改革谕旨，称言："从四月二十三日（公历一八九八年六月十一日）到八月初六日（九月二十一日）共一百零三天，维新派实行'除旧布新'的初步理想，发出了数十条改革命令，这些命令大都带有妥协性，替顽固派留有出路，因为缺少推行命令的实际力量，顽固派拒绝接受这个妥协。"范文澜具体说明了除旧 5 项命令，布新 8 项命令。（《中国近代史》上编第一分册，新华书店，1949 年 11 月北京订正第一版，第 391—392 页）范文澜当时写作条件较差，参考书不多，不知是否有梁启超《戊戌政变记》，他这一部分具体（转下页）

期间，光绪帝在以康有为为首的维新派的促发下，诏令频下，发布了数十道、百余道甚至两百多道、数百道改革谕旨。这是一个看起来清晰、实际上模糊的结论。由此可推导出，戊戌变法失败的主要原因之一，在于维新派和光绪帝过于激进。

第二个问题涉及戊戌变法的性质。我在《论戊戌变法期间康有为、

---

（接上页）叙述与陈恭禄著作有相似之处。此后中国各高校所编教材《中国近代史》大多照此说，即"数十条改革命令"，某些文字的描写稍涉夸张。"文化大革命"结束后，有三部影响力极大的中国近代史著作。一、《从鸦片战争到五四运动》（胡绳著，人民出版社，1980 年），关于改革谕旨称言："在四月二十三日的'明定国是诏'以前，光绪皇帝已经颁发过若干属于所谓'行新政'的诏书。在这以后，这一类的诏书又陆续不断地大量发出，甚至一日数令，倾泻而下……百日维新中光绪皇帝所发上谕虽然有一百多条，但其重点和脉络很清楚，反复强调的主要是练兵和筹饷。筹饷是为了练兵，所以其实是一件事。"胡绳的说法是慎重的，但结论却是笼统的。二、《近代中国八十年》（陈旭麓主编，李华兴等编写，上海人民出版社，1983 年）对此称言："在这一批新进人物日夜孜孜不倦地操劳下，一件件新政建议流水般传到紫禁城，再经过光绪皇帝，成为一道道新政诏令飞出来。前后一共颁发了新政诏书、谕令一百一十多道。这些法令的主要内容有……"此中"一百一十多道"，也未具体分析。三、《中国近代史》（李侃等编写，中华书局，1977 年初版，1994 年第 4 版），其第 4 版中称："从 6 月到 9 月，康有为本人或代其他官员起草的变法奏折 50 多件，大部分都被光绪帝采纳，并以上谕的形式发布全国……"虽没有涉及谕旨的数量，但强调谕旨多采自康有为所上所拟的奏折。到了 21 世纪，又出版了一批新编书籍与教材，沿用了过去的说法。一、《高等学校文科教材·史学系列·中国近现代史》（章开沅、朱英主编，河南大学出版社，2009 年）称："……历时 103 天，史称'百日维新'。在这期间，光绪帝颁布了一百多道上谕，推行新政……"二、《普通高等教育"十一五"国家级规划教材·中国近现代史》（马敏、彭南生主编，高等教育出版社，2009 年）称："……历时 103 天，史称'百日维新'。在这期间，光绪帝颁布了一百多道上谕，推行新政……"两书的文字相同。三、《中国近代史新讲》（戚其章著，中华书局，2011 年）称："百日维新期间，颁布上谕达 200 多件，以推动各方面的改革。主要是……"四、《21 世纪史学系列教材·中国近代史》（王先明主编，中国人民大学出版社，2011 年）称："……经由光绪皇帝发出的变法维新诏书达数百件，内容涉及广泛……"以上各书，光绪帝的改革谕旨从 100 多道、200 多道，至数百道不等，很可能受到了林树惠统计的影响。至于海外的研究，可以举两例。其一是徐中约《中国近代史：1600～2000，中国的奋斗（第 6 版）》[世界图书出版公司（北京），2008 年]，关于光绪帝改革谕旨，称言："从 6 月 11 日到 9 月 20 日的 103 天中，教育、行政管理、工业和国际文化交流领域的约 40 到 55 项变法法令很快地陆续颁发……"对照具体内容，徐中约所依据的是梁启超《戊戌政变记》。其二是费正清主编《剑桥中国晚清史》（中国社会科学出版社，1992 年），包含戊戌变法等内容的一章由张灏撰写，称言："从 6 月 11 日到 9 月 21 日这一百天中，皇帝迅速地接连发布了一百多道上谕，试图以空前规模大力推行变法维新。"这一数字很可能受到了林树惠统计的影响。

梁启超的政治思想与政策设计》一文中，说明了康、梁没有提出建立西方样式议会的建策，但提出了许多以西方化为方向的政治、经济与社会改造的方案，由此认为，"**戊戌变法是一个以西方化为方向、以强国为目标的改革运动**"。[1] 然而，戊戌变法的性质不是由康、梁的主张即可决断的，还须研究光绪帝与清朝政府的具体决策过程。戊戌变法是清朝政府主导下的改革运动，从政治史角度来看，变法的性质当由光绪帝为首的清朝政府政治决策来决定。本文最基本的意义也由此产生，即从光绪帝的谕旨内容来判断这场改革的基本方向。

第三个问题是我在撰写本文的过程中逐渐产生的。改革本来就是体制内的革命，清朝当时的政治体制是否适应于改革？清朝政府高层的主要官员是否倾向于改革？从光绪帝戊戌年改革谕旨的产生过程中，我们可以清楚地看到当时高官群体的思维逻辑和政府运作的方方面面，从中发现了许多值得思考的问题。戊戌变法最终失败了，这是无法改变的结局；但对失败原因的探讨，至今尚未完成——仅仅去指责慈禧太后发动政变只是一种简单粗糙的结论。慈禧太后发动政变的基础是什么？这种倒行逆施为什么在当时并没有引起一片反对声？历史中的失败是常见的现象（尤其是中国近代史），但是，败也要败得明白，说出个道理来。

需要说明的是，尽管梁启超所录"新政诏书"谕旨以"百日维新谕旨"（光绪二十四年四月二十三日，1898 年 6 月 11 日）为起始，这也是史学界比较容易接受的分期，然而，促使戊戌变法的最初起因，是德国侵占胶州湾（今青岛，光绪二十三年十月二十日，1897 年 11 月 14 日）和俄国侵占旅顺、大连（光绪二十三年十一月二十三日，1897 年 12 月 16 日），英国、法国、日本随之提出一系列的侵略性要求。清朝政府无力抵抗而萌生改革意愿。在百日维新之前，清朝政府已经颁下多道改革谕旨，其中包括"经济特科"、昭信股票、京师大学堂等多项。若要看清楚清朝政府改革决策的连续性，须提到"百日维新"之前，我以光绪二十四年即"戊戌年"的年初为起始；而其结束的时间，仍以八月初六

---

[1] 参见拙文：《论戊戌变法期间康有为、梁启超的政治思想与政策设计》，《中国文化》（北京）2017 年春季号、秋季号（总 45、46 期）连载；《戊戌时期康有为、梁启超的思想》，第 3—205 页。

日慈禧发动政变、再次听政为断。

## 二 光绪帝的改革谕旨及其催生的原因

按照清朝制度,皇帝的谕旨分为四种,即明发、廷寄、交片和电寄。明发以内阁的名义发出谕旨,刊于《邸报》(《宫门钞》),又多为当时的各种报刊转载,普通人可以看到。廷寄是由军机处通过驿递系统寄谕旨给各地的官员,又称字寄,不刊《邸报》,属于秘密的性质。交片是由军机处交谕旨给在京的衙门与官员,文字比较简略,不刊《邸报》,属于秘密的性质。电寄是当时新出现的谕旨形式,由于当时的交通条件,廷寄谕旨到各省需要数天至数十天不等,一些原属廷寄的谕旨改用电报的形式发出,亦不刊《邸报》,属于秘密的性质。以上这些谕旨记载于军机处《上谕档》《洋务档》《电报档》等多种档册,并在《随手登记档》中有相应的摘要记录。

光绪帝去世后,庙号"德宗",清朝按照旧有的制度编纂《德宗实录》。实录馆有权调阅军机处等衙门的档案,又根据《德宗实录凡例》,戊戌年改革谕旨属于"书"之列。然清朝很快灭亡,《德宗实录》于1921年("宣统十三年",即民国十年)方告完成,其中关于戊戌年光绪帝的改革谕旨大体完备,但仍有小的缺失,且不能依靠此书来核查清楚催生谕旨的奏折等相关文献。[1] 由于梁启超只能根据《邸报》来编选谕旨,又由于林树惠只是根据《实录》并参考梁启超的评论来编选"上谕",皆不可能做到完备;因此,我根据清朝军机处《上谕档》《电报档》

---

[1] 《德宗景皇帝实录》的主要编纂时间已到了民国,其大红绫本进呈时间为"宣统十三年"(遗老用的年号,下同,1921),小红绫本进呈日期为"宣统十九年"(1927),北京大学图书馆藏有定稿本。而《清实录》的第一次影印,是1936年由伪满洲国"满日文化协会"委托日本大藏出版社进行(即"伪满本",内容小有删改,仅300部。1964年华联出版社(台北)根据"伪满本"再影印。1987年,中华书局(北京)影印《清实录》,其中《德宗景皇帝实录》用的是北京大学图书馆所藏定稿本。这个版本的最大好处是注明了许多档案的出处,可资参考。林树惠使用的版本属"伪满本"。

《洋务档》《随手登记档》，并参考《德宗实录》《光绪朝起居注册》，来编列戊戌年光绪帝的改革谕旨。

清朝的谕旨大多根据官员的奏议而产生，何人何项奏议催生了这些改革谕旨也很重要。我亦根据军机处《随手登记档》《早事档》及光绪帝召见人员的档案，来判断或推断这些改革谕旨的产生原因。清朝自同治朝（1862—1874）之后，由于多种原因，形成了重大政务处理的惯例——"交议"：有上奏权的官员（京中各衙门堂官和言官，地方总督、巡抚、提督、学政等）提出新政或改革旧政的建策，皇帝（太后）并不直接予以回复，而是交给相关的政府部门（六部、理藩院、总理衙门、军机处等）或指定某些重要官员议复，皇帝（太后）根据这些议复的奏折再发出谕旨。我也会注意这类"交议"的全过程。（关于"交议"的形成与功用，参见本文第三节第1目）

查阅档案和编列谕旨的工作颇为费时费力，正是通过这些繁琐复杂的程序，我得出结论：戊戌年光绪帝共下达27项138道改革谕旨，其中绝大多数可以清晰地看出谕旨的形成过程，可以找到催生谕旨的官员。

以下是对这一结论的详细叙述，以最初谕旨下达的时间为序，并在光绪帝改革谕旨前标明编号。有些谕旨涉及多项内容，在行文中需要多次引用，采用第一次引用的编号。

## 1. "经济特科"（4道）

光绪二十四年正月初六日（1898年1月27日），光绪帝明发谕旨：

（1）总理各国事务衙门会同礼部奏，遵议贵州学政严修请设专科一折。据称，就该学政原奏分别酌拟，一为岁举，一为特科，先行特科，次行岁举。特科约以六事：一曰内政，凡考求方舆险要、邦国利病、民情风俗者隶之。二曰外交，凡考求各国政事、条约、公法、律例、章程者隶之。三曰理财，凡考求税则、矿产、农功、商务者隶之。四曰经武，凡考求行军、布阵、管驾、测量者隶之。五曰格物，凡考求中西算学、声、光、化、电者隶之。六曰考功，凡考求名物、象数、制造、工程者隶之。由三品以上京官及督、抚、学政各举所知，无论已仕未仕，注明其人何所专长，咨送总理衙门，会同礼部奏请在保和殿试以策论，简派阅卷大臣严定去留，详拟等第，复试后带领引见，听候擢用。此为经济特科，以后或十年一举，或二十年一举，候旨举行，不为常例。岁举则每届乡试年分，由各省学政调取新增算学、艺学各书院、学堂高等生监，录送乡试；初场试专门题，次场试时务题，三场仍试四书文，中式者名曰经济科举人，与文闱举人同场复试，会试中式经济科贡士者，亦一体复试、殿试、朝考等语。国家造就人才，但期有裨实用，本可不拘一格。该衙门所议特科、岁举两途，洵足以开风气而广登进，著照所请行，其详细章程仍著该衙门会同礼部妥议具奏。现在时事多艰，需才孔亟，自降旨以后，该大臣等如有平素所深知者，出具切实考语，陆续咨送，不得瞻徇情面，徒采虚声。俟咨送人数汇齐至百人以上，即可奏请定期举行特科，以资观感。至岁举既定年限，各该督、抚、学政务将新增算学、艺学各书院、学堂切实经理，随时督饬院长、教习认真训迪，精益求精。该生监等亦当思经济一科，与制艺取士并重，争自濯磨，力图上进，用副朝廷旁求俊乂至意。将此通谕知之。(《上谕档》)[1]

先是光绪二十三年九月二十四日，贵州学政、翰林院编修严修上奏要求设立科举专科，光绪帝于十一月二十三日收到，当日发下交片谕旨，命总理衙门与礼部"妥议"。[2]光绪二十四年正月初六日，总理衙门与礼部议复，分特科与岁举两途，先开特科。[3]光绪帝予以批准。此项改革牵涉面甚大，上引谕旨（第1号）也摘引议复奏折的内容，并命总理衙门

---

[1] 军机处《上谕档》，光绪二十四年正月初六日。清朝光绪宣统两朝军机处《上谕档》由中国第一历史档案馆整理后，以《光绪宣统两朝上谕档》为题于1996年由广西师范大学出版社影印出版，查阅方便。本文以下引用该档，仅在引文后注明《上谕档》，不再注明册数、页数，以为省文。

[2] 军机处《随手登记档》，光绪二十三年十一月二十三日。该档由第一历史档案馆整理后，以《清代军机处随手登记档》于2013年由国家图书馆出版社出版。本文以下引用该档，仅注日期，不再注明册数、页数，以为省文。严修奏折见《军机处录副奏折》03-7210-003。

[3] 总理衙门与礼部议复奏折见《军机处录副奏折》03-5615-001。

与礼部再议详细章程。

此道谕旨下达后,给事中张仲炘、翰林院侍讲恽毓鼎、御史胡孚宸、浙江巡抚廖寿丰、御史宋伯鲁先后上奏,提出意见,光绪帝或明发谕旨,或交礼部议复,或交总理衙门和礼部议复。[1]其中正月二十七日(2月17日),光绪帝明发上谕:

> (2)侍讲恽毓鼎奏经济特科宜议登进之途一折。国家登进人材,必须言行相符,而后可收实效,况经济一科系属特设,内外臣工尤当仰体朝廷破格旁求之意,不得以有才无行之人滥登荐牍。至该侍讲所请仿照从前观政之例,以试其能等语,著总理各国事务衙门参酌情形奏明办理。(《上谕档》)

五月二十五日(7月13日),总理衙门与礼部再次议复上奏,并附上实施章程六条的"清单",并称"制造、驾驶、声、光、化、电"等学,即原来设定的"约以六事"之中的最后两事,不试策论,改为"保举"。[2]光绪帝明发上谕:

---

[1] 光绪二十四年正月二十五日,给事中张仲炘上奏"遵旨举行经济特科并定岁举章程片"(《军机录录副奏折》03-9990-069),光绪帝下旨"暂存"(见该日《上谕档》所录军机处给慈禧太后奏片)。二十七日,恽毓鼎上奏"经济特科宜议登进之途敬陈管见折"(《军机处录副奏折》03-5615-004),光绪帝明发上谕,'交总理衙门议复(下有引用)。三十日,御史胡孚宸上奏"新设经济科宜防淹滞请停捐纳折"(《军机处录副奏折》03-5615-006),光绪帝命交吏部、户部议复;胡孚宸又奏"经济岁举请严定录送章程",光绪帝命交礼部议复(《上谕档》)。三月十六日,廖寿丰奏"经济特科为人才所出请饬妥议章程片",光绪帝朱批"该衙门议奏"。(《戊戌变法档案史料》,第212—214页)四月二十六日,宋伯鲁上奏"经济特科分别举办片"(孔祥吉编:《康有为变法奏章辑考》,第240—241页。该片是康有为代拟的),光绪帝下旨"著该衙门知道"。(《洋务档》)由于经济特科的议复奏折是总理衙门和礼部联合上奏的,光绪帝谕旨中"该衙门"应指总理衙门和礼部。

[2] 总理衙门与礼部议复奏折及清单见《戊戌变法档案史料》,第228—231页。还需注意的是,总理衙门另有一附片,称"制造、驾驶、声、光、化、电诸学,非从外洋肄习,难语精专",并称此类人士若"一律试以策论,必致登进无门",由此要求改为由官员"保举",由总理衙门"考验",再由皇帝另派大臣"复验"。光绪帝朱批"依议"。(同上书,第231页)根据这一附片,原定"约以六事"中第五项"格物"、第六项"考功"不属于经济特科,剩下"内政""外交""理财""经武"四项。

（3）总理各国事务衙门会同礼部奏遵议经济特科章程开单呈览一折。所拟章程六条，尚属详备，即著照所请行。经济特科原期振兴士气，亟应认真选举，以广登进而励人才。著三品以上京官及各省督、抚、学政各举所知，限于三个月内迅速咨送总理各国事务衙门，会同礼部，奏请考试。一俟咨送人数足敷考选，即可随时奏请，定期举行。不必俟各省汇齐再行请旨，用副朝廷侧席求贤至意。（《上谕档》）

光绪帝批准了议复的特科章程，并将官员"各举所知"的期限定于"三个月内"，总理衙门与礼部不再受限于前一谕旨"人数汇齐至百人以上"，而是"足敷考选，即可随时奏请"。根据这一谕旨规定，经济特科的考试，最快可于八月二十五日由总理衙门与礼部奏请举行。

清朝科举之途已极其艰难狭窄，经济特科的设立，可谓另辟"通途"。由总理衙门和礼部议定的章程规定："京官自五品以下，外官自四品以下，未仕自举、贡、生监以及布衣，一体准其保送"，这就给了上层官员（"三品以上京官及各省督、抚、学政"）一个机会。他们纷纷上呈保案，其中不乏夹袋中的人物。六月十二日（7月30日），御史郑思赞上奏"请严定滥保经济特科处分折"，光绪帝明发谕旨：

（4）御史郑思赞奏，特科大典请严定滥保处分一折。经济特科之设，朝廷原期拔取真材，以备贤良之选，非为倖进之徒开营谋之路。中外臣工例得保送特科者，务当屏除私心，汲引善类，于所保之人学问才具灼见真知，始可登诸荐牍，不得瞻徇情面，滥保私人。如有言行不符及干求奔竞等情，一经查出，定将原保大臣从严惩处。（《上谕档》）

七月十八日，给事中庞鸿书上奏"振兴庶务宜审利弊折"，光绪帝发下交片谕旨：该折"经济科等语，著总理各国事务王、大臣会同礼部酌核具奏"。[1]二十日，内阁代递候补中书王景沂条陈两件，其一关于经济特科，

---

[1] 庞鸿书奏折在档案中未捡出，光绪帝谕旨见该日《上谕档》。

光绪帝发下交片谕旨："中书王景沂奏经济特科名实至重等语，著总理各国事务王大臣妥议具奏。"〔1〕八月初四日，总理衙门上奏"遵旨核议经济特科招纳人才片"，议复王景沂条陈，将加强审核，面加询问。光绪帝朱批"依议"。〔2〕

设立经济特科是戊戌年发布的第一道改革谕旨。从最初的上奏者严修的用意来说，是要改革由四书五经为基本内容，以八股文章为主要形式的科举制度，将西学的内容纳入以策论为主要方式的考试。然而这类政治、外交、经济、军事的西学知识如何进行考试，又如何从中选拔人才，却是史无前例的，从世界历史来看，也无成功经验。

八月初六日（9月21日），慈禧太后发动政变，经济特科考试处于实际停止的状态。八月二十二日，御史黄桂鋆上奏"请惩奸党按情罪轻重办理折"，其中第三项直攻经济特科保送人员康有为、梁启超、杨锐、林旭等人，要求惩处原保大臣张百熙、张之洞、唐景崇等人。〔3〕慈禧太后虽不愿为此兴大狱，然于二十四日（10月9日）下达一道极其严厉的懿旨：

> 国家以四书文取士，原本儒先传注，阐发圣贤精蕴，二百年来，得人为盛。近来文风日陋，各省士子往往剿袭雷同，毫无根柢。此非时文之弊，乃典试诸臣不能厘正文体之弊也。论者不揣其本，辄以所学非所用，归咎于立法之未善，殊不知试场献艺不过为士子进身之阶，苟其人怀奇抱伟，虽沿用唐宋旧制试以诗赋亦未尝不可得人。设使论说徒工，心术不正，虽日策以时务，亦适足长嚣竞之风。用特明白宣示，嗣后乡试、会试暨岁考、科考等场，悉照旧制，仍以四书文试帖经文策问等项，分别考试。经济特科易滋流弊，并著即行停罢。朝廷于抡才大典，斟酌至再，不厌求详。嗣后典试诸臣及应试士子务当屏斥浮华，力崇正学，毋负朝廷作育人才之至意。至富强之术，固当讲求，惟必须地方官认真举办，方不至有名无实。

---

〔1〕 王景沂该条陈在档案中捡出，光绪帝谕旨见该日《上谕档》。
〔2〕 总理衙门奏折见《军机处录副奏折》03-5364-020；光绪帝谕旨见该日《随手登记档》。
〔3〕 《戊戌变法档案史料》，第475—476页。

所有农工商诸务亟宜实力整顿，惟总局设在京城，文牍往还，事多隔膜，一切未能灵通。仍应责成各督抚在省设局，分门别类，详切考核，庶有实际。著直隶总督遴派妥员督率办理，以为各省之倡，京城现设之局，著即裁撤。(《上谕档》)

这道懿旨共包含三项内容：一、停止文科举改制；二、停止经济特科；三、撤销农工商总局。其文科举改制和设立农工商总局的改革谕旨，后将详述。

庚子事变后，清朝宣布实行新政。光绪二十七年（1901）四月十七日，慈禧太后下达懿旨再次举行经济特科。光绪二十九年闰五月十六日、二十七日，清廷在皇宫保和殿举行特科的初试与复试。这一年是癸卯年，亦被称为"癸卯特科"。[1]

以上，光绪帝共发布明发谕旨4道，另有"交议"的交片谕旨7道（其中2道总理衙门与礼部共同，1道是吏部与户部共同），"知道"旨意1道（总理衙门与礼部共同），"依议"旨意1道。此外，慈禧太后发布停止特科的懿旨1道。此项改革谕旨是由严修所催发的。

## 2."昭信股票"——国债（9道）

光绪二十四年正月十四日（1898年2月4日），光绪帝明发谕旨：

（5）户部奏遵议右中允黄思永奏筹借华款请造股票一折。据称，按照该中允原折所陈，详细参酌，拟由部印造部票一百万张，名曰"昭信股票"，颁发中外。周年以五厘行息，期以二十年，本利完讫。平时股票准其转相售买，每届还期，准抵地丁盐课。在京自王公以下，在外自将军督抚以下，无论大小文武，现任、候补、候选官员均领票缴银，以为商民之倡。其地方商民愿借者，即责成顺天府府尹及各直省将军督抚将部定章程先行出示，并派员剀切劝谕，不准

---

[1] 相关的研究，可参见张海荣：《经济特科考论》，《安徽史学》2016年第6期。又，保和殿是清朝贡士举行殿试的场所，可见此次特科的"规格"。

稍有勒索。派办之员能借巨款者，分别优予奖叙各等语。著依议行。当此需款孔亟，该王公及内外臣工等均受朝廷厚恩，即各省绅商士民亦当深明大义，共济时艰。况该部所议章程，既不责以报效，亦不强令捐输，一律按本计息，分期归还，谅不至迟回观望也。将此通谕知之。(《上谕档》)

先是光绪二十四年正月初九日，詹事府右中允黄思永上奏"筹借华款请造自强股票折"，光绪帝发下交片谕旨命户部"速议具奏"。[1]清朝因中日甲午战争的巨额赔款，被迫在国际资本市场借有"俄法借款""第一次英德借款"。当时的国际借款，是由俄、法、英、德等国的实力银行代理发行的清朝国家债券，清朝政府以海关等项收入作为抵押。随着甲午赔款最后一次付款时限临近，清朝需进行第三次"借款"。黄思永奏请筹借华款、造"自强股票"，实为清朝政府在本国范围内自主发行的国家债券。此是中国财政与金融史上的首次，也是清朝财政制度的重大改革。军机大臣、总理衙门大臣、户部尚书翁同龢和总理衙门大臣、户部侍郎张荫桓是当朝的权臣，为筹款所急，仅用了五天时间即于十四日复奏，改名为"昭信股票"，票面为银100两，共计发行一百万张，计银1亿两。[2]从复奏内容来看，翁、张对西方国家金融制度与债券发行方式不甚了解，在不改变清朝财政金融体制的情况下，将债券这类原本由银行等金融机构推广的商业活动，当作各级地方政府的政务行为来处理。光绪帝根据翁、张等人议复，下达上引明发谕旨（第5号）。中国第一次国家债券的发行是通过各级政府强力推行的，这种方式也决定了昭信股票的命运。二月初十日，户部上奏拟定昭信股票详细章程，光绪帝下旨"依议"。[3]

由于谕旨中规定了"在京自王公以下"等全体官员"均领票缴银，以为商民之倡"，病危之中的恭亲王奕䜣"报效银二万两"，即上交银两不领股票，哲里木盟（今通辽）等处蒙古王公贵族、署吉林将军延茂、

---

[1] 黄思永奏折见《军机处录副·补遗·货币金融》03-168-9534-1；光绪帝交片谕旨见该日《上谕档》。
[2] 户部议复奏折见《军机处录副·补遗·货币金融》03-168-9534-3。
[3] 户部原折及《昭信股票章程》见《军机处录副奏折》03-9534-15、16；光绪帝旨意见该日《随手登记档》。

山东巡抚张汝梅、两江总督刘坤一、库伦办事大臣连顺、德木楚克多尔济等人亦提出"报效"，光绪帝下旨"仍按股票章程办理"。[1]其中正月二十九日（2月19日），光绪帝明发谕旨：

> （6）户部奏恭亲王报效库平银二万两，不敢作为借款，亦不敢仰邀议叙等语。恭亲王懿亲重臣，因国用不足，捐备巨款，用意正大，洵足矜式百僚。其忠款之忱，朕心尤深嘉许。惟现在甫议开办昭信股票，一切章程尚未奏定。恭亲王首先报效，宜将此款归入户部股票一律办理，庶几天下向风缴银领票，更于大局多所裨益。该部即遵谕行。（《上谕档》）

"昭信股票"不具备资本市场的诸多要素，信用度不高。尽管恭亲王等人的"报效"改为"股票"，仍对民间资本缺乏吸引力。各级政府强力推行之。御史潘庆澜、御史徐道焜、给事中高燮曾、詹事府右庶子陈秉和、御史宋伯鲁、御史张承缨等先后上奏，指出其流弊，光绪帝或交户部，或明发谕旨，或发廷寄谕旨，或交总理衙门，或下旨"存"。[2]其中闰三

---

[1] 光绪二十四年正月三十日，理藩院奏哲里木盟长亲王等报效银两，光绪帝下旨："著理藩院咨行户部，归入股票一律办理。"署吉林将军延茂用电报咨复户部"报效银五千两"，户部为此于二月初一日上奏夹片（《军机处录副奏折》03-9534-018），光绪帝下旨："依议。"哲里木盟郭尔罗斯辅国公齐莫特散峩勒要求报效银一千两，理藩院于二月初五日上奏（《军机处录副奏折》03-6684-031），光绪帝下旨："即著咨行户部，归入股票办理。嗣后如再有报效者，即照案咨部，毋庸具奏。"山东巡抚张汝梅于二月初八日上奏"报效银十万两"，光绪帝于二月十四日收到，朱批："著咨行户部，归入股票办理。"（《军机处录副奏折》03-9543-019）闰三月二十八日，两江总督刘坤一、漕运总督松椿、江苏巡抚奎俊联衔上奏，称刘坤一认领一万五千两，松椿、奎俊各认领银一万两；刘坤一、松椿、奎俊另有附一片，表示"不敢请领股票"。光绪帝四月十八日收到，对前折朱批"户部知道，片并发"，对附片朱批"览"。（《朱批奏折》04-01-01-1025-007、033，《军机处录副奏折》03-9534-040）四月二十五日，库伦办事大臣连顺等上奏其带头捐银一千两，蒙古王公捐银二十万两。光绪帝五月十一日收到，朱批："著归入昭信股票，户部知道。"（《军机处录副奏折》03-9534-050）光绪帝上引谕旨参见各该日《随手登记档》《上谕档》。

[2] 光绪二十四年三月初三日，潘庆澜上奏"请各省将军督抚将《昭信股票章程》颁示以防流弊片"（《军机处录副奏折》03-5357-014），光绪帝下旨"户部知道"。闰三月初五日，御史徐道焜上奏"昭信股票流弊甚多请速补救折"（《军机处录副奏折》03-9534-029），（转下页）

月二十七日（5月17日），光绪帝明发谕旨：

（7）给事中高燮曾奏昭信股票宜分别办理一折。昭信股票原期上下流通，不特为暂时筹款之计，前经谆谕，不准苛派抑勒。若如所奏，各省办理此事，名为劝借，实则勒索，催迫骚扰，贻累闾阎。亟应严行查禁。著各督抚通饬各该地方官，按照部定章程，妥为办理，商民人等愿领与否，各听其便。如有不肖官吏藉端指派，致滋扰累，立即查参惩办，以杜流弊而顺舆情。该部知道。（《上谕档》）

而四月十九日（6月7日）光绪帝给山东巡抚张汝梅廷寄谕旨称：

（8）有人奏知县借端殃民请饬查参一折。据称山东安邱知县俞崇礼办理昭信股票，计亩苛派，按户分日严传，不到者锁拿严押，所派之数，不准稍减分厘，请饬查参等语。昭信股票叠经谕令，不准苛派抑勒。若如所奏，该知县藉端骚扰，贻累闾阎，与朝廷开办股票任听乐输之意，大相剌谬，殊堪痛恨。著张汝梅确切查明，据实奏参。此等情形恐不止安邱一县为然，该抚务当通饬所属，严切晓谕各该地方官，妥为办理，不准稍有扰累。倘不肖官吏藉端苛派，即行从严参办。原折著抄给阅看。（《上谕档》）

---

（接上页）光绪帝交户部"妥议具奏"。闰三月二十七日，高燮曾上奏"昭信股票宜分别办理折"（《军机处录副奏折》03-5615-030），光绪帝明发谕旨（后文将详述）。四月十九日，陈秉和上奏"劝办昭信股票山东安邱知县勒索苛派请派抚臣查明折"（《军机处录副奏折》03-9534-041），光绪帝发廷寄谕旨给山东巡抚张汝梅（后文将详述）。同日，陈秉和又上奏"请饬总理衙门与洋人订约不准收买股票片"（《军机处录副奏折》03-9534-042），光绪帝下旨总理衙门"知道"。四月二十六日，宋伯鲁上奏"陕西昭信股票请宽减片"，光绪帝下旨"存"。五月十一日，张承缨上奏"昭信股票设局弊窦甚多片"，光绪帝交户部"查核办理"。同日，高燮曾上奏因昭信股票弹劾成都将军恭寿，光绪帝命高燮曾举出实迹，"明白具奏"。十二日，高燮曾再次上奏，称恭寿"任用劣员办理昭信股票"，光绪帝命恭寿"按照所参各节，据实明白回奏"。又，在户部奏定《昭信股票章程》之前，委散秩大臣锡光便于光绪二十四年二月初二日上奏"理财固本不宜发行股票折"（《军机处录副奏折》03-9534-010），光绪帝下旨"存"。上引光绪帝谕旨见各该日《随手登记档》《上谕档》。值得注意的是，四月十九日光绪帝将陈秉和的奏折交总理衙门"知道"，但总理衙门于五月十六日仍有议复奏折，光绪帝为此下旨，即第9号谕旨。

四月二十三日，詹事府右中允黄思永再次上奏"息借华款请听民自相劝办折"，反对由政府强制推行，光绪帝仅下旨"存"，便不了了之。[1] 五月十六日（7月4日），总理衙门议复右庶子陈秉和的奏折，光绪帝再次明发谕旨：

> （9）总理各国事务衙门奏议复庶子陈秉和奏，山东州县承办昭信股票，闻有勒派富民，恐致展转售卖，应切实查禁等语。昭信股票原期上下流通，毋得滋生弊窦。该庶子所奏勒派等情，恐不止山东一省。著各该将军督抚责成地方官查照部章，妥为办理，不准少有勒索苛派，致累闾阎。如愚民无知，或有转相抵售，以致缪戾滋弊，即著切实查禁。毋任吏胥人等藉端骚扰，以恤民隐而杜弊端。（《上谕档》）

这三道谕旨的基本内容大体相同。五月二十二日，山东巡抚张汝梅上奏"安邱知县俞崇礼办理昭信股票并无情弊折"，光绪帝六月初一日收到，朱批"知道了"。[2]

此后的情况发生了变化。六月十八日，光绪帝收到库伦办事大臣连顺等上奏"两盟王公报效银两请奖折""卡伦总管等报效银两片"[3]，明发谕旨：

> （10）连顺奏蒙古王公等报效银两可否照章奖叙并卡伦总管等报效银两数各折片。前因图、车两盟蒙古王公暨哲布尊丹巴呼图克图、沙毕喇嘛等报效银二十万两，业经谕令归入昭信股票办理。兹据该王公等再三陈恳，不愿领票，具见急公奉上之诚，深堪嘉尚。著理藩院会同户部照章核给奖叙。至该卡伦总管等所捐银两，亦著一并给奖。嗣后各处奏报捐助昭信股票银两者，仍著归入股票章程一律

---

[1] 黄思永奏折见《军机处录副奏折》03-9534-044；光绪帝谕旨见该日《上谕档》。
[2] 张汝梅奏折见《军机处录副奏折》03-5362-003。
[3] 连顺正折未从档案中捡出，附片见《军机处录副奏折》03-5616-004，原上奏日期为六月初六日。

办理。该衙门知道。(《上谕档》)

这道谕旨表明光绪帝的态度有所松动。七月初五日（8月21日），户部代奏候补主事李经野"山东办理股票实系苛派请旨确查呈"[1]，光绪帝明发谕旨：

> （11）户部奏候补主事李经野以山东办理股票实系苛派请旨饬查据呈代奏一折。前因安邱县办理股票有苛派扰民情事，曾经谕令张汝梅确查具复。兹据该主事呈称，该抚复奏不实，流弊愈滋，并历指当日办理情形，恳请除去计顷按亩之弊等语。昭信股票，愿借与否，本属听民自便，若计亩摊派，即不免抑勒之弊。著张汝梅通饬各属，懔遵叠次谕旨，断不准稍有苛派，并将该主事指饬各节，确切查明，据实复奏，不准稍有回护。(《上谕档》)

初六日（8月22日），御史张承缨上奏"川省昭信股票请饬遵旨办理折"[2]，光绪帝再次明发谕旨：

> （12）……前因各省昭信股票不无扰累情事，叠经谕令妥为办理，不准稍有苛派。若如该御史所奏川省办理此事扰累闾阎，与开办股票任听乐输之初意，大相刺谬。著恭寿严饬所属，懔遵叠次谕旨，慎防流弊，不准抑勒。一面确切查明，各该地方官倘有藉端骚扰情事，即著从严惩办。昭信股票惟直隶办法尚属妥协，该督应即咨取该省章程，妥筹办理。已革知县费秉寅委办股票有无苛派，并著据实复奏，毋稍回护。(《上谕档》)

这两道谕旨的内容大体相同，也说明了各地发生的弊漏层出不穷，已经无法清除干净。

七月初十日，御史黄桂鋆上奏"请停昭信股票片"；同日，翰林院代

---

[1] 李经野条陈及户部代奏奏折见《军机处录副奏折》03-9534-057。

[2] 张承缨奏折见《军机处录副奏折》03-9537-058。

奏编修张星吉条陈，亦请停办昭信股票。光绪帝命户部"核议具奏"。[1]二十二日（9月7日），户部上奏议复奏折，表示可以停办股票。[2]光绪帝明发谕旨：

> （13）前据户部奏办昭信股票，原定章程愿借与否，听民自便，不准苛派抑勒。嗣因地方官办理不善，据御史黄桂鋆等先后奏参四川、山东等省办理昭信股票，苛派扰民，当谕令该部核议具奏。兹据户部奏称，股票扰民，屡经指摘，近时收数无多。除京外各官仍准随时请领，并官民业经认领之款，照案收缴外，其绅商士民人等，请一概停止劝办等语。朝廷轸念民依，原期因时制宜，与民休息，岂容不肖官吏随意洒派，扰害闾阎。其民间现办之昭信股票，著即停止，以示体恤而固民心。余均照部议行。该部知道。（《上谕档》）

"昭信股票"是戊戌变法最重要的改革措施。清朝正处在极度的财政困境之中，如果能够顺利发行，可以暂纾危困，为将来的财政改革奠定基础。然而，主持者不明国家债券的基本特点，将之纳入传统的官僚体系，适得其反。这正说明了变法的真正难度——在模仿西政和西法时，须得了解西学和西理；清朝若要进行近代化的财政改革，须得先行建立近代化的金融体系。[3]二十七日，新任广东布政使岑春煊上任前上奏"禁米出洋鼓铸银元昭信股票绅民册报折"，光绪帝下旨："本日岑春煊奏昭信股票宜令册报等语，著户部议奏。"[4]八月十九日，户部议复，光绪帝下旨"依议"。[5]

以上，光绪帝共发布明发、廷寄谕旨9道，包括"停止"昭信股票

---

[1] 黄桂鋆奏折见《军机处录副奏折》03-9534-056，张星吉条陈未从档案中捡出；光绪帝谕旨见该日《随手登记档》《上谕档》。
[2] 户部议复奏折见《军机处录副·补遗·货币金融》03-168-9534-63。
[3] 相关的研究，可参见李文杰：《中国早期国债的顿挫："昭信股票"发行始末》，北京大学历史学系硕士论文，2007年。本文的结论对此亦有评论。
[4] 岑春煊奏折见《军机处录副奏折》03-9450-039；光绪帝谕旨见该日《上谕档》。
[5] 军机处《早事档》，光绪二十四年八月十九日。又，户部原折又可见"户部为恭录议复岑春煊册报昭信股票事谕旨致军机处咨呈"，《军机录副奏折》03-5617-022。

的谕旨，并有"交议"的交片谕旨5道，命"报效"归入股票的谕旨6道，"依议""知道""存""明白回奏"的旨意10道。此项改革谕旨是由詹事府右中允黄思永催发的。

## 3. 开办京师大学堂及所属译书局、医学堂和上海译书官局（12道）

光绪二十四年正月二十五日（1898年2月15日），光绪帝明发谕旨：

> （14）御史王鹏运奏请开办京师大学堂等语。京师大学堂叠经臣工奏请，准其建立。现在亟需开办。其详细章程著军机大臣会同总理各国事务衙门王、大臣妥筹具奏。(《洋务档》)[1]

先是甲午战败之后，朝野均有建立近代学堂的提议。光绪二十二年五月初二日，刑部左侍郎李端棻上奏要求设立府州县、省、京师三级学堂，光绪帝交总理衙门议复。[2]七月初三日，总理衙门议复奏折提议以官书局为基础扩充为京师大学堂，光绪帝朱批"依议"。[3]八月二十一日，管理官书局大臣孙家鼐上奏，提出了庞大的建设计划，要求初期每月拨银一万两，光绪帝下旨"暂存"。[4]此后虽有多人提出此议，清廷并未做出相关决定。[5]光绪二十四年正月二十五日，御史王鹏运上奏"请力行修

---

[1] 军机处《洋务档》，光绪二十四年正月二十五日。
[2] "刑部左侍郎李端棻请推广学堂折"，北京大学、中国第一历史档案馆编：《京师大学堂档案选编》，北京大学出版社，2001年，第1—6页；光绪帝谕旨见该日《上谕档》。李端棻奏折很可能是梁启超代拟的。
[3] "总理衙门奏复遵议李端棻推广学校条陈折"，《京师大学堂档案选编》，第7—8页。
[4] "工部尚书孙家鼐奏陈遵筹京师建立学堂情形折"，《京师大学堂档案选编》，第12—13页；《上谕档》，光绪二十二年八月二十一日。
[5] 光绪二十二年九月，候补四品京堂盛宣怀入京觐见，上奏自强大计，要求设立学校："……在京师及上海两处各设一达成馆，取成材之士，专学英、法语言文字，专课法律、公法、政治、通商之学，期以三年，均有门径，已通大要。"毕业后充驻外公使的随员，"俟至外洋，俾就学于名师，就试于大学，历练三年"。入馆者"京官取翰林编检、六部司员，外官取候补、候选州县以上道府以下"。(《丛刊·戊戌变法》，第2册，第444—445页) 盛宣怀之意在培养驻外公使及总理衙门官员。光绪二十三年，二品衔（转下页）

省实政折",奉旨"存";又奏"请开办京师大学堂片",光绪帝予以肯定,发出了上引明发谕旨(第14号)。[1]

光绪帝此道谕旨发出后,总理衙门因事务繁杂而迟迟未有议复。四月二十三日(6月11日),光绪帝经慈禧太后批准后下达改革谕旨(即后称"百日维新谕旨",参见本节第6目),其中的具体内容仍是京师大学堂:

> (15)……京师大学堂为各行省之倡,尤应首先举办。著军机大臣、总理各国事务王、大臣会同妥速议奏。所有翰林院编检、各部院司员、大门侍卫、候补候选道府州县以下官、大员子弟、八旗世职、各省武职后裔,其愿入学堂者,均准入学肄习,以期人材辈出,共济时艰。不得敷衍因循,徇私援引,致负朝廷谆谆告诫之至意。(《上谕档》)

该谕旨是军机大臣翁同龢起草的。他正与张謇、黄绍箕等人商议大学堂章程。[2]二十七日,翁同龢突然被罢免(参见本文第三节第2目)。五月初一日,光绪帝召见总理衙门大臣张荫桓,询问大学堂章程一事。[3]五月初八日(6月26日),光绪帝因总理衙门迟迟未能议复大学堂章程,怕京师大学堂之事因翁同龢罢免而不了了之,发下一道措辞严厉的明发谕旨:

---

(接上页)候补道姚文栋提议设立京师大学堂,上有章程。(北京大学校史研究室编:《北京大学史料》,北京大学出版社,1993年,第1卷,第11页)姚曾任驻日公使黎庶昌、驻俄公使洪钧的随员,在日本六年,在欧洲两年,曾调查中缅边界,是当时中国最了解外部事务的官员之一。此外,翰林院编修熊亦奇有《西学课程》(京师创立大学堂条议)、《上书有道》(上孙大臣书稿)(《知新报》第6、7、8册,上海社会科学院出版社影印本,1996年,第1册,第43、50—51、59页)美国传教士李佳白(Gilbert Reid)、狄考文(Calvin Wilson Mateer)亦有办学之条陈。(见《北京大学史料》,第1卷,第11—18页)

[1] 王鹏运请办京师大学堂的附片在档案中尚未检出。
[2] 《翁同龢日记》,第7卷,第3175、3181—3182页;张謇研究中心、南通市图书馆编:《张謇全集》,江苏古籍出版社,1994年,第6卷,《日记》,第409—410页。翁同龢在光绪二十四年四月初一日、二十日、二十五日日记中记录其与张謇的会面,张謇于四月二十五日日记中说明了会见的情况。
[3] 《张荫桓戊戌日记手稿》,第170、176页。

(16）兹当整饬庶务之际，部院各衙门承办事件，首戒因循。前因京师大学堂为各行省之倡，特降谕旨，令军机大臣、总理各国事务王、大臣会同议奏。即著迅速复奏，毋再迟延。其各部院衙门于奉旨交议事件，务当督饬司员，克期议复。倘有仍前玩愒，并不依限复奏，定即从严惩处不贷。（《上谕档》）

十二日，御史李盛铎上奏"京师大学堂谨略拟办法大纲请饬会议折"，光绪帝再命总理衙门议复。[1]

先是光绪二十四年四月十三日，御史杨深秀上奏由康有为代拟的"请筹款译书片"，要求将"泰西、日本各学精要之书，可尽译之"；光绪帝发下交片谕旨"著总理各国事务衙门议奏"。[2] 十八日，御史李盛铎上奏"时务需才请开馆译书片"，光绪帝再命总理衙门"议奏"。[3] 二十五日，翰林院侍读学士徐致靖上奏由康有为参与起草的"谨保维新救时之才请特旨破格委任折"，保举康有为、黄遵宪、谭嗣同、张元济、梁启超五人。光绪帝明发谕旨，命总理衙门对梁启超"察看具奏"。[4]（参见本节第10目，第52号谕旨）五月初十日，总理衙门议复御史杨深秀、李盛铎两片，提议将梁启超在上海设立的大同译书局改为译书官局："每月拟拨给该局译书经费银二千两"，"官督商办，倘经费仍有不敷，准由该局招集股分，以竟其成"。[5] 总理衙门的真实用意是花钱将梁启超请出北京。光绪帝很可能看出此意，当日下旨"依议"，同时又下达了一道很独特的谕旨：

（17）京师大学堂指日开办，亦应设立译书局，以开风气，如何筹款兴办之处，著总理各国事务王、大臣一并筹议具奏。（《洋务档》）

这道谕旨明显有重用梁启超之意。总理衙门即刻转向，于五月十三日出

---

[1] 李盛铎奏折见《京师大学堂档案选编》，第19—23页；光绪帝谕旨见该日《上谕档》。
[2] 杨深秀该片见《康有为变法奏章辑考》，第213—214页；光绪帝谕旨见该日《洋务档》。
[3] 李盛铎该片很可能是康有为代拟的，但李本人有较大的修改，见《康有为变法奏章辑考》，第224—225页；光绪帝谕旨见该日《洋务档》。
[4]《康有为变法奏章辑考》，第230—232页；光绪帝谕旨见该日《上谕档》。
[5]《戊戌变法档案史料》，第448—450页。

奏，对梁启超大加褒奖，并请光绪帝召见。（参见本节第10目）

五月十四日，军机处、总理衙门上奏"筹办大学堂折"，附呈《京师大学堂章程》；同日，总理衙门还上奏"请将大学堂编译局归并梁启超办理片"。[1]"筹办大学堂折"由总理衙门主稿，负责此稿的是张荫桓，最初起稿者很可能是梁启超，所附《大学堂章程》由梁启超起草。[2]光绪帝当日将相关的奏折、章程与附片呈送慈禧太后，并在早朝结束后前往颐和园。[3]第二天，十五日（7月3日），光绪帝经慈禧太后批准后，明发谕旨：

（18）军机大臣会同总理各国事务衙门王、大臣奏，遵旨筹办京师大学堂，并拟详细章程缮单呈览一折。京师大学堂为各行省之倡，必须规模闳远，始足以隆观听而育人才。现据该王、大臣详拟章程，参用泰西学规，纲举目张，尚属周备。即著照所议办理。派孙家鼐管理大学堂事务，办事各员由该大臣慎选奏派。至总教习综司功课，尤须选择学赅中外之士，奏请简派。其分教习各员，亦一体精选，中西并用。所需兴办经费及常年用款，著户部分别筹拨。所有原设官书局及新设之译书局，均著并入大学堂，由管学大臣督率办理。此次设立大学堂为广育人才、讲求时务起见，该大臣务当督饬该教习等，按照奏定课程，认真训迪，日起有功，用副朝廷振兴实学至意。该衙门知道，单并发。（《上谕档》）

光绪帝批准了《京师大学堂章程》，任命协办大学士、吏部尚书、兼管顺

---

[1] 军机处、总理衙门"筹办京师大学堂折"、《京师大学堂章程》，总理衙门上奏"请将大学堂编译局归并梁启超办理片"，见《京师大学堂档案选编》，第23—41页。

[2] 梁启超称：光绪帝"三令五申，诸大臣奉严旨，令速拟章程，咸仓皇不知所出。盖支那向未有学校之举，无成案可稽也。当时军机大臣及总署大臣，咸饬人来属启超代草，梁乃略取日本学规，参以本国情形，草定规则八十余条。至是上之，皇上俞允。"（《戊戌政变记》续修四库本，第214页）总理衙门大臣李鸿章五月二十八日给其子李经方信称：大学堂章程"即樵野倩梁启超捉刀者，内有不可行……"（《李鸿章全集》，第36册，第184页）"樵野"，张荫桓。

[3] 五月十四日军机处给慈禧太后奏片称："本日总理各国事务王、大臣……又会奏筹办京师大学堂并开办详细章程折，单一件，又奏复御史杨深秀等奏请设局译书片，拟请俟发下后，再降谕旨。谨将原折、片、单恭呈慈览。"（见该日《洋务档》）

戊戌年光绪帝改革谕旨研究　283

天府尹事孙家鼐为管理大学堂大臣，并由孙提名总教习人选。孙家鼐曾是光绪帝的汉文师傅，翁同龢被罢免后，光绪帝对孙多有依赖。同日，光绪帝在颐和园召见梁启超，明发谕旨：

> （19）举人梁起[启]超著赏给六品衔，办理译书局事务。（《上谕档》）

梁启超由此掌握两个译书局，一是由上海大同译书局改造的"上海译书官局"，一是新建的"大学堂译书局"。由于戊戌政变很快发生，梁启超管辖的两个译书局都没有正式启动。为叙述之便，本文将之合论。十六日（7月4日），光绪帝再次明发上谕：

> （20）建设大学堂工程事务，著派庆亲王奕劻、礼部尚书许应骙迅速办理。（《上谕档》）

查该日光绪帝在颐和园召见孙家鼐，负责大学堂建设工程事务的人选，很可能是孙提议的。二十五日，总理衙门上奏"京师大学堂刊刻关防片"，光绪帝朱批"依议"。[1]二十九日，管理大学堂大臣孙家鼐上奏"请派许景澄为京师大学堂总教习折""拟保京师大学堂总办、提调、教习各员单""译书局编纂各书宜由管学大臣进呈折"，光绪帝皆下旨"依议"；孙又上奏"请拨官房以迅开大学堂片"，光绪帝交奕劻、许应骙"迅即查照办理"。[2]六月初二日，奕劻、许应骙上奏"地安门内马神庙空闲府第作为大学堂临时开办之所折"，光绪帝交内务府"量为修葺拨用"。[3]十一日，御史宋伯鲁上奏由康有为代拟的"大学堂所办各学开去别项差

---

[1] 总理衙门奏片及光绪帝朱批见《京师大学堂档案选编》，第42页。
[2] 以上孙家鼐上奏各折、片、单，见《京师大学堂档案选编》，第43—47页；光绪帝下发交片谕旨及下旨"依议"情况，见该日《随手登记档》《上谕档》。值得注意的是，孙家鼐上奏"译书局编纂各书宜由管学大臣进呈片"，是针对梁启超的，根据梁启超所拟的《京师大学堂章程》，大学堂译书局的职权极大，孙家鼐收之归其管理；孙家鼐还在该折中攻击康有为的《孔子改制考》，光绪帝另有交片谕旨一道。（参见本节第10日，第55号谕旨）
[3] 奕劻、许应骙奏折见《京师大学堂档案选编》，第48页；光绪帝交片谕旨见该日《上谕档》。

使片",光绪帝交孙家鼐"酌核办理";十七日,孙家鼐驳回宋伯鲁之提议,光绪帝下旨"依议"。[1]

六月十七日（8月4日）,孙家鼐议复"京师设立中学堂、小学堂折"（参见本节第14目）,其中称《京师大学堂章程》"本未周备"。[2]光绪帝明发上谕,命京师五城兴办小学堂,其中亦涉及大学堂:

（21）孙家鼐奏议复五城添立小学堂请饬设法劝办一折……其大学堂章程,仍著孙家鼐条分缕析,迅速妥议具奏。(《上谕档》)

二十二日（8月9日）,孙家鼐根据此谕上奏"筹办大学堂大概情形折",提出了8项条款,基本否定了梁启超所拟《京师大学堂章程》。光绪帝并未察觉其中异处,即予批准,明发谕旨:

（22）孙家鼐奏筹办大学堂大概情形一折。所拟章程八条,大都参酌东西洋各国学校制度暨内外臣工筹议,与前奏拟定办法,间有变通之处,缕晰条分,尚属妥协。造端伊始,不妨博取众长,仍须折衷一是。即著孙家鼐按照所拟各节,认真办理,以专责成。(《洋务档》)[3]

二十九日（8月16日）,孙家鼐代奏梁启超"拟大学堂译书局章程并沥陈开办情形呈"。梁所拟大学堂译书局《章程》十条,与孙家鼐六月二十二日奏折多有抵牾。[4]光绪帝仍没有发现其中的细微差异,明发谕旨:

---

[1] 宋伯鲁之片见《京师大学堂档案选编》,第49—50页;孙家鼐回复之片未从档案中捡出,但可从《随手登记档》知题名因其意;光绪帝谕旨见该日《上谕档》《随手登记档》。
[2] 孙家鼐奏折见《丛刊·戊戌变法》,第2册,第434—435页。
[3] 孙家鼐奏折见《丛刊·戊戌变法》,第2册,第435—437页。光绪帝可能并不知道,这道上谕实际上否定了前引五月十五日明发谕旨（第18号）中关于大学堂章程"即著照所议办理"的旨令。
[4] 梁启超呈见《谕折汇存》,光绪二十四年七月初一日;又见夏晓虹辑:《饮冰室合集集外文》,上册,第42—44页。

（23）孙家鼐奏举人梁启超恭拟译书局章程并沥陈开办情形据呈代奏一折。译书局事务，前经派令梁启超办理。现在京师设立大学堂，为各国观听所系。应需功课书籍，尤应速行编译，以便肄习。该举人所拟章程十条，均尚切实，即著依议行。此事创办伊始，应先为经久之计，必需宽筹经费，方不致草率迁就，致隘规模。现在购置机器及中外书籍，所费不赀，所请开办经费银一万两，尚恐不足以资恢扩。著再加给银一万两，俾得措置裕如。其常年用项亦应宽为核计，著于原定每月经费一千两外，再行增给二千两，以备博选通才，益宏蒐讨。以上各款均由户部即行筹拨。以后自七月初一日起，每月应领经费，并著预先发给，毋稍稽迟。其大学堂及时务官报局，亟应迅速开办。所需经费如有不敷，准由孙家鼐一并随时具奏。至大学堂借拨公所，迭经谕令内务府克日修葺移交，即著赶紧督催，先将办理情形即日复奏。国家昌明政教，不惜多发帑金，该大臣等务当督饬在事人员，认真筹办，务令经费绰有余裕，庶几茂矩闳规，推之弥广，用副朝廷实事求是之至意。（《上谕档》）

光绪帝十分欣赏梁启超，大开方便之门，梁原申请开办经费银1万两，光绪帝另拨银1万两，并将每月经费从银1000两升为3000两。该谕旨还对大学堂的经费、场所和办事人员提出要求，并称经费若有不敷，可以"随时具奏"。该谕旨还涉及康有为主持的"时务官报局"。（参见本节第15目）七月初二日，内务府上奏"马神庙空闲府第改为大学堂修葺大概情形折"，光绪帝下旨："知道了。"[1]初五日，孙家鼐上奏"大学堂设立文案处折"，光绪帝下旨"依议"；又奏"改李盛铎为大学堂总办片"，光绪帝下旨"知道了"。[2]初十日（8月26日），孙家鼐代奏梁启超"拟在上海设立编译学堂并准予学生出身呈"及"书籍报章概准免纳税厘

---

[1] 内务府奏折见《京师大学堂档案选编》，第54—55页；光绪帝谕旨见该日《随手登记档》。
[2] 孙家鼐折、片见《京师大学堂档案选编》，第57—58页；光绪帝谕旨见该日《上谕档》。又，根据孙家鼐五月二十九日的奏议，孙最初提名任命张元济为总办。

呈"[1]，光绪帝明发谕旨：

> （24）孙家鼐奏举人梁启超请设立编译学堂准予学生出身并书籍报纸恳免纳税据呈代奏一折。该举人办理译书局事务，拟就上海设立学堂，自为培养译才起见，如果学业有成，考验属实，准其作为学生出身。至书籍报纸一律免税，均著照所请行，该衙门知道。（《上谕档》）

上海"编译学堂"下属于上海译书官局，说明梁启超有意回上海办理译书事务；光绪帝对梁启超的提议是全力支持。戊戌政变后，梁启超流亡日本，该学堂未办。

七月十四日，孙家鼐上奏"派员赴日本考察学务折"，光绪帝发下交片谕旨："依议。该衙门知道。"[2]十八日，给事中庞鸿书上奏"振兴庶务宜审利害折"，光绪帝命"大学堂章程等语著孙家鼐酌核具奏"。[3]二十四日（8月30日），孙家鼐上奏"议复庞鸿书大学堂章程折"，光绪帝下旨"依议"；又上奏"请设医学堂片"，光绪帝明发谕旨：

> （25）孙家鼐奏请设医学堂等语。医学一门关系至重，亟应另设医学堂，考求中西医理，归大学堂兼辖，以期医学精进。即著孙家鼐详拟办法具奏。（《上谕档》）

其中"考求中西医理"一句，出自孙家鼐的奏片。[4]七月二十九日，孙家鼐上奏"遵议设立医学堂折"（附《医学堂章程》）、"编修朱启勋派充

---

[1] 孙家鼐原折及梁启超呈文，见《谕折汇存》，光绪二十四年七月初十日；梁启超呈文又见于《饮冰室合集集外文》，上册，第48—50页；梁启超书报免税呈文又见于《京师大学堂档案选编》，第58页。
[2] 孙家鼐奏折见《京师大学堂档案选编》，第58—60页；光绪帝谕旨见该日《上谕档》。"该衙门"指总理衙门。
[3] 庞鸿书奏折尚未从档案中检出，光绪帝谕旨见该日《随手登记档》《上谕档》。
[4] 孙家鼐折、片见《京师大学堂档案选编》，第60—62页；光绪帝谕旨见该日《上谕档》。又，孙家鼐对"中学医理"甚精通，翁同龢等同官经常请孙把脉开药；光绪帝在书房有不适之处，孙亦望诊。

医学堂提调片",光绪帝皆下旨"依议"。[1]三十日,光绪帝收到驻日本公使裕庚的奏折,其中有"日本仿照西法设立大学片"(附有两单"日本大学科目""公使馆所设东文学科初学功课"),交孙家鼐"酌核办理"。[2]八月初四日,孙家鼐上奏"议复裕庚奏日本大学堂事宜片",光绪帝下旨"依议"。[3]

戊戌变法期间,京师大学堂是光绪帝最为看重的改革举措,始终紧抓不放。光绪帝共下达有具体改革内容或严加催促的谕旨12道,其中一道属"百日维新谕旨"(四月二十三日,第15号)、一道是新政官员任命(即梁启超,第19号)、一道还涉及中、小学堂(第21号),后文还会引用(参见本节第6、10、14目)。光绪帝命总理衙门、孙家鼐、奕劻等"交议""察核""查照"的交片谕旨8道(包括五月二十九日命孙家鼐传旨让康有为删除孔改制"称王"内容的第55号谕旨,参见本节第10目);另有"依议""知道了"批准旨意13道。此项改革的最初谕旨(第14号)虽由王鹏运所催发,但在大学堂建设过程中,最重要的谕旨(第18、22号)则是梁启超、孙家鼐的贡献。[4]

戊戌政变后,京师大学堂并未裁撤,但生存条件变得困难起来。[5]

## 4."司员考试"(2道)

光绪二十四年正月二十五日(1898年2月15日),光绪帝明发谕旨:

---

[1] 孙家鼐折、片见《京师大学堂档案选编》,第62—64页;光绪帝谕旨见该日《上谕档》。
[2] 裕庚片见《京师大学堂档案选编》,第55—56页,七月初三日是其上奏日期;裕庚清单见《光绪朝夷务始末记稿本》,光绪二十四年七月,台北故宫藏;光绪帝谕旨见该日《上谕档》。
[3] 孙家鼐片见《戊戌变法档案史料》,第309—310页;光绪帝谕旨见该日《上谕档》。
[4] 京师大学堂初建时,最初的章程由梁启超所拟定,康有为亦有意谋求总教习一职,孙家鼐针锋相对,处处相争;然从相关谕旨来看,光绪帝对此似未有清醒的认识。相关的研究,参见拙文:《京师大学堂的初建——论康有为派与孙家鼐派之争》,《北大史学》第13辑,北京大学出版社,2008年;《戊戌变法史事考二集》,第207—283页。
[5] 光绪二十四年八月十一日,慈禧太后以光绪帝的名义明发谕旨,取消了许多改革举措,但保留了大学堂:"大学堂为培植人才之地,除京师及各省会业已次第兴办外,其各府州县议设之小学堂,著该地方官察酌情形,听民自便。"(《上谕档》)

（26）内阁侍读学士荣庆奏请饬培养八旗人才认真考试一折。各衙门司员分理庶政，旗员既须考试，汉员何独不然？当兹时事多艰，欲求干济之才，自不在记诵词章之末。惟讲求时务，明习例案，亦须具有学识，始克疏通证明。嗣后各衙门满汉司员，著各该堂官自行厘定章程，无论何项出身，一体面加考试，并认真训饬，务使究心实学，勉为有用之才，以备朝廷器使。将此通谕知之。（《上谕档》）

内阁侍读学士荣庆是正黄旗蒙古人，更是满、蒙官员中少见的进士出身。当时各部院满、蒙官员因额制较多而补官容易、晋升快速，且大多未经科举。荣庆上奏"培养八旗人才认真考试折"，要求对他们严加要求，注意培养，并进行考试，其内容以传统的圣训、典章类为主，"旁及公法、条约、测算、制造并西国近事、时务报章"。[1]光绪帝对此感到不满，要求各部院司官不分满汉，不分出身，一律加以考试。此时光绪帝已经下达了经济特科、京师大学堂改革谕旨，谕旨中还出现了"时事多艰""不在记诵词章之末""讲求时务""究心实学"等词句，以示司员考试的主要内容。

七月二十四日，翰林院代奏编修赵炳麟条陈。二十七日（9月12日），翰林院侍讲学士瑞洵上奏多道奏折，其中一道为"请考试京官折"。光绪帝当日明发谕旨：

（27）瑞洵奏请考试司员等语。司员贤否为任职授事所关，曾经谕令各部院堂官考试，著即懔遵谕旨，认真试以策论，秉公分别去取。笔帖式亦著一律考试。又编修赵炳麟奏整顿部务，拟令司员逐日到署办事拟稿，藉知司员优劣等语。所言尚属核实，著各部院堂官即行认真整顿。（《上谕档》）[2]

这道谕旨要求各衙门司员考试"策论"，并要求整顿部务。然而，这类由各衙门自行组织举行的"司员考试"的最终情况，我还没有看到更多的

---

〔1〕 荣庆"培养八旗人才认真考试折"，见《军机处录副奏折》03-7210-008。
〔2〕 赵炳麟条陈、瑞洵"请考试京官折"，皆未在档案中捡出。

材料。

以上，光绪帝共发布明发谕旨2道。此项改革谕旨是由内阁侍读学士荣庆所催发的。

## 5. 武科举改制（1道）

光绪二十四年二月二十六日（1898年3月18日），光绪帝明发谕旨：

> （28）前据荣禄、高燮曾、胡燏棻先后奏请设武备特科，酌改章程各折片，当经谕令军机大臣会同兵部议奏。兹据该大臣等分别准驳、详议复奏，并拟定大概章程，开单呈览。朕详加披阅，尚属切实可行。国家设科，武备与文事并重，原期遴拔真才，以备折冲之用。现在风气日新，虽毋庸另设特科，亦应参酌情形，变通旧制。著照该大臣等所议，各直省武乡试自光绪二十六年庚子科为始，会试自光绪二十七年辛丑科为始，童试自下届为始，一律改试枪炮。其默写武经一场，著即行裁去。所有一切未尽事宜暨各省应如何设立武备学堂之处，著该衙门随时奏明办理。现在时局艰难，朝廷厘定章程，专务振兴实学。武场改试枪炮，亦转移风气之一端。嗣后主试王、大臣及各省督、抚、学政尤当加意讲求，认真考核，务在作其忠勇，开其智识，平时则严督功课，校试则秉公去取，毋得奉行日久，又成具文，致负作育人材至意。该部即遵谕行。（《上谕档》）

先是光绪二十三年十二月二十五日，大学士、督办军务处会办大臣、兵部尚书荣禄上奏"请特设武科造就人才片"，光绪帝明发上谕："荣禄奏请设武备特科，参酌中外兵制，造就人才等语，著军机大臣会同兵部议复。"[1] 光绪二十四年正月初六日，给事中高燮曾上奏"请设武备特科折"，光绪帝亦明发谕旨命归入荣禄奏片内"一并议奏"。[2] 正月二十六

---

[1] 参见该日《随手登记档》《上谕档》。荣禄原片未从档案中捡出，其意是仿效"经济特科"而另设"武备特科"。

[2] 高燮曾奏折见《军机处录副奏折》03-5615-002。光绪帝谕旨见该日《上谕档》。

日，顺天府尹胡燏棻上了一折两片，其中提到设立各省学堂，光绪帝明发上谕："胡燏棻奏酌设武科章程，请于各省府厅州县分设学堂教习等语，著军机大臣会同兵部归入荣禄等前奏内一并议奏。"[1]二月二十六日，军机大臣会同兵部上奏"遵议荣禄等奏请设武备特科折"（附章程十条）、"遵议胡燏棻奏酌设武科片"，其意是不再另设特科，而将原武科改制，从原来试射箭举石等各项技艺，改试枪炮，并取消默写"武经七书"一项。然而，按照清朝法律，民间不得私藏枪炮，若武科改试枪炮，须得另有学堂配套。军机大臣会同兵部的议复奏折及章程，对此规定比较模糊。[2]光绪帝根据军机大臣会同兵部的议复奏折，下达上引谕旨（第28号）。

光绪二十四年二月初四日，广西巡抚黄槐森上奏"遵旨裁兵节饷谨陈管见八条折"，其中包括武科改制的内容；光绪帝于三月十五日收到，发下交片谕旨："黄槐森奏武场改试洋枪并考取中式后分别选用等语，著兵部归入变通武科旧制未尽事宜内妥议具奏。"[3]二十八日，兵部上奏"议复武科改设枪炮取中后分别选用折"，称言：

> ……窃惟事关创始，凡一切新章均属未经试办，臣等督饬司员旁搜博采，总期集思广益，方可垂久远而便遵行。各省将军、督、抚、学政等留心时务，于差操考试情形当已熟悉，必能各抒所见，剀切敷陈。应请饬下各省将军、督、抚、学政等，各就见闻所及，详细奏明，并开列各项章程，报部酌办。虽头绪不免纷繁，而厘订稍分次第。臣等俟南北洋大臣将枪炮名目、演放章程报部核定后，先行请旨钦定通行各省，晓谕考生遵照学习。其余一切未尽事宜，容随时咨查酌核，列入详细章程。俟查齐汇定后，再请颁行各省遵照。如此则时日既觉从容，章程益期妥善矣。

---

[1] 胡燏棻上奏一折两片，《随手登记档》记："精练陆军由；片、神机营改用西法操演由；片、各省请设学堂由。"下又注明"学堂一片钞交兵部"，胡燏棻原片未在档案中捡出，但可推测其意是用普遍设立武学堂来补充武备特科之不足。光绪帝谕旨见该日《上谕档》。
[2] 军机处、兵部"遵议荣禄等奏请设武备特科折"（附章程十条）见《军机处录副奏折》03-9446-015、016；又见该日《上谕档》；军机处、兵部"遵议胡燏棻奏酌设武科片"，见该日《上谕档》。
[3] 黄槐森奏折见《军机处录副奏折》03-6144-053；光绪帝谕旨见该日《上谕档》。

光绪帝下旨："依议。"[1]根据光绪帝旨意，兵部咨会各省将军、督抚、学政上报其武科改制的方案，档案中现存上奏武科改制的官员为：署湖广总督谭继洵、陕甘总督陶模、荆州将军祥亨、山西巡抚胡聘之、湖广总督张之洞、云贵总督崧蕃、云南巡抚裕祥、陕西巡抚魏光焘、陕西学政叶尔恺、江西巡抚德寿、安徽巡抚邓华熙、江苏学政瞿鸿禨、成都将军兼署四川总督恭寿、广东学政张百熙、河南巡抚刘树堂、河南学政朱福诜、山东巡抚张汝梅、奉天府丞兼学政贵贤、新疆巡抚饶应祺、两广总督谭钟麟、广州将军保年、广东巡抚许振祎、浙江巡抚廖寿丰、福建学政戴鸿慈、湖南巡抚陈宝箴、广西巡抚黄槐森、闽浙总督边宝泉、湖北学政王同愈、贵州学政傅增淯、黑龙江将军恩泽等。[2]在此期间，六月初五日，

---

[1] 兵部奏折见《军机处录副奏折》03-5615-019；光绪帝谕旨见该日《上谕档》。
[2] 光绪二十四年四月初五日，署湖广总督谭继洵上奏"遵议改试武科章程折"（附清单六条），光绪帝二十二日收到，朱批"兵部议奏，单并发"。（《军机处录副奏折》03-5615-048、049）四月二十日，陕甘总督陶模上奏"变通武科敬陈管见折"，光绪帝五月初三日收到，朱批"著总理各国事务衙门会同兵部妥议具奏"。（《军机处录副奏折》03-5615-053）四月二十五日，荆州将军祥亨上奏"遵旨复议武科改变并陈管见折"（《军机处录副奏折》03-5615-052），光绪帝五月二十三日收到，下旨"留中"。（《随手登记档》）查祥亨奏折，他对武科改制有不同意见。五月初八日，山西巡抚胡聘之上奏"遵议武科改制参酌晋省情形先于省城设立武备学堂折"（附"清单"）（《军机处录副奏折》03-9447-010、03-5615-061），又奏"乡会试由学堂生童择优取中片"（《朱批奏折》04-01-38-0188-030，又见《军机处录副奏折》03-5615-062），光绪帝十七日收到，明发谕旨："胡聘之奏遵议武科改制各条开单呈览一折，另片奏乡会试各请将学堂生童择优取中等语，著兵部会同总理各国事务衙门归入陶模奏请变通武科折内一并议奏。单并发。"（《上谕档》）五月十六日，湖广总督张之洞上奏"变通武科阐明旧制酌拟新章折"，光绪帝六月初一日收到，朱批"著兵部会同总理各国事务衙门议奏"。（《军机处录副奏折》03-9447-059）五月二十四日，云贵总督崧蕃、云南巡抚裕祥联衔上奏"武科改制试枪炮设办法具陈管见折"，光绪帝六月二十四日收到，朱批"兵部议奏"。（《军机处录副奏折》03-5616-012）五月二十四日，陕西巡抚魏光焘、陕西学政叶尔恺联衔上奏"陕西省拟设武备学堂并武科改制定立简明章程折"（附"清单"），魏光焘又奏"请将陕西武乡会试均暂停一届片"，光绪帝六月初七日收到，朱批"该衙门议奏，单、片并发"。（《军机处录副奏折》03-9447-066、067、068）"该衙门"应指总理衙门和兵部，下同。五月二十六日，江西巡抚德寿上奏"变通武科筹款设立武备学堂折"，光绪帝六月二十日收到，朱批"该衙门议奏，单并发"。（《军机处录副奏折》03-9447-047、03-5616-008）原清单档案中未捡出）六月初二日，安徽巡抚邓华熙上奏"遵议武科改试枪炮并设武备学堂筹款等事折"，光绪帝二十日收到，朱批"该衙门议奏"。（《军机处录副奏折》03-9447-061、03-5616-009）六月初二日，江苏学政瞿鸿禨上奏"遵议武科改制章程折"，光绪帝十八日收到，朱批"兵部议奏"。（《军机处录副奏折》03-5616-005）六月初六日，成都（转下页）

总理衙门会同兵部上奏"请电饬各省迅速奏报变通武场所见折",称言:已收到谭继洵、陶模、胡聘之、张之洞等人的奏报和北洋大臣、南洋大臣、盛京将军、西安将军给兵部的咨报,其余各省尚未上奏,要求"电饬各省迅即奏报"。光绪帝发出电旨,命"其余各省著即迅速议复"。[1]

---

（接上页）将军兼署四川总督恭寿上奏"察看四川情形遵议武试改制沥陈利弊折",光绪帝八月初二日收到,朱批"该衙门会议具奏"。(《军机处录副奏折》03-5617-001）六月中旬,广东学政张百熙上奏"敬陈武科改制因时制宜折",光绪帝七月初六日收到,朱批"兵部议奏"。(《军机处录副奏折》03-5616-024）六月十一日,河南巡抚刘树堂上奏"遵议武科改章事宜敬抒管见折",并有附片说明其个人的保留意见,光绪帝二十一日收到,朱批"兵部议奏"。(《军机处录副奏折》03-9448-001、03-5616-011、003）六月十一日,河南学政朱福诜上"遵旨议复改武科章程折",光绪帝二十一日收到,朱批"兵部议奏"。(《军机处录副奏折》03-5616-002）六月十三日,山东巡抚张汝梅上奏"遵议变通武科事宜敬陈管见折",光绪帝二十日收到,朱批"该衙门议奏"。(《军机处录副奏折》03-5616-007）六月十三日,奉天府丞兼学政贵贤上奏"变通武试敬抒管见折",光绪帝二十五日收到,朱批"兵部议奏"。(《朱批奏折》04-01-19-0070-001;《军机处录副奏折》03-5616-014）六月十三日,新疆巡抚饶应祺上奏"遵议武科改章敬陈管见折",光绪帝七月十八日收到,朱批"兵部议奏"。(《军机处录副奏折》03-7202-059）六月十四日,两广总督谭钟麟、广州将军保年、广东巡抚许振祎联衔上奏"遵议武科改试新章折",光绪帝七月初五日收到,朱批"兵部议奏"。(《军机处录副奏折》03-9448-006、03-5616-020）六月十五日,浙江巡抚廖寿丰上奏"变通武科议设学堂遵抒管见折",光绪帝七月初五日收到,朱批"该衙门议奏"。(《军机处录副奏折》03-9448-007、03-5616-021）六月十七日,福建学政戴鸿慈上奏"遵议武场改制胪为八条章程折",光绪帝七月二十日收到,朱批"兵部议奏,单并发"。(《军机处录副奏折》03-9448-011、03-7202-061,清单在档案中未捡出）六月十七日,湖南巡抚陈宝箴上奏"遵议变通武科新章并请交部参酌妥议折",光绪帝七月十二日收到,朱批"兵部议奏"。(《朱批奏折》04-01-38-0176-008;《军机处录副奏折》03-5616-014）六月二十三日,广西巡抚黄槐森上奏"遵议武科章程胪列武童宜编为团丁以便操练约束等六条折",光绪帝于七月二十七日收到,朱批"兵部议奏"。(《军机处录副奏折》03-9448-028、03-5762-009）六月二十四日,闽浙总督边宝泉上奏"遵议变通武科章程敬陈管见折",光绪帝七月二十一日收到,朱批"兵部议奏"。(《军机处录副奏折》03-9448-036、03-5616-035）六月二十四日,湖北学政王同愈上奏"变通武科敬陈管见折",光绪帝七月十七日收到,朱批"兵部议奏"。(《军机处录副奏折》03-7202-057）六月二十四日,贵州学政傅增湘上奏"遵议武科章程敬陈管见事",并附片一件,光绪帝八月十九日收到,朱批"该部议奏,片并发"。(《军机处录副奏折》03-5617-017、03-5364-104）七月初一日,黑龙江将军恩泽上奏"遵旨议复武科章程请将武科并予学堂折",光绪帝十五日收到,朱批"兵部议奏"。(《军机处录副奏折》03-5616-033）

[1] 总理衙门、兵部奏折见《军机处录副奏折》03-9447-064;光绪帝电旨见中国第一历史档案馆编:《清代军机处电报档汇编》,中国人民大学出版社,2005年,第2册,第79页。

除此之外，光绪帝收到湖南举人何镇圭、御史杨福臻、给事中庞鸿书、生员荣绶的上书与奏折，涉及武科改制，光绪帝或明发谕旨或交片谕旨，命兵部或总理衙门与兵部"妥议"。[1] 七月二十七日，总理衙门会同兵部上奏"酌采内外臣工条议武场改制折"；光绪帝明发谕旨："所拟章程尚有未能详备之处，著军机大臣会同总理各国事务衙门、兵部再行分晰条款，详议具奏。"[2] 在戊戌年的改革中，武科改制并设立武备学堂是在督抚疆臣上奏中讨论最为透彻的，光绪帝的谕旨与朱批也很多，然此时离政变已不到 10 天。

九月十八日（11 月 1 日），即戊戌政变一个多月后，军机大臣会同总理衙门、兵部上奏"遵议武科章程折"：武童试仍用旧制；武乡试仍试马箭，参用马步枪；会试殿试专重内场。慈禧太后发出懿旨：

> 武科改试枪炮，原为因时制宜起见，惟科举之设，无非为士子进身之阶，至于训练操防，尤以营伍、学堂为储才之根本。所有武场童试及乡会试，均著仍照旧制，用马步箭刀弓石等项分别考试……

武举改制由此停止了，该懿旨后又称将中式武生、武举人就近挑入武备学堂，以学习枪炮等知识。[3] 又过了两个月，十一月十五日，两江总督

---

[1] 光绪二十四年七月初四日，都察院代奏何镇圭"武试团练并行敬呈章程十条呈"（《军机处录副奏折》03-5616-018、019），光绪帝明发谕旨"著兵部归入变通武科事宜内一并妥议"。初九日，杨福臻上奏"武科章程宜合学堂、营制、科举为一事折"（《军机处录副奏折》03-5616-027），光绪帝明发谕旨"著兵部归入变通武科事宜一并妥议具奏"。十八日，庞鸿书上奏"振兴庶务宜审利弊折"，光绪帝发交片谕旨"内陈改定武科等语，著兵部妥议具奏"。除此之外，司员士民上书还有三件涉及于此：七月二十四日，都察院代奏正红旗满洲文生荣绶条陈，其中涉及武科改制等多项（《军机处录副奏折》03-9452-020；《戊戌变法档案史料》，第 65—70 页）；二十六日，光绪帝发下交片谕旨"著交总理各国事务衙门会同兵部议奏"。二十七日，兵部代奏郎中恩溥条陈，称武乡试改试后膛枪，上有"参预新政"军机四章京签条："所请八旗武试改用气枪，拟请并入谢祖沅条陈，由总理衙门察议后再饬施行。"（《军机处录副奏折》03-9450-028）二十八日，户部代奏候补主事程利川条陈，亦涉及武科改制。（《军机处录副奏折》03-9450-013；《戊戌变法档案史料》，第 234—235 页）以上，光绪帝谕旨皆见该日《上谕档》。
[2] 总理衙门、兵部奏折见《军机处录副奏折》03-9450-025；光绪帝谕旨见该日《上谕档》。
[3] 军机处、总理衙门、兵部奏折见《军机处录副奏折》03-7202-073，并见该日《上谕档》；慈禧太后懿旨亦见该日《上谕档》。

刘坤一上奏"武举武生挑入学堂宜先讲习兵法以备甄取折",指出旧制武科中式的武举、武生不适合直接进入新式武备学堂,委婉提出反对意见;清廷于二十九日收到,明发谕旨予以驳斥"应毋庸议",并命刘坤一"即著恪遵九月十八日所奉懿旨办理,将未经入伍之武举、武生等就近挑入学堂,学习格致、舆地及炮队、马队、工程队,以副实事求是之意"。〔1〕

以上,光绪帝发布明发改革谕旨1道,并有交军机处、兵部"议复"的明发谕旨3道,交军机处、总理衙门、兵部"议复"的明发谕旨1道,交总理衙门、兵部"议复"的交片谕旨1道,交兵部"议复"的交片谕旨2道,交总理衙门、兵部"议奏"的朱批9道,交兵部"议奏"的朱批16道,命各省"迅速议复"的电旨1道;另有慈禧太后取消改革的懿旨1道。此项改革谕旨是由荣禄所催发的。

## 6. "百日维新谕旨"等(5道)

光绪二十四年四月二十三日(1898年6月11日),光绪帝明发谕旨:

(15)数年以来,中外臣工讲求时务,多主变法自强。迩者诏书数下。如开特科、裁冗兵、改武科制度、立大小学堂,皆经再三审定,筹之至熟,甫议施行。惟是风气尚未大开,论说莫衷一是,或托于老成忧国,以为旧章必应墨守,新法必当摈除。众喙哓哓,空言无补。试问今日时局如此,国势如此,若仍以不练之兵,有限之饷,士无实学,工无良师,强弱相形,贫富悬绝,岂真能制梃以挞坚甲利兵乎?朕惟国是不定则号令不行,极其流弊必至门户纷争,互相水火,徒蹈宋、明积习,于时政毫无裨益。即以中国大经大法而论,五帝三王,不相沿袭,譬之冬裘夏葛,势不两存。用特明白宣示,嗣后中外大小诸臣,自王公以及士庶,各宜努力向上,发愤为雄,以圣贤义理之学植其根本,又须博采西学之切于时务者,实力讲求,以救空疏迂谬之弊。专心致志,精益求精,毋徒袭其皮毛,

---

〔1〕 刘坤一奏折见《军机处录副奏折》03-7202-086;朝廷谕旨见该日《上谕档》。

毋竞腾其口说。总期化无用为有用，以成通经济变之才。京师大学堂为各行省之倡，尤应首先举办。著军机大臣、总理各国事务王、大臣会同妥速议奏。所有翰林院编检、各部院司员、大门侍卫、候补候选道府州县以下官、大员子弟、八旗世职、各省武职后裔，其愿入学堂者，均准入学肄习，以期人材辈出，共济时艰。不得敷衍因循，徇私援引，致负朝廷谆谆告诫之至意。(《上谕档》)

这道谕旨吹响了"百日维新"的号角，后被称为"百日维新谕旨"。该谕旨是康有为一派促成的。先是光绪二十四年四月十三日，御史杨深秀上奏由康有为起草的两折四片，其中"请定国是而明赏罚折"，要求光绪帝"明降谕旨，著定国是，宣布维新之意，痛斥守旧之弊"。光绪帝旨命"暂存"，并呈送慈禧太后。[1] 四月二十日，翰林院侍读学士徐致靖上奏由康有为起草的"请明定国是折"，称言"为外侮方深，国是未定，守旧开新，两无所据，请特申乾断，明示从违，以一众心而维时局"。光绪帝旨命"暂存"，并呈送慈禧太后。[2] 四月二十三日，翁同龢在日记中称：

是日上奉慈谕，以前日御史杨深秀、学士徐致靖言国是未定，良是，今宜专讲西学，明白宣示等因，并御书某某官应准入学，圣意坚定。臣对：西法不可不讲，圣贤义理之学尤不可忘。退，拟旨一道，又饬各省督抚保使才、不论官职大小一道。见起六刻，午初二刻始散。[3]

---

[1] 杨深秀奏折见《戊戌变法档案史料》，第1—3页；光绪帝谕旨及进呈慈禧太后情况，见该日《上谕档》。
[2] 徐致靖奏折见《康有为变法奏章辑考》，第227—229页；光绪帝谕旨及进呈慈禧太后情况，见该日《上谕档》。
[3] 《翁同龢日记》，第7卷，第3181—3182页。六月十八日，张元济致沈曾植信称："四月廿三日明定国是之谕，乃两宫同见枢臣，当面指示者。"(《张元济全集》，第2卷书信，商务印书馆，2007年，第225页）同日，光绪帝还颁下一道颇有影响的明发谕旨："方今各国交通，使才为当务之急。著各省督抚于平日所知品学端正，通达时务，不染习气者，无论官职大小，酌保数员，交总理各国事务衙门考验，带领引见，以备朝廷任使。"(《上谕档》) 后来一些官员因此谕旨而被起用。

由此可知该谕旨经过慈禧太后的批准，由翁同龢起草。该谕旨明确了变法维新的基本方向，但真正落到实处，仍是京师大学堂。（参见本节第3目，该旨部分内容前已引用）光绪帝对此道谕旨的意义也很看重。[1]

六月十五日（8月2日），光绪帝明发谕旨：

> （29）朝廷于整饬吏治，不啻三令五申，乃各省大吏往往粉饰因循，于所属各员不肯认真考察，以致贤者无由各尽其长，不肖者得以自匿其短。甚至案关吏议，尚不免巧于开脱，误国病民，皆由于此。著各省督抚嗣后于属员中务当详加考核，贤能者即行胪陈政绩，保荐擢用，其旷废职事、营私舞弊之员，随时分别奏参，立予黜革。经此次申谕之后，各该督抚身膺重寄，尚其振刷精神，秉公举劾，以期吏治日有起色，毋负谆谆诰诫之至意。（《上谕档》）

此是工部主事康有为"上清帝第六书"所催生的系列谕旨之一。先是光绪二十四年正月初康有为向总理衙门递交"第六书"，经过一个多月后，二月十九日总理衙门代奏康有为"第六书"，光绪帝当日发下交片谕旨命总理衙门"妥议具奏"。[2] 由此开始，总理衙门及军机处与光绪帝进行了长达136天的"柔性对抗"。（参见本文第三节第2目）至六月十五日，军机处、总理衙门联衔上奏，驳回康有为在各道设立新政局、各县设立民政局的提议，称言："……窒碍既多，更非政体，此则不便施行者也。惟是近年以来，吏治日敝，地方有司，专以承奉长官为事，而于间阎疾苦，民生利弊，视同秦越，诚有如该主事所谓习气极坏者。应请明降谕旨，令各直省认真考察属员贤否，核实举劾。"[3] 光绪帝因此发布上引明发谕旨（第29号）。该谕旨虽是重申旧制，但在这个时候发布此旨，也有推进地方官员"振刷精神"的作用。

六月二十三日（8月10日），光绪帝明发谕旨：

---

[1] 七月二十七日，光绪帝明发谕旨，再次强调用西法变法，并称："著查照四月二十三日以后所有关乎新政之谕旨，各直省督抚均迅速照录，刊刻誊黄，切实开导。"（参见本节第20目，第122号谕旨）"四月二十三日以后"，当然包括此旨，也说明此旨的意义。
[2] 康有为条陈见《康有为变法奏章辑考》，第133—141页；光绪帝谕旨见该日《上谕档》。
[3] 《戊戌变法档案史料》，第9—11页。

（30）目今时局艰难，欲求自强之策，不得不舍旧图新。前因中外臣工，半多墨守旧章，曾经剀切晓谕，勖以讲求时务，勿蹈宋明积习。谆谆训诫，不啻三令五申。惟是朝廷用意之所在，大小臣工尚恐未尽深悉。现在应办一切要务，造端宏大，条目繁多，不得不采集众长，折衷一是。遇有交议之件，内外诸臣务当周咨博访，详细讨论，毋缘饰经术，附会古义，毋胶执成见，隐便身图。倘面从心违，希冀敷衍塞责，致令朝廷实事求是之意失其本旨，甚非朕所望于诸臣也。总之，无动为大，病在痿痹，积弊太深，诸臣所宜力戒。即如陈宝箴自简任湖南巡抚以来，锐意整顿，即不免指摘纷乘。此等悠悠之口，属在搢绅，倘亦随声附和，则是有意阻挠，不顾大局，必当予以严惩，断难宽贷。至于襄理庶务，需才甚多，上年曾有考试各部院司员之谕。著各该堂官认真考察，果系有用之才，即当据实胪陈，候朕录用。如或阘茸不职，亦当立予参劾，毋令滥竽。当兹时事孔棘，朕惩后毖前，深维穷变通久之义，创办一切，实具万不得已之苦衷。用再明白申谕，尔诸臣其各精白乃心，力除壅蔽，上下以一诚相感，庶国是以定，而治理蒸蒸日上。朕实有厚望焉。（《上谕档》）

这道谕旨是由御史杨深秀奏折所促发的。[1]自光绪二十三年梁启超入长沙主持湖南时务学堂之后，湖南新旧两派由学术纷争而进至政治斗争，湖南籍京官左都御史徐树铭、御史黄均隆亦上奏对湖南新政表示不满。在此之背景下，杨深秀上奏由康有为代拟的奏折进行反击。杨深秀该折虽未在档案中捡出，但从光绪帝的谕旨中可见其大致内容，尤其是"此等悠悠之口，属在搢绅，倘亦随声附和，则是有意阻挠，不顾大局，必当予以严惩，断难宽贷"等语，间接点名湖南绅士叶德辉、王先谦等人，并对巡抚陈宝箴施加了很大的压力。

七月十一日（8月27日），光绪帝发下朱笔亲改的明发谕旨：

---

[1] 杨深秀该折军机章京在《随手登记档》上拟题"请申谕诸臣力除积习由"；而该日军机处给慈禧太后的奏片称："御史杨深秀奏请申谕诸臣力除积习折，奉明发上谕一道"，由此可知此旨由杨深秀奏折而发。（见该日《随手登记档》《上谕档》）

（31）御史王培佑奏变法自强当除蒙蔽痼习一折。现因时事艰难，朝廷振兴庶务，力图自强，尤赖在廷臣工（此上四字朱改为"枢廷及各部院大臣"）共笃荩忱，竭力匡赞（此处朱笔加："以期挽救颓风，庶事可渐臻治理。乃"）诸臣中恪共官守者，固不乏（以上二字朱改为"亦有"）人；而狃于积习、不知振作者，仍所不免（以上四字朱改为"尤难悉数"）。即如部院堂官，本应常川进署，不得无故请假，议奏事件不准延搁逾限，皆经再三训诫，而犹有（此字朱删）阳奉阴违者（此字朱删）。似此蒙蔽因循，国事何所倚赖？用特重加申儆，凡在廷大小臣工，务当振刷精神、共襄治理（以上八字朱改为"洗心革面、力任其难"），于应办各事明定限期，不准稍涉迟玩。如该御史所指各节，有则改之，无则加勉。（以上十六字朱删）倘再因仍痼习（以上六字朱改为"倘仍畏难苟且"），自便身图，经朕觉察，定必严加惩处，勿谓言之不预（以上四字朱笔改为"宽典可屡邀"）也。（《上谕档》）

谕旨一般由军机章京起草，军机大臣修改，皇帝认可后即发出。朱笔为皇帝专用，用朱笔改动的地方即是光绪帝的亲笔，说明了光绪帝对此道谕旨原拟文字的不满，也说明了光绪帝认定该道谕旨的重要性。从朱改的内容来看，明显加重了语气，特别是增加了"枢廷及各部院大臣"，去掉了"有则改之，无则加勉"等字样；前者向官僚集团高层施加压力，后者表明了决不宽容的旨意。（参见本文第三节第4目）王培佑"变法自强当除蒙蔽痼习折"在档案中尚未捡出，但在戊戌政变后，他另上两折，仍存于档案中，观其基本态度是反对康有为的，但倾向于变法。[1]

---

[1] 光绪二十四年八月二十二日，王培佑上奏"奏为请慎简忠鲠廉正临变不渝大臣遍置枢要以遏乱萌而巩丕基折"，称："今日之事，若使左右辅弼罔非正人，虽百康有为亦乌从而进哉。"（《军机处录副奏折》03-9457-070）慈禧太后当日谕旨中称："乃有大逆不道之徒，聚党密谋，辩言乱政。而士大夫中竟有不明大义者，援引匪人，心怀叵测。"九月初一日，王培佑又上奏"奏为惩乱变法宜除新旧成见折"（《军机处录副奏折》03-9458-001），慈禧太后颇为欣赏，下发懿旨："……嗣后内外臣工务当精白乃心，一化新旧之见，凡所建白，但期有裨时局，不得妄意揣摩，甚或挟私攻讦。是非所在，亦自难逃洞鉴也。"（《上谕档》）

七月十四日（8月30日），光绪帝明发谕旨：

> （32）国子监奏候补学正学录黄赞枢条陈时事据呈代奏一折。据称，民生日蹙，宜厚生计，蠹吏横征，宜严考察等语。朝廷整理庶务，无日不以吏治民生为念，重农之外，桑、麻、丝、茶等项，均为民间大利所在，全在官为董劝，庶几各治其业，成效可睹。著各直省督抚督饬地方官各就物土所宜，悉心劝办，以浚利源。亲民之官，莫如牧令，近来仕途冗杂，非严加考察不足以别贪廉。钱粮之浮收，胥吏之肆扰，种种殃民之事，该管上司果能悉心考核，即不肖官吏亦断不至无所忌惮。著各督抚懔遵六月十五日谕旨，于所属州县认真察核。毋令贤否混淆，仍随时秉公举劾，以资惩劝。吏治清则民生自裕，此即封疆大吏之责，无负朕再三申诫焉。（《上谕档》）

这道谕旨是由黄赞枢的条陈所促发的。黄赞枢该条陈在档案中未捡出，但从谕旨中可以看出其大致的内容。光绪帝此旨未经交议，而是直接下达，主要内容是让地方官加强吏治，注重民生，尤其提到了"桑、麻、丝、茶等项"。值得注意的是，光绪帝提到了六月十五日谕旨（第29号），这是对康有为"第六书"的反应。

以上，光绪帝共有明发谕旨5道，内容比较宽泛，其中1道（第15号）的部分内容前文第3目中已引用；另有交片谕旨2道，朱批谕旨1道。[1] 以上5道改革谕旨分别是康有为、杨深秀、徐致靖、王培佑、黄赞枢所催发的。杨深秀、徐致靖属康有为一派。

## 7. 设立商务局、农工商总局、各省农工商分局及其所办事务（13道）

光绪二十四年四月二十四日（1898年6月12日），光绪帝明发谕旨：

---

[1] 除二月十九日光绪帝发下交片谕旨，命总理衙门对康有为"上清帝第六书""妥议具奏"外，另于五月十六日，发下交片谕旨，命总理衙门"另行妥议具奏"；二十五日朱批，命军机处、总理衙门"切实筹议具奏"。（参见本文第三节第2目）

(33）总理各国事务衙门奏，遵议侍郎荣惠奏请特设商务大臣及选派宗支游历各国一折。商务为富强要图，自应及时举办，前经该衙门议，请于各省会设立商务局，公举殷实绅商，派充局董，详定章程。但能实力遵行，自必日有起色。即著各省督抚督率员绅，认真讲求，妥速筹办，总期联络商情，上下一气，毋得虚应故事，并将办理情形迅速具奏……（《上谕档》）

这道上谕分为两部分，前半部分再次强调了各省设立以绅商为局董的商务局，后半部分涉及王公贵族的出国游历。（参见本节第8目）先是在光绪二十一年五月初六日，军机章京陈炽上"请一意振作变法自强呈"，称言："亟宜仿泰西设立商部，于省会、各大埠均立商政局，各县公举公正董事以充之，而总其成于关道。所欲与聚，所恶弗施，有冤抑者，迳由商部上达天听。"[1]同年十一月十七日，御史王鹏运上奏由郑孝胥代拟的"请兴商务折"，要求沿海各省设立商务局，改造招商局。光绪帝交总理衙门"议奏"。[2]十二月二十四日，总理衙门上奏，提出"官为设局，仍听商办"，光绪帝朱批"依议"。[3]光绪二十四年四月初四日，兵部侍郎荣惠上奏"请设商务大臣及选派宗支游历各国折"，要求在各省设立"商务大臣"，专办本省商务矿务。光绪帝发下交片谕旨，命总理衙门"议奏"。[4]四月二十四日，总理衙门议复荣惠奏折，不同意设立省级商务大

---

[1] 孔祥吉：《晚清政治改革家的困境：陈炽〈上清帝万言书〉的发现及其意义》，《晚清史探微》，巴蜀书社，2001年，第151页；原呈见《光绪朝夷务始末记稿本》，光绪二十一年，台北故宫博物院图书文献处藏。

[2] 李学通整理，王鹏运：《〈半塘言事〉选录》，《近代史资料》总65期，中国社会科学出版社，1987年，第65—67页；《郑孝胥日记》，第1册，第534页；光绪帝谕旨见该日《随手登记档》《洋务档》。

[3] 总理衙门议复奏折见《丛刊·戊戌变法》，第2册，第399—402页。总理衙门奏称："拟请饬下各督抚，于省会设立商务局，由各商公举一般实稳练、素有声望之绅商，派充局董，驻局办事。"又，光绪二十一年十二月初二日，翁同龢在日记中称："见起二刻余，先与岘庄见于小屋谈商务，彼欲立商务大臣，邸意不然（是日刘见四刻，并传西苑候见起）。"（《翁同龢日记》，第6卷，第2911页）"岘庄"，刘坤一。由此可见，刘坤一在当日光绪帝召见前，与军机大臣相会于"小屋"，刘坤一要求设立商务大臣，恭亲王奕訢不以为然；未知刘的这一想法是否与光绪帝说过。

[4] 荣惠奏折在档案中未捡出，大体内容可见总理衙门议复奏折；光绪帝谕旨见该日《洋务档》。

臣（官员），再次强调光绪二十一年十二月二十四日奏折提出的方案："夫以官府亲阛阓之事，终多隔膜，各省商务不由官为设局，而听各商公举总董，驻局办事……应请旨饬下各省督抚，查照上年奏案，实力遵行，毋得虚应故事。"[1]光绪帝由此明发谕旨（第33号）。然在当时的政治背景下，各省并未采取有力措施落实该道谕旨，即设立商务局，仍然是"虚应故事"。

据五月二十六日（7月14日）军机处《上谕档》，军机处给慈禧太后奏片称："本月二十四日道员吴懋鼎条陈，当交军机大臣酌拟办法。内各省应设商务局一条，奉明发上谕一道；内工艺应分别举办一条，奉寄信谕旨一道。"[2]吴懋鼎条陈在档案中找不到进呈记录，很可能是新任军机大臣、前直隶总督王文韶代递的。吴懋鼎条陈促发的明发谕旨为：

（34）近来各省商务未见畅兴，皆由官、商不能联络，遇有铺商倒闭，追比涉讼，胥吏需索，以致商贾观望，难期起色。当此整顿商务之际，此种情弊亟宜认真厘别。著各直省将军督抚严饬各该地方官，务须体察商情，尽心保护。凡有倒闭亏空之案，应即讯明查追断还，并严禁胥吏勒索等弊，以儆奸蠹而安善良。（《上谕档》）

吴懋鼎条陈促发的廷寄谕旨，是给直隶总督荣禄的：

（35）振兴商务，为富强至计，必须讲求工艺，设厂制造，始足以保我利权。据王文韶面奏，粤东商人张振勋在烟台创兴酿酒公司，采购洋种葡萄，栽植颇广，数年之后，当可坐收其利。又北洋出口之货，以驼绒、羊毛为大宗，就地购机，仿造呢绒羽毯等物，亦可渐开利源。前经批准道员吴懋鼎在天津筹款兴办等语。著荣禄饬令该员吴懋鼎、张振勋等，即行照案举办。但使制造日精，销路畅旺，

---

[1] 总理衙门议复奏折见《丛刊·戊戌变法》，第2册，第407—409页；档案原件又见《军机处录副奏折》03-9446-035。
[2] 吴懋鼎（1850—1928），早年入上海汇丰银行，后任汇丰银行天津分行买办，并任仁记洋行买办。曾协助直隶总督李鸿章购买军火、建造铁路等事务。光绪二十三年（1897）在天津开办织呢厂。

自可以暗塞漏卮。务令该员等各照认办事宜，切实筹办，以收成效。仍将如何办理情形，由荣禄随时奏报。(《洋务档》)

这两道上谕虽未言及"商务局"，但从军机处的奏片来看，吴懋鼎的条陈提议设立商务局，很可能是官局。光绪帝的两道谕旨都强调了官府的作用。

据六月初七日（7月25日）军机处《随手登记档》，光绪帝"发下康有为条陈折片各一件"，其折是"条陈商务折"。康有为在折中强调了设立商务机构的重要性，特别指出各省"虚应故事"：

……前岁御史王鹏运请开商务局，奉谕旨施行。惟各省督抚，多不通时变，久习因循，故奉旨两年，各省未见举办。顷虽再下明诏，疆臣必仍置若罔闻。窃谓朝廷若不设立商部，乞即以总理各国事务衙门领之。令各省皆设立商务局，皆直隶总理衙门，由商人公举殷实谙练之才数人办理，或仿照广东爱育堂商董轮办章程办理。

康有为提议在上海试办，并保举沈善登、谢家福、经元善、严作霖、龙泽厚五人。[1]光绪帝显然为之打动，未交相关衙门议复，直接发出廷寄谕旨给两江总督刘坤一、湖广总督张之洞：

（36）振兴商务，为目前切要之图，叠经谕令各省认真整顿，而办理尚无头绪。泰西各国首重商学，是以商务勃兴，称雄海外。中国地大物博，百货浩穰，果能就地取材，讲求制造，自可以暗塞漏卮，不致利归外溢。著刘坤一、张之洞，拣派通达商务明白公正之员绅，试办商务局事宜。先就沿海沿江，如上海、汉口一带，查明各该省所出物产，设厂兴工，果使制造精良，自能销路畅旺，日起

---

[1]《康有为变法奏章辑考》，第303—307页。查《杰士上书汇录》，署日期为六月初五日。该上书似由军机大臣廖寿恒代为呈递。康有为另一片，现在还查不清楚，《杰士上书汇录》中不存。该日《随手登记档》在该条下面还有小字说明："见面带下，缮旨，复存堂。初十日复递上。"其意是：军机大臣见面时带下，缮写谕旨，然后存在军机处堂上。七月初十日，由军机大臣再递给皇上。

有功。应如何设立商学、商报、商会各端,暨某省所出之物产,某货所宜之制造,并著饬令切实讲求。务使利源日辟,不令货弃于地,以期逐渐推广,驯致富强。事属创办,总以得人为先,该督等慎选有人,即著将拟定办法迅速奏闻,毋稍迟缓。(《洋务档》)

当时中国的通商口岸,以上海、天津、汉口三口最为重要。光绪帝前已发旨给荣禄,此次除了上海之外,又增加了汉口。谕旨的内容也大多采自康的上书,商务局更具官方的色彩。湖广总督张之洞、两江总督刘坤一先后电奏,报告办理商务局的人选及进展情况,张之洞还要求调江苏候补道程仪洛来汉口"筹办"。[1] 七月二十日(9月5日),光绪帝发电旨给张之洞等人:

(37)张之洞电悉。该督遵设汉口商务局,办理迅速,筹画周详,深堪嘉尚。江苏候补道程仪洛著刘坤一、廖寿丰饬令速赴湖北,交张之洞差遣委用。[2]

前文已叙,先是总理衙门代奏康有为"上清帝第六书",康提议在中央设立"十二局",内有"农商局""工务局"。六月十五日(8月2日),军机处、总理衙门大臣议复"第六书",对此婉言驳回:"曰'农商',二十一年十二月奉旨设立商务局,本年五月奉旨令刘坤一查各国农学章程颁行";"曰'工务',前经户部议复给事中褚成博奏请将制造各局,招商承办,行令各省斟酌办理,迄今尚无成议。本年五月奉旨:士民制造新器新艺等,准给奖专利,应令地方官切实劝谕。此则应行推广者也"。[3] 据此,光绪帝虽没有设立新机构,仍明发谕旨:

---

[1] 张之洞于七月十八日发出电奏,委派王秉恩、程仪洛"会同总理汉口商务局"。(《张之洞全集》,第4册,第470—471页)刘坤一于七月二十一日发出电奏,委派张謇、刘世珩"经理"上海商务总局,"并派江西候补道恽祖祁、江苏候补道蒯光典,分办江南、皖北商务"。(中国科学院历史研究所第三所主编:《刘坤一遗集》,中华书局,1959年,第3册,第1413页;《清代军机处电报档汇编》,第20册,第178—181页)八月初八日,张之洞上奏"办理湖北商务局情形折"。(《戊戌变法档案史料》,第423—426页)
[2] 《清代军机处电报档汇编》,第2册,第90页。
[3] 《戊戌变法档案史料》,第10—11页。

（38）通商惠工务材训农，古之善政，方今力图富强，业经明谕各省，振兴农政，奖励工艺，并派大臣督办沿江等处商务。惟中国地大物博，非开通风气，不足以尽地力而辟利源。图治之法，以农为体，以工商为用。现当整饬庶务之际。著各直省督抚认真劝导绅民，兼采中西各法，讲求利弊。有能创制新法者，必当立予优奖。该督抚等务当仰体朝廷开物成务之意，各就该管地方考察情形，所有颁行农学章程，及制造新器新艺，专利给奖，并设立商务局，先派员绅开办各节，皆当实力推广，俾有成效。此外迭经明降谕旨饬办事宜，亦均悉心讲求，次第兴办。毋得徒托空言一奏塞责。并将各项如何办理情形随时具奏。（《上谕档》）

这道谕旨强调了先前的若干政令，其中关于"专利给奖"的内容，后将详述（参见本节第12目）。

七月初五日（8月21日），总理衙门代奏康有为"请开农学堂地质局以兴农殖民折"，提议"查古者有大农官，唐、宋有劝农使，外国皆有农商部，可否立农商局于京师，而立分局于各省，以统率之"。[1]康的提议再次打动了光绪帝，未交总理衙门或军机处"议复"，直接明发谕旨：

（39）总理各国事务衙门代递工部主事康有为条陈，请兴农殖民以富国本一折。训农通商为立国大端。前经叠谕各省整顿农务、工务、商务，以冀开辟利源。各处办理如何，现尚未据奏报。万宝之原皆出于地，地利日辟则物产日阜，即商务亦可日渐扩充。是训农又为通商惠工之本。中国向本重农，惟尚无专董其事者以为倡导，不足以鼓舞振兴。著即于京师设立农工商总局，派直隶霸昌道端方、直隶候补道徐建寅、吴懋鼎为督理。端方著开去霸昌道缺，同徐建寅、吴懋鼎均赏给三品卿衔，一切事件准其随时具奏。其各省府州县皆立农务学堂，广开农会，刊农报，购农器，由绅富之有田业者试办，以为之率。其工学、商学各事宜，亦著一体认真举办，统归督办农工商总局大臣随时考察。各直省即由

---

[1]《康有为变法奏章辑考》，第342页。

该督抚设立分局，遴派通达时务公正廉明之绅士二三员，总司其事。所有各局开办日期及派出办理之员，并著先行电奏。此事创办之始，必须官民一气，实力实心，方可渐收成效。端方等及各该督抚等，务当仰体朝廷率作兴事之至意，考求新法，精益求精，庶几农业兴而生殖日蕃，商业盛而流通益广，于以植富强之基。朕有厚望焉。(《上谕档》)

康有为前次"上清帝第六书"提出设立"农商局""工务局"被驳，光绪帝此次直接下令建立兼理农、工、商三务的总局，并命各省设立分局，行动极其果断，且点明该道谕旨出自康有为的建策。七月初七日（8月23日），光绪帝发电旨给福州将军兼船政大臣增祺：

（40）徐建寅现已赏给三品卿衔，督理农工商总局，著增祺迅即遴员接办船政提调，传知该员赶紧交卸，起程来京，勿稍延缓。[1]

七月十三日（8月29日），詹事府少詹事王锡蕃上奏"请饬各省设立商会片"，光绪帝再次明发上谕：

（41）少詹事王锡蕃奏请饬各省设立商会，于上海设总商会等语。现在讲求商务，业于京师设立农工商总局，并谕令刘坤一、张之洞先就上海、汉口试办商务局，拟定办法奏闻。现尚未据奏到。商会即商务之一端，著刘坤一等归案迅速妥筹具奏。其沿江沿海商贾辐辏之区，应由各该督抚一体查明办理。所有一切开办事宜，并著总理各国事务王、大臣咨商各督抚，详订章程妥为筹办。(《上谕档》)

该道谕旨将商会作为商务局工作"之一端"，命刘坤一、张之洞"归案迅速妥筹具奏"，并命沿江沿海各督抚"查明办理"，而详细章程又交给总

---

[1]《清代军机处电报档汇编》，第2册，第87页。

理衙门"妥为筹办"。[1]七月十五日（8月31日），督理农工商总局大臣端方、吴懋鼎上奏"开办农工商总局折""请颁总局关防片"[2]，光绪帝明发谕旨：

> （42）本日督理农工商事务总局端方等具奏开办农工商总局一折。农工商总局开办伊始，务宜规模宽敞，足敷展布。其经费亦须宽为筹备，方可以持久远。著端方等认真筹办，随时奏闻。另片奏请饬铸造关防等语，著依议。(《上谕档》)

光绪帝在办公场所与经费上予以支持。七月十九日，农工商总局上奏"试办农务先将筹议设农务中学折""请饬将詹事府旧署一所拨充农工商总局公署片""请饬户部速筹经费折""请调员差遣片"，共两折两片，光绪帝下旨"依议"。[3]

根据光绪帝各省"设立分局"的明发谕旨（第39号），从现存档案中可以看到，直隶、广东、安徽先后设立了农工商分局或总局。[4]

农工商总局正式开办后，给事中庞鸿书、内阁中书王景沂、工部主事汪赞伦、户部主事程式谷、主事王凤文、主事宁述俞、刑部主事杨增

---

[1] 王锡蕃奏片在档案中尚未捡出，光绪帝谕旨亦未查出是否用电报发出。但当时许多报纸因民用电报而刊出明发谕旨，不知七月十八日张之洞电奏、二十一日刘坤一电奏与此谕旨有无关联。

[2] 端方、吴懋鼎奏折见《军机处录副奏折》03-9448-061。该折称："暂先租赁民房一所，于十六日开办。"

[3] "试办农务先将筹议设农务中学折""请饬将詹事府旧署一所拨充农工商总局公署片""请饬户部速筹经费折"三折片，分见《军机处录副奏折》03-9449-016、017、018；其中要求"开办经费银一万两，并每月拨给局用经费一千两"。"请调员差遣片"在档案中未捡出。光绪帝谕旨见该日《上谕档》。

[4] 光绪二十四年七月十三日，直隶总督荣禄电奏直隶设立农工商分局的情况；二十一日，荣禄上奏"设立直省农工商分局筹办情形折"，光绪帝二十四日收到，朱批"农工商总局知道"。(《军机处录副奏折》03-9449-040、064)十一月十八日，两广总督谭钟麟上奏"遵旨设立农工商总局振兴诸务片"，光绪帝十二月十三日收到，朱批："知道了。仍著认真讲求，日辟利源，毋得有名无实。"(《军机处录副奏折》03-5617-042)十一月十八日，安徽巡抚邓华熙上奏"遵饬开办商务分别设立总局并安省绅商设煤炭公司折"，光绪帝十二月十九日收到，朱批："该衙门知道。"(《军机处录副奏折》03-9644-081)广东、安徽两局皆设立于戊戌政变之后，与八月二十二日慈禧太后懿旨亦有关系。(后将详述)

挙、刑部郎中孔照鋆、福建举人张如翰、南书房翰林徐琪、侍读学士李殿林先后上奏或代呈条陈，光绪帝大多交之议复。[1]其中，七月二十二日户部代奏主事王凤文、主事宁述俞条陈[2]，二十三日（9月8日）光绪帝明发两道上谕：

（43）户部奏代递主事王凤文请设工赈厂一折。以工代赈，实救荒之良法。中国办理荒政，旧有此条，而泰西推行尤广。所有修造工程、各项手艺皆足为养赡穷民之用。国家偶遇灾荒，赈施动拨巨款，而在事人员办理不善，侵渔冒领，弊窦百出，灾黎转不得均沾实惠。若以工代赈，则弊杜而工业可兴。近来江苏、湖北、山东等省偏灾，屡告饥民转徙流离，朕心深为轸念。王凤文所请不无可采。著农工商务总局端方等妥议开办章程，迅速具奏。（《上谕档》）

（44）户部奏代递主事宁述俞条陈一折。广兴机器，为制造货物之权舆。现在开办农工商总局，并饬各省概设分局，振拓庶务，应

---

[1] 光绪二十四年七月十八日，给事中庞鸿书上折"振兴庶务宜审利弊折"，光绪帝发下交片谕旨："振兴农务，劝课种植，推广工艺，商务设局各条，著端方、徐建寅、吴懋鼎酌核具奏。"二十日，内阁代奏中书王景沂条陈两件，其中一件关于农工商事宜（《军机处录副奏折》03-9449-035），光绪帝命"端方等妥速议奏"。二十一日，工部折代递主事汪赟伦条陈，光绪帝下旨："主事汪赟伦奏请兴畿辅水利一折，著端方等斟酌情形妥速议奏。"二十二日，户部代奏主事程式谷条陈，光绪帝下旨："户部奏代主事程式谷请推广农学、农报、以兴农政，据呈代奏一折，著端方等妥议具奏。"二十四日，刑部代奏主事杨增荦、郎中孔照鋆条陈，光绪帝二十七日下旨两道："刑部主事杨增荦条陈农政利弊一折，著农工商总局议奏。""刑部代奏郎中孔照鋆奏请兴办广东商务一折，著农工商总局传询察看议奏。"二十六日，都察院代奏福建举人张如翰上书请设立农学特科（《戊戌变法档案史料》，第289—290页），光绪帝二十八日明发上谕："都察院代奏举人张如翰呈请设农学科等语，著礼部会同孙家鼐、端方等议奏。"八月初五日，南书房翰林徐琪上奏"请广磁务以开利源折"（《军机录副奏折》03-9455-003），光绪帝下旨："著农工商总局酌核办理。"初六日，翰林院侍读学士李殿林上奏"请用机器纺丝、棉折"（《军机处录副奏折》03-9456-003），光绪帝下旨："著农工商总局酌核办理。"以上，光绪帝谕旨见各该日《上谕档》，奏折或条陈未注明出处者，在档案或文献中尚未捡出。

[2] 王凤文"请广设工赈厂折"，见《军机处录副奏折》03-9449-052；宁述俞"理财裕国以图自强折"，见《军机处录副奏折》03-9449-046。

用各项机器至多。著各督抚极力裁节冗费，筹备的款，妥议速设局所，分别制造，以扩利源而资民用。(《洋务档》)

对于农工商总局的议复奏折，光绪帝皆下旨"依议"。[1]其中，七月二十八日（9月13日），农工商总局上奏"遵议主事程式谷条陈扩广农会农报事宜咨行各省劝立农学支会折""遵议中书王景沂条陈农工商事宜折""各省于产丝茶处所广兴学报学会推广种植制造法折"，光绪帝发给各省督抚廷寄上谕：

> （45）督理农工商总局事务端方等奏，遵议中书王景沂条陈农工商事宜、主事程式谷条陈推广农会农报事宜并端方等筹办丝茶情形各折。农务为中国大利根本，业经谕令各行省开设分局，实力劝办。惟种植一切，必须参用西法，购买机器，聘订西师，非重资历不能猝办。至多设支会，广刊农表，亦讲求农学之要端，应于省会地方筹款试办，逐渐推行，广为开导。或借官款倡始，或劝富民集资，总期地无余利，方足以收实效。著各直省督抚饬属各就地方情形，妥筹兴办，毋得视为迂图，以重农政。至丝茶为商务大宗，近来中国利权多为外人所夺，而丝茶衰旺，总以种植、制造、行销三者为要领，并宜分设公司，仿用西法，广置机器，推广种植、制造，以利行销。并著产茶产丝各省督抚妥定章程，实力筹办，以保利源。并将开办情形，随时具奏。端方等三折，均著钞给阅看。(《上谕档》)[2]

---

[1]光绪二十四年七月二十四日，端方、吴懋鼎上奏"遵议给事中庞鸿书条陈并详细复陈农工商务折"(《军机处录副奏折》03-9449-058)，光绪帝下旨"依议"。同日，端方、吴懋鼎上奏"遵议主事汪赞伦条陈畿辅水利情形折"(《军机处录副奏折》03-9449-057)，光绪帝下旨"依议"。光绪帝谕旨见该日《上谕档》。

[2]《上谕档》该谕旨之后有小字的记录："二十八日发直隶，二十九日发湖广、两广、浙江、两江，三十日发陕甘、山东、山西、陕西、河南，八月初一日发江西、江苏、新疆、四川，初二日发奉天、吉林、黑龙江、湖南，初三日发云南、贵州、福建、广东。"农工商总局所上"遵议主事程式谷条陈扩广农会农报事宜具陈咨行各省劝立农学支会折""遵议中书王景沂条陈农工商事宜折""各省于产丝茶处所广兴学报学会推广种植制造法折"三折，见《军机处录副奏折》03-9451-001、002、003。

除此之外，农工商总局另有自己的折片，光绪帝也有相应的谕旨。[1]

戊戌政变发生后，慈禧太后对新设立的农工商总局并没有立即采取措施。八月二十日，慈禧太后命军机大臣口传谕旨："农工商事宜何者有利，何者有弊，办理有无把握？著端方条举以闻。"二十三日，农工商总局大臣端方上奏"遵旨条议农工商事宜胪陈此局应否裁并情形折""请撤总局片"，称言："惟事须责之地方，政宜授之督抚。京师立局，仅能考查，不能承办，居中遥制，未必有补事机。"[2]同日，农工商总局大臣吴懋鼎上奏"为开办织绒厂已有端绪赴天津经理折""织绒机器请免税片"，要求"月杪前赴天津经理织绒公司"。[3]也恰在同日，御史王鹏运上奏"特参吴懋鼎出身微贱滥厕九列请予罢斥片"，慈禧太后下令："吴懋鼎著撤销三品卿衔，勿庸管理农工商总局事务。"[4]二十四日（10月9日），慈禧太后根据端方的意见，下令撤销农工商总局：

> 至富强之术，固当讲求，惟必须地方官认真举办，方不至有名无实。所有农工商诸务亟宜实力整顿，惟总局设在京城，文牍往还，事多隔膜，一切未能灵通。仍应责成各督抚在省设局，分门别类，详切考核，庶有实际。著直隶总督遴派妥员督率办理，以为各省之倡，京城现设之局，著即裁撤。（《上谕档》）

---

[1] 光绪二十四年七月二十四日，端方、吴懋鼎上奏"请用机器铸造铜钱银元以维圜法折"（《军机处录副奏折》03-9534-064），光绪帝下旨："端方等奏请用机器铸造铜钱银元等语，著总理各国事务王、大臣归入刘庆汾条陈内一并议奏。"同日，端方、吴懋鼎代奏中书宋廷模条陈、从九品王子麒条陈。二十八日，端方、吴懋鼎代奏工部主事金蓉镜条陈，光绪帝下旨"御史宋伯鲁奏京城道路请仿西法修筑等语，又农工商总局代奏主事金蓉镜条陈街道沟渠办法一折，著总理各国事务衙门一并妥议具奏"。同日，端方单衔上奏保举降调翰林院编修梁鼎芬、前内阁中书王闿运、陕西候补道升允、渭南县知县樊增祥（《军机处录副奏折》03-5363-123），光绪帝电寄陕西巡抚魏光焘谕旨："陕西候补道升允、渭南县知县樊增祥，著魏光焘传知该二员，迅即来京，预备召见。"（《清代军机处电报档汇编》，第2册，第94页）以上，光绪帝谕旨见各该日《随手登记档》《上谕档》。
[2] 慈禧太后口谕见端方"遵旨条议农工商事宜胪陈此局应否裁并情形折"（《军机处录副奏折》03-9457-076）；端方上奏情况见该日《随手登记档》。端方附片在档案中未捡出。
[3] 吴懋鼎上奏情况见该日《随手登记档》。吴懋鼎"为开办织绒厂已有端绪赴天津经理折"，见《军机处录副奏折》03-7120-030，附片在档案中未捡出。
[4] 王鹏运附片见《军机处录副奏折》03-9457-075；谕旨见该日《上谕档》。

以上，光绪帝发布改革谕旨13道，另有交总理衙门"议复"的交片谕旨1道，交农工商总局"议复"的交片谕旨7道，交礼部、孙家鼐、端方等"议复"的明发上谕1道，"依议"谕旨7道；另有慈禧太后撤销农工商总局的懿旨1道。[1]此项改革最初的谕旨（第33号）虽由侍郎荣惠所催生，但最重要的谕旨（第36、38、39号）却是由康有为所催生的。

最后还需注意农务中学等项之设，这是光绪帝七月初五日谕旨（第39号）所要求的"各省府州县皆立农务学堂"。七月二十九日，两江总督刘坤一上奏"拟于江宁设立农务学堂片"，说明在江宁（南京）设立农务学堂，并在上海将农学报馆改为农学总会，并准备设立工、商、矿各学堂，派张謇办理此事。该片到御前时，已是八月十二日，政变后的第六天，光绪帝仅朱批"览"字，没有表达更多的意见。[2]光绪二十四年十二月十九日，刘坤一再上"上海、金陵等处筹办农工商各学情形片"，光绪帝收到时已是光绪二十五年正月十五日，朱批："知道了。著即督饬在事各员认真举办，以收实效。"[3]

## 8. 游历与游学（3道）

光绪二十四年四月二十四日（1898年6月12日），光绪帝明发谕旨：

> （33）总理各国事务衙门奏，遵议侍郎荣惠奏请特设商务大臣及选派宗支游历各国一折……至选派宗室王公游历各国，亦系开通风气、因时制宜之举，著宗人府察看该王公贝勒等，如有留心时事、志趣向上者，切实保荐，听候简派。（《上谕档》）

先是四月初四日，兵部侍郎荣惠上奏"请设商务大臣及选派宗支游历各国折"，光绪帝命总理衙门"议奏"。（参见本节第7）十三日，御史杨

---

[1] 交农工商总局"议复"的折片7件，农工商总局在政变前议复两件。农工商总局上奏的折片，有两件光绪帝交总理衙门"议复"。
[2] 《朱批奏折》04-01-38-0188-039；收到日期见该日《随手登记档》。
[3] 《朱批奏折》04-01-38-0188-045；收到日期见该日《随手登记档》。

深秀上奏多道折片，其中有"请派近支王公游历片""请议游学日本章程片"，光绪帝命总理衙门将前片"归入荣惠前奏一并议奏"，并命总理衙门"议奏"后片。[1]四月二十四日，总理衙门上奏"遵旨议奏折"，未同意设立商务大臣，而对派近支王公游历一事，予以极大的支持。[2]光绪帝发出上引谕旨（第33号），前半部分为各省商务局，后半部分为宗室贵族游历。然而，该谕旨涉及游历的部分未经慈禧太后同意，三天后，即二十七日，光绪帝奉慈禧太后之命，罢免翁同龢，又明发谕旨：

> 昨经降旨，令宗人府保荐王公贝勒等选派游历。因思近支王、贝勒等职分较尊，朕当亲行察看，毋庸保荐。其公以下及闲散宗室内，如有志趣远大、才具优长者，著宗人府随时保奏。（《上谕档》）

这是对四月二十四日谕旨（第33号）的极大修正，光绪帝后未派亲王与贝勒出洋游历，宗人府也未保奏公以下宗室。五月十四日，总理衙门上奏"议复杨深秀奏请定游学日本章程片"，光绪帝朱批"依议"。[3]杨深秀与总理衙门皆指出，日本驻华公使矢野文雄提出免费接收中国留学生；然矢野文雄的提议仅是其个人意见，未获日本政府授权，后受到日本政府指责。[4]杨深秀提出派"举贡生监之聪敏有才、年未三十已通中学者"，总理衙门议复奏折提出粗通日本文之学生，而当时新式学堂甚少，通日本文的学生更少。

前文已叙，先是总理衙门代奏康有为"上清帝第六书"，康提议在中央设立"十二局"，内有"游历局"。六月十五日（8月2日），军机处、总理衙门大臣议复"第六书"，对此婉言驳回："曰游历，向来总理各国

---

[1] 荣惠"请设商务大臣及选派宗支游历各国折"，在档案中未检出；杨深秀"请派近支王公游历片""请议游学日本章程片"，见《戊戌变法档案史料》，第248—249页。光绪帝交片谕旨见该日《上谕档》。
[2] 总理衙门"遵旨议奏折"，见《军机处录副奏折》03-9446-035。
[3] 总理衙门奏折见《丛刊·戊戌变法》，第2册，第409—410页；朱批见该日《随手登记档》。
[4] 参见川崎真美：《驻清公使矢野文雄的提案及其后续发展：派遣清末留学生的契机》，大里浩秋、孙安石主编：《近现代中日留学生史研究新动态》，上海人民出版社，2014年。

事务衙门及南北洋大臣均派学生出洋肄业，总理各国事务衙门亦曾考选各部司员出洋游历，本年四月奉旨，令宗人府保奏王公以下及闲散宗室出洋游历。以上各节，已经举办者也。"[1]据此，光绪帝虽未设立新机构，仍发给总理衙门交片谕旨，鼓励游学：

> （46）现在讲求新学，风气大开，惟百闻不如一见，自以派人出洋游学为要。至游学之国，西洋不如东洋，诚以路近费省、文字相近、易于通晓，且一切西书，均经日本择要翻译，刊有定本，何患不事半功倍。或由日本再赴西洋游学，以期考证精确，益臻美备。前经总理衙门奏称，拟妥定章程，将同文馆东文学生酌派数人，并咨南北洋、两广、两湖、闽浙各督抚，就现设学堂遴选学生，咨报总理衙门，陆续派往。著即拟定章程，妥速具奏；一面咨催各该省迅即选定学生，开具衔名，陆续咨送；并咨询各部院，如有讲求时务愿往游学人员，出具切实考语，一并咨送。均毋延缓。（《上谕档》）

"前经总理衙门奏称"指五月十四日"议复杨深秀奏请定游学日本章程片"，重点游学的国家是日本。七月初二日（8月18日），光绪帝发电旨给各省督抚：

> （47）日本政府允将该国大学堂、中学堂章程，酌行变通，俾中国学生易于附学，一切从优相待，以期造就。著各省督抚就学堂中挑选聪颖学生，有志上进，略谙东文、英文者，酌定人数，克日电咨总署核办。[2]

该电旨将原先的南北洋、两广、两湖、闽浙，扩大到全国各省，并有督促催办之意。

---

[1]《戊戌变法档案史料》，第10页。又，康有为"上清帝第六书"提出："游历局，掌派人游学外国，一法一艺，宜得其详，其有愿游学者报焉。"（《康有为变法奏章辑考》，第139页）

[2]《清代军机处电报档汇编》，第2册，第84页。

七月二十一日，总理衙门代奏前驻秘鲁参赞、直隶知县谢希傅条陈，要求"驻洋使臣宜多带学生"，光绪帝交总理衙门"速议奏明"。[1]二十四日，刑部代奏候补笔帖式奎彰条陈，提出"京员游历宜定新章"，并自请去日本学习，要求补助银640两。[2]二十七日，光绪帝交孙家鼐，命其"察看具奏"。二十八日，总理衙门代奏章京霍翔条陈，要求推广游学章程，令有财力家族资送子弟；八月初二日，光绪帝命总理衙门"妥议具奏"。[3]二十五日，总理衙门上奏"议复谢希傅奏使臣多带学生折""议复霍翔推广游学章程折"，皆作同意之语，光绪帝亦朱批"依议"。[4]二十六日，孙家鼐上奏"笔帖式奎彰毋庸派往出洋片"，光绪帝下旨"依议"。[5]

需要说明的是，派学生留洋学习或派官游历，清朝先前已有大的举措——留美学童和留英、法船政学生等，光绪十三年（1887）更是派出了游历使，前往欧美、日本和南美——但一直未列为国策，派出时也无周密计划。张之洞的《劝学篇》中亦有"游学第二"。戊戌年光绪帝改革谕旨强调了两点，一是王公贵族，二是留学日本。前者未实行，后者浙江、湖北已有实际行动，尽管规模很小。戊戌政变后，关于游历和游学的谕旨并未取消，到了清末新政时期，留学日本汇成巨大的浪潮。

以上，光绪帝共发布明发、电寄谕旨3道；并有命总理衙门"议复"的交片谕旨4道，命孙家鼐"议复"的交片谕旨1道，批准总理衙门和孙家鼐议复奏折的朱批或交片"依议"谕旨3道。另有变更改革举措的明发谕旨1道。此项改革谕旨虽以荣惠为最初的推手（第33号），然真正起作用的是康有为、杨深秀（第46号）。

---

[1] 谢希傅条陈在档案中未捡出，光绪帝谕旨见该日《上谕档》。
[2] 奎彰条陈见《戊戌变法档案史料》，第53—54页。奎彰另有一片，称刑部堂官挠其上书，光绪帝对此处理意见，参见本节第20目。
[3] 霍翔条陈见《戊戌变法档案史料》，第292—294页；光绪帝谕旨见八月初二日《上谕档》。
[4] 总理衙门"议复谢希傅奏使臣多带学生折""议复霍翔推广游学章程折"，见《军机处录副奏折》03-9444-018、03-9457-077。
[5] 孙家鼐"笔帖式奎彰毋庸派往出洋片"在档案中未捡出；上奏时间及光绪帝谕旨见该日《随手登记档》《上谕档》。

## 9. 觐见礼仪改革（3道）

光绪二十四年四月二十七日（1898年6月15日），光绪帝发下朱笔交片谕旨：

> （48）著总理各国事务衙门将各国君、后、宗藩及特派头等公使来华，于皇太后及朕前接见款待礼节，务须参酌中西体制，详定章程，从优接待。一俟议妥奏准后，即行照会各国驻京公使，并分电出使各国大臣，令其一体知悉。（《洋务档》）

自乾隆五十八年（1793）英国马戛尔尼使华起，觐见礼节一直是中外交往中的难题。光绪二十年十月十五日（1894年11月12日），中日甲午战争最激烈之时，光绪帝在皇宫文华殿接见美、俄、英、法、西班牙、比利时、瑞典等国驻华公使，并用满语亲致答词。此次礼仪改革，光绪帝是主导者。光绪二十四年初，德国皇帝威廉二世之弟亨利亲王（Prince Heinrich of Prussia）来华，总理衙门为相关礼仪与德国驻华公使频频交涉，光绪帝多次表明其开明态度。闰三月二十五日（1898年5月15日），光绪帝在颐和园玉澜堂接受亨利亲王觐见，站立受礼，让亨利亲王坐下，并两次与之握手。这些皆是觐见礼仪的重大改革。与此同时，俄国驻华代理公使、法国新任驻华公使觐见时，光绪帝亦有主动的改革。[1] 此时光绪帝未经军机处拟旨，主动发下朱谕（第48号），指明"参酌中西体制"改革觐见礼仪，标志着光绪帝对外观念的变化。五月十三日，总理衙门上奏"遵议各国君后等来华礼仪折"：各国君、后礼仪，称"临时要酌，请旨遵行"；各国宗藩（即亲王、公主、王子等）礼仪，称"仍照此次接待（德国亲王）礼节，无庸另议"；头等公使（即西方外交体制中的"大使"）礼仪，称"拟请皇上立受国书"。除头等公使

---

[1] 相关的研究，参见拙文：《公使驻京本末》，《近代的尺度：两次鸦片战争军事与外交》（增订本），生活·读书·新知三联书店，2011年，第174—252页；《戊戌变法期间光绪帝对外观念的调适》，《历史研究》2002年第6期；《戊戌变法史事考初集》，第413—462页；本书第四篇《论张荫桓》第六节。

觐见时皇帝立受国书外,其余各条,均是对现行制度的确认。[1]总理衙门虽然奉旨制礼,但受儒家礼教观念的影响,并无大的改变。光绪帝朱批"依议"。[2]

值得注意的是,总理衙门"遵议各国君后等来华礼仪折"还提出建立"宫馆"(国宾馆),以接待来华的各国君、后、亲王。[3]五月十九日,光绪帝发下给总理衙门的交片谕旨:

> (49)各国君、后、宗藩等来京,宜设专馆以示优待之礼。已故镇国公荣毓府第,规模地段均属相宜。著派奕劻、李鸿章前往查看估修。其应如何办理之处,即行奏明请旨。(《洋务档》)

荣毓是清初名王裕亲王福全之后,府第位于崇文门内东交民巷台基厂,时称"荣公府",规模较大。为了安置荣毓的后人,七月二十八日,光绪帝发下给内务府的交片谕旨:

> (50)前经降旨,将镇国公荣毓府第改为迎宾馆,现在亟须兴修。即著内务府由官房租库酌拨官房一所,给荣毓家属迁居,以便要工速行修理。(《上谕档》)[4]

荣毓后人镇国公魁璋后被安置在宝禅寺胡同原内务府广储司银库员外郎庆宽没收入官的住宅。[5]然而,清朝的国宾馆后来仍未建成。庚子事变

---

[1] 总理衙门"遵议各国君后等来华礼仪折",《军机处录副奏折》03-9444-017。
[2] 见该日《随手登记档》。根据当时政务处理原则,涉及慈禧太后的规定须另呈太后。当日军机处将总理衙门该折呈送慈禧太后,并称"俟发下后再行传旨'依议'"。慈禧太后第二天发下此折,军机处传旨"依议"。(《洋务档》光绪二十四年五月十三日、十四日)
[3] 当时北京尚无近代意义的宾馆。各省进京会试的举人大多住会馆。李鸿章进京后,长期住贤良寺,张之洞临时进京,拟租住静默寺,袁世凯临时进京,住法华寺,即当时北京的"庙寓"。
[4] 光绪帝此日召见庆亲王奕劻,下达此旨很可能根据奕劻的当面请求。
[5] 光绪二十四年八月初二日,内务府上奏"拨给荣毓家属官房折",并有附单两件:"庆宽住房""玉铭住房";光绪帝发下交片谕旨:"著将宝禅寺胡同查抄庆宽入官住房一所给与该镇国公家属迁居。"(见该日《随手登记档》《上谕档》)荣毓后人魁璋住处,后被称为"魁公府"。宝禅寺胡同,今称宝产胡同。

316　戊戌变法史事考三集

后，荣公府之地被纳入奥匈帝国公使馆。

光绪帝主动提议的觐见礼仪改革，因总理衙门诸大臣受限于儒家观念而未获实际进展。庚子事变后，清朝被迫签订《辛丑条约》，列强将觐见礼仪强行西方化。清朝再蒙屈辱。[1]

以上，光绪帝共发布交片谕旨3道，并有"依议"谕旨1道，同意内务府上奏内容的交片谕旨1道。此项改革谕旨是光绪帝主动发出的。

## 10. 任命、维护新政官员与黜免守旧官员（17道）

光绪二十四年四月二十八日（1898年6月16日），光绪帝发下交片谕旨给工部、总理衙门：

（**51**）工部主事康有为著在总理各国事务衙门章京上行走。（《上谕档》）

先是光绪二十三年十一月十九日给事中高燮曾上奏"保举康有为入弭兵会片"，光绪帝命总理衙门"酌核办理"。[2] 光绪二十四年二月十九日，总理衙门奏称派康有为入弭兵会一事"应毋庸议"，并代奏康有为"上清帝第六书"。[3] 四月二十五日（6月13日），翰林院侍读学士徐致靖上奏"谨保维新救时之才请特旨破格委任折"，保举康有为、黄遵宪、谭嗣同、张元济、梁启超五人。该折称康有为"并世人才，实罕其比"，请光绪帝"置诸左右，以备顾问"。[4] 光绪帝明发谕旨：

（**52**）翰林院侍读学士徐致靖奏保举通达时务人材一折。工部主事康有为、刑部主事张元济，均著于本月二十八日预备召见。湖南

---

[1] 《辛丑各国和约》附件十九规定：觐见的地点为宫内乾清宫，外国使节乘轿至乾清门前，国书须由皇帝亲手接收，宴会须皇帝亲自入席。（《中外旧约章汇编》，第1册，第1023—1024页）
[2] 高燮曾片见《军机处录副奏折》03-5617-051；光绪帝谕旨见该日《上谕档》。
[3] 总理衙门奏折及康有为"上清帝第六书"，见《康有为变法奏章辑考》，第133—144页。
[4] 《康有为变法奏章辑考》，第230—232页。光绪帝谕旨见该日《上谕档》。

> 盐法长宝道黄遵宪、江苏候补知府谭嗣同著该督抚送部引见。广东举人梁启超著总理各国事务衙门察看具奏。(《上谕档》)

召见下级官员，以往多用"交片"，即军机处和当事人知道；而光绪帝却采用"明发"，刊于《邸报》，京城官场皆可得到明确的信息。光绪帝正是通过这种方式来宣示其政治倾向性，后来又多用之。四月二十八日，光绪帝在颐和园仁寿殿召见康有为，发下上引交片谕旨（第51号）。这是光绪帝唯一一次与康有为的见面。从当时的仕途来看，康有为由工部候补主事入值总理衙门章京，属超擢；但康本人却不这么看，认为自己应当担任更高的职位，特别是能够主持"制度局"。康未到总理衙门就职。

五月初二日，御史宋伯鲁、杨深秀上奏由康有为代拟的"礼臣阻挠新政请予罢斥折"，弹劾礼部尚书、总理衙门大臣许应骙：

> 礼部为文学之官，关系极为重大，国家学校贡举之制，多由核议。皇上既深惟穷变通久之义，为鼓舞人才起见，特开经济特科岁举两途，以广登进，而许应骙庸妄狂悖，腹诽朝旨，在礼部堂上倡言经济科之无益，务欲裁减其额，使得之极难，就之者寡，然后其心始快。此外，见有诏书关乎开新下礼部议者，其多方阻挠，亦大率类是。接见门生后辈，辄痛诋西学；遇有通达时务之士，则疾之如仇……伏请皇上天威特振，可否将礼部尚书许应骙，以三四品京堂降调，退出总理衙门行走……

光绪帝明发谕旨："御史宋伯鲁、杨深秀奏礼臣守旧迂谬阻挠新政一折，著许应骙按照所参各节，明白回奏。"[1] 光绪帝此处再用"明发"而不是"交片"，以显示其倾向性。两天后，五月初四日（6月22日），许应骙上奏"遵旨明白回奏折"，全面驳斥宋、杨的指责，对"遇有通达时务人士"一节，许称言：

> 该御史谓臣仇视通达时务之士，似指工部主事康有为而言。盖

---

[1]《戊戌变法档案史料》，第5—6页。

康有为与臣同乡，稔知其少即无行，迨通籍旋里，屡次构讼，为众论所不容。始行晋京，意图侥幸，终日联络台谏，夤缘要津，托词西学，以耸观听。即臣寓所，已干谒再三，臣鄙其为人，概予谢绝。嗣又在臣省会馆私行立会，聚众至二百余人，臣恐其滋事，复为禁止，此臣修怨于康有为之所由来也。比者饬令入对，即以大用自负，向乡人扬言，及奉旨充总理衙门章京，不无觖望。因臣在总署，有堂属之分，亟思中伤，捏造浮辞，讽言官弹劾，势所不免……今康有为逞厥横议，广通声气，袭西报之陈说，轻中朝之典章，其建言既不可行，其居心尤不可问，若非罢斥驱逐回籍，将久居总署，必刺探机密，漏言生事；长住京邸，必勾结朋党，快意排挤，摇惑人心，混淆国事，关系非浅。臣疾恶如仇，诚有如该御史所言者。[1]

许应骙作为当时的重臣，明言指责康有为，按照通常的处理方式，光绪帝应下旨派员查明，或命康"明白回奏"；但光绪帝却将此事压了下去，明发谕旨：

（53）许应骙奏遵旨明白回奏一折。该尚书被参各节，既据逐一陈明，并无阻挠等情，即著毋庸置议。礼部有总司贡举学校之责，总理衙门办理交涉事件，均关紧要。该尚书嗣后遇事，务当益加勉励，与各堂官和衷商榷，用副委任。(《上谕档》)

光绪帝明显地选边站，没有去追究康有为、宋伯鲁、杨深秀；"务当益加"的嘉辞之下，也流露出些许不满。

五月十五日（7月3日），光绪帝明发谕旨：

（19）举人梁启超著赏给六品衔，办理译书局事务。(《上谕档》)

前文已叙，徐致靖于四月二十五日保举康有为等五人，对梁启超称言：

---

〔1〕许应骙奏折见《军机处录副奏折》03-9447-009。该折多有抄录，流传较广。《翼教丛编》以"许筠庵尚书明白回奏折"刊刻，见该书上海书店出版社，第26—28页。

"若蒙皇上召置左右，以备论思，与讲新政，或置诸大学堂，令之课士，或开译书局，令之译书，必能措施裕如，成效甚神速。"光绪帝命总理衙门"察看具奏"（第52号）。五月十三日，总理衙门上奏，对梁启超大加褒奖，并请光绪帝召见。[1]（参见本节第3目）五月十五日，光绪帝在颐和园仁寿殿召见梁启超，当日发下上引明发谕旨（第19号）。对于一名举人，亲加召见，钦命其职，且用明发，当属格外看重。

五月二十日（7月8日），光绪帝明发谕旨：

> （54）御史文悌奏言官党庇诬罔荧听请旨饬查一折。据称，御史宋伯鲁、杨深秀前参许应骙，显有党庇荧听情事，恐启台谏改击之风等语。该御史所奏难保非受人唆使。向来台谏结党攻讦，各立门户，最为恶习。该御史既称为整肃台规起见，何以躬自蹈此。文悌不胜御史之任，著回原衙门行走。（《上谕档》）

文悌，满洲正黄旗人，同治三年补户部笔帖式，后升主事、员外郎、郎中，光绪十二年放河南归德知府，守制后回任户部员外郎。光绪二十三年十二月改任御史。文悌自称与康有为交往，由前大学士、户部尚书阎敬铭之子阎迺竹介绍。文、康初交甚友善，康亦为文代拟奏折。[2] 五月二十日，文悌上奏"参御史宋伯鲁等党庇诬罔折"，揭露宋伯鲁、杨深秀上奏"礼臣阻挠新政请予罢斥折"是由康有为所策划，列举康种种罪状，声称手中掌有物证。[3] 文悌此折似有朝中高官暗中运作，按照通常的处理方式，须将康有为、宋伯鲁、杨深秀查办。光绪帝收到此折后，十分犹豫。《上谕档》录有两份军机处给慈禧太后的奏片：第一件称"御史文

---

[1] 《戊戌变法档案史料》，第160页。该片称："该举人梁启超，志趣远大，学问淹通，尚属究心时务"；"该举人平昔所著述，贯通中西之学，体用兼备，洵为有用之才。拟恳恩施酌予京秩，以资观感。并可否特赐召对之处，出自圣裁。"

[2] 光绪二十四年三月初一日文悌上奏"敬陈管见折"（《军机处录副奏折》03-5615-015），初五日上奏"请拒俄联英折"（《康有为变法奏章辑考》，第437—440页），闰三月二十七日上奏"参云贵总督崧蕃折"（同上书，第192—199页），皆由康有为起草，文悌上奏前有所修改。

[3] 文悌该折又称"严劾康有为折"，见《翼教丛编》，上海书店出版社，第28—35页。

悌奏言官党庇诬罔折，面奉谕旨'存，候酌核'"；第二件称"御史文悌奏言官党庇诬罔折，奉明发谕旨一道"。由此可见，光绪帝最初方案只是将文悌奏折"存"，以后再"酌核"；最终决定却是直接驳回，明发谕旨，让文悌仍回户部任员外郎。光绪帝接连驳回许应骙、文悌，发出两道明发谕旨（第53、54号），公开维护康有为，旨意十分明确。

五月二十九日（7月17日），光绪帝交下交片谕旨给管学大臣孙家鼐：

> （55）交管理大学堂事务、协办大学士、尚书孙，本日贵协办大学士具奏：主事康有为所著孔子改制一书，凡有关孔子改制考称王字样，宜亟令删除等语，军机大臣面奉谕旨："著孙家鼐传知康有为遵照。钦此。"相应传知贵协办大学士钦遵可也。（《上谕档》）

这是一道非常奇特的交片谕旨，我在此处将之引全，以能说明交片谕旨之全貌。先是五月初四日，总理衙门代奏康有为的条陈两件及其著作《孔子改制考》。[1] 此时光绪帝召见康有为未久，康欲通过上书、进呈书籍来影响光绪帝的思想。五月二十九日，管理大学堂大臣孙家鼐上奏"请将冯桂芬所著《校邠庐抗议》印行折"（参见本节第16目）；同日还上奏两折两片一单，内容涉及京师大学堂（参见本节第3目）；其中"译书局编译各书宜由管学大臣进呈并请禁止悖谬之书折"，要求削减梁启超编译教科书的权力，严厉攻击康有为"孔子改制称王"论：

> ……《孔子改制考》第八卷中孔子制法称王一篇，杂引谶纬之书，影响附会，必证实孔子改制称王而后已。言《春秋》即作，周统遂亡，此时王者即是孔子。无论孔子至圣，断无此僭乱之心。即使后人有此推尊，亦何必以此事反复征引教化天下乎？方今圣人在上，奋发有为，康有为必欲以衰周之事行之今时，窃恐以此为教，

---

[1] 康有为两件上书是"恭谢天恩请御门誓众开制度局以统筹大局折""请商定教案法律厘正科举文体听天下乡邑增设文庙并呈《孔子改制考》折"，见《康有为变法奏章辑考》，第251—262页；《孔子改制考》为21卷，康有为仅进呈其中的9卷。相关的研究，参见拙文：《康有为与"真奏议"》，《近代史研究》2009年第3期。

人人存改制之心,人人谓素王可作,是学堂之设,本以教育人才,而转以盅惑民志,是导天下于乱也。履霜坚冰,臣窃惧之。皇上命臣节制各省学堂,一旦犯上作乱之人即起于学堂之中,臣何能当此重咎?臣以为康有为书中凡有关孔子改制称王字样,宜明降谕旨亟令删除,实于风俗人心大有关系。[1]

在许应骙、文悌在政治上未能攻倒康有为之后,孙家鼐以帝师之尊,从学术上批责康有为,且提升到"犯上作乱"的高度。孙家鼐当然知道康已进呈此书,仍要求光绪帝明发谕旨令康删改《孔子改制考》中的词句。光绪帝仍是低调处理,仅发下交片谕旨,命孙家鼐"传知"(第55号)。五月二十七日,湖南巡抚陈宝箴上奏"请厘正学术造就人才折",要求光绪帝命康有为将《孔子改制考》板本"自行销毁"。[2]六月十八日(8月5日),光绪帝收到此折,再次下发交片谕旨给孙家鼐:

(56)交管理大学堂大臣孙家鼐,军机大臣面奉谕旨:"谭继洵奏请变通学校科举、陈宝箴奏请厘正学术各一折,著孙家鼐于明日寅刻赴军机处,详细阅看,拟具说帖呈进。钦此。"相应传知贵大臣钦遵可也。(《上谕档》)

这也是非常奇特的交片谕旨,光绪帝没有将陈宝箴的奏折发给或抄给孙家鼐,而是让他到军机处"详细阅看"。孙家鼐由此而上呈说帖,措辞严于陈宝箴:

臣谨将康有为书中最为悖谬之语,节录于后,请皇上留心阅看……臣观湖广总督张之洞著有《劝学篇》,书中所论皆与康有为之书相反,盖深恐康有为之书煽惑人心,欲救而正之,其用心亦良苦矣。皇上下诏褒扬,士大夫捧读诏书,无不称颂圣明者……今陈宝

---

[1] 孙家鼐该折见《京师大学堂档案选编》,第45—47页。
[2] 汪叔子等编:《陈宝箴集》,中华书局,2003年,上册,第777—781页,上奏日期据《随手登记档》陈宝箴同日上奏的其他奏折而确定。

箴请将康有为《孔子改制考》一书销毁，理合依陈宝箴所奏，将全书一律销毁，以定民志而遏乱萌。[1]

孙家鼐明言张之洞的《劝学篇》与康有为思想之对立，并开列"最为悖谬之语"，要求"将全书一律销毁"。孙的这份说帖进呈日期在档案中未见记录，应是当面交给光绪帝的。查《光绪二十四年京官召见单》，六月二十一日、七月初五日光绪帝两次召见孙家鼐，孙的说帖最早于六月二十一日、最晚于七月初五日上呈，光绪帝却没有相应的谕旨下发。七月二十七日，都察院代奏湖南举人曾廉"应诏陈言折"和"陈康有为、梁启超罪状片"，列出康有为、梁启超的多项罪名，光绪帝仍没有发下任何谕旨，也未将之呈送慈禧太后。[2]没有谕旨，更说明旨意明朗，光绪帝决心维护康有为、梁启超。

前引五月二十九日交片谕旨（第55号）由孙家鼐传知康有为后，康并没有"遵照"。七月初五日（8月21日），光绪帝通过总理衙门传旨给康有为：

（57）著赏康有为银二千两，以为编书津贴之费等因。

这道谕旨未见于任何档案，录之康有为给光绪帝的上书，应属光绪帝的口谕。总理衙门还派章京李岳瑞送来赏银。康有为已先后进呈《俄彼得变政记》《日本变政考》《泰西新史揽要》《列国变通兴盛记》《孔子改制考》《光绪二十三年列国政要比较表》《波兰分灭记》等书，光绪帝通过赏银表示其赞赏之意。七月十三日，康有为通过军机大臣廖寿恒代递

---

[1] 孔家鼐的说帖见《翼教丛编》，第38—39页。孙家鼐称："臣谨将康有为书中最为悖谬之语，节录于后，请皇上留心阅看。其书有云：异哉王义之不明也。贯三才之谓王，天下归往谓之王；天下不归往，民皆散而去之，谓之匹夫。又云：以势力把持其民，谓之霸，残贼民者，谓之民贼。夫王不王，专视民之聚散向背，非谓其黄屋左纛，威权无上也。又云：今中国四万万人，执民权者二十余朝，问人归往孔子乎，抑归往嬴政、杨广乎？又云：天下义礼制度皆从孔子，皆不归往嬴政、杨广，而归往大成之殿。有归往之实，即有王之实，乃其固然。又云：于素王则攻其僭悖，于民贼则许以贯三才之名，何其舛哉。"

[2] 曾廉折片见《丛刊·戊戌变法》，第2册，第489—503页。

"恭谢天恩并陈编纂群书以助变法折",称:"即如《孔子改制考》一书,臣别有苦心,诸臣多有未能达此意者";又称:"此书由石印而非刻板","于下次再印时改正"。康在折中还要求光绪帝降旨将《孔子改制考》易名《孔子变法考》,以能获得"御名"。[1] 光绪帝对康有为的提议,也未作出反应。这一方面是康的条陈是由廖寿恒代递的,军机处未登录,光绪帝下旨会有技术上的难度;另一方面光绪帝此期推崇的学术思想与政治思想仍是冯桂芬《校邠庐抗议》和张之洞《劝学篇》(参见本节第16目),对康有为"孔子改制说"没有表现出兴趣。

六月初一日(7月19日),光绪帝明发谕旨:

(58)陈学棻著来京供职,浙江学政著唐景崇去。(《上谕档》)

陈学棻时任户部侍郎,外放为浙江学政。五月二十九日,光绪帝收到陈学棻一折一片,该片为"命题参用四子六经廿三史片",称言:

> 恭读上谕:著自下科为始,乡会试及生童岁科各试,向用四书文者,一律改试策论……自制义取士以来,父师以是教,子弟以是率。一旦猝改,子弟无所师承,士心为之涣散……近日民情浮动,借端生事,不一而足。若使此等无业之士簧鼓煽惑,下愚之民摇动附和,势必酿为不测之祸。盖改试之成就人才、挽回气运者,关系诚大而远,而浮言之变乱黑白、摇惑人心者,祸患实隐而深也。臣愚以为此后命题宜饬部臣妥议章程,于贵州学政臣严修所请经济特科内政、邦交、理财、经武、格致、考工之外,仍参用四子六经廿三史,分别先后。仍禁不准引用近时书名人名,以崇体制而杜一切标榜攻讦之弊窦……[2]

这段言论明显反对五月初五日谕旨(第67号,参见本节第11目),自然

---

[1] 康有为该条陈见《康有为变法奏章辑考》,第349—355页。康有为进呈书籍中,《俄彼得变政记》《日本变政考》《孔子改制考》《波兰分灭记》为自著。

[2] 陈学棻该片见《军机处录副奏折》03-5617-076。

为光绪帝不喜。两天后，六月初一日，光绪帝经慈禧太后同意后，发出召回陈学棻的明发谕旨（第58号）。[1]

七月初五日（8月21日），光绪帝发下交片谕旨给总理衙门：

（59）江苏补用知府刘庆汾著在总理各国事务衙门章京上行走。（《洋务档》）

先是江苏巡抚奎俊奉旨保举使才志钧、刘庆汾，其中对刘庆汾评价称："盐运使衔改留江苏补用知府刘庆汾，光绪初年随使日本，充当翻译、参赞，在洋十余年，凡东洋语言文字、政治风俗，皆考求精确，洞达渊源。于各国形势政教亦素留心考察。"光绪帝于六月初一日收到，发出电旨，命两员"迅速来京，预备召见"。[2] 七月初四日，光绪帝召见刘庆汾，次日发出上引谕旨（第59号）。

七月十九日（9月4日），光绪帝明发朱谕：

（60）吏部奏遵议礼部尚书怀塔布等处分一折。朕近来屡次降旨，戒谕群臣，令其破除积习，共矢公忠，并以部院司员及士民有上书言事者，均不得稍有阻格。原期明目达聪，不妨刍荛兼采，并借此可觇中国人之才识。各部院大臣均宜共体朕心，遵照办理。乃不料礼部尚书怀塔布等竟敢首先抗违，借口于献可替否，将该部主事王照条陈一再驳斥。经该主事面斥其显违诏旨，始不得已勉强代

---

[1] 浙江是文风昌盛的省份，清朝大多派侍郎等高官为学政，而高官之安排须经过慈禧太后。按照光绪帝的日程，他于五月三十日去颐和园，六月初一日的上谕，当经过慈禧太后的批准。又查军机处《随手登记档》记："递侍郎以下名单。朱圈发下，随事缴进"。《上谕档》中又有该名单，光绪帝圈出唐景崇。唐景崇时任礼部右侍郎，恰此次外放，躲过七月十九日之劫。（后将详述，并参见本节第20目，第60号谕旨）

[2] 奎俊该折于五月十五日发，见《军机处录副奏折》03-5362-001；电旨见该日《随手登记档》《电寄档》。又，刘庆汾，贵州遵义县附生，光绪七年由驻日本公使黎庶昌调充东文学堂学生，十一年任公使馆翻译，十二年任长崎理事署翻译兼帮办文案，十四年使馆翻译兼箱馆、新潟副理事官，二十年因甲午战争随公使回国。在日本十三年，经历黎庶昌、徐承祖、李经方、汪凤藻四任公使。此后办理苏州开埠等事务。他是江苏处理外交事务的主要官员。（《总理衙门清档·请奖南洋办理洋务各员》01-30-01-01，台北"中研院"近代史研究所档案馆藏）

奏。似此故为抑格,岂以朕之谕旨为不足遵耶?若不予以严惩,无以儆戒将来。礼部尚书怀塔布、许应骙,左侍郎堃岫,署左侍郎徐会沣,右侍郎溥颋,署右侍郎曾广汉均著即行革职。至该主事王照不畏强御,勇猛可嘉,著赏给三品顶戴,以四品京堂候补,用昭激励。(《上谕档》)

朱谕即皇帝朱笔亲写,是谕旨中的最高等级,军机处或任何人都不得擅改一字。先是礼部主事王照要求代奏其条陈,为该部堂官所阻。光绪帝闻之大怒,将礼部各堂官"交部议处"。七月十九日,吏部上奏议复礼部怀塔布、许应骙等堂官处分"例,议以降三级调用"。[1] 光绪帝对吏部议复结果十分不满,不待军机处拟旨,朱笔亲写将礼部六堂官全部革职的明发朱谕(第60号)。王照本是正六品的主事,升至三品衔四品候补京堂,有直接上奏权,是"百日维新"期间获得超擢的小臣。(参见本节第20目)次日,七月二十日(9月5日),光绪帝再次明发谕旨:

(61)礼部尚书著裕禄、李端棻署理,礼部左侍郎著寿耆、王锡蕃署理,礼部右侍郎萨廉、徐致靖署理。(《上谕档》)

裕禄作为新任军机大臣、原无本职官位算是安排,寿耆由内阁学士升任,萨廉由裁缺通政司通政使升任,王锡蕃由裁缺詹事府少詹事升任[2];值得注意的是,仓场侍郎李端棻和翰林院侍读学士徐致靖为康有为一派的重要成员,且是官位最高者,此次皆获升任。更须注意的是,光绪帝七月十九日、二十日皆在皇宫,二十一日办事后去颐和园,罢免礼部六堂官和任命署理官员皆未经过慈禧太后的同意,属光绪帝的"乾纲独断"。七月二十二日,光绪帝明发谕旨:

---

[1] 吏部该折见《军机处录副奏折》03-5363-068。
[2] 自七月十日裁撤京内各衙门后(参见本节第23目,第125号谕旨),光绪帝比较注意安排裁缺官员的任职,除萨廉、王锡蕃外,七月二十二日,光绪明发谕旨:"李培元著补授吏部右侍郎,刘恩溥著补授仓场侍郎,曾广銮著补授都察院左副都御史。"(《上谕档》)李培元原为通政司副使,刘恩溥原为太仆寺卿,曾广銮原为通政使司参议。三人皆因机构裁撤而丢官,也因机构裁撤而升官。

（62）裕禄、李端棻著补授礼部尚书，阔普通武著补授礼部左侍郎，萨廉著补授礼部右侍郎。（《上谕档》）

这道谕旨应经过慈禧太后批准，寿耆改为阔普通武，而王锡蕃、徐致靖未获实授，属原任官缺者出差，仍为署任。[1]慈禧太后表面上默认了光绪帝"擅权"的行动。（参见本文第三节第5目）

七月二十日（9月5日），光绪帝明发谕旨：

（63）内阁候补侍读杨锐、刑部候补主事刘光第、内阁候补中书林旭、江苏候补知府谭嗣同，均著赏加四品卿衔，在军机章京上行走，参预新政事宜。（《上谕档》）

至七月中旬，军机处的工作已经极其繁重，亟须调入新人来充实。而光绪帝先前命各级大员保举人才，并分批召见之。七月二十日，军机处递"保举业经召见人员的名单"，共为五人："内阁候补侍读杨锐、刑部候补主事刘光第、内阁候补中书林旭、江西候补道恽祖祁、江苏候补同知谭嗣同。"光绪帝圈出杨、刘、林、谭四人，并明发上引谕旨（第63号）。杨锐、刘光第由湖南巡抚陈宝箴所保，林旭由詹事府少詹事王锡蕃所保，谭嗣同先后由翰林院侍读学士徐致靖、仓场侍郎李端棻所保。[2]

---

[1] 礼部左侍郎张英麟，此时出为顺天学政，由吏部右侍郎徐会沣署理；右侍郎唐景崇刚出为浙江学政，由左副都御史曾广汉署理。徐会沣、曾广汉被革后，王锡蕃、徐致靖也只能署理。

[2] 光绪二十四年六月十八日，陈宝箴保举陈宝琛等17人，内有杨锐、刘光第（《戊戌变法档案史料》，第160—163页），光绪帝七月十三日收到，明发谕旨，命其中13人"预备召见"。同在十三日，王锡蕃保举周莲、沈翊清、严复、林旭等四人（《戊戌变法档案史料》，第163—164页），光绪帝命召见。前文已叙，四月二十五日，徐致靖保举谭嗣同，光绪帝命"送部引见"。七月初三日，李端棻上奏一折一片，军机处给慈禧太后的奏片中称："……又奏保庶吉士熊希龄、江苏试用道谭嗣同片"，可见其片内容。光绪帝于七月十六日召见杨锐、十九日召见刘光第、林旭。而谭嗣同于七月十九日由吏部带领引见（当日吏部带领引见者共有78人），光绪帝发下交片谕旨：吏部"带领引见之江苏候补知府谭嗣同奉旨'著于二十日预备召见'"。这也是特例。七月二十日，光绪帝召见谭嗣同。以上，光绪帝召见记录见《光绪二十四年京官召见单》《光绪二十四年外官召见单》（《宫中杂件·旧整》，第915包）；引见记录见军机处《引见档》。保举者王锡蕃、徐致靖、李端棻同日还被任命为署理礼部侍郎、尚书，光绪帝对之应有印象。

新任命的军机四章京于七月二十一日（9月6日）进宫入值，光绪帝发下朱谕：

> （64）昨已命尔等在军机章京上行走，并令参预新政事宜，尔等当思现在时势艰危，凡有所见，及应行开办等事，即行据实条列，由军机大臣呈递，候朕裁夺，万不准稍有顾忌欺饰。特谕。[1]

这道朱谕规定了"参预新政事宜"四章京的工作性质，主要是处理日益增多的司员士民上书。（参见本文第三节第4目）光绪帝此时在皇宫，任命军机四章京和二十一日朱谕（第63、64号），皆未经过慈禧太后。

光绪二十四年七月二十四日（1898年9月9日），光绪帝发下交片谕旨给总理衙门：

> （65）翰林院编修江标著赏给四品京堂候补、江苏候补同知郑孝胥著以道员候补，均在总理各国事务衙门章京上行走。（《上谕档》）

江标原任湖南学政，对推动湖南学风的转变颇多贡献，然由湖南学政卸任后，回到原籍江苏元和县休养，此时不在京，档案中也看不出由何人保举。七月二十三日，光绪帝召见谢恩的新任礼部尚书李端棻，当天下旨："翰林院编修江标著在总理各国事务衙门章京上行走"。（《上谕档》）李端棻与梁启超的关系特殊，梁启超又与江标交善，由此推论，李端棻召见时很可能向光绪帝有所进言，江标的任命似为李端

---

[1] 录自杨锐致其弟杨悦家书，光绪二十四年七月二十八日，该信原件尚存。（宁志奇：《杨锐家书暨杨聪墓志铭》，《四川文物》1985年第4期）该信当时亦有传抄，曾刊于叶德辉辑《觉迷要录》（光绪三十一年刻本），录四，第17—18页。清朝制度，朱谕、朱批下发后须缴回。光绪帝此朱谕发下新任军机四章京，未经军机大臣，《上谕档》等档案未录，缴回的朱谕应存于档案之中。孔祥吉称其在《宫中档》中亲见此朱谕。（《光绪与戊戌维新运动》，《戊戌维新运动新探》，第263—264页）我曾询之中国第一历史档案馆，获知该朱谕可能被列入一级藏品，不对外开放。

菜的面保。[1]然光绪帝二十三日谕旨仍以江标为翰林院编修,以编修出任总理衙门章京不合体制;二十四日谕旨再定其官职为"四品京堂候补"(第65号)。郑孝胥由湖广总督张之洞保举使才,光绪帝六月十四日收到后,发出电旨:"命来京预备召见。"[2]七月二十日,光绪帝召见郑孝胥,二十四日发出上引交片谕旨(第65号)。

八月初一日(9月16日),光绪帝明发谕旨:

> (66)现在练兵紧要,直隶按察使袁世凯办事勤奋,校练认真,著开缺以侍郎候补,责成专办练兵事务。所有应办事宜,著随时具奏。当此时局艰难,修明武备实为第一要务。袁世凯惟当勉益加勉,切实讲求训练,俾成劲旅,用副朝廷整饬戎行之至意。(《上谕档》)

保举袁世凯是康有为一派的重大举措,其目的是想利用袁的武力。七月二十六日,新任署理礼部侍郎徐致靖上奏"密保智勇忠诚统兵大员请破格特简折",保举袁世凯:"皇上若超擢一二才臣,必能感激驰驱,尽忠报国。"光绪帝发出电旨:"著荣禄传知袁世凯,即行来京陛见。"[3]八月初一日,光绪帝在颐和园仁寿殿召见袁世凯,即下此明发谕旨(第66号)。该谕旨应经过慈禧太后批准。值得注意的是,光绪帝当日还发给袁世凯交片谕旨:"袁世凯著于本月初五日请训。"[4]初二日,光绪帝召见谢

---

[1] 《国闻报》光绪二十四年七月三十日以"总署添人"为题刊出消息:"……江建霞太史刻下尚在假期之内,闻系有人密保,且在湖南学政任内开倡风气,振兴实学,不遗余力,湘中守旧之风,近年始稍稍改革者,实系江太史提倡之功。此事早在皇上圣鉴,故不待召见,而恩纶先贲也。"《国闻报》与梁启超关系比较密切。光绪二十四年八月初三日,总理衙门收到江苏巡抚奎俊电:"沁电谨悉。编修江标在沪就医。据复,一俟病可,即行北上。"初七日,总理衙门再收到奎俊电:"江编修标定于本月初八日由苏北上。"(《总理衙门清档·收发电》01-38-17-3,台北"中研院"近代史所档案馆藏,下同)按照清朝制度,江标以"四品京堂候补"而任总理衙门章京,很有可能将升任大臣。

[2] 张之洞保折见《张之洞全集》,第3册,第449页。光绪帝电旨见该日《随手登记档》《电寄档》。

[3] 《戊戌变法档案史料》,第164—165页;光绪帝电旨见《清代军机处电报档汇编》,第2册,第93页;该日《随手登记档》。

[4] 见该日《上谕档》。按照光绪帝七月二十五日的安排,他于二十九日办事后赴颐和园,八月初三日办事后回宫。八月初五日,袁世凯请训,光绪帝是可以避开慈禧太后的。

恩的新任侍郎袁世凯。初三日，光绪帝回到皇宫。当日晚上，新任军机章京谭嗣同去位于东城报房胡同的法华寺访袁世凯，在座的还有袁世凯幕僚徐世昌。八月初五日，光绪帝在皇宫召见袁世凯，而慈禧太后已于前一日下午回到城中的西苑仪鸾殿。

严格说来，官员的任免算不上改革举措，但在专制政治的氛围中，君主的好恶对变法形势有着不可低估的影响力。由于光绪帝本人的权力有限，不可能给康有为、谭嗣同等人授予高位，只能任命为总理衙门章京、军机章京等职；但公开维护康有为，撤回陈学棻，却在朝廷中标示出明确的导向。光绪帝未经慈禧太后批准，罢免礼部六堂官，超擢王照，更是在京城官场上刮起一阵旋风。

以上，光绪帝发下交片、明发谕旨17道，其中1道（梁启超）与本节第3目相重复，伴随着这些谕旨的，另有明发、交片、电寄谕旨6道。就官员的任免而言，康有为、梁启超、谭嗣同、袁世凯由徐致靖所保，李端棻另保举谭嗣同、江标和康有为（懋勤殿，未下旨）；杨锐、刘光第是陈宝箴所保，刘庆汾是奎俊所保，郑孝胥是张之洞所保；撤回陈学棻、罢免礼部六堂官、擢升王照，由光绪帝主动为之。

戊戌政变后，谭嗣同、杨锐、刘光第、林旭被杀；江标被革职，"永不叙用"；刘庆汾、郑孝胥未去总理衙门任职，后来的仕途未受影响；康有为、梁启超、王照先后流亡日本。出保的李端棻被革职，发遣新疆（后释回）；出保的徐致靖被革职，判为"绞监候"（后释回）；陈宝箴被误认为保举康有为被革职，"永不叙用"；出保林旭的王锡蕃被革职，"永不叙用"。康有为的弟弟康广仁被杀；参劾许应骙的御史杨深秀亦被杀，御史宋伯鲁被革职，交地方官"严加管束"；徐致靖所保的总理衙门章京张元济、李端棻所保尚在湖南的庶吉士熊希龄，皆被革职，"永不叙用"；被罢免的礼部六堂官先后开复；陈学棻后改任吏部侍郎，逐次升工部尚书；文悌改为知府候补，后出任河南府（洛阳）知府。

## 11. 文科举改制（10道）

光绪二十四年五月初五日（1898年6月23日），光绪帝明发谕旨：

（67）我朝沿宋明旧制，以四书文取士。康熙年间曾经停止八股，改试策论，未久旋复旧制。一时文运昌明，儒生稽古穷经，类能推究本原，阐明义理。制科所得，实不乏通经致用之才。乃近来风尚日漓，文体日敝，试场献艺，大都循题敷衍，于经义罕有发明，而谫陋空疏者，每获滥竽充选。若不因时通变，何以励实学而拔真才。著自下科为始，乡、会试及生童岁科各试，向用四书文者，一律改试策论。其如何分场命题考试，一切详细章程，该部即妥议具奏。此次特降谕旨，实因时文积敝太深，不得不改弦更张，以破拘墟之习。至士子为学，自当以四子六经为根柢，策论与制义殊流同源，仍不外通经史以达时务。总期体用兼备，人皆勉为通儒。毋得竞逞博辩，复蹈空言，致负朝廷破格求才至意。（《上谕档》）

这道谕旨是戊戌变法中最重要的改革举措之一，即废八股改策论。先是三月二十日，康有为经总理衙门代奏其"请照经济特科例推行生童岁试片"，要求废八股，光绪帝未下旨，将该片呈送慈禧太后。[1]四月十三日，御史杨深秀上奏由康有为代拟的"请斟酌列代旧制正定四书文体折"，要求废除八股，改制艺体裁。[2]光绪帝当日未下旨，而是呈报慈禧太后。[3]第二天，四月十四日（6月2日），经慈禧太后批准后，光绪帝明发谕旨：

---

[1] 康有为称："……今生童岁科试，正场外皆先试经古一场，又有复试一场，请推行经济科之例，以经古为正场，试专门一艺，时务策一艺，其专门若天文、地舆、化、光、电、重、图、算、矿、律各占一门；取倍本额而复试，以五经题一艺，四书题一艺，取入如额。又略如论体，以发明圣经大义为主，罢去割裂、枯困、侮圣言之题，破承开讲八股之式，及连上犯下钩渡挽悖谬之法……伏愿皇上饬下总理衙门会同礼部，照经济科例，推行生童岁科试，立令直省学政，考试照新章举行。"（《康有为变法奏章辑考》，第189—190页）光绪帝处理方式见该日《随手登记档》《洋务档》。
[2] 杨深秀称："请特下明诏，斟酌宋元明旧制，厘正四书文体，凡各试官命题，必须一章一节一句，语气完足者，其制艺体裁，一仿宋人经义、明人大结之意，先疏证传记以释经旨，次博引子史以征蕴蓄，次发挥时事以觇学识，不拘格式，不限字数。"（《康有为变法奏章辑考》，第204—206页）
[3] 四月十三日军机处给慈禧太后奏片称："御史杨深秀奏厘正文体折，拟明发谕旨一道"，"谨将原折片恭呈慈览"。可见该旨经慈禧太后批准后下发。

（68）御史杨深秀奏请厘正文体一折。国家以制艺取士，原期阐发经义，讲求实学，勉为有用之才。兹据该御史奏陈近日文体之弊，请斟酌厘定，并各项考试不得割裂经文命题等语，著礼部议奏。（《上谕档》）

这道谕旨虽然按照惯常的做法，将议题交相关衙门即礼部议复，但明确表示了倾向性的态度，即"讲求实学，勉为有用之才"，礼部必须在这个范围内议复。四月二十八日，光绪帝在颐和园召见康有为、张元济。（参见本节第10目，第51、52号谕旨）康有为当面向光绪帝提出不必经礼部议复而直接下旨，光绪帝也向张元济表示了对八股的不满。二十九日，宋伯鲁上奏由康有为、梁启超代拟的"请将八股改策论折"，称言："伏冀皇上上法圣祖，特下明诏，永远停止八股……"即不等礼部议复而直接下旨。光绪帝下旨"暂存"，并呈送慈禧太后。[1] 三十日，光绪帝已考虑直接下旨废八股，档案中留下一些相关的痕迹。[2] 五月初四日，康有为通过总理衙门代奏"请商定教案法律厘正科举文体并呈《孔子改制考》折"，其第二项是废八股，"停八股一事，必皇上明降谕旨，乃足以风厉天下"。同日，翰林院侍读学士徐致靖上奏由康代拟的"请废八股以育人才折"，称言："彼礼官所守者旧例，无论如何条奏，必据例议驳。以皇上之明，岂能曲从一二人硁硁拘执之见，而误天下大计哉"；并要求"特旨明谕天下"。光绪帝分别下旨"存""留"，将两折呈送慈禧太后；并根据先前的安排，办事后赴颐和园。[3] 五月初五日，光绪帝与慈禧太后在颐和园共同接见军机大臣，发

---

[1] 宋伯鲁奏折见《康有为变法奏章辑考》，第247页；光绪帝处理方式见该日《上谕档》。

[2] 光绪二十四年四月三十日，即宋伯鲁上奏的第二天，军机处《随手登记档》中有一条特别的记录："遵拟改试策论谕旨一道"，下面还有一行小字："见面带上，堂谕暂勿缮稿。五月初五日见面带下，另缮递上。"由此可见光绪帝已命军机处拟旨。同日军机处《上谕档》中，也有一条很突兀的记载："钦定大清会典事例。康熙二年，议准停止八股文体，乡、会试以策、论、表、判取士，分为二场：第一场试策五道，第二场四书论一篇、经论一篇、表二道、判五条。康熙七年，定乡、会试仍以八股取士。"此是军机处根据光绪帝的旨意，查找祖制上的依据。

[3] 《康有为变法奏章辑考》，第256—261、266—267页；并参见该日《随手登记档》《上谕档》。

布上引明发谕旨（第67号）。

五月十二日（6月30日），御史宋伯鲁上奏由康有为、梁启超、康广仁代拟的"请将经济岁举归并正科并各省岁科试迅即改试策论折"，要求经济岁科与正科合并、生童岁科试立即改试策论。[1]光绪帝即予采纳，发下朱笔修改的明发谕旨：

> （69）前因八股时文积弊太深，特谕令改试策论，用觇实学。惟是抡才大典，究以乡、会两试为纲。乡、会试既改试策论，经义时务两不偏废（以上八字朱笔圈去），经济岁举亦不外此，自应并为一科考试，以免纷歧。至生童岁科试改为策论（以上四字朱笔圈去），著各省学政奉到此次谕旨，即遵新章一律办理（以上七字朱笔圈去，另用朱笔添以下七字："行一律改为策论"），毋庸候至下届更改。（《上谕档》）

经济岁科与常科合并，实际上是以经济科来替代常科；康有为先前要求生童岁科试当年即改为经济科，由此谕旨而得到批准。又由于当时的谕旨用驿递发到各地需要较长时间，十六日，该谕旨又用电报发到各省。[2]十八日（7月6日），翰林院侍读学士徐致靖上奏由康有为代拟的"请酌定各项考试策论文体折"，即抢在礼部尚未议复科举改制的"详细章程"之前，以能影响光绪帝的决策；光绪帝下旨"暂存"，并呈

---

[1]《康有为变法奏章辑考》，第282—283页。又，康有为在《我史》中称："……又令卓如草一折，交宋芝栋上之。"（《康有为全集》，第5集，第95页）"宋芝栋"，宋伯鲁。梁启超称该折出于康广仁："君乃曰：士之数，莫多于童生与秀才，几居全数百分之九十九焉……今必先变童试、岁、科试，立刻施行，然后可。乃与御史宋伯鲁谋，抗疏言之，得旨俞允。"（《戊戌政变记》续修四库本，第256页）梁的说法可得到文悌的印证。文悌《严劾康有为折》称：四月初八日文去康寓所，康广仁"又谓奴才云，朝廷特罢制艺，何不从速，仍待下科？且生童小试，尤当速改策论"；"至康广仁所言，罢制艺不必待下科，小试尤宜速改策论，而宋伯鲁又适有此奏。"（《翼教丛编》，第32页）再又，宋伯鲁同日上奏由康有为代拟的"请旨申禁复用八股试士片"，称言："如有奏请复用八股试士者，必系自私误国之流，重则斥革降调，轻亦严旨申饬。"（《康有为变法奏章辑考》，第285页）光绪帝未用此策，下旨"存"。

[2]见军机处《发电档》，光绪二十四年五月，《军机处汉文档册》207-3-50-3-2082。

慈禧太后。[1]同日，礼部上奏"考试拔贡请钦命题目折"（附上三届题目清单），又奏"考试拔贡是否改用策论片"，光绪帝发下交片谕旨：

（70）拔贡朝考、复试两场题目，均著改为一策一论。（《上谕档》）

同时另发下交片谕旨：

（71）前经降旨交议各项考试改试策论分场命题详细章程，著礼部于五日内迅速具奏。（《上谕档》）

后一道谕旨已是非常严厉，光绪帝对礼部拖延已十分不满，也表明无意采用徐致靖提出乡、会试的方案。二十二日（7月10日），礼部上奏"遵旨改试策论章程折"（并附章程十条），对乡、会试及生童岁科试制定详细章程，光绪帝下旨：

（72）嗣后一切考试均著毋庸用五言八韵诗。余依议。（《上谕档》）

谕旨的文字极为简练，光绪帝仍流露出不满情绪。[2]

---

[1] 徐致靖奏称："……臣谓专门虽未能通，而时务自应皆晓，内政外交乃时务之切要，请改二场时务升作首场，试以五策，则通达中外之才出矣……臣考朱子《学校贡举议》，古今称善，今宜采用其说，略将经史分科。经以诗为一科，书、易二科，仪礼、礼记为一科，春秋公羊为一科，凡五经分为五科。史以史记、汉书、后汉书为一科，三国、六朝史为一科，唐书、五代、宋史为一科，辽金元史为一科，明史为一科，资治通鉴、纪事本末为一科，文献通考为一科，国朝掌故为一科，凡诸史分为八科。其四书论为通学，人皆习之，其经学五种、史学八科，略用乾隆以前旧制，听人各习专经、专史，诸科各出一题，听人自认……其二场试艺，请以四书题为首义，五经题为次艺，史学题为三艺，凡论三篇。"（《康有为变法奏章辑考》，第287—288页）如此设计，突出了"时务策"，突出了"春秋公羊"，也突出了史学并加"国朝掌故"一科。这与康、梁此期的学术思想与政治思想是相一致的。光绪帝对徐折的处理方式及给礼部交片谕旨，见该日《随手登记档》《上谕档》。
[2] 这道谕旨很奇特，从文字来看像是朱批，从形式来看属交片谕旨，但《上谕档》仅录简单内容，应是光绪帝的口谕。礼部折片见《戊戌变法档案史料》，第224—228页。礼部所拟的章程规定，乡、会试为两场，首场为经论，出题为"四子书论一篇，经论一篇，史论一篇"，"次场即试以策问五通"。该章程与康、徐的设计有较大的区别。

六月初一日（7月19日），光绪帝收到湖广总督张之洞、湖南巡抚陈宝箴联衔上奏"妥议科举新章折"，提议首场试中国史事、国朝政治，二场试时务策，三场试四书义、五经义。[1]光绪帝不顾八日前刚下旨批准的礼部章程（第72号），明发谕旨：

> （73）张之洞、陈宝箴奏请饬妥议科举新章并酌改考试诗赋小楷之法一折。乡、会试改试策论，前据礼部详拟分场命题各章程，已依议行。兹据该督等奏称，宜合科举、经济学堂为一事，求才不厌多门，而学术仍归一是。拟为先博后约、随场去取之法，将三场先后之序互易等语。朕详加披阅，所奏各节剀切周详，颇中肯綮。著照所拟，乡、会试仍定为三场。第一场试中国史事、国朝政治，论五道。第二场试时务，策五道，专问五洲各国之政、专门之艺。第三场试四书义两篇、五经义一篇。首场按中额十倍录取，二场三倍录取，取者始准试次场。每场发榜一次，三场完毕，如额取中。其学政岁、科两考生童，亦以此例推之。先试经古一场，专以史论、时务策命题，正场试以四书义、经义各一篇。礼部即通行各省，一体遵照。朝廷于科举一事，斟酌至再，不厌求详。典试诸臣务当仰体此意，精心衡校，以期遴选真才。至词章楷法，虽馆阁撰拟应奉文字，未可尽废，如需用此项人员，自当先期特降谕旨考试，偶一举行，不为常例。嗣后一切考试，均以讲求实学、实政为主，不得凭楷法之优劣为高下，以励硕学而黜浮华。其未尽事宜，仍著该部随时妥酌具奏。（《上谕档》）

这道谕旨不仅规定乡、会试程序，同时也规定岁、科试程序。戊戌年文科举改制，由此一锤定音。七月初二日，礼部根据上引谕旨（第73号），上奏"遵议乡、会试详细章程折"，并附有详细章程，光绪帝下旨"依

---

[1]《张之洞全集》，第3册，第490—493页，该折上于五月十六日。张之洞、陈宝箴此折有抵制康有为之意，参见拙文：《张之洞档案阅读笔记之五：张之洞与陈宝箴及湖南变法运动》，《中华文史论丛》2011年第3期；《戊戌变法的另面——"张之洞档案"阅读笔记》，第300—426页。

议"；礼部又奏"请裁撤顺天府乡试算学中额片"，亦下旨"依议"。[1]七月初三日（8月19日），光绪帝明发上谕：

> （74）现在变通科举，业经准如张之洞、陈宝箴所奏，更定新章，并据礼部详议条目颁行。各项考试改试策论，一洗从前空疏浮靡之习。殿试一场，为通籍之始，典礼至重。朕临轩发策，虚衷采纳，自必遴取明体达用之才。嗣后一经殿试，即可据为授职之等差。其朝考一场，著即停止。朝廷造就人才，惟务振兴实学。一切考试，诗赋概行停罢，亦不凭楷法取士。俾天下翕然向风，讲求经济，用备国家任使。朕实有厚望焉。（《上谕档》）

这道谕旨废除了进士朝考，发出的原因还不清楚。查当日光绪帝接受朝考后各省拔贡的引见，并分等以知县用或教职用；由此激起了他的思绪，自行决定废除进士朝考。

还须说明文科举改制的实施情况。五月三十日，军机处奏："据礼部知照，各直省拔贡于六月初四日在贡院考试，钦奉谕旨题目改为一论一策。应请钦命论题一道、策题一道，于初三日发下，交礼部堂官祗领，送至贡院，交查察大臣转送内帘。"由此可知，拔贡的考试已改制。[2]六月初四日，军机处奏："据礼部知照，丁酉科各省优生朝考，奉旨于六月初六日在保和殿考试，应请钦命论题一道、策题一道，于初六日清晨发下，交监试王、大臣传示。"由此可知，优生的考试已改制。[3]二十一日

---

[1] 礼部奏乡、会试奏折及章程见《军机处录副奏折》03-5616-015、016；光绪帝谕旨见该日《随手登记档》《上谕档》。
[2] 参见该日《随手登记档》《上谕档》。又，六月十七日，军机处奏："据礼部知会，各直省汇考取录一二等拔贡生共四百五十一名，奉旨于六月十七日在保和殿复试，应请简派大臣阅看试卷，除应回避各员例不开列外，谨将各衙门送到衔名缮写名单进呈，伏候钦点，于十八日清晨发下，传集各员听候宣旨。"光绪帝朱圈出"昆冈、王文韶、裕德、溥良、杨颐、文治、阿克丹、赵舒翘、凤鸣、会章、阔普通武、绵文"。（参见该日《随手登记档》《上谕档》）阅卷大臣仍多为旧派人士。再又，此次复试451人中，一等81人，二等156人，一、二等名单见六月十八日《上谕档》。
[3] 参见该日《随手登记档》《上谕档》。此时优生朝考，列一、二等共48名，于六月十七日由礼部带领引见。光绪帝朱圈其中24名"以知县用"，其余"以教职用"。名单参见该日《上谕档》。

（8月8日），光绪帝收到盛京将军依克唐阿"请派大员考试教习折"（附盛京五部侍郎名单），光绪帝朱笔圈出良弼、贵贤，并发电寄谕旨：

> （75）所有考试官学教习，著即照新章，改用策论，勿庸仍以时文试帖考取。[1]

由此可知，盛京官学教习的考试已改制。七月十四日，军机处奏："据礼部文称，本月十八日考试满汉教习，应请钦命翻译题一道、论题一道、策论一道，于十七日清晨发下，交礼部堂官祗领。"由此可知，京师官学教习的考试亦已改制。[2]与此同时，各省的岁科试也进行了改制，档案中现存有广东学政张百熙、江西学政李绂藻、安徽学政徐致祥、河南学政朱福诜的相关奏折。[3]其中安徽学政徐致祥于六月二十三日上奏"岁科两试请照乡会试新章分场去取折"并附有一片[4]，光绪帝七月十一日（8月27日）收到，明发上谕：

> （76）徐致祥奏岁科两试请照乡会试新章分场去取一折，著礼部议奏。另片奏，请饬精选历代及国朝四书五经讲义刊刻颁行等语。先儒讲义各书，外省皆有刊行善本，著即由各省学政自行择尤购选，颁发生童，俾有遵循而资讲习。（《上谕档》）

此后未久，光绪帝于七月十九日罢斥礼部六堂官，礼部对此的议复奏折未见。

---

[1] 见该日《随手登记档》，电旨见《清代军机处电报档汇编》，第2册，第83页。
[2] 参见该日《随手登记档》《上谕档》。
[3] 六月十六日，江西学政李绂藻上奏"遵旨岁科试改策论片"，光绪帝七月初三日收到，朱批"知道了"。（《军机处录副奏折》03-5616-017）广东学政张百熙上奏"岁试拟请以一论一策论题片"，"将来考试生童，正场试以一论一策，论题于四书之外，兼及五经，较为妥善"。光绪帝七月初六日收到，朱批"礼部知道"。（《军机处录副奏折》03-5616-025）七月二十三日，河南学政朱福诜上奏"遵议科举新章大小试章程应归一律折"，其意见是统一用乡、会试章程，光绪帝八月初九日收到，已是慈禧太后重新训政时，朱批"礼部议奏"。（《军机处录副奏折》03-5617-012）
[4] 徐致祥奏折见《军机处录副奏折》03-7202-055。

戊戌政变后，情况发生了变化。八月二十四日，慈禧太后下达懿旨，其中关于文科举的内容为："……用特明白宣示，嗣后乡试、会试暨岁考、科考等场，悉照旧制，仍以四书文试帖经文策问等项，分别考试。"（《上谕档》，并参见本节第1目）文科举改制被完全中止。

以上，光绪帝发布了明发、交片、电寄谕旨共10道，另有批准礼部奏折"依议"1道，批准各省学政有朱批"知道了""礼部知道"各1道。慈禧太后发布停止文科举改制的懿旨1道。此项改革最重要的谕旨（第67、69号）是由康有为、杨深秀、宋伯鲁、徐致靖催生的，而决定性的谕旨（第73号）是由张之洞、陈宝箴奏折催生的。

## 12. 专利章程（3道）

光绪二十四年五月十七日（1898年7月5日），光绪帝明发上谕：

> （77）自古致治之道，必以开物成务为先。近来各国通商，工艺繁兴，风气日辟。中国地大物博，聪明才力，不乏杰出之英。只以囿于旧习，未能自出新奇。现在振兴庶务，富强至计首在鼓励人才。各省士民著有新书及创行新法、制成新器，果系堪资实用者，允宜悬赏以为之劝，或量其材能，试以实职，或锡之章服，表以殊荣，所制之器，颁给执照，酌定年限，准其专利售卖。其有能独力创建学堂，开辟地利，兴造枪炮各厂，有裨于经国远猷殖民大计，并著照军功之例，给予特赏，以昭激厉。其如何详定章程之处，著总理各国事务衙门即行妥议具奏。（《上谕档》）

先是五月初二日，御史曾宗彦上奏"振兴农工二务折"，其中提出了"准专利以利百工"，即设立专利制度，光绪帝交总理衙门议复。[1] 初八日，康有为上呈"请以爵赏奖励新艺新法新书新器新学设立特许专卖折"，主

---

[1] 曾宗彦奏折见《戊戌变法档案史料》，第385—387页；光绪帝交片谕旨见该日《上谕档》。还需注意的是，当时一些人亦有相同的思想，如陈炽在《庸书》中提出："仍仿泰西规制，有能自出新意制成一物，有益民生者，准上之工、商二部，赏给护照宝星，许其专利，以开风气，以复古初。"（赵树贵、曾丽雅编：《陈炽集》，中华书局，1997年，第83页）

张学习西方，设立专利制度。[1]由于这份条陈是由军机大臣廖寿恒代递的，不合常规体制，在档案中看不到光绪帝的处理意见。十六日，总理衙门议复曾宗彦折，表示赞成，但光绪帝当日下发的谕旨没有专利权的内容。[2]直到第二天，十七日，才下发该谕旨（第77号）。从谕旨内容来看，是由曾宗彦奏折、康有为条陈和总理衙门议复奏折综合的，而康有为条陈起了主导性作用。

五月二十五日（7月13日），总理衙门上奏"议复著书制器章程折"，另附有章程12款[3]，光绪帝发下交片谕旨：

> （78）前经降旨，各省士民著书制器暨捐办学堂各事给予奖励，谕令总理各国事务衙门妥议具奏。兹据该王、大臣等议定详细章程开单呈览，所拟给予世职、实官、虚衔及许令专利、颁赏匾额各节，量能示奖，尚属妥协。著依议行。即由该衙门咨行各直省将军督抚，通饬所属，将章程出示晓谕，以动观听而开风气。朝廷鼓励人才，不靳破格之赏，仍应严防冒滥。所有著书、制器各事，该衙门务当认真考验，严定罚惩，以期无负振兴庶务、实事求是之至意。该衙门知道，单并发。（《洋务档》）

这是中国历史上第一部相当于"专利"的法规，当然很不完善。然而专利法规若要发挥作用，不仅法规本身须完善，而且需要社会、政府多方面的交互作用。六月十五日，军机处、总理衙门议复康有为"上清帝第六书"，颁下的谕旨中仍有相关的内容：

> （38）……著各直省督抚认真劝导绅民，兼采中西各法，讲求利弊。有能创制新法者，必当立予优奖。该督抚等务当仰体朝廷开物

---

[1]《康有为变法奏章辑考》，第271—274页。
[2]总理衙门议复奏折见《戊戌变法档案史料》，第387—389页；另见该日《上谕档》。总理衙门的议复似未将"专利"与重商主义的"特许权"分清楚；光绪帝的谕旨亦仅称曾宗彦奏折中有关农学之事。
[3]总理衙门"议复著书制器章程折"及章程见《军机处录副奏折》03-9447-045、046；又见于《丛刊·戊戌变法》，第2册，第413—417页，但日期误为五月二十四日。

成务之意,各就该管地方考察情形……制造新器新艺,专利给奖,并设立商务局……当实力推广,俾有成效。(《上谕档》)

(该谕旨中关于商务的内容,参见本节第7目)戊戌政变后,慈禧太后虽未明令废除"著书制器章程",但在当时的社会条件下,这一章程并没有起到相应的作用。

以上,光绪帝共发布了3道谕旨,其中一道与商务是重复的(第38号),另有交总理衙门"议复"的交片谕旨1道。此项改革谕旨主要是由康有为所催生的。

## 13. 神机营与京营改革(2道)

光绪二十四年五月二十一日(1898年7月9日),光绪帝明发谕旨:

(79)前据顺天府府尹胡燏棻奏请精练陆军并神机营改用新法操演、出使大臣伍廷芳奏京营、绿营参用西法各折片,先后谕令军机大臣会同神机营王、大臣、八旗都统妥议。兹据该王、大臣等会同议奏,改练洋操为练兵要著,各省绿营、练勇,叠经谕令,认真裁并,一律挑练。著该将军督抚归入前次户部、兵部议复御史曾宗彦请改洋操折内一并迅速筹议,切实具奏。神机营业经挑选马步官兵万人,勤加训练,即著汰弱留强,实力讲求,务成劲旅。八旗满洲、蒙古、汉军骁骑营,两翼前锋、护军营,均著以五成改习洋枪,五成改习洋机抬枪,著派奕劻、色楞额、永隆管理八旗骁旗营,崇礼、载卓、苏鲁〔噜〕岱管理两翼前锋、护军营。奕劻向来办事认真,熟谙武备,务须会同简派各员并督同各旗营专操大臣,按照泰西兵制,更定新章,认真操演。其八旗汉军炮营、籐牌营,著一并改用新法,挑拣精壮,如式演练,以成有用之兵。果使日起有功,何惜宽筹饷项。各直省将军督抚暨该管王、大臣等,务当振刷精神,屏除积习,毋得始勤终怠。至一切阵法、器械、营制、饷章及挑选将弁、教习各节,著按照胡燏棻等所奏,议定切实办法,奏明办理,用副朝廷整军经武至意。将此通谕知之。(上谕档)

先是光绪二十四年正月二十六日顺天府尹胡燏棻奏请各省精练陆军，并片奏神机营改用新式枪炮，光绪帝命军机处、督办军务处"妥议具奏"。[1]三月二十三日，清廷收到驻美公使伍廷芳的两折三片，其中有关于京营和各省绿营采用西法训练者。次日，光绪帝下旨命军机大臣会同神机营王、大臣、八旗都统"妥议具奏"。[2]五月初九日（6月27日），督办军务处撤销，光绪帝明发谕旨：

> （80）前据顺天府府尹胡燏棻奏请精练陆军并神机营改用新法操演，又出使大臣伍廷芳奏京营、绿营参用西法各折片，当经先后谕令军机大臣会同督办军务王、大臣暨神机营王、大臣、八旗都统妥议具奏。现在督办军务处业已裁撤，所有谕令议复各节，即著军机大臣会同神机营王、大臣、八旗都统迅速议奏，毋得延缓。(《上谕档》)

此旨也反映出光绪帝的焦虑心情，害怕督办军务处撤销后，相关的议复将会无限期推延；尤其是总理衙门、礼部议复京师大学堂、经济特科举等项皆未如其意。(参见本节第1、3、11目) 根据此道谕旨（第80号），军机处交值年旗："所有旗营兵丁如何改练之处，希即转传各该旗都统，迅速妥商办法，务于五日内咨复本处"；又交神机营："所有贵营现在操演情形及如何改练之处，希将详细办法于五日内咨复本处。"[3]二十一日，军机大臣世续等上奏议复奏折，光绪帝据此奏折而发出上引明发谕旨（第79号）。[4]

---

[1] 胡燏棻折片在档案中未捡出，其大体内容可见光绪二十四年五月二十一日军机大臣等议复奏折；光绪帝谕旨见该日《上谕档》。

[2] 据军机处《随手登记档》，伍廷芳共有两折三片，其中一片军机章京拟题为"京营疲惫习气深宜参用西法由"，下有小字"分钞交神机营、值年旗领去"。该片在档案中未捡出，其大体内容可见光绪二十四年五月二十一日军机大臣等议复奏折。又据伍廷芳同日现存奏折，知上奏时间为光绪二十四年正月二十日。光绪帝谕旨见该日《上谕档》。

[3]《上谕档》，光绪二十四年五月初九日。

[4] 军机大臣等人奏折，见光绪二十四年五月二十一日《上谕档》。光绪帝在上奏王、大臣名衔中，朱笔圈出奕劻、崇礼、色楞额、永隆、载卓、苏噜岱。又，先是协办大学士、兵部尚书荣禄于光绪二十三年十二月二十五日上奏，要求广练兵员，光绪帝当日下旨，命军机大臣会同督办军务王、大臣、户部议复。光绪二十四年二月初一日，军机大臣等上奏，同意袁世凯部添练3000人，董福祥部添练5营，并在神机营中挑选精壮，由管营大臣负责训练。光绪帝下旨"依议"。(军机大臣等奏折及光绪帝谕旨，见该日《上谕档》)

六月二十二日，管理神机营、两翼前锋、护军营王、大臣奕劻等根据五月二十一日谕旨（第79号），上奏"督练八旗骁骑营大概情形折""督练两翼等处兵丁大概情形折"等共计两折两单四片，要求调任官员、增加经费，光绪帝皆下旨"依议"。[1]然而，军事改革难度极大，各省将军督抚有无根据五月二十一日谕旨（第79号）及时上奏其"切实办法"，我尚未查清。由此至戊戌政变，光绪帝再未下达相关的谕旨。此项改革就这样不了了之。

以上，光绪帝下达明发谕旨2道，其中1道主要是催促议复，并有交议的交片谕旨2道。此项改革谕旨是由胡燏棻、伍廷芳所催生的。

## 14. 兴办各地中小学堂及各类学堂（18道）

光绪二十四年五月二十二日（1898年7月10日），光绪帝发下朱笔亲改的明发谕旨：

（81）前经降旨开办京师大学堂，入堂肄业者，由中学、小学以次而升，必有成效可睹。惟各省中学、小学尚未一律开办，总计各直省省会暨府厅州县，无不各有书院，著各该督抚，督饬地方官，各将所属书院坐落处所、经费数目，限三（朱笔将"三"字改为"两个"）月内详查具奏。即将各省府厅州县现有之大小书院，一律改为兼习中学、西学之学校。至于学校等级，自应以省会之大书院为高等学，郡城之书院为中等学，州县之书院为小学。皆颁给京师大学堂章程，令其仿照办理。其地方自行捐办之义学、社学等，亦令一律中西兼习，以广造就。至各书院需用经费，如上海电报局、招商局及广东闱姓规，当（朱笔删"当"字，加"闻颇"两字）有溢款，此外如有（朱笔删"如有"两字）陋规滥费，当亦不少（以上四字朱笔加），著该督抚尽数提作各学堂经费。各省绅民，如能捐建学堂，或广为劝募，准各督抚按照等捐数目，酌量奏请给奖。其有独力措捐巨款者，朕必予以破格之

---

[1] 参见该日《随手登记档》《上谕档》。

赏。所有中学、小学应读之书，仍遵前谕，由官设书局编译中外要书，颁发遵行。至如民间祠庙，其有不在祀典者，不妨（朱笔删"不妨"两字，加"即著"两字）由地方官酌量（朱笔删"酌量"两字，加"晓谕居民一律"六字）改为学堂，以节糜费而隆教育。似此实力振兴，庶几风气遍开，人无不学，学无不实，用副朝廷爱养成材至意。(《洋务档》)

朱笔为皇帝专用，光绪帝朱笔修改此旨，说明对此旨的重视。从朱改的内容来看，大多为加重语气。其中最重要的一处修改，是将"民间祠庙""不妨由地方官酌量改为学堂"，改为"即著由地方官晓谕居民一律改为学堂"。此即后来大规模"庙产兴学"的先声。同日，光绪帝又向各省督抚发出电寄谕旨：

> （82）各该省会及各府厅州县书院共若干，每年通省实用束脩膏火共若干？速即查明确数，电复。[1]

光绪帝发出电旨，是害怕明发谕旨用驿递寄到各省的时间过长，即用电报告之。这两道谕旨（第81、82号），是由康有为条陈催发的。在此之前，康有为通过军机大臣廖寿恒代递"改直省书院为中学堂乡邑淫祠为小学堂令小民六岁皆入学折"。[2] 光绪帝收到后，未交总理衙门或礼部议复，而是直接命军机处拟旨，并朱笔亲改，所花费的时间超过一天。[3] 与康有为条陈相对照，谕旨的内容大多采自康的提议。

六月初六日，仓场侍郎李端棻上奏由梁启超所拟的"敬陈管见折"，共有四条建策："御门誓众""开懋勤殿""派朝士回乡办学""改定六部

---

[1]《清代军机处电报档汇编》，第2册，第75页；该日军机处《随手登记档》在该电旨下记："缮稿，见面带上。带下，由堂交总署。"
[2] 康有为条陈见《康有为变法奏章辑考》，第290—294页，该条陈未署日期。
[3] 据《洋务档》，与朱改上谕同时下发的，还有光绪帝朱笔："著照此改谕旨，今日发抄。此件明日见面时缴回。"同日军机处《随手登记档》又记："递上，朱改发下。朱谕明日恭交。另抄，并填年月日。"根据这些记录，该谕旨的形成过程比较长，至少前一天就起草了。

之则例"。光绪帝当日发下交片谕旨:"奕劻、孙家鼐会同军机大臣切实核议具奏。"[1] 六月初十日,奕劻、孙家鼐各上"说片","柔性"对抗,驳回"御门誓众""开懋勤殿"两项,对"派朝士回乡办学",改为由督抚挑选在籍绅士管理学堂。[2]（参见本文第三节第2目）第二天,六月十一日（7月29日）,针对李端棻奏折第三项,光绪帝明发谕旨:

> （83）李端棻奏各省学堂请特派绅士督办等语。现在京师大学堂业经专派管学大臣,克日兴办,各省中学堂、小学堂亦当一律设立,以为培养人才之本。惟事属创始,首贵得人。著各直省督抚就各省在籍绅士,选择品学兼优能符众望之人,派令管理各该处学堂一切事宜,随时禀承督抚,认真经理。该督抚慎选有人,即著奏明派充,以专责成而收实效。（《上谕档》）

谕旨的内容采用奕劻、孙家鼐的说片,但也强调由"在籍绅士"来管理新设各省中、小学堂。[3]（至于李端棻奏折的第四项,参见本节第18目,第111道谕旨）同在六月初六日,御史张承缨上奏"请于京师五城添设

---

[1] 李端棻奏折未在档案中捡出。康有为对此称言:"卓如为李苾园草折陈四事:一曰御门誓群臣,二曰开懋勤殿,议制度,三曰改定六部之则例,四曰派朝士归办学校。乃下之庆亲王及孙家鼐议。枢垣最恶御门及懋勤殿事,属庆邸及孙家鼐阻之。"[《康南海自编年谱》(《我史》),《丛刊·戊戌变法》,第4册,第153页]"卓如",梁启超。"李苾园",李端棻。对照奕劻、孙家鼐的"说片",只是第三条与第四条的位置有误。光绪帝的交片谕旨,见该日《上谕档》。

[2] 对于李端棻奏折第三条,奕劻"说片"称:"第三条特派绅士督办各省学堂。奴才以为,宜令各省督抚选择明敏端正在籍绅士,奏派督办,必能整顿学堂,而培植人才。"孙家鼐"说片"称:"第三条请京官绅士在本籍办理学堂。臣以为,当由各省督抚访求品学兼优、能符众望者为之,自可收培养人才之效。权归督抚,绅权不可太重,庶无喧宾夺主之虞。"(见《军机处录副奏折》03-9447-074、075) 从李端棻上奏的原意来看,光绪帝若派出京官绅士回乡办理学堂,实际上也获得"钦差"的名义,康有为一派的人士也希望获得这一"钦派"的名义。奕劻、孙家鼐的目的是将这批办学的"京官绅士"置于地方官的控制之下。

[3] 奕劻、孙家鼐的说片和当日军机处所拟谕旨,很可能未能获得光绪帝的同意。六月十一日军机处《随手登记档》,军机章京对该谕旨有小注:"初十日空年月递上,发下,本日填年月递上,发下。"可见该上谕为初十日所拟,次日才发下。

小学堂、中学堂折",光绪帝命孙家鼐"酌核办理"。[1]六月十七日(8月4日),孙家鼐上奏"遵议五城添设学堂折"[2],光绪帝明发谕旨:

> (21)孙家鼐奏议复五城添立小学堂请饬设法劝办一折。京师现已设立大学堂,其小学堂亦应及时创立,俾京外举贡生等一体入学,广为造就,以备升入大学堂之选。著五城御史设法劝办,务期与大学堂相辅而行,用副培养人才之至意……(《上谕档》)

光绪帝开始注重京师的中小学堂建设。

然在此时,光绪帝对各地兴办学堂的情况极为担心,恐五月二十二日谕旨(第81号)未能真正落实。七月初三日(8月19日),光绪帝发电旨给各省督抚:

> (84)前于五月廿二日降旨,谕令各省开办学堂,限两个月复奏。现在限期将届,各省筹办情形若何?著各督抚迅即电奏。[3]

这道电旨的催生原因不清楚,也有可能与文科举改制有关。[4]初四日,光绪帝收到两江总督刘坤一回电:"江电敬悉。五月二十二日谕旨仅于报纸中见之,迄未准部行知。大学堂章程亦未奉颁发。除将办理情形另行复奏外,谨电闻。"[5]光绪帝对刘坤一的回复十分不满。初六日(8月22日),光绪帝发电旨给直隶总督荣禄:

> (85)昨于初三日降旨催办各省学堂,计已电达。直隶为畿辅重

---

[1] 张承缨奏折在档案中未捡出,光绪帝交片谕旨见该日《上谕档》。
[2] 孙家鼐奏折见《丛刊·戊戌变法》,第2册,第434—435页。
[3] 《清代军机处电报档汇编》,第2册,第85页。
[4] 七月初二日,礼部上奏"遵议乡、会试详细章程折",并附有详细章程;初三日,光绪帝下旨停止朝考。(参见本节第11题)或许这些因素会使光绪帝想起新学堂之事。
[5] 《总理衙门清档·收发电》01-38。当日,还收到山东巡抚张汝梅电:"江电敬悉。东省武备学堂现赶造房屋,时务学堂亦已饬司筹办,请代奏。"(出处同上)张汝梅仅提到"武备学堂""时务学堂",而未提到五月二十二日谕旨所强调的书院改学堂之事,他比刘坤一更加不明白该谕旨的内容。

地，亟应赶紧筹办，以为倡导。著荣禄迅饬各属，将中学堂、小学堂一律开办。毋稍延缓，并将筹办情形，即行电奏。[1]

光绪帝此时点名直隶，是希望荣禄能够在此带头，做个榜样。当日，光绪帝收到荣禄的电报。[2]初十日（8月26日），光绪帝发下朱笔修改的明发上谕，言辞极为激烈：

> （86）近来朝廷整顿庶务，如学堂、商务、铁路、矿务一切新政，叠经谕令各将军督抚切实筹办，并令将办理情形先行具奏。该将军督抚等自应仰体朝廷孜孜求治之意，内外一心，迅速办理，方为不负委任。乃各省积习相沿，因循玩愒，虽经严旨敦迫，犹复意存观望。即如刘坤一、谭钟麟总督两江、两广地方，于本年五六月间谕令筹办之事，并无一字复奏，辄借口部文未到任意稽迟。（以上十一字朱笔改为："迭经电旨催问，刘坤一则借口部文未到，一电塞责；谭钟麟且并电旨未复，置若罔闻"）该督等皆受恩深重久膺疆寄之人，泄沓如此，朕复何望？倘再借词宕延，定当（"当"字朱笔改为"必"字）予以惩处（"惩处"朱笔改为"严惩"）。直隶距京咫尺，荣禄于奉旨交办各件尤当上紧赶办，陆续奏陈。其余各省督抚，亦当振刷精神，一体从速筹办，毋得迟玩，致干咎戾。（《上谕档》）

在光绪一朝的明发上谕中，直接点名督抚大员者极为罕见。军机处拟旨

---

[1]《清代军机处电报档汇编》，第2册，第86页。
[2] 荣禄回电称："昨奉电旨，饬将开办学堂情形迅即电奏等因。钦此。查直隶于保定省城创建畿辅学堂，由外府州县考选年少聪颖曾经入学者四十名，入堂肄业作为正额。另选备取二三十名，俟有额缺，挨次请补。经费充裕，再行续增学额。专习中西各学。已于本年四月间开办。又于天津地方设立头等学堂、二等学堂各一所。学生以一百二十名为额，列为四班，分年递拔，功课与京师大学堂章程相同。现已办有规模。至各府厅州县，应饬就原有书院改为学堂。惟地方有繁简，经费有多寡，学堂或应分设，或应并设，已饬体察情形，妥筹办理。俟议定划一章程，再行详细上陈。谨请先行代奏。荣禄叩。歌。"（《清代军机处电报档汇编》，第20册，第156—157页）"歌"，初五日。

时并无刘坤一、谭钟麟的具体罪名,是光绪帝朱笔加上去的。[1] 十二日(8月28日),光绪帝发电旨给两广总督谭钟麟、广东巡抚许振祎:

> (87) 前有旨饬令各省开办学堂,复经降旨电催,已据各省陆续奏报开办。而广东迄无只字复奏,岂借口于部文未到耶?著谭钟麟、许振祎立即妥筹开报,并将办理情形即日电奏,毋再任意迟延干咎。[2]

在此前后,光绪帝收到陕西巡抚魏光焘、云贵总督崧蕃、云南巡抚裕祥、湖南巡抚陈宝箴、浙江巡抚廖寿丰、福州将军增祺、闽浙总督边宝泉、江苏巡抚奎俊的电报,说明办理情况。[3] 十四日(8月30日),光绪帝发电旨给陕甘总督陶模:

> (88) 学堂造就人才,实为急务。著陶模切实劝导,以开风气。

---

[1] 七月初十日军机处《随手登记档》在该上谕下有一行小字:"递上,朱改发下。照缮再递,发下。朱改随事缴进。"说明光绪帝的修改过程。七月十一日,光绪帝又下达了两道措辞严厉的上谕,见本文第三节第3、4目(第31号谕旨)。

[2] 《清代军机处电报档汇编》,第2册,第87—88页。

[3] 陕西(收到时间为七月初八日)、云南、湖南、浙江、福建(以上四省为初九日)、江苏(十六日)的电报,见《总理衙门清档·收发电》01-38。由于档案保存不全,应还不止这些电报。从电报内容来看,各省对五月二十二日谕旨与电旨的理解是不同的。陕西巡抚魏光焘电称:"钦奉江电谕旨,各省开办学堂现在筹办情形若何,著迅速电奏等因。钦此。钦遵。窃查陕西通省官私学院九十一所,其经费或征取公租,或发款生息,或就地筹济,或由官捐补,多寡不一。仅就现款办理,悉属不敷,均须另行设法宽筹。且风气初开,暂难遍延教习。现已将省会书院遵照京师大学堂功课章程,就原聘之中、西学教习分别添课,仍一面筹添经费,增置房舍,以便推广。其各府厅州县书院,虽经饬行遵改,一时尚少西学教习,应俟京师官局编译书籍有成,请领颁发,俾得披寻研究,渐得津梁,仍次第求聘西学教习,分派前往。总期逐渐一律改定,务遵实践。所有遵办详细情形,容俟规模大定,专折具陈,恳先代奏。魏光焘。阳。"("阳",初七日)云南还理解错了,云贵总督崧蕃、云南巡抚裕祥电称:"现接奉江电奉旨各省开办武备学堂,限两个月复奏等因。钦此。查筹设武备学堂,事属创始,亟应妥为筹办。节经采访川楚江浙暨各省办法章程,先后抄存备案。惟滇垣城内空阔地方甚少,现已采择空地一段,议价定即行筹款,撙节办理。仿照各省堂式合用者建造。一面咨商北洋大臣将学堂练习有成之员弁,议定薪水盘费,派两教习来滇,以资教练。兹奉江电催办,除将筹办情形,定于本月十八日具陈外,敬恳钧署先行代奏为感。蕃、祥叩。青。"崧蕃、裕祥将之误为武备学堂。

章程已由总署咨行,务即勉筹经费,迅速开办。[1]

语辞中多有嘉许之意。同日,光绪帝收到谭钟麟电报。十六日(9月1日),再发电旨给谭:

> (89)前经降旨催办各省学堂,据谭钟麟、德寿电复,均尚无切实办法。著该督抚振刷精神,确筹开办事宜,认真举办。总期多设小学堂,以广作育,不准敷衍延宕。仍将筹办情形即行电奏。[2]

语辞中多是责难之意。同日,光绪帝另有寄信谕旨给谭,言及办学经费。[3]二十四日(9月9日),光绪帝收到荣禄上奏"筹办学校情形折",虽近在天津,谕旨一般三天即可到,仍发出电寄谕旨:

> (90)据荣禄奏直隶筹办大学堂情形、各处书院既已改为学堂,即照议定章程办理。至民间祠庙,有不在祀典者,仍著遵照前旨,改归学堂。[4]

语辞中多为督催之意。然从荣禄奏折中可以看出,直隶此时在兴办新式学

---

[1]《清代军机处电报档汇编》,第2册,第88页。陶模等人电报未从档案中检出。
[2]《清代军机处电报档汇编》,第2册,第89页。谭钟麟等人电报未从档案中捡出。
[3] 光绪二十四年七月十六日,侍讲学士济澂上奏"番摊等项陋规请饬商人何元善试办化私为公片",光禄寺卿常明上奏"知府郑思贤措筹巨款请赏收折",光绪帝发廷寄谕旨给谭钟麟:"据称,湖北候补知府郑思贤禀称,广东向有闱姓、宝字馆、基票三项,风行已久,势难禁止。除闱姓现已提归大学堂抽收经费,其宝字馆、基票仿照招商承充旧案办理,每年可筹报效银一百万元,按季解交神机营,作为练兵购械之用,据情代奏,请旨赏收,并请以郑思贤招商承充等语。著谭钟麟确切查明该款项是否属实,并郑思贤可否承充之处,据实具奏。又,侍讲学士济澂奏,保康公司商人何元善在总署禀请试办广东番摊,每年报效银六十万元,作为大小学堂及专练火攻等费,请饬给咨试办等语。著谭钟麟一并查具奏。"(见该日《上谕档》)济澂、常明的奏折内容涉及康有为条陈中提到的广东赌捐等收入,光绪帝将之交谭钟麟议复,有意从中抽取办学费用。济澂、常明奏折在档案中未捡出。
[4]《清代军机处电报档汇编》,第2册,第92页。荣禄该折见《军机处录副奏折》03-9449-063,上奏日期为光绪二十四年七月二十一日。

堂方面是扎实着力的，此后这些学堂也有很好的发展，是清末新政时期兴办学堂的模范省。从七月初三日到二十九日，光绪帝共发出6道电寄谕旨，1道明发谕旨，可见其对此事的百般关切，也可见其心情的万分焦虑。

八月初四日（9月19日），管理大学堂大臣、吏部尚书、兼管顺天府尹事孙家鼐、顺天府尹胡燏棻上奏"顺天拟设首善中学堂折"，将金台书院改为首善中学堂，另上"请拨地安门外兵将局官房片"。[1]光绪帝就此明发谕旨：

> （91）孙家鼐等奏顺天拟设中学堂一折。京师为首善之区，允宜多设学堂，以系四方观听。所拟就顺天府属州县中调取廪增附生入堂肄业，考定额取四十名，又另设外省士子南额二十名。课以西国语言文字，以及艺政算学各书。所拟章程尚为切实，著照所议行。惟经费必须宽为筹备，著于现解顺属湖南漕折备荒经费项下拨银八千五百两，作为学堂之用，以垂久远。另片奏请于地安门外兵将局拨给官房等语，即著内务府将该处官房拨给顺天府，设立首善中学堂，用示作育人才之至意。该部知道。（《上谕档》）

这是北京正式设立的第一所中学堂。[2]此时离戊戌政变还有两天。

除了普通教育体系的中、小学堂外，戊戌变法期间，各地官员们还有建立各类学堂的提议，光绪帝也予以鼓励。除了前已叙及农务中学、水师学堂、铁路矿业学堂等项外，另有以下各项：一、**通艺学堂**。通艺学堂是总理衙门章京张元济所办。光绪二十三年十一月二十四日，总理衙门上奏"京师官绅集资创建通艺学堂并酌拟章程片"，光绪帝朱批"依议"。光绪二十四年七月二十九日，管理大学堂大臣孙家鼐上奏"将通艺学堂列入中学堂折"，光绪帝下旨"依议"。[3]二、**税则学堂**。光绪

---

[1] 孙家鼐、胡燏棻"顺天拟设首善中学堂折""请拨地安门外兵将局官房片"，见《军机处录副奏折》03-9454-043、03-9457-013。后一件档案注明日期"八月初九日"，误。

[2] 这所学校后来的发展颇多曲折，原校址后为北京地安门中学，今北京第五中学分校。

[3] 总理衙门"京师官绅集资创建通艺学堂并酌拟章程片"、孙家鼐"将通艺学堂列入中学堂折"，见《军机处录副奏折》03-7210-005、03-9451-023；并参见光绪二十四年七月二十九日《上谕档》。

二十四年四月十七日，御史陈其璋上奏"添设税则学堂拨同文馆学生备充各海关副税务司片"，光绪帝发下交片谕旨，命总理衙门"斟酌办理"。[1] 五月十六日，总理衙门议复该片，请"毋庸置议"，光绪帝朱批"依议"。[2] 三、**侨民学堂**。光绪二十四年五月十六日，浙江巡抚廖寿丰上奏"请饬下出使各国大臣督同领事各就寓洋华人晓以忠义一体建立学堂片"，光绪帝于三十日收到，朱批："该衙门议奏。"[3] 七月初五日（8月21日），总理衙门"议复寓洋华人开设学堂折"，另上有"拟令驻外使臣罗丰禄等各就使馆翻译西书片"，光绪帝明发谕旨：

> （92）总理各国事务衙门奏遵议廖寿丰奏请出使各国大臣督同领事各就寓洋华人一体建立学堂一折。英、美、日本各埠，侨寓华民众多，群居错处，不乏可造之材，亟应创立学堂，兼肄中西文字，以广教育。著该大臣等体察情形，妥善劝办，议定章程，详晰复奏。另片奏请由使馆翻译外洋书籍等语。翻译西书，借以考证政治得失，亦为目前要图。罗丰禄、庆常、伍廷芳熟于英、法文字，就近购译，尤为便捷。著即选择善本，详加润色，务令中西文义贯通，陆续编译成书，汇送由总理衙门呈览。（《洋务档》）

同日，光绪帝又发电旨给驻英公使罗丰禄、驻法公使庆常、驻美公使伍廷芳等驻外公使：

> （93）英、美、日本各埠，流寓华民最多，亟应创立学堂，以广教育。著该大臣等即行妥筹劝办，议定章程，详晰复奏。至翻译西书，为方今要务。罗丰禄、庆常、伍廷芳熟于英、法文字，就近购译，尤为便捷。著即选择善本，陆续编译成书，咨送总理衙门

---

[1] 陈其璋该片见《军机处录副奏折》03-6402-042；光绪帝谕旨见该日《上谕档》。
[2] 总理衙门议复片见《军机处录副奏折》03-6510-052。该片由总理衙门会同户部议复，主张命总税务司"详察"华员，见有能"熟悉商情，通晓约章"者，直接派充副税务司，"藉资练习"。
[3] 廖寿丰该片见《朱批奏折》04-01-38-0204-007，《军机处录副奏折》03-5615-069。

呈览。[1]

除了设置侨民学堂外，另派使馆人员的翻译任务，这与大学堂译书局的工作有关。这两道谕旨当时虽未起作用，却是后来各使领馆办理侨校的先声。四、**各省茶务学堂、蚕桑公院**。光绪二十四年七月二十四日，刑部代奏该部主事萧文昭条陈，提出茶桑事务建策七条。[2] 七月二十六日（9月11日），光绪帝明发上谕：

> （94）刑部奏代递主事萧文昭条陈一折。中国出口货以丝茶为大宗，自通商以来，洋货进口日多，漏卮巨万，恃此二项尚堪抵制。乃近年出口之数锐减，若非亟为整顿，恐愈趋愈下，益无以保此利权。萧文昭所请设立茶务学堂及蚕桑公院，不为无见。著已开通商口岸及出产丝茶省分各督抚迅速筹议开办，以阜民生而固利源。（《上谕档》）

此时司员士民上书，由新任"参预新政"军机四章京处理，光绪帝很可能根据四章京的签条而下达此旨。五、**速成学堂**。光绪二十四年七月二十六日，日讲起居注官黄思永上奏"需才孔急请自筹垫款试办速成学堂折"，然这一天军机处起草的谕旨未得光绪帝之意，次日即二十七日（9月12日），光绪帝发下朱笔亲改的明发谕旨：

> （95）日讲起居注官黄思永奏筹款试办速成学堂一折。京师大小学堂业经先后降旨，谕令孙家鼐及五城御史分别举办。兹据奏称，小学堂收效尚缓，大学堂事属创举，开办不易，欲速不能，请自行筹款设立速成学堂，以期收效等语。（此处朱笔加"用意殊属可嘉"）著即准如所请，筹款试办，以为之倡。果有成效，再行扩充，仍（"仍"字朱笔删，并加"并当予以奖励。著"）俟开办后，察看

---

[1] 《清代军机处电报档汇编》，第2册，第85页。总理衙门"议复寓洋华人开设学堂折""拟令驻外使臣罗丰禄等各就使馆翻译西书片"，见《军机处录副奏折》03-9448-049、050。

[2] 萧文昭条陈见《戊戌变法档案史料》，第397—400页。

情形,随时具奏。(《上谕档》)[1]

六、**江阴南菁学堂**。光绪二十四年七月十一日,江苏学政瞿鸿禨上奏"江阴南菁书院遵改学堂并将书院沙田试办农学折"。[2]光绪帝于二十七日收到,明发谕旨:

> (96)瞿鸿禨奏江阴南菁书院遵改学堂,并将沙田试办农学一折。江阴南菁书院经前学政黄体芳创设,考课通省举贡生监。现既改为学堂,著准其照省会学堂之例,作为高等学堂,以资鼓舞。该书院原有自管沙田一顷,据称拟参用西法树蓻五谷果蔬棉麻等项,将未经围佃之地先行试办。如有实效,再行推广等语。学堂、农会相辅而行,洵为一举两得之道。该学政此奏具见筹画精详,留心时务,即著照议,认真办理,务收实效,毋托空言。(《上谕档》)

七、**蜀学堂**。蜀学堂是川籍京官内阁侍读杨锐等人所办。八月初四日(9月19日),管理大学堂大臣孙家鼐代奏杨锐等人条陈,光绪帝明发谕旨:

> (97)孙家鼐奏四川京官四品卿衔内阁候补侍读杨锐等,呈请于京师设立蜀学堂,专教京员子弟及留京举贡生监据呈代奏一折。川省地属边远,学堂规模诚恐未易遽臻美备。现经该省京员,就京师建立学堂,以开风气,京员举贡学业有成,即可为乡里师资,所拟办法亦甚切实,杨锐等均著传旨嘉奖。所有捐银二万两之二品顶戴记名道李征庸,关心时务,慨输巨款,洵属好义急公,著赏给头品顶戴。直隶津海关道李岷琛捐银二千两、云南候补道韩铣、兵部主事陈时利各捐银一千两,著一并传旨嘉奖。余著照所拟办理。该部知道。(《上谕档》)[3]

---

[1] 该谕旨原写"光绪二十四年七月二十六日","六"字由朱笔改为"七"字。黄思永该折见《军机处录副奏折》03-9450-020,原件有缺损。

[2] 瞿鸿禨该折见《军机处录副奏折》03-9450-023。江阴南菁中学今天仍是江苏省最好的中学之一。

[3] 孙家鼐代奏折、杨锐等人条陈,见《军机处录副奏折》03-9454-041、044。

除了未开设的"税则学堂"外,光绪帝的以上谕旨多有鼓励之意。在此风气之下,各地纷纷设立新式学堂,其中引人注目的,还有上海南洋公学和杭州求是书院。[1]

戊戌政变后,光绪帝设立学堂的谕旨并未被撤销,但新式学堂的建设明显地停顿下来。[2] 至清末新政时期,清朝政府大力推进新式学堂的建设,戊戌时期的教育改革谕旨正是这一浪潮的先声。

以上,光绪帝共发布明发、廷寄和电寄谕旨18道,大多为催促、鼓励之旨;另有交奕劻、孙家鼐、总理衙门"议复"或"酌办"的交片谕旨5道,朱批或下旨"依议"3道。最重要的谕旨(第81、82、84号)是由康有为所催生的。

## 15.《时务报》与近代报刊(6道)

光绪二十四年五月二十九日(1898年7月17日),光绪帝明发谕旨:

> (98)御史宋伯鲁奏请将上海《时务报》改为官报一折,著管理大学堂大臣孙家鼐酌核妥议,奏明办理。(《上谕档》)

又据该日《随手登记档》《上谕档》,光绪帝发下军机处朱笔条:"孙家鼐奏请刷印《校邠庐抗议》及宋伯鲁奏请将上海《时务报》改为《时务官

---

[1] 光绪二十四年四月二十四日,大理寺少卿盛宣怀上奏"筹集商捐开办南洋公学情形折"并附章程,光绪帝朱批:"该衙门知道,单并发";并上奏"请于公学内设译书局片",朱批:"著照所请办理";并上奏"肄业之廪、增、附生请一体免岁科两试片",朱批:"著照所请,礼部知道"。(盛宣怀"筹集商捐开办南洋公学情形折""肄业之廪、增、附生请一体免岁科两试片",见《戊戌变法档案史料》,第250—252页)南洋公学是交通大学之前身。光绪二十三年,浙江设立求是书院,兼习中西学,为新式学堂之始。光绪二十四年二月初八日,浙江巡抚廖寿丰上奏"浙江嘉善县在籍绅士朱采捐助求是书院经费请传旨嘉奖折",光绪帝二月二十五日收到,朱批:"朱采著传旨嘉奖。"(《朱批奏折》04-01-38-0188-027)求是书院是浙江大学之前身。

[2] 八月十一日,慈禧太后以光绪帝名义明发谕旨,取消了许多改革举措,但保留了大学堂和小学堂:"大学堂为培植人才之地,除京师及各省会业已次第兴办外,其各府州县议设之小学堂,著该地方官察酌情形,听民自便。其各省祠庙不在祀典者,苟非淫祀,著一仍其旧,毋庸改为学堂,致于民情不便。"(《上谕档》)

报》,均改写明发谕旨。"此类交议的谕旨,一般写为交片谕旨,军机处也已拟旨;光绪帝特命将"交片"改为"明发",不仅让孙家鼐知道,也让能看到《邸报》的人都知道这一消息。光绪帝用此方式来表明其支持的姿态。

甲午战败后,人心思变,上海等地办起了许多政论性报刊,最为著名的是《时务报》。主笔梁启超以其激荡人心的文字呼唤着变法,使之风行于世,得到了许多官员与士人的支持,也引起了光绪帝的注意。[1]然因张之洞与康有为在政治学说和学术思想上的对立,《时务报》经理汪康年在张之洞的支持下逼走了梁启超,康有为一派对此极为不满。[2]五月二十九日,御史宋伯鲁上奏由康有为起草的"请将《时务报》改为官报折",其意图是让光绪帝下旨,派梁启超接管该报。[3]此即上引明发谕旨(第98号)之由来。孙家鼐是政治经验丰富的老官僚,奉旨后将计就计,于六月初八日(7月26日)上奏"遵议《时务报》改官报并拟章程折",同意将《时务报》改为官报,但提名康有为前往上海主持,乘机将康"请"出北京。[4]光绪帝明发上谕:

> (99)孙家鼐奏遵议上海《时务报》改为官报一折。报馆之设,所以宣国是而达民情,必应官为倡办。该大臣所拟章程三条,均属周妥。著照所请,将《时务报》改为官报,派康有为督办其事。所出之报,随时呈进。其天津、上海、湖北、广东等处报馆,凡有报单,均著该督抚咨送都察院及大学堂各一分。择其有关时事者,由

---

[1] 六月十八日,张元济致沈曾植信称:光绪帝"近且阅《时务报》(诏总署按期呈进)、《官书局报》(朱批曰'平淡无奇')、同文馆所译《新报》(嫌太少,令多译)矣"。(《张元济全集·书信》,第2卷,第225页)可见光绪帝对《时务报》比较满意。光绪帝于五月十五日召见梁启超后,曾命梁进呈《变法通议》,今故宫博物院仍藏有《变法通议》的进呈本。(相关的研究,参见拙文:《梁启超〈变法通议〉进呈本阅读报告》,《近代史研究》2016年第6期;《戊戌时期康有为、梁启超的思想》,第521—537页)
[2] 相关的研究,参见拙文:《张之洞档案阅读笔记之四:张之洞与〈时务报〉〈昌言报〉——兼论张之洞与黄遵宪的关系》,《中华文史论丛》2011年第2期;《戊戌变法的另面——"张之洞档案"阅读笔记》,第237—298页。
[3] 宋伯鲁"请将《时务报》改为官报折",《康有为变法奏章辑考》,第297—300页。
[4] 孙家鼐"遵议《时务报》改官报并拟章程折",见《军机处录副奏折》03-9447-070;又见《丛刊·戊戌变法》,第2册,第432—433页。

大学堂一律呈览。至各报体例，自应以胪陈利弊、开广见闻为主，中外时事均许据实昌言，不必意存忌讳，用副朝廷明目达聪、勤求治理之至意。所筹官报经费，即依议行。(《洋务档》)

该谕旨完全按照孙家鼐的提议，光绪帝没有识破孙的用意。然而，《时务报》改官报毕竟是一重大事件，也是中国第一家官方报刊。

康有为奉到谕旨后，于六月十三日通过军机大臣廖寿恒代递"恭谢天恩条陈办报事宜折""请定中国报律片"，对孙家鼐奏折多有驳斥，并要求拨给开办经费。[1] 由于康有为条陈不是通过正式渠道上达的，军机处拟旨有程序上的麻烦，光绪帝告诉廖寿恒，让康有为向孙家鼐提出。二十二日（8月9日），孙家鼐上奏"遵议《时务报》改为《官报》请拨官款折"，起首便称："本月十六日工部主事康有为转传军机大臣面奉谕旨：'令将筹办官报事宜，与孙家鼐说。'臣询之，康有为云……"结尾又称："臣以为康有为所筹事尚可行，请俯如所请。"中间的内容皆是康有为的意思。[2] 孙家鼐该折充满着怨气，五月二十九日孙家鼐奉到交片谕旨，"传知"康有为将《孔子改制考》中"孔子称王"内容删除（参见本节第10目，第55号谕旨），此次康有为向孙家鼐"传知"光绪帝口谕，完全调换了身份，与两人的地位也极不相配。光绪帝明发上谕：

（100）前据孙家鼐奏遵议上海《时务报》改为官报，请派康有为督办其事，并据廖寿恒面奏，嗣后办理官报事宜，应令康有为向孙家鼐商办，当经谕令由总理衙门传知康有为遵照。兹据孙家鼐奏陈官报一切办法。报馆之设，义在发明国是，宣达民情。原于古者陈诗观风之制。一切学校、农商、兵刑、财赋均准胪陈利弊，借为鞀铎之助，兼可翻译各国报章，以备官商士庶开扩见闻，其于内政

---

[1] 康有为："恭谢天恩条陈办报事宜折""请定中国报律片"，《康有为变法奏章辑考》，第312—316页。

[2] 《戊戌变法档案史料》，第454页；黄彰健：《康有为戊戌真奏议》，台北"中研院"历史语言研究所，1974年，第58页。康有为自称为孙家鼐"草折"，黄彰健、孔祥吉对此认可，我也是同意的。相较于康有为六月十三日请廖寿恒代递的条陈，孙家鼐已经做了最大限度的压缩。

外交裨益非浅。所需经费，自应先行筹定，以为久远之计。著照官书局之例，由两江总督按月筹拨银一千两，并另拨开办经费六千两，以资布置。各省官民阅报，仍照商报例价，著各督抚通核全省文武衙门、差局、书院、学堂应阅报单数目，移送官报局。该局即按期照数分送。其报价著照湖北成案，筹款垫解至报馆。所著论说，总以昌明大义，抉去壅蔽为要义，不必拘牵忌讳，致多窒碍。泰西律例，专有《报律》一门，应由康有为详细译出，参以中国情形，定为报律，送交孙家鼐呈览。(《洋务档》)

该谕旨起首说明命康有为向孙家鼐"商办"的原委，颇有安慰孙之意；谕旨中关于经费、《报律》按照孙家鼐奏折。谕旨中另有两段，是孙家鼐奏折所未言："报馆之设，义在发明国是，宣达民情。原于古者陈诗观风之制。一切学校、农商、兵刑、财赋均准胪陈利弊，借为韬铎之助，兼可翻译各国报章，以备官商士庶开扩见闻，其于内政外交裨益非浅。""所著论说，总以昌明大义，抉去壅蔽为要义，不必拘牵忌讳，致多窒碍。"这些话更像是康有为所言。再查当日军机处《随手登记档》记："发下康有为折片各一件"，自然是六月十三日康有为通过廖寿恒代递的条陈。军机处拟旨时，这两段话也参考了康有为条陈。[1] 二十九日（8月16日），孙家鼐上奏由梁启超所拟译书局章程，光绪帝下旨同意（参见本节第3目），同时提到了大学堂与《时务官报》的经费：

（23）……其大学堂及时务官报局亟应迅速开办，所需经费，如有不敷，准由孙家鼐一并随时具奏。(《上谕档》)

据军机处《随手登记档》，孙家鼐后来没有上奏增加《时务官报》经费的奏折。

---

[1] 军机处《随手登记档》在"发下康有为折片各一件"记录之后，还有一行小字："见面带下，次日见面带上。"这一记录说明，军机大臣在见面时发下康有为的条陈，第二天军机大臣见面时又缴还给光绪帝。又由于发下的折片军机章京须照例录副，录副本即注明发下的日期。《戊戌变法档案史料》录有该折片，见该书第451—453页，并注明时间是六月二十二日。

汪康年得知《时务报》旨命改官报后，急谋对策。他与张之洞等人商议后，改《时务报》为《昌言报》，于七月初一日抢先出版，准备"仅留空名"给康有为。康有为得知消息，发电两江总督刘坤一，要求"禁发报"。刘坤一于七月初五日发电朝廷，请示办法。[1] 初六日（8月22日），光绪帝发电旨给原湖南长宝盐法道、新任驻日本公使黄遵宪：

> （101）刘坤一电称，康有为电，奉旨改《时务报》为官报，汪康年私改为《昌言报》，抗旨不交等语。该报馆是否创自汪康年，及现在应如何交收之处，著黄遵宪道经上海时查明原委，秉公核议电奏，毋任彼此各执意见，致旷报务。[2]

光绪帝派黄遵宪调查此事，是一合适的人选，看来他对《时务报》内部事务也有一定的了解。黄遵宪到上海后持平办理，引起了张之洞的极大不满。

七月二十七日（9月12日），翰林院侍讲学士瑞洵上奏多道奏折，其中一道为"报馆宜遍设请敕实力劝办折"[3]，光绪帝明发谕旨：

> （102）瑞洵奏请遍设报馆实力劝办一折。报馆之设，原期开风气而扩见闻。该学士所称现商约同志于京城创设报馆，翻译新报，为上海官报之续等语。即著瑞洵创办以为之倡。此外官绅士民并著顺天府、五城御史切实劝办，以期一律举行。（《上谕档》）

光绪帝明确表示对创设报馆的支持态度。

戊戌政变后，局势大变。八月十一日，慈禧太后以光绪帝的名义下达一道全面反攻倒算的谕旨，其中一段涉及《时务报》："《时务官报》无裨治体，徒惑人心，并著即行裁撤。"（《上谕档》）二十四日，慈禧太后

---

[1] 刘坤一电报称："顷康有为电，奉旨改《时务报》为官报，汪康年私改为《昌言报》，抗旨不交，望禁发报云。应如何办理，请钧示。坤。歌。"（《总理衙门清档·收发电》01-38）

[2] 《清代军机处电报档汇编》，第2册，第86页。

[3] 瑞洵"报馆宜遍设请敕实力劝办折"，见《军机处录副奏折》03-9450-038。

下达多道取消改革谕令的谕旨,其中一道明发谕旨涉及报馆:

> 莠言乱政最为生民之害。前经降旨将《官报》、《时务报》一律停止。近闻天津、上海、汉口各处,仍复报馆林立,肆口逞说,捏造谣言,惑世诬民,罔知顾忌。亟应设法禁止。著各该督抚饬属认真查禁。其馆中主笔之人,率皆斯文败类,不顾廉耻,即由地方官严行访拿,从重惩治,以息邪说而靖人心。(《上谕档》)

这是一道极其严厉的谕旨,下发原因不详。然此时的报馆设在天津、上海、汉口等处租界之中,清朝并无相应的行政权力,也没有真正实行。

以上,光绪帝共发布明发、电寄谕旨6道;其中最重要的将康有为"请"出北京的谕旨(第99号),是由孙家鼐所促发的。而前5道谕旨的内容非为改革,而是康有为与汪康年(张之洞)之间、孙家鼐与康有为之间的斗法。另有慈禧太后停止《时务报》等报馆、"访拿""主笔"的谕旨2道。

## 16.《校邠庐抗议》《劝学篇》《校邠庐抗议别论》(6道)

光绪二十四年五月二十九日(1898年7月17日),光绪帝明发谕旨:

> (103)孙家鼐奏敬陈管见一折。据称,原任詹事府中允冯桂芬《校邠庐抗议》一书最为精密,其书板在天津广仁堂,请饬刷印颁行等语。著荣禄迅即饬令刷印一千部,克日送交军机处,毋稍迟延。(《上谕档》)

该谕旨是对孙家鼐上奏"请将冯桂芬所著《校邠庐抗议》印行折"的回应。[1] 为了强调其重要性,光绪帝专门写了朱笔条,要求将此已写成"廷

---

[1] 孙家鼐"请将冯桂芬所著《校邠庐抗议》印行折",见《丛刊·戊戌变法》,第2册,第430页。孙家鼐称:"臣昔侍从书斋,曾以原任詹事府中允冯桂芬《校邠庐抗议》一书进呈。"

寄"的谕旨,"改写明发上谕",以让更多的官员与士子知道。(参见本节第 15 目)《校邠庐抗议》是前詹事府中允冯桂芬(1809—1874)完成于咸丰十一年(1861)的著作,主张采用部分西法改变中国旧制。翁同龢、孙家鼐皆以此书教授光绪帝。[1]孙家鼐此时要求印行《校邠庐抗议》,是想给进行中的变法定下思想的基调,亦有对抗康有为思想之意。同日,孙家鼐还上奏多道折片,其中"译书局编译各书宜由管学大臣进呈并请禁止悖谬之书折",严厉攻击康有为"孔子改制称王"论,要求"明降谕旨亟令删除"。(参见本节第 10 目,第 55 号谕旨)

六月初四日,军机处收到荣禄发来最先印出的《校邠庐抗议》100部。[2]初六日(7月24日),军机处上奏"递应颁各衙门《校邠庐抗议》数目单"[3],光绪帝明发谕旨:

> (104)前据孙家鼐奏请,将冯桂芬所著《校邠庐抗议》一书刷印发交部院等衙门签议,当经谕令荣禄迅速刷印咨送。兹据军机大臣将应行颁发各衙门及拟定数目开单呈览,即著按照单开,俟书到后颁发各衙门,悉心核看,逐条签出,各注简明论说,分别可行、不可行,限十日内咨送军机处,汇核进呈,以备采择。(《上谕档》)

---

〔1〕 光绪十五年,翁同龢、孙家鼐以《校邠庐抗议》教授光绪帝,光绪帝还挑出其中六篇,装订成册,可见其"留意讲求"。(《翁同龢日记》,第 5 卷,第 2293、2297、2370—2371 页)
〔2〕 六月初四日,总理衙门片行军机处:"本年六月初三日接准北洋大臣文称,饬令刷印《校邠庐抗议》,先行送交军机处壹百部,其余玖百部一俟刷齐,即行续解等因。除已片行景运门值班护军统领即饬东华门值班官兵今早查验放入外,相应将《校邠庐抗议》壹百部片送贵处,查核转呈可也。"十一日,直隶总督荣禄咨呈军机处:"查前奉谕旨饬令刷印冯桂芬《校邠庐抗议》一千部解京备用等因,当经饬令广仁堂先后刷印六百部解送在案。兹又据该堂刷印四百部装订成书,相应派员迅速解交贵处查收,代为呈进。"(以上见《军机处录副奏折》03-9447-062、076)据此,该书一千部当在十二、十三日已全数交送军机处。
〔3〕 该日军机处《随手登记档》另注有一行小字:"见面带上、带下,次日复递上。"说明该奏片在军机大臣见光绪帝时带上带下的过程,值得注意的是第二天再次带上。军机处《上谕档》录有该奏片的文字:"宗人府、内阁、翰林院、吏部、户部、礼部、兵部、刑部、工部、都察院、总理各国事务衙门,以上衙门拟请颁发《校邠庐抗议》各四十部。理藩院、大理寺、国子监、步军统领衙门、顺天府、仓场衙门,以上衙门拟请颁发《校邠庐山抗议》各二十部。通政司、太常寺、光禄寺、太仆寺、鸿胪寺、钦天监、太医院、銮仪卫,以上衙门应否颁发,候旨遵行。"

该谕旨令上中层京官对《校邠庐抗议》作出"简明论说",对书中"公黜陟议"等42议逐条说明"可行""不可行",并限定日期为"十日"。这些具体方法与时限,应是根据孙家鼐的建议。十三日,御史曾宗彦上奏"签说《校邠庐抗议》请展期限折",言辞极为诚恳,光绪帝仍然没有同意,仅下旨"存"。[1]

在光绪帝的严令下,六月二十日,军机处收到翰林院咨文:"缴回签注《校邠庐》三十八部"。二十四日,军机处递光绪帝"各衙门送到签注《校邠庐抗议》数目单":

> 宗人府,十部。内阁,十二部,说帖二十八分。翰林院,三十八部,说帖一分。吏部,十一部。户部,二十四部,说帖八分。礼部,八部。兵部,十五部。刑部,二十二部,说帖十分。工部,一部,说帖五十九分。都察院,四十部。总理各国事务衙门,四部。理藩院,十九部。大理寺,八部。国子监,十九部。仓场,三部。步军统领衙门,五部。顺天府,十二部。(《上谕档》《随手登记档》)

七月初三日,军机处递光绪帝"各衙门签注《校邠庐抗议》名单":

> 内阁:李鸿章、昆冈、崇宽、崇勋、寿耆、阔普通武、绵文、准良。吏部:徐桐、孙家鼐、熙敬、崇光、徐用仪、溥善、徐会沣。户部:溥良、立山、敬信、张荫桓。礼部:怀塔布、许应骙、堃岫、溥颋。兵部:徐郙、杨颐、文治、容惠。刑部:崇礼、阿克丹、赵舒翘、文琳、梁仲衡。工部:淞溎、凤鸣。理藩院:启秀、清锐、会章。都察院:裕德、徐树铭、奕秌、徐承煜、良培、曾广汉。仓场:长萃、李端棻。国子监:熙元、吴树梅、贻谷、特图慎、庞鸿文。大理寺:明桂、景沣。翰林院:王锡蕃、文海、陈秉和、载莘、李昭炜、高赓恩、秦绶章、黄思永、惠纯、李士鉁、恽毓鼎、王塿。步军统领衙门:英年。以上各衙门堂官签注共六十五部,各衙门司

---

[1] 曾宗彦"签说《校邠庐抗议》请展期限折",见《军机处录副奏折》03-9448-005;光绪帝旨意见该日《上谕档》。

员签注共一百八十六部。说帖：内阁，二十八分。翰林院，一分。户部，八分。刑部，十分。工部，五十九分。以上各衙门司员说帖一百零六分。(《上谕档》《随手登记档》)

在清朝的历史上，没有一部著作得到如此广泛的讨论。[1]而这些由上中层京官精心结撰的签注与说帖，数量如此之大，光绪帝肯定没有时间全数详阅。据军机处《随手登记档》，光绪帝仅调阅了四本：七月初三日"递孙家鼐、张荫桓等签《抗议》各一部"，初四日"递李鸿章、许应骙签《抗议》各一部"。

就在京城上中层官员正在认真批阅《校邠庐抗议》之时，光绪帝又推出了另一部著作，张之洞的《劝学篇》。

先是浙江巡抚廖寿丰保举翰林院侍讲黄绍箕为"使才"，六月初一日，光绪帝召见之。[2]黄绍箕在召见时向光绪帝推荐了《劝学篇》，光绪帝命其进呈。初六日，黄绍箕通过翰林院向军机处致送《劝学篇》2本并副本40本。[3]初七日（7月25日），翰林院代奏黄绍箕的呈文，光绪帝明发谕旨：

（105）本日翰林院奏侍讲黄绍箕呈进张之洞所著《劝学篇》据呈代奏一折。原书内外各篇，朕详加披览，持论平正通达，于学术人心大有裨益。著将所备副本四十部由军机处颁发各省督、抚、学

---

〔1〕相关的研究参见李侃、龚书铎：《戊戌变法时期对〈校邠庐抗议〉的一次评论——介绍故宫博物院明清档案部所藏〈校邠庐抗议〉签注本》，《文物》1978年第7期。

〔2〕参见光绪二十四年五月三十日《随手登记档》《上谕档》。黄绍箕召见时间据《光绪二十四年京官召见单》，《宫中杂件》（旧整），第915包。

〔3〕翰林院咨行军机处文："翰林院为咨送事。本院侍讲黄绍箕遵旨进呈湖广总督张之洞编纂《劝学篇》二部，并备副本四十部，相应咨送贵处备查可也。须至咨者：计送《劝学篇》四十部。右咨汉军机处。光绪二十四年六月初六日。"（《军机处录副奏折》03-7202-048）可见黄绍箕进呈《劝学篇》是"遵旨"，当为召见时面谕。杨锐致张之洞密信称："《劝学篇》已由仲贤进呈，上谕令即交军机大臣。黄嫌与康同，仍由翰林院代进。其奏对诸语，想已具渠函中，不复赘述。"（参见拙文：《张之洞档案阅读笔记之二：张之洞与杨锐——兼谈孔祥吉发现的"百日维新密札"作者》，《中华文史论丛》2010年第4期；《戊戌变法的另面——"张之洞档案"阅读笔记》，第166—173页）杨锐说是"上谕令"。黄绍箕给张之洞的信件，我在中国历史研究院图书档案馆所藏"张之洞档案"中未发现。

政各一部,俾得广为刊布,实力劝导,以重名教而杜厄言。(《上谕档》)

张之洞《劝学篇》分内外篇共24章,长达五万余言,光绪帝又如何在当日即"详加披览"?我个人推测,六月初一日黄绍箕觐见时很可能当面进呈一部。[1]光绪帝这次没有将该书交发给上中层京官批阅,而是下发到各省,"广为刊布",直接向民间推行。七月初六日(8月22日),光绪帝又下交片谕旨:

(106)《劝学篇》一书,著总理衙门排印三百部。内《明纲》一篇自"议婚有限"至"皆不为婚"二十一字、注语自"七等"至"无为婚者"三十四字著删去,余俱照原文排印。(《上谕档》)

删去的内容,是总理衙门大臣、户部侍郎张荫桓觐见时的提议。[2]"排印三百部"之命,很可能与"由军机处颁发各省督、抚、学政各一部"的谕令有关,从当时设置的行省来看,若"各省督、抚、学政各一部",原呈四十部自是不够,而由总理衙门排印的《劝学篇》,将成为各省"广为刊布"的"善本"。张之洞刊布《劝学篇》,当时有着两重用意:一是针对官场中的守旧势力,二是针对当时风头正健、传播甚广的康有为一派的思想。光绪帝的谕旨又使《劝学篇》成了晚清印数最大的书籍之一。

七月初十日(8月26日),翰林院代奏编修陈鼎《校邠庐抗议别论》,光绪帝明发上谕:

---

[1] 六月初七日,军机处《随手登记档》录:"翰林院代递侍讲黄绍箕呈进书籍由。一、原呈。"又录:"翰林院致军机处咨文一件。《劝学篇》四十部。"翰林院咨文前注已录,但翰林院的奏折和黄绍箕"呈文",档案中未捡出,无法验证黄绍箕觐见时的言论与做法。光绪帝上谕中"持论平正通达,于学术人心大有裨益","以重名教而杜厄言",不是当即立可得出的结论。

[2] 光绪二十四年七月初五日,张荫桓觐见。他在日记中称:"……又及鄂督《劝学篇·明纲篇》中述西俗婚配一段,若删去则成善本,请颁行天下,俾得家喻户晓,裨益良多。上颔之……返寓。睡起,仲山来传旨,饬观《劝学篇》,所删大小字用红签粘出。上诚精细矣,钦佩无量……"(《张荫桓戊戌日记手稿》,第254—255页)从张的行文中可以看出,光绪帝的手边应有一部《劝学篇》,即可随时翻阅。

（107）翰林院奏编修陈鼎进呈《校邠庐抗议别论》四十八篇据呈代奏一折。该编修所著论说其中有无可采之处，著军机大臣会同总理衙门王、大臣悉心阅看，妥议具奏。（《上谕档》）

陈鼎所撰《别论》，是其签注《校邠庐抗议》的产物。陈鼎在签注时多有心得，即仿冯书体例，自撰新著，共有48议。同日，光绪帝又发给翰林院交片谕旨：

（108）本日翰林院代递编修陈鼎所著《校邠庐抗议别论》一书，已有旨交军机大臣会同总理衙门王、大臣阅看议奏矣。该编修《别论》一书，著传知该员再行呈进一部，即由翰林院咨送军机处以备呈览，毋庸由翰林院具折。（《上谕档》）

陈鼎进呈之书，仅是一部，光绪帝将之发下军机处后，手中已无书，故命陈鼎再送一部，以备其自我阅看。[1] 同日，军机处给慈禧太后奏片称：翰林院"呈进编修陈鼎《校邠庐抗议别论》折、书一部，奉明发谕旨一道。所呈书籍现在交议，俟钞录后呈览"。[2] 而军机大臣、总理衙门大臣后来是否"悉心阅看""妥议具奏"，我在档案中找不到线索。根据严密的清朝档案制度，根据当时军机处、总理衙门大臣的繁忙程度，我以为，军机大臣、总理衙门大臣当属未上奏。

由此可见，冯桂芬《校邠庐抗议》、张之洞《劝学篇》是光绪帝所认可的变法依据，也是光绪帝的思想指导。对于冯桂芬的著述，光

---

[1] 据该日军机处《随手登记档》记："一、代奏编修陈鼎《校邠庐抗议别论》由。一、书本。"下面另有一行小字："十一日随手递上，十二日发下。"即陈鼎进呈之书在军机处，由军机大臣和总理衙门大臣"悉心阅看"，光绪帝命其另呈一部，应是供其自己阅看。相关的研究，可参见孔祥吉：《晚清知识分子的悲剧——从陈鼎和他的〈校邠庐抗议别论〉谈起》，《历史研究》1996年第6期。孔祥吉称陈鼎七月初一日、初十日两次进呈，又称光绪帝"令陈再将《别论》誊写10部"，似为误。《校邠庐抗议别论》今有刊本，见《晚清四部丛刊》，第六编，（台中）文听阁图书有限公司，2011年，第64册。

[2] 军机处奏片见该日《上谕档》。又，七月二十一日，军机处再上慈禧太后奏片："据翰林院编修陈鼎呈进《校邠庐抗议别论》一套四本，谨将原书恭呈慈览。"（见该日《上谕档》）

绪帝还有所保留，对于张之洞的思想，则是直接推广，"以重名教而杜厄言"。

以上，光绪帝共有明发、交片谕旨6道，其中最重要的谕旨（第103、105号）是分别由孙家鼐、黄绍箕所催生的。

## 17. 重建海军（2道）

光绪二十四年六月初十日（1898年7月28日），光绪帝发出廷寄谕旨给各将军督抚：

> （109）国家讲求武备，非添设海军、筹造兵轮，无以为自强之计。兹经召见裕禄，询以福州船厂情形。据奏，工匠机器一切均足以资兴造，惟所需款项较钜，必须于原拨常年经费外，另酌的款，按年拨解，庶足备制造船炮之用。著各该将军督抚遵照单开指拨数目，妥筹办理。方今时势艰难，朕宵旰焦劳，力求振作，思御外侮，则整军经武难再视为缓图。各该督抚受恩深重，睠目时艰，亦当仰体朕怀，协力同心，急其所急。当此度支匮乏，艰于拮注，惟于无可设法之中力筹拨济，如厘金之剔除中饱，局务之酌量归并。皆当破除情面，实力筹维。倘指款实有不敷，除应解各项京饷暨应还洋款不准擅动外，其余无论何款，准其移缓就急，如数拨解，不准托词延宕。国计安危所系，我君臣宜相感以诚，同维大局，用副朕殷殷训诲之至意。仍将遵办缘由，于接奉此旨十日内，先行电奏，以慰廑系。原单著抄给阅看。将此各谕令知之。(《上谕档》)

这道谕旨的产生原因是新任军机大臣裕禄的面奏。先是光绪二十四年四月二十七日，军机大臣、总理衙门大臣、户部尚书翁同龢被罢免，光绪帝同日发出电旨："四川总督裕禄现在行抵何处，著迅速来京陛见。"[1] 五月十九日，光绪帝召见裕禄。二十三日，命裕禄为军机大臣，署理镶蓝旗汉军都统。

---

[1]《清代军机处电报档汇编》，第2册，第72页。

裕禄曾于光绪二十一年至二十三年任福州将军，兼任船政大臣。光绪二十三年十一月，裕禄改任四川总督，在赴任途中被召京。裕禄任军机大臣后，与光绪帝见面很方便，即在召见时向光绪帝进言，要求以福建船政局为基础，重建海军，光绪帝亦有面谕之旨。六月初十日，军机处上奏片：

> 谨查现拟先立海军一军，须大小船三十四号。除已有穹甲快船等十三只外，尚应添造马力八千二百匹之一等守口甲船一只，马力四千二百匹之二等守口甲船二只，二等鱼雷艇十八只，计共约需银六百七十万两上下。臣等谨拟裁沿海一带额设绿营师船，酌拨南北洋机器局经费，裁并各省冗局，各省厘金剔除中饱，统共每年约可提拨一百八十余万两。臣等谨就各省酌定数目缮单呈览，伏候命下，再拟寄信谕旨，饬下各省钦遵。如所指前款不敷提拨，拟令各省查照除应需各项正款外，各就本省再提余款，如数拨足，以备造船之用。限四年告成。为此谨奏。

与该片同上的，还有清单：

> 直隶二十万两。奉天五万两。江苏二十五万两。安徽五万两。江西八万两。福建十万两。浙江八万两。湖南十万两。湖北十五万两。河南五万两。山东五万两。山西五万两。陕西五万两。四川十万两。甘肃五万两。吉林五万两。出使经费三十万两。淮盐督销局十二万两。[1]

根据军机处的奏片和清单，光绪帝发出上引给各将军督抚的廷寄谕旨（第109号）。光绪帝欲重建海军，在经费上依赖各省的交款，是很不可靠的；在技术上依靠福州船政局的造舰能力，即在军事上也不具备与列强相抗的能力。由于政变很快发生，此项谕旨似乎后来未生效，福建船

---

[1] 军机处奏片与清单，见《上谕档》，光绪二十四年六月初十日。

政局没有建造"一等守口甲船"和"二等守口甲船"。[1]各省军费上交数额，我尚未查全，但在庚子事变之后，此事已属不可能。[2]

六月二十三日（1898年8月10日），光绪帝明发谕旨：

> （110）中国创建水师，历有年所。惟是制胜之道，首在得人。欲求堪任将领之才，必以学堂为根本。应如何增设学额，添置练船，讲求驾驶，谙习风涛，以备异日增购战船，可期统带得力。著南、北洋大臣及沿江沿海各将军督抚，一体实力筹办，妥议具奏。至铁路、矿务，为目今切要之图。造端伊始，亟应设立学堂，预备人材，方可冀收实效。所有各处铁路扼要之区暨开矿省分，应行增设学堂，切实举办之处，著王文韶、张荫桓悉心筹议，奏明办理。（《洋务档》）

从档案中还看不出这道谕旨是由何人何事所催发。但在当时的气氛中，产生这道谕旨似属必然。根据这道谕旨，北洋大臣直隶总督荣禄、南洋大臣两江总督刘坤一、闽浙总督边宝泉、两广总督谭钟麟、山东巡抚张汝梅、盛京将军依克唐阿、湖广总督张之洞，甚至浙江、江西、安徽、湖南四省巡抚等人，皆是相关的责任人，我没有查清这些人的议复奏折，但清末海军学校的建设并没有因为这道谕旨而发生大的变化。（该谕旨关于铁路、矿务学堂的内容，参见本节第21目）

以上，光绪帝共发布廷寄、明发谕旨2道，最主要的谕旨（第109号）是由裕禄所催生的。

---

[1] 光绪二十三年（1897）起，福建船政局根据法国设计师的图纸，建造同型鱼雷快舰"建安号""建威号"两艘，排水量860吨，6500马力，航速23节。单舰造价约银64万两。主要机件与钢材皆进口。两舰分别于光绪二十五年、二十六年下水。进入民国后，两舰进行改装，分别命名为"大同""自强"。两舰于1937年自沉江阴。此两舰与"一等守口甲船""二等守口甲船"不相干。

[2] 光绪二十四年七月初六日，总理衙门收陕甘总督陶模电："奉军机处寄上谕，筹造兵轮，另筹的款等因。钦此。即饬司按照单开五万两，如数筹拨，电知福州将军，由闽关协饷内截留应用。乞代奏。陶模。东。"（《总理衙门清档·收发电》01-38）

## 18. 删订《则例》（5道）

光绪二十四年六月十一日（1898年7月29日），光绪帝明发谕旨：

> （111）李端棻奏请删改《则例》等语。各衙门咸有例案，勒为成书，颛若画一，不特易于遵行，兼可杜吏胥任意准驳之弊，法至善也。乃阅时既久，各衙门例案太繁，堂司各官不能尽记，吏胥因缘为奸，舞文弄法，无所不至。时或舍例引案，尤多牵混附会，无论或准或驳，皆持例案为藏身之固。是非大加删订，使之归于简易不可。著各部院堂官督饬司员，各将该衙门旧例细心紬绎。其有语涉两歧、易滋弊混，或貌似详细、揆之情理实多窒碍者，概行删去。另定简明则例，奏准施行。尤不得借口无例可援，滥引成案，致启弊端。如有事属创办，不能以成例相绳者，准该衙门随时据实声明，请旨办理。仍按衙门繁简，立定限期，督饬司员迅速办竣具奏。（《上谕档》）

前文已叙，六月初六日，仓场侍郎李端棻上奏由梁启超所拟的"敬陈管见折"，共有四条建策："御门誓众""开懋勤殿""派朝士回乡办学""改定六部之则例"。光绪帝命奕劻、孙家鼐会同军机大臣"切实核议具奏"。奕劻、孙家鼐采用"柔性"对抗方式，驳回"御门誓众""开懋勤殿"两项，对"派朝士回乡办学"，改为由督抚挑选在籍绅士管理学堂（参见本节第14目，第83号谕旨）；而对"改定六部之则例"则全行放开。[1] 光绪帝由此明发谕旨（第111号）。谕旨的内容很可能来自李端棻的奏折。

删订《则例》的谕旨下发后，各部虽有所行动，但极为缓慢。六月二十七日（8月14日），理藩院上奏"删订《则例》派员办理折"，光绪

---

[1] 李端棻的奏折在档案中未捡出，从奕劻、孙家鼐"说片"可知大概内容。关于删改《则例》，奕劻"说片"称："第四条请删减《则例》以杜胥吏之奸。奴才以为，胥吏舞弊由于则例繁多，亦由于司官不能熟谙《则例》，若将《则例》稍从删减，再令各司官皆熟谙《则例》，遇事不必询胥吏，而胥吏自不能舞弊矣。"孙家鼐"说片"称："其第四条意在删减则例。查事多窒碍，惟在吏胥舞文，困君子而便小人，无不因缘例案，应行照办，以杜弊端。"（两人"说片"见《军机处录副奏折》03-9447-074、075）

帝发下交片谕旨:

> (112)理藩院奏删订《则例》酌派司员办理一折,著依议行。即由该堂官督饬所派司员迅速认真删订,务须简明赅括,卷帙无取繁多。总期尽人易晓,吏胥无从高下其手,始为尽善。(《上谕档》)

同日,理藩院又上"筹拨《则例》(馆)经费片",光绪帝下旨"知道了"。[1] 七月初八日(8月24日),光绪帝对各部的行动极为不满,再次明发上谕:

> (113)前经谕令各衙门删订《则例》,并令各堂官督饬司员限期速办。现已将匝月,著各衙门将办理情形先行具奏。(《上谕档》)[2]

十二日,刑部上奏"删订《则例》现饬司员赶办折",光绪帝下旨"依议"。[3] 十三日,兵部上奏"删改《则例》情形折",光绪帝下旨"依议"。[4] 同日,工部上奏"删改《则例》情形折",光绪帝下旨"知道了"。[5] 十六日(9月1日),吏部上奏"删改《则例》情形并派司员办理折",户部上奏"删定《则例》办理情形折""请在本部堂官中简派一员专司勘定折"[6],光绪帝明发上谕:

---

[1] 理藩院"删定《则例》派员办理折""筹拨《则例》(馆)经费片",在档案中皆未捡出,光绪帝谕旨见该日《随手登记档》《上谕档》。

[2] 这一天,光绪帝召见了御史宋伯鲁和刑部郎中俞炳煇,不知与此旨是否有关系。宋伯鲁、俞炳煇皆是"俸满截取""保送堪胜烦〔繁〕缺知府"之员。("吏部为宋伯鲁、俞炳煇带领引见奉旨致军机处知照",《军机处录副奏折》03-5363-041)

[3] 刑部"删订《则例》现饬司员赶办折",见《军机处录副奏折》03-7174-024;光绪帝谕旨见该日《上谕档》《随手登记档》。

[4] 兵部"删改《则例》情形折",见《军机处录副奏折》03-7174-025;光绪帝谕旨见该日《上谕档》《随手登记档》。

[5] 工部"删改《则例》情形折",见《军机处录副奏折》03-7174-026;光绪帝谕旨见该日《上谕档》《随手登记档》。

[6] 吏部"删改《则例》情形并派司员办理折"见《军机处录副奏折》03-9449-002;户部上奏"删定《则例》办理情形折""请在本部堂官中简派一员专司勘定折",见《军机处录副奏折》03-9449-003、004。

> （114）吏部、户部奏遵旨删订《则例》具奏办理情形各一折。各衙门例案太繁，业经谕令迅速删定。吏部铨选、处分二项，头绪纷纭，户部收支款项名目繁多，一切章程难免歧异。著各该堂官督饬司员悉心删订，务极简明，将核定例章依照史表，分门别类，列为一表，俾阅者一目了然，吏胥无从舞文弄法。至此项底本，即著该堂官公同核办，户部所请专派堂官一员勘定之处，应毋庸议。（《上谕档》）

这道谕旨又提出了分类编"表"之规定，但仅适用于吏、户两部，第二天，十七日（9月2日），光绪帝再次明发上谕，将之推广到各衙门：

> （115）昨据吏部、户部奏删订《则例》办理情形，当经谕令将核定例章仿照史表，分门别类，列为一表，使人易晓。因思删订《则例》，各衙门均当照此办理，以归划一。著该堂官等督饬司员，悉心编辑，毋稍纷歧。（《上谕档》）

然而，删订《则例》是一项极其繁琐的工作，很难短期内获得效果。戊戌政变后，清朝各衙门删订《则例》的工作进程，我还没有查到相应的档案；但清朝政府后来没有刊行新删订的各部《则例》。

以上，光绪帝共发布明发、交片谕旨5道，并有朱批或下旨"依议""知道了"4道。其最主要的谕旨（第111号）是由李端棻所催生的。

## 19. 定期召见翰、詹、科道官员（2道）

光绪二十四年六月十五日（1898年8月2日），光绪帝发下明发谕旨：

> （116）朝廷振兴庶务，不厌讲求，所赖大小臣工，各抒谠论，以备采择。著翰林院、詹事府、都察院各于值日之日，由该堂官轮派讲、读、编、检八员，中、赞二员，科、道四员，随同到班，听候召见，俾收敷奏以言之益……（《上谕档》）

这道谕旨有两项内容，此是前项。（后项参见本节第20目）"讲、读、编、检"指翰林院侍讲、侍读、编修、检讨,"中、赞"指詹事府左、右中允和左、右赞善,"科、道"指都察院六科给事中、十三道御史,皆是五至七品、没有实际政务执掌的中下层官员(科、道有"风闻"上奏权)。当日另有发给内阁的交片谕旨:

> (117)军机大臣面奉谕旨:"著翰林院、詹事府、都察院各于值日之日,由该堂官轮派讲、读、编、检八员,中、赞二员,科、道四员,随同到班,听候召见。其是日未经召见之员,著于下次值日再行到班。仍按照各衙门派定员数,呈递膳牌。钦此。"相应传知贵衙门,希即迅速转传各该衙门一体钦遵。(《上谕档》)

产生这两道谕旨的起因是康有为"上清帝第六书"。前文已叙,先是总理衙门代奏康有为"上清帝第六书",康提议仿效日本明治维新,办理"三事",其第二项也是最重要的一项,即设置"制度局":

> 俾趋向既定,四海向风,然后用南书房、会典馆之例,特置制度局于内廷,妙选天下通才十数人为修撰,派王、大臣为总裁,体制平等,俾易商榷,每日值内,同共讨论,皇上亲临,折衷一是,将旧制、新政斟酌其宜,某政宜改,某事宜增,草定章程,考核至当,然后施行。[1]

由此可见,康设计的制度局有两个特点:一是离皇帝本人很近("内廷"),人数不多("十数人"),每天都要见面,且能"平等"畅言。二是对"旧制"与"新政"进行讨论,表面上是政治咨询机构,一旦运作起来,将是政治决策机构,清朝原有的中枢机构——军机处,将会变成政治执行机构,失去原有的权力。这是康有为替自己量身定制的机构——通过这个机构,他将成为光绪帝身边的谋臣,主导着中国政治的方向。光绪帝将之交议,遭到了反对。六月十五日,军机处、总理衙门会同上奏,对于"制度局"之设,进行了迂回式的反击,称言:

---

[1] 康有为"上清帝第六书",见《康有为变法奏章辑考》,第138页。

> 皇上延见廷臣，于部院卿贰中，如有灼知其才识，深信其忠诚
> 者，宜予随时召对，参酌大政，其翰林院、詹事府、都察院值日之
> 日，应轮派讲、读、编、检八人，中、赞二人，科、道四人，随同
> 到班，听候随时召见，考以政治，藉可觇其人之学识气度，以备任
> 使。此制度局之变通办法也。[1]

由此，康设计的制度局变成了翰林院、詹事府、都察院派员预备召见的咨询服务。光绪帝上引两道谕旨（第116、117号）是根据军机处、总理衙门的奏复所拟的。（参见本文第三节第2目）

清朝每天都要进行早朝，吏部、户部、礼部、兵部、刑部、工部、内务府、理藩院八个一品衙门，按次轮值，八日一轮回。翰林院早朝随吏部，詹事府早朝随户部，都察院早朝随刑部。据军机处《早事档》，自六月十八日轮到翰林院早朝，至八月初六日发生政变，翰林院、詹事府、都察院三衙门轮值早朝时皆派出官员，等待光绪帝召见。又据军机处《早事》《光绪二十四年京官召见单》，光绪帝有时也予以召见。[2] 由此可

---

[1] 军机大臣、总理衙门大臣议复奏折见《戊戌变法档案史料》，第9—11页。
[2] 具体的情况为：光绪二十四年六月十八日，翰林院随同吏部值日，上奏"遵派讲读人员听候召见事，单一件，奉旨'知道了'"。（当为八员）光绪帝当日召见翰林院侍读伊克坦。六月十九日，詹事府随同户部值日，上奏"遵派中、赞二员听候召见事，单一件，奉旨'知道了'"。光绪帝召见中允黄思永。六月二十二日，都察院随同刑部值日，上奏"遵派科、道四员听候召见事，单一件，奉旨'知道了'"。光绪帝召见御史丁之栻。六月二十九日轮翰林院值日，光绪帝未召见。七月初一日轮詹事府值日，光绪帝未召见。七月初四日轮都察院值日，光绪帝召见御史蒋式芬。七月初八日轮翰林院值日，光绪帝未召见。七月初九日轮詹事府值日，光绪帝未召见。七月十二日轮都察院值日，光绪帝未召见。七月十六日轮翰林院值日，光绪帝未召见。七月二十日轮都察院值日，光绪帝未召见。七月二十四日轮翰林院值日，光绪帝未召见。二十八日轮都察院值日，光绪帝召见御史潘庆澜。八月初二日轮翰林院值日，光绪帝未召见。初六日轮都察院值日，光绪帝未召见。初十日，轮翰林院值日，此时政变已发生，慈禧太后与光绪帝召见了翰林院编修嵩恩、翁斌孙。（军机处《早事档》，光绪二十四年六至八月，208-3-51-2170；军机处，《早事》光绪二十四年六月至八月，208-3-51-2169-4；《光绪二十四年京官召见单》，《宫中杂件·旧整》，第915包）按例，各衙门是八日一轮值。由于六月二十六日是光绪帝生日，六月二十五、二十六日、二十八日为"推班"，各衙门按例不值。詹事府于七月十四日撤销，故此后詹事府不值。又，戊戌政变后，詹事府恢复；而慈禧太后与光绪帝亦常召见轮值的翰、詹、都衙门的官员。再又，黄思永于六月十九日被召见，光绪帝命其"举人才陈时务"，黄思永由此上折请设立"集贤院"。（《戊戌变法档案史料》，第177—178页）

知,从六月十五日下旨起到戊戌政变,翰林院、詹事府、都察院三个衙门共计十五次轮值,每次派出两至八人不等,光绪帝只召见了伊克坦、黄思永、丁之栻、蒋式芬、潘庆澜5人。从光绪帝召见翰、詹、科道官员的情况来看,从光绪帝后来谋划开设"懋勤殿"的设想来看,他对将制度局改为定期召见翰、詹、科道官员的"变通办法"是不满的。(参见本文第三节第5目)

以上,光绪帝共发布明发谕旨、交片谕旨2道;最初的设计虽由康有为提出,但经军机处、总理衙门议复后,完全改变了性质。

## 20. 允许司员士民及地方官员上书(8道)

光绪二十四年六月十五日(1898年8月2日),光绪帝明发谕旨:

> (116)朝廷振兴庶务,不厌讲求,所赖大小臣工,各抒谠论,以备采择……其部院司员有条陈事件者,著由各堂官代奏。士民有上书言事者,著赴都察院呈递。毋得拘牵忌讳,稍有阻格,用副迩言必察之至意。(《上谕档》)

该谕旨讲了两项内容,前项是翰林院、詹事府、都察院派出下层官员按时进见(参见本节第19目),后项是关于司员士民上书的新规定。产生该谕旨的起因是康有为的"上清帝第六书"。前文已叙,先是二月十九日总理衙门代奏工部主事康有为"上清帝第六书",康提出仿效日本明治维新,办理"三事",其第三项是设"待诏所":

> 其午门设待诏所,派御史为监收,许天下人上书,皆与传达,发下制度局议之,以通天下之情,尽天下之才;或与召见,称旨者擢用,或擢入制度局参议。其将来经济特科录用之才,仿用唐制,开集贤、延英之馆以待之,拔其尤者,选入制度局。其他条陈,关涉新政者,皆发制度局议行……[1]

---

[1]《康有为变法奏章辑考》,第138页。

康有为的设计是:"天下人上书"到"待诏所",皇帝将之交制度局"议复",由他主持的制度局成为审核新政上书、选拔新政人才的核心机构。由待诏所到制度局,新政事务离开了传统的由奏事处到军机处的途径,别开生面。六月十五日,军机处、总理衙门会同上奏,对于"待诏所"之设,进行了迂回式的驳斥,称言:

> 我朝言路宏开,各部院司员条陈事件,准由各堂官代奏,士民上书言事,准赴都察院呈递。迩言必察,询及刍荛。法至善也。应请饬令各衙门堂官,遇有属吏具疏呈请,应即随时代奏,毋得拘牵忌讳,稍有阻格。其言事见诸施行、确有实效者,请旨奖励,量才录用。此待诏所之变通办法也。[1]

军机处、总理衙门的奏复,实际上是对清朝上书制度的片面解读,司员士民上书渠道尚非通畅,谈不上"言路宏开";但也有所让步:一是"随时代奏",二是"毋得拘牵忌讳"。光绪帝上引谕旨(第116号)是根据军机处、总理衙门的议复所拟的。

由此开始,司员士民纷纷上书,渐起浪潮。

七月十六日(9月1日),光绪帝发布措辞非常严厉的明发上谕:

> (118)怀塔布等奏司员呈递条陈请旨办理一折。据称,礼部主事王照条陈时务,借端挟制等语。朝廷广开言路,本期明目达聪,迩言必察。前经降旨,部院司员有条陈事件者,由各堂官代奏,毋得拘牵忌讳,稍有阻格。诚以是非得失,朕心自有权衡,无烦该堂官等鳃鳃过虑也。若如该尚书等所奏,辄以语多偏激,抑不上闻,即系狃于积习,致成壅蔽之一端,岂于前奉谕旨毫无体会耶?怀塔布等均著交部议处。此后各衙门司员等条陈事件呈请堂官代递,即由各该堂官将原封呈进,毋庸折看。王照原呈著留览。(《上谕档》)

先是礼部主事王照于七月初五日上呈条陈两件,要求礼部代奏,礼部尚

---

[1] 军机大臣、总理衙门大臣议复奏折见《戊戌变法档案史料》,第9—11页。

书怀塔布等以其中有"请皇上奉太后游日本"等内容,称之"借端挟制",欲阻挠之。后在王照的坚持下,怀塔布等于十六日代奏王照条陈,并在奏折中称其"不轨"。[1]光绪帝为此大怒,重申"毋得拘牵忌讳,稍有阻格",并规定"将原封呈进,毋庸拆看"。光绪帝的此番愤怒也与礼部在"议复"经济特科、文科举改制的拖延,不合圣意有关。(参见本文第三节第2目)第二天,七月十七日(9月2日),光绪帝仍意犹未竟,再次下达给都察院的交片谕旨:

(119)前经降旨,士民有上书言事者,著赴都察院呈递,毋得拘牵忌讳,稍有阻格。嗣后都察院凡接有条陈事件,如系封口呈请代奏,即著将原封呈进,毋庸拆阅。其具呈到院者,即将原呈封进,不必另行抄录。均著随到随递,不准稽压。倘有阻格,即以违旨惩处。(《上谕档》)

七月十六日谕旨(第118号)规定"各衙门司员",十七日谕旨(第119号)规定"士民";这两道谕旨给予司员士民(下级官员、未入仕的士、平民)可不受限制地通过相关衙门上呈条陈的权力,各级官员不得阻格。十九日(9月4日),吏部上奏,称尚书怀塔布、许应骙,侍郎堃岫、徐会沣、溥颋、曾广汉,"均照事应奏而不奏者、私罪、降三级调用例,议以降三级调用"。[2]由于"降三级调用"后很少有相应品级的京官官缺,一般改为"革职留任",以后再逐步开复。光绪帝此时仍在盛怒之中,对吏部议复的结果十分不满,不待军机处拟旨而下发朱谕,直接罢免礼部六堂官:

(60)吏部奏遵议礼部尚书怀塔布等处分一折。朕近来屡次降旨,戒谕群臣,令其破除积习,共矢公忠,并以部院司员及士民有上书言事者,均不得稍有阻格。原期明目达聪,不妨刍荛兼采,并

---

[1] 王照上奏内容见其与犬养毅的笔谈,见《关于戊戌政变的新史料》,《丛刊·戊戌变法》第4册,第331—332页。
[2] 吏部该折见《军机处录副奏折》03-5363-068。

藉此可觇中国人之才识。各部院大臣均宜共体朕心，遵照办理。乃不料礼部尚书怀塔布等竟敢首先抗违，借口于献可替否，将该部主事王照条陈一再驳斥。经该主事面斥其显违诏旨，始不得已勉强代奏。似此故为抑格，岂以朕之谕旨为不足遵耶？若不予以严惩，无以儆戒将来。礼部尚书怀塔布、许应骙，左侍郎堃岫，署左侍郎徐会沣，右侍郎溥颋，署右侍郎曾广汉均著即行革职。至该主事王照不畏强御，勇猛可嘉，著赏给三品顶戴，以四品京堂候补，用昭激励。（《上谕档》）

光绪帝的明发朱谕，罢免了礼部六堂官，意在让所有的大臣有所儆戒。这是戊戌变法期间的重大事件。（参见本节第10目）二十四日（9月9日），光绪帝发下交片谕旨，命内阁转各衙门：

（120）近日各衙门呈递封奏有一日多至数十件者。嗣后凡有呈请代递之件，随到随即分日进呈，不必拘定值日之期。（《上谕档》）

"值日之期"，指京内各衙门八日一轮值、军事部门十日一轮值，参加早朝，各衙门和军事部门一般在当值之日上奏其公文。此道谕旨命各衙门随收随呈，不再拖延时日。二十七日（9月12日），光绪帝明发上谕：

（121）前因振兴庶务，首在革除壅蔽，当经谕令各衙门代递事件，毋得拘牵忌讳。嗣因礼部阻格司员王照条陈，当将怀塔布等予以重惩。复先后谕令都察院暨各衙门随到随递，不必拘定值日之期，诚以百度维新，必须明目达聪，始克收敷奏以言之效，第恐大小臣工，狃于积习，不能实力奉行，用再明白宣谕，以后各衙门有条陈事件者，次日即当呈进，承办司员稍有抑格，该部院堂官立即严参惩办，不得略予优容。所有六月十五日、七月十六日谕旨、七月十九日朱谕、七月十七日暨二十四日交片谕旨，均令各衙门录写一通，同此件谕旨一并悬挂，俾得触目警心，不致复萌故态，以示朕力除壅蔽之至意。（《上谕档》）

这道谕旨重申了过去的规定，并命各衙门将前引5道谕旨（第116、118、119、60、120号）及此道谕旨（第121号）"录写"而"悬挂"。七月二十四日交片谕旨和二十七日明发谕旨（第120、121号），很可能是刑部候补笔帖式奎彰的条陈所引发的。奎彰的条陈共两件，第一件是要求推广京官出国游历以求知识，并自荐去日本留学，所需银740两"请由官支领"；第二件是因上书事弹劾刑部官员，包括侍郎阿克丹，最后提出要求："拟请饬下各衙门堂官，将迭次谕旨恭录一道，宣示大堂。有条陈事件呈请代递者，次日呈进。承办官稍有抑格，定行严参，庶进言之人不至气沮矣。"[1] 奎彰的条陈于七月二十四日由刑部代奏，光绪帝已经罢免礼部六堂官，不愿再为此事开杀戒，很可能据奎彰提议而下旨"恭录"谕旨"宣示"及"次日呈进"。[2]

同在七月二十七日（9月12日），光绪帝下发一道很长的明发谕旨：

（122）国家振兴庶政，兼采西法，诚以为民立政，中西所同，而西人考究较勤，故可以补我所未及。今士大夫昧于域外之观者，几若彼中全无条教，不知西国政治之学千端万绪，主于为民开其智慧，裕其身家，其精乃能美人性质，延人寿命。凡生人应得之利益，务令其推广无遗。朕夙夜孜孜，改图百度，岂为崇尚新奇？……朕用心至苦，而黎庶犹有未知。职由不肖官吏与守旧之士大夫，不能广宣朕意，乃反煽动浮言，使小民摇惑惊恐，山谷扶杖之民有不获闻新政者。朕实为叹恨！……著查照四月二十三日以后所有关乎新政之谕旨，各省督抚均迅速照录，刊刻誊黄，切实开导。著各州、县、教官详切宣讲，务令家喻户晓。各省藩、臬、道、府饬令上书言事，毋事隐默顾忌。其州县官应由督抚代递者，即由督抚将原封呈递，不得稍有阻格。总期民隐尽能上达，督抚无从营私作弊为要。此次谕旨并著悬挂各省督抚衙门大堂，俾众共观，庶无

---

[1] 奎彰第一件条陈见《戊戌变法档案史料》，第53—54页；第二件条陈见《军机处录副·补遗·戊戌变法项》03-168-9449-56，七月二十四日刑部代奏。
[2] 同在七月二十七日，光绪帝发下交片谕旨："刑部代奏笔帖式奎彰自请出洋一折，著管理大学堂孙家鼐察看具奏。"这在时间上是一致的。八月二十六日，孙家鼐议复"应毋庸议"。参见本节第8目。

壅隔。(《上谕档》)

该道谕旨前半部分强调以西法行改革,并对"西国政治之学"予以极高的评价:"为民开其智慧,裕其身家","能美人性质,延人寿命"。光绪帝命各省督抚抄录四月二十三日(即所谓"百日维新谕旨",参见本节第6目,第15号谕旨)及以后新政谕旨,令州、县官和府州县学的教官进行宣讲。该道谕旨(第122号)的后半部分突然宣布各省布政使(藩司)、按察使(臬司)、道员、知府获得直接上奏权,而州、县官可以通过督抚代奏其条陈,光绪帝由此而迈出一大步。[1] 由于当时的谕旨由驿递发送到各省,需数日至数十日,第二天,七月二十八日(9月13日),光绪帝命军机处发出"御笔遵缮"的电寄谕旨:

> (123)昨已明降谕旨,令各省藩、臬、道、府均得上书言事,其州、县条陈事件,应由督抚将原封代递。即著各省督抚传知藩、臬、道、府,凡有条陈,均令其自行专折具奏,毋庸代递。其州、县等官言事者,仍由督抚将原封呈递。至士民有上书言事者,即径由本省道府随时代奏。均不准稍有抑格。如敢抗违,或别经发觉,定将该省地方官严行惩处。仍将遵办情形迅速电奏。[2]

除了再次强调布政使、按察使、道员、知府有直接上奏权和州县官员由督抚代奏外,还规定了各地士民均要上书言事,由省、道、府官员代奏。二十七日、二十八日两道谕旨(第122、123号)产生的原因,我还没有完全查清楚,但我个人感觉,前一道谕旨有可能与康有为的上书有关。七月初二日,康有为通过军机大臣廖寿恒上奏"为万寿庆辰乞许士民庆祝并刊贴新政诏折":

---

[1] 按照清代制度,各省仅总督、巡抚、提督、学政有直接上奏权,有八旗驻防的省份,驻防将军、副都统有直接上奏权,其余官员无上奏权。布政使、按察使有上题本之权,但当时题本的作用已经很微弱了。
[2] 《清代军机处电报档汇编》,第2册,第94页;军机处《随手登记档》,光绪二十四年七月二十八日。

> ……至四月以来,迭奉诏书,皆罢旧章而行新政,期以强中国而安小民。仁政之颁,天下翘首。然有司视为具文,小民无从周知,感动无从,发愤奚自?昔周人象魏悬书,闾里读法,此实先王之大义也。伏乞饬下各省督抚,将四月以来新政诏书,刊刻腾〔誊〕黄,令州县遍贴乡落,俾天下士庶皆知我皇上维新图治之盛美,必皆踊跃感奋,共举庶业,以上报圣明。[1]

康有为要求在光绪帝生日时将新政诏书"刊刻腾〔誊〕黄","遍贴乡落",这些词语很可能打动了光绪帝。至于"许天下人上书",本来就是康"上清帝第六书"中的主要内容。

随着这些谕旨的下达,兴起了司员士民上书的热潮:从二月十九日到六月十五日,京内各衙门共代奏了30人次共40件上书;从六月十五日到七月十九日,共代奏38人次44件上书;从七月二十日到八月初五日政变发生前,在此15天的日子里,上书的人次为301次而件数达到373件!这是戊戌变法期间最为引人注目的景象。(参见本文第三节第4目)

八月十一日,即戊戌政变后的第五天,慈禧太后以光绪帝的名义发下一道全面反攻倒算的谕旨,其中关于司员士民上书一段,完全取消六月十五日以来的新规定:

> ……至开办《时务官报》及准令士民上书,原以寓明目达聪之用。惟现在朝廷广开言路,内外臣工条陈时政者,言苟可采,无不立见施行。而疏章竞进,辄多掇拾浮辞,雷同附和,甚至语涉荒诞,殊多庞杂。嗣后凡有言责之员,自当各抒谠论,以达民隐而宣国是。其余不应奏事人员,概不准擅递封章,以符定制。(《上谕档》)

---

[1] 《康有为变法奏章辑考》,第325页。光绪帝的生日为六月二十六日,康有为于七月初二日上奏,很可能因《时务报》代奏事与廖寿恒、孙家鼐发生了矛盾(参见本节第15目),他此期的上奏渠道并不通畅。

自此，除各省收到谕旨较晚仍有代递外，京城内司员士民上书被中止了。[1]因阻挠王照上书而被罢免的礼部六堂官，后皆开复。[2]

以上，光绪帝共发布了明发、交片、电寄谕旨8道。其最初的谕旨（第116号）是由康有为推动的，此后的谕旨则出自光绪帝的本意，其开放的程度远远超过康有为"上清帝第六书"中的提议，但没有设立"待诏所"之类的机构。

## 21. 设立铁路矿务总局（2道）

光绪二十四年六月十五日（1898年8月2日），光绪帝明发上谕：

> （124）铁路矿务为时政最要关键，现在津榆、津卢铁路早已工竣，由山海关至大凌河一带，亦筹款接办。其粤汉、卢汉两路，均归总公司建造。是干路规模大段已具。矿务以开平、漠河两处办理最为得法，成效已著。现正一律推广。惟路矿事务繁重，诚恐各省办法未能划一，或致章程歧出，动多窒碍，亟应设一总汇之地，以一事权。著于京师专设矿务铁路总局，特派总理各国事务大臣王文韶、张荫桓专理其事，所有各省开矿筑路一切公司事宜，俱归统辖，以专责成。（《上谕档》）

产生这道谕旨的起因仍是康有为"上清帝第六书"。先是二月十九日总理衙门代奏康有为"上清帝第六书"。康提出在中央建立新政部门十二局，

---

[1] 由此而统计，从二月初八日至八月十一日，司员士民（包括中下级地方官）共有457人次至少递交了567件上书，其中226件有朝廷的处置意见，也有214件上送慈禧太后，慈禧太后政变后直接处理了5件。这些上书对推进变法进程的实际作用较小，但也起到了开放官员思想、大兴变法舆论的作用。相关的研究，可参见拙文：《戊戌变法期间司员士民上书研究》，《明清论丛》第5辑，紫禁城出版社，2004年；《戊戌变法史事考初集》，第219—412页；《救时的偏方：戊戌变法期间司员士民上书中军事外交论》，《近代史研究》2005年第1期；《戊戌变法史事考二集》，第284—328页。
[2] 怀塔布后任左都御史、理藩院尚书，再任总管内务府大臣。许应骙后任闽浙总督。堃岫后任刑部右侍郎、马兰镇总兵兼总管内务府大臣等职。徐会沣后任吏部侍郎、工部尚书等职。溥颋后任吏部侍郎、度支部尚书等职。曾广汉后署理户部侍郎。

即法律局、税计局、学校局、农商局、工务局、矿政局、铁路局、邮政局、造币局、游历局、社会局、武备局。光绪帝命总理衙门"妥议具奏"。五月十四日，总理衙门沉默三个多月后终于上奏"遵旨议复康有为条陈折"，对康的提议全力驳回，仅在铁路和矿务上，作了让步：

> 铁路、矿务两项，为新政关系最要之端，现在各省陆续开办，各自定立章程办法，未能画一，甚或牵涉洋商，动多窒碍。请特派大臣总理其事，无论何省铁路开矿，俱归统辖，以一事权而免流弊。[1]

光绪帝对此甚怒，发回重议。六月十五日，军机大臣、总理衙门大臣再次议复康有为条陈，进行了迂回式的对抗，形成了四道明发谕旨、两道交片谕旨和一道电谕。（参见本节第 6、7、8、12、19、20 目，第 29、38、46、116、117 号谕旨；并参见本文第三节第 2、4、5 目）。上引谕旨（第 124 号）即是其中之一。铁路矿务总局是清朝历史乃至中国历史上第一个近代经济管理机构。

六月二十三日（8 月 10 日），光绪帝明发谕旨：

> （110）……至铁路矿务，为目今切要之图。造端伊始，亟应设立学堂，预备人材，方可冀收实效。所有各处铁路扼要之区暨开矿省分，应行增设学堂，切实举办之处，著王文韶、张荫桓悉心筹议，奏明办理。（《洋务档》）

这道谕旨的前半部分是关于水师学堂。（参见本节第 17 目）尽管御史曾宗彦曾上奏建立矿学学堂，光绪帝亦批准了总理衙门的议复奏折，但该

---

[1] 《戊戌变法档案史料》，第 7—8 页。值得注意的是，光绪二十四年四月十八日，总理衙门上奏"议复黄思永奏请通商口岸及铁路矿务均利保权折""议复御史陈其璋奏铁路矿产广为筹办并铁路拟设监督折""专派大员总理路矿应请饬下各省必须通晓路矿之员方准保奏片"，提出："现议专派大员总理铁路矿务，应请饬下各省将军督抚切实考察，必须通晓路矿之员，方准保奏。"光绪帝朱批："依议。"（见《军机处录副奏折》03-9659-022、024、025）即总理衙门已经同意设置相关的官员，只是人选由各省提名。

道谕旨（第110号）的直接促发原因不详。[1]同日，御史杨深秀上奏"津镇铁路请招商承办片"，光绪帝发下交片谕旨："著王文韶、张荫桓酌核办理。"[2]

六月二十四日，铁路矿务总局大臣王文韶、张荫桓上奏"设立铁路矿务总局折""选派提调管股章京单""请铸关防片""请拨经费片"，光绪帝一一同意。[3]七月十八日，给事中庞鸿书上奏"振兴庶务宜审利害折"，光绪帝发下交片谕旨："条陈创修铁路、开拓矿务等语，著王文韶、张荫桓酌核具奏。"二十五日，王文韶、张荫桓上奏"遵旨筹设铁路矿务学堂折""请借太仆寺旧址作为铁路矿务总局片""请刊办理奉天矿务关防片"，光绪帝亦一一同意。[4]二十九日，御史张承缨上奏"请整顿铁路积弊折"，光绪帝再下旨："著铁路矿务总局大臣查明具奏。"[5]

戊戌政变后，慈禧太后于八月初九日将总理衙门大臣、户部侍郎、铁路矿务总局大臣张荫桓革职拿问，十四日再将之发遣新疆。十六日，慈禧太后下令："矿务铁路总局著派刑部左侍郎赵舒翘会同王文韶督办。"二十七日，此时已升任刑部尚书的赵舒翘上奏"查明铁路矿务请归总理

---

[1] 光绪二十四年五月初二日，御史曾宗彦上奏"南北洋宜设矿学学堂片"，光绪帝将之交总理衙门议复。（曾宗彦原片尚未从档案中捡出；光绪帝谕旨见该日《上谕档》）五月十三日，总理衙门上奏"议复曾宗彦奏请设矿学学堂折"，主张派学生去日本学习矿务，并在现有学堂中酌设矿学，光绪帝朱批"依议"。（《戊戌变法档案史料》，第257—258页）查该日《随手登记档》《早事档》皆无相关的奏折或条陈。

[2] 杨深秀奏片见《康有为变法奏章辑考》，第321页，《军机处录副奏折》03-9659-040；光绪帝谕旨见该日《上谕档》《随手登记档》。

[3] 王文韶、张荫桓在"设立铁路矿务总局折"（《军机处录副奏折》03-9448-032）中，提出"现拟就总理衙门西院权为总局，选派提调、管股章京，先将路矿档案分别清厘，以凭核办"。光绪帝朱批："知道了。"王文韶、张荫桓在"请拨经费片"（《军机处录副奏折》03-9448-035）中，提出"拟请将总理衙门原拨官书局每月经费银二千两，自光绪二十四年七月初一日起，改充矿务铁路总局公用"，"至将来建造局舍，延订路矿工师，采矿查路，需费尚繁，应由臣等另筹专款，随时奏办"。光绪帝朱批："依议。""选派提调管股章京单""请铸关防片"，在档案中未捡出，光绪帝分别朱批："览""依议"。（见该日《随手登记档》）

[4] "遵旨筹设铁路矿务学堂折""请借太仆寺旧址作为铁路矿务总局片"，见《军机处录副奏折》03-9449-073、074。"请刊办理奉天矿务关防片"，档案中未捡出。光绪帝谕旨见该日《上谕档》。

[5] 庞鸿书奏折在档案中未捡出；张承缨"请整顿铁路积弊折"，见《军机处录副奏折》03-9451-035；光绪帝两次交片谕旨见该日《上谕档》。

衙门兼办折"，意在撤销铁路矿务总局。慈禧太后发下交片谕旨："著仍遵前旨，交王文韶、赵舒翘督办，勿许推诿，并由总理各国事务衙门认真查核。"〔1〕九月十七日，总理衙门上奏："遵查张承缲奏整顿铁路积弊折""开用矿路总局关防日期片""派霍翔、雷补同充矿路总局章京片"，皆奉朱批："知道了。"〔2〕铁路矿务总局并未在政变后撤销，但此后亦无出色的表现。

以上，光绪帝共发布明发谕旨 2 道，其中一道还涉及水师学堂（第 110 号），前已引用；另有"酌核""查明"交片谕旨 3 道、"知道了""览""依议"朱批 10 道。其中最重要的改革谕旨（第 124 号）是由康有为所催发的。

## 22. 自开通商口岸（1 道）

光绪二十四年六月二十三日（1898 年 8 月 10 日），光绪帝发出廷寄谕旨，寄沿江沿海沿边各省将军督抚：

> （125）欧洲通例，凡通商口岸，各国均不侵占。现当海禁洞开，强邻环伺，欲图商务流通，隐杜觊觎，惟有广开口岸之一法。本年三月间，业准如总理各国事务王、大臣所奏，将湖南之岳州府、福建之三都澳、直隶之秦王岛，开作口岸。嗣据该衙门议复中允黄思永条陈，请饬各省察看地方情形，广设口岸。现在尚无成议。著沿江沿海沿边各将军督抚，迅就各省地方，悉心筹度，如有形势扼要，商贾辐辏之区，可以推广口岸、展拓商埠者，即行咨商总理各国事务衙门酌核办理。惟须详定节目，不准划作租界，以均利益而保事权。该将军督抚等筹定办法，即著迅速具奏。（《洋务档》）

---

〔1〕慈禧太后两次谕旨见《上谕档》光绪二十四年八月十六日、二十七日。赵舒翘"查明铁路矿务请归总理衙门兼办折"，见《军机处录副奏折》03-5617-019。
〔2〕总理衙门"遵查张承缲奏整顿铁路积弊折""开用矿路总局关防日期片""派霍翔、雷补同充矿路总局章京片"，见《军机处录副奏折》03-9659-058、03-5365-079、03-9458-021。最后一片称："矿路总局管股章京李岳瑞、张元济现已革职，仍于总理各国事务衙门章京内遴派刑部候补郎中霍翔、户部候补主事雷补同接充。"

这道谕旨产生的原因比较复杂，须交代一下背景。先是英国要求开放湖南常德为通商口岸，湖南巡抚陈宝箴反复考虑并与士绅商议后，以长江边的岳州替代常德；福建三都澳是一处天然良港，德国亦曾提出租借要求。与此同时，清朝内部亦有自开通商口岸的呼声，两江总督刘坤一、御史张仲炘、驻美公使伍廷芳上奏此议。[1]光绪二十四年三月初三日，总理衙门综合各方意见，上奏"请开岳州及三都澳为通商口岸折"，光绪帝朱批"依议"。[2]初五日，总理衙门上奏"请将直隶秦皇岛地方开为通商口岸片"，光绪帝下旨"依议"。[3]二十九日，詹事府左中允黄思永上奏"请均利止贪保权弭患折"，主张将所有可为通商口岸地方，"一律准其通商，有利均沾"；光绪帝命交总理衙门议复。[4]四月十七日，御史陈其璋上奏"请开铁路口岸折"，亦有自开口岸的意思，光绪帝命交总理衙门"察核办理"。[5]十八日，总理衙门议复黄思永奏折，大体同意黄思永意见；光绪帝朱批"依议"。[6]五月十三日，总理衙门议复陈其璋奏折，光绪帝朱批"依议"。[7]

在此背景下，五月二十四日，光绪帝收到湖南巡抚陈宝箴所奏"时艰愈迫拟兴事练兵筹款折"，该折提议："……宜请特降谕旨饬下总理各

---

[1] 光绪二十三年十一月二十八日，两江总督刘坤一电奏"请将胶澳开作口岸利益均沾"。（李育民等整理，王彦威等辑：《清季外交史料》，湖南师范大学出版社，2015年，第5册，第2509—2510页）光绪二十四年正月二十五日，御史张仲炘上奏"请将海疆要地遍开商埠以保全局折"，主张遍开通商口岸，光绪帝下旨"存"。[张仲炘奏折见《德国侵占胶州湾史料选编（1897—1898）》，第327—329页。该折很可能是由康有为代拟的。光绪帝谕旨见该日《上谕档》]二月初七日，御史张仲炘上奏"众敌环伺敬陈管见折"，再次提了新开口岸，光绪帝下旨"该衙门知道"。[张仲炘奏折见《德国侵占胶州湾史料选编（1897—1898）》，第333—334页。光绪帝谕旨见该日《上谕档》]三月二十三日，光绪帝收到驻美公使伍廷芳所上"教案迭起内治无权请变通成法折"，要求"全国通商"，光绪帝发下交片谕旨命总理衙门"议奏"。（伍廷芳折上奏日期为光绪二十四年正月二十日，见《清季外交史料》，第5册，第2534—2536页；又见丁贤俊等编：《伍廷芳集》，中华书局，1993年，第47—50页。光绪帝谕旨见该日《洋务档》）

[2] 总理衙门奏折见《清季外交史料》，第5册，2554—2555页。

[3] 总理衙门奏折见《清季外交史料》，第5册，2556页。

[4] 黄思永奏折见《戊戌变法档案史料》，第432—433页；光绪帝谕旨见该日《洋务档》。

[5] 陈其璋奏折见《康有为变法奏章辑考》，第218—221页。我以为陈其璋该折似非由康有为代拟。光绪帝谕旨见该日《洋务档》。

[6] 总理衙门奏折见《军机处录副奏折》03-9659-024。

[7] 总理衙门奏折见《军机处录副奏折》03-9659-022。

国事务衙门,与各省将军督抚等会议,各省可以设埠地方,无论何国,悉准通商。惟须查照外国商埠通例,详定节目,尤不准划作租界,以保事权,而杜嫌衅。"陈宝箴另有一片,要求特降谕旨。光绪帝朱批:"著总理衙门妥速筹议具奏,片并发。"[1]六月二十三日,总理衙门遵旨议复,表示同意:"请饬各省将军督抚,察看地方情形,咨会臣衙门核办。"[2]光绪帝遂发出前引廷寄谕旨(第125号)。

　　光绪帝该道谕旨发出后,清朝各地陆续自开通商口岸。[3]

　　以上,光绪帝发布了廷寄谕旨1道,另有"交议"谕旨4道,"依议"旨意4道。该项改革谕旨产生的原因比较复杂,有多人提议,其中起决定性作用的是总理衙门。

## 23. 裁撤京内衙门与京外官员(6道)

　　光绪二十四年七月十四日(1898年8月30日),光绪帝发下朱笔亲改的明发上谕:

> (126)国家设官分职,各有专司,京外大小各官,旧制相沿,不无冗滥。近日臣工条奏,多以裁汰冗员为言,虽未必尽可准行,而参酌情形,亦非一无可采。(以上六字朱笔改为"实亦有亟当改革者")朕维授事命官,不外综核名实。现当整饬("整饬"朱笔改为"开创")百度,事务繁多,尤应节(以上三字朱笔改为"度支岁入有常,岂能徒供")无用之冗费,以为("以为"朱笔改为"致碍")当务之急需。如詹事府本属闲曹,无事可办,其通政司、光禄寺、鸿胪寺、太仆寺、大理寺等衙门亦均("亦均"朱笔删去)事务甚简〔此处朱笔加"半属有名无实"(十三日朱)〕,均著即行裁撤,

---

〔1〕 陈宝箴折、片见《戊戌变法档案史料》,第24—28、385页。该折、片上奏日期为光绪二十四年四月二十六日。光绪帝谕旨见该日《随手登记档》。
〔2〕 总理衙门奏折见《戊戌变法档案史料》,第31—32页。
〔3〕 相关的研究,可参见拙文:《戊戌前后诸政事(下)》,《中华文史论丛》2012年第1期;《戊戌变法的另面——"张之洞档案"阅读笔记》,第489—503页;杨天宏:《口岸开放与社会变革——近代中国自开商埠研究》,中华书局,2002年。

归并内阁及礼、兵、刑等部办理。又外省，如直隶、甘肃、四川等省皆系以总督兼管巡抚事，惟湖北、广东、云南三省督抚同城，原未画一。现在漕运多由海道，河运已属无多，各省应征漕粮亦多改折（正式发布时，"漕运"及以下二十二字删）东河在山东境内者已隶山东巡抚管理，只河南河工由河督专办。淮盐所行各省，亦各分设督销。今昔情形确有不同。所有督抚同城之湖北、广东、云南三省巡抚，并东河总督、漕运总督及卫所各官，亦（正式发布时，"漕运"及以下十字删）著一并裁撤。其湖北、广东、云南三省，均著以总督兼管巡抚，河督、漕督（正式发布时，"河督、漕督"改为"东河总督"）应办事宜即归并该省督抚（正式发布时，"该省督抚"改为"河南巡抚"）兼办。至（正式发布时，此处增加"各省漕运多由海道，河运已属无多，应征漕粮亦多改折。淮盐所行省分，亦各分设督销。其"三十六字）各省不办运务之粮道，向无盐场仅管疏销之盐道，亦均著裁缺，归各藩司、巡守道兼理。此外，如各省同、通佐贰等官，有但兼水利盐捕并无地方之责者，均属闲冗，即著查明裁汰。除应裁之巡抚、漕督、河督另听候（以上九字朱笔改"京外各官，本日已"）降谕旨，暨裁缺之巡抚、河督、京卿等员，听候另行录用外，其余京外（此处朱笔加"尚有"二字）应裁（此处朱笔加"文武"二字）各缺（此处朱笔加"及"一字）一切裁减归并各事宜，著大学士、六部及直省督抚分别详议筹办，仍将筹议情形迅速具奏。[此处朱笔加"内外诸臣即行遵照，切实办理，不准藉口体制攸关，多方阻格。并不得以无可再裁，敷衍了事。"（十三日朱）]至各省设立办公局所，名目繁多，无非为位置闲员地步，薪水杂支虚糜不可胜计。叠经谕令裁并，乃竟置若罔闻，或仅听委员劣幕舞文，一奏塞责，殊堪痛恨。著各督抚懔遵前旨，将现有各局所中冗员一律裁撤（此处朱笔加"净尽"），毋得["毋得"朱笔删，并另加"并将候补、分发、捐纳、劳绩（十三朱）等项人员一律严加甄别沙汰，限一月办竣复奏。似此实力剔除，庶几库款渐裕，得以宏拓新规。惟不准"（十三朱）]瞻徇情面，阳奉阴违，致干咎戾。当此国计艰难，朕宵旰焦劳，孜孜求治，诏书敦勉，动以至诚。尔在廷诸臣暨封疆大吏受恩深重[以上四字朱笔改为"若具有天良"

(十三朱)]，务当（"务当"朱笔改为"其尚"）仰体朕怀，力矫因循（"因循"朱笔改为"疲玩"）积习，一心一德，共济时艰，庶几无负委任。若竟各挟私意，非自便身图，即见好僚属（此处朱笔加"推诿因循"四字），空言搪塞，定当予以重惩，决不宽贷。(《上谕档》)

这是戊戌变法期间举措最为严峻的改革谕旨——裁撤京内詹事府、通政司、光禄寺、鸿胪寺、太仆寺、大理寺六衙门，裁撤湖北、广东、云南及东河四督抚；对专任粮道、盐道加以甄别，与"但兼水利盐捕并无地方之职"的同知、通判等官缺，一并裁撤；此外，光绪帝还要求对"应裁文武各员缺及一切裁减归并事宜"，由朝臣与督抚"分别详议督办"，特别指名各省新设各类局所的"冗员"。从《上谕档》来看，这段谕旨的起草时间为前一天，即十三日，军机处抄录的朱笔增改之处还注明"十三日朱""十三朱"字样，即前一天光绪帝的朱笔；同日《上谕档》亦录有军机大臣奏片：

> 本日奉旨饬改明发谕旨一道，内删去"漕运总督及卫所各官"等字，并将"各省漕运多由海道，河运已属无多，应征漕粮亦多改折，淮盐所行省分，亦各分设督销"等语，移在"归并河南巡抚兼办"之后。另缮呈览。谨奏。

即光绪帝最后保留了漕运总督及下属卫所，未加裁撤，自当另有原因，很可能是慈禧太后不同意。催生这道改革力度极大的谕旨的起因，是前太仆寺少卿岑春煊的奏折。三月十四日，光绪帝召见了岑春煊。[1]七月初七日，岑春煊上奏"敬陈管见折"，提出了包括"裁冗员以节縻费"在内的十项建策，光绪帝发下交片谕旨："著军机大臣会同总理各国事务王、大臣妥议具奏。"[2]然详查初八日至十三日军机处《早事档》《随手登

---

[1]《光绪二十四年京官召见单》，《宫中杂件·旧整》，第915包。
[2] 岑春煊"敬陈管见折"，见《军机处录副奏折》03-5616-026；光绪帝谕旨见该日《上谕档》。岑春煊奏折的十项建策为："严赏罚以饬吏治""停捐纳以清仕途""裁冗员以节縻费""厚廪禄以劝官廉""行采访以杜中饱""汰胥吏以除积蠹""颁档案以重交涉""收旧部以储将才""办团练以清内匪""免厘金以恤商困"。

记档》,军机处与总理衙门并无对岑春煊奏折的议复;且岑春煊奏折建策多达十项,"裁冗员"为其第三项,仅为数百字,似不足以引出如此之大的举动。由此可见光绪帝早有意图,从十三日拟旨到十四日发布,当为其主动的出击。再查光绪帝此时日程,七月十二日赴颐和园,十三日返回皇宫,十四日下午又在瀛秀园门外跪接慈禧太后,驻西苑涵元殿。该道改革谕旨经过慈禧太后的批准。

然而,裁撤京内六衙门及外省四督抚,毕竟是很大的事件,光绪帝此后又发布一系列谕旨,以能完成后续事务。七月十六日(9月1日),光绪帝发下交片谕旨:

(127)詹事府、通政司、光禄寺、鸿胪寺、太仆寺、大理寺等衙门现已裁撤,所有各该衙门一切事宜归并内阁、六部分办。著大学士、六部尚书、侍郎即行分别妥速筹议。限五日内具奏。(《上谕档》)

该道谕旨特别强调时间,即"限五日内"。二十日,内阁及六部上奏"遵旨会议詹事府等衙门归并事宜折""内阁派员专司通政使事并移设登闻鼓片",皆奉旨"依议"。[1]二十三日(9月8日),光绪帝发下两道明发上谕:

(128)河东河道总督一缺前经降旨裁撤。所有旧管之山东运河,著归山东巡抚就近兼管,以专责成。(《上谕档》)

(129)现在裁撤各衙门,业经分别归并。所有各该衙门裁缺各官未便听其闲散。现当振兴庶务,规画久远,应于铁路矿务总局、农工商务总局酌设大小官员额缺,以备将来量材任使,著总理各国事务王、大臣会同吏部妥速详议具奏。(《上谕档》)

前一道谕旨(第128号)修正了七月十四日谕旨(第126号)中东河总督职责全数转移河南巡抚的规定。后一道谕旨(第129号)在前一日

---

[1] 内阁及六部"遵旨会议詹事府等衙门归并事宜折""内阁派员专司通政使事并移设登闻鼓片",见《军机处录副奏折》03-9449-030、031、032、033;光绪帝谕旨见该日《上谕档》。

《随手登记档》中亦有相关内容:"裁停各衙门章京、司员等挑入大学堂、农工商局任使等由。(递上,未发下)";相比之下,去掉了大学堂,增加了铁路矿务总局。同日,光绪帝发给湖北巡抚谭继洵电寄谕旨:

(130)湖北巡抚关防著交张之洞收缴。谭继洵来京听候简用。[1]

这道电旨的产生原因不详。

七月二十五日(9月10日),户部代递主事吴锡寯条陈,主张裁并卫所之缺,并让裁撤京内衙门中低级官吏回籍,进入各省新设的铁路矿务、农工商各局及大小学堂。[2]光绪帝明发谕旨:

(131)前经降旨裁撤詹事府等衙门,并谕令大学士、六部及各直省督抚,将其余京外应裁文武各缺及一切裁减归并各事宜,分别详议筹办,迅速具奏。现在已裁各衙门归并事宜,业由各该衙门遵照办理,其余各衙门应裁文武各缺,尚未据将筹办情形具奏。应再申谕,该大学士、六部尚书侍郎及各省督抚等,懔遵前旨,将在京各衙门闲冗员缺,何者应裁,何者应并,速即切实筹议;外省道员以及通同佐贰等官暨候补、分发、捐纳、劳绩等项人员,认真裁并,并严加甄别沙汰,其各局所冗员,一律裁撤净尽。本日据户部代递主事吴锡寯条陈,内称漕督所辖卫所各官,既系武职,并无管带漕标之兵,名实殊不相副,所有军田可以拨归各州县征收等语。此项人员,本在应行裁汰之列,即著该督抚等妥速议办。并漕督一缺究竟是否应裁,亦著两江总督、江苏巡抚一并详议具奏。至京外已裁实缺候补各员,应如何分别录用,及饬令回籍候缺,均著妥议条款,请旨办理。该大学士、尚书、侍郎、督抚等,务当从速筹办,不准稍事迁延,尤须破除积习,毋得瞻徇情面,用副朝廷综核名实之至意。(《上谕档》)

该道谕旨对七月十四日谕旨(第126号)有所修正,继续裁减京内衙门

---

[1]《清代军机处电报档汇编》,第2册,第91页。
[2]吴锡寯条陈,见《军机处录副奏折》03-5363-100。

中的"闲冗员缺";对于十四日谕旨中保留下来的漕运总督及下属卫所，光绪帝下令裁汰卫所，并命两江总督及江苏巡抚详议是否裁撤漕运总督，倾向性十分明显。[1]从七月十四日到二十五日，光绪帝连续下旨（第126、131号）裁官减员，引起了官僚集团的极大恐慌，一些官员失去了职位，未失职位的官员也失去了其原来补缺、升迁的诸多愿望。到了八月初一日，光绪帝命数百名京官讨论进一步裁官减员计划，整个官僚集团在戊戌变法进程中未获其利，反而要先受其害。（参见本文第三节第4目）

戊戌政变发生后，八月十一日，慈禧太后以光绪帝的名义明发谕旨，撤销了裁并詹事府等六衙门的决定：

……即如裁并官缺一事，本为沙汰冗员，而外间不察，遂有以大更制度为请者。举此类推，将以讹传讹，伊于胡底。若不开诚宣示，诚恐骨动浮言，民气因之不靖，殊失朕力图自强之本意。所有现行新政中裁撤之詹事府等衙门，原议将应办之事分别归并，以省烦冗。现在详察情形，此减彼增，转多周折，不若悉仍其旧。著将詹事府、通政司、大理寺、光禄寺、太仆寺、鸿胪寺等衙门照常设立办事，毋庸裁并。其各省应行裁并局所冗员，仍著各该督抚认真裁汰……（《上谕档》）

二十六日，慈禧太后明发懿旨："湖北、广东、云南三省巡抚现经裁撤，地方一切事宜总督能否兼顾，究竟巡抚是否可裁，著军机大臣会同吏部妥速议奏。"（《上谕档》）二十八日，慈禧太后发下交片懿旨："河东河道总督是否可裁，著军机大臣、吏部归入议复裁缺巡抚案内一并议奏。"（《上谕档》）两项懿旨的倾向性是很明显的。九月十八日（11月1日），军机处会同吏部上奏"湖北省等三省巡抚应否规复请旨办理折""河东河道总督应否一并规复片""云南米道、同知应否一并规复片"，慈禧太后

---

[1] 七月十四日谕旨称"其余京外尚有应裁文武各缺及一切裁减归并各事宜"，此次又称"在京各衙门闲冗员缺，何者应裁，何者应并，速即切实筹议"，即京内各衙门须继续裁员。而十四日谕旨这一段是由光绪帝朱笔修改的。从此次重新讨论漕运总督及下属卫所来看，光绪帝对十四日谕旨中保留漕运总督及下属卫所，是不满意的，很可能受到了慈禧太后的压力。

明发懿旨：

> 前因湖北、广东、云南三省巡抚并河道总督应否复设，先后谕令军机大臣、吏部会同妥议具奏，兹据详加拟议会奏请旨办理各折片。各省总督、巡抚，国初以来，屡经裁移改设，本已斟酌尽善，现在应行整顿诸大端，不在裁减职官，而在综核名实。总督专重典兵，巡抚专重吏治，诚能各举其职，自可相得益彰。倘使坐拥封圻，辜恩溺职，同城则各持意见，专任则益形丛脞，徒事更张，无裨实际，甚非谓也。所有湖北、广东、云南三省巡抚均著悉仍旧制，毋庸裁并。湖北巡抚著曾鉌补授，广东巡抚著鹿传霖补授，云南巡抚著丁振铎补授。至河道总督一缺专司防汛修守事宜，亦非河南巡抚所能兼顾，并著照旧设立。任道镕著仍回河东河道总督之任。该督抚等务当体念时艰，实事求是，毋负朝廷慎重设官之意。又片奏，遵议云南粮道各缺等语。督抚既未经裁并，其余各员自应一仍其旧。云南粮储道并南关同知二缺均著毋庸裁撤。除各局所冗员仍应认真裁汰外，其实缺地方各员不必轻议裁撤，以重职守。（《上谕档》）

由此，戊戌变法期间被裁撤的衙门与官缺全部恢复。然至清末新政期间，清朝于光绪二十八年（1902）裁东河总督、詹事府、通政使司；光绪三十年（1904）裁湖北、云南巡抚，并将漕运总督改为江淮巡抚；光绪三十一年，裁广东巡抚、江淮巡抚；光绪三十二年，裁并太常寺、鸿胪寺、光禄寺、太仆寺，并进行了官制改革（"丙午官制"），大理寺改为大理院。改革的力度远远大于戊戌时期。

以上，光绪帝共发布明发、电寄、交片谕旨6道，另有"依议"的旨意2道；此项改革谕旨最初是由岑春煊所催发的，而光绪帝不等交议结果而直接下旨，起到了决定性的作用。

## 24. 京师修整道路沟渠（1道）

光绪二十四年七月二十日（1898年9月5日），光绪帝明发谕旨：

（132）京师为首善之区，现在道路泥泞，沟渠河道壅塞不通，亟宜大加修理，以壮观瞻。著工部会同管理沟渠河道大臣、步军统领衙门、五城御史暨街道厅，将京城内外河道沟渠一律挑挖深通，并将各街巷道路修垫坦平，毋得迁就敷衍，仍将筹办情形及开工日期迅速具奏。其款项著由户部筹拨。(《上谕档》)

从档案中看不出该谕旨由何人奏折而引发。当日光绪帝召见总理衙门大臣张荫桓、江苏候补知府谭嗣同、江苏试用同知郑孝胥。[1] 张荫桓是光绪帝的亲信大臣，不知其面见时有何言论。而我个人推测，该谕旨亦有可能与梁启超此期进呈《变法通议》有关。[2]

光绪帝此旨一下，相关的奏折与上书纷至沓来。七月二十一日，军机处代递军机章京继昌说帖，光绪帝发下交片谕旨："本日据军机章京继昌呈称，京师修治沟渠街道，请派熟悉洋界情形大臣督办等语……著总理各国事务王大臣斟酌办理。"这道谕旨改变了责任的主体，由工部改为总理衙门。二十四日，翰林院代奏编修叶大猷上书，总理衙门代奏章京、主事顾厚焜上书，皆言及于此，光绪帝命交总理衙门"议奏"。[3] 二十五日，总理衙门代奏章京、候补道汪嘉棠条陈，光绪帝命步军统领衙门等

---

[1] 《光绪二十四年京官召见单》《光绪二十四年外官召见章》，见《宫中杂件·旧整》，第915包；军机处《早事》，光绪二十四年六月至八月，208-3-51-2169-4。

[2] 光绪二十四年五月十五日，光绪帝召见梁启超，命其将《变法通议》抄录进呈。梁进呈的《变法通议》增加了11篇文章，其中有《治始于道路说》。该文称："……若夫京师内地，是固天子宅中之境，所谓首善之区也，是固辇毂之下，而百官诸侯王所趋侍鳞萃者也。然其道涂荒芜，几如沙漠，大风扬播，污蕴昼晦，积秽没踝，淖潦妨毂。白昼大途之中，甚且粪溺以为便，臭毒所郁，蒸为瘴疠……远法商、周之旧制，近采泰西之新政，内豁壅污之积弊，外免邻国之恶诮，民生以利，国体以尊，政治以修，富强以基，一举而数善备，固未有切近便易于此者也。"(梁文可见《时务报》第15册，光绪二十二年十一月二十一日，中华书局影印本，第2册，第967—970页) 不知光绪帝此旨是否因读梁文而发。

[3] 叶大猷、顾厚焜上书皆未从档案中捡出。此时司员士民上书已由新任"参预新政"军机四章京负责处理。七月二十六日，光绪帝发交片谕旨："翰林院代奏编修叶大猷请修理街道情西人估计比较等语，著交总理各国事务衙门议奏。"二十七日，光绪帝再发交片谕旨："刑部代递主事顾厚焜呈请京城街道宜设铁轨街车及添设巡捕、兴办自来水一折，著总理各国事务衙门议奏。"(皆见该日《上谕档》) 从光绪帝谕旨中可以看到叶大猷、顾厚焜条陈的大体内容。又，顾厚焜奏折由总理衙门代奏，处理此事的新任军机四章京将此搞错了。

"扫除污秽"。[1]二十八日,御史宋伯鲁上奏"仿西法筑路片";农工商总局代奏章京、工部主事金蓉镜条陈,言及京师河渠,提议不让工部主办而另派大臣;光绪帝命总理衙门"一并妥议具奏"。[2]同日,总理衙门代奏前驻法国等国使馆翻译官陈季同条陈,大谈西法修理街道,光绪帝仍交总理衙门"妥议具奏"。[3]二十九日,工部、河道沟渠大臣、步军统领、五城御史、管理街道衙门会同上奏"会议京师修理河道沟渠筹办情形折",拟专设总局办理,光绪帝仍命总理衙门"查核办理"。[4]八月初五日,南书房翰林徐琪上奏"请京城开自来水片",光绪帝命总理衙门"归入叶大猷修理河道条陈一并酌核具奏"。[5]同日,委散秩大臣锡光上奏"挑挖沟渠河道折"及附片,光绪帝仅下旨"存"。[6]

在此前后,七月二十八日,刑部代奏主事何若水条陈;二十九日,兵部代奏笔帖式崇耀条陈;八月初四日,刑部代奏主事杨承恩、余和壎条陈;初五日,都察院代奏大兴县生员杨赞清条陈,兵部代奏主事费德保条陈;初六日,刑部代奏郎中沈瑞琳条陈,宗人府代奏辅国将军溥绶条陈;皆与京师市政建设相关。但此时司员士民上书数量甚多,新任"参预新政"军机四章京的工作已过度繁重,来不及处理,直至戊戌政变,光绪帝尚无相关谕旨下达。[7]

戊戌政变后,此类修建道路沟渠的谕旨未被取消,但京师市政建设

---

[1] 汪嘉棠条陈在档案中未捡出,光绪帝当日交片谕旨称:"总理各国事务衙门奏代递候补道汪嘉棠条陈请修整街道等语,著步军统领衙门暨五城御史、街道厅按户派丁巡缉,扫除污秽,不得视为具文。"(《上谕档》)由此可知汪嘉棠条陈的大体内容。
[2] 宋伯鲁"仿西法筑路片",见《康有为变法奏章辑考》,第384—385页,该片有可能是康有为代拟的;金蓉镜条陈,见《军机处录副奏折》03-7170-006。光绪帝谕旨见该日《上谕档》。
[3] 陈季同条陈见《军机处录副奏折》03-9459-012。由于上书已由新任"参预新政"军机四章京负责处理,八月初二日光绪帝才发下交片谕旨,见该日《上谕档》。
[4] 工部等衙门会议奏折见《军机处录副奏折》03-7170-008;光绪帝谕旨见该日《上谕档》。
[5] 徐琪"请京城开自来水片",见《军机处录副奏折》03-9455-004;光绪帝谕旨见该日《上谕档》。
[6] 锡光"挑挖沟渠河道折"及附片,见《军机处录副奏折》03-9455-005、032;光绪帝谕旨见该日《上谕档》。
[7] 何若水条陈见《军机处录副奏折》03-9451-011;崇耀条陈见《军机处录副奏折》03-9459-013;杨承恩条陈见《军机处录副奏折》03-9454-033;余和壎条陈及所附合同见《军机处录副奏折》03-9454-026;杨赞清条陈见《军机处录副奏折》03-9453-048;费德保条陈见《军机处录副奏折》03-9455-014;沈瑞琳条陈见《军机处录副奏折》03-9456-012;溥绶条陈见《军机处录副奏折》03-9456-024。

的热情却急剧降温。九月初十日，总理衙门上奏"遵议修理京城街道沟渠拟饬顺天府府尹胡燏棻督办折"，要求派胡为"督办大臣，总司其职"，光绪帝朱批"依议"。[1]

以上，光绪帝发布明发上谕1道，另有"酌核""议奏""查核"等交片谕旨8道，命步军统领衙门等"扫除"的交片谕旨1道。此项改革谕旨的催生原因尚未能查清。

## 25. 设置散卿（2道）

光绪二十四年七月二十日（1898年9月5日），光绪帝明发谕旨：

> （133）翰林院侍读学士徐致靖奏冗员既裁请酌置散卿以广登进一折，著孙家鼐妥速议奏。（《上谕档》）

自五月二十九日光绪帝将《时务报》与《校邠庐抗议》两事由交片、廷寄谕旨，改为明发谕旨（参见本节第15、16目，第98、103号谕旨）之后，此类本应用交片谕旨的交议事件，而采用明发谕旨，很可能有光绪帝的特别用意。

先是康有为在"上清帝第六书"中提出设置"制度局"，长期未获议复结果后，也在考虑通过他人上奏其代拟的折片，提议设立类似的机构。其中有宋伯鲁提议的"议政处""立法院""便殿"，文悌的"召对处"，李端棻的"懋勤殿"，徐致靖的"编书局""散卿"，阔普通武的"议院"，张元济的"议政局"。除了"编书局""散卿"权力较小外，其他皆可认为是制度局的变种。光绪帝对此大多下旨"存"，并呈送慈禧太后[2]；但

---

[1] 总理衙门该折见《军机处录副奏折》03-7170-010。
[2] 宋伯鲁议政处奏折见《军机处录副奏折》03-5615-010，光绪帝下旨"暂存"，呈慈禧太后。文悌召对处奏折见《军机处录副奏折》03-5615-015，光绪帝下旨"暂存"，呈慈禧太后。宋伯鲁立法院奏折见《戊戌变法档案史料》，第3—5页，光绪帝下旨"存"，呈慈禧太后。阔普通武议院奏折见《戊戌变法档案史料》，第172—173页，光绪帝下旨"存"，呈慈禧太后。张元济议政局奏折见《戊戌变法档案史料》，第43—44页，光绪帝下旨"留中"，呈慈禧太后。宋伯鲁便殿奏折见《焚余草》，1924年刊本，卷下，光绪帝下旨"暂存"，呈慈禧太后。

也将李端棻的"懋勤殿"和徐致靖的"编书局"交孙家鼐等人议复。[1]孙家鼐先后驳回了"懋勤殿"和"编书局",此次奉到明发上谕(第133号),知光绪帝的意愿,不便再直接反对。七月二十四(9月9日),孙家鼐上奏"遵议设置散卿并陈录用俸禄诸事折",同意设置散卿,但将之改为实缺官,同时提醒光绪帝"议政之官固不厌多,听言之道尤当致慎"。[2]光绪帝明发谕旨:

> (134)孙家鼐奏遵议翰林院侍读学士徐致靖请酌置散卿一折。古有侍从之臣,皆妙选才能以议庶政。现当朝廷振兴百度,自应博采众论,广益集思,以期有裨政治。著照所议,酌置三、四、五品卿,三、四、五、六品学士各职,遇有对品卿缺并翰林衙门对品缺出,即由吏部一体开单,请旨录用,以备献纳。仍著按品给予俸禄。应如何详定条款,著为定例,著该部妥议具奏。(《上谕档》)

---

[1] 李端棻懋勤殿奏折在档案中未捡出,光绪帝六月初六日下旨:"著奕劻、孙家鼐会同军机大臣切实核议具奏",呈慈禧太后。六月初十日,奕劻"说片"称:"第二条请皇上选博通时务之人以备顾问。奴才以为,如令各部院择优保荐,召到时察其品学纯正、才具明敏者,俾朝夕侍从,讲求治理,诚足有裨圣治;然品类不齐,亦薰莸异器,必严加选择,慎之又慎。盖此非如南斋之徒,以词章供奉也。且以圣祖仁皇帝之天亶聪明,而高士奇犹能招摇纳贿,声名狼藉,则君子小人之辨,不可不严也。至于汤若望、南怀仁者,圣祖特以其精于天文测算、制造仪器,偶一召问而已。"孙家鼐"说片"称:"第二条请皇上选择人才在南书房、懋勤殿行走,此亲近贤人之盛意也。惟朝夕侍从之臣,不专选取才华,尤须确知心术。方今讲求西法,臣以为若参用公举之法,先采乡评,博稽众论,庶贤否易于分办。"(《军机处录副·补遗·戊戌变法项》03-168-9447-74、75)由此可见李端棻懋勤殿奏折的大致内容。徐致靖编书局奏折在档案中未捡出,光绪帝六月二十七日命孙家鼐"酌核具奏"。七月初三日,孙家鼐上奏"遵议开编书局折"(《戊戌变法档案史料》,第455页),明确表示反对,光绪帝下旨"依议"。从孙家鼐的议复奏折来看,编书局由康有为主持,直接对光绪帝负责,康可用编书进呈的形式进言,影响光绪帝的思想,充当"谋臣"甚至"帝师"的角色。据六月初八日光绪帝批准孙家鼐"遵议《时务报》改官报并拟章程折"(第99号谕旨),康有为将离开北京前往上海。编书局一旦获得批准,康可仍旧留在北京。孙坚决反对,也有迫康离京之意。

[2] 孙家鼐"遵议设置散卿并陈录用俸禄诸事折",《戊戌变法档案史料》,第176页。从孙的议复奏折中,大体能看出徐致靖原折的基本内容,即设立三、四、五、六品的"议政之官"(散卿、翰林院散学士),有直接上奏权,以能"议政"。这与康有为"上清帝第六书"的制度局,仍有相似之处,尽管权力比较小。

光绪帝的谕旨根据孙家鼐的建策，但如何具体设置，仍需由吏部制定相关的规定。戊戌政变后一个多月，九月二十九日，吏部上奏"议复尚书孙家鼐奏请增设散卿、散学士等缺毋庸议折"，在早朝时奉旨"依议"。[1] 散卿、散学士的"定例"由此被取消了。

以上，光绪帝共发布明发谕旨2道。此项改革谕旨是由徐致靖（康有为）所催生的。

## 26.《通商约章成案汇编》（3道）

光绪二十四年七月二十五日（9月10日），总理衙门代奏章京、候补道汪嘉棠条陈，光绪帝发下两道交片谕旨，其中之一给总理衙门：

（135）总理各国事务衙门奏代递候补道汪嘉棠条陈，请讲求约章等语，著总理各国事务衙门通行遵照。（《上谕档》）

次日，二十六日（9月11日），光绪帝发下交片谕旨给总理衙门：

（136）《通商约章成案汇编》一书，著总理衙门详细阅看。其中有应改正者，有应分类续行纂入者，著妥为编辑。排印数百部呈览，颁行内外各衙门，令其广为刊布，以便遵守。并著嗣后遇有订立条约及奏定章程，并往来照会等件，即行随时分类增入，排印颁发，毋得耽延遗漏。（《上谕档》）

该道谕旨是汪嘉棠条陈所催生的。汪嘉棠条陈虽未在档案中捡出，但总理衙门八月初四日议复奏折称：

查阅原条陈称，近来各省州县教案迭出，每因细故，酿成巨案，贻累国家。平日未解约章，临时故多瞀惑。查北洋刊有《通商约章汇纂》一书，详载约章成案，条分件系，颇为赅备。惟书已阅多年，

---

[1] 见该日军机处《早事档》。

> 中国与各国续订约章及办过成案尚未增辑。拟请饬下北洋大臣，选派经办洋务人员，一面查案修补，一面先将原书赶饬刷印多部，通行各直省督抚将军……

由于司员士民上书由新任"参预新政"军机四章京负责处理，当日可能来不及查清《通商约章成案汇编》的具体情况，第二天才签出处理意见。上引光绪帝谕旨（第136号）将"查案修补"的主体由北洋大臣改为总理衙门。《通商约章成案汇编》是晚清重臣李鸿章主持编集之书，收入中外各类约章，共30卷，分总类（2卷）、吏类（2卷）、户类（13卷）、礼类（5卷）、兵类（1卷）、刑类（4卷）、工类（3卷）。其分类的方式还是传统的六部、六房。该书于光绪十二年由李鸿章作序出版，至此已经12年了。[1] 光绪帝谕旨（第136号）要求总理衙门"改正"并"分类续行纂入""随时分类增入"。

八月初四日（9月19日），总理衙门上奏"编辑约章办理情形折"，声称"自应督饬章京，详加整正，书成呈候钦定颁行"，北洋已有该书版本，在其编辑未完成前，"请旨饬下各将军、督抚先行派员赴北洋请领"。[2] 光绪帝明发谕旨：

> （137）前经降旨谕令总理各国事务衙门编辑通商约章，颁行各衙门，以便遵守。兹据该衙门奏称，编辑需时，请先将北洋原有条约汇纂一书刷印颁行等语。即著照所请行，仍著咨行各直省将军督抚，先行派员赴北洋请领，以便饬属认真讲求，遇事得有依据。仍俟该衙门编辑成书，再行补发。至此项通商约章，事事皆关交涉，该衙门务须遴选熟习条约之员，悉心考订，以成善本而免流弊。余依议。（《上谕档》）

---

[1] 《通商约章成案汇编》的编纂过程，可见于徐宗亮撰：《通商约章类纂·凡例》。《通商约章类纂》是《通商约章成案汇编》的另一版本。又，马忠文根据李鸿章致李瀚章的家信，指认最初版本的《通商各国条约类编》（18卷首尾2卷）的编者是薛福成、黄彭年。（《李鸿章致李瀚章家书二通释读》，《安徽史学》2020年第4期）

[2] 总理衙门"编辑约章办理情形折"见《清季外交史料》，第6册，第2621—2622页。

这道谕旨完全根据总理衙门的议复奏折,"北洋原有条约汇纂一书"就是《通商约章成案汇编》。至于总理衙门增补校编的《通商约章成案汇编》新本,我尚未能查到相关的版本。

以上,光绪帝共发布交片、明发谕旨3道。该项改革谕旨是由汪嘉棠所催生的。

## 27. 户部编制《岁入岁出表》(1道)

光绪二十四年八月初一日(1898年9月16日),光绪帝明发谕旨:

> (138)翰林院奏代递庶吉士丁惟鲁请编岁入岁出表颁行天下一折。户部职掌度支,近年经用浩繁,左支右绌,现在力行新政,尤须宽筹经费,以备支用。朕惟古者冢宰制国用,量入为出,以审岁计之盈虚。近来泰西各国皆有预筹用度之法。著户部将每年出款入款,分门别类,列为一表,按月刊报,俾天下咸晓然于国家出入之大计,以期节用丰财,蔚成康阜,朕实有厚望焉。(《上谕档》)

先是七月二十八日翰林院代奏庶吉士丁惟鲁的条陈,揭示了官场上的"中饱""分肥",提议编定"岁入一表""岁出一表",以便揭参其中的"不尽不实"。[1]此时司员士民上书由新任"参预政务"军机四章京负责处理,丁惟鲁条陈未交议,而是直接下旨,谕旨有可能是四章京起草的。编制户部《岁入岁出表》是一项重大改革。当时的户部实行的是"固定

---

[1] 丁惟鲁条陈见《军机处录副奏折》03-9450-033。丁惟鲁称:"如内务府承办供奉,暨随时举行诸典礼,以及苏、杭等处织造,每岁开销不下巨万,而以所费之款,绳以所办之工,不过十分之一。其余则皆乾没侵渔,习为故事。若朝廷有大工作,则觊觎差者营谋恐后。一万之工,估工者必捏报五六倍,承办之商人分其一,自承修大臣以至监督丁书分其二三。名曰节省银两,其到工者亦不过一二成而已。"他如军饷之浮支,考试之杂费,诸如此类,不可枚举。"他建议:"户部将每年钱漕正供所入若干,关税杂款之有定者若干,其无定者约入若干,缕析条分,按簿细核,定为岁入一表。即将每年度支,自宫廷内外,以及各省常年开支报销,分别正项、杂项,逐一开单,进呈御览,交王、大臣会同各部院详加核议,将有名无实之款,一概裁汰,定为岁出一表。俟诸臣核议详妥奏闻,均行颁示,天下周知。若所议有不尽不实,皆得指明参揭。"

化"财政,每一笔收入与支出是固定连接的,缺乏总体的安排,更谈不上预决算制度。在此之前,七月二十一日,总理衙门代奏章京张元济"统筹全局"条陈,其中"善理财之策"提出两项办法:"请简派数员,将户部及各省之出入款项数目,彻底清查,然后通盘筹算,详议办法";"请饬下户部,速将岁出岁入款项目,自前十年为始,切实稽核,详细开列,撰为表谱,颁示民间"。[1] 张元济的条陈涉及面甚宽,当时没有处理完毕,相关的旨意未下达。而此道谕旨(第138号)下达时,已临近政变,户部后来似未奉行,没有编成《岁入岁出表》。

以上,光绪帝共下达明发谕旨1道。该项改革谕旨是丁惟鲁所催生的。

## 小结:催生谕旨的官员与政治改革的大方向

综上所述,光绪帝在戊戌年共发布了27项138道改革谕旨。其中在"百日维新"前,即四月二十三日(6月11日)前发布的只有5项;但在这5项28道改革谕旨中,只有9道谕旨是在四月二十三日之前发布的,另有21道是在此后发布的。

严格说起来,27项改革谕旨中,第6、10项(即"百日维新谕旨"等、任命维新官员与黜免守旧官员,共22道谕旨)虽在戊戌变法中起到了重要的作用,但只有指向性,没有具体的改革内容;剩下的25项改革谕旨,其催生、推动者可分为4类:

一、由康有为一派(康有为、梁启超、李端棻、徐致靖、宋伯鲁、杨深秀)提出的,共8项,即第11项(文科举),第14项(中小学堂),第15项(《时务报》),第18项(删订《则例》),第19项(召见官员),第20项(上书),第21项(铁路矿务总局),第25项(散卿)。还须说明的是,第11项,以张之洞等人提出的方案为定案;第14项,孙家鼐等人亦有相当大的贡献;第15项,最终结果与康有为一派的目标相反,孙家鼐改变了提议的性质;第25项,孙家鼐对康有为一派的方案做了修正。

二、由他人最初提出、后由康有为一派所主导的,共3项,即由荣

---

[1]《戊戌变法档案史料》,第48页。

惠最初提出的第7项（商务局），第8项（游历），曾宗彦最初提出的第12项（专利）。光绪帝的谕旨根据康有为一派的上书或奏折而深化，最初提出者意见的效用极其有限。

三、由光绪帝主动提出的，共2项，即第9项（觐见礼仪），第24项（京师街道）。

四、由其他官员提出的，共12项，即严修提出的第1项（经济特科），黄思永提出的第2项（国债），王鹏运提出的第3项（京师大学堂），荣庆提出的第4项（司员考试），荣禄等人提出第5项（武科举），胡燏棻等人提出的第13项（神机营），孙家鼐、黄绍箕提出的第16项（《校邠庐抗议》《劝学篇》），裕禄提出的第17项（重建海军），陈宝箴等人提出的第22项（自开口岸），岑春煊提出的第23项（裁员），汪嘉棠提出的第26项（《通商约章》），丁惟鲁提出第27项（《岁入岁出表》）。还须说明的是，在第3项中，梁启超、孙家鼐有相当突出的贡献；在第22项中，陈宝箴之前有刘坤一等人的多次提议，总理衙门的贡献最大。

再来看没有具体改革内容的第6、10项。第6项主要是明确了清朝此时改革的方向，其中最重要的三道谕旨是康有为一派所催生的。第10项主要是人事，光绪帝此时召见并重用的官员中，康有为、梁启超、张元济、黄遵宪、谭嗣同、袁世凯是徐致靖所保；李端棻另保举谭嗣同、江标和康有为；杨锐、刘光第是陈宝箴所保，林旭是王锡蕃所保。徐致靖、李端棻代表着康有为一派的意见。

由此可见，从改革谕旨的数量来看，康有为一派对光绪帝的影响力最大，对改革谕旨所起的作用也最大。

从27项改革谕旨内容来看，可以清楚地看出戊戌变法的基本方向是学习欧美和日本，日本明治维新的经验起到了示范性的作用：一、建立起近代样式的经济管理机构，即铁路矿务总局、农工商总局、各省农工商分局、上海和汉口商务局。二、模仿西方社会的经济模式，发行国债（昭信股票），建立专利制度，预备自开通商口岸。三、建立起近代样式的教育体系，即京师大学堂、各地中小学堂与专科学堂，鼓励去西方和日本游历和留学。四、以西方国家采用的方式来改革文、武科举，即废八股改策论、弓箭改枪炮，设置以西学为主要考试内容的经济特科。五、提出了"中体西用"，以《劝学篇》《校邠庐抗议》为变法思想的主导；改革西方使节的觐见礼仪,削弱了儒学"礼教"的绝对统治地位。六、开放言路,允许司员士民上书,鼓励创办西式报刊,定期召见下级官员(翰詹科道)和设置散卿。七、改进官僚机构行政效率,进行司员考试,删订《则例》,修编《通商约章成案汇编》、编制《岁入岁出表》。八、模仿西方军队的样式,改造神机营,重建海军。九、用西方城市的标准修建北京街道河渠。由此可以做出判断:**戊戌变法是一个以西方化为方向、以强国为目标的改革运动**,尽管不是以"君主立宪"为目标的政治改革,尽管这次改革运动最后归于失败。

## 三 "诏令频下"与清朝决策机制

上一节的叙述表明,戊戌年光绪帝下达的改革谕旨,不能简单地以"道"数来计算,许多谕旨都是深化或重申同一项改革;"项"数具有更重要的意义,"道"数又能说明该项改革的进程。如果仔细考察138道谕旨,又可以发现,其中具有决定性意义的只有39道。[1]

上一节的叙述又表明,从光绪二十四年正月初一日(1898年1月22日)到八月初六日(9月21日)政变,共计223天,光绪帝共颁布了27项138道(其中决定性的39道)改革谕旨。无论是项数还是道数,似可以认定,戊戌年光绪帝下达的改革谕旨并不为多。

那么,既然光绪帝下达的改革谕旨的项数甚至道数并不很多,为什么当时的官员与后来的学者都会不约而同地得出极其明确的结论,即认定光绪帝"诏令频下"呢?

---

[1] 其中第一项为第1、3号,第二项为第5号,第三项为第14、18号,第四项为第26号,第五项为第28号,第六项为第15、31号,第七项为36、39号,第八项为第46号,第九项为第48号,第十项为第60、63号,第十一项为第67、73号,第十二项为第77号,第十三项为第79号,第十四项为第81、86号,第十五项为第99号,第十六项为第104、105号,第十七项为第109号,第十八项为第111号,第十九项为第116号,第二十项为第118、119、122、123号,第二十一项为第124号,第二十二项为第125号,第二十三项为第126、131号,第二十四项为第132号,第二十五项为第134号,第二十六项为第136号,第二十七项为第138号。

我以为，这是由当时清朝政治体制尤其是决策机制造成的。

## 1. 改革谕旨形成的过程——"交议"

　　清朝是高度中央集权的国家，一切以皇帝的谕旨为决断，即所谓"乾纲独断"。军机处只是皇帝的秘书班子，负责拟旨与文书管理。这一制度发端于康熙帝（1661—1722年在位），完成于雍正帝（1722—1735年在位），到了乾隆帝（1735—1795年在位）而达于极致。康、雍、乾三代的政务仍是传统型的，中国历史与政治文化为之提供了完备且成套的治术。康、雍、乾三代的君王，智慧与能力皆强，操之上场，创造出中国历史上相当壮观的"盛世"。在此之后，尤其是道光帝、咸丰帝当政时期，清朝被迫与英、法、美、俄等国打交道，传统的治术不再灵验，其政治决策机制（皇帝⇌军机处）受到了极大的挑战。作为修补，清朝于咸丰十年十二月（1861年1月）成立了总理各国事务衙门（总理衙门），恭亲王奕訢（咸丰帝六弟）为首席大臣。

　　然总理衙门成立后不久，咸丰帝去世了。慈禧太后（及慈安太后）与恭亲王奕訢合作，发动辛酉政变，实行两宫皇太后"垂帘听政"的体制：奕訢受封为"议政王"，为领班军机大臣、首席总理衙门大臣，实际主持朝政，两宫皇太后代表年幼的同治帝行使监督权。从皇权的角度来看，最重要的是谕旨的产生过程：各地各衙门的奏折送到两宫皇太后处，然两宫皇太后没有朱批权，只能交给军机处，由奕訢等军机大臣拟旨，再交两宫皇太后批准，加盖相应的印章。[1]皇权由此分成了两个部分，奕訢掌"拟旨"权，慈禧太后掌"盖印"权，两人的矛盾逐渐增大。同治四年（1865），慈禧太后革去奕訢"议政王"名号，以削减其权威性。与此同时，国际国内形势大变，许多重大政务，特别是新政事务，中国传统的治术中没有现成的答案，奕訢等军机大臣无法立即拟旨，"交议"的方式因此出现——将涉及大政、大局的奏章送交清朝政府相关衙门和地方督抚去议复，提出具体的处理意见。奕訢等军机大臣借此可躲避"擅权"之嫌；

---

[1] 咸丰帝给慈安太后"御赏"印，给慈禧太后"同道堂"印，相关的谕旨起首盖"御赏"印，结尾盖"同道堂"印。

慈禧太后因政治能力有限,对"交议"后的议复奏折,大多予以批准。

同治十二年正月,慈禧太后亲生子同治帝大婚后亲政,仅过了一年多,便因病去世。慈禧太后选醇亲王奕𫍽(咸丰帝七弟)长子、年仅三岁的载湉继位,即光绪帝。慈禧太后(及慈安太后)再次"垂帘听政"。奕䜣等军机大臣更不敢主动拟旨。重大政务"交议"的情况越来越多。又由于清朝的政治体制,奉旨议复衙门的堂官和司员缺乏外部知识,只熟悉"圣学"与旧制,且平日政事多由熟悉各部《则例》的吏员把持,对于各类"新政"奏章,大多予以驳斥。国子监司业、清流健将宝廷于光绪三年(1877)上奏称:

> ……迩来政事,似勤实惰,重小忘大,争近遗远,拘成例而少变通,守具文而乏实意。处艰难之时,如太平之世。事无巨细,朝廷委之部院,部院堂官委之司员,司员委之书吏。书吏、司员相与营私,以欺堂官,堂官以欺朝廷,不幸劣迹败露,又多方掩饰,代为徇庇,即钦简大臣察办,亦仍化大为小,化有为无。[1]

宝廷的这段话,自有其所指,而"朝廷委之部院",指的就是"交议","拘成例而少变通",指的又是"交议"的结果。

光绪七年(1881),慈安太后去世。光绪十年(1884),慈禧太后罢免奕䜣为首的全班军机大臣和总理衙门大臣;另以醇亲王奕𫍽控制军机处,以庆郡王奕劻(后为亲王)执掌总理衙门,史称"甲申易枢"。慈禧太后由此获得全权。然慈禧太后政务推进的能力有限,军机处将涉及大政、大局的奏章"交议"成为常态。奉旨议复的各衙门官员内心十分清楚,他们的答卷(即议复的结果),须顺合考官(慈禧太后)的心意。也因为如此,京内各衙门不愿意生事,根据"祖制",将各种改革主张皆予以驳回。慈禧太后对各类具体政务没有太大的兴趣,基本放手,紧抓不放的是两项:谕旨发布权和人事任免权。如此治理之下的清朝政治相当平稳,亦相当平庸,毫无进取心。

---

[1] 宝廷:"奏为吏治民生敬陈管见折",光绪三年十月初三日,《军机处录副奏折》03-5123-006。该件是李文杰提供的。

光绪十三年（1887），光绪帝名义上亲政，慈禧太后仍继续"训政"——光绪帝对部分奏折有朱批，大部分谕旨由军机大臣代拟，经慈禧太后、光绪帝批准后下发。光绪十五年（1889），光绪帝虚龄19岁，大婚后正式亲政。根据此前拟定的"归政后政务条目十六条"，慈禧太后仍掌握高层人事权，特别是京中的尚书、侍郎和地方的布政使、按察使以上的官缺；光绪帝每日早朝处理朝廷事务的旨意，由军机处摘录事由，呈慈禧太后阅览，每日批阅外省奏折的旨意，亦由军机处摘录事由，呈送慈禧太后。[1]前者（人事权）属**事先请示**，后者（事由单）属**事后监督**。光绪帝端装正坐在前台单独表演，知道背后有一扇窗户，慈禧太后随时都在监视他。光绪十六年，光绪帝因本生父醇亲王奕𫍽去世，更感受到了孤单。

光绪二十年（1894），甲午战争爆发，慈禧太后再次起用恭亲王奕䜣，先后任督办军务处大臣、领班军机大臣、首席总理衙门大臣，"甲申易枢"前的军机处与总理衙门班底也陆续归位。光绪帝的汉文师傅、户部尚书翁同龢，亦任督办军务处会办大臣，复任军机大臣，后又出任总理衙门大臣。然奕䜣此时锐气全失，无力也不愿与慈禧太后对抗，且自光绪二十三年底一直生病，至光绪二十四年四月初十日（1898年5月29日），即"百日维新"的前夜去世。翁同龢由此成为军机处和总理衙门中的核心人物，光绪帝对翁言听计从。慈禧太后对翁猜忌甚深，恐其权力过大，于四月二十七日（6月15日）逼迫光绪帝下达朱谕，将翁"开缺回籍"，另调直隶总督王文韶、闽浙总督裕禄为军机大臣、总理衙门大臣。至此，军机处和总理衙门已被慈禧太后牢牢控制住。[2]

---

[1] 军机大臣奏"归政后或复旧制或变通办理条目折"，光绪十四年十一月初十日，见该日《上谕档》。相关的研究，可参阅李文杰：《垂帘听政、训政、归政与晚清的奏折处理》，《近代史研究》2018年第2期；《光绪帝亲政前的习批奏折探析》，《近代史研究》2015年第6期。

[2] 慈禧太后对翁同龢的猜忌与制约，由来已久。翁重入军机处未久，慈禧太后便于光绪二十年十一月初八日命撤书房，后经奕䜣说项而未撤。光绪二十一年六月十六日，徐用仪出总理衙门，翁入值，同时入值的还有李鸿藻，相制约。十月十七日，慈禧太后将总理衙门大臣、吏部侍郎汪鸣銮和督办军务处会办大臣、户部侍郎长麟革职，"永不叙用"，是给翁的警告。光绪二十二年正月十三日，慈禧太后再下令撤书房。二月十七日，慈禧太后将翰林院侍读学士文廷式革职，"永不叙用"，仍是对翁的警告。汪、文当时被称为"翁门六子"。同治帝的汉文师傅、军机大臣、总理衙门大臣、吏部尚书李鸿藻于光绪二十三年七月去世，少了制约翁的力量；至奕䜣去世，军机处、总理衙门已无人可制约翁。慈禧太后因此将翁革职。

到了戊戌年，清朝政治体制实际上是"二元君主制"，慈禧太后表面上归政，然实际权力大于光绪帝——军机处、总理衙门和各部院堂官由慈禧太后选定，各地将军督抚与藩、臬两司由慈禧太后派定。光绪帝处理政务时下达旨意，命军机处拟旨，军机大臣拟旨时仍须揣摩光绪帝身后的"老佛爷"心思。没有人事权的光绪帝，也就没有了历代祖先"乾纲独断"的权力。正因为如此，对光绪帝来说，处理大政、要政尤其是新政的最佳途径，仍然是"交议"，让奉旨议复的衙门交出符合光绪帝心愿的答卷，而不是直接下达谕旨；慈禧太后若有意见，光绪帝亦可以借此稍避其锋。这是光绪帝避免与慈禧太后发生直接对抗，而采用的比较稳妥的决策方式。

由此回看上一节所叙戊戌年光绪帝发布的27项改革谕旨，其中16项经过"交议"：第1项（经济特科）、第2项（昭信股票）、第5项（武科举改制）、第7项（商务局等）、第8项（游学游历）、第11项（文科举改制）、第12项（专利章程）、第13项（神机营等改制）、第15项（《时务报》）、第18项（删订《则例》）、第19项（召见翰詹科道）、第20项（司员士民上书）、第21项（路矿总局）、第22项（自开通商口岸）、第23项（裁官减员）、第25项（设散卿）；没有经过"交议"而直接下旨的为2项——第3项（京师大学堂）、第9项（觐见礼仪），其详细章程仍是"交议"；虽有"交议"然未等议复结果而直接下旨的为2项——第11项（文科举改制）、第23项（裁官减员），皆经过慈禧太后的特别批准，其具体事宜仍是"交议"。

由此回看上一节所叙戊戌年光绪帝发布的27项改革谕旨，其中11项光绪帝未经交议而直接下旨，又可分成四种情况：第14项（兴办中小学堂）、第16项（颁发《校邠庐抗议》《劝学篇》）、第18项（重建海军）、第24项（京师修整街道），则要求报告相关的数据与执行情况；即便是第10项（任免官员等），也有3道交议或类似交议的谕旨，分别是"察看"梁启超、许应骙"明白回奏"、孙家鼐议复陈宝箴"厘正学术折"；至于第4项（司员考试）、第26项（《通商约章》）、第27项（编制《岁入岁出表》）虽属直接下旨，命相关衙门执行，但该3项改革的内容也相对简单；只有第6项（"百日维新谕旨"）是意向性的，无须交议也无须各衙门汇报。

由此再回看上一节所叙戊戌年光绪帝发布的 27 项改革谕旨，光绪帝将这些倡导改革的奏章送到哪些衙门和官员去议复呢？

首先是总理衙门。戊戌年光绪帝发布的 27 项 138 道谕旨中，其中有交总理衙门议复或交总理衙门与其他衙门共同议复的谕旨 10 道；在 138 道谕旨之外，另有交总理衙门议复或总理衙门与其他衙门共同议复的谕旨 52 道。[1]

其次是孙家鼐。戊戌年光绪帝发布的 27 项 138 道谕旨内，有交孙家鼐议复的 5 道；在 138 道谕旨之外，另有交孙家鼐议复的谕旨 8 道。[2]

再其次是军机处。戊戌年光绪帝发布的 27 项 138 道谕旨中，有交军机处与其他衙门共同议复的谕旨 4 道，在 138 道谕旨之外，另有交军机处与其他衙门共同议复的谕旨 6 道。光绪帝没有命军机处单独议复的谕旨，军机处是与总理衙门等其他衙门共同议复的。[3]

除此之外，京内各衙门与官员奉到的交议谕旨数量为：一、兵部，138 道谕旨之外有 31 道交议谕旨，皆在第 5 项（武科举改制）内。[4] 二、农工商总局，138 道谕旨之内有 1 道（第 43 号）交议谕旨；138 道谕旨

---

[1] 在 138 道谕旨内为第 1、2、14、15、17、48、52、77、107、129 号。其中第 1 号是交总理衙门与礼部共同议复，第 14、15、107 号是交军机处与总理衙门共同议复，第 129 号是交总理衙门与吏部共同议复。在 27 项改革范围内，在 138 道谕旨之外，第 1 项中有交总理衙门和礼部共同议复的谕旨 2 道，交总理衙门议复 4 道；第 2 项中有交总理衙门"知道"谕旨 1 道，总理衙门仍有议复；第 3 项中有交总理衙门议复的 3 道；第 5 项中有交军机处、总理衙门、兵部议复的谕旨 1 道，交总理衙门与兵部共同议复的 10 道；第 6 项中有交总理衙门议复 1 道，交军机处、总理衙门共同议复 1 道；第 7、8 项中有交总理衙门议复的 5 道；第 12 项中有交总理衙门议复的 1 道；第 14 项中有交总理衙门议复的 2 道；在第 21 项中有交总理衙门议复的 1 道；第 22 项中有交总理衙门议复的 4 道；第 24 项中有交总理衙门议复、酌核、查核的 7 道。

[2] 在 138 道改革谕旨内为第 21、25、56、98、133 号，而在 138 道谕旨之外，第 3 项中有交孙家鼐议复的谕旨 3 道，第 8 项中有 1 道，第 14 项有 1 道，第 15 项中有 1 道（《时务官报》经费），第 18 项有 1 道（李端棻），第 25 项中有 1 道（编书局）。

[3] 在 138 道谕旨内为第 14、15、80、107 号，其中第 14、15、107 号是与总理衙门共同议复；第 80 号是与神机营、八旗都统共同议复。在 27 项改革谕旨内，而在 138 道谕旨之外，第 5 项中有交军机处、兵部共同议复的谕旨 3 道，交军机处、总理衙门、兵部共同议复的 1 道；第 13 项中有交军机处、督办军务处议复的 1 道，有交军机处、神机营、八旗都统议复的 1 道。

[4] 其中有交军机处、兵部议复的 3 道，交军机处、总理衙门、兵部议复的 1 道，交总理衙门与兵部议复的 10 道，交兵部议复的 17 道。（参见本文第二节第 5 目）

外另有7道交议谕旨,皆在第7项(商务局等)内。三、户部,138道谕旨之外有6道交议谕旨,5道在第2项(昭信股票)内,还有1道与吏部共同议复,在第1项(经济特科)内。四、礼部,138道谕旨之内有3道(第67、68、76号)交议谕旨,皆在第11项(文科举改制)内,138道以外另有2道,与总理衙门共同议复,在第1项(经济特科)内。五、吏部,138道谕旨之内有3道交议谕旨,138道以外还有1道,与户部共同议复。[1]六、铁路矿务总局,138道谕旨之外有3道交议谕旨,皆在第21项(路矿总局)。七、内阁,138道谕旨之内有2道交议谕旨,皆与其他衙门共同议复,在第23项(裁官减员)内。[2]八、工部与步军统领,138道谕旨之内有1道(第132号)谕旨命回复。九、138道谕旨之内有交奕劻、李鸿章(第49号)、黄遵宪(第101号)各1道;138道谕旨之外还有交奕劻、许应骙共同议复(第3项、京师大学堂)、奕劻(第18项、删订《则例》)、许应骙(第10项、任免官员等)各1道。

由于光绪帝经常命多个衙门或官员共同议复,以上的统计数字也有重复的部分。

以上统计数据说明,除去重复统计的部分,戊戌年光绪帝发布的27项138道谕旨中,有25道交议谕旨;而在138道谕旨之外,光绪帝另有89道交议谕旨。[3]两者相加是114道交议的谕旨。我正是在这些极为繁杂迷乱的数字统计中,才看清楚光绪帝与整个官僚集团互动与制约的关系。

以上的统计数据,仅仅说明了已经形成改革谕旨(即27项138道)的范围;戊戌年还有许多含有改革内容的奏章,光绪帝也发下各衙门或官员议复,但因各种原因最终未能形成改革谕旨。对此,我曾作过粗略的统计,光绪帝在27项之外大约另有93道交议谕旨,交议数量占前三位的是:一、总理衙门。交总理衙门议复的谕旨为41道,交总理衙门

---

[1] 吏部奉到的谕旨第118、129、134号,其中第128号是交总理衙门与吏部共同议复。

[2] 内阁奉到的两道交议谕旨皆是共同议复:第126号是交内阁、六部和直省督抚共同议复;第127号是交内阁、六部共同议复。

[3] 在27项138道改革谕旨内,为第1、2、14、15、17、21、25、43、48、49、52、56、67、68、76、77、80、98、101、107、118、129、132、133、134号。而在138道谕旨之外,光绪帝交议谕旨为:第1项5道,第2项4道,第3项5道,第5项31道,第7项8道,第8项5道,第10项1道,第12项1道,第13项2道,第14项5道,第15项1道,第18项1道,第21项2道,第22项4道,第24项8道,第25项1道。

与其他衙门或官员共同议复的还有13道。二、户部。交户部议复的谕旨10道,交户部与其他衙门或官员共同议复的还有8道。三、孙家鼐。交孙家鼐议复的谕旨为7道,交孙家鼐与其他衙门或官员共同议复的还有4道。(相互之间有重复)。[1]这93道交议谕旨的内容,极为复杂,可以相当具体地观察到当时改革的热点与各衙门因此产生的工作量。[2]此

---

[1] 共计93道谕旨中,军机处1道,军机处与总理衙门共同5道,总理衙门41道,总理衙门与户部共同5道,总理衙门与兵部共同2道,户部10道,户部与兵部共同1道,户部与八旗统领1道,孙家鼐7道,孙家鼐与总理衙门共同1道,孙家鼐与礼部、农工商总局共同1道,孙家鼐与礼部共同1道,奕劻、孙家鼐、户部共同1道,督办军务处1道,督办军务处与神机营共同1道,礼部2道,刑部1道,吏部1道,江苏巡抚1道,两江总督、江苏巡抚、安徽巡抚共同1道,两江总督、江苏巡抚共同1道,北洋大臣、南洋大臣共同1道,两江总督、湖广总督、四川总督共同1道,两江总督、湖广总督、浙江巡抚共同1道,山东巡抚1道,河南巡抚1道,袁世凯、袁祖铭共同1道,徐桐、宗人府、内务府共同1道。

[2] 我在后文会详细分析总理衙门(军机处)、礼部、孙家鼐的议复情况,并注明93道谕旨中65道交议谕旨的情况,此处将另外的28道交议谕旨的情况,附注于此:光绪二十四年正月二十六日,给事中国秀,请铸银元;户部"速议具奏"。二月初三,盛京将军依克唐阿,抽练工兵、飞兵;督办军务处"核议具奏"。十五日,中允黄思永,职衔抵捐官额减二成;户部"议奏"。十六日,贵州巡抚王毓藻,练陆兵并整顿海军;督办军务处、神机营"议奏"。二十四日,给事中郑思贺,各省开垦荒田请认真清查;户部"议奏"。三月十五日,广西巡抚黄槐森,"商包厘税及铸银元";户部"斟酌办理"。三十日,工部代奏郎中唐浩镇,各省自开利源;户部"议奏"。闰三月十二日,御史潘庆澜,"刑部现审各案应由各司月终开单呈堂";刑部"酌核办理"。二十九日,管理顺天府尹事孙家鼐,京城典当加税减半;户部"议奏"。同日,浙江巡抚廖寿丰,筹饷请改折南漕;户部"议奏"。四月初六日,御史曾宗彦,精练陆军改为洋操;户部、兵部"妥速议奏"。四月十八日,御史李盛铎,请免江西米厘;户部"查核办理"。三十日,御史徐士佳折,江苏落地布捐请禁革、变通土布捐章,寄江苏巡抚奎俊"察度情形妥办"。同日,徐士佳,核减地丁折征制钱、带征学堂经费;户部"议奏"。七月十八日,给事中庞鸿书,振兴庶务宜审利害折;"条陈通用银元等语",户部"妥议具奏"。二十五日,总理各国事务衙门代递道员汪嘉棠条陈;寄两江总督刘坤一、江苏巡抚德寿、安徽巡抚邓华熙:"总理各国事务衙门奏代递道员汪嘉棠条陈,内称江皖两省荒地废弃可惜,亟宜酌筹的款,购置泰西机器,试办开垦,展限升科,并举道员胡家桢、刘世珩堪以督理其事等语。著刘坤一、德寿、邓华熙察度地方情形,能否按照所拟办理,并胡家桢、刘世珩是否堪胜此任?即行妥速筹议具奏。"寄两江总督刘坤一、江苏巡抚德寿:"总理各国事务衙门奏代递道员汪嘉棠条陈一折,据称淮南灶地宜缓开垦以顾盐课,暨江南厘金宜复二年旧章以便考察等语。著刘坤一、德寿按照所奏各节,悉心体察情形,酌核办理。"二十七日,侍讲学士瑞洵,南漕改折、提款购米、请裁并屯卫;奕劻、孙家鼐、户部"妥议具奏"。二十九日,总理衙门代奏郑孝胥条陈,(转下页)

数若再加上27项改革范围内114道交议谕旨,则是207道谕旨!这怎么能不让当时的官员感到"诏令频下"呢?特别有意思的是,七月十八日,给事中庞鸿书上奏"振兴庶务宜审利害折",光绪帝一共发了6道交议谕旨分别给户部、兵部、总理衙门和礼部、京师大学堂、铁路矿务总局、农工商总局:

> 给事中庞鸿书奏振兴庶务宜审利弊折内,条陈通用银元等语,著户部妥议具奏。
>
> 给事中庞鸿书奏振兴庶务宜审利弊折内,条陈改定武科等语,著兵部妥议具奏。
>
> 给事中庞鸿书奏振兴庶务宜审利弊折内,条陈经济特科等语,著总理各国事务王、大臣会同礼部酌核具奏。

---

(接上页)练兵制械为变法急务折;军机处"议奏"。同日,军机处会同总理衙门议复袁昶条陈,寄北洋大臣荣禄、南洋大臣刘坤一:"……应即通行各省,无论兵轮、官轮,一律归常关稽查,照章完税,以杜弊端。著荣禄、刘坤一督饬各海关监督,详议章程,认真办理。"寄两江总督刘坤一、湖广总督张之洞、四川总督奎俊:"……以淮课比较川课,加重十数倍,使川课与淮相埒,即以之抵补淮课原额。所奏如果可行,于饷项大有裨益。应如何设法加征之处,著刘坤一、张之洞、奎俊破除情面,会商妥议,奏明办理。"明发谕旨:"……现在漕粮既归海运,卫所半属虚悬,若改卫为屯,征租充饷,于国用不无裨益。著两江、湖广、浙江各督抚通饬所属,彻底清查各卫所屯田地亩实在数目,详定征租章程,迅速奏明,请旨办理。"明发谕旨:"……旗丁生齿日繁,徒以格于定制,不得在外省经商贸易,遂致生计艰难。从前富俊、松筠、沈桂芬等均曾议及之。现当百度维新,允宜弛宽其禁,俾得习四民之业,以资治生。著户部详查嘉庆、道光年间徙户开屯计口授田成案,重订新章,会同八旗都统妥筹办理。"同日,御史张承缨,丁忧起复人员宜变通选补章程;吏部"议奏"。八月初一日,署理礼部侍郎王锡蕃,山东河工请酌用西法挖泥船及打桩机器西法;寄山东巡抚张汝梅"察看情形,迅速具奏"。同日,翰林院代奏检讨桂坫条陈,请减河工岁修专款创办海军;寄河南巡抚刘树堂"力加撙节"奏明办理"。(桂坫条陈七月二十七日代递)同日,总理衙门进呈候选守备张震所著《炮法演题》;袁世凯、袁祖礼"阅看,各具说帖,由该衙门呈览"。初四日,管理八旗官学大臣徐桐,遵议整顿官学折,著徐桐咨行宗人府、内务府"议奏"。以上共计28道,其中户部10道,户部与兵部共同1道,奕劻、孙家鼐、户部共同1道,户部与八旗统领共同1道,刑部1道,吏部1道,军机处1道,督办军务处1道,督办军务处与神机营共同1道,江苏巡抚1道,两江总督、江苏巡抚、安徽巡抚共同1道,两江总督、江苏巡抚共同1道,北洋大臣、南洋大臣共同1道,两江总督、湖广总督、四川总督共同1道,两江总督、湖广总督、浙江巡抚共同1道,山东巡抚1道,河南巡抚1道,袁世凯、袁祖礼共同1道,徐桐、宗人府、内务府共同1道。

>　　给事中庞鸿书奏振兴庶务宜审利弊折内，条陈大学堂章程等语，著孙家鼐酌核具奏。
>
>　　给事中庞鸿书奏振兴庶务宜审利弊折内，条陈创修铁路、开拓矿务等语，著王文韶、张荫桓酌核具奏。
>
>　　给事中庞鸿书奏振兴庶务宜审利弊折内，振兴农务、劝课种植、推广工艺、商务设局各条，著端方、徐建寅、吴懋鼎酌核具奏。（《上谕档》）

## 2. "议复"——总理衙门（军机处）、礼部、孙家鼐的表现

一道普通谕旨下达，各地或各衙门只负责执行；一道"交议"谕旨下达，各地或各衙门就要针对以往接触过、很少接触甚至没有接触过的各类新政事务，交出一份答卷：明确表示"允准"或"驳回"，如果"允准"的话，还须提供具体的执行方案。前已叙及，在戊戌年之前，各地各衙门收到奉旨议复的奏章，大多会依据旧例"驳回"，工作量不会很大。而到了戊戌年，光绪帝交议的奏章数量及其议复的难度，远远超过先前；且有一个显而易见的标准，奉旨议复的衙门或官员的答卷，须得让主张变法的光绪帝满意，即尽可能"允准"，而一旦是"允准"，又必须提交一个具体的执行方案。这些使得官员们的工作强度与议复难度一下子变得很大，这也正是戊戌年清朝官员们痛感"诏令频下"的主要原因。

既然"议复"是改革谕旨产生的关键步骤，那么，奉旨议复的各衙门或官员又是如何操作的？光绪帝的改革意愿能否通过"交议"的形式来实现？以下可以举奉旨"议复"责任最大的两个部门和一个个人为例——总理衙门（军机处）、礼部、孙家鼐——具体观察其议复的全过程。

**先来看总理衙门（军机处）**

戊戌变法是新政，总理衙门是清朝政府中与"新政"关系最为密切的机构。光绪帝将包含新政内容的奏章交给总理衙门议复，也是必然的选择。上一节的统计数据说明，戊戌年光绪帝在27项改革范围内向总理衙门发出了62道交议的谕旨，涉及16项改革内容，皆是戊戌变法中最重要的改革举措。特别有意思的是，七月二十日，光绪帝下达京城河渠

街道整修的改革谕旨（第132号），命工部、步军统领、五城御史暨街道厅"将筹办情形及开工日期迅速具奏"。二十九日，工部等衙门上奏"会议京师修理河道沟渠筹办情形折"，光绪帝没有直接批下，而是将之再交总理衙门，发下交片谕旨，命"查核办理"——总理衙门成了审核工部等衙门议复奏折的特殊机构！（参见本文第二节第24目）上一节的统计数据还说明，在27项改革范围之外，光绪帝另将涉及新政内容奏章，交总理衙门议复或交其与其他衙门、官员共同议复，为此发出了54道明发或交片谕旨。交议的内容极其复杂，涉及铁路、矿务、教案、租借地、银元与铜钱、邮政甚至电机、音韵、人才考察等等。[1] 这两项相加，总

---

[1] 54道谕旨的具体内容为：光绪二十四年正月二十七日，侍讲恽毓鼎，兴修山东铁路；总理衙门"酌核办理"。二月初七日，给事中张仲炘，敬陈管见、德使要挟太甚不宜曲允；总理衙门"知道"。初十日，御史胡孚宸，德兵枪毙华民请饬总署诘责，《国闻报》所载中英新约请饬查；总理衙门"知道"。二十三日，给事中高燮曾等，俄事所议万不可允；总理衙门"知道"。二十四日，给事中郑思贺，卢汉津镇铁路恐两妨；总理衙门"知道"。同日，收到山西巡抚胡聘之，晋省办理铁路矿务情形；总理衙门"议奏"（原奏日期二月十五日）。三月初三日，顺天府尹胡燏棻，关外铁路半借洋款并拨款；总理衙门、户部"议奏"。同日，胡燏棻，永定门外添设电轨拨款；总理衙门、户部"知道"。十三日，都察院代奏山西京官条陈，山西商务局借款章程；总理衙门、户部"归入胡聘之前奏内一并议奏"。三月十五日，广西巡抚黄槐森，"五金煤炭各矿招商及铁路支线"；总理衙门"酌核筹办"。闰三月十三日，御史杨深秀，"山西局绅贾景仁劣迹多端"；总理衙门"查核办理"。二十三日，都察院代奏直隶京官李桂林等呈文，即墨圣像被毁；总理衙门"酌核办理"。二十七日，御史黄桂鋆，总署不得代奏莠言折、保浙各会借洋款；总理衙门"知道"。四月初十日，都察院代奏云南举人沈鋆等条陈，呈诉举人钱用中，请将刘鹗、方孝杰递解回籍；总理衙门"查明办理"。十三日，理藩院，蒙古铁路与台站多有不便；总理衙门"查明办理"。十七日，御史陈其璋，请加洋税；总理衙门"查核办理"。同日，陈其璋，请教练同文馆学生充洋关扦手；总理衙门"斟酌办理"。同日，御史杨崇伊，请禁贩米出洋；总理衙门"查明办理"。十八日，顺天府尹胡燏棻，筹拨锦州铁路款；总理衙门、户部"议奏"。同日，御史李盛铎，河南矿务；总理衙门"查明办理"。五月三十日，浙江巡抚廖寿丰，寓洋华人请由使臣考取商务生员；总理衙门"议奏"。六月十一日，南书房翰林朱琪，前保广东生员区金铎请饬催令来京考验；电寄谭钟麟："著谭钟麟迅即饬催该生酌带电机来京，交总理衙门察看具奏。"同日，御史宋伯鲁，各省举办铁路矿务官不如商、主事席庆云承办山西煤矿请饬查办；总理衙门"斟酌办理"。二十日，收到驻德公使吕海寰折，敬陈管见，军机处、总理衙门"切实妥速议奏"。二十一日，光绪帝发下袁昶条陈；军机处、总理衙门"切实妥速议奏"。七月初三日，翰林院代递编修罗长裿条陈；军机处、总理衙门"切实妥议具奏"。初四日，刑部代奏郎中杜庆元条陈时务；军机处、总理衙门"归入编修罗长裿条陈内一并切实妥议具奏"。同日，都察院代奏四川京官骆成骧、举人刘宣（转下页）

理衙门一共收到116道交议谕旨，由此产生的工作量可以想见。

根据清朝制度，总理衙门只是"临时"机构，与军机处相同。总理衙门大臣是"差"，另有官缺。戊戌年（光绪二十四年，1898），总

---

（接上页）等条陈，川矿关系大局；总理衙门"查核具奏"。同日，都察院代奏云南举人李效培条陈；"李效培著交总理各国事务衙门察看其人，逐条考核办理"。初五日，交总理衙门："现在盛宣怀办芦汉铁路，借定比利时国银款。所有售卖股票，无论华洋人等，均应准其购买。务当详登告白，并宣布各国，立定切实章程，以杜后患。著总理各国事务衙门妥议办理，即行具奏。"初十日，翰林院代奏编修张星吉条陈，"请严惩教民"；总理衙门"酌核办理"。十四日，国子监代递学正学录黄赞枢条陈；"内浮费一条"，孙家鼐会同总理衙门"核议具奏"。十九日，委散秩大臣铭勋，请试办铜磺局；总理衙门"传铭勋到署，将实在办法详细询明，即行复奏"。二十日，左都御史裕德，设立保甲局以保护教堂；交总理衙门"妥速议奏"。二十一日，总理各国事务衙门代奏知县谢希傅条陈，"驻洋使臣宜多带学生"等；总理衙门"速议奏明办理"。同日，总理衙门代递章京刘庆汾条陈，"仿照成法印造铜钱通饬各省筹办"；总理衙门"妥定章程，奏明办理"。同日，军机处代递章京继昌说帖，京师修治沟渠街道请派熟悉洋界情形大臣督办；总理衙门"斟酌办理"。二十四日，御史戴恩溥、王培佑，胶澳擅增租界、请派员履勘租界；总理衙门"查明办理"。同日，山东道员彭虞孙等电，勘定胶澳租界办理情形；总理衙门"查明办理"。二十五日，顺天府尹胡燏棻，津榆铁路学堂仍移设山海关并添派洋教习等；总理衙门"查核办理"。同日，胡燏棻，各省开办路矿借洋款须由铁路矿务总局核定；总理衙门"酌核办理"。二十六日，都察院代递生员荣绶条陈，请设立陆军武院；总理衙门、兵部"议奏"。二十七日，广东布政使岑春煊，银元铜钱广为鼓铸；总理衙门"归入刘庆汾等前奏内一并议奏"。同日，刑部奏代递主事顾厚焜条陈，请京城邮政广设分局；都察院奏代递优贡沈兆祎条陈，请推广邮政，裁撤驿站；总理衙门、兵部"妥议具奏"。（顾厚焜、沈兆祎条陈二十四日代递）同日，都察院代奏生员林辂存条陈，字学繁难，请用切音；总理衙门"调取卢戆章等所著之书，详加考验具奏"。（林辂存条陈二十四日代递）同日，都察院代奏州判陈采兰条陈，教案办法六条；代奏知县黄遵楷条陈，请设善堂及购编外洋图表；总理衙门"妥议具奏"。（陈采兰、黄遵楷条陈二十四日代递）二十八日，御史宋伯鲁，定银元价值；总理衙门、户部"妥议具奏"。二十九日，军机处、总理衙门议复袁昶条陈，"袁昶条陈内出使日记申明定章一节"；总理衙门"查核办理"。同日，前太仆寺少卿隆恩，商人集款请办津镇铁路；总理衙门"查核具奏"。三十日，孙家鼐，议奏翰林院侍讲恽毓鼎条陈京师设立武备大学堂；军机大臣、总理衙门"妥议具奏"。同日，国子监代递算学助教崔朝庆所著《一得斋算书》《浙江嘉兴府水道图》；总理衙门"阅看"。八月初二日，总理衙门代奏郎中霍翔呈请推广游学章程；总理衙门"妥议具奏"。同日，总理衙门代递副将陈季同条陈，"请联络各国公保以纾时局，并自称愿效驰驱"；总理衙门"察看筹议具奏"。（以上霍翔、陈季同条陈皆二十八日代递）初六日，总理衙门代递北洋委用道傅云龙，请铸银元；侍讲学士秦绶章，请铸银元；总理衙门"归入刘庆汾等前奏内一并妥议具奏"。以上共54道，其中总理衙门41道，总理衙门与户部共同5道，军机处与总理衙门共同5道，孙家鼐与总理衙门共同1道，总理衙门与兵部共同2道。

理衙门先后有大臣12位，前后变动很大：奕䜣（1833—1898）、奕劻（1838—1917）、廖寿恒（1839—1903）、张荫桓（1837—1900）、敬信（1832—1907）、荣禄（1836—1903）、翁同龢（1830—1904）、李鸿章（1823—1901）、崇礼（1840—1907）、许应骙（1832—1903）、王文韶（1830—1908）、裕禄（1844—1900），年龄大多在60岁以上，比光绪帝大三四十岁。奕䜣于光绪二十四年四月初十日去世；翁同龢于四月二十七日被罢免，荣禄同日调任直隶总督；王文韶于五月初五日（6月23日）入值；许应骙于七月十九日被革；李鸿章、敬信于七月二十二日（9月7日）罢值，裕禄于同日入值。[1]戊戌年同时在位的大臣，最多时10位（奕䜣去世前），最少时6位（李鸿章、敬信罢值之后）。

虽说总理衙门的议复奏折是全体大臣会签，但办理具体事务时常常会有核心人物、灵魂人物。总理衙门先后在位的12位大臣中，最重要的当然是奕䜣。但他长期生病，后去世。自奕䜣重返政坛后，奕劻虽为总理衙门首席大臣，但主要精力放在慈禧太后那边，他还是管理颐和园工程大臣。李鸿章自甲午战败之后，罢直隶总督、北洋大臣职，仅以文华殿大学士身份入值总理衙门，自我感觉非核心，也不太愿意揽权揽势，后又被罢值。[2]翁同龢以帝师身份在总理衙门地位显赫，属核心人物，

---

[1] 奕䜣是军机大臣、宗人府宗令，也是总理衙门首创大臣，咸丰十年底至光绪十年（1861—1884）入值，光绪二十年再次入值。奕劻是光绪十年入值，此时的职位极多，"御前大臣、宗人府左宗正、镶黄旗满洲都统、管理武备院銮仪卫事、领侍卫内大臣、掌卫事大臣、崇文门正监督"，后又一职"管理八旗练兵大臣"。廖寿恒于光绪十年以内阁学士入值，此时的职位是军机大臣、刑部尚书。敬信于光绪二十年入值，此时的职位是"经筵讲官、户部尚书、正白旗蒙古都统、管理满洲火器营、新旧营房事务、稽察左翼宗学、内大臣、稽察京通十七仓大臣、管宴大臣、专操大臣"。荣禄于光绪二十年入值，此时的职位是御前大臣、兵部尚书、步军统领。崇礼前任总理衙门大臣，甲午战争时出任热河都统，光绪二十三年再次入值，此时的职位是"太子太保、头品顶戴、刑部尚书、镶白旗蒙古都统、管理同文馆、两翼八旗护军营练兵大臣、新旧营房事务大臣、专操大臣"，后又任步军统领。许应骙于光绪二十三年入值，此时的职位是礼部尚书。一般说来，满人的兼职比较多。张荫桓、翁同龢、李鸿章、王文韶、裕禄的情况，后文将介绍。

[2] 光绪二十三年二月二十二日，李鸿章给其女婿张佩纶、女儿李经璹信中称："今日时局，译署兼政府，亦算冷官。乐道浮光掠影，毫不用心。翁则依违其间（专讲小过节，不问大事，两宫惟命是从，拱默而已）。李迂腐更甚，所保护者，鹿、边、李、赵之流，谁能干事。来书人才、国计无足自强，洵笃论也。各国外部皆一人主持，中国八九辈多不办事，即在总署出身之吴荩吟，亦颇唐袖手。昨恭引崇礼，李引许应骙，（转下页）

然在"百日维新"初始时期，被慈禧太后罢免。接替翁同龢的王文韶，曾于光绪四年以户部侍郎入值军机处、总理衙门，光绪九年因云南报销案而"乞养"，光绪十四年再度起用，出任湖南巡抚、云贵总督，甲午战争时接替李鸿章任直隶总督、北洋大臣。此时他到京未久，更兼其久历宦场，颇知深浅，为人圆滑，不愿出头担纲。翁同龢罢免后，张荫桓成为总理衙门中的灵魂人物。[1]

张荫桓，广东南海人，捐班出身，办事麻利，颇受阎敬铭、丁宝桢、李鸿章的赏识，累保至安徽池宁广太道。光绪十年即"甲申之变"后，以三品卿入值总理衙门，因清流党人参劾，改为直隶大顺广道。又因李鸿章保举，于光绪十一年出任驻美公使（兼驻西班牙、秘鲁公使），任满后于光绪十六年（1890）以太仆寺卿再次入值总理衙门，官职累迁至户部侍郎。他是现任总理衙门大臣中唯一有驻外经历者。[2] 光绪帝对他极

---

（接上页）不知洋务为何事，但以为要地，可略收炭资耳。不知炭多不来，徒为滥竽何益。余若停数日不到署，应画稿件，应发文电，无人过问。樵野在此当杂差，今出使更无应差者矣。"（《李鸿章全集》，第36册，第138页）"译署"，总理衙门；"政府"，军机处；李鸿章此时认为军机处和总理衙门都成了"冷官"。"乐道"，奕䜣。"李"，李鸿藻，时任总理衙门大臣等多项重要职位，后去世。"鹿、边、李、赵之流"，指四川总督鹿传霖、闽浙总督边宝泉、山东巡抚李秉衡、江苏巡抚赵舒翘，皆是思想比较保守且有操守者。李鸿章认为，奕䜣、翁同龢、李鸿藻皆是军机大臣兼总理衙门大臣，也做不成什么事情。吴蕙吟，吴廷芬，由总理衙门章京而升为大臣，不久后请假"修墓"而退。"樵野"，张荫桓。"今出使"，指其任特使去英国祝贺女王登基六十年。[参见本书第四篇《论张荫桓——以光绪二十三年（1897）出席英国女王庆典为中心》] 李透露崇礼入总署为恭亲王奕䜣所援引。"炭资"，指冰炭两敬，各地官员所送，是当时京官最主要的灰色收入。李鸿章此时入值仅四个月，给家人的私信中坦露真心，他对总理衙门各大臣的能力与人品评价极低，也认为总理衙门各大臣的工作效率很低。

[1] 六月十八日，总理衙门章京张元济给沈曾植信中称："议约一事于三月三日具奏，十七日行英使，此事期在五月，今查杳无消息。询之南海，初与常熟相约，通力合作，今则常熟去矣，南海势孤，彼既畏难，此外孰敢先发？署中人已绝口不言，我正不知外人如何议论耳。"（《张元济全集·书信》，第2卷，第226—227页）"南海"，张荫桓。"常熟"，翁同龢。此为张元济答复沈曾植所询与英国商议关税一事。（三月初三日总理衙门奏片可见《清季外交史料》，第5册，第2555页）由此可见翁、张在总理衙门联手办事。该信又称："峨山无去意，然不常来。太原亦然。嘉定则甚劳，缘署中诸事，上常切实考问。"（同上书，第227页）"峨山"，崇礼，"崇"字上部为山字。"太原"，王文韶，王姓郡望为"太原"。可见崇礼、王文韶无心于总理衙门事务。"嘉定"，廖寿恒，江苏嘉定人。廖为军机大臣，故光绪帝见军机时经常向廖询问总理衙门事务。

[2] 在此之前，总理衙门大臣中还有驻英国等国公使曾纪泽、驻俄国等国公使洪钧，皆去世。

其信任，在戊戌年中曾于正月初九日、二十一日、二月初七日、三月初一日、初二日、初十日、十四日、十七日、十八日、二十八日、闰三月初十日、五月初一日、初六日、十六日、七月初五日、二十日、二十五日、八月初四日单独召见他，共计18次。[1] 同列皆知他是光绪帝的宠臣，慈禧太后对他也十分忌恨，曾一度想将之捉拿。张荫桓也为之有所收敛。

还需说明的是，翁同龢、张荫桓与康有为有着比较密切的关系，尽管其中的细节还无法考证清楚。[2]

总理衙门奉旨议复时，当然要考虑光绪帝的心意，然若不考虑慈禧太后的话，必然也会翻车。如"游历与游学"一项，光绪帝根据总理衙门的议复，于四月二十四日发出第33号谕旨，同意"王公贝勒"出国游历，第二天再发谕旨取消，显然是慈禧太后的反对。（参见本文第二节第8目）

就光绪帝发出的116道交议谕旨来看，他对总理衙门的议复，总体上还是比较满意的，否则也不会发出这么多。但是，对总理衙门最重要的议复奏折，光绪帝明确表示过不满。

戊戌初年，光绪帝先后交下三项非常重要的"交议"：一是经济特科详细章程（正月初六日，总理衙门与礼部共同），二是京师大学堂详细章程（正月二十五日，军机处与总理衙门共同），三是康有为"上清帝第六书""妥议具奏"（二月十九日，总理衙门单独），以第三项最为重要。由于当时的国际国内形势——德国占领胶澳（今青岛）、俄国占领旅顺、大连，甲午战争赔款支付，英德续借款，英国拓展新界，德国亲王觐见皇帝、皇太后礼节等等——使得总理衙门诸大臣，尤其是翁同龢、张荫桓根本忙不过来，翁与张又同为户部堂官，另有"昭信股票"之设计。而到了翁被罢免后，光绪帝开始催促，特别是京师大学堂，五月初八日专

---

[1]《光绪二十四年京官召见单》,《宫中杂件·旧整》，第915包。值得注意的是崇礼，光绪帝于光绪二十四年二月初十日、三月初八日、二十六日、闰三月十六日、二十七日、四月二十六日、二十九日、五月十二日、二十日、二十九日、七月三十日共11次单独召见他。（出处同上）两人讨论的内容虽不见记录，但从时间上推测，与清朝的礼仪改革关系较密。光绪帝召见许应骙的情况，后文将介绍。

[2]参见本书第三篇《康有为与"弭兵会"——兼论翁同龢荐康有为说》、第四篇《论张荫桓——以光绪二十三年（1897）出席英国女王庆典为中心》。

门发了催促的谕旨（第 16 号谕旨）。

五月十四日，军机处会同总理衙门上奏"筹办大学堂折"，是由总理衙门主稿的，负责此稿的先是翁同龢，后是张荫桓，由张主持的上奏稿的起稿者很可能是梁启超，该折所附的《大学堂章程》是梁启超起草的。[1] 此事从交议到议复，用了 137 天，时间相当长，但光绪帝对议复结果还比较满意，当天去颐和园，第二天经慈禧太后批准后发下。（参见本文第二节第 3 目，第 18 号谕旨）

然而，也就在这一天（十四日），总理衙门上奏"遵旨议复康有为条陈折"，用了 113 天，时间亦长，光绪帝对此是不满意的。"康有为条陈"，即康的"上清帝第六书"，要求在中央设立"制度局""待诏所"，总管新政事务，并设立法律局、税计局、学校局、农商局、工务局、矿政局、铁路局、邮政局、造币局、游历局、社会局、武备局十二局，对制度局负责，主管具体事务；要求在地方的道一级设立新政局，县一级设立民政局。[2] 这是对清朝现行政治制度的根本改造，总理衙门各位大臣，包括翁同龢、张荫桓都不会同意，一拖再拖。总理衙门的议复奏折，全面驳回康的提议，仅在铁路和矿务上做了让步，企图蒙混过关。光绪帝收到当日，没有表态，仅下旨"暂存"。[3] 两天后，五月十六日，即光绪帝批准京师大学堂议复的次日（他仍在颐和园），发下一道极为独特的交片谕旨：

> 交总理各国事务衙门。本月十四日贵衙门议复工部主事康有为条陈一折，军机大臣面奉谕旨："著该衙门另行妥议具奏。"（《上谕档》）

光绪帝将议复奏折全盘推倒重来，前所未有，后来也没有发生过。总理衙门奉到如此严厉的谕旨，仍不敢也不能允准康有为的提议，在万般无奈之下，于五月二十五日（9 天后）再次上奏，称康有为条陈"均系变易内政，非仅条陈外交可比。事关重要，相应请旨，特派王、大臣，会

---

[1] 参见梁启超：《戊戌政变记》续修四库本，第 214 页；李鸿章给其子李经方信中称：大学堂章程"即樵野倩梁启超捉刀者，内有不可行……"（《李鸿章全集》，第 36 册，第 184 页）
[2] 康有为条陈见《康有为变法奏章辑考》，第 133—141 页。
[3] 五月十四日军机处给慈禧太后奏片称："本日总理各国事务王、大臣奏遵旨妥议康有为条陈折，奉旨'暂存'。"（《洋务档》）

同臣衙门议奏，以期妥慎之处，出自圣裁"。总理衙门是想将责任推出去，以逃避计穷力竭之窘境。光绪帝朱批：

> 著军机大臣会同总理各国事务衙门王、大臣，切实筹议具奏。毋得空言搪塞。[1]

"空言搪塞"是光绪帝对五月十四日总理衙门议复奏折的直接批评，也是对军机处、总理衙门下次议复奏折的警告。光绪帝的朱批有着明显的倾向性。张之洞的"坐京"（在京办事者）杨锐在密信中称：

> 康有为条陈……交总署议，驳，再下枢、译两府议。上意在必行，大约不日即须奏上。都下大为哗扰云。[2]

"上意在必行"一句，说明了光绪帝的态度，"都下大为哗扰云"一句，又说明了包括总理衙门和军机处在内的京官们的集体态度。

根据清朝制度，军机处是"临时"衙门，军机大臣是"差"。戊戌年军机大臣共有10位，前后变动也很大：奕䜣、礼亲王世铎（1843—1914）、翁同龢、刚毅（1837—1900）、钱应溥（1824—1902）、廖寿恒、王文韶、裕禄、荣禄、启秀（1839—1901）。戊戌初年，军机处虽有奕䜣、世铎、翁同龢、刚毅、钱应溥5人，然钱应溥生病多年，已不入值，世铎并不主事，奕䜣亦病，实际上是翁同龢、刚毅两人主事。奕䜣经慈禧太后批准后，于二月初十日引廖寿恒"在军机大臣上学习行走"。可以说在奕䜣去世前，军机处的核心人物是翁同龢；翁罢免后，中心人物是王文韶，军机处的力量是比较弱的。也因为如此，到了戊戌政变后，慈禧太后先后命荣禄、启秀入值军机。

五月二十五日，光绪帝命军机处会同总理衙门"切实筹议"康有为"上清帝第六书"时，军机大臣实际只有5位：世铎、刚毅、廖寿恒、王

---

[1] 《戊戌变法档案史料》，第8—9页。
[2] 《李鸿藻存稿（外官禀）》，第1函第1册，中国历史研究院图书档案馆藏，档号：甲70-10。"总署"，总理衙门。"枢"，军机处。"译"，译署，总理衙门。

文韶、裕禄；而廖、王本来就是总理衙门大臣；王入值军机处仅20天，裕禄入值军机处只有两天。由此可以确定，军机大臣的议复奏折不会发生本质性的变化。负责起草五月十四日总理衙门"遵旨议复康有为条陈折"的总理衙门帮总办章京顾肇新，在私信中称：

> 康有为条陈变法……弟惟议设铁路矿务大臣，余均力驳。奏上，奉旨另行妥议。旋请改派枢臣会同议奏，改由枢臣主稿，已于昨天复奏。大致仍不出弟原稿范围，而语意芜杂，较弟为甚。[1]

顾肇新只是总理衙门议复奏折的起草者，虽说是"弟惟议"，但必须遵行总理衙门大臣们的指示；"大致仍不出弟原稿范围"一语，又说明了他已料定军机大臣们也走不了多远。据军机处《随手登记档》，六月十一日，军机处向光绪帝"递会议康有为条陈节略（见面带上，未发下）"。[2] 军机大臣的这一行动，看起来像是试探，实际上却是向光绪帝交底。又据总理衙门大臣张荫桓日记：六月十三日，"军机处、总署会议康长素条陈变法，屡奉谕旨严催"。[3] 这是清朝两个最重要的衙门上奏前最后一次讨论，"屡奉谕旨严催"的"谕旨"，不见于任何文字记录，应是军机处每日见面时光绪帝的口谕，或是光绪帝单独召见张荫桓时的口谕。

六月十五日，军机大臣、总理衙门大臣再次议复康有为"上清帝第六书"，进行了迂回式的对抗，形成了四道明发谕旨、两道交片谕旨和一道电谕：康有为的"制度局"，变成了定期召见翰、詹、科道官员（第116、117号谕旨）；康的"待诏所"，则部分开放司员士民上书（第116号谕旨）；康的"十二局"，则成立了铁路矿务总局（第124号谕旨），命

---

[1] 顾肇新致顾肇熙函，光绪二十四年六月十六日，《顾豫斋致其兄函》，中国历史研究院图书档案馆藏，档号：甲233。"枢臣"，军机大臣。杨锐给张之洞的密信又称："近日变法，都下大哗，人人欲得康有为而甘心之。然康固多谬妄，而诋之者至比之洪水猛兽，必杀之而后快。岂去一康而中国即足自存乎？……上方锐意新政，凡关涉改革之事，但有论建，无不采纳……京师大老空疏无具，欲以空言去康，何能有济？"（李宗侗：《杨叔峤光绪戊戌致张文襄函跋》，《大陆杂志》（台北），第19卷第5期，1959年9月15日出版）杨锐此处"京师大老"，指军机处与总理衙门各位"大老"。

[2] 《随手登记档》，第149册，第586页。

[3] 《张荫桓戊戌日记手稿》，第215页。

总理衙门派人往日本等国留学（第46号谕旨），要求各省加强商务局（第38号谕旨），并命驻美公使"博考各国律例"的电旨[1]；康的地方新政机构，则命各地整饬吏治（第29号谕旨）。军机处、总理衙门"成功"地驳回了康有为"上清帝第六书"，只是开放了司员士民上书的小口子，却未料后来从这一口子涌进了巨浪。（以上参见本文第二节第6、7、8、12、19、20、21目）康有为事后回忆称：

> ……于是所议我折，似无一语驳者，似无一条不行者。上亦无以难之，虽奉旨允行，而此折又皆成为虚文矣。大官了事，所谓才者如此。虽"轻舟已过万重山"，而恶我愈至，谤言益甚。[2]

"轻舟已过万重山"一语，颇为形象，此处的"万重山"指光绪帝。熟知内情的总理衙门章京张元济，称总理衙门行"推诿之计"，军机处行"转避之议"，并称"其用心则固可诛"。[3]而此时离光绪帝最初的交议，已经过去了136天。

从总理衙门和军机处的总体议复情况来看，凡是仿效西方的具体政务，如"游历""游学""专利""自开通商口岸"甚至"京师大学堂"等项，都是尽量允准（参见本文第二节第3、8、12目）；但对康有为诸如设立"制度局"之类的根本大计，则是坚决反对。光绪帝每天与军机大臣见面，最重要的军机大臣兼任总理衙门大臣，即使不兼军机大臣的总理衙门大臣，如张荫桓、崇礼、许应骙，他也时常召见，对军机大臣、总理衙门大臣的基本态度当然是了解的。然不让这些衙门去议复，光绪

---

[1] 除了四道明发谕旨，两道交片谕旨外，光绪帝另有电旨给驻美公使伍廷芳："前经总理衙门议复伍廷芳奏请变通成法案内，饬令该大臣博考各国律例，及日本改订新例，酌拟条款，咨送总理衙门核办。现当整饬庶务之际，著伍廷芳迅即详慎酌拟，汇齐咨送，毋得延迟。"（《清代军机处电报档汇编》，第2册，第81页）这是针对康有为"十二局"中的"法律局"的。"日本改订新例"，指日本为"条约改正"而正在进行的司法改革。
[2] 《康南海自编年谱》（《我史》），《丛刊·戊戌变法》，第4册，第154页。
[3] 张元济给沈曾植信中称："长素请开制度局，公所知也。总署议驳，诏令另议。于是请另派王、大臣会议，以为推诿之计。朱谕又令切实筹复，毋得空言搪塞，而枢臣又有设法转避之议，遂成驳议，略予变通。本月十五日所下四诏，即复奏中之所云云也。济非谓彼之议驳为不当，而其用心则固可诛矣。"（《张元济全集·书信》，第2卷，第225—226页）

帝又能找什么人?

这里面还有一段插曲。

六月初六日,仓场侍郎李端棻上奏由梁启超起草的"变法维新当务之急敬陈管见折",提出了"御门誓众""开懋勤殿""在京官绅回乡办学""删订《则例》"四项重大改革举措,此时军机处尚未议复康有为的"上清帝第六书",光绪帝下旨:

> 李端棻奏变法维新条陈当务之急一折,著奕劻、孙家鼐会同军机大臣切实核议具奏。(《上谕档》)

光绪帝点名增加了奕劻、孙家鼐两位重臣,希望议复结果能有所变化。从军机处《随手登记档》来看,奕劻、孙家鼐于六月初十日各自进呈"说帖",军机处没有上奏相关的议复奏折;而奕劻、孙家鼐坚决反对"御门誓众""开懋勤殿"两条,并在"在京官绅回乡办学"上做了手脚,仅仅同意"删订《则例》"。根据军机处《随手登记档》,六月初十日军机处所拟谕旨,光绪帝没有同意,到了第二天即十一日,才同意发下。(第83、111号谕旨,参见本文第二节第14、18日)[1]再据军机处《随手登记档》,这一天,军机处向光绪帝递交了"会议康有为条陈节略"(前已说明),还向光绪帝递交了《泰西新史揽要》《列国变通兴盛记》各一部;递交了摹绘日本大学堂图;递交了荣禄保举人员名单二件。[2]军机处递交这

---

[1] 据军机处《随手登记档》,六月十一日光绪帝根据李端棻奏折而下发的两道谕旨(第83、111号)之下,军机章京还有小注:"初十日空年月递上,发下,本日添年月递上,发下。"也就是说,这两条谕旨是前一天由军机大臣拟就,并递给光绪帝,光绪帝没有同意发出,第二天才同意。由此可见光绪帝的勉强态度。

[2] 据康有为"上清帝第六书":"若西人所著之《泰西新史揽要》《列国变通兴盛记》于俄日二主之事,颇有发明。皇上若俯采远人,法此二国,诚令译署并进此书,几余披阅。皇上劳精垂意讲之于上,枢译各大臣各授一册讲之于下……"(《康有为变法奏议辑考》,第138页)两书为康有为推荐之书。据三月二十三日总理衙门代递康有为"进呈《日本变政考》等书折":"谨将所译纂《日本变政考》十卷,及西人李提摩太所著《泰国新史揽要》《列国变通兴盛记》进呈,敬备乙览。"(同上书,第187页)两书康有为已进呈。又据三月二十三日军机处《洋务档》记载,康有为所递之书当日呈送慈禧太后。光绪帝此次索书,似为军机处另本递上。又,光绪帝六月初二日收到荣禄的保折,但没有朱批,也没有呈送慈禧太后。此时突然索要荣禄的保折,原因不清楚。

些文件,当然是奉旨行事,由此大体可以看出光绪帝此刻的复杂心情。

有了六月初十日、十一日奕劻、孙家鼐与军机处联手上演了"柔性对抗"这场戏,四天后,六月十五日,军机处、总理衙门联衔议复康有为"上清帝第六书"时,也是戏中有戏,光绪帝没有也不可能再次发回另议,而是被迫接受了。据《光绪朝起居注册》,十五日当天,光绪帝住在颐和园玉澜堂,一早到乐寿堂向慈禧太后请安,奉太后到颐乐殿侍早膳;这一天,光绪帝还奉慈禧太后侍晚膳和看戏。而他召见军机大臣的时间,在早膳之前,处理政务的时间,在早膳与晚膳之间。军机处、总理衙门选择在这一天上奏,似乎也有特别的设计——需要再次说明的是,军机处和总理衙门两个班底,都是慈禧太后一手配备的——光绪帝若对军机处、总理衙门的联衔议复不满,还要看看慈禧太后的脸色。

七月初七日,前太仆寺少卿岑春煊上奏"敬陈管见折",其中包括裁撤衙门与官员的内容,光绪帝依例交军机处会同总理衙门"妥议具奏"。然仅在六天后,七月十三日,光绪帝未等军机处等的议复奏折,而是决定裁撤詹事府等六个京内衙门、湖北等四督抚,次日下达了相关谕旨。(参见本文第二节第23目,第126号谕旨)由此可见,光绪帝已对军机处、总理衙门的议复不那么感兴趣了。当然,这一重大决定经过了慈禧太后的批准。七月二十二日,光绪帝突然命文华殿大学士李鸿章、户部尚书敬信退出总理衙门,其中的原因自然是对这两位老臣的不满。[1] 当然,这一重大人事变动也经过了慈禧太后的批准。

**再来看礼部**

如果说总理衙门处理的是清朝对外事务和新政事务的话,礼部处理

---

[1] 光绪二十四年七月二十七日,李鸿章给其子李经方的信中称:"自朝廷一意图新,议者颇望汝发出效用,封章日数十件,却无推毂之人,吾父子招忌如此之深,殊不可解。二十二日忽奉明诏,毋庸在总署行走,莫测由来,或谓樵野揽权蒙蔽所致。然吾衰已甚,借以静养避谤,亦为得计。"(《李鸿章全集》,第36册,第193页)李鸿章希望有人推荐其父子,以能再度受重用;又认为其退出总理衙门是张荫桓背后使坏。我个人以为,让李鸿章退出总理衙门是光绪帝的主意,他在翁同龢的长期教导下,对李鸿章的不满是长期的,尤其是马关议和之后。李鸿章本人也知道光绪帝对其不满,因而更依靠慈禧太后。敬信本来在总理衙门作用有限,让他也退出,应是陪绑。

的却是这个国家的传统事务,其处理事务的基本原则与其机构的名称相同,即是"礼"。而让传统的衙门来议复新政事务,不免会有其麻烦。以儒家文化为政治主导的国家中,"礼"具有崇高且强势的地位,有着超经济甚至超政治的话语权。

在清朝传统的政治体制中,对外事务是由礼部来执掌的,其主客清吏司执掌朝贡事务,规定了宗主国与藩属国的政治关系与觐见礼节,其中最主要的国家是朝鲜、琉球、越南、暹罗(今泰国)、南掌(今老挝北部)、苏禄(今菲律宾南部)和缅甸。英国的马戛尔尼使华,西方各国的公使驻京,突破了传统的"礼"制,清朝另设总理衙门来处理西方各国的事务。戊戌年光绪帝进行觐见礼仪改革(第48号谕旨,参见本文第二节第9目),没有交礼部议复而是交给了总理衙门,则是有意回避,以能降低儒学中"礼"的至上地位。

按照清朝制度,礼部共有6位堂官,分别是礼部尚书怀塔布、许应骙,左侍郎堃岫、署左侍郎徐会沣,右侍郎溥颋、唐景崇。许应骙为总理衙门大臣,怀塔布还兼任总管内务府大臣。在6位堂官中,核心人物当属许应骙。[1]

许应骙(1830—1906),广东番禺人,本是科举健将,19周岁中举,20周岁成进士,长期担任词臣,多次出为考官,属儒臣。在此知识背景之下,八股文章不仅是他的专长,而且成了超越他人的特长。据李鸿章透露,他能入值总理衙门,并非其对外部世界有所了解,而是靠着当时的重臣军机大臣、总理衙门大臣、吏部尚书李鸿藻的引入。[2]李鸿藻为士林领袖,与许应骙是同一类人。

从戊戌年初,光绪帝对许应骙还是比较信任的,在正月二十三日、三十日、二月十九日、三月初五日、闰三月初五日、十三日共6次召见之。在同一时间段,光绪帝召见许应骙的次数,仅次于张荫桓(10次),

---

[1] 礼部左侍郎张英麟,此时出为顺天学政,由吏部右侍郎徐会沣署理;唐景崇的地位,不能与许相比,且不久后继陈学棻出任浙江学政。怀塔布、堃岫、溥颋三位满缺,皆非科举出身。

[2] 从翁同龢日记来看,翁同龢、李鸿藻与许应骙的交往甚多,他们都是"儒臣",有着相同的经历与信仰。

处于第二位。[1]由于是单独召见，两人谈话的内容，外界无从知道，许本人也没有留下相应的记录。然从当时的政务来看，我以为，应当与由总理衙门与礼部共同议复的"经济特科"有关。[2]然自闰三月十三日（1898年5月3日）之后，光绪帝不再召见许应骙，对其信任度明显下降。

　　光绪二十四年四月十四日，光绪帝命礼部议复杨深秀"厘正文体"的奏折（第68号谕旨），即"废八股"，对实际主持礼部的科举健将许应骙来说，不啻是倒过身来走路。光绪帝的谕旨含有明确肯定的意思，礼部遵旨议复，其答卷须得与礼部以往的工作方向相反，须得与许应骙的成功之路相反，因而一拖再拖。四月二十八日，光绪帝召见康有为。五月初二日，光绪帝明发谕旨，命许应骙对宋伯鲁、杨深秀"礼臣守旧迂谬阻挠新政一折""明白回奏"。这可以看作是光绪帝对许应骙的警告。五月初四日，许应骙"明白回奏"，攻击康有为。光绪帝却选边站，保护康有为，并称"礼部有总司贡举学校之责，总理衙门办理交涉事件"，要求许应骙"益加勉励"（第53号谕旨）。在"益加"的嘉辞之下，流露出来的却是不满。五月初五日，光绪帝经慈禧太后批准后，不再等待礼部的议复奏折，直接下达了废八股改策论的谕旨（第67号谕旨）。这实际上是对礼部、对许应骙总体性的否定。五月十八日，光绪帝收到礼部"考试拔贡是否改用策论折"，另外下旨：命礼部对初五日谕旨（第67号）的交议部分，"五日内迅速具奏"（第71号谕旨）。由此又可见，光绪帝对礼部、对许应骙的耐心已走到了尽头。五月二十五日，在经历了漫长的167天之后，总理衙门会同礼部终于议复了"经济特科"的章程，光绪帝虽予以批准，但在上谕仍有"限于三个月""随时奏请""不必俟"等字样。（第3号谕旨，参见本文第二节第1目）六月十八日，光绪帝收到湖北巡抚谭继洵"请变通学校科举折"，未交礼部议复，而是命孙家鼐"详细阅看，拟具说帖呈进"。[3]由此又可见，光绪帝对礼部、对许应骙

---

[1]《光绪二十四年京官召见单》，《宫中杂件·旧整》，第915包。许应骙还有一份兼差，"管理户部三库事务"。

[2] 张荫桓正月二十七日日记："余赴省馆春团之会，携经济科复奏稿请筼丈酌订。"（《张荫桓戊戌日记手稿》，第28页）"省馆"，广东会馆。"筼丈"，许应骙，号筼庵。张日记后未提此事，可能由此开始由许负责此事。

[3] 参见该日《随手登记档》《上谕档》。

的不信任已是公开。到了这般时刻，光绪帝如非绝对的必要，已不再将相关的奏章交礼部议复。[1]七月初四日，军机处根据光绪帝的命令递交了许应骙签注的《校邠庐抗议》，可见光绪帝想亲自查看一下许的思想认识。七月初五日，许应骙上有奏折，光绪帝却下旨"留中"，没有发下军机处，其具体内容已无从知晓。[2]到了七月十六、十九日，光绪帝因礼部阻挠主事王照上书，其愤怒已达极点，接连下旨，行使霹雳手段，将包括许应骙在内的礼部六堂官全部罢免，并升王照为三品顶戴、四品京堂候补（第118、60号谕旨）。从戊戌初年光绪帝多次召见许应骙到此时直接罢免的整个过程来看，应视为光绪帝合乎逻辑的举动，应视作全剧的最后一幕。（参见本文第二节第10、11目）

**最后来看孙家鼐**

当总理衙门忙不过来（且不能让光绪帝完全满意）、礼部等传统衙门无法对新政事务做出合乎光绪帝心意的议复结果时，光绪帝只能起用另一位师傅——孙家鼐。

孙家鼐（1827—1909），科举出身，咸丰九年（1859）状元，入翰林院。光绪四年（1878），入值毓庆宫（后于翁同龢），为光绪帝汉文师傅，至此已达20年。孙家鼐为人处世比较低调，与同为帝师的徐桐、李鸿藻、翁同龢的声势权威完全不能相比。[3]翁同龢、李鸿藻还被奉为南、北清流党人的领袖。孙家鼐虽是儒臣，然其政治思想在清朝官员中不算

---

[1] 光绪帝的交议奏章为：五月二十九日，收到浙江学政陈学棻，岁考宁绍等属大概情形，命礼部"议奏"。七月十一日，安徽学政徐致祥，岁科两试遵照新章分场去取，再命礼部"议奏"。二十八日，光绪帝明发谕旨："都察院代奏举人张如翰呈请设农学科等语，著礼部会同孙家鼐、端方等议奏。"（张如翰条陈二十六日代递）八月初二日，孙家鼐上奏"遵议何乃莹折"，光绪帝命"孙家鼐奏遵议何乃莹奏请定学堂中额及严搜检一折，著孙家鼐会同礼部妥议奏明办理"。以上共计4道，其中礼部2道，礼部与孙家鼐、农工商总局1道，礼部与孙家鼐1道。从内容来看，这些奏章只能交给礼部去议复。
[2] 七月初五日，军机处给慈禧太后的奏片称："尚书许应骙封奏一件，奉旨'留中'……查出使经费折片应抄录分寄，拟于明日再行呈递，谨将其余原折片恭呈慈览。"（《上谕档》）据此，许应骙的奏折应送给慈禧太后阅看。许应骙此折尚未从档案中捡出。
[3] 徐桐和李鸿藻是同治帝师傅。徐桐此时任体仁阁大学士、管理吏部事务、上书房总师傅、翰林院掌院学士、管理八旗官学大臣。李鸿藻，已去世，去世前为协办大学士、军机大臣、总理衙门大臣、吏部尚书。

保守，授学光绪帝时，曾引入《泰西新史揽要》。[1]在百日维新的高潮中，他又上奏光绪帝，要求刷印冯桂芬所著《校邠庐抗议》让京官们批阅。（第103号谕旨，参见本文第二节第16目）

戊戌变法期间，孙家鼐官职为吏部尚书、兼管顺天府尹事、管理官书局大臣，翁同龢被开革后，授协办大学士。[2]五月十五日，光绪帝经慈禧太后批准，命孙家鼐为管理大学堂大臣（第18号谕旨）。由此开始，光绪帝于五月十六日、六月初十日、二十一日、七月初五日、二十四日、八月初四日6次单独召见孙家鼐，为同时期大臣中召见最多者，超过张荫桓。[3]由于孙家鼐兼有管理大学堂的职责，光绪帝除大学堂外，有关其他学堂、游学等事务，皆交给孙议复。[4]传统的礼部虽号称"总司贡

---

[1] 光绪二十一年八月二十四日，李提摩太与孙家鼐会面，称言："有两个月的时间，他（孙）每天都为皇上读我翻译的麦肯西的《泰西新史揽要》。"（李宪堂等译，李提摩太：《亲历晚清四十五年：李提摩太在华回忆录》，天津人民出版社，2005年，第239页）

[2] 官书局为光绪二十二年正月所设，继被撤的强学会（强学书局），主要工作是编译西报。光绪二十四年五月初一日，光绪帝发下交片谕旨："所有官书局译印各报，著自五月初一日起，每五日汇订一册，即按逢五、逢十期，封送军机处呈递。"（《上谕档》）这是让孙家鼐主持的官书局将所译报刊摘抄上送。又，到了光绪二十四年末，孙家鼐职位是"经筵讲官、头品顶戴、协办大学士、吏部尚书、毓庆宫行走、会典馆正总裁、兼管顺天府尹事、管理大学堂事务大臣"。

[3]《光绪二十四年京官召见单》，《宫中杂件·旧整》，第915包。自慈禧太后下令停书房之后，孙家鼐见到光绪帝的机会并不多。

[4] 除了本文第二节所叙13道交议谕旨外，有关学堂、编书等事务，光绪帝仍交孙家鼐或与其他衙门共同"酌核""核议"：六月十七日，给事中郑思贺上奏"请推广学堂月课折"；二十二日，御史何乃莹上奏"请定学堂中额折"；"著孙家鼐酌核办理"。七月十四日，国子监代奏学正学录黄赞枢条陈；"著孙家鼐会同总理各国事务王、大臣核议具奏"。二十五日，光绪帝收到河南巡抚刘树堂"豫省开办学堂情形折"；"著孙家鼐核议具奏"。二十六日，南书房翰林陆润庠上奏"请设馆编纂洋务巨帙折"，日讲起居注官黄思永上奏"请设集贤院分科简练折"；"均著孙家鼐核议具奏"。二十七日，内阁代奏中书祁永膺条陈；明发谕旨："中书祁永膺奏请将各省教职改为中小学堂教习一折，著孙家鼐妥议具奏。"二十八日，明发谕旨："都察院代奏举人张如翰呈请设农学科等语，著礼部会同孙家鼐、端方等议奏。"（张如翰条陈二十六日代递）八月初二日，孙家鼐上奏"遵议何乃莹折"；再命"孙家鼐奏遵议何乃莹请定学堂中额及严搜检一折，著孙家鼐会商礼部妥议奏明办理"。初七日，即戊戌政变的第二天，光绪帝仍命"户部奏代递主事闵荷生条陈请将京城各省会馆改设中、小学堂等语，著孙家鼐酌核办理"。以上共计9道谕旨，其中交孙家鼐6道，孙家鼐与总理衙门1道，孙家鼐与礼部、农工商总局1道，孙家鼐与礼部1道。

举学校之职"，但属传统的府州县学与国子监，与正在兴办的大学堂及中小学堂有着性质上的差别。七月二十一日（9月6日），翰林院侍讲恽毓鼎上奏"请立武备大学堂折"，光绪帝发下交片谕旨：

> 侍讲恽毓鼎奏请于京师设立武备大学堂、简派大员督办一折，著孙家鼐妥议具奏。（《上谕档》）

然武备大学堂毕竟属于军事事务，与孙的知识背景与管辖范围差距太大。孙家鼐于七月二十九日上奏："如能设武备大学堂，由皇上于王、大臣中简忠勇知兵、深明韬略者，立定章程，以资训练……"[1]第二天，光绪帝再发下交片谕旨：

> 孙家鼐奏议复翰林院侍讲恽毓鼎条陈京师设立武备大学堂、请派大员督办一折，著军机大臣会同总理各国事务王、大臣妥议具奏。（《上谕档》）

光绪帝此时已知将此事件交孙家鼐议复不合适。七月二十七日（9月12日），侍讲学士瑞洵上奏要求"南漕改折"，光绪帝明发谕旨：

> 侍讲学士瑞洵奏南漕改折有益无损，请饬妥议施行，及每年预提折价于津通一带购米，以实仓庾，并卫弁屯田裁并，改由地方官征租各折片，著派奕劻、孙家鼐会同户部妥议具奏。（《上谕档》）

将此事件交孙家鼐参加议复，光绪帝又想听到什么样的结果呢？

值得注意的是，光绪帝还将康有为一派的奏章交给孙家鼐议复。前已说明，六月初六日仓场侍郎李端棻上奏由梁启超代拟的"变法维新当务之急敬陈管见折"，光绪帝命孙家鼐等人议复，孙施展"柔性对抗"之术。除此之外，另有四次：一、五月二十九日御史宋伯鲁上奏由康有为

---

[1] 孙家鼐奏折见《军机处录副奏折》03-9451-024。恽毓鼎原折见《军机处录副奏折》03-9449-041。

代拟的"请将上海《时务报》改为官报折",孙奉旨议复时施展政治手段,提议派康有为去上海办《时务官报》(第99号谕旨)。二、六月十八日光绪帝命其议复湖南巡抚陈宝箴"请厘正学术折",孙对陈折大加赞扬并提供新证据。三、六月二十七日侍读学士徐致靖上奏由康有为代拟的"请开编书局折",孙议复时予以驳回。四、七月二十日侍读学士徐致靖上奏康有为代拟的"请酌置散卿折",孙议复时虽予以允准,却将之改为实缺官以能控制(第134号谕旨)。光绪帝对康有为一派的内情与企图未必能看得很清楚,而孙家鼐却是官僚集团高层最了解康派内情者,其基本态度非常明确,支持有限度的变法,坚决反对康有为本人。(以上参见本文第二节第10、15、18、25目)

可以说,在所有奉旨议复的衙门与个人中,孙家鼐的态度是最为温和的,议复的速度也最快,这也是光绪帝一再让他"议复"的原因;但孙的议复结果也经常让光绪帝不甚满意。

从总理衙门(军机处)、礼部、孙家鼐的议复过程来看,光绪帝只是一个孤独的行者。他的许多意愿并不能实现。

## 3. 催促——光绪帝的焦虑

让当时的各衙门与官员感到"诏令频下"的另一个原因,是光绪帝的催促,尤其是催促"议复"的谕旨。

前文已叙,自翁同龢被罢免之后,光绪帝已处于焦虑的状态中。他害怕各项交议的谕旨被各地各衙门用拖延的方式消极对抗,以致无疾而终,于是便频频下旨催促。在27项138道谕旨中,有12道的内容是催促。在138道谕旨之外,另有4道催促谕旨(包括口谕)。可以说27项改革大多是光绪帝不断催促而逼出来的。

以下是光绪帝16次下旨催促的情况:

一、五月初八日,光绪帝明发谕旨催促军机处会同总理衙门对京师大学堂的议复,并称言:"其各部院衙门于奉旨交议事件,务当督饬司员,克期议复。倘有仍前玩愒,并不依限复奏,定即从严惩处不贷。"(第16号谕旨,参见本文第二节第3目)

二、五月初九日,光绪帝因督办军务处裁撤,明发谕旨命军机处、神机营、八旗都统对神机营与京营的改革"迅速议奏，毋得延缓"。（第80号谕旨）军机处由此咨会值年旗都统、神机营大臣，命其"五日内咨复"。（参见本文第二节第13目）军机处将时限定得如此之紧迫，很可能奉到光绪帝的口谕。

三、五月十八日，光绪帝发下交片谕旨给礼部，限定其议复"废八股改策论"章程的期限为"五日"。（第71号谕旨，参见本文第二节第11目）

四、五月二十二日，光绪帝明发谕旨令各省开设中、小学堂，并规定各省将军督抚"限两个月内详查具奏"。（第81号谕旨，参见本文第二节第14目）

五、六月初五日，光绪帝发电寄谕旨给各省将军督抚与学政，命尚未议复武科改制的各省"迅速议复"。（参见本文第二节第5目）

六、六月初六日，光绪帝根据孙家鼐的提议，明发谕旨命京内各衙门官员"签议"冯桂芬《校邠庐抗议》，"限十日内咨送军机处"。（第104号谕旨，参见本文第二节第16目）

七、六月初十日，光绪帝发廷寄谕旨给各省，命照单解款以重建海军，"接奉此旨十日内，先行电奏"。（第109号谕旨，参见本文第二节第17目）

八、六月二十四日，军机处向光绪帝递交各衙门送到签注《校邠庐抗议》数目单，共计221部另说帖106分。七月初三日，军机处再次向光绪帝递交各衙门送到签注《校邠庐抗议》数目单，共计256部另说帖106分，并开列签注堂官65人的名单。军机处两次递交数目单，自是奉到光绪帝的口谕。光绪帝查验其命令是否得到执行。（参见本文第二节第16目）

九、七月初三日，光绪帝发电寄谕旨给各省督抚："前于五月廿二日降旨，谕令各省开办学堂，限两个月复奏。现在限期将届，各省筹办情形若何？著各督抚迅即电奏。"（第84号谕旨，参见本文第二节第14目）光绪帝担心各省未能奉旨实力办学。

十、七月初八日，光绪帝明发谕旨："前经谕令各衙门删订《则例》，并令各堂官督饬司员限期速办。现已将匝月，著各衙门将办理情形先行具奏。"（第113号谕旨，参见本文第二节第18目）光绪帝担心各部院未能奉旨实心办事。

十一、七月初十日，光绪帝明发上谕："近来朝廷整顿庶务，如学堂、商务、铁路、矿务一切新政，叠经谕令各将军督抚切实筹办，并令将办理情形先行具奏。该将军督抚等自应仰体朝廷孜孜求治之意，内外一心，迅速办理，方为不负委任。乃各省积习相沿，因循玩愒，虽经严旨敦迫，犹复意存观望。即如刘坤一、谭钟麟总督两江两广地方，于本年五六月间谕令筹办之事，并无一字复奏……"（第86号谕旨）光绪帝点名批评刘坤一等封疆大吏，在光绪一朝极为罕见。他还有多道谕旨查询、催促各地实力办学。（参见本文第二节第14目）

十二、七月十一日，军机处向光绪帝递交"五月六月交各省议复事由单"：

> 五月初一日，寄各直省，练兵节饷，限六个月具奏；初三日，寄廖寿丰，查道员李宝章等参款；十五日，寄良弼，交审案内牵涉依克唐阿之侄著查奏；二十一日，寄良弼，查廷杰参款；二十二日，电寄各直省，查书院数目；二十二日，明发各省书院坐落经费，限两个月复奏；二十五日，明发经济特科，限三个月保送；二十七日，寄黄槐森，查蔡希邠参款；六月初五日，电寄各省，变通武场议复，已复各省开列于下：荆州将军、奉天府尹、陕甘、湖广、陕西、江苏学政、山东、山西、河南、云贵；初八日，明发各省筹办仓谷；初十日，寄各省添设海军经费，著先行电奏；十一日，明发各省一律设立学堂；十一日，电寄谭钟麟令生员区金锋迅速来京；十二日，明发各省举行保甲；十五日，明发各省农政、工艺并设商务局，随时具奏；十七日，寄刘坤一、张之洞，拟定商务办法迅速奏闻；十七日，寄寿荫，查蒙古土默特旗参案；十八日，寄刘坤一、陈宝箴，浙〔湘〕省建枪弹厂斟酌筹办；二十三日，寄沿江沿海沿边各省推广口岸；二十三日，明发南、北洋及沿江沿海各省增设水师学堂，又，铁路矿务学堂著王文韶、张荫桓议奏。（《上谕档》）

军机处递交"事由单"，自是根据光绪帝的口谕；然这一份清单显然不能让光绪帝满意，当日明发由光绪帝朱笔亲改的上谕：

朝廷振兴庶政，凡交议交查各件，皆系当务之急。各督抚等自当仰体朕怀，各就地方情形认真妥办，随时具奏。乃本年六月以前，所有明降谕旨及寄谕并电旨饬办各件，未经复奏之处尚多，总由疲玩因循，不知振作。著各该将军督抚即将以前饬令议奏事件迅速具奏，以后奉谕交办之事，尤当依限赶办，克日奏闻，毋得任意延缓，致烦降旨严催。嗣后明降谕旨，均著由电报局电知各省，该督抚即便（朱笔改为"行"）遵照办理，毋庸专候部文，以致（朱笔将"致"改为"杜其藉口"）延误。（《上谕档》）

这道谕旨，用词极为严厉，并规定今后明发谕旨用电报发往各地，也是对刘坤一等人的警告。（参见本文第二节第14目）

十三、七月十三日，詹事府少詹事王锡蕃上奏"请饬各省设立商务局折"，光绪帝明发谕旨："……谕令刘坤一、张之洞先就上海、汉口试办商务局，拟定办法奏闻。现尚未据奏到。商会即商务之一端，著刘坤一等归案迅速妥筹具奏。"（第41号谕旨，参见本文第二节第7目）光绪帝再次给刘坤一等人施加压力。

十四、七月十四日，光绪帝下旨裁撤京内詹事府等六衙门，将相关事务并入内阁及六部办理。十六日，光绪帝发下交片谕旨："著大学士、六部尚书、侍郎即行分别妥速筹议。限五日内具奏。"（第127号谕旨，参见本文第二节第23目）如此巨大的善后事务，光绪帝只给了短短"五日"时间。

十五、七月二十日，总理衙门大臣、户部侍郎张荫桓上奏请"各省举行团练折"，光绪帝明发上谕："……著各省督抚按照张荫桓所奏，一律切实筹办。各直省限三月内，广东、广西限一月内，各将筹办情形，先行复奏，以副朕保卫闾阎至意。"（《上谕档》）光绪帝给予各省"议复"的时间十分短促，广东、广西的时间则更短。

十六、七月二十七日，光绪帝很可能因刑部笔帖式奎彰上书弹劾堂官而明发上谕："……再明白宣谕，以后各衙门有条陈事件者，次日即当呈进，承办司员稍有抑格，该部院堂官立即严参惩办，不得略予优容。"（第121号谕旨，参见本文第二节第20目）京内各衙门上奏各类奏章，经常需要很长时间来办理，光绪帝竟将司员士民上书进呈时间定为"次日"，各衙门的工作节奏能不紧张吗？

由此可以观察到"百日维新"期间光绪帝与整个官僚集团高度紧绷的相互关系——官僚集团为"议复"而疲于奔命，尤其害怕这类催命般的谕旨；光绪帝对官僚集团高层有不信任感，怀疑其忠诚度，只能用"严旨"来鞭策！

## 4. 光绪帝与官僚集团高层的紧张关系

中国很早就是一个"郡县制"的国家，有着庞大的官僚集团，明、清两朝的君权极度膨胀。这些与"封建制"时期的欧洲与日本是大不相同的。就清朝的政治体制而言，皇帝与官僚集团有着"天然"的矛盾——由科举制而产生、以儒家思想为主导的官僚集团更倾向于守成，以能维持长久的秩序；而明朝废丞相、设内阁，特别是清朝设置军机处之后，皇帝直接统辖百官，有了"乾纲独断"的权力。康熙、雍正、乾隆三代皇帝强劲治理，官僚集团只能乖乖听命。而到了嘉庆、道光、咸丰三代，官僚集团逐渐占了上风，他们最主要的方法就是集体施展"蒙蔽"之术，用官官相护的方法，柔性地对抗皇权；若遇到一个无所追求的皇帝，更有鱼水般的合作愉快。

慈禧太后当政后，玩弄权术：在外重用曾国藩、李鸿章等人，并用湘、淮系互相平衡之，在内重用奕䜣、宝鋆、孙毓汶等人，并用清流党人制约之，以保持其大权在握。她不太在乎具体政策，各类洋务新政皆予以批准，同时又重用同治帝师傅徐桐、李鸿藻等儒臣，显示儒学正统，强调个人节操。光绪帝亲政后仍沿用此策，但没过几年太平日子，即遭遇甲午战争的大败。《马关条约》换约后，光绪帝于光绪二十一年四月十七日发下朱谕：

> ……嗣后我君臣上下，惟当坚苦一心，痛除积弊，于练兵、筹饷两大端，尽力研求，详筹兴革，勿存懈志，勿骛空名，勿忽远图，勿沿故习，务期事事核实，以收自强之效。朕于中外臣工有厚望焉。[1]

---

[1] 军机处《洋务档》，光绪二十一年四月十六日。光绪帝同时发下交片谕旨："交大学士、六部九卿、翰詹科道于十七日同赴内阁阅看。"

这是光绪帝战后的自我检讨。同年闰五月二十七日，光绪帝发下九件主张改革的折片，命各省将军督抚"将以上诸条，各就本省情形，与藩、臬两司暨各地方官悉心筹划，酌度办法，限文到一月内，分晰复奏"；并宣称：

> 当此创巨痛深之日，正我君臣卧薪尝胆之时，各将军督抚受恩深重，具有天良，谅不至畏难苟安，空言塞责。[1]

"创巨痛深""卧薪尝胆"是光绪帝内心中的严词；"空言塞责"是他对官僚集团以往表现的批判；至于"受恩""天良"之类的用语，自嘉庆朝之后，谕旨中一再出现，已经不具有动人情怀的力量。然此严旨之后的清朝政情，仍旧是"畏难苟安"，官僚集团并没有"坚苦一心，痛除积弊"。这与慈禧太后的贪图安逸、不求变革的心态有关。光绪二十二年正月，杨锐给张之洞的密报称：

> ……十二日，佛驾幸颐和园。上十五往请安，十七始回。缘十六日赏内外大臣在湖听戏故也。（十七日再赏饭，并派恩佑带领诸臣遍游颐和园）近来两宫礼意甚洽。五日一请安，必晨出晚回，侍膳，听戏，然折奏往往有积压数日不批者，渐不如去年听政之勤也。恭邸于十二日即随往湖，每日赏戏及看烟火，廿后始得归。其所住之园，佛派人先为供张，为立两庙，服御器具，皆须先过目，然后赏用，以黄龙袱罩之。恭邸先有病，在假中，其子瀛贝勒苦劝无出，并求荣禄力阻。恭邸告之曰：佛为我安置如此，虽欲不出，其可得乎？其去也，

---

[1] 军机处《洋务档》，光绪二十一年闰五月二十七日。九件折片分别是：一、军机章京、户部员外郎陈炽："请一意振作变法自强呈"；二、广东进士康有为："为安危大计乞及时变法呈"（"上清帝第三书"，都察院代递）；三、广西按察使胡燏棻："因时变法力图自强条陈善后事宜折"；四、南书房翰林张百熙："和议虽成应急图自强并陈管见折"；五、委散秩大臣、一等侯信恪："时事艰难请开办矿务以裕利源而图久远折"；六、御史易俊："厘金积弊太深请饬妥定章程以杜中饱折"；七、翰林院侍读学士准良："富强之策铁路为先请饬廷臣会议举办折"；八、协办大学士、吏部尚书徐桐："奏为遵筹偿款兴利裁费补抽洋货加税等敬陈管见折"；九、徐桐附片："枪炮宜制造一律片"。共八折一片。相关的研究，参见张海荣：《关于引发甲午战后改革大讨论的九件折片》，《广东社会科学》2009年第5期；《甲午战后改革大讨论考述》，《历史研究》2010年第4期。

> 携花炮值二万金者以往。故近来诸事禀承佛意,无异于醇邸在时也。[1]

杨锐说的是颐和园的欢宴,光绪帝和奕䜣竭力奉承慈禧太后。杨锐自有其消息来源,情报比较可靠。此时正在北京的汪大燮给其堂弟汪康年信中亦称:

> 京中事乱不可言,自毓庆宫撤后,盘游无度,赌钱放烟火,在户部提十万金为赌资,欲假洋款千万修淀园各山。本月十六有宦官寇联才上封事,大致言上不宜驻跸园中,太上不宜黜陟官员,不宜开铁路,不可时召优伶入内,不宜信任合肥、南海,宜早建储等语。此是愚忠。前时曾跪太上前,泣谏不听,因乞假五日作十条,膺逆鳞之怒,交刑部处决……将来大局固不可问,而京师目前之急危又过之,可怕之至。以目前事观之,不至于滴血不止,方圆之地,将尽为肉林血海也。常熟、高阳恐皆不能久,率皆用合肥濒行遗言,恭邸曾谏不听,有不出之志而已。先赏假半月,后又半月,又半月又不许回邸,而令在园养病,是软圈禁也。[2]

汪大燮讲的是宦官寇连才事件。他的情报不太准确,特别是对翁同龢、李鸿藻政治前景的判断以及奕䜣被"软圈禁"之事,但对北京政情的总体判断却是非常恰当的。诸如此类的言论,在关心国运的官员士子书信中,还可以看到许多。也正是在这样的背景下,梁启超主笔的《时务报》

---

[1]《张文襄公家藏手札·家属类》,中国历史研究院图书档案馆藏,档号:甲 182-264。"佛",慈禧太后。"上",光绪帝。"醇邸",光绪帝本生父醇亲王奕譞,此处指政情已恢复至甲午战前孙毓汶执掌军机处时期。

[2] 汪大燮致汪康年,光绪二十二年二月十九日,《汪康年师友书札》,第 1 册,第 728 页。"太上",慈禧太后。"合肥",李鸿章。"南海",张荫桓。"常熟",翁同龢,"高阳",李鸿藻。"寇联才",档案作"寇连才"。又,"毓庆宫",为光绪帝的书房,"毓庆宫撤后",指光绪二十二年正月十三日慈禧太后撤去书房,即翁同龢、孙家鼐不能到书房授学,即他们与光绪帝不能在书房单独见面。"合肥濒行遗言",李鸿章于光绪二十二年正月奉派为"特派头等出使大臣",去俄国参加沙皇尼古拉二世加冕礼,并访欧美各国,临行前慈禧太后召见李鸿章,传说李鸿章对清流党及其领袖翁同龢、李鸿藻表示不满。此处指慈禧太后有意整治翁、李。

喊出了振聋发聩的巨响,他写的《变法通议》,使"变法"一词成为当时最流行的政治词汇。

光绪二十三年十月德国占领胶州湾(青岛)、俄国占领大连之后,帝国主义诸列强都向清朝提出了侵略性的要求。此时的朝廷再也不敢像甲午时那样,敢于接战,只能是曲意迁就,以求保全。变法正是在这个背景下提出来的,光绪帝有心于再度振作;慈禧太后此时同意变法,也出自其政治经验。她知道,在外部的强压之下,朝廷若一再退让,士人与官员们(尤其是清流党人)将群情激愤,将会大起**政潮**,朝廷的合法性(即政治安全)将会受到冲击。同意变法是她用来转移视线、安抚民心(包括士人与官员)的临时性的**药方**。

戊戌政变后,党祸严重,有关光绪帝内心世界的记录,多不存世。军机大臣王文韶、廖寿恒此期的日记至今未能发现,亦有可能已不存世。[1] 张荫桓戊戌日记多有涂抹,且仅到七月初六日。我看到的唯一可靠的记录,是总理衙门章京张元济写给他的同乡兼同事沈曾植(此时正丁忧)的信,谈到四月二十八日光绪帝召见时的言论:

> 济前者入觐,约两刻许。玉音垂问,仅三十余言。大旨谓外患凭陵,宜筹保御,廷臣唯喏,不达时务(讲求西学人太少,言之者三)。旧党阻挠,部议拘执。帖括无用,铁路当兴。一一皆亲切言之。济随事敷陈,首请坚定立志,勿渐异说;次则延见群臣,以宣抑滞;再次则设馆储才,以备咨询,而归重于学校、科举两端(外间传言非无因也)。天颜甚霁,不自觉言之冗长。当时默窥圣意,似蒙听纳,然见诸施行,乃仅空还题面,"无人乎缪公之侧",岂得谓我皇之不圣明哉。

"外患凭陵,宜筹保御",光绪帝讲的是清朝面对的国际形势及其对策;"廷臣唯喏,不达时务(讲求西学人太少,言之者三)",光绪帝讲的是对军机处、总理衙门及其高官阶层的不满;"旧党阻挠,部议拘执",光绪帝讲的是官僚集团多属"旧党","阻挠"变法,"部议"(交议)的结果多为"拘执";"帖括无用,铁路当兴",光绪帝讲的是改革科举制度,大

---

[1] 王文韶日记现不存戊戌之年,廖寿恒日记现仅存戊戌政变之后。

力兴建铁路。张元济只是一个小臣，第一次觐见，光绪帝就相当直白地坦露出其内心世界；张也直截了当地说明了自己的想法（光绪帝后来也"延见群臣"，尤其是年轻的小官）。然张元济写信时，已是其觐见后的第五十天。在这 50 天内，他看到政情的进展与觐见时的感受恰好相反。"空还题面"，指的是总理衙门（军机处）的议复；"无人乎缪公之侧"典出自《孟子·公孙丑下》，朱熹又称"非有贤者在其君之左右维持调护之"；张得出的结论，光绪帝是"圣明"，而其身边的大臣皆非"贤者"。张元济又称京中官场：

>……自常熟去国后，举行新政，明诏迭颁，毫无阻滞。其融泄之情必更有进于畴昔者矣。更可喜者，长素呈进《泰西新史》《列国岁计》后，即时有索书之诏。近且阅《时务报》（诏总署按期呈进）、《官书局报》（朱批曰"平淡无奇"）、同文馆所译《新报》（嫌太少，令多译）矣。又令总署呈进电报、《问答》（逐日呈递）暨全球地图、各国条约矣。果于此因势利导，所造岂有限量？乃在廷诸臣不惟不喜，而且忧之……大学堂开，寿州枉顾，殷殷下问，欲以济充总办。初颇心动，旋知所派提调除仲弢、柳溪外，都不相习，且多有习气者，亦有请托而得者。济知此事难于措手，遂设词谢之……寿州诸事不知谋诸何人？枢、译诸公业已置身事外，将来之能否不蹈书局窠白，正未可知。（建设学堂，上意欲访〔仿〕照日本。已屡令裕使绘图进呈。日使来署，请阅学堂章程，不过应酬之言。上见《问答》，又令章京往询，请其指导一切。上以是施，下不以是应，可为痛哭也）[1]

---

[1] 张元济致沈曾植，光绪二十四年六月十八日，《张元济全集·书信》，第 2 卷，第 225—226 页。沈曾植此时出外旅行，已到武昌张之洞处。张得到沈信后，立即回此长信。"两刻"，约今半小时。"常熟"，翁同龢。其执政有两面性，早期比较保守，甲午战败后，态度大变，而到了光绪二十四年，倾向于变法。"长素"，康有为，《泰西新史》，李提摩太译，马恩西著；《泰西新史揽要》，《列国岁计》，林乐知译，麦丁富得力辑：《列国岁计政要》。官书局报事，见于翁同龢光绪二十四年四月二十四日日记"函告燮臣传旨，令将官书局译报十日一递"。（《翁同龢日记》，第 7 卷，第 3182 页）又见于五月初一日军机处给管理官书局大臣孙家鼐的交片谕旨："所有官书局译印各报，著自五月初一日起，每五日汇订一册，即按逢十五日期，封送军机处呈递。钦此。"（见该日《上谕档》《随手登记档》）"问答"，即当时总理衙门与外国使节的谈话记录，即今称"备忘录"。"寿州"，孙家鼐。"仲弢"，黄绍箕。"柳溪"，李家驹。"裕使"，驻日本公使裕庚。

由此可见光绪帝积极进取的态度，由此亦可见总理衙门、军机处因循拖沓乃至暗中对抗。"在廷诸臣不惟不喜，而且忧之""枢、译诸公业已置身事外""上以是施，下不以是应，可为痛哭也"三句，是张元济对官僚集团高层的具体评价，也证实了光绪帝与官僚集团高层的关系正处在紧张之中。

康有为事后回忆四月二十八日光绪帝召见时的情景，记录甚详，其中亦言有"议复"：

> ……就皇上现在之权，行可变之事，虽不能尽变，而扼要以图，亦足以救中国矣。惟方今大臣，皆老耄守旧，不通外国之故。皇上欲倚以变法，犹缘木以求鱼也。上曰：伊等皆不留心办事。对曰：大臣等非不欲留心也，奈以资格迁转，至大位时，精力已衰，又多兼差，实无暇晷，无从读书，实无如何。故累奉旨办学堂、办商务，彼等少年所学皆无之，实不知所办也。皇上欲变法，惟有擢用小臣，广其登荐，予之召对，察其才否，皇上亲拔之，不吝爵赏，破格擢用。方今军机、总署并已用差，但用京卿、御史两官，分任内外诸差，则已无事不办，其旧人且姑听之。惟彼等事事守旧，请皇上多下诏书，示以意旨所在，凡变法之事，皆特下诏书，彼等无从议驳。上曰然。
> ……上既知八股之害，废之可乎？上曰可。对曰：上既以为可废，请上自下明诏，勿交部议。若交部议，部臣必驳矣。上曰可。[1]

前一段话讲的是"擢用小臣"（有自荐之意），"旧人且姑听之"（闲置大臣）；但要求光绪帝"凡变法之事，皆特下诏书，彼等无从议驳"，此即"乾纲独断"之意。后一段话直接建议光绪帝不必等待礼部议复而"自下明诏"废八股。康的回忆之所以被认定不可靠，是将自己打扮成光绪帝的导师，指授机宜，不合臣子之道。我虽不能确定康是否以如此方式向光绪帝进言，但可以确定其所录之语皆是康的心声。召见的第二天，四月二十九日，宋伯鲁上奏由康有为代拟的"变法先后有序乞速奋乾断以救艰危折"，称言：

---

[1]《康南海自编年谱》(《我史》),《丛刊·戊戌变法》，第4册，第145—146页。

……臣愚以为骤变新法，皆无旧例可循，非有论思专官，不能改定新制。若待群臣枝节而请，又待六部按例而议，则以旧例议新法，惟有驳之而已。近者，经济科目，实为转移天下之枢纽，而经礼官议行，即等于具文，无补海内人事，仍从事帖括，不肯讲求经济。此以旧例议新法已然之效也。今日岌岌救危，非有雷霆万钧之勇，不能振敝起衰；非设专一论思之官，不能改制立法……今欲改行新政，宜上法圣祖仁皇帝之意，下采汉、宋、日本之法，断自圣衷，特开立法院于内廷，选天下通才入院办事……[1]

此处的"立法院"，实为"制度局"的变种。宋伯鲁指出"以旧例议新法，惟有驳之而已"，要求设立由"通才"组成的立法院，其主要职能应是"议复"。"雷霆万钧""断自圣衷"，仍是提醒光绪帝"乾纲独断"。由此又可见康有为、宋伯鲁对高层政治的生态相当隔膜——他们不知道光绪帝虽位居"乾纲"，却无"独断"之权。

对于这种紧张关系，官僚集团高层也有反思，光绪帝亦有直接言辞。六月二十九日，李鸿章写信给其子李经方称：

　　学堂之事，上意甚为注重，闻每日与枢廷讨论者多学堂、工商等事，惜瘦驽庸懦辈不足赞襄，致康有为辈窃东西洋皮毛，言听计从。近来诏书皆康党条陈，借以敷衍耳目，究之无一事能实做者。[2]

李鸿章称"枢廷"（军机处）为"瘦驽庸懦"。此处的"言听计从"，指军机处对康有为等人"窃东西洋皮毛"的"学堂、工商等事"皆一一允准，以至于"近来诏书皆康党条陈"。李鸿章认为，当时已进行的改革是"无一事能实做"。七月十一日，御史王培佑上奏"变法自强当除蒙蔽痼习折"，光绪帝发下朱笔亲改的谕旨：

---

[1]《康有为变法奏章辑考》，第243—244页。
[2]《李鸿章全集》，第36册，第188页。李鸿章又称："蘷臣管学，徇清流众论，以中学为主，恐将来不能窥西学堂奥，徒縻巨款耳。"李对孙家鼐所办京师大学堂也不抱希望。

> 现因时事艰难，朝廷振兴庶务，力图自强，尤赖枢廷及各部院大臣共笃棐忱，竭力匡赞，以期挽救颓风，庶事可渐臻治理。乃诸臣中恪共官守者，固亦有人；而狃于积习不知振作者，尤难悉数……议奏事件不准延搁逾限，皆经再三训诫，而犹阳奉阴违。似此蒙蔽因循，国事何所倚赖？用特重加申儆，凡在廷大小臣工，务当洗心革面力任其难，于应办各事明定限期，不准稍涉迟玩。（第31号谕旨，参见本文第二节第5目）

下有重点号者，皆是光绪帝的亲笔。其中特别点明"枢廷"（军机处），特别要求"洗心革面"。光绪帝的此道谕旨充分展示了他与官僚集团高层的紧张关系，然其中的核心，仍是"议奏事件""延搁逾限"，并称之"阳奉阴违""蒙蔽因循"。

既然改革谕旨的形成，需要经过提议→交议→议复→下旨的程序，既然"议复"成了改革谕旨的瓶颈，增加"提议"则成了光绪帝对付官僚集团高层的手段。六月十五日，光绪帝下旨允许司员士民上书言政（第116号谕旨）——这原本是军机处、总理衙门议复康有为"上清帝第六书"中"待诏所"时的细小让步，却在不经意之间，一步步打开了司员士民上书的通道。七月十六日、十七日、十九日，光绪帝多次下旨规定"原封呈进""不得稍有阻格"（第118、119、60号谕旨），引发了司员士民上书的浪潮，变成了朝野变法与新政的大讨论。然而，不断上升的上书数量，使得光绪帝和军机处的工作量成倍上升，陷于困境。[1] 七月二十日，光绪帝未经过慈禧太后同意，命杨锐（1857—1898）、刘光第（1861—1898）、林旭（1875—1898）、谭嗣同（1865—1898）以"四品卿

---

[1] 从六月十五日谕旨下发后，司员士民上书的数量为：六月十六日1件，二十日1件，二十二日1件；七月初三日1件，初四日5件，初五日2件，初九日1件，初十日3件，十一日1件，十二日4件，十四日1件，十五日1件，十六日3件，十七日1件，十八日1件，十九日11件，二十日7件，二十一日6件，二十二日9件，二十四日41件，二十五日4件，二十六日15件，二十七日23件，二十八日22件，二十九日37件，三十日9件；八月初一日36件，初二日12件，初三日19件，初四日26件，初五日40件，初六日43件，初七日31件，初八日1件，初九日9件，初十日1件，十一日7件。以上据军机处《随手登记档》《早事档》。七月十九日开始，上书的数量大增。

衔"任军机章京,"参预新政事务",其主要职责就是处理这类上书(第63、64号谕旨)。杨锐称:"每日发下条陈,恭加签注,分别是否可行,进呈御览。"刘光第称:"分看条陈时务之奏章。"[1]四人皆为年轻的"小臣",与光绪帝年龄相差较小(林旭还小于光绪帝);"分看""加签"的处理方式,使得新任"参预新政"四章京的"签条",有可能未经交议而直接转化为光绪帝的谕旨。

八月初一日(9月16日),户部代递主事蔡镇藩条陈,提出重新审定官职,共计18条,涉及军机处、总理衙门、六部、六科给事中、都察院、督抚例兼右都御史或右副都御史、十五道御史、布政使、按察使、道员、同知、通判、知府、推官、知州、知县,其中不乏官制的重大改动。[2]按照此时军机处的分工,这类条陈应由"参预新政"四章京处理。该日当值负责"加签"的很可能是刘光第、谭嗣同。[3]蔡镇藩条陈上的签条虽然没有发现,但可以看到光绪帝当日明发谕旨:

> 户部奏代递主事蔡镇藩请审官定职以成新政一折。朕详加披阅,除御史规复巡按旧制、各关监督改为关道两节应毋庸议外,其余所陈各条,具有条理,深得综核名实之意,可以见诸施行。著军机大臣会同大学士、各部院并翰林、科、道各官详议具奏。(《上谕档》)

光绪帝此次没有将"交议"责任仅仅授予军机处或总理衙门,而是尽最大可能地扩大,即内阁、军机处、六部、都察院、理藩院、翰林院等衙门的堂官,翰林院编修等词臣,都察院六科给事中、十五道御史等言官,参加讨论的官员将达到数百名,其中相当多的是年轻的小官,北京城内将会引发一场关于官制的大讨论!且光绪帝的谕旨又有着明显的倾向性,

---

[1] 宁志奇:《杨锐家书暨杨聪墓志铭》,《四川文物》1985年第4期;《京师与厚弟书》,《刘光第集》,中华书局,1986年,第287页。

[2] 蔡镇藩条陈,见《军机处录副奏折》03-9451-052;又见于《丛刊·戊戌变法》,第2册,第381—392页,但该件只是节本。

[3] 据杨锐、刘光第私信,杨锐与林旭为一班,刘光第与谭嗣同为一班。又据《光绪二十四年京官召见单》,光绪帝七月三十日召见杨锐,八月初二日召见林旭,由此推测八月初一日很可能是刘光第、谭嗣同轮值。

谕旨中"具有条理，深得综核名实之意，可以见诸施行"的评论，规定了各衙门和官员议复的主调。光绪帝又希望得到什么样的议复奏折呢？议复奏折的数量将达到数百件，必然也会有同等数量的解决方案，光绪帝又会采纳何种方案呢？这一天，离政变还有五天。

## 5．慈禧太后的反制

在戊戌年（直到七月二十九日之前），慈禧太后的政治态度看起来似乎是暧昧不清的。

从表象来看，慈禧太后支持了光绪帝的全部决定，包括最重要的四月二十三日"百日维新谕旨"、五月初五日改科举废八股谕旨、七月十四日裁撤衙门与官员谕旨（第15、67、126号）。根据光绪帝亲政前的"归政后政务条目十六条"，京中尚书、侍郎的任免，须经慈禧太后批准；七月十九日，光绪帝未经慈禧太后罢免礼部六堂官（第60号谕旨），应当视为"违规"；七月二十日，光绪帝任命"署理"礼部堂官，并任命"参预新政"军机处四章京（第61、63号谕旨），属于打擦边球。七月二十一日，光绪帝由皇宫去颐和园，次日公布礼部新堂官的任命（第62号谕旨），慈禧太后没有翻盘，最终还是认可了既定事实。

若进至更深一层去看，情况却大不妙。张之洞儿子张权此时在京参加会试，六月二十二日给张的密信称：

> 刘博丈言，今上变法甚急，慈圣颇不以为然。每日谕旨，慈圣俱不看，但云：随他闹去罢。[1]

"刘博丈"，刘恩溥，与张之洞同属当年的清流健将，时任太仆寺卿。他平时见不到慈禧太后，此处称"随他闹去罢"一语，非为太后亲口对其言，而是当时京城内高官之间的传言。同一时期，盛宣怀的姻侄、京城电报局总办冯敩高致盛宣怀密函中称：

---

[1] 张权致张之洞，光绪二十四年六月二十二日，《张文襄公家藏手札·家属类》。张权会试中式后，分发户部任学习主事。

> 近来新政闻慈圣均不过问，所有折件亦不阅看，颇有不以为然之说，然又不禁止，圣意正不可测也。近来谕旨大半皆康有为之条陈，圣上急于求治，遂偏信其言，然闻康君之心术不正，都人士颇切杞忧也。[1]

冯敦高更没有说明其消息来源，"亦不阅"与"俱不看"相同，"不以为然"与"随他闹去"相近。京城高层官僚的此类传言，不管最后有没有根据，对他们的政治态度都会起到很大的作用。他们需要在慈禧太后和光绪帝间选边。到了七月二十七日，已经退出总理衙门的李鸿章写信给其子李经方称：

> 两宫意见甚深，圣躬多病，有谓便血不止，将成痨瘵。时局日变，不知所届，且俟今冬娶孙妇后再相机求退，未敢悻悻然作小丈夫也。[2]

李鸿章此时见光绪帝和慈禧太后的机会并不多，且对光绪帝疾病情报不准确，但这些身居高位者的观感，经常有着很高的准确性，即"两宫意见甚深"。他已有退官回乡之意。

从官方记录来看，在戊戌年（直至政变之前），光绪帝与慈禧太后的关系算是比较好的，据《清朝起居注册》光绪帝经常去颐和园，慈禧太后有时也回西苑，两人同住的时间超过分开的时间。[3] 七月二十一

---

[1]《盛宣怀档案》，上海图书馆藏，档号：061139-16。原件无日期，然该信又称："荣相保人才卅一人，姓名无从探听，闻说武多于文。日本使臣放黄遵宪（公度）；朝鲜使臣放张亨嘉（锡钧），须明日方揭晓，故亦密闻。"荣禄的保举为光绪二十四年六月初二日，命黄遵宪为驻日本公使为六月二十四日，此信似写于光绪二十四年六月二十三日。又，盛宣怀的次女，嫁给冯敦斡，即冯敦高的弟弟。
[2]《李鸿章全集》，第36册，第193页。"悻悻然作小丈夫"，典出于《孟子·公孙丑下》，指不要因为其谏语未获君王采用，便面有不高兴之色（"悻悻"），成了一个小气的人（"小丈夫"）。此语是孟子离开齐国后对高子所言，李鸿章引用此语，亦有离京之意。
[3] 据《光绪朝起居注册》，从戊戌年正月初一日至七月二十八日，共计235天，同住160天，请安150次，侍早膳65次，侍晚膳40次，侍看戏31次，同阅操3次。同住时光绪帝未请安，多因祭祀礼仪活动。

日，光绪帝去颐和园，七月二十四日，光绪帝离开颐和园，返回城内皇宫，由此记录可见，两人的关系尚属正常。七月二十九日，光绪帝办事后，从皇宫再赴颐和园，其中最重要的一项，就是要向慈禧太后提议设立"懋勤殿"，其主导者是康有为。这是一个重大的决策！既然军机处、总理衙门、孙家鼐、奕劻的议复都不能让光绪帝满意，既然"参预新政事务"四位军机章京无法正式议复改革、新政的奏章，由此可以推断：**光绪帝的想法是，今后关于改革与新政的奏章，交给新设立的"懋勤殿"来议复。**

光绪帝与康有为想到一起去了，或者说，光绪帝受康有为等人的影响，决定设立"制度局"之类的"议政"机构了。

前文已叙，李端棻六月初六日上奏提议设"懋勤殿"，为奕劻、孙家鼐所驳。然康有为一派并没有放弃。从清朝档案中可见：七月二十一日，总理衙门代奏章京张元济条陈，光绪帝下旨"留中"，其条陈今已捡出，核心内容是设立"议政局"。[1] 七月二十三日，光绪帝召见新任礼部尚书李端棻；七月二十五日，李端棻上奏，光绪帝下旨"留中"，档案中尚未捡出，其内容应与保举康有为相关。[2] 七月二十六日，总理衙门代奏章京李岳瑞条陈，该条陈虽未捡出，但光绪帝下旨"归入张元济条陈案内办理"，很可能与"议政局"有关。七月二十八日，御史宋伯鲁上奏"妙选通才以备顾问折"，光绪帝下旨"暂存"。[3] 七月二十九日，署礼部侍郎徐致靖上奏"遵保康有为等折"，光绪帝下旨"存记"。同日，候补京

---

[1] 军机处《早事档》《随手登记档》，光绪二十四年七月二十一日。张元济条陈见《戊戌变法档案史料》，第42—49页。

[2] 《光绪二十四年京官召见单》，《宫中杂件·旧整》，第915包；军机处《早事档》《随手登记档》，光绪二十四年七月二十五日。戊戌政变后，李端棻于八月十九日上奏自请惩处："窃因时事多艰，需才孔亟，臣ও谬采虚声，而以为足膺艰巨，或轻信危言，而以为果由忠愤，将康有为、谭嗣同奏保在案。"（《丛刊·戊戌变法》，第2册，第297页）由此可见，二十五日留中奏折为保举康有为。当日清廷明发谕旨："该尚书受恩深重，竟将大逆不道之康有为等滥行保荐，并于召对时一再面陈。"（《上谕档》）即李不仅上奏，而且在召见时"一再面陈"。

[3] 军机处《早事档》《随手登记档》，光绪二十四年七月二十八日。宋伯鲁奏折虽未从档案中捡出，但在其后来的文集《焚余草》中发现，但仅称"特开便殿，妙选通才"，并没有具体人名。相关的研究，参见拙文：《康有为、梁启超所拟戊戌奏折之补篇：读宋伯鲁〈焚余草〉札记》，《近代史研究》2011年第5期。

堂王照上奏"保康广仁等折",光绪帝下旨"存记",王照事后对此内容还有回忆,尽管不太准确。[1]

从当时人的书信、电报和日记又可见:七月二十八日,新任军机章京杨锐在私信中称:"现在新进喜事之徒,日言议政院,上意颇动,而康、梁二人未见安置,不久朝局恐有更动。"[2] 同日,光绪帝召见张之洞主要幕僚钱恂。次日钱恂电告张之洞:"昨召见三刻,上询鄂,为详敷奏,兵为先,蒙许可,议政局必设。"[3]二十九日,光绪帝召见北洋候选道严复。八月初一日严复告诉总理衙门章京郑孝胥:"将开懋勤殿,选才行兼著者十人入殿行走,专预新政。"[4]此处"议政院""议政局""懋勤殿"都是一个意思。杨锐如是说,当是看到张元济、李岳瑞的条陈,并感受到光绪帝的态度。钱恂、严复如是说,当是光绪帝在召见时说了些什么。盛宣怀京中密报《虎坊撅闻》称:

或言李端棻、宋伯鲁(约在七月二十七、八诸日)皆请开懋勤殿,以康有为、黄遵宪、梁启超等入殿行走。于是传言选入殿行走者十人:康有为、康广仁、李端棻、徐致靖、徐仁铸、徐仁镜、黄遵宪、梁启超、黄绍箕、张元济也。[5]

这些传言都说明光绪帝的决心已定。

---

[1] 军机处《早事档》《随手登记档》《上谕档》,光绪二十四年七月二十九日。王照称:"二十九日午后,照方与徐致靖参酌折稿,而康来,面有喜色,告余与照曰:谭复生请皇上开懋勤殿用顾问官十人,业已商定,须由外廷推荐,请汝二人分荐此十人……乃与徐分缮荐(按:此下脱'折'字),照荐六人,首梁启超,徐荐四人,首康有为,夜上奏折,而皇上晨赴颐和园见太后,暂将所荐康、梁十人交军机处记名。其言皇上已说定者,伪也。"(《关于戊戌政变之新史料》,《丛刊·戊戌变法》,第4册,第332页)王照的回忆至少有两处不太准确,其一是时间,按照当时的制度,二十九日上奏须得于二十八日子夜前交到奏事处;其二是"首梁启超",与军机章京的记录不符。
[2] 宁志奇:《杨锐家书暨杨聪墓志铭》,《四川文物》1985年第4期。
[3] 《张之洞全集》,第9册,第344页。
[4] 《郑孝胥日记》,第2册,第681页。
[5] 《上海图书馆藏盛宣怀档案萃编》,上册,第177页。其中提到李端棻的奏折时间,并不准确,实为二十五日。张海荣推测《虎坊撅闻》的作者很可能是冯敦高,因其住米市胡同,距虎坊桥甚近。

前文已叙，慈禧太后之所以同意变法，是其老到的政治经验——面对德、俄、英、法、日本的进逼，朝廷若不做出改革的姿态，收拾人心，将会引起政潮，将会冲击到光绪帝及慈禧太后本人的政治合法性。她关心的不是政策本身，而是由谁来决定政策，即拍板的权力。她先前之所以罢免翁同龢、欲拘张荫桓，正是考虑到翁、张对光绪帝的巨大影响力，恐怕翁、张通过光绪帝来决定政策。她坚定地认为，只有她本人可以影响光绪帝，只有她本人才能最后来拍板。光绪帝此时提议的"懋勤殿"或"议政局"，虽说只是一个奉旨议复改革、新政奏章的"议政"机构，但慈禧太后却看出：这个由"小臣"组成的机构（可以不经她批准），对光绪帝有极大的影响力，将威胁到她的拍板权；这个机构一旦存在，将会威胁到她一手选配的军机处、总理衙门的政治权力。光绪帝先前未经她同意，罢免礼部六堂官，任命"参预新政事务"四军机章京，此时若因"懋勤殿"或"议政局"的设立而再次"违规"或"打擦边球"，她的地位将大大下降，即被闲置！

光绪帝与慈禧太后此次相见（七月二十九日晚或三十日早），档案中没有任何记录，但作为结果，光绪帝失败了。七月三十日，光绪帝破例召见新任军机章京杨锐，破例颁给杨锐一道朱谕：

> 近来朕仰窥皇太后圣意，不愿将法尽变，并不欲将此辈老谬昏庸之大臣罢黜，而登用通达英勇之人，令其议政，以为恐失人心……但必欲朕一旦痛切降旨，将旧法尽变，而尽黜此辈昏庸之人，则朕之权力实有未足。果使如此，则朕位且不能保，何况其他？今朕问汝，可有何良策俾旧法可以全变，将老谬昏庸之大臣尽行罢黜，而登进通达英勇之人，令其议政，使中国转危为安，化弱为强，而又不致有拂圣意……[1]

由此可见，光绪帝与慈禧太后争论的核心点是"将此辈老谬昏庸之大臣罢黜，而登用通达英勇之人，令其议政"。相同的言辞光绪帝说了两遍。慈禧太后发出了最后的警告："朕之权力实有未足"，"朕位且不能保"。

---

[1] 黄南津等点校，《赵柏岩集》，广西人民出版社，2001年，上册，第239—240页。

相近的言辞光绪帝也说了两遍。而"将老谬昏庸之大臣尽行罢黜"的激烈用语，正说明光绪帝与官僚集团高层矛盾的激烈程度。光绪帝与慈禧太后之间的争论，并没有因此而结束。八月初一日两人又有新的争论，作为结果，光绪帝再度失败。八月初二日，光绪帝破例召见新任军机章京林旭，并明发谕旨：

> 工部主事康有为前命其督办官报局，此时闻尚未出京，实堪诧异！朕深念时艰，思得通达时务之人，与商治法，闻康有为素日讲求，是以召见一次……著康有为迅速前往上海开办，毋得迁延观望。（《上谕档》）

光绪帝与林旭的交谈虽没有记录，但所谈内容应与上引谕旨相关，即光绪帝根据慈禧太后的命令，让康有为立即离京。"实堪诧异""召见一次"都是写给慈禧太后看的，光绪帝用此方式来自辩。八月初三日，军机处给慈禧太后的奏片称：

> ……闵荷生奏请将会馆改学堂片、耿道冲奏请设保险公司折，又二十七日胡元泰请清教案呈、宋汝淮条陈矿务河工呈，均签拟办法，恭呈慈览，俟发下后，再行办理。（《上谕档》）

"签拟办法，恭呈慈览，俟发下后，再行办理"一语，即新任军机四章京对各类司员士民上书"签拟办法"后，须先呈慈禧太后，等她批准后才能再送光绪帝，最后才能形成谕旨。原有的程序进行了根本性的修改，原来的事后报告制度，变成了事前请示制度。新任军机四章京的权力被剥夺。由于慈禧太后的反制，光绪帝与官僚集团高层的对抗已处于绝对的弱势。

八月初三日下午，光绪帝按照原订计划从颐和园回到皇宫。此后便是慈禧太后发动政变，抓康有为（未获）、抓四章京、抓张荫桓、抓杨深秀，严惩宋伯鲁、徐致靖、李端棻，追查张元济、李岳瑞、王照。从以上名单来看，除了张荫桓，都与"懋勤殿"（"议政局"）有点关系。慈禧太后对于威胁其权力的人，是绝不轻手放过的。

戊戌政变后，清朝官僚集团（尤其是高层）似乎松了一口气——所有的一切又恢复到过去的常态，不再有那种催命般的交议；绝大多数新政举措被停止了，也不需要那种赶命般的工作。特别重要的是，原来已裁撤的衙门和官位又恢复了，更不需要为自己的前景而担心。至于抓了9个人，杀了6个头，另外罢了9位官，对整个官僚集团来说，并非为大狱。[1]许多人还为自己未被涉及而暗中感到庆幸，只是前期已被罢斥的翁同龢，事后却被牵连，对此感到终生的不幸。[2]

## 四 结 论

本文因详细查阅相关档案、统计核对数字，并进行具体分析，已经写得很长，仍需略作数语，作为结论。

一、戊戌年光绪帝共发布了27项138道改革谕旨，其中具有决定性意义的谕旨为39道，从项数到道数都不能算太多。

当时的官员之所以感到"诏令频下"，是奉到太多的交议谕旨。戊戌年光绪帝在27项改革谕旨范围内共发布了114道交议谕旨，而在27项改革谕旨之外另有93道交议谕旨，两者相加是207道交议谕旨。其中总理衙门奉到的交议谕旨数量最多，由总理衙门单独议复或与其他衙门、官员共同议复的，高达116道。对此，总理衙门章京张元济称：

> ……当上令重议之日，济曾拟一办法，谓今日之事，新政者所必行，行则必交总署。署固专为外交设也，今则庶事丛集，无所不有，办事诸人倍形竭蹶。一遇堂上垂询，茫然不知所对。故凡有条

---

[1] 被抓或被流放的为张荫桓、康广仁、杨深秀、杨锐、刘光第、林旭、谭嗣同、徐致靖、李端棻，其中康、杨、杨、刘、林、谭被杀。被革职的还有徐仁铸、陈宝箴、陈三立、黄遵宪、江标、熊希龄、王锡蕃、李岳瑞、张元济。以上一共18人，杨锐、刘光第、陈宝箴、陈三立、江标、王锡蕃非为康党，张荫桓、李岳瑞、张元济与康走得比较近。康有为、梁启超、王照流亡日本。慈禧太后欲抓文廷式，未获。

[2]《翁同龢日记》，第7卷，第3292页。

陈新政交署议复者，无不敷衍了事。即以外交论，此后亦必倍繁于前。且近来改变科举，设立学堂，奖励新学、新器诸事，皆至为繁重。以后新政更不知其几许。今方议设制度局，此事不能骤行。曷若于署中多设数股，专理新政。股则不厌其多，人则惟期足用。不用旧章京，仍以办外交事，不传新章京，需用人员由堂官奏调，不拘资格，优给薪水，不开例保，即于署之西偏分所治事。凡西政之可行者，均于无事时先行考订清晰，酌定办法。如有交议，咄嗟可办；否则由署条陈，以次兴举。如此，则无制度局之名而有制度局之实。数年而后，诸人于各事渐有头绪，即为设专署治事，亦能胜任。即就目前情形而论，似于内政、外交均非无补。济有此意，不敢形诸笔墨也，于是谒合肥、嘉定而面陈焉。当时颇为许可，不谓迁流所极，竟变为矿路一局也。此议究竟当否？录求指示。嗟嗟能不痛哉，能不痛哉！天心虽转，时尚未来。济维向晦入息之义，益深明膏自焚之惧。[1]

"上令重议之日"，即五月十六日光绪帝命总理衙门对康有为"上清帝第六书""另行妥议具奏"；张元济写信之日为六月十八日，即军机处、总理衙门再次议复康"第六书"后之三日。张元济的妥协办法是，总理衙门"多设数股，专理新政"，平时"对西政之可行者""先行考订"，遇有"交议"即"咄嗟可办"；如果没有"交议"，可以由总理衙门代上"条陈"。这些新股也是人才培养机构，几年之后即可"专署治事"。张元济的设计，出自对"办事诸人倍形竭蹶"之担忧，希望改变"条陈新政交署议复""敷衍了事"之局面，当然不合康有为"制度局"之本意，也不合军机处、总理衙门"推诿""转避"之用心。他向李鸿章、廖寿恒提出想法，然李、廖非愿意管事之人，乃是"迁流"。张元济对此大喊"痛哉"，并称"天心虽转，时尚未来"。

后来的研究者之所以称"诏令频下"，是受到了梁启超、林树惠统计

---

[1] 致沈曾植，《张元济全集·书信》，第2卷，第226页。"不用旧章京"，指新设数股不用总理衙门原来的章京；"不传新章京"，指总理衙门不传补已经通过考试"记名"待补的官员；"由堂官奏调"，指总理衙门大臣可在相当大的范围内选择奏调官员入新设数股办事。

的影响，大多没有仔细考察光绪帝改革谕旨的具体内容，只关注道数。但从改革谕旨本身来考虑，不能只计算"道"数，"项"数具有更重要的意义。

二、戊戌年光绪帝虽已发表了27项改革谕旨，然若以"项"数来计算，仍有许多"项"未能开展或真正施行。这些可以分为以下5种情况：

1. 七月二十日以后下旨的"京师道路沟渠""设置散卿""《通商约章成案汇编》""编制《岁入岁出表》"4项，由于临近政变，尚未启动。（参见本文第二节第24、25、26、27目）

2. "武科举改制""重建海军"2项，因牵涉面太大，仍处在讨论阶段。（参见本文第二节第5、17目）

3. "司员考试""删订《则例》"2项，虽已启动，尚未真正执行。（参见本文第二节第4、18目）

4. "专利章程"1项，因与国情差距较大，虽已颁布，然施行甚难。（参见本文第二节第12目）

5. "游历与游学""自开通商口岸"2项，虽已决定了基本政策，若要具体实行，还需经过许多阶段性工作。（参见本文第二节第8、22目）

以上共计11项，再加上"百日维新谕旨""任免官员"2项只是倾向性的，真正实行改革的只有14项。在这14项中，"神机营"属于真戏假做，"召见翰詹科道"又属于假戏真做，"觐见礼仪"属于原地踏步，"《时务报》"属于套中有套，如此算下来，落到实处的也只有10项。

戊戌年改革谕旨中最有价值的，我个人以为，是发行国债，即"昭信股票"。这是解救清朝财政危机的好办法。然而，从提议者、设计者都没有注意到西方国家利用资本市场发行商业性债券的具体做法，而是用行政的手段去强推，结果被认为是恶政。即便是清朝的高官也不能分辨国债与捐纳的差别。张荫桓在光绪二十四年正月二十七日日记中称：

> 恭邸来，手携门文面交户部三堂，子斋亲接，传观至余，系认股三千两、报效二万两，余请将报效之数一并认股。恭邸怫然曰：

果尔，则并二万不捐。余不便强也。[1]

李鸿章同年三月十六日在家信中称：

> 昭信股票劝捐之说，如何应付，余拟捐五千。叔平谓久任大缺，须筹万全，免物议。翁、张各捐此数，只好勉应之。汝等在家，均应邀免，各房应各自量力为之，勿令外人议论。[2]

奕訢、李鸿章都是清朝最了解外部世界的高官，他们并未将"昭信股票"作为商业投资、理财工具。奕訢位高，故宣称"并二万不捐"，最后请光绪帝下旨（第6号谕旨）方才解决。李鸿章在翁同龢的逼迫下，由"捐"银五千两升至一万两。当其子请教"如何应对"地方官的"劝捐"，李提出两条标准，一是"量力为之"，二是"勿令外人议论"。前者是不要去充"冤大头"，后者是不要数量太少而让外人指责。（参见本文第二节第2目）

戊戌年改革谕旨落到实处者，属"京师大学堂""铁路矿务总局""农工商总局"三大官立机构的设立。这是仿效日本的。日本在"明治维新"期间，以政府的力量来推动经济与社会改革：1870年设立工部省；1871年设立文部省，1877年建立东京大学（1886年改为东京帝国大学），1881年设立农商务省；1885年设立递信省。[3] 相比之下，崇尚自由经济体制的英国此时并没有相应的政府教育机构、经济机构与国立大学；美国此时有邮政部（1872）、农业部（1889），后来成立了商业部（1903）；法国此时有公共教育与美术部（1871）、农业与商业部（1870）；俄国此时有国民教育部（1810）、邮政部（1865）和帝国大学（莫斯科大学和圣彼得堡大学）；普鲁士此时有文教医学部（1817）、贸易部（1848），统一后的德意志帝国经济事务仍由内政部来管理。而这

---

[1] 《张荫桓戊戌日记手稿》，第27页。"子斋"，总理衙门大臣、户部尚书敬信。
[2] 致李经方，《李鸿章全集》，第36册，第174页。"叔平"，翁同龢。翁同龢表示他与张荫桓都购买了银一万两的"昭信股票"。
[3] 1885年，日本工部省撤销，相关业务移入递信省、农商务省和内阁（铁道事业）。

些国家设置或不设置相应政府机构或国立大学的，背后又有着西方近代政治、经济、社会诸学说的支持，有着相应的历史经验。由此又可以设问主掌京师大学堂、铁路矿务总局、农工商总局的孙家鼐、王文韶、张荫桓、端方、徐建寅、吴懋鼎等人是否知晓约翰·洛克（John Locke，1632—1704）、亚当·斯密（Adam Smith，1723—1790）、李嘉图（David Ricardo，1772—1823）等诸多思想家的学说？是否了解日本、英国、美国、法国、俄国等国政府的具体做法及其原因？如果不了解西方的相关学说和西方国家的具体做法，京师大学堂、铁路矿务总局、农工商总局之设立，能否对中国近代教育的展开、对中国国民经济的振兴起到应有的作用？

戊戌年改革谕旨虽已进行但将来必然陷于困境者，是"经济特科"与"文科举改制"两项。传统的科举选官制度到了明、清两朝已达于极致——八股制艺可以"测量"出考生的儒学知识与文字能力，由此形成了大体"公平"的评价体系，形成了特殊的考场、考官、考期等制度。"经济特科"以内政、外交、理财、经武出题，只能是各自发挥见解，无法制定一个"公平"的评分标准。改制后的文科举以策论来选士，要作的都是"经国济世"的大文章，也难以具体评判高低。庚子事变后，清朝举行过一次"经济特科"，也进行过两次会试，皆未能达到效果，结果只能草草收场。

戊戌年改革谕旨当时引出巨大风波者，是允许司员士民上书和裁官减员两项。前者大约有457人至少递交了567件上书，是中国历史上第一次中下层官员与民人的无指挥多声部大合唱；后者裁去京内六衙门和京外四督抚，牵涉到数百名官员的饭碗，也引起了京内外官员的集体恐慌。

戊戌年改革谕旨当时未起明显作用、后来影响深远者，是兴办学堂与孙家鼐、张之洞所倡导的"中体西用"思想。前者通过"癸卯学制"而建立起中国近代教育体系；后者是晚清新政的指导思想……

由此可见，对戊戌年光绪帝27项改革谕旨的内容，也须一一具体分析，不能笼统地不加区别而一律赞美之。

三、戊戌年光绪帝27项改革谕旨中，有14项出自康有为一派或与康有为一派有重大关系者。康有为通过上书、进呈书籍，极大地影响了光绪帝的思想。[1]然若仔细观察,光绪帝对康有为的许多建策并没有采纳,特别是关于发行纸币、大借洋款的金融政策,建立孔教会以与西方教会相制约的立教策略,联英联日的外交战略,"借才""合邦"的救亡计谋,都是康有为政治思想与政策设计中的失策或败笔,光绪帝未与理会,也未交议。[2]光绪帝对康有为一派并非言听计从,还是有选择的。

四、从戊戌年所发布的 27 项 138 道改革谕旨的形成过程来看,光绪帝与官僚集团高层的关系处于紧张状态。这是"二元君主制"造成的。总理衙门大臣、军机大臣的人选都是由慈禧太后选配的。官僚集团高层对改革是犹豫的,是不积极的,经常通过"议复"等程序来对抗皇权。前文已叙,自翁同龢被罢免后,光绪帝在戊戌变法中只是一个孤独的行者,尽管翁同龢在许多方面可能会限制光绪帝的改革。

改革是体制内的革命,改革需要有强大的官僚集团的支持。而支持改革的官僚集团又须有大体的改革方案。从政治的可行性而言,康有为及其党人的诸多设计是过激的,是不可能得到官僚集团高层的支持;光绪帝的许多改革谕旨也有操之过急之嫌,尤其是设立新式学堂和裁撤旧式官衙。从罢免礼部六堂官、任命"参预新政"军机四章京的行动来看,从给杨锐密谕的文字来看,光绪帝确实有罢黜老臣、起用小臣之心。慈禧太后不太注重政策本身,关心的是自己的权力。她与光绪帝之间的矛

---

[1] 从改革谕旨来看,与康有为及其党人有关的为:第 3 项"京师大学堂"、第 6 项"百日维新谕旨"、第 7 项"农工商总局"、第 8 项"游历与游学"、第 10 项"任免官员"、第 11 项"文科举改制"、第 12 项"专利章程"、第 14 项"中小学堂"、第 15 项《时务报》、第 18 项"删订《则例》"、第 19 项"召见翰詹科道"、第 20 项"允许司员士民上书"、第 21 项"铁路矿务总局"、第 25 项"设散卿"。第 24 项"京师道路沟渠",很可能与梁启超进呈书籍有关系。从目前能够看到的史料来统计,康有为在戊戌年通过总理衙门五次代奏了 8 件条陈,又通过军机大臣廖寿恒进呈 10 件条陈。光绪帝还命内府专门抄录 18 件条陈,题名为《杰士上书汇录》,"杰士"一词也标明了光绪帝对康的评价。康有为进呈了由其本人编纂的《日本变政考》(两次)、《俄彼得变政记》、《孔子改制考》(九卷本)、《波兰分灭记》,进呈了由他人编纂的《泰西新史揽要》《列国变通兴盛记》《光绪二十三年列国政要比较表》。相关的研究可参见本书第一篇《戊戌时期康有为与光绪帝》。

[2] 相关的研究,可参见拙文:《论戊戌变法期间康有为、梁启超的政治思想与政策设计》,《中国文化》(北京)2017 年春季号、秋季号(总 45、46 期)连载;《戊戌时期康有为、梁启超的思想》,第 3—205 页。

盾主要表现为权力的斗争。

从"事后诸葛亮"的角度来看,当时最为合适的改革方案,似为张之洞的《劝学篇》和孙家鼐所推崇的《校邠庐抗议》;改革的步伐虽会放得缓慢,但可避免快速走向政变。也就是说,张之洞、孙家鼐是光绪帝、慈禧太后都能接受的人物,若由他们来主持朝政,很可能是一种更为恰当的政治安排。然而,以孙家鼐的个人秉性而言,他不愿意介入高层的权力斗争,尤其是卷入光绪帝与慈禧太后之间的冲突。张之洞的情况更为特别,他因徐桐的推荐,曾于光绪二十四年闰三月("百日维新"之前)奉旨召京,很可能由此入主军机处和总理衙门,然因湖北沙市事件而中止。到了戊戌变法最为关键的时刻,众多官员上奏主张调张之洞入京,其中包括湖南巡抚陈宝箴。[1]毫无疑问,以上所描述的缓进的政治改革,只是今日治史者一厢情愿的自我想象;但过了许多年,清朝在经历了庚子事变的惨败之后,张之洞、孙家鼐等人在慈禧太后的准许下,推行新政,尤其是废科举与兴学堂,却成了清末政治改革的绚丽晚霞。

---

[1] 相关的研究,可参见拙文:《1898年张之洞召京与沙市事件的处理》,《中华文史论丛》2002年第1期(总第69辑)。自七月二十七日至八月初七日,先后上奏、上书要求调张之洞入京者为内阁候补中书祁永膺、直隶按察使袁世凯、户部候补主事闵荷生、翰林院侍读学士陈兆文、江苏松江知府濮子潼、京师大学堂提调、翰林院修撰骆成骧、兵部主事曾炳熿、广西举人李文诏、湖南巡抚陈宝箴。只是政变很快发生,慈禧太后最后选择了荣禄。

戊戌年光绪帝改革谕旨研究

# 征引文献

《朱批奏折》
《军机处录副奏折》
军机处《洋务档》
军机处《旱事档》
军机处《旱事》
《宫中杂件》
《军机处汉文档册》
  以上中国第一历史档案馆藏

《张之洞电稿甲编》
《张之洞函稿》
《张文襄公家藏手札·家属类》
《李鸿藻存稿（外官禀）》
  以上中国历史研究院图书档案馆藏

《军机处档折件》
《光绪朝夷务始末记稿本》
  以上台北故宫博物院藏

《总理衙门清档》
  以上台北"中研院"近代史研究所档案馆藏

国家档案局明清档案馆编:《戊戌变法档案史料》,中华书局,1958年
中国第一历史档案馆编:《光绪朝朱批奏折》,中华书局,1995年
中国第一历史档案馆编:《光绪宣统两朝上谕档》,广西师范大学出版社,1996年
中国第一历史档案馆编:《清代官员履历档案全编》,华东师范大学出版社,1997年
中国第一历史档案馆编:《清代军机处电报档汇编》,中国人民大学出版社,2005年
中国第一历史档案馆编:《清代军机处随手登记档》,国家图书馆出版社,2013年
《清实录》,中华书局,1987年
中国史学会主编,翦伯赞等编:《中国近代史资料丛刊·戊戌变法》,神州国光社,1953年
故宫博物院编:《清光绪朝中日交涉史料》,故宫博物院文献馆,1932年
戚其章主编:《中国近代史资料丛刊续编·中日战争》,中华书局,1993年
北京大学、中国第一历史档案馆编:《京师大学堂档案选编》,北京大学出版社,2001年
北京大学校史研究室编:《北京大学史料》,北京大学出版社,1993年

康有为:《孔子改制考》,大同译书局光绪二十四年刊本
上海市文物保管委员会编:《康有为遗稿·戊戌变法前后》,上海人民出版社,1986年
上海市文物保管委员会文献研究部编:《康有为遗稿·万木草堂诗集》,上海人民出版社,1996年
蒋贵麟编:《万木草堂遗稿》,(台北)成文出版社,1978年
蒋贵麟编:《万木草堂遗稿外编》,(台北)成文出版社,1978年
康有为:《日本变政考》,紫禁城出版社影印本,1998年
黄彰健:《康有为戊戌真奏议》,台北"中研院"历史语言研究所,1974年
孔祥吉编著:《康有为变法奏章辑考》,北京图书馆出版社,2008年
姜义华、张荣华编校:《康有为全集》,中国人民大学出版社,2007年
楼宇烈整理:《长兴学记·桂学答问·万木草堂口说》,中华书局,1988年
朱维铮校注:《梁启超论清学史二种》,复旦大学出版社,1985年
夏晓虹:《饮冰室合集集外文》,北京大学出版社,2005年
汤志钧、汤仁泽编:《梁启超全集》,中国人民大学出版社,2018年
梁启超:《戊戌政变记》影印本,见《续修四库全书》,上海古籍出版社,1995年,第446册
梁启超:《戊戌政变纪事本末》,《清议报全编》,新民社辑印

《湖南时务学堂初集》，长沙戊戌刻本

丁文江、赵丰田编：《梁启超年谱长编》，上海人民出版社，1983年

朱维铮编校，章炳麟著：《訄书》，中西书局，2012年

中华书局编辑部编，刘泱泱审订：《唐才常集》（增订本），中华书局，2013年

陈铮编：《黄遵宪全集》，中华书局，2005年

翁万戈编，翁以钧校订：《翁同龢日记》，中西书局，2012年

翁万戈辑：《翁同龢文献丛之一：新政·变法》，（台北）艺文印书馆，1998年

王贵忱：《张荫桓戊戌日记手稿》，（澳门）尚志书社，1999年

任青、马忠文整理：《张荫桓日记》，中华书局，2015年

曹淳亮、林锐选编：《张荫桓诗文珍本集刊》，上海古籍出版社，2013年

顾廷龙、戴逸主编：《李鸿章全集》，安徽教育出版社，2008年

赵德馨主编：《张之洞全集》，武汉出版社，2008年

丁宝桢：《丁文诚公遗集》，光绪十九年刻本

张謇研究中心、南通市图书馆编：《张謇全集》，江苏古籍出版社，1994年

上海图书馆编：《汪康年师友书札》，上海古籍出版社，第1、2册，1986年，第3册，1987年

上海图书馆编：《上海图书馆藏盛宣怀档案萃编》，上海古籍出版社，2008年

赵树贵、曾丽雅编：《陈炽集》，中华书局，1997年

黄南津等点校，《赵柏岩集》，广西人民出版社，2001年

丁贤俊等编：《伍廷芳集》，中华书局，1993年

顾廷龙编：《王同愈集》，上海古籍出版社，1998年

欧阳哲生编：《胡适文集》，北京大学出版社，1998年

劳祖德整理：《郑孝胥日记》，中华书局，1993年

钱基博整理编纂：《复堂师友手札菁华》，人民文学出版社，2015年

谭献：《复堂日记》，河北教育出版社，2001年

许全胜整理：《沈曾植书信集》，中华书局，2021年

李慈铭：《越缦堂日记》，扬州广陵书社，2004年

张剑等整理：《晚清军机大臣日记五种》，中华书局，2019年

吕顺长：《清末维新派人物致山本宪书札考释》，上海交通大学出版社，2017年

叶德辉辑：《觉迷要录》，光绪三十一年刻本

《翼教丛编》，上海书店出版社，2002年

朱一新：《义乌朱氏论学遗札》，光绪乙未年菁华阁刻本

陈鼎：《校邠庐抗议别论》，《晚清四部丛刊》，第六编，（台中）文听阁图书有限公司，2011年，第64册
钟叔河编校，蔡尔康等著：《李鸿章历聘欧美记》，《走向世界丛书》（修订本），岳麓书社，2008年，第9册
钟叔河校点，张德彝著：《六述奇（附七述奇未成稿）》，岳麓书社，2016年
吴永口述，刘治襄笔记：《庚子西狩丛谈》，中华书局，2009年
明光整理，陈庆年：《戊戌己亥见闻录》，《近代史资料》总81号，中国社会科学出版社，1992年
李学通整理，王鹏运：《〈半塘言事〉选录》，《近代史资料》总65期，中国社会科学出版社，1987年
郑匡民、茅海建编译：《日本政府关于戊戌变法的外交档案选译》，《近代史资料》总113期，中国社会科学出版社，2006年
宁志奇：《杨锐家书暨杨聪墓志铭》，《四川文物》1985年第4期

《万国公报》，华文书局股份有限公司影印本，1968年
《时务报·强学报》，中华书局影印本，1991年
《国闻报》
《知新报》，上海社会科学院出版社影印本，1996年
《湘学报》，湖南师范大学出版社影印本，2010年
《清议报》，中华书局影印本，1991年
《新民丛报》，中华书局影印本，2008年

〔汉〕郑玄注、〔唐〕孔颖达正义、吕友仁整理：《十三经注疏·礼记正义》，上海古籍出版社，2008年
〔汉〕何休解诂、〔唐〕徐彦疏、刁小龙整理：《十三经注疏·春秋公羊传注疏》，上海古籍出版社，2014年
朱熹：《四书章句集注》，中华书局，1983年
杨伯峻编著：《春秋左传注》，中华书局，1990年第二版
杨伯峻译注：《孟子译注》，中华书局，2005年
顾颉刚、刘起釪著：《尚书校释译论》，中华书局，2005年
司马迁：《史记》，中华书局，1959年
朱德雷：《尸子译注》，上海古籍出版社，2006年
赵在翰辑，钟肇鹏、萧文郁点校：《七纬：附论语谶》，中华书局，2012年

征引文献　*455*

王铁崖编：《中外旧约章汇编》，生活·读书·新知三联书店，1957年，第1册
世界知识出版社编：《国际条约集（1872—1916）》，世界知识出版社，1986年
李育民等整理，王彦威等辑：《清季外交史料》，湖南师范大学出版社，2015年
青岛市博物馆、中国第一历史档案馆、青岛市社会科学研究所编：《德国侵占胶州湾史料选编（1897—1898）》，山东人民出版社，1986年
孙瑞芹译：《德国外交文件有关中国交涉史料选译》，商务印书馆，1960年
张蓉初译：《红档杂志有关中国交涉史料选译》，生活·读书·新知三联书店，1957年
陈霞飞主编：《中国海关密档——赫德、金登干函电汇编（1874—1907）》，中华书局，第6卷，1995年，第9卷，1996年
维特著，傅正译：《维特伯爵回忆录》，商务印书馆，1976年
A·施阿兰著，袁传璋、郑永慧译：《使华记（1893—1897）》，商务印务馆，1989年
鲍里斯·罗曼诺夫著，陶文钊等译：《俄国在满洲（1892—1906）》，商务印书馆，1980年

陈恭禄：《中国近代史》（大学丛书），商务印书馆，1935年
陈恭禄：《中国近百年史》，商务印书馆，1935年
范文澜：《中国近代史》上编第一分册，新华书店，1949年11月北京订正第一版
胡绳：《从鸦片战争到五四运动》，人民出版社，1980年
陈旭麓主编，李华兴等编写：《近代中国八十年》，上海人民出版社，1983年
李侃等编写：《中国近代史》，中华书局，1977年初版，1994年第4版
章开沅、朱英主编：《高等学校文科教材·史学系列·中国近现代史》，河南大学出版社，2009年
马敏、彭南生主编：《普通高等教育"十一五"国家级规划教材·中国近现代史》，高等教育出版社，2009年
戚其章：《中国近代史新讲》，中华书局，2011年
王先明主编：《21世纪史学系列教材·中国近代史》，中国人民大学出版社，2011年
费正清主编：《剑桥中国晚清史》，中国社会科学出版社，1993年
徐中约：《中国近代史：1600—2000，中国的奋斗（第6版）》，世界图书出版公司（北京），2008年

孔祥吉：《康有为变法奏议研究》，辽宁教育出版社，1988年
孔祥吉：《戊戌维新运动新探》，湖南人民出版社，1988年

孔祥吉:《晚清史探微》,巴蜀书社,2001年
吕一燃主编:《中国近代边界史》,四川人民出版社,2007年
朱昭华:《中缅边界问题研究》,黑龙江教育出版社,2013年
杨天宏:《口岸开放与社会变革——近代中国自开商埠研究》,中华书局,2002年
余凯思(Klaus Mühlhahn)著,孙立新译,刘新利校:《在"模范殖民地"胶州湾的统治与抵抗——1897—1914年中国与德国的相互作用》,山东大学出版社,2005年
川岛真著,田建国译:《中国近代外交的形成》,北京大学出版社,2012年
冈本隆司著,黄荣光译:《属国与自主之间——近代中朝关系与东亚的命运》,生活·读书·新知三联书店,2012年
三王昌代著:《海域アジアの異文化接触——18世紀スールー王国と中国　ヨーロッパ》,川越:すずさわ書店,2020年
张丽:《折冲樽俎:维特远东外交政策研究》,北京大学出版社,2011年
刘本森:《帝国的角落——英国租占威海卫研究(1898—1930)》,社会科学文献出版社,2018年
唐启华:《被"废除不平等条约"遮蔽的北洋修约史(1912—1928)》,社会科学文献出版社,2010年
李文杰:《中国近代外交官群体的形成(1861—1911)》,生活·读书·新知三联书店,2017年
李文杰:《日暮乾清门:近代的世运与人物》,上海人民出版社,2020年
任智勇:《晚清海关再研究——以二元体制为中心》,中国人民大学出版社,2012年
李吉奎:《晚清名臣张荫桓》,广东人民出版社,2005年
(德)艾林波、巴兰德等著,王维江、吕澍辑译:《德语文献中晚清的北京》,福建教育出版社,2012年
茅海建:《近代的尺度:两次鸦片战争军事与外交》(增订本),生活·读书·新知三联书店,2011年
茅海建:《从甲午到戊戌:康有为〈我史〉鉴注》,生活·读书·新知三联书店,2009年
茅海建:《戊戌变法史事考初集》,生活·读书·新知三联书店,2012年
茅海建:《戊戌变法史事考二集》,生活·读书·新知三联书店,2011年
茅海建:《戊戌变法的另面——"张之洞档案"阅读笔记》,上海古籍出版社,2014年
茅海建:《戊戌时期康有为、梁启超的思想》,生活·读书·新知三联书店,2021年

中西牛郎：《论康有为氏之理想及事业》，《太阳》，第4卷，第23号（1898年11月20日）

不二行者（角田勤一郎）：《康有为氏之大同太平论》，《太阳》，第4卷，第25号（1898年12月20日）

以上两篇，中译本见吉辰译注：《戊戌政变后〈太阳〉杂志关于康有为的两篇文章》，《近代中国》第29辑，上海社会科学院出版社，2018年

狭间直树：《福泽谕吉、内藤虎次郎主张之帝国主义国民性的形成——以精神为中心》，2019年北京大学演讲稿，高莹莹译，未刊

汤志钧：《康有为早期的大同思想》，《江海学刊》1963年第10期

汤志钧：《论康有为的"大同三世"说》，《中华文史论丛》1979年第2辑

房德邻：《〈大同书〉起稿时间考——兼论康有为早期大同思想》，《历史研究》1995年第3期

房德邻：《论维新运动领袖康有为》，《清史研究》（北京）2002年第1期

宋德华：《康有为"大同三世"说新探》，《华南师范大学学报》（社会科学版）2003年第4期

邝兆江：《戊戌政变前后的康有为》，《历史研究》1996年第5期

汪荣祖：《也论戊戌政变前后的康有为》，《历史研究》1999年第2期

孔祥吉、村田雄二郎：《〈翁文恭公日记〉稿本与刊本之比较——兼论翁同龢对日记的删改》，《历史研究》2004年第3期

孔祥吉、村田雄二郎：《掀开历史人物的面纱——读〈张荫桓日记〉有感》，《福建论坛》（人文社会科学版）2007年第11期

孔祥吉：《晚清知识分子的悲剧——从陈鼎和他的〈校邠庐抗议别论〉谈起》，《历史研究》1996年第6期

吴仰湘：《重论廖平、康有为"学术公案"》，《中国社会科学》2020年第4期

吴仰湘：《〈新学伪经考〉甲午参奏案新探》，《近代史研究》2022年第2期

吴仰湘：《〈翼教丛编〉编者问题考辨》，《社会科学战线》2022年第9期

李文杰：《中国早期国债的顿挫：昭信股票发行始末》，北京大学历史学系硕士论文，2007年

李文杰：《垂帘听政、训政、归政与晚清的奏折处理》，《近代史研究》2018年第2期

李文杰：《光绪帝亲政前的习批奏折探析》，《近代史研究》2015年第6期

李文杰：《首部汉译美国宪法问世考》，《北大史学》第15辑，北京大学出版社，2010年

田涛：《晚清知识界的弭兵说》，《天津师范大学学报》（社会科学版）2008年第1期

何毅：《张荫桓致周恒祺函札考释》，《文献》2017年第6期
何炳棣：《张荫桓事迹》，《清华学报》第13卷第1期（1941）
王贵忱：《张荫桓其人其著》，《学术研究》1993年第6期
李侃、龚书铎：《戊戌变法时期对〈校邠庐抗议〉的一次评论——介绍故宫博物院明清档案部所藏〈校邠庐抗议〉签注本》，《文物》1978年第7期
马忠文：《张荫桓、翁同龢与戊戌年康有为进用之关系》，《近代史研究》2012年第1期
马忠文：《张荫桓与英德续借款》，《近代史研究》2015年第3期。
马忠文：《旅大租借交涉中李鸿章、张荫桓的"受贿"问题》，《学术界》2003年第2期
马忠文：《慈禧训政后之朝局侧影——读廖寿恒〈抑抑斋日记〉札记》，《华南师范大学学报》（社会科学版）2019年第1期
马忠文：《李鸿章致李瀚章家书二通释读》，《安徽史学》2020年第4期
张海荣：《经济特科考论》，《安徽史学》2016年第6期
张海荣：《关于引发战后改革大讨论的九件折片》，《广东社会科学》2009年第5期
张海荣：《甲午战后改革大讨论考述》，《历史研究》2010年第4期
川崎真美：《驻清公使矢野文雄的提案及其后续发展：派遣清末留学生的契机》，大里浩秋、孙安石主编：《近现代中日留学生史研究新动态》，上海人民出版社，2014年
朱梦中：《康有为进呈书籍〈日本地产一览图〉考——兼论其农业改革思想的"东学背景"》，《或问 WAKUNOM》（日本关西大学），第39号，2021年
茅海建：《梁启超〈变法通议〉进呈本阅读报告》，《近代史研究》2016年第6期
茅海建：《戊戌变法期间司员士民上书研究》，《明清论丛》第5辑，紫禁城出版社，2004年
茅海建：《救时的偏方：戊戌变法期间司员士民上书中军事外交论》，《近代史研究》2005年第1期
茅海建：《巴西招募华工与康有为移民巴西计划之初步考证》，《史林》（上海）2007年第5期
茅海建：《京师大学堂的初建——康有为派与孙家鼐派之争》，《北大史学》第13辑，北京大学出版社，2008年
茅海建：《康有为与"真奏议"》，《近代史研究》2009年第3期
茅海建：《张之洞档案阅读笔记之五：张之洞与陈宝箴及湖南变法运动》，《中华文史论丛》2011年第3期

茅海建：《论戊戌变法期间康有为、梁启超的政治思想与政策设计》，《中国文化》（北京）2017年春季号、秋季号（总45、46期）连载

茅海建：《论戊戌时期梁启超的民主思想》，《学术月刊》2017年第4期

茅海建：《再论康有为与进化论》，《中华文史论丛》2017年第2期

茅海建：《戊戌时期康有为"大同三世说"思想的再确认——兼论康有为一派在百日维新前后的政治策略》，《社会科学战线》2019年第1期

茅海建：《戊戌时期康有为的"洪水说""地顶说""地运说"——兼论〈康子内外篇〉的写作与完成时间》，《清史研究》2020年第1期

茅海建：《1898年张之洞召京与沙市事件的处理》，《中华文史论丛》2002年第1期

# "茅海建戊戌变法研究"
## 书 目

大量档案材料的披露
重大史实的精心考证与重要场景的细密描述

### 戊戌变法史事考初集

对近代史上的重大政治改革戊戌变法的相关史实一一厘定，集中在政变的时间、过程、原委，中下级官吏的上书以及日本政府对政变的观察与反应等重大环节上。

### 戊戌变法史事考二集

继续关注戊戌变法中的种种关键环节："公车上书"的背后推手，戊戌前后的"保举"及光绪帝的态度，康有为与孙家鼐的学术与政治之争，下层官员及士绅在戊戌期间的军事与外交对策，张元济的记忆与记录，康有为移民巴西的计划及其戊戌前入京原因……

### 从甲午到戊戌：康有为《我史》鉴注

对康有为《我史》中最重要的部分——光绪二十年（甲午，1894）至光绪二十四年（戊戌，1898）——进行注解。引用大量史料，对康有为的说法鉴别真伪，以期真切地看清楚这一重要历史阶段中的一幕幕重要场景。

### 戊戌变法的另面："张之洞档案"阅读笔记

通过对"张之洞档案"的系统阅读，试图揭示传统戊戌变法研究较少触及的面相，以清政府内部最大的政治派系之一，主张革新的张之洞、陈宝箴集团为中心，为最终构建完整的戊戌变法影像，迈出具有贡献性的关键一步。

## 《戊戌时期康有为、梁启超的思想》

戊戌变法的主要推动者康有为、梁启超有没有核心思想和成体系的理论？他们的思想资源从何而来？与改革的走向又有着怎样的关系？作者进入到戊戌变法的"深水区"——康梁的思想研究，通过文本与史事互证、由"由梁渡康"等方式，确认了在变法前形成的"大同三世说"的内涵及持该学说的康有为在政治上的权变、康有为派上层路线与下层路线并举的基本策略、康梁变法思想形似西学而主体仍为中学的本色，为戊戌变法史再添稳固的基石。

## 《戊戌变法史事考三集》

书中收有五篇重磅文章，分别为：从康有为与光绪帝的关系入手，讨论康在戊戌变法中的主导作用；从经学史的视角剖析康有为"大同三世说"的发展脉络和学理依据；考察康有为身为工部候补主事的微官，如何进至政治舞台的中央，并对翁同龢荐康说做出新的解释；深入挖掘变法中的重要人物张荫桓的前后经历，说明清朝高层官僚集团对帝国主义扩张的态势缺乏认识，外交政策上犯有方向性错误。而主张"圣学"绝对价值的守旧官员，最后使国家陷于危难。最后一篇对戊戌年光绪帝改革谕旨的研究，与此前讨论康、梁的政治思想与政策设计成为姊妹篇，以最终确立戊戌变法的性质。